# 儿子说父亲曰

## ——与儿子一起快乐成长

冯华 冯紫阳◎编著

陕西新华出版传媒集团
陕西人民教育出版社
·西安·

**图书在版编目(CIP)数据**

儿子说 父亲曰:与儿子一起快乐成长/冯华,冯紫阳编著. --西安:陕西人民教育出版社,2016.8

ISBN 978-7-5450-4714-1

Ⅰ.①儿… Ⅱ.①冯… ②冯… Ⅲ.①男性-家庭教育 Ⅳ.①G782

中国版本图书馆 CIP 数据核字(2016)第 208853 号

**儿子说 父亲曰**

**——与儿子一起快乐成长**

冯 华 冯紫阳 编著

| | |
|---|---|
| **出版发行** | 陕西新华出版传媒集团<br>陕西人民教育出版社 |
| **地　　址** | 西安市丈八五路 58 号 |
| **邮　　编** | 710077 |
| **网　　址** | http://www.snepublish.com |
| **责任编辑** | 赵小林 王 玉 李 晔 |
| **封面设计** | 李 瞻 |
| **经　　销** | 各地新华书店 |
| **印　　刷** | 陕西金德佳印务有限公司 |
| **开　　本** | 787mm×1092mm 1/16 |
| **印　　张** | 47.25 |
| **字　　数** | 650 千字 |
| **版　　次** | 2016 年 9 月第 1 版 |
| **印　　次** | 2016 年 9 月第 1 次印刷 |
| **书　　号** | ISBN 978-7-5450-4714-1 |
| **定　　价** | 57.00 元 |

# 解码快乐

冯　华

我们长期以来的想法和感受，有一天终将会被某个陌生人一语道破。

——拉尔夫·沃尔多·爱默生

追求快乐是人的天性，更是孩子们的天性，人生没有快乐，就如同天空没有阳光，会变得无比黯淡。虽然人们期盼随着经济发展、社会进步，以及文明水平的提高，快乐能与日俱增，可现实中能触动我们心灵的快乐体验似乎却与我们渐行渐远了。即便如此，人们追求快乐的脚步也从未停止。

其实，生活中并不是缺少快乐，而是缺少发现。快乐无处不在，无时无刻不在。古今中外，快乐的人往往有共性，但他们获得快乐的方法各不相同。真正快乐的人必经三层境界，一是“春风得意马蹄疾，一日看尽长安花”。这是一种感性的快乐，它给人的感觉如烟花般绚烂，瞬间绽放，但在片刻快乐之后得到的不是内心的宁静，而是不尽的烦恼和低落，这种快乐带有强烈的情绪色彩和感官体验。二是“昼出耘田夜绩麻，村庄儿女各当家”。这是一种理性的快乐，它给人的感受似绢花般精致，艳而无香，但它往往令人沉溺于对成败得失的权衡，这种对快乐的理性追求无意中淡化了快乐的情趣，它带有深刻的理性分析和浓厚的功利色彩。三是“牧童归去横牛背，短笛无腔信口吹”。这是一种心灵的快乐，是纯粹的快乐，它像鲜花般自然，形神俱真，使人融入天地万物，让人在感受生命的过程中体验快乐，最终使人在心灵中找到快乐的源头。因此，真正的快乐不仅需要生活的历练，更需要用心感悟。具体来说，就是要你在建功立业的同时，不论成败都能用心感受，实现职业服务于社会，实现自我认同，最终达到天人、理欲、义礼、知行和心性合一的境界。这样的快乐犹如无极的空气，无色无味却舒心于怀。

快乐虽然有道可循，但依赖这种方法寻找快乐常常会造成不快乐。要使快乐融入人们的生命，就需要用心去养成快乐的习惯，只是习惯需要培养，当把快乐培养成为一种习惯后，我们就不需要给快乐找理由了。因为快乐，所以快乐。在这方面，作者感觉特别明显，他一向认为道德即生命，快乐即心境，与儿子交流，就是与未来对话，乃人生第一乐事。因而，他善于在平凡的生活中发现生命的价值，并能创造出快乐的心境。这本《儿子说父亲曰——与儿子一起快乐成长》，就是作者从培养儿子的快乐习惯入手，通过对宇宙和人生的思考，与儿子进行心灵对话，并把寻找、发现、创造、感受快乐寓于家教之中，具体到生活的点点滴滴和方方面面。但初读此书，很多读者会觉得心里很纠结，因为作者的视角与传统家教的着眼点很是不同，他常常把人们视为美好的东西撕破了给孩子一看究竟，让人感到人生苦难重重。不过，请你不要回避，你也无法回避，回避的结果是你不得不承受更多的困苦，因为事情真相往往是残忍和痛苦的，获得心灵快乐的过程本身就充满了痛苦和纠结。只有经历了心灵痛苦和身心磨炼，快乐才能长久，心灵才能回归到恒久的宁静中。也只有经历了心灵煎熬的人才会更加珍惜快乐。故而作者在看似平常稀松的琐碎生活中，与儿子通过说事拉理，拨开人生旅途上层层苦难的迷雾，慷慨地与你分享他自己探寻由感性快乐到理性快乐再到心灵快乐的途径和方法。因此，静读此书，在经历了初期的纠结、沉重、痛苦之后，道德的清源，修身的磨炼，立业的创造，为世的练达，经心的本真，会开启读者心灵自由快乐的更高阶段。社会的文明、经济的发展、文化的兼容也都正在向这个方向努力，这也将是人们内心向远古时代自由快乐的复活，这种高级形式的复活，会让你有豁然顿悟人生，使你在体悟社会后获得心灵解脱的愉悦。

如果这样，你还不知道怎样才能快乐，还是听听作者的表白吧！“我曾一度不理解，为什么有人老说不快乐。现在我明白了，那是因为他们的快乐需要太多看似美好的东西去支撑，比如婚姻、爱情、事业。为实现这些愿望，他们人为地给自己定下太多的目标，总是把快乐放到未来，把快乐供奉在内心深处，逼迫着自己付出当下全部的精力，去为未来的快乐不停地努力，从而忽视了身边的快乐。”古人云，求人不如求己。林肯也说，只要下决心快乐，就会快乐。你没有必要深谋远虑去想如何才能快乐。没有哪种学校或者培训能够告诉你如何快乐，你也没必要苦思冥想如何才能快乐。每个人心中都有一把快乐的钥匙，但我们却常常在不知不觉中把它交给别人掌管！如果你不快乐，请你扪心自问，我的钥匙在哪里？在别人手中吗？快去把它拿回来吧！这可是世界上最伟大的真理之一，它之所以伟大，就在于我们一旦想通了，打开快乐的心路，找到了它的密码，我们就能开启快乐之门，实现人生的超越。现在终于明白，快乐并不遥远，而是紧密地贴近生活。只要我们每天用心感恩生活，让感恩成为习惯，快乐也会成为一种习惯。

朋友，在路上，所有的悲伤总会留下一丝欢乐的线索。让我们同作者父子一道，去用心感受、发现、创造、习惯、享受快乐的人生吧！

# 目　录

## 第一章　道德新说——探寻快乐之源

### 第一节　乐道乐德

## 第二章　修身真味——夯实快乐之基

### 第一节　乐勤乐俭

## 第五章　经心真义——塑造快乐之魂

### 第一节　乐仁乐爱

## 附录　古调乱弹集

**卷二:诗中人生·从心开始**

第一章

# 道德新说——探寻快乐之源

所有的理论都是灰色的，而宝贵的生命之树常青。

——歌　德

道德之要，在于体悟生命，万物互体，天道人道同归生命。道即生命，德则好生，生命是快乐的本体，道德是快乐的本源。曾几何时，“及时行乐”被人们口诛笔伐，针砭有加，不论是传统的先忧后乐，还是基督的原罪赎说，抑或是佛家的苦海无边，都人为地给生命叠加了太多的道德束缚，使人生阴云密布，不堪重负，充满了悲情色彩。穿越层层人为的道德迷雾，你会发现，虽然每一个人都拥有生命，但并非每个人都懂得生命、珍惜生命。虚度光阴的人，生命对他来说，并没有多大意义；滥用生命的人，生命对他来说，是一种惩罚。人生本是为快乐而生，不是为苦难而活，所谓道德，不过是为生命快乐而制订的法则罢了。可是，现实中人们在寻找快乐时，常常忘记了自己是产生快乐的本体，常常执迷于追求生命之外的快乐。生命不存，焉有快乐？离开生命去追求快乐，无异于缘木求鱼。正本清源，要使快乐与人生、生命、道德水乳交融，感知“快乐的就是道德的，道德的亦是快乐的”这样的人生乐趣，就必须从日常点滴做起，使道德顺应天命，用生命的真实完全展现道德的真实，让“天命”表露在“人生”上，达到“天人合一”的境界，才能真正找到快乐的源头。

# 第一节　乐道乐德

## 活着最美

**【儿子·说】**

2003年7月5日　　星期六　　晴

今天英语考试，我心想，如果考砸了，爸爸肯定不会放过我，那我就"死"定了。上午老师指导我们复习，我认真听课，第一个做完了作业，而且正确率达到了百分之百。老师批改后，给了我一个"Very Good"的评价，我心里很高兴。

下午考试时，试题十分简单，我估计自己可以得90分以上，心里美滋滋的。回家后，我玩了三个小时，完全把作业抛在了脑后。爸爸回来后批评我自制力差，要我加强学习的自觉性、计划性。爸爸要求我每次预习时，语文必须提出两个问题，数学必须提出三个问题，还要把提出的问题写进日记里。这下我可真是"死"定了。

**【父亲·曰】**

紫阳，爸爸今天很生气！你不要总把死活挂在嘴上，即使随口说说也不行，这会对你的人生产生消极影响，请你以后不要这么说了，这是无能的表现！海涅说："生命是珍贵之物，死是最大的罪恶。"世界上没有什么东西能比人的生命更加珍贵，"人命关天"就是这个道理。

活着是生命赋予我们最伟大的使命。生命是上帝赋予个人的权利。有句俗话叫作"除死无大事，要饭永不穷"。在这一点上，上帝总是公正无私的，虽然人生有许多苦难，但我们还可以选择不同的活法。如果轻易放弃生命，就连上帝也不会原谅，因为违背了上帝的旨意，死后必然被打入地狱。司马迁说："人固有一死，或重于泰山，或轻于鸿毛。"但我认为，不论任何人的死对他的家人或朋友来说都重于泰山，不存在轻于鸿毛的情况。道家或政治家用鸿毛、泰山比喻生死之不同，本身就是对人性的扭曲，是一种立足于一部分人的理性立场所阐发的理论，是针对死的意义而言，也是对生命消亡的一种道德上的评价，以此为典型，对所有活着的人进行一种道德与情操上的熏陶与教育，进而使所有活着的人活得更有意义、更有价值。但是站在人性的立场上看，活着还有一层利他情怀，就是人的身体和生命不光是自己的，也是社会和家族的。对每一个个体、每一个家庭而言，生命是最最宝贵的东西，没有什么能够让人以己命予以交换。因此，在收到上帝邀请前，任何人都没有权利处置自己的生命，爸爸从内心深处就瞧不起那些自行了断生命的懦夫，因为活着比死亡更需要勇气。不是说爸爸没有忧国忧民的情怀，爸爸知道，现实需要我们改变，你死了对世界会有什么损失，但你却逃避了对家庭和社会的责任，这是任何人都不能容忍的蠢事。敬畏生命的最好方式就是保持一颗平常心，然后开心地活着。

活着是人世间最富诗情画意的事情。生命是一个传奇，活着是一部童话。世上没有什么比活着更富有诗情画意了，哪怕平凡普通一无是处，哪怕身无分文处境窘迫，哪怕负重跋涉苟延残喘，只要活着，白天就能经历风雨，夜晚就可编织梦幻，还有爱你的人陪伴，还能寻找那些零星的快乐，还可以穿越历史时空，感受古来圣贤的思想火光。这里的关键就是心安，心安是活着的最美状态。没有内在的平静，就没有外在的安宁。幸福不在别处，而在心里，心安即是归处。只要心安，每天都是好日子，在浮躁中寻得心安，在心安处感受幸福，人生即是圆满。拿破仑是战无不胜的英雄，拥有了一般人梦寐以求的一切——荣耀、权力、财富，然而他却说："在我的一生中，从来没有过快乐的日子。"海伦·凯勒是个又盲又聋又哑的残疾人，生活对她苛刻得不能再苛刻，可她却说："生活是多么美好啊，我要珍惜！"所以，淡看世间浮云，淡薄是非得失，简单、坦荡、真切、平静、透彻、无争，这就是福。

活着就是创造幸福和承受苦难。活着的真正内涵在于上天借给了我们一段时光，让我们去发现人性的真善美。但丁说："人不能像走兽那样活着，应该追求知识和美德。"生活对你不公，充满不幸，只要咬紧牙关，你就会发现，原本泪流满面的时光在岁月的相册里也是一个令人陶醉的记忆，那是一种不可复制的温馨。亨利·门肯说："人活着总是有趣的，即便是烦恼也是有趣的。"要取得"有趣"的能力，就要有"不怕"的精神：一是不怕犯错。即使错了，也不必懊恼，人生就是对对错错，何况有许多事，回头看来，对错已经无所谓了。人生中不可挽回的事太多。既然活着，就要朝前走。二是不怕苦难。经历过巨大苦难的人有权利证明，创造幸福和承受苦难属于同一种能力。人生有多少痛苦，就会有多少成长。况且，现实中，无论你经历了怎样的苦难，到头来总有一个人的出现，让你原谅上天对你所有的刁难。三是不怕渺小，虽然世事难测，但是我们还可以选择不同的活法。适合自己的活法，就是最好的活法。我们虽然渺小，好似小草，但却不忘对蓝天和阳光的憧憬，不忘对真善美的追求——这便是一种"对活着的向往"。卑微渺小的时候不要沮丧，因为"踮起脚尖，就更加靠近阳光"。令人动容的不是生命的华丽，而是生命如何以一种艰苦卓绝的方式活着，并用活着的方式大胆地宣告——生命是宇宙之精华，更是一种"惊心动魄的壮举"！

活着最美还体现在生命的不可预知和残缺美上。活着并不意味着完美，接受不完美，则处处完美，断臂维纳斯也是美丽的。其实人生的全部意义就在于活着，既然活着，我要准备接受现实。而现实从古到今，从中到外从来都是不完美的存在，甚至是残缺的存在，因此人们常常把完善寄托于天国和来世。正因为智者知道世界的这个秘密，故而能安之若素，从容相处。如美国前总统尼克松就曾说："作为领导人，一个重要的品质就是敢于在拙劣的公文上签上自己的名字。"但也有一些所谓的智者却和现实成了"死磕派"。这些人也许智力超群，但不能称为智者。外国如海明威，国内如三毛、海子。他们也许是时代的佼佼者，但绝不是生活的强者，人类本来就是一种有限的存在，而个人亦是如此。公然可以追求对这种限制的一些突破，但人永远达不到无限的完美。真正的强者敢于面对和接受世界的无限和人生的有限，是一种面对理想完美的现实不足。要保佑生命，就要放弃在现实中追求完美主义的企图，甘愿与芸芸众生为伍，容忍缺陷，容忍不足，也包括对生活、对他人、对社会，也对自己做出一些妥协。这种妥协不一定是负面的，甚至可以是生命的一种坚忍和顽强。正是这样生命才充满了美满和期许。可现在有一种倾向，家庭、学校在教育孩子时，急于求成，弥漫着过高的期许，给正当少儿的孩子无形中定下了过高的标准，从而给孩子过大的压力，还美其名曰“不能输在起跑线上”，不知给孩子留点后劲，结果从幼儿园就过早地把孩子推上了竞争的轨道，过早地剥夺了孩子感知快乐的能力，这是对孩子的一种残酷的摧残。

其实，从功名来看，不管多么努力，大多数人的一生一定都还会是普通的。出众者总是少数，要不怎么叫“出众者”？不用把每个孩子都当成未来的比尔·盖茨、爱因斯坦或国家总理去期望和培养，只要活着，就要接纳不完美的“我”，一生平安幸福就好。

活着是天地万物最为勇敢的明智选择。活着与死去的最大区别在于：活着就有希望，死去一切皆空。死后的荣耀是最不值钱的装饰，毫无意义，只是给居心叵测者授以骗人的证据和工具而已。1960 年，当非国大在南非遭禁的时候，曼德拉就嘱咐他旗下的那些年轻的非国大成员说：“没有必要牺牲，你们走吧，去外国深造。”在这些流亡的非国大成员里，其中就有今天的南非总统姆贝基。30 年的非暴力民主运动，使南非避免了内战，也使南非在 1994 年首次实现多种族平等大选。这种非暴力民主运动的精神，来源于英国 1688 年的不流血革命。这股英国风，堪称人类运动史上最具人性光芒的一缕和风。在 19 世纪下半叶至 20 世纪上半叶近一百年的时间里，世界上有很多国家都有过革命经历，长则半个世纪，短则二三十年。革命就是流血，几乎成为这些国家的一个铁律。从这点看，曼德拉的伟大是人类生命和心灵史上不可或缺的美。今天回过头来看，非国大党的胜利已不再是最重要的话题，反倒是曼德拉上面的那番话更值得我们深思。

古人讲，上天有好生之德。应从两方面理解，一方面，上天包容万物，拯救黎民于水火，为黎民安居乐业谋福利。珍惜生命就是珍惜世界，一个连自己的生命都不珍惜的人，你还指望他珍惜别人的生命吗？所以我说，活着就是硬道理，就是真的，不要把希望寄托在毫无意义、从未见过的天堂之上。另一方面，上天会珍惜所有的生命。最痛苦地活着也比最壮烈的死亡更能显出勇气。因为痛苦是一种经历和感受，而死亡是一种放弃和逃避，痛苦地活着体现出生命的不屈、顽强与精彩，轻言死去则代表着对生活的恐惧、无能和软弱。任何时候，生命都比思想重要，因为人类社会发展的过程就是珍惜生命的过程，这是人类最高的理想！因此，不论遇到任何困难和痛苦，不论有何种理由，你都要记住：活着最美，这是大德大道。

## 从爱自己开始

**【儿子·说】**

2003年7月20日　　星期天　　阵雨

今天早晨，妈妈生病了，躺在床上，脸色苍白，呕吐不止，把我和姐姐吓得哭了起来。爸爸忙着给妈妈找药吃，后来我想到妈妈喜欢我认真读书时的样子，就大声朗读少儿剑桥英语课本，想让妈妈在我的读书声中减轻病痛。

上午放学回家，爸爸去上班还没有回来，妈妈还在床上躺着。姐姐就为我们做饭，我去卧室陪妈妈，看着妈妈的气色慢慢变好，我也渐渐放下心。

下午放学回家，看到妈妈的身体已经基本恢复了，我们全家都很高兴。我也暗下决心：从今往后一定要好好学习！

**【父亲·曰】**

我们是血脉相连的亲人。妈妈生病了，我们急，你也心痛，并想办法缓解妈妈的病情，这让爸爸很感动。当然，爸爸感动并不仅仅是你对妈妈的爱，而是爸爸从你的行动中看到了你作为一个男子汉的勇气和责任。作为男人，一定要爱家，因为家是你成长的地方，是你的坚强后盾，能给你力量；

同时,家还是你将来前行必须要挑的担子,是你的责任。

你是一个男子汉,爸爸希望你能爱家,爱现在的家,也爱将来的家。当然,爸爸更乐于看到你爱自己,要知道你们的平安健康是我们长辈最大的福气,爱自己才是爱的开始。

爱自己,就要珍惜自己的生命和健康。古人说:人之肤发,受之父母。对父母来说,儿女们最大的孝敬就是健康快乐。在人生的低谷,才能发现生命中原来有那么多像肥皂泡一样的浮华,从而看清生命的真谛。人在青少年时,往往不知珍惜生命和健康,这就是幼稚和无知。

爱自己,就要让自己变得强大,因为这个世界只相信实力,不相信眼泪,一切纠纷包括战争,拼到最后都是在拼实力。实力包括智力、能力和力量。智力是灵魂,能力是纽带,力量是工具,三者缺一不可。比如学生,学习好的学生,获得成功的机会就多,也能更多地得到别人的爱。从这个角度看,世界上没有无缘无故的爱,别人给予你的爱都是有条件的。我爱你,因为你是我的儿子,是我生命的延续;你爱我,因为我是你父亲,是你生命的开端。同时,爱还需要营养和呵护。

人不但要懂得爱自己,还要学会爱自己,这样才会保持清醒的头脑和正确的方向,否则,我们就会沦为别人手中的武器。荆轲刺秦王的故事可以说是家喻户晓,荆轲固然英勇,可是他不爱惜自己,看不清历史前进的方向,最终成为燕太子丹手中的一枚棋子,身死魂销。

学会爱自己,也许会面对许多指指点点,遭遇许多非议,甚至于误解,但爱自己绝不等同于胆小怕事。要知道,每个人在这个世界上都是独一无二的。人生在世,我们可以有许多选择,有许多方向,而作选择的前提是自己生命的存在。古人说的"留得青山在,不怕没柴烧"就是这个道理。因此,学做人先要学会爱惜自己。

紫阳,你已经长大了,该有责任感了,我和你妈妈不在的时候,你就是主人,要懂得自己安排学习,确立好一天的学习目标,并认真去做,同时,还要照顾好奶奶。孝敬老人,首先要顺从老人。家是什么?有人说,家是凄风冷雨的旅途中袅袅升起的一缕炊烟,是茫茫深夜里远方闪烁的一盏灯。家有天伦之乐，夫妻恩爱，少不了相扶相帮，缠缠绵绵；家有锅碗瓢盆，一日三餐，免不了摔摔打打，磕磕碰碰。家如四季，有冷有暖，有风有雨，有的人把春天留住，天天都有好风景，有的人让冬天闯进，冷冷清清度过一生。作为男人，首先应该建立起家庭的精神大厦，撑起一片属于家庭的天地，就像在骄阳似火的夏日，路边那一棵绿叶婆娑的梧桐。

在家中，人是前面的"1"，乃安身立命之本，其他如后边的"0"，没有前面的"1"，后面的"0"再多也毫无意义。

## 每个人都是主角

**【儿子·说】**

2006年5月10日　　星期三　　阴

今天游艺课上，我和几个同学一起表演了《三国演义》中的《空城计》。我演大将张苞——张飞的儿子，我想自己不是张苞那样的粗人，怎么让我演了这么个角色呢？我长得这么帅，应该演主角才对啊！不过好在还有两句台词，总算能出点风头。我的好友小张演了个书童，专门为诸葛亮抬古琴，他本来就又矮又瘦，演书童还挺像。小宇是这个课本剧的作者，他的台词最多，我真想和他换换。下课后，我们在一起交谈，小张说真苦了他了，光当个书童，一句台词都没有，什么也发挥不出来。我安慰他说下次台词可能会多一些，可心里也在默默叹气道：我也只有两句台词，而且还不是我喜欢的角色。

**【父亲·曰】**

在舞台上你因没有成为主角而感到苦恼，是因为你有选择的权利和机会。有主动权却未能如愿，这的确让人苦恼。而摆脱这种苦恼的最好方法就是用心演好你的角色。台词少也要说得恰到好处，没台词就做好你的动作，没有动作就让你的表情灵动，没有表情就用眼神来传达你的思想和情感。不要认为别人看不见，那是自欺欺人，因为你是在表演，而不是去充当一个物件，况且物件也有其卖相。

在人生的舞台上，大多数的角色不是你可以选择的，就像《大话西游》中紫霞仙子说的“我猜中了开头，却没有猜中结尾”。不论是谁都只能猜到一个人的“生”，却猜不准一个人的“活”，这于我们自己也是一样。我们不能选择出生和性别，不能选择是否有健全的身体和大脑，我们更不能选择是谁的子女，抑或是谁的兄弟姐妹，一出生，我们就扮演着独一无二的角色。而在生活中，碰到什么人、遇见什么事，这些也都不受我们控制，生活也会因此而赋予我们更多的角色，这些角色我们没法选择，也没法猜测，太多的未知、挑战、困难以及应对多彩变化的生活使我们不断成长，也只有这样，我们才能成为自己人生的主角。所以说，每个人都是众多角色的综合体，生活中，我们要不停地变换角色和台词，时刻准备出演各种各样的人物。但不管有多少角色，我们始终都只是自己。对于生活的赋予，如果我们不能选择，那就尽心尽力演好自己的角色，使自己的生命丰富、饱满。这样，当你垂垂老矣，坐在夕阳下回忆往事的时候，你会感到由衷的欣慰，因为你做了自己生活的主角。

## 先解放自己

**【儿子·说】**

2005 年 2 月 1 日　　星期二　　阴

不知是不是天气的缘故，今天一整天我都觉得心里不舒服，很烦，学习总是静不下心来，做作业也总是出错，感觉脑袋像生锈了似的，一点儿都不清醒。晚上回家，妈妈还没回来，我就打开书包准备写作业，可抬头却看到书桌非常乱，看哪儿都觉得不对劲，书桌明明一直都是这个样子，可今天怎么偏偏就看着不顺眼呢？心里一阵烦闷，便把书包扔到一边，将书桌整理了一下，感觉好一点儿了，可还是觉得别扭，就又把书桌上上下下、里里外外重新整理了一次，这下我心情终于好多了。打开书包，家庭作业好像也简单了不少。

心里明明想叹口气，可记得爸爸说过男子汉不能老叹气，只好不写“唉”了。但愿今天这种状况别再出现了！

**【父亲·曰】**

如果你感到压抑、烦闷，难以集中精力，最简单的办法是从你的书桌下手，整理你的书桌和物品，因为这些东西往往事关回忆，会分散你的精力，给你造成心理压力，把你牢牢地绑缚在过去的时光里，使你的心灵缺乏井然有序的感受。如果你肯花点时间，对桌面或周遭物品进行简化处理，你就会惊讶地发现，你突然变成了至高无上、主宰一切的君主，不但思想上得到自由，灵魂也得以安宁，而且好似又重新获得了工作学习的激情。这种工作激情又使你的心情更加愉快，学习工作更加专心，学习效率更加高效。在整理这些杂物后，思想会变得更加清晰。这虽是小事，但却揭示了一个人生的大道理——“精于心，简于形”，用心去对待周遭的一切，用最简单、淳朴、真实的方式去实践。一切从简，生活才能快乐；化繁为简，人生快乐的智慧。

人的一生当中，有很多时候需要对自己的身体、思想、环境、处境、感情和人事等进行整理，以解放自己。因为人在不断进步的过程中会沉淀许多无用和有害的东西，如果不能学会整理自己，解放自己，你就会被无用的东西累死。

记得毛泽东有一句名言叫作“无产阶级只有解放自己，才能解放全人类”。这和我们古人说的“一屋不扫，何以扫天下”有异曲同工之妙。对于个人而言，要安身立命，就必须先解放自己，打理好自己的生活。

解放自己，首先要解放自己的思想，只有想不到的，没有做不到的。当年人们认为嫦娥奔月是神话，现在却成了现实；当时人们认为孙悟空一个跟斗十万八千里是幻想，今天的火箭却比孙悟空还快。这就要求人从固有的思维中跳出来，多一些“胡思乱想”“异想天开”。只有破除禁锢，在社会大变革中做到先知先觉，才能审时度势、大有作为。身体既是个人的，又是父母的，还是社会的，要达到无我境界，就要抛开束缚，解放自己。这样做的目的是为了提升自己的境界，也是为了解放别人，普度众生。

解放自己的思想，首先要认识自己，不断检讨自己的不足，有针对性地进行自我完善、自我提升。整理自己，可以把很多平时欠下的东西落实下来。其次，要埋头做事，在做事中悟出人生的真谛。人们都讨厌只会说不会做的人，说得越多，越容易露出破绽。再次，在生活中不论遇到什么事，你都要用一颗平常心去看待，要学会用游戏的态度来对待你所从事的事情，这样，枯燥乏味的事情就会变成可爱有趣的事情了。如果你从心理上把你从事的学业或事业当成一场游戏，你便会投入其中，乐此不疲。因此，我建议你能把学业、事业变成一种乐趣，只有这样，你才会投入全身心去做一件事情。

解放自己，就不要把你所从事的工作和所干的事只当成事业、学业，这样你就会永远感到刺激、新鲜，使学业、事业深入你的血液之中，变成你日常生活的一部分，这样你就会越来越强大。中国人和外国人的一个不同之处在于，前者把认真写在脸上，心里却一心多用，而后者把认真放在心里，脸上却轻松自在。人要做成一件事，一定要知道把功夫用在哪里，这里面其实有很多所谓的“巧劲”，而这个巧劲是通过反复实践、不断整理后才得出的。

## 学会“寻欢作乐”

**【儿子·说】**

2004年9月27日　星期一　晴

下午快放学的时候，老师说道：“明天下午操场上有一场杂技表演，表演者年龄和你们差不多。”“耶！”听到这个消息，同学们雀跃不已。男同学的眼睛里直放光，好像突然找到了好玩的东西一样；女同学则比较安静，大部分你看看我，我看看你，但脸上的喜悦却是怎么也掩饰不住的，只有极个别女同学高兴得手舞足蹈，原本安静的教室一下子变得热闹起来。看到这一幕，我不禁想，这样才对嘛，我们都还是孩子，别成天像个小大人似的，孩子样都没了。学习肯定要好好学，可是这玩嘛，也得好好玩，明天，无论如何，我们都要去看看我们同龄人的精彩表演才行。

**【父亲·曰】**

人生不能没有梦，否则人生太没有意思，拥有梦的人是年轻的，而梦太多的人往往是憔悴的。

从人性上来说，人都喜欢与弱者共事，那样可以显得自己聪明、伟大，有成就感，你看一看养宠物的人就会明白这个道理，除非他心怀叵测或心怀大志。伟人最不愿意又不能不做的事就是与弱者共事。与狼共舞，狼可以杀敌；和羊同处，羊只能用来养人。如果一个人喜欢与强者为伍，那他追求的绝不是眼前可以看到的利益，而是有更大的企图或抱负。

快乐是一种感觉、一种心境，也是人生的终极价值。人生本源在于“寻欢作乐”，人生的目的也在于“寻欢作乐”，人生来并不是受苦赎罪的，而是“寻欢作乐”的。快乐最大化和痛苦最小化是每个人的人生目标，也是衡量一个社会发展程度的最终指标。其实，古今中外的一切活动，其本质都是为在这个世界“寻欢作乐”，否则，人生还有什么意义？人往往把人生的意义复杂化了，一旦复杂化了，就可以随心所欲地来解释。有些人害怕别人知道了生活的实际意义而不再上进，于是便将水搅浑，只有把水搅混了，才能浑水摸鱼。未弄清生命的本意，并不是弄不清楚，而是不愿让人清楚，我们现在不愿提及的常识，正是人生存的本意，正像人生本来就是“寻欢作乐”，却偏要用种种附加的问题来进行否定一样。

但是，一定要弄清楚“寻欢作乐”的真正含义。寻欢，就是发现美好的事物、愉快的事物，忘掉肮脏的东西、伤心的事物，就是人们对美好事物的渴望和希冀。寻的过程，也是人成长的过程，学会把寻欢与探索、工作、生活、学习结合，即使失败了，寻欢的过程也属于自己。现在的问题是，人们不敢或不会寻欢，主要是因为人们已习惯按照别人的标准和看法过自己的生活。要寻“欢”，首先要到琐碎、庸俗中去寻找，从你的工作中去寻找。一切高雅的东西都来自于粗俗，就像荷花生长于污泥中一样，不必为自己的平庸而烦恼，平庸也罢，不凡也好，你在这个世界上是唯一的。要寻“欢”，要到身边、当下中去寻找，在你所处的环境中去寻找。虽然快乐与人的处境并不一定完全联系在一起，社会学调查也表明快乐在温饱线下才与物质有关，一旦达到温饱线，就不再相关了。其实，生活中处处充满快乐，只是我们缺乏发现快乐的眼睛。要学会在寻找中发现快乐，在学习中发现乐趣。有人把星星当作天空的眼泪，有人却把星星当作指路的明灯，所谓“境由心造”。

作乐，就是在做的过程中体会快乐、创造快乐、经营快乐，作乐是生活的动力之一。既然痛苦是一天，快乐也是一天，何不天天快乐？要作乐就要抓住现在，学会享受生活，人生苦短须尽“欢”。要作乐，首先，要学会放弃，简单生活是快乐的不二法门。要求太多，想法太杂，怎能快乐？其次，要学会宽容，特别是对伤害过自己的人要宽容。如果一个人侮辱你，你不要还击，不要打断他，而是耐心地听他讲，直到他无话可说。最后，要调整自己，学会黄连树下弹琴——苦中作乐。世界上没有过不去的坎，明天的太阳照常升起。此外，要学会接受自己，欣赏自己，这样你看起来才会神采奕奕、光彩照人。还要学会享受快乐，如美食之乐、华服之乐、情感之乐等。另外，帮助别人也能快乐。作乐过程中要谨记，兴趣是最好的老师，作乐的过程也是兴趣所至的过程，不要忘记，乐是作出来的，不是想出来的。

在我看来，如果除去故弄玄虚的成分，所有的人生哲理都是简单明确的。人生就是为了“寻欢作乐”。这里需要说明的是，把“寻欢作乐”当作人生目标是否会比较浅薄、堕落呢？利他是最高尚的行为，人在利他的行为中获得自己的快乐感觉，最终还是以利己为动力。个人除了身体与心灵快乐之外，是不是还有其他有价值的人生目标呢？比如救苦救难、解人倒悬、维护公平正义等，但这样做仍是为了最终获得内心的快乐感觉。对个人如此，对社会也是如此。人是社会动物，但人与动物的区别就在于人会追求精神享受，无论是王侯将相，还是平民百姓都是一样。因此，衡量一个社会的发展程度，生活于其中的人们的快乐感觉其实也是最终的目标。快乐在解决了温饱之后，更多的与文化、习俗、行为规范和道德规范这些东西息息相关。因此，一个社会最大多数人的快乐最大化、痛苦最小化上达到水平越高，这个社会治理就越成功、越合理。所以，请你尽情寻欢吧！作乐吧！“寻欢作乐”是人生的重要组成部分，也是人一生的追求。只是人寻欢的途径不同，作乐的方式各异，这些也决定了人们不同的人生轨迹。

## 生存之道就是斗争之道

**【儿子·说】**

2006年4月25日　　星期二　　晴

上午，我和同桌又争执起来。老师布置了一道比较难的应用题，我一时半会儿想不出如何解答。按照以往的经验，我认为从问题入手容易解答，可同桌却坚持从已知条件入手，我俩谁也不服谁，争了个面红耳赤。最后，我俩都按照自己的想法解题。解答完后一看答案竟然一样，而且在解题的过程中都先求出了一个中间量。我不禁感叹：现在的很多题都是一题多解的，我为什么要坚持让同桌按照我的想法解题呢，否则也不会吵起来了。

想想真是头疼，怎么感觉在我的印象当中好像经常和同桌争吵，为了同一件事情的看法，为了一道题的解答……算了，以后还是忍忍吧，老吵架也不好啊！

**【父亲·曰】**

君子和而不同。斗争既是大自然的客观状态，也是人类社会的生存法则。翻开人类历史，人的每一点权利都是通过斗争得来的，包括朋友。从大方面说，这体现了人类社会特别是民主社会的本质——斗争与平衡的转化。靠救世主赐予或他人设计出来的权利是靠不住的，唯有自己争取的才是真实可靠的。从小处说，有棱有角的人更有魅力，更能显示出智慧和力量，更能赢得别人的尊敬和友谊，包括敌人。所以，真正伟大的友谊和尊敬往往来自敌人。但你要记住，好脾气，成大事。有人说，事业要起航，性格来掌舵。思想决定行为，行为决定习惯，习惯决定性格，性格决定成功。播种一种行动，收获一种习惯；播种一种习惯，收获一种性格；播种一种性格，收获一种命运。要有好的命运，基础功课之一就是要练就好的性格。首先，要学会自制，克服欲望，不要因为有点压力就心里浮躁，遇到一点不称心的事就大发脾气。一个人要先控制得了自己，否则将无法控制别人。而人最难战胜的就是自己，这话的含义是说，一个人成功的最大障碍不是来自于外界，而是自身。只有控制住自己，才能顶住压力，让压力在你面前屈服。重耳颠沛流离十九年，遭遇无数的困境，而正是这些困境，使他克服了贵公子身上的许多毛病，养成了许多好习惯，塑造了良好的性格，而良好的性格最终促使他成为春秋时的一代霸主。其次，要把情感装入理性的笼子里。情绪对人一生的影响是巨大的，不良情绪会成为人生路上的绊脚石。这种影响能从诸多小事上体现出来。比如你今天悟到的“老吵架也不好”这一道理。因此，你必须去先适应别人，适应形势，不然的话，你注定会被社会和他人淘汰。再次，事情不顺的时候，歇口气，重新寻找突破口。与人相处要大度，不要刻意把有可能是伙伴的人变成对手。不要对别人的小过失、小错误斤斤计较。在金钱上要大方，学习“三施”（财施、法施、无畏施）。要乐于和别人分享自己的成果和成就。不要随便显露你的情绪，不要逢人就诉说你的困难和遭遇。在征询别人意见之前，自己先思考，但不要先讲。善于借力、借热营造成功的局势，这样才能把一件件难以办成的事办成，实现自己人生的一个个目标。最后，要持之以恒。古人曾谆谆告诫：“靡不有初，鲜克有终。”要想炼成好的性格，就要避免人们常犯的毛病，做事有始有终、坚持不懈。

## 善于迎接挑战

**【儿子·说】**

2004年9月10日　　星期四　　晴

今天早上第一节课是数学，一上课，老师就拿出四张纸，上面写有五十道口算题，他让我们每个组选出一个同学代表本组参加口算比赛。同学们听了都你推我，我推你，没有人愿意上去，因为输了就代表一个组输了，没人愿意负这个责任。老师看了半天，也有些意外，就说："怎么，我的学生就这么没胆量吗?"被老师这么一激，第一组就有人站起来了。其实从一开始，我就想参加，没有压力就没有动力，全当这是一次挑战了。所以看到第一组有人站起来了，我也调整呼吸，让自己冷静一下，站了起来，没想到却引来了全班同学诧异的目光，看来他们都没想到我会站起来吧。哼，我一定不能让他们看我的笑话。结果在接下来的口算比赛中，我竟然是四个人中最快的，准确率也是最高的。看着同学们投来佩服的目光，我的心里不由得多了一些成就感。我相信，通过这次挑战，我将更有信心迎接以后的挑战！

**【父亲·曰】**

引领别人走出黑暗的人往往会被黑暗所吞没。作为学生，如果光顾催别人做作业而荒废了自己的学业，那是得不偿失的。

人自呱呱坠地之时，就面临着许多挑战。人在不断迎接挑战中寻找乐趣和信心，而这些挑战的对手首先是自己，有些人因无法面对复杂的现实而选择逃避，而有些人则胸怀理想，喜欢迎接挑战，并能在迎接挑战中实现自我价值。其实人的价值在于对社会有所贡献，对于绝大多数人来说，迎接挑战，是为了生存生活，而对于心怀大志者来说，迎接挑战则意味着培养百折不挠的毅力。

要学会迎接挑战，必须从以下三个方面入手：一是要藐视困难，认清现实。人的一生都在解决困难，同时人也在解决困难中不断成长。藐视困难，你就要先了解对手，在了解对手的同时也要学会让别人了解自己。人的第一印象十分重要，所谓一见如故，说的就是第一印象的重要性。现实中，第一次往往是仅有的一次机会，否则，你今后即使花费再多的时间，也难以抓住别人的心，如果抓不住别人的心，就很难走近对方、了解对方，解决问题就面临着更大的难度。无论干什么事，要记住欲速则不达，不能急于求成，要慎之又慎，一个小的过失，就会给人留下深刻的印象。二是要把位置放低，把眼光放高，面对挑战，精神上要藐视，行动上要下跪。但要记住，我们跪下的是身体,绝不是精神,胜利只属于那些跪着却依然昂起头的人。把位置放低,一方面要慎言,人们往往欣赏知识丰富却不吹嘘的人,言多必失,只会暴露自己的缺点;另一方面要善于倾听,多听少说。如果你要成为一个善谈的人,你首先必须学会做一个善于倾听的人。特别要鼓励别人多谈,听取他人的建议,这是最佳的选择。三是要靠理论拓宽思路和视野,靠实践取得成功。要成功,必须一边学习理论,一边等待时机,理论只能拓宽视野、思路,而不能代替实践,一切成功都在实践之末,而不在实践之始,所有的错误,往往是在正确的"信念"下铸成的。所以,要学会批评理论,不受批评的理论会对人类有百害而无一利。理论是在实践中逐步趋近完善,从理论到成功,中间要用实践来支撑,没有实践的成功犹如海市蜃楼,看上去五彩斑斓,实际上只是一种虚景。此外,还要善待失败,失败会使一般人丧失斗志,但对强者来说,失败犹如激流中的磐石,反而能激出更大的浪花。

育树为人,可以选择自己的生存或生活态度,生活逻辑告诉我们,艰难和挫折是对命运和人生最好的锤炼——树因此而堪用,人因此而成才。

在人与人的关系以及做事过程中,我们很难直截了当地把事情做好,有时会碰到困难和障碍,这时我们并不一定要硬抠、硬顶、硬冲,我们可以选择先把困难、障碍绕过去,也许只有这样,事情才会更加顺利。

## 失败是男人的"特权"

**【儿子·说】**

2005 年 3 月 23 日　　星期三　　阴

今天早晨,我又去学校的乒乓球训练场地看队员们训练了。这几天,我真的很想打打乒乓球,可是,我只能看不能打,谁让我没有被校队选上呢!看到队员们训练得热火朝天,我心里感到非常失落。我在这次选拔中落选了,为什么我这么失败?

**【父亲·曰】**

不要气馁,不要羡慕别人,临渊羡鱼不如退而结网。一次没有被学校乒乓球队选上不算什么失败,要相信自己的实力。况且有时失败一次比成功更好,因为人往往能经得起失败却经不起胜利。失败可以让人清醒,使人明确追赶的目标,有时过早的成功容易使人定型,找不到突破的方向。大器晚成,经过无数次失败之后的成功反而更加令人珍惜。在人的一生中,失败是常事,成功只是瞬间的辉煌。

身为男人,就不要害怕失败。男人注定要做顶天立地的砥柱,没有经过锤炼如何能撑得稳当?失败正是锤炼男人的火炉,只有经历过失败,并在一次次失败中站起来,才会变得更加坚韧。一个男人如果没有经历过失败就轻而易举地获取成功是一件非常危险的事情,一旦面对失败,就会败得一塌糊涂,因为他如同棉絮一样太“虚”,一旦遭受失败,体积严重缩水,他所撑起的“天”也会坍塌。

对于一个真正的男人来说,失败是他的特权。我们看一个人不能只看他取得了多少成功,而要看他经历过多少次失败才走到今天。奇怪的是,人们成功一次,智慧往往减少一点;失败一次,智慧往往增加一些。成功的人是在失败面前不服输的人,失败的人是在成功面前不思进取的人。成功和失败都是突变的基点,但失败可使强者更强,使强者上升到更高的境界;也可使弱者更弱,使弱者信念瞬间崩溃,自此堕落。

你没有被选上,看似坏事,实是好事,我觉得这正是你虚心苦练、认真揣摩球技的大好机会。失败后经过反思、总结、锤炼、提高,你才会像囊中之锥锋芒毕露,从被动转为主动。实际上,人的一生都在努力使自己掌握主动,即使失败也是如此。

# 胜我者无敌

**【儿子·说】**

2003 年 11 月 23 日　　星期天　　晴

今天，爸爸把我这学期所有的试卷全部整理了一下，看到我的成绩基本上没有大的波动，爸爸有些生气，问我怎么一点进步都没有，还问我有没有进步很快的学生。我仔细想了一下，老老实实地说："有！"爸爸听了后没说什么，转身出去了。

爸爸走后，我就开始自我反思。从别人不断进步，而我还在原地踏步中，我看到了差距，明白了这是成功者与失败者的区别。

在学习这件事上，我应该做到学习别人的优点来弥补自己的不足，借鉴别人的长处，督促自己不断进步，如此坚持下去我就将是这场战争的最终胜利者。因此，当我在校园闲转时，看到教室内勤奋学习的身影，我会很内疚，便赶紧回到教室认真看书，最终我取得了一定的收获。借鉴他人的长处，让我充满自信，并使我自身得到不断的提高。

**【父亲·曰】**

人都是在不知不觉中成长的，世界由人组成，把握了人，就把握了未来。在与人相处中要有给点阳光就灿烂的精神，生活快乐的秘诀之一就是要在困难中不断学习，学会取人之长补己之短，从而使自己充实、强大。

世界上的事情本无对错，只是由于人们的观点、价值、角度、标准不同而产生的一种利己的评判标准。其实，即使两个观点截然不同的人，也有同时正确的时候，因为他们观察事物的角度、方法，以及自身的阅历等不大相同，从而导致结论不同，"横看成岭侧成峰"，从两个不同的角度看都是一道美丽的风景呀！善于从不同的角度去分析问题，不但有利于问题的解决，更能让自己取长补短不断得到充实，正所谓"他山之石，可以攻玉"。

中国运动员罗雪娟在夺得第28届雅典奥运会女子100米蛙泳冠军后对记者说："我把这枚金牌献给我的父母、兄弟、姐妹，以及喜爱和憎恨我的人。"金牌献给亲人朋友好理解，献给对手，我还是第一次听说。把自己的胜利献给对手，这反映了罗雪娟博大的胸怀，也揭示了她成功的秘诀，即对手会成为她超越的目标，也会成为她前进的动力。

人生在世有三种人需要战胜：一是战胜自我，胜我者神；二是战胜朋友，胜友者仙；三是战胜对手，胜敌者龙。三者的关系是胜敌必先胜友，胜友必先胜我，胜我者天下无敌。

胜利者往往会成为对手及朋友的敌人，并引起他们的仇恨。不顾他人同仇敌忾，胜利者仍坚持欣赏、感谢对手，只因对手成就了自己的事业和梦想。为什么要感谢对手呢？因为胜利的过程既是挑战自我的过程，又是超越对手的过程。人其实就是在不断战胜对手中变得坚强、无畏，富有智慧、毅力。

人在与对事物碰撞中产生灵感与智慧，激情与动力，从而使思想得以升华，情感得以超越。人在战胜对手中实现自我价值，战胜的对手越多，自己越强大、越优秀，自我实现的价值就越大。正因为有对手，人们才会在战胜对手的强烈欲望下，约束自己的言行，修正自己的不足，坚定自己的信念，实现自己的目标，使自己不断充实并强大。总之，对手会使自己更加优秀，更加不可战胜。

## 让生命更加精彩

**【儿子·说】**

2003年10月25日　星期六　晴

下午上完剑桥英语回来，听到爸爸的房间里说话的人很多，进去一看，原来是爸爸的脚受伤了，而且挺严重，脚面肿得老高。家里有很多爸爸的同事，都是来看望爸爸的。妈妈还没回来，我就把英语课文读了一遍，读完后又把数学作业迅速做完，等妈妈回来后让妈妈检查了一遍。

今天我没有按照妈妈的要求等她回来再做数学作业，而是提前做完了。我想了想，只要把学习计划分成几个短期的目标，一个一个地实现，就一定能够达到自己所定的最终目标！

**【父亲·曰】**

今天爸爸回家给你爷爷上坟，在搬石头时把脚给砸了，心里觉得很不好受，主要是让你奶奶担心了。看到你奶奶担心的样子，我都想找个地缝钻进去。爸爸已年近四十了，还让你奶奶担心很不应该，都是爸爸干活不小心。你也一样，学习本是你的责任，我和你妈妈只能给你创造好的环境，在旁边为你加油，但是代替不了你。这就像演戏，我们都是配角，而你是主角，学习的是你，你“戏”演得怎样，能否成功，主要看你下的功夫。如果你把学习当成自己的事，那么就会利用一切时间和机会抓紧学习，不用我们操心。事实上，真正学习好的孩子，大人是很少过问的，因为这样的孩子总是把学习当成自己的责任，而不是负担，如此这样才能让自己的生命更加精彩。

在人一生平凡的生活中，让生命更加精彩的捷径就是创造。创造生命、创造生活、创造幸福、创造精神。如果创造与生活、生命无关，这种创造注定要被淘汰。我们不能改变生命的长度，但我们可以改变生命的宽度和厚度。人的生命是有限的，但生命的容量却是无限的。作为人，要想增加人生的宽度和厚度，提升人生的价值，唯有通过努力才能获得。你不是要“一路狂读到哈佛”吗？爸爸想起了一个故事：从前，一头老骆驼在垂暮之年穿越了号称“死亡之海”的千里沙漠，马和驴请老骆驼介绍经验。“其实也没什么好说的，”老骆驼说，“认准目标，耐住性子，就到达目的地了。”“就这些，没有了？”马和驴问。“没有了，就这些。”马和驴听后感到有些失望。老骆驼没有豪言壮语，但它的话却蕴含着深刻的道理。你今天的做法很好，以后要坚持，我觉得只要有这种想法，就一定能达到目标。就像老骆驼一样，心系一处，不忘初心，坚持不懈，你最终会穿越知识之海。那时，你就会发现，世界比你想象的更丰富、更广阔、更精彩，你的生命也会因此而精彩！

# 先学会做人

**【儿子·说】**

2005 年 6 月 24 日　　星期六　　晴

最近,CCTV 10 的《百家讲坛》栏目在播放厦门大学易中天教授讲的《汉代风云人物》之“韩信成败之谜”,易教授妙语连珠,出口成章,他讲了韩信胯下之辱,那时韩信完全可以拔剑而起,把那个地痞流氓杀死,但他冷静理智,甘受胯下之辱,没有鲁莽行事。易中天教授还讲了萧何月下追韩信,之后萧韩两人共同辅佐刘邦,并以情为网,结为朋友。韩信是个机智、聪明、勇敢的人,投奔刘邦后屡建大功,功高震主,但最后因吕后所迫,被萧何设计所害,真是“成也萧何,败也萧何”啊!

**【父亲·曰】**

韩信善于谋事,拙于谋身,善于做事,劣于做人,这是他身死的根本原因。其实,不论坏人好人,首先要学会做人,做人决定了你事业的成败与否。

回顾历史,人们常常感叹坏人得势逞强,好人倒霉受气,就是因为坏人往往更精于做人,能以自己为中心审时度势。萧何“为势所迫”,为虎作伥,赢得了主子的欢心,保住了身家性命,这人做得“很有水平”,可谓既善谋事,又善谋身,这才是“真功夫”。冷眼旁观历史和现实,不难发现,坏人往往更会做人。只是,他们的所谓会做人,都只是小道,所以他们所取得的成功也是他们一生最大的失败。

做人是自己的事,做什么样的人别人无法替代你;做人也是整个社会的事,做什么样的人受全社会核心道德观、价值观、人生观、世界观的影响。所以,做人既是自身的修行,也是全社会对一个人的评价。不过,每个时代都有它不同的特点,人们的道德观、价值观、世界观、人生观也因此有所不同。但不管怎样,每个社会所倡导的主流都是正义的、积极的。我们做人只有顺应时代所倡导的道德核心的要求，才不会整日惶惶不安，才能被社会所接受，这是做人的基本底线。

会做人是在社会中生存、生活的保障，否则你将会被全社会所孤立，不管你有多少财富、多少知识，被孤立之后也不会获得真正的成功和幸福。希特勒、成克杰、胡长清，他们有知识、有财富、有地位，但他们的做人标准与人类社会的道德观、价值观、世界观和人生观相悖，所以，纵然他们有滔天的本事，最终仍然只是历史的罪人。

如果一味随波逐流，并不意味着你做人就很成功。一个人做人成功与否，除了被社会认同，还在于取得非凡的成就。所以，应把自己看作一滴水，让自己融入大海，绽放自己独特的光芒。每一个取得成功的人，他们在被社会认可的同时，还完全地彰显了他们自己的个性，这也是他们成功的关键因素。远的不说，就如当代的比尔·盖茨、马化腾等等，他们都有着独特的人格魅力，所以他们取得的成就也是一般人所无法企及的。

做人不同于做事，做事可以是一时，但做人却是一辈子的事。人生在世在于做人，而不在于做事。如果一辈子做事，忘了做人，将来一定后悔。在这个漫长的岁月里，不管面对什么样的诱惑和危机，你自己都要时刻保持做人的底线。底线一旦失守，成功从此将与你无缘。

## 信仰产生快乐

**【儿子·说】**

2006年4月19日　　星期三　　小雨

今天早晨去学校的时候，我不小心把《说禅》装到书包带到了学校。我在教室掏书的时候，把《说禅》也给掏了出来，同桌看见了，就拿过去看。他只翻了几页就顺手还给我，然后一本正经地说：“施主信仰的原来是佛教啊，阿弥陀佛！”看到他有取笑我的意思，我有点生气，就把书放进了书包，说：“笑什么笑，谁信仰佛教了，这只是一本书，我看看不行吗？”“是吗？”同桌一脸的不相信。“什么是不是的,对了,你的信仰是什么?”我也有些恼了,就追问他。“我没信仰!”我问得快,同桌答得也干脆。我还准备再问问,可上课铃响了,我只好作罢。晚上,我做完家庭作业,拿出《说禅》看时,却想起了早上的事,心里不禁多了一份疑问,信仰到底是什么呢?

**【父亲·曰】**

紫阳,最近你的日记始终带着思考和质疑,我很欣慰。今天你的日记再一次提出了一个非常重要的话题,即什么是信仰。

信仰,人们曾经对它做过简单的定义,指对圣贤的主张、主义或对神的信服和尊崇,对鬼、妖、魔或自然现象的恐惧,并把它奉为自己的行为准则。信仰是人对人生观、价值观和世界观等的选择和坚持。

实际上,信仰是产生快乐的源泉。简单来讲,人的信仰就是对真、善、美的无悔追求,并在追求的过程中不断地修炼心智、担当责任、一心向善,最后依靠心灵的力量创造真、善、美。信仰是照亮内心世界的明灯,是抚慰心灵的圣手,是人内心强大的精神支柱。塞缪尔·斯迈尔斯在其作品《信仰的力量》中说:“能够激发一颗灵魂的高贵和伟大,只有虔诚的信仰。”

信仰缺失国难宁,信仰多元必招乱。整个社会信仰的缺失和畸变,必然导致整个社会文化层面积极因素的丧失和个人道德底线的沦陷。中国人从来不缺少信仰,但随着经济高速发展及外来文化的冲击,享乐主义、个人主义大行其道,人们无所顾忌。在其位不谋其政,假货、假药泛滥,灵修班、辟谷课广受欢迎,“神医”“高人”层出不穷,靠不道德走红受追捧、虚假捐献、为富不仁、社会诚信差,信孔子不如信“春哥”等种种病态社会现象泛滥成灾。

这种情形不能不令人担忧。信仰缺失和信仰多元是混乱的根源,信仰过多则是纷争的开始。信仰是人生价值终极的归结,是实现快乐、得到快乐的一种手段。可是在政治领域和社会生活中,总有一些心怀叵测的人为达到自己的目的,常以信仰为幌子,把信仰作为索取权利的手段,他们在鼓吹信仰中给人们构建了真正虚幻的天堂。但信仰缺失,心灵就会缺少归宿感,人就容易颓废、堕落、浮躁、自暴自弃、缺少方向、理想和信念,做事就会“无所畏惧”。在这种信仰缺失的环境下，社会必然私斗盛行，矛盾不断，人间也就难以安宁。

有人说信仰是麻痹人精神的鸦片，但是，没有信仰的人只会是匹夫之勇，难成大器；没有信仰的民族只能是一盘散沙，积弱成疾，难以强大。毛泽东之所以能领导中国革命取得成功，就在于其内心深处有坚定的信仰。你不是喜欢看《火影忍者》吗？鸣人为什么能从一个吊车尾变成同龄人中的强者，就是因为他心里有信仰，人可以为信仰抛头颅洒热血，这也是人奋发向上的动力之一。

信仰是个人力量的源泉，也是约束自我的规矩。信仰的缺失、畸变和驳杂缘于个人对于自我的无限放大，对欲望不加约束。世界上没有绝对的自由，自由都受法律范围的限制；世界上也没有绝对的快乐，快乐建立在内心对于真、善、美的追求和自我约束的道德规范之内。超出了这个范围，自由与快乐将变得遥不可及。所以，任何时候都不要放弃自己的信仰，坚持自己的信仰才能获得快乐。

## 人生要有自己的座右铭

**【儿子·说】**

2003 年 10 月 12 日　　星期天　　晴

这几天一直在读《哈佛男孩》张肇牧的故事，自己也以张肇牧为榜样，加强自我约束，踏实做事。吃完早饭，听了一会儿英语，给爸妈说想出去玩一小时，可一玩就忘了时间，直到下午一点才回家。经爸爸提醒，我才意识到早上的读书任务还没有完成。吃完午饭，爸爸妈妈有事出去了，家里只剩下我一个人，做了一小会儿数学题，同学约我出去玩，我又有了出去玩的借口，回到家已是下午六点多了。幸好爸爸妈妈没有回来，可今天的学习任务却没完成。晚上躺在床上，内心因未完成学习任务而不安起来。

像今天这样，学习的时候心里总想着玩，而玩的时候却总在担心作业还没有完成，结果既没学好，又没玩好，这种情况已经不是第一次了。每次都下决心改正，可每次都改不了。想起鲁迅为了提醒自己不要迟到，在桌子上刻了一个“早”字，再对比下自己，真丢人。这样下去不行，我要想办法提高自控能力，想什么办法呢？对了，给书桌和课桌贴上座右铭吧，这样就能随时提醒自己了。

**【父亲·曰】**

用座右铭吧！这是一种提醒，更是人生的信条和原则。刚好今天爸爸请县里的民间书法爱好者吕先生为你写了几幅字，你看看是否可用。“千里之行，始于足下”“开卷有益，锲而不舍”“知识就是力量”“增强自控能力，提高学习效率”“虚心使人进步，骄傲使人落后”。爸爸请人给你写这些格言的目的有两个：一是希望你能按条幅上说的去做，并且能做好；二是希望你在看条幅时，能学好书法，把你的字写得更好。字是一个人的招牌，写好字需要用心体察字的间架结构、一招一式，字是各种素质包括文史、审美、阅历、性格、心胸、人品的综合反映，希望你注意。

另外，客厅里还有一幅“远离电视，亲近书本”的字，希望你也能借鉴，这是一位成功者的感悟，也是他的座右铭。座右铭的字给人一种推动力量。人在一生当中，都会遇到一些对自己影响深刻的名言警句，一句“知识就是力量”不知激励了多少人奋发读书。特别是在青少年时期，品德、人格、学业正处在积累、形成时期，一句良言、一个好的座右铭都能感化、激励人，使我们的言谈举止不断向它靠近，促使人不断完善自我。

座右铭是一个人的奋斗方向，从一个人的座右铭中，我们可以看到他的追求和目标。心胸宽阔的人喜欢慷慨激昂、积极向上的座右铭，心胸狭隘的人必然喜欢情调低下、阴暗自私的座右铭。座右铭是点燃一个人抱负和创造力的火种，人在找到自己座右铭的瞬间，灵感会被激发，激情会被点燃，追求会充盈于人的心田，创造力也会呈现燎原之势。

座右铭是提升精神境界的一种途径，好的座右铭就如心灵的太阳。人们能在催人向上的座右铭中发现自己的影子，从而强化心中自我追求的形象，在这种自我鞭策、自我思考、自我陶醉中精神上得以享受，逐渐明白什么是人，人应该追求什么，从而使自己自信心大增，让自己的意志更加坚定，这样人生的目标追求也就会更加高尚，对希望的憧憬也就会更加强烈，心灵也就不会空虚。

座右铭就如同一座桥梁，把崇高的精神与崇高的事业连接了起来，使我们的身心在美好的事业和崇高的精神之中勃然奋励，促使我们的精神进入一个更高的境界。这里，不妨学学我们的老乡张载在《西铭》里“为天地立心，为生民立命，为往圣继绝学，为万世开太平”的气度和胸怀吧，努力让自己成为一个纯粹的人，一个脱离低级趣味的人，一个有益于家族、民族和人民的人吧！

## 修养是防祸的铠甲

**【儿子·说】**

2004年4月21日　　星期三　　晴

下午回家的路上，我看见一个小孩在自家门口吹口琴，虽然吹得不是很动听，但旋律已经基本连贯了，明显是练了一段时间。这时，我不禁想到，要是看书看累了吹吹口琴的话，不仅能调节一下心情，还能接受音乐的熏陶，更何况如果能在同学们面前吹奏一曲，不也是件挺有面子的事么？而且我看别人弹琴、拉小提琴时都很优雅，看起来很有气质。如果我会一种乐器……哈哈，一激动，我就以最快的速度回到家里，告诉爸爸我要学口琴，爸爸问明原因后把他收藏的唯一一件乐器——口琴送给了我，并叮嘱我有空多练习。

**【父亲·曰】**

今天你要学口琴，我把自己一生中买的唯一一件乐器——口琴送给你，希望你能吹响自己人生中最动听、最嘹亮的乐曲。可你要注意，凡事有度。

音乐把握得好,可以娱人娱己;把握不好,容易使人沉溺其中,不能自拔。酷爱音乐的人一般都比较感性,况且音乐偏爱青春,易逝易毁。因此,不能过多地把音乐当作人生的选择,而要把音乐当作愉悦身心的工具。从父母的角度讲,对于儿女是否能流芳百世倒不是很关心,他们最关心的是希望儿女能一生平安、衣食无忧。而音乐除使人怡情外,还能使人变得“高尚”,但“高尚”的代价如果和大众思维及言行脱节,会使他曲高和寡,高处不胜寒,从而导致他的活动空间、生活空间缩小。古人讲的“案有琴书家必贫”就是这个道理!

其实,提高自身修养并非音乐一条路可走。爸爸让你平时多看书就是提高你内在修养的一种方式。还有要注意自己的仪表和言行,与贤者为友。

提高自身修养并不是要笨拙地模仿,那只能是东施效颦,徒惹世人鄙夷。修养是一种轻松的优雅,是灵魂散发的芬芳。外在表现上,修养是得体的言行和体态,是山崩于前而面不变色的气度,其内涵是一种超然的境界。当你拥有这种境界,抬头仰望时,天空的辽阔博大之美会使你心旷神怡,思想上也没有了负担,你能真切地感觉到自由之美。当你不想从事某事或者学习、工作压得你喘不过气来时,你可以放下手头的事情,到户外或野外去,吹吹口琴,仰望蔚蓝的天空,领略天地的空旷之美,让所有的烦心事和疲劳都在你仰望天空无腔自娱的那一刻烟消云散!

紫阳,良好的修养对于成功者是不可或缺的。爸爸希望你在迈向成功的路上能不断地提高自身修养。

## 要有所畏惧

**【儿子·说】**

2005 年 3 月 28 日　　星期一　　晴

今天,王老师说我做题时“偷工减料”。原来我平时在做数学试题时,有些题只写结果,没有写计算过程,有些题做完后还没有写答案。老师批评我时,我竟然无所畏惧地与老师强辩起来,老师气得无话可说,我还一副很得意的样子。后来爸爸知道了,严肃地对我说:“作为学生,学习是主业,必须按老师的要求做事,完完整整、扎扎实实地做好每一件事,不能随心所欲,更不能无所畏惧,因为这是人们失败的原因之一。”听完爸爸的话,我很惭愧。我之所以“偷工减料”,就是因为我不太害怕老师,没有把老师的要求当回事,结果是“没听老师言,吃亏在眼前”。这个毛病我一定会改正。

**【父亲·曰】**

晚上,因为你的作业没有按要求完成,我和王老师严肃地批评了你。我们认为,你之所以存在这种情况,一个很重要的原因,就是你对师长缺乏由衷的敬畏之感,你潜意识中觉得,我就这样,你能怎样?你的逆反心理为自己“无所畏惧”的错误行为找到了合理的解释,这种潜意识与我们的文化传统有着很大的关系。从历史角度看,历代开国元勋们都有无所畏惧的基因,会自然而然地遗传给他们的子民。战争时期,为打败敌人,需要“无所畏惧”的气概,需要不加思考地以匹夫之勇去摧毁原有的制度。因此,历代大凡心怀叵测、有所作为的人,都很注意培养臣属英勇好斗的性格。越王好勇,越人轻生。在那些年代,现实需要无所畏惧者,因此,他们会用种种虚幻目标去诱导那些涉世未深的热血青年,使人们只看到云中七彩的彩虹而忽视脚下的危险。我这样说,并不是要求你怯懦,而是让你明白人生要有所畏惧这一道理。

第一,无所畏惧者常常是可悲的。无所畏惧的人的可悲之处,就在于把自己的私利强加在无所畏惧的品德上面,因而常常成为被人利用的工具。因为他们无所畏惧,所以干起事来随心所欲,但自己最终为此付出代价。我注意到,现在有很多贪官都写忏悔录。他们痛心疾首地忏悔,就是因为自己有权,所以无所畏惧,最终沦为人民公敌。他们心中除了自己之外,不畏惧任何人、任何品德、任何制度,不知敬畏导致他们铤而走险,最终招致毁灭。

第二,无所畏惧者常常是盲目的。思想上的无所畏惧,必然导致行为上的为所欲为。信仰是一种标准,没有信仰就会无所畏惧。特别是青少年时期，更应该有信仰，使自己的心灵有个歇息的港湾。对于个人而言，无所畏惧往往会受一时激情所左右，而那些善用人性弱点的伪君子们最喜欢有勇无谋的人。他们深深懂得，如果使用有勇无谋的人，那么决策权就不会旁落。他们往往在决策时就预见了艰难，实施这个决策，需要有勇无谋、不惧艰险的人，即所谓硬仗用拙将。行为不仅会受感情的支配，还要靠理智来引导。缺乏理智会毁掉一个人，有句谚语说："上帝让谁毁灭，必先使其疯狂。"

第三，无所畏惧者常常是无知的。无知者无畏，把鲁莽当勇敢，"明知山有虎，偏向虎山行"。只有勇气，没有上山打虎的本事，偶然也可以创造打虎的奇迹，但对一般人来说，往往凶多吉少。所以，人生在世，要屹立于天地之间，就一定要有所畏惧。

首先，要敬畏上天。西方人敬畏上帝，认为人都有原罪，这是一种理智的选择。人在社会上必受社会的制约，可能有神论者也明白，世界不存在真正的神，但他们却很聪明地把世界万物之间错综复杂的因果关系归结于神，就像中国古人把这一切归结于天一样，提出天不可欺的信条。古人不是说少不看《水浒》吗？青少年在这个阶段，除了青涩、莽撞外一无所有，有的只是一腔热情和满身力气，当防轻躁冲动。古人说"头顶三尺有神灵"，历代皇帝都要祭天祭地，这实际上就是对神灵的敬畏。

其次，要敬畏自然，顺四时而动，这里的自然指的是自然规律和真理。以前，人们提起春天，就想到春风扑面，沐浴春风；而现在说到春风，人们更多的则会想到沙尘暴，这是自然对"人定胜天"的惩罚。

再次，要敬畏生命。知道人生在世，有所为又有所不为。号称德国"铁血首相"的俾斯麦可谓"无畏英雄"，但当他与人决斗，需要触摸可能有毒的剑柄时，他宁可背负懦夫之名，也不愿贸然行动，他畏惧了；当韩信身背三尺宝剑招摇过市，遇见屠夫的挑衅时，宁可受胯下之辱，也不肯拔刀相向，他畏惧了。结果他们一个成为一代名相，一个成为一代名将。他们真的害怕了吗？我看是真的害怕了，因为他们是理智的。他们为的是留得有用之身，待将来干出惊天动地的伟业。

第四，要敬畏规则。只有掌握并遵守规则，才能游刃有余。火车之所以跑得快，是因为它依规而行；卫星之所以遨游太空，就在于它以规而动。

最后，你要敬畏师长，因为尊师敬长是学校的规则之一。认真听取师长的劝告和教诲，承担起自己的责任，可以使自己掌握更多的谋生技能，在敬畏师长的过程中也可学会掌握知识的技能。如果对师长的劝告无所畏惧，对师长的批评无所畏惧，对自己的缺点无所畏惧，一味任性，耽误青春也就在所难免。

当然，有所畏惧并不意味着患得患失，它要求你用谨慎来约束飘忽难测的激情，使你在做事之前保持心境平和，这有利于你对人生做出理智的判断。伟大的人从来都不会念起心动，而无所畏惧的人总会受到自己情绪、爱好的摆布。情绪、爱好会随着环境的改变而改变，它会影响你的判断力，摧毁你的意志力，干扰你的理解力。

总之，无所畏惧是一把双刃剑，既能杀敌亦能伤害自己，要有所畏惧，就必须把它放在理智的剑鞘中，伺机而出，蓄势待发。

## 生活的真谛是奋斗

**【儿子·说】**

2004年4月22日　星期四　晴

今天我们开运动会了。虽然天气很热，但是场上的运动员个个精神抖擞、摩拳擦掌。每当我们班的运动员上场比赛时，我们班的啦啦队就以响亮的口号为他们呐喊助威。长跑比赛时，本来我们班的小荣一直领先，但不一会儿，就被五(2)班的小阳超过了，最后得了个第二名。今天的比赛，我们班没有得第一名的，好多同学都是第二名、第三名，但他们都是我们班的英雄，因为他们都为给我们班争光而拼搏努力了。

**【父亲·曰】**

运动重在参与，你参与了，就成功了大半。你没参与，原则上没有发言权。我历来对充当啦啦队的人没有太多的好感，因为他们动嘴多于动手、动脚、动脑，一定程度上畏惧于参与，而这正是一个男人最忌讳的行为。

虽然说正确的心态应该是为别人的荣誉而欢呼，为自己未能取得荣誉而感到惭愧。但你记住，别人荣誉再大再多，都是别人的，与你自己无关，只有自己取得的荣誉才值得炫耀。

人生一大痛苦就是自己本来有机会参与的事情却未能参与。变痛苦为快乐的唯一办法就是参与其中，在参与中埋头苦干，显示才华，展现英雄本色。

况且，生命在于运动，参与运动的过程也是成长的过程。有时你可能会受到挫折，会流汗，甚至流血，但这些挫折却是人成熟的标记和成功的勋章。机遇只会光顾有准备的人，有机遇能抓住凭的就是真才实学！社会竞争越来越强，不上进、不奋斗随时都会被淘汰，所以不管你做什么都必须及时充电，靠新的经验、新的知识、新的思想来武装自己，这才是强有力的后盾。而参与则是获得技艺的重要手段，技多不压身，技能才是受之不尽的最大财富。

你今天没有参与，失去了一次学习、锻炼、展示自己的机会，今后应当引起注意。人人都有弱点，不能成大事者总是固守自己的弱点，一生碌碌无为。能成大事者总是善于从自己的弱点出发，努力把自己变成一个能力超强的人。一个连自己的缺陷都不能纠正的人，只能是失败者！

人的成长，其实就是从简到繁，再由繁到简的过程。年轻的时候，多尝试，多学习，抓住每个机会，等到慢慢成熟，再学会取舍。其实，由繁到简更不容易。现实生活中，人们难免会受到种种眼前利益的诱惑，从而容易患得患失，所以你必须清楚自己到底需要什么，怎样才能跟梦想靠得更近。有时放弃也是为了另一种坚持。人生有梦，但筑梦要踏实，需要一步一个脚印。加油吧，儿子！投入到运动中去吧。

# 大公无私

**【儿子·说】**

2005 年 5 月 11 日　星期二　晴

今天，我们学校一年一度的春季田径运动会开始了，我报了 1 500 米长跑，大概要绕操场跑十圈左右。今天上午的比赛项目是体操比赛，体操比赛我们已经准备很久了。比赛结果也让我们很欣慰，因为我们表现得很出色，积分算下来在全年级排第一，同时也是全校第一。明天就是我的比赛项目了，我一定要取得好的成绩。如果每个人都能取得好成绩，那我们班的整体成绩不就提高了吗？

**【父亲·曰】**

今天，你们班在体操比赛中得了第一名，你十分高兴，我也很高兴。但我更期望的是，如果这个使你们班感到光荣的成绩是你个人取得的话，那我会更加高兴，更加自豪。因为集体的荣誉要靠每个人的力量来实现。

世界上有一种美丽叫作大公无私，在中华民族历史上，大公无私之说源远流长，大公无私的典型人物层出不穷，已成为中华民族一道最美丽的风景线……

然而，在现实生活中，有人却认为大公无私的要求“超越时代”，出现了各种言论。

一是“私”字至上论。有人认为，自古以来，中国人都讲究合作，讲求集体。甚至为了集体利益，牺牲个人利益在所难免。如果一个集体没有个人自由，没有个人主义，那么这个集体与我们唾弃的“法西斯主义”又有何区别？如果一个集体中有人常用集体主义的旗帜，要求我们牺牲个人主义来实现集体利益，那这个人一定是政客和骗子，其实是他在用牺牲别人的个人主义来实现他自己的个人主义。的确，世界是由个人组成的，没有个人利益哪来集体利益?任何人都没有权力以集体利益剥夺和损害个人利益,集体本来就是个人实现自我价值的舞台。承认人人有私,不等于对人就不能提出大公无私的要求。古人很早就指出:“一心可以丧邦,一心可以兴邦,只在公私之间尔。”一心为私的结果,使整个群体受到损害,最终导致一个群体接着一个群体分崩离析,个体也会落个“岂有完卵”的下场。

二是“私”字基础论。前几年,爸爸看到一篇小文,大意是说,作者在小的时候,老师常对我们讲要爱护集体,一心想着集体,并用“大河有水小河满”的谚语教育我们,最后发现,大凡集体荣誉感特强的孩子到头来都默默无闻,鲜有出息,没有给学校这个集体添上大的光彩,倒是那些整天想出人头地、发奋学习、个人主义特别强的孩子,凭他们的卓越成就使学校感到自豪和骄傲。最后,社会现实使我们明白,老师的命题犯了个常识性的错误,没有涓涓细流哪来汪洋大海,没有条条小河的潺潺流水哪来大河的奔流不息。并且感叹道,人们去实现自我价值表现自我、实现私利的目的,也在成就着集体的价值和利益,用辩证法的观点看就是:集体利益是个人利益的生动体现与统筹组合,而个人利益则是集体利益的源头基础和实现基石。而且这里边还包含着一种多样的价值,多样意味着丰富多彩、活力之源,从而实现多样性的统一。这种看法,同样偏激。只有把个体利益与社会利益结合起来,才能够在合法、合情、合理的情况下,获得个体的成就。

三是“私”字根除论。有人认为,要实现大同社会,必须根除人性中的私心杂念,这种理想很有吸引力,但受社会发展阶段决定,现实中的人都会有私心。不承认这一点,就不是唯物主义者。大公无私正是建立在人皆有私的基础上,人人都无私,那么大公无私也就没有了基础。现代社会自不必说,先祖们建立国家,就是为了实现个人安全生存的考量。在此过程中,将个人的私利转化为公利。个体利益是社会利益的重要组成部分,不能把个体利益而与社会利益割裂开来。其实,历来讲大公无私,都是将其严格限定在公共事务领域,而没有引入私人领域。大公无私强调的是:在公共事务领域应克己奉公,决不能以权谋私,影响公众利益和公平正义。公共领域要讲公,私人领域才讲私,不能把这两个不同领域的处事原则混为一谈,否则就没有正确理解大公无私。

以上这些说法貌似有理,实则歪曲了大公无私的本来含义,混淆了大公无私的适用范围。汉代马融在《忠经·天地神明》中说:“忠者中也,至公无私。”春秋时期,晋平公有一次问大臣祁黄羊:“南阳无令,其谁可而为之?”祁黄羊对曰:“解狐可。”平公问:“解狐非子之仇邪?”对曰:“君问可,非问臣之仇也。”平公曰:“善。”遂用之。国人称善焉。不久,平公又问祁黄羊曰:“国无尉(军事长官),其谁可而为之?”对曰:“(我的儿子)午可。”平公曰:“午非子之子邪?”对曰:“君问可,非问臣之子也。”平公曰:“善。”又遂用之。国人称善焉。孔子听说了这个“外举不避仇,内举不避亲”的故事,称赞祁黄羊说:“像祁黄羊这样的人,才够得上大公无私啊!”在这个事例中,祁黄羊有没有私仇、私欲呢?当然有,但他没有把私仇、私欲带到公共事务中来。这说明,在公共事务领域讲大公无私不仅是应该的,而且是可行的。这里你一定要注意,我们所说的大公无私里还包含着大公有“私”,因为有了全社会群体的共同协作才能取得你现在的成就。《诗经·小雅》有云:“高山仰止,景行行止。”两千多年前的祁黄羊能够做到这一点,今天的人们又有什么理由做不到呢?

这里要注意两个问题:

一是防止以“公”为名,出现多数人的暴利。这种多数人的暴利往往看上去很轰轰烈烈,实际上是用亿万人的行动和利益来证明一个人所谓的正确,用多数人的利益取代少数人的利益。一个决策机关参与的人越多,从中起主导和决定作用的人就越少,这是规律。要战胜人生旅途里的层层障碍,最好的预防办法就是首先实现你的个人利益和价值,在张扬你个性的同时张扬集体的个性。

二是防止以“民”为名,出现多数人通“吃”。我们说的“以人为本”的“人”不是分工具体的人,而是人民的人,否则容易出现用人民的利益代替个人利益的情况。记得前几年出了个叫“中功”的组织,现在已经被政府取缔了,领头人张宏堡也逃亡美国。当时他提出了一个口号,叫作“觉着入旋”,并把它印在中功弟子的所有生活用品中,要求中功弟子“凡有觉悟、觉醒者”

都要进入中功的旋转轨迹，结果中功弟子“入旋”后捐献大批财物，他则用这些钱财建立了等级森严的组织，出版了几本经文，可谓名利双丰。但当“中功”组织被政府取缔后，他竟置八千万弟子生死荣辱于不顾，置“中功”组织集体于不顾，跑到美国继续兜售他的“真功”去了。

人只有在集体中实现自我价值，才能在现实中体现集体价值。你想为你的班、你的家、你的国家增光添彩吗？那就请你胸怀天下，从自己做起，先为你自己增光添彩，把自己修炼成为德才兼备的人。倘若每个人都发出莹莹之光，汇集在一起可发出万丈光芒，你也就在那道最美丽的风景线上了……

## 方向比努力更重要

**【儿子·说】**

2006年7月29日　　星期六　　阴

吃晚饭的时候，爸爸向我提问：“你的方向是什么？”“什么？”我一时没有听明白。“哦，就是你觉得将来会朝着哪个方向努力？”“这个嘛，就是将来考个好大学。”“然后呢？”“找个好工作。”“再然后呢？”爸爸仍然面带微笑地问我，被爸爸这样一问，我心里有点发慌，说话没有原来放得开了，“嗯……好好工作。”“呵呵，再然后呢？”“努力工作挣钱！”“接着说！”听到爸爸还要我说，我头都大了，可看到爸爸认真的样子，我只好无奈地说：“养活你和妈妈！”终于，爸爸不再问了。

我刚松了口气，没想到爸爸的问题又来了。“将一只苍蝇装进透明的玻璃瓶中，它要怎样才能飞出来呢？”“很简单啊，从瓶口飞出来呗！”这么简单的问题，我想都没想就告诉了爸爸答案。“紫阳，苍蝇在瓶子里可以看到外面的世界，但要到达外面的世界，它必须找准出去的方向，就是瓶口。你也一样，将来不管干什么，都要找准方向才行。”我似懂非懂地点了点头，心里却觉得好奇怪，爸爸今天问的问题真不简单啊！

**【父亲·曰】**

紫阳,今天我看书的时候看到一个故事。说一名记者去青海采访,看到一个小男孩在放羊,他感到很好奇,就去问这个小男孩:"你放羊是为了什么?"小男孩说:"卖钱!""卖钱做什么?""娶媳妇。""娶媳妇做什么?""养娃。""养娃做什么?"小男孩说:"放羊。"很多人看到这个故事时都笑了,我心中却隐隐发痛,这难道就是小男孩人生的方向么?晚饭时,我问你的那些问题是不是和记者的问题有些像啊?

其实,关于方向我们有很多彰显真理的语言可以说明它的重要性。我们常说"火车跑得快,全凭车头带",还说"大海航行靠舵手",还有"差之毫厘,谬以千里"等。凡此种种,都告诉我们一个道理:方向比努力更重要。

人生最害怕的不是前面的困难太多,也不是努力得还不够,而是没有方向。人生没有了方向,做人就会盲目,盲目地吃饭,盲目地睡觉,盲目地学习,盲目地生活。这样的人生没有追求可言,更谈不上幸福。

大家都听过《南辕北辙》的故事,它讲述了一个人要乘车到楚国去,但由于选错了方向又不听别人的劝告,结果离楚国这个目标越来越远。方向错了,任他再怎么努力,付出再大的代价,最终也到不了楚国。纵然后世的我们知道地球是圆的,理论上他也可以到达楚国,但别忘了他此行的目的是去楚国,而不是去验证一个理论。这个故事告诉我们,无论做什么事,首先要找准方向,只有方向对了,才有成功的可能。

方向不仅有对错,还有远近高低之分,就像燕雀不知鸿鹄之志。对于人生而言,方向决定了人生的高低。试想当年毛泽东、周恩来等一代领导人努力的方向如果不是建立一种新的秩序,而是成为一代枭雄、一代名师、一名商人……又怎么会有后来的新中国?他们也不会成为中国新时代的开创者;如果秦始皇最初的方向只是保证秦国的强大,而不是统一天下,也就不会有中国历史上第一次统一全国。一个把方向定在山脚的人,永远到达不了山顶。

我们常说成功是百分之九十九的汗水加上百分之一的灵感,这些都过多地强调了努力的重要性，却忽略了比努力更重要的因素——方向。其实，只有在正确方向的引导下付出努力，才有成功的可能。

## 没有纯粹的技术

**【儿子·说】**

2007年3月1日　　星期四　　晴

下午妈妈告诉我，家里要安装宽带，以后就可以在家里上互联网冲浪了，我听了十分高兴。正所谓"秀才不出门，便知天下事"，这下我不出门就可以了解祖国各地的新闻事件了。我还可以上网学习，查询百科知识，还可以和美国、英国、意大利等地的朋友聊天，了解世界各地的文化风情，让全世界的人都成为我的邻居。

我只是纳闷，我们有过"四大发明"呀！而这么好的东西我们怎么没发明出来？

**【父亲·曰】**

你知道"钱学森之问"吗？2005年，温家宝在看望著名物理学家钱学森时，钱老曾感慨地说："回过头来看，这么多年培养的学生，还没有哪一个的学术成就能跟民国时期培养的大师相比！"钱学森认为现在中国没有完全发展起来的一个重要原因是没有一所大学能够按照培养科学技术发明创造人才的模式去办学，没有自己独特创新的东西，因此总是"冒"不出杰出人才。"钱学森之问"虽然是关于教育的问题，实质上却是关于中国发展的一道艰深命题，需要整个教育界乃至社会各界来共同破解。钱老的发问直逼核心，话虽沉重，却不容回避。

我个人认为，要破解"钱学森之问"，首先应该反思我们的现实，复兴我们"以人为本"的民族传统精神，重视创造能力的来源——人之本身，变被动跟踪国际新科学、新技术为自主创新开拓，形成创新的文化氛围，才能真正将创新人才和创新能力放在首位，而不只是看重人所创造的财富。因为，人是本，物是末；道是本，技是末。但道可生技，技可生道，特别是技对道的反作用力不可低估，比如蒸汽机就引发了一次人类历史上的思想革命。从表象上看，谁掌握了高科技，谁就赢得了胜利；谁掌握了知识，谁就能主宰自己的人生。但实质上却忽视了技术产生思想以及隐藏在技术背后起推动作用的思想和文化。

中国的传统文化特别注重事情的本末，如道德和利益两者之间的关系，即道德为本，利益为末，道德为主，人性为末。所谓“饿死事小，失节事大”就是典型的例证。在农业与工商关系上，则以农业为主，工商为末；在道与器的关系上，以德为本，以器为末……千万不要轻视这本末之分，因为它反映了一种价值观。一个读书人，如果舍本逐末，那就是“不智”，是缺乏修养，会被人瞧不起。所以，长期以来，许多读书人宁可守着寒窗、死读经书，也不愿意去经商赚钱，从事实业。雍正帝也曾因谴责读书人“只读圣贤书，不事实业”而惹得读书人群起而攻之。孔乙己即使穷困潦倒，也不肯放下读书人的架子。古代社会就是靠着这种道德的惰性维持其稳定，从而致使社会似蜗牛般爬行，一直到 19 世纪末 20 世纪初，使得鼎盛一时的中国沦为西方任何一个国家都敢欺辱的“东亚病夫”。

然而西方则不然，他们一开始就注重具体手段和实际利益，他们知道并敢于承认人性中自私自利的本性，并能以此来调整人与人、人与社会、人与自然之间的关系，力求达到各方利益的均衡和谐。他们的道德文化中不缺乏高深的哲理，并且他们能用这些哲理为他们的行动服务。这些道德哲理并不像我们有些来源于书房的思想，而是源自于生活和斗争，具有极强的可操作性和实用性。到了近代，他们的工商业更是异常迅猛地发展起来，这促使西方国家很快跻身于世界强国行列，连天朝大国也只能匍匐在他们脚下。但是在铁一样的事实面前，中国的“食肉者”与士大夫却仍恪守老观念，把工商业作为末业，不屑于从事他业。“万般皆下品，唯有读书高”在很多中国人心里根深蒂固，就像今天的父母倾其所有，不论贤愚，把儿女们统统赶进学校想让子女接受好的教育后能出人头地。有人说这叫用思想赚钱，我倒不这么认为！我觉得这是真正的道德腐朽堕落，应该引起每一个国人的深刻反思。早在一百多年前，李鸿章就对此作了反思，他曾沉痛地说：“我受外人之凌辱，国人未能反省，非德且钝乎。”而要反省，就要反省事物的本质，这个本质就是“世界文明，工商业较重于文字，窥东西各国之强盛，无独不然”。一个国家的文化应当顺应时代变化，与时俱进。同样，道德的侧重点也要根据这种变化发生转移。在道德层面，也只能是适者生存，如果一味抱残守缺、墨守成规，被已经死亡、腐朽的道德所羁绊，那么这样的国家终会疲弱而不堪一击。

从本质上讲，不论是道德还是思想或者主义，一旦成为体系必然僵化，从而阻碍社会的进步，如程朱理学。为什么西方近代发展日新月异，我认为主要是因为他们的文化主张是技道相通。其实这点我们祖先早已身体力行过了，炎黄不就是创新技术的高手吗？因此，中国人要想不再纳闷，就必须学会道技相长。因为没有技的支撑，道只能如橡皮泥般，任人揉捏；但没有道的约束，技会脱离人本的范畴，最终沦为杀戮的工具。就如一把枪，握在罪犯的手中威胁的是生命，而握在警察的手中捍卫的是正义。互联网中的信息五花八门，利用得好，会方便我们的生活、工作和学习；如使用不当，反而可能会成为我们前进的障碍。至于能否利用好这件工具，就要靠自身道德的约束了。

## “恶”是推动世界前进的动力

**【儿子·说】**

2003年7月10日　　星期四　　晴

今天的作业里有一道题挺有意思，老师让我们摘抄一段《三字经》。同学们听了都笑了，因为我们都觉得《三字经》是古代人们读书时学的东西。不过不管心里怎么想，最终我们还是老老实实地抄了一段。我是从开头抄的，“人之初，性本善，性相近，习相远……”抄完了，我和同桌一对照，没想到我俩抄的都一样。同桌还问我："为什么是人之初，性本善，而不是性本恶呢？"这个问题倒把我给难住了，人性到底是善还是恶，社会到底是善还是恶呢？如果是善，为什么坏人坏事一直都有？如果是恶，那又为什么说人之初性本善呢？到底哪个才是对的呢？

**【父亲·曰】**

你今天的问题很"刁钻"，人性是"善"还是"恶"，这在中外哲学史上可是一个大命题。

先说西方。黑格尔在《法哲学原理》中说过："恶是推动历史发展的动力。"纵观人类的文明史，黑格尔的这句话似乎都能得到印证。不论是出于嫉妒，还是出于敬佩，或出于其他不轨的动机，现实中，往往一些卑鄙的、肮脏的想法才是推动人前进的原始动力。不论中外，朝代的更替常常都是从作恶开始的，因为它首先是从破坏开始的，虽然作恶者都会千方百计地给它穿上漂亮的外衣，其实，不管其外衣有多么的华丽，作恶者最终的目的就是满足个人的欲望。恶是世界上最伟大而诡秘的东西。正因为有了恶，人类自私的行为才在不断演进过程中创造了一切。民族和国家的发展和崛起无不体现着自私原则。如果没有自私的行为，要想建立新的交往秩序中的整体利益，只能是乌托邦式的幻想。正是通过这句话，黑格尔告诉我们：历史的发展根本就不是按照人的道德理想设计的目标而前进的。相反，历史进步总是不得不以弱化甚至牺牲道德为代价的。正是因为恶的存在，人们才集合而团结起来，组成社会，形成政府，创立文明，以保护自己免受外在的侵犯；也正是由于恶的存在，人们才绞尽脑汁地研究尖端武器，以便能在战争中克敌制胜。同样地，弱肉强食的竞争淘汰了懒汉，黑客的存在导致电脑软件的迅速发展，艾滋病的产生促进了医学的进步……人类也许就是在这种"道高一尺，魔高一丈"与"魔高一尺，道高一丈"的循环中逐步发展壮大。

再说东方。特别在古代中国，以儒家为代表的中国传统文化，向来深信人性之善，你们今天抄写的《三字经》就是代表。古代中国先哲们总是希望能够在道德的基础上建立一个"大同"社会。那是对道德的无限拔高，总是抱有“人人皆可为尧舜”的想法。但老子却说:“天地不仁,以万物为刍狗。”天地何以不仁?因为历史总是在善与恶的交战中不断前进,人类社会也是在对善的追求中不断走向文明与进步。善的历史与现实意义已得到世人的肯定,恶与历史发展的关系问题,则仍是伦理思想史上的一个难解之谜。的确,推动历史前进的动力往往不是人们赞美的品质和道德。那么,我们怎样避免人性的“恶”而扬人性之“善”,或者“化恶为善”呢?在这点上当年曾国藩的幕僚赵文烈曾开过一个药方:合众人之私,以成一人之功。利用人自私的本性达到利公的目的。曾国藩认识到孤家寡人做不成大事,意识到要成就大事,还要满足众人的私心,满足各自的要求。故曾国藩提出“思夫人皆为名所驱,为利所驱,而尤为势所驱”,对物质追求是人之常情,关键是自己要留住公心,满足人才的私心,发挥才能,大家和衷共济,成就天下为公的理想。何乐不为呢?这才是大智慧。

记得某报刊上曾登过一件事,有一座城市的郊区水库,每年夏季都有大批游泳爱好者前去游泳,而水库是当地自来水工厂的重要取水源,为了保持水源的清洁卫生,自来水厂在库区竖了许多“禁止游泳”的牌子,但效果不是很理想,人们照游不误。后来他们把牌子改成“您家的饮用水来自这里,为了您和家人的健康,请保持清洁卫生”,结果库区游泳者就不见了。由此可见,人性本来自私,我们不应回避。

历史的进步和发展,总在于对人性的直面和正视。改变时局的思想和行动,莫不源于对人性之恶的警惕。孟德斯鸠说:“要防止滥用权力,就必须以权力约束权力。”霍布斯也说:“不带剑的契约不过是一纸空文,它毫无力量去保障一个人的安全。”美国前总统布什在就职演说中说得更直接:“人类千万年的历史,最为珍贵的不是令人炫目的科技,不是浩瀚的大师们的经典著作,不是政客们天花乱坠的演讲,而是实现了对统治者的驯服,实现了把他们关在笼子里的梦想。因为只有驯服了他们,把他们关起来,才不会害人。”

# 大道无门

**【儿子・说】**

2006 年 3 月 6 日 星期一 阴

今天下午美术课上，老师让我们欣赏名画，他分别介绍了宋代张择端《清明上河图》、当代齐白石的《虾》和毕加索的《亚维农少女》。前两个画家我比较熟悉，对画的意境和主题思想也能理解，容易产生共鸣。而对老师奉为佳作的毕加索的《亚维农少女》却不感兴趣，即使老师说毕加索在西方绘画史上是一位很有影响力的人物。毕加索的早期作品——《拿着烟斗的男孩》在 2004 年 5 月以 1.04 亿美元的价格结标，刷新了 1990 年凡・高一幅画作 8250 万美元的拍卖纪录。老师让我们在课余时间多看多想，下节课再讨论。下课后，同学们对这幅画议论纷纷，大多数同学觉得毕加索的画乱七八糟，没有章法，可老师却说毕加索是西方画坛泰斗，真是难以理解。

**【父亲・曰】**

坦率地说，爸爸对绘画是外行，对毕加索更是只知道皮毛，不甚了解。今天看了你的日记，爸爸认真地查看了毕加索的画作和他的简介，并细细品味了毕加索的画作《亚维农少女》《卡思维勒像》《瓶子、玻璃杯和小提琴》等。结果在鉴赏的过程中，由排斥、深思、接受、欣赏到震撼，并引发了对世界、对人生一些新的思考和认识。

毕加索颠覆了人们对传统绘画的认识，用“抽象”而不是“具象”手法，打破绘画必须模仿自然的传统观念，从多种事物抽出其共通点加以综合，以直觉和想象力为创作的出发点，排斥任何具有象征性、文学性、说明性的表现手法，仅将造型和色彩加以综合、组织在画面上，进而从传统的语言和审美情势脱胎而出，独辟蹊径，而自成一个新的概念，把人的认识带到了一个全新的世界，这一概念就叫作“抽象”，并经过半个世纪才为世人接受赞赏。抽象绘画成为二十世纪最流行、最具特色的艺术风格。这一历程告诉世人:艺术创作永远是一个站在过去与未来之间的动姿,而“打碎”是为了“建设”。用我们中国人容易理解的表述,就是“大道无门”。

“大道无门”出自宋宗绍编的《禅宗无门关》中“大道无门,千差有路;透得此关,乾坤独步”这四句禅语。“大道无门”在佛语中是指顿悟的法门,是没有门的。“千差有路”则是修顿悟法门,且有很多的门路。“透得此关,乾坤独步”,此处的“关”是无门关,能进入无门这个关,也就能通过顿悟法门,独步乾坤,天地之间唯你一人。这不是目中无人,不是有大我的执着;而是超越于一切境界之上,天上地下根本找不到“我”这个东西,这就是最究竟的层次。正如“达摩西来无一字,全凭心意用功夫”的道理一样,不论宇宙中,还是人世间,也是大道无门、大智无痕,一切都是明摆着的,关键在于主体的悟性到位。

一是宇宙之道有道无道,处处有道,存乎于心。立高可以瞩远,学深自能臻妙。宇宙间真正的真理许多只能意会,难以言表。真正高深的道理是无法说清楚的,但可以通过读书和实践体会这高深的道理。悟透了这个无门的道理,就可以在世界上独领风骚。毕加索的《亚维农少女》,是他的第一幅立体主义作品。画面左边的三个裸女形象,显然是古典型人体的生硬变形,而右边两个裸女那粗野、异常的面容及体态,则充满了原始艺术的野性特质。这幅画中,不仅是比例,就连人体有机的完整性和延续性,都遭到了否定,“恰似一地打碎了的玻璃”。原来,少女也可以这样表现,真是抽象之极。在这里,毕加索破坏了许多东西,这是无道。可是,在这破坏的过程中,毕加索又获得了什么呢?当我从第一眼见到此画的震惊中回过神来,便开始发现,那种破坏却是相当地井井有条:所有的东西,无论是形象还是背景,都被分解为带角的几何图形。这些碎块并不是扁平的,它们由于被衬上阴影而具有了某种三度空间的感觉。我不能确定它们是凹进去,还是凸出来,它们看起来有的像实体的块面,有的则像透明的碎片。这些非同寻常的图形,使画面具有了某种完整性与连续性。这是有道。无道和有道在一幅画中和谐地联系在一起,存在于人的心中。

二是宇宙之理难以穷尽，认识有限，仁者见仁。犹如盲人摸象，只是角度不同。在《卡思维勒像》中，卡思维勒先生形象的轮廓还能隐约显现，然而人们却难以判断其与真人的相似性。他笔下的物象，无论是静物、风景还是人物，都被彻底分解了，使观赏者对其不甚了解。虽然画有标题，但很难从中找到与标题有关的物象。那些被分解了的形体与背景相互交融，使整个画面布满各种垂直、倾斜及水平的有线交织而成的形态各异的图形。在这种复杂的网络结构中，形象慢慢地浮现，即刻间便又消解在纷繁的画面中。色彩的作用在这里已被降到最低程度。画上似乎仅有一些单调的黑、白、灰及棕色。实际上，画家所要表现的只是线与线、形与形所组成的结构，以及由这种结构所发射出的张力。研究毕加索的著名专家罗兰·彭罗斯，看了这幅画后，曾做出这样的评述："每分出一个面来，就导致邻近部分又分出一个平面，这样不断向后移动，不断产生直接感受，使人想起水面上的层层涟漪。视线在这些涟漪中游动，可以在这里和那里捕捉到一些标志，例如一个鼻子、两只眼睛、一些梳理得很整齐的头发、一条表链以及一双交叉的手。但是，当视线从这一点转向那一点时，它会不断地感到在一些表面上游来游去的乐趣，因为这些表面正以其貌相似而令人信服……看到这样的画面，就会产生想象；这种画面尽管模棱两可，却似乎是真的存在，而在这种新现实的匀称和谐生命的推动下，它会满心欢喜地做出自己的解释。"

三是宇宙之法本无定法，法无常法，我法为法。毕加索在创作过程中，不同于中西传统绘画，他崇尚立体主义，追求碎裂、解析、重新组合的形式，形成分离的画面，以许多组合的碎片形态为展现的目标。主要趋势是丰富的造型手段，即空间、色彩与线的运用。背景与画面的主题交互穿插，让立体主义的画面创造出一个二维空间的绘画特色。从多个角度来描写对象物，将其置于同一个画面之中，以此来表达对象物最为完整的形象。物体的各个角度交错叠放造成了许多的垂直与平行的线条角度，散乱的阴影使立体主义的画面没有传统西方绘画的透视法造成的三维空间错觉。对自然景象、意象、气象的表达，达到笔墨与情感、造化与心源完美统一的艺术境界。在他的笔下，太阳竟不同于客观世界的光沿直线传播，而是成了螺旋状照射的主观感受。毕加索的立体派，基本上不是纯美学的，是理性的、抽象的，将物体重新构成、组合，带给人更新、更深刻的感受。

四是宇宙之名无名无状，玄之又玄，混沌天成。有人说，存在的就是合理的，就有存在的理由。毕加索的画渗透融合、兼容共济，终成趋合之势，如果想仅从画面而得其真谛，自然不可能了。从 1912 年开始，毕加索转向其“综合立体主义”风格的绘画实验。他开始以拼贴的手法进行创作。这幅题为《瓶子、玻璃杯和小提琴》的作品，清楚地显示了这种新风格。这种拼贴的艺术语言，可谓立体派绘画的主要标志。在这种拼贴语言的运用中，毕加索显然更为大胆和富于幻想。别的画家在拼贴不同的纸片时，多少要顾及是否符合现实逻辑的问题。而毕加索则从不根据素材的字面意义使用它，而是全然不顾这种约束，将那些不相干的拼贴材料，纳入一个有机的统一体中。在他的画上，一张花纹墙纸可用来表现桌面，一张报纸也可剪贴成小提琴，因为他就是要让人思考这种离奇性。

时下世界，由于科技的高速发展，物质丰盈，信息满天，人类精神相对匮乏和混乱。究其原因，乃人类精神层面受物质的挤压已严重变形。困难面前，时代呼吁崇尚“大道无门，千差有路”，因为世界上根本没有捷径，要靠努力和参悟才可以找到出路。谈论毕加索，我们不必太具体地说应向毕加索学什么成功的经验，且把“大道无门，千差有路”八个字放在心里，多一些努力，多一些静心参悟，长此以往就足矣。

## 穿越道德的迷雾

**【儿子·说】**

2005 年 3 月 21 日　　星期一　　雨

上午放学后，几个高年级同学为得到我们班一位同学的溜冰鞋而大打出手，其野蛮行径令人侧目，围观的人纷纷指责这几个同学太没道德、无法无天！老师路过，制止并批评了他们。最后双方都认了错，又向老师保证以后再也不打架了。可老师走后不久,我们班受委屈同学的家长赶来,双方又纠缠在了一起,怎么能这样,好没意思。事后我想,社会上不应该出现这种不必要的纠纷,和平相处才能让我们团结在一起,大家应该相互关心,相互爱护,相互帮助。他们这样做是违反道德和法律的,爸爸是法律专家,回去后我要和爸爸好好讨论一下这个问题。

**【父亲·曰】**

你今天的见闻触及了我一直在思索的一个问题,就是怎样看待人们津津乐道的道德问题。按照常识,所谓道德,就是社会生活中人们相处时所遵循的行为准则和规范,是社会意识形态之一。道,是合乎行为准则和规范的途径和思想;德,是品行和心意。爸爸认为的道德,道就是生命的本身,是超越善恶的存在。德就是守护生命的法则,在此过程中,产生了善恶是非。其实,在现实中,道德被种种迷雾所笼罩,很难让人看到道德的本质。

这第一层迷雾就是实用主义迷雾。有人认为,作为家长,在教育孩子时最难把握的就是如何把理想和现实统一起来。从理论上讲,家长希望孩子勇敢正直、诚实友好、团结和睦、善良大度,具备一切人类的优秀品质。但在内心深处,理想的美好与现实的剧烈反差,使家长徘徊挣扎,他们凭借自己丰富的阅历,恐惧孩子遵循这些“道德”之后会受到伤害,因为他们知道,那些人人乐道的美好道德只是人们内心的一种美好愿望而已。在现实中,那些人们赞颂的美好道德往往不堪一击,就像美丽的言辞代替不了美味佳肴一样,这就使得家长在教育孩子时常常陷入尴尬的两难境地:强化道德,使孩子过于单纯,容易被现实社会所打击;面对现实,又不忍让孩子心灵过早地染上世俗的污物。他们甚至认为,强者胜利的武器不是道德,而是实力和难以启齿的恶行。这样,在一次次美好情感的破灭中,他们学会了麻木,学会了自保,觉得道德不过是强者手中的玩物、弱者手中的遮羞布。以上种种看法,过于偏激,忘记了道德自身固有的特性。

这第二层就是强权主义迷雾。有人认为,道德不过是强者套在弱者思想上的缰绳,强者在变得强大之前的全部秘密就是肆无忌惮地毁灭道德,而在强大之后就开始大谈道德，其实内心是恐惧强者优势的丧失，所以用道德约束人们的思想，禁锢人们的灵魂，约束人们的行为，用暴力维护其特权。人们在这种情况下，暂时屈服于强者之威，压抑着人的本性，心不甘情不愿地做起了“伪君子”，时间久了，就养成了遵循某种道德的习惯，达到了强者所期望的目标。从古到今，大凡暴动者都是如此，对暴动者而言，在制造道德混乱之中，原有的公正规则被打破，新的道德规则还没制造出来，他们为所欲为、不择手段，一切暴力无所谓罪恶，这就是强者的秘密。有人更是调侃，道德的犹太人差点被杀了个精光，但“邪恶”的以色列却在中东战无不胜。粗鲁的美国是世界警察，文明的欧洲仰人鼻息。的确，任何社会、任何人都无法将多数甚至所有成员通过道德教化变成真正的君子。但上述种种论调看似“正确”，其实是早已被文明社会所唾弃的物竞天择观念的翻版，忽视了道德的社会属性。

这第三层迷雾就是操纵主义迷雾。有人认为，任何强者给人们的道德说教，最后都只是硬邦邦的标准和规范，再赋以社会舆论、暴力约束和名利诱惑，这就是人们常说的“一手拿着大棒，一手拿着胡萝卜”。但标准和规范到底是什么，强者却常常含糊其辞，一般会随着自己的需要而增减取舍，这其中隐藏着一个权利转换，即原本属于大众意志、自然社会规律的权利被某些强者瓜分了，只在必要的时候才集合起来对付“犯规者”，即所谓“顺我者昌，逆我者亡”。大众意志，社会自然规律是一些难以捉摸的东西，形态多变，飘忽不定，但偏偏就是这些东西却又能镇住人。尼采说：“道德是弱者对征服者恶毒、狡诈的报复。”弱者在靠自身力量难以改变的情况下，寄希望于强者的弱化，以求得自己生存的可能性，便捏造了一个更强大的难以见面的主宰，如中国人说的上天，以达到威慑强者和诱导强者行为弱化的目的。这种论调，否定了人类社会存在着一套普世的道德，忽视了道德的普遍属性。

这第四层迷雾就是自慰主义迷雾。有人还说，弱者创造道德的起初并不可能有这么多的目的性，他们创造道德主要是安慰自己。人类早期的确有点“没心没肺”，并没有道德的规范，只有胜利者的权利。强者有时也制造道德，道德后来在社会上大行其道，对弱者来说好像天上掉馅饼，但天上永远不会掉馅饼,这不过是各方力量相互妥协的结果,当中既有弱者努力的结果,也有强者因势利导的结果。所以,作为强者,好歹要给弱者留下最后一块道德的遮羞布,让他永远甘心成为弱者;另一方面,作为弱者,对此毫无办法,他们只能在道德层面寻求心理安慰。同时,弱者也能抱着道德牵制一部分不太强的强者,当然这也杜绝了许多弱者变成强者的可能性,这是个皆大欢喜的结果。这种观点,把复杂的问题简单化,忽视了道德的相对属性。

这第五层迷雾就是功利主义迷雾。有人认为,体验新奇并尽量扩张自己是人性最本质的东西。社会中总会有不甘寂寞的家伙存在,如刘邦、朱元璋之辈,只要有机会,他们就会像《黔之驴》里的那只老虎一样,先是试探,一旦嗅出对方空虚的气味,就会不顾一切地扑上去龇牙咧嘴。因此,汉朝争论"汤武革命"是顺天而行还是贼子暴行,本身就毫无意义。也有人认为,只要加强教化,使大部分人都有发自内心的道德感,就能解决这个问题,因为少数人的叛逆不会形成颠覆力量,这的确是个不错的想法,却在现实中难以操作。爸爸认为,道德虽然是看似虚无缥缈的东西,其中也有很多经不起推敲的地方,但此类观点,否定了道德的稳定性,忽视了道德的文化属性。

这第六层迷雾就是工具主义迷雾。有人应用斯大林的观点:"现实是不会审判强者的,除非强者又变成弱者。"有趣的是,当颠覆者变成强者之后,又拾起曾经颠覆的道德来控制人的思想,如汉承秦制,唐承隋制,清承明制,历史上循环往复的农民暴动以及接踵而来的政权更替,使人们对道德有了新的理解。但这种道德的工具学说,对人类基本的普遍的价值进行了解构,忽视了道德的人文特性。

这第七层迷雾就是相对主义迷雾。有人认为,道德具有两面性,一方面是弱者的依靠,强者的工具;另一方面,社会不是孤立的,社会之外还有社会,一个道德泛滥的社会在使自己道德变弱的同时,也为外来社会提供了入侵的机会。还有人认为,日月不改,世事多变,随着社会的变化,弱强的定义和实质也会发生转变,曾经的强者会变弱,尤其是他也开始真心信奉道德的时候,其实是因为他除了道德已经没有能力驾驭曾经的弱者了,他只有进一步强化和细化道德,以便牵制可能的强者。当然这也标志着由这个强者主持局面的社会即将崩溃。这时候,自成规模的冲突双方都号称自己是道德的,谁赢得胜利,谁的道德就是正统。这种想法,古今皆有,它忽视了道德的传承特性。

这第八层迷雾就是虚无主义迷雾。有人认为,物竞天择,适者生存。世界上本来就是弱肉强食的动物园,别被含情脉脉、温柔的道德伤着了,而应内强素质,增强自己的能力,不要受不合时宜的道德的约束,拓宽思想,不断求新,始终保持一种批判精神,练就百毒不侵的金刚罗汉之身,使自己成为强者,成为道德的操纵者和评判者,使人生达到一个新的非道德的境界。这种虚无的说辞,看似正确,其实掏空了道德的善的灵魂,忽视了道德的向善的特性。

这第九层迷雾就是泛化主义迷雾。近些年来,在社会舆论领域尤其是网络空间存在一种突出的现象,即遇事往往把目光聚焦于道德,看待社会中的问题和事情,不分事由,不查事实,不辨事理,片面地将道德评判绝对化、极端化,似乎道德问题是其他社会问题形成之源,道德导向成为解决所有社会问题的根本,甚至出现了"道德掩盖事实""道德绑架常识""道德挟持司法""以道德审判代替法律"等现象。几乎每一个人都是道德裁判,都站在道德的制高点上抨击他人和社会,而生活中自己又很难避免,甚至做出不道德的行为,且较少受到良心谴责。这种泛伦理思维夸大了道德的功能,妨碍了在社会中探寻问题产生的真正原因和解决问题的有效办法,忽视了道德的理智特性。

凡此种种,迷雾层层,使道德本身的功能异化成为个人向社会索取的工具,这对社会来说非常可怕。因此,穿越人为设置的层层道德迷雾,帮你看清世界的本来面目,对你而言可能更有益处。对此,爸爸只能剥开道德的重重迷雾,让你看到道德的本来面目,为你走向现实社会打一剂预防针。爸爸觉得,一个强大的社会往往利用道德,但会把道德控制在恰当的范围之内,留出一定的非道德空间,给人的欲望以一个发泄的渠道,以此保持社会的合力,任由道德泛滥的社会只有死路一条。只有穿越了层层迷雾,经受了人生的种种磨难和感悟,还道德以本来面目,你就会发现道德的真正含义,也就会更加理解道即生命、德即护佑的生命法则的思想了。

# 我们急需正本清源

**【儿子·说】**

2006年5月4日　星期四　晴

早晨我刚把作业写到一半,爸爸的一个朋友突然打来电话邀请我们去楼观台游玩。我早已耳闻“楼观台”大名,今日一去,果然名不虚传。远远看去,整个风景区笼罩在一片薄雾之中,颇有几分神秘的味道。经人介绍,我知道了这个地方是道家创始人老子修炼的地方。一行人在爸爸朋友的带领下爬上了山顶,高大的炼丹炉让我心生惊叹。后来,我们又去了九泉瀑布。啊!我惊呆了,那瀑布可真大,有一丈多宽。爸爸说:“如果这是瀑布,太白山的瀑布就成了波涛汹涌的海浪。”不多时候,我们来到了野生动物园。啊!大熊猫、朱鹮、金钱豹、羚牛……多得数都数不清。我还是第一次见到大熊猫和朱鹮,它们可是濒临灭绝的珍禽奇兽,正在人类的保护下繁殖后代,我能亲眼看到的机会可不多。下午4点多,我们的玩兴都还正浓,可是肚子却饿得有些受不了了,游玩不得不就此结束。在归途中,我们仍然有些兴奋,只是听说楼观台保存着刻有“楼正本”《道德经》的石碑,但最终却未能得见,心里有些遗憾。

**【父亲·曰】**

今天,我和你站在楼观台前,望着老子的雕像,心里涌起了无限波涛,那是每个中国人心中最纯净、最自由的天地。面对现实,我想中国真的需要来个正本清源了,不然浩浩西风、滚滚潮流最终会吞没我们,我虽缺少经天纬地之才,但不想像犹太人那样到处流浪,所以真希望中国能强大起来。

历史事实无数次证明,只有经历了人生坎坷的人,才会对无根基、无休止的思想感到恐惧。19世纪末到20世纪初,中国人之所以会失败,与其说败在国运上,不如说败在了中国式的智慧里,这是不是作茧自缚呢?有一项心理学研究表明:中国人心中最智慧的人是诸葛亮,最具智慧的事是草船借箭和空城计;而美国人心中最具智慧的人是爱因斯坦、牛顿等科学家和思想家,最具智慧的事是蒸汽机、相对论等科学家的发明创造。

因此,见到老子,我觉得害羞。难道老子崇尚的无为、真实、自然被西方人学去后我们失去了精气神,徒留貌似智慧的皮囊和光环了吗?悲哉!这是不是西方世界先用文化俘虏我们的心性,继而再在政治、经济、军事上“有所作为”的根源所在呢?如果是,我们是否要正本溯源,从纯化、净化人的心灵开始呢?我不得而知。抬起头,望着老子,他笑了,只是紫阳拉着我很温顺地笑了一下,随即说他要吃麦当劳!

## 道德新说

**【儿子·说】**

2006年3月9日　星期四　晴

今天中午吃完饭我看了一会儿新闻,新闻上说有一个孩子被人贩子拐卖了,孩子的父母找了十年都没找着,现在仍然在找。我看了后觉得人贩子太可恶了,太不道德了。

下午到校后,我把这件事告诉了同桌,同桌听了也觉得很气愤。没过一会儿,同桌神神秘秘地问我:“我们经常说别人不道德,什么是道德啊?”听了同桌的话,我愣住了,以前只是觉得做什么事不好就说不道德,道德具体是什么我却从来没有思考过。我想了半天也想不出个所以然来,就不太肯定地对同桌说:“可能大家都认为是错的,那就是不道德吧。道德应该就是大家都认为是好的、对的事情吧。”同桌听了我的话也没说出个所以然来。

**【父亲·曰】**

你今天的日记提出了一个严肃而沉重的话题,即什么是道?什么是德?这个问题让我斟酌了好久,有人曾和我探讨过何为道,何为德,并且是从抽象玄学上谈的，很是深奥，因此我越听越糊涂。最后，我回顾了自己几十年来的所学、所见、所闻、所思，总结说：“道就是衍生维护生命的规律，德就是珍惜尊重生命的规则。离开了人的生命而大谈道德，不是骗子就是白痴，没有生命，即使把整个世界都给你又有何用？生命对每个人来说就是最大的道德。”

生命为道之本源，离开生命妄谈道。首先，生命即本源，我们要讨论、思考一切问题的前提是生命的存在，当生命不在，何来思考和讨论。其次，道即是生命。“道不远人”，从古至今，多少人在寻觅“道”的踪迹，秦始皇如是，刘彻如是，李隆基亦如是，更不论民间芸芸众生。他们认为，得“道”就能长生。虽然他们唯心地找到了道与生命的关系，但是，这种对“道”的寻找恰恰违背了道的本意。他们追求的这种道是为了永生不死，与天地同寿，是一种虚妄的道，有骑驴找驴的嫌疑。《易经》云：“道，百姓日用而不知。”意思是说一切生灵和万事万物都在道中。这种道指的是事物运行的规律，它较前一种道比较先进，它所阐述的道也有迹可寻。但这两种道都忽略了一个问题，即宇宙诞生后才有生命，有生命方能感知“道”，道与生命同生死。所以，简单地说，生命即道。

德又是什么？有了生命，才能谈道，有了道才能论德。德即好生。上天有好生之德，所谓的德，首要层面就是顺从生命的法则，这是对德的基本定义。大道五十，天衍四十九，人遁其一，其实说的就是生命的至高无上，生命是和其他的天地大道同等存在的，不可轻视和践踏。

德是道的附生物，道即生命，生命不存，德之焉附。不要问道与德哪个先出现，生命的出现必然要被呵护，呵护生命就是德，倘若有一天所有的生命都消失了，德也就不存在了。德顺从生命，护卫生命，这是德存在的根本要义。维护生命，爱惜生命，尊重生命才是尚德。因此，所谓有德就不要做不符合道的事情，也就是不要做有害于生命的事情。

德能让生命快乐，还可以拓展生命的意义，这也是德存在的终极目的。每个生命的存在都是曲折的，每个生命的诞生都要经历黑暗、等待以及生死考验。所谓生命，不能仅仅只是活着，也应该是快乐的。回头看看人类的脚步，经历过生死角逐，穿越了漫天硝烟，经受过沉重的教化洗礼，唯独缺少对快乐的追求。不说西方，单说在中国，佛教的影响就非常深远，它曾一度成为统治者的武器，罩压在人们的头顶，让人窒息。所以在今天，我们必须还快乐以自由，让它重归德的怀抱。

对于道和德，人们说得太多，但往往都带有明显的功利色彩，或者出于统治者的需要，或者出于彰显个人功利的目的，这些都是对道和德的偏见。正如尼采所说，道德发展的历史就是与生命为敌的历史。道和德是天地间最纯净、最自由的存在，它不应该以人的意志为转移，更不应该只以少数人的统治和利益为目的。作为人，我们无法对道和德评头论足，我们只能做好自己——快乐地生活，做个快乐的人。这就是尊天之道，是上上之德！

# 第二节　乐孝乐家

## 勿忘祖先

**【儿子·说】**

2004年11月9日　　星期二　　晴

今天早晨,爸爸妈妈领着我回汤峪老家看爷爷的坟地了。爷爷的坟前有很多黄色的小花,那是茱萸。它让我很自然地想到了唐代诗人王维的《九月九日忆山东兄弟》:

独在异乡为异客,每逢佳节倍思亲。

遥知兄弟登高处,遍插茱萸少一人。

现在家里就少爷爷一人,这是多么悲伤的事。我想爷爷在九泉之下一定会看到他的孙子是多么想念他。爷爷非常爱我,记得在我小的时候,一次我把头碰破了,爷爷抱着我就往医院跑,因为爷爷年纪大了,所以喘得很厉害,到了医院,爷爷一下子就瘫倒在地,连医生都被感动了。

爸爸让我把爷爷坟上的野草拔干净,然后又让我把课文的一到五课背给爷爷听,让我用英语问爷爷早饭、午饭、晚饭吃的什么。我都一一照做了。临走前我给爷爷说:"爷爷,我一定会好好学习,考上大学再来看望您!"

回家的路上,爸爸给我布置了两个任务:一是追寻探求冯氏家族的来源、发展、分布及名人典故;二是试着写出我们家五代家谱及曾祖父母到我这一代全部男女亲属的姓名和生卒年月。通过上网,我查找到了第一个问题的资料:冯姓在宋人编写的《百家姓》中被列为第九位,现在在中国大姓中排名第27位。《世本·民姓篇》中讲到冯姓是"郑大夫冯简子之后。冯简子是春秋后期人,郑简公为政时,许多大事都同他商议”。因郑国建都于今河南新郑,唐人林宝《元和姓纂》中说冯姓是“周文王第十五子毕公高之后,毕公封魏,支孙采食于冯,遂氏焉”。另据《史记·魏世家》记载:“毕公名高,为姬生,被周武王封于毕(今陕西咸阳市东北),于是为毕姓,其后绝封。至春秋时,其后裔毕万,为晋大夫。晋献公十六年(公元前66年)晋灭魏(今山西芮城东北),以魏封毕万,后称裔氏。根据《东观记》其先魏之别封曰华侯,华侯孙长卿的封邑食采冯城,因以为氏可知,毕万裔孙有个叫长卿的,封邑在冯城(今河南浔阳县西)以邑为氏,就是冯氏。”看到这些资料,我不禁有些汗颜,以前觉得自己聪明,可是和祖先们相比,自己还差得很远。

**【父亲·曰】**

正当我有能力让你爷爷过上更好的生活时,你爷爷却离开了我们。你爷爷在世时,我为了工作和所谓的前程,没有好好地陪他。总觉得你爷爷身体没啥大毛病,等我事业有成再好好孝顺他。因为整天在一起,好像也没有什么特别明显的感受,一直觉得时光停留在你爷爷五十岁的时候,岂不知你爷爷已老矣。你爷爷的突然离开,让我陷入深深的自责,很后悔当初对你爷爷照顾得不够,这也成了我心中永远的痛。这种痛像影子一样时刻陪伴着我,让我难以自拔。我不想让这种情况在我人生中出现第二次,所以我们应该好好孝敬你奶奶,让她快乐地生活。虽然我们已经很努力了,但做得还不够,特别是能陪她的时间还是太少。我们要尽一切可能让你奶奶过得更好、更幸福。这说起来容易,做起来就没那么简单了,需要很高的境界与长久的付出。

今天领你回老家祭拜爷爷,是因为在我们中国人的观念中,“忠”“孝”是最重要的美德,即使对已经去世的先人,也要像他们活着时一样,孝顺他们。在节日中供奉、祭祀是一种中国式的宗教习惯,也是一种历史的传承,更是人们日常必须遵守的行为准则。这种宗教习惯最初始于原始人对同族死者的某种追思和怀念,最后超越了原始图腾崇拜和生殖崇拜的认识局限,不再用动植物等图腾象征或生殖象征作为其氏族部落的标志,而以其氏族祖先的名字取代,由此使古代宗教从自然崇拜上升为人文崇拜。祖先崇拜在中国封建社会的宗教传统中尤为突出。康熙皇帝和教皇特使的争执就集中在是否允许祖先崇拜这一问题上，康熙当时的名言就是“世上没有不忠不孝的神仙”！中国人对祖先的崇拜表现为定时扫墓、祭拜。在逝者下葬时，随同准备许多日常生活物品的纸样，一同烧祭，如同送先人到另一个世界生活一样。在逝者下葬后还要定时烧纸（送钱），甚至在不同季节送不同衣物的纸样烧祭。在中国这个古老的国度，祭奠祖先的宗教仪式有其特殊的意义。

一是勿忘祖先。你今天这个作业就完成得很好。人生在世，要对祖先有一种认识，有一种繁衍的责任。你要知道，一个忘记或背叛祖先的人在思想上没有根基，可以干出任何伤天害理的事情。正确认识祖先是人类前进的一种动力，“背叛祖先的人会成为千古罪人，否定祖先中不符合时代发展方面的人会成为千古伟人”，前者背叛的是精神，后者否定的是迂腐。勿忘祖先，不但可以使我们知道过去，更可以促使我们预知未来。

二是用心祭奠。勿忘祖先要通过一定的仪式表现出来。因此，每逢祭奠，我们都要怀着虔诚的心，这是对孝的延续，也是做人的根本。你知道，每年除夕，我们都要请先人回家过年，因为那是我们牵挂的精神家园。虽然我们不知道先人能否真的被我们请回家来共度新年，但我们依然坚持，年年如此。这不仅是因为我们每次请过之后会感受到人生的无常而更加珍惜身边的人，还因为在与亲人以这种方式会面的时候心里会有一丝的安慰和期待。《弟子规》中说：“祭尽诚，事死者，如事生。”意思是说做儿女的必须怀揣一颗诚心，恭恭敬敬、诚诚心心地用心祭奠。父母虽然死了，但儿女们每天要在心里和父母交流。每日反省自己做得是否有令父母不满意的地方。它表达了我们对先人们的敬意和思念，更表达了我们面对未来的信心和决心。

三是光宗耀祖。我们是祖先的寄托和希望。你曾问我每天给你点评日记有没有烦的时候。其实你不懂，我一直认为，与你在日记中对话交流，就是与未来在对话交流，这乃是人生第一快事，何烦之有？对于你，现在最大的孝就是学到生存的本领，并在学习生活中用心体会人生，做个对国家、民族和家族有用的人。长大后要把祖先留下的基业继承好，并发扬光大，这样，你就悟到了孝的真谛。

# 孝为秩序之基

**【儿子·说】**

2004年10月5日　　星期二　　晴

今天思想品德课上，老师让我们找一找身边孝敬父母的榜样。我脑海中第一个出现的就是爸爸，我觉得爸爸就是孝敬父母最好的楷模。在我印象中，爸爸对于奶奶的话他从来没有反驳过。而且从小到大，我从来没发现爸爸对奶奶大声地说话。有一次我悄悄问爸爸：“你都不管奶奶说得对还是错就全部答应啊？”没想到爸爸说：“当面忤逆奶奶会让她心里难过，我会在没有旁人的时候委婉地向你奶奶提出意见。”“那奶奶要是不听呢？”“呵呵，你要对你的奶奶有信心，更要对我有信心，知道吗？”听了我步步紧逼的问话，爸爸笑着回答我。

**【父亲·曰】**

什么是孝？《说文解字·老部》中解释：“孝，善事父母者，从老省，从子；子承老也。”由字面意义上说，孝的狭义是善事父母。孟子也曾总结说世俗不孝者有五：“惰其四肢，不顾父母之养，一不孝也；博弈好饮酒，不顾父母之养，二不孝也；好财货，私妻子，不顾父母之养，三不孝也；纵耳目之欲，四不孝也；以危父母，五不孝也。”

孔子教导弟子时说：“父在，观其志；父没，观其行；三年无改于父之道，可谓孝矣。”这里的“无改于父之道”是顺从的意思。当学生向孔子请教什么是孝时，孔子说：“无违。”樊迟接着问：“‘无违’怎么理解呢？”孔子就说：“生，事之以礼；死，葬之以礼，祭之以礼。”孔子又说：“事父母几谏，见志不从，又敬不违，劳而不怨。”孔子言论的核心还是顺从的意思。这与大部分人的观念基本是一致的，我们常听到家长责骂不听话的孩子为逆子，表扬听话的孩子为孝子。无论先贤哲人，还是凡夫俗子，为什么都那么重视孝道呢？

因为孝为社会秩序之基。

一是因为孝为善之基，而善是整个社会追求的价值取向。“百善孝为先”，我国自古便把“孝”列为诸善之首，把孝归入道的行列。《尔雅》中说：“善事父母为孝。”汉代贾谊的《新书》把孝界定为“子爱利亲谓之孝”。东汉许慎在《说文解字》中把孝解释为：“善事父母者，从老省，从子；子承老也。”许慎认为，“孝”字是由“老”字省去右下角的形体，和“子”字组合而成的一个会意字。不难看出，“孝”的古文字形与“善事父母”之义是吻合的，可见孝就是子女对父母的一种善行和美德，是家庭中晚辈在处理与长辈的关系时应该具有的道德品质和必须遵守的行为规范，也是处理各种社会关系的基础。

二是因为孝为德之本，而德是整个社会评价人事的最高标准。孔子说：“夫孝，德之本也，教之所由生。”“天地之性惟人为贵，人之行莫大于孝。”这些质朴的话语始终影响着中华民族传统道德文化的发展，影响着人们的言行，使孝一跃成为道德评判的最高标准之一。纵览华夏悠悠历史，凡是有所成者，又有哪一个不是大“孝子”。我们熟知的舜就是个大孝子。舜在幼年时，他的父亲瞽叟及继母、异母弟象曾多次想害死他。他们趁舜修补谷仓仓顶时，在谷仓下纵火，舜手持两个斗笠跳下逃脱；在舜掘井时，瞽叟与象却下土填井，舜掘地道逃脱。但事后舜毫不嫉恨，仍对父亲恭顺，对弟弟慈爱。他的孝行感动了天帝，因此当舜在厉山耕种时，大象替他耕地，鸟儿代他锄草。帝尧听说舜非常孝顺，有处理政事的才干，把两个女儿娥皇和女英嫁给他，又经过多年的观察和考验，尧选定舜做他的继承人。舜登天子之位后，去看望父亲，仍然恭恭敬敬。孔子的得意门生曾子，极其孝顺，甚至能感觉到父母身上的疼痛。一天家里来了客人，母亲不知所措，便咬起自己的指头，曾子虽不在母亲身边却感到心里疼痛，知道母亲召唤自己，便匆匆赶回。有关孝的人和事在中国几千年的历史中数不胜数。

现代社会，我们倡导“百善孝为先”，这既是民族的优良传统，人性的回归，也是新时期对道德文化的需要。所谓孝即“居则致其敬，养则致其乐，病则致其忧，丧则致其哀，祭则致其严”而已。但由于现代社会中独生子女越来越多，人口老龄化加剧，人们生存压力增加等多种原因，我国的“孝”子面临着越来越严峻的考验。农村的空巢老人、城市低收入者的生活状况着实令人担忧。虽然国家不断出台优抚政策,但这毕竟只是经济层面上的,老人们更需要的是精神上的安宁和幸福。

三是因为孝为行之先,而行是人们安身立命的护身法宝。《论语》中说:“其为人也孝悌,而好犯上者,鲜矣;不好犯上,而好作乱者,未之有也。君子务本,本立而道生。孝悌也者,其为人之本与!”这里的“不犯上”就是顺从的意思。当然,这里的顺从已经脱离了父母的范畴,上升到了治理国家的层面。当曾子把忠和孝统一起来之后,犯上在中华传统文化中就是不孝的表现,是有违纲常的做法。这一点即使在今天也有其吻合的地方,如倘若一个国家因某人犯上而导致政令不通,就会影响国家整体运转,用古人的话来讲就是不孝不忠了。这不忠是由不孝引发的。当然,顺从是要发自内心的,尤其是对待父母,违心的顺从只能让你心中生怨,从而达不到孝的境界。

这里需要说明的是,孝敬父母是一辈子的事,也是现在进行时,而不是将来进行时。如果谁把孝敬父母当作将来做的事,那肯定是一种借口,往往会出现子欲孝而亲不在的情况,也必然会遗憾终生。现代社会人生存的压力的确很大,能力稍弱便会步履维艰。许多父母疼惜子女,便把一切都大包大揽,做饭、送孩子上学自不用说,就连给儿子娶妻子、看孙子、儿女找工作、买房子都成了父母的事。这种现象现在已经十分普遍,而这些“啃老族”对此却心安理得。这种行为是对人性的背叛,是不孝。

无数实践证明,一个没有孝心的人是不可为友的,因为他心里只有自己。试想,一个连自己的父母都不孝顺的人怎能诚心诚意地对待别人呢?孝的核心是爱人如己,它可以使习惯于从父母那里获取的孩子,自觉地转变为给予父母的人、给予社会的人,最终成为一个很有责任心的人。孝子一般多为君子,逆子必是小人之辈。孝子因为无私,活着并不只为自己活着;逆子因为自私,活着只为自己。作为孩子,是否孝顺与是否听话,是否发奋有着内在的联系。一个立足行孝,决心改善家庭现状的人,将会承担起家庭的责任,继而扛起社会的责任。因为,小到个人家庭,孝是我们每个人安身立命之本,大到国家民族,孝是整个社会各种秩序良性运行的核心。

# 不肖子孙是家族和民族的掘墓人

**【儿子·说】**

2007年4月3日　　星期二　　晴

今天中午，小龙又被他爸揪着耳朵送回学校了，这已经说不清是第几次了。

对于小龙，我们班的同学都没有什么好感。他是我们班上衣服穿得最好的，而且每天早上他爸还用小轿车送他上学，对此我们都很羡慕。小龙其实并不笨，学习成绩也不算太差，只是这家伙太懒了，家庭作业基本不做，回家后对家长说老师没布置作业，到了学校又骗老师说作业忘在家里了。做作业拖拖拉拉，经常星期三了连星期一的作业都没做完，老师把他留下也不顶用，他会一个字写上半个钟头，把老师气得头疼。更可气的是他经常连课本都不带，老师上课，他就坐在下面睡觉，老师没办法就把课本借给他用。今天早上，老师要他的家庭作业，他说没有，老师生气了，问他到底还念不念书了，他顶嘴道："不念了，反正有我爸养活我，念书也没用！"当时把老师气得浑身发抖，差点将他赶出教室。同学们背后都说小龙是个典型的"败家子"。

唉，小龙他爸估计也很无奈吧！

**【父亲·曰】**

有小龙这样一个儿子，真是父母的不幸，也是家庭和家族的不幸。吃得好，穿得好，出门还有小轿车，父母把他们所有的爱都给了他，可他倒好，不思回报，还想着父母给他养老。虽年幼，但其心、其行却令人齿冷至极，活脱脱一个不孝之子。若有这样一个儿子，再富足的家庭也会在他手中败落，因为他已经失去了品性，失去了家庭和家族的精神。

腊八粥的故事我听过很多版本，但你爷爷讲的却是令我记忆最深刻的。

我十岁那年的腊八，你爷爷问我是否知道腊八粥的来历，我摇头。随后你爷爷就给我讲了一个故事，说古时候有一个员外，家境殷实，生有一子。只可惜此子没有继承员外两口子的勤劳，整天游手好闲，全靠父母养活。儿子成年后，员外花巨资为儿子娶了一房媳妇，却不料这媳妇和员外的儿子是一个德行。员外两口子日渐衰老，最终撒手人寰，家里只剩下小两口。这小两口整天坐吃家产，还常邀狐朋狗友在家里相聚，大肆吃喝，家里的粮食和财产也日趋减少，小两口所穿衣服也越来越寒酸，朋友也越来越少。有一年腊月初八，小两口在家里找来找去只找到一点小米、一点大米和豆子等几种杂粮，合起来还不够一把。两人将这仅有的粮食一起放在锅里煮了。过了几天，小两口因饥寒交迫而一命呜呼，但他们的最后一顿饭却被大家传了下来，称为腊八粥，用以教导后辈要勤俭持家。可以说，不孝之子的所作所为是员外家败落到衰亡的根本原因。

一个家族和民族的衰亡绝大多数源自内患——一定是出现了不肖子孙或败类，物必自腐而后毁之。而在此过程中，那些不肖子孙和败类并不认为其在做埋葬着自己的权利和家庭、民族的未来和命运的掘墓人，他们幼稚地认为自己是在建立一种新的秩序，但往往新秩序的建立并不如其所愿，家族的命运却到此完结，最后个人也往往成为被革命的对象，最终落得个家破人亡的下场。

永远不要小瞧不肖之徒的危害性。二战时期，日本侵略者在中国占领区内进行文化奴役，严禁中华文化的学习与使用，所有占领区内的百姓必须学习日语和日本礼仪，他们妄图用这种手段给当地百姓洗脑。如果一个家庭、一个家族没有被继承，那么这个家庭或家族会败落、消失；如果一个民族没有被继承，那后果是什么便不言而喻了！所幸，绝大部分的中国人是有气节的，他们在心里坚守着自己的底线。虽然日本侵略者最终被驱逐出了中国，但那些曾经为了自己能够苟活而卖国求荣的不肖子孙给亲人、民族带来的伤痛却深及后代！

不过让人费解的是，在硝烟弥漫的战争年代，我们都没有被打倒过，坚强的中国人民也没有被谁真正奴役，可在和平年代，在中国经济飞速发展的今天，我们却感到了一丝隐忧。似乎只是一夜之间，韩国的电影、电视剧在中国泛滥，韩版的服装店也从天而降，布满了大街小巷；日本的动漫充斥着少儿乃至成人世界，而国人也似乎一下子变得更容易接受外来文化了。与之相反，很多人对国学不屑一顾，称之为老古董。这样说的人真的懂国学吗？真正懂中华文化的精髓吗？中华传统文化传承了几千年，传承的并不仅仅是文化，更重要的是精神。骨子里流淌着炎黄的血脉，头脑却逐渐丧失中华民族精神，这样的人就是一个彻头彻尾的不肖子孙。

一个家族、一个民族的兴盛和强大必然有其一定的原因，那就是子孙后辈继承并发扬了优秀的传统文化。但是，如果在家族和民族之中出现了摒弃优良传统和精神的不肖之徒，家族也好，民族也罢，都将面临灾难。

## 子不嫌母丑

**【儿子·说】**

2006年5月1日　星期一　晴

今天看了一篇文章，题目是《儿嫌母丑》，是一篇散文。节选了下面这段文字：

“我的母亲容貌丑陋，我刚开始记事时就不愿意和母亲一块儿上街，也不愿意在人多处喊一声妈。到了上学的年纪，我嫌弃母亲丑陋，从不让母亲接送，母亲只好背着我在漆黑的夜里不声不响、悄悄地跟在我身后。

母亲从来不走亲戚，不到集镇上去，也从不高声说话。即使母亲看她最爱看的戏时也是趁着夜色去，去之后就不声不响远远地坐在角落里，而且往往是去得最迟、走得最早的一个。在镇上，我的母亲就像是一个被人遗忘的幽灵。

大学毕业的时候我谈了女朋友。带女朋友回家后，害怕女朋友嫌自己的母亲丑，就向女朋友撒谎，称母亲为‘大婶’。后来我结婚了，也没有邀请父母，只给家里草草写了一封信。母亲没有参加，只是卖了家里的粮食，汇来了一千元钱。

我的妻子分娩前,母亲悄悄来到省城,托邻居转给我一个很重的包袱,里面全是花花绿绿的童衣童帽。这时,我再也无法控制自己的情感,放声痛哭了一场,并告诉了妻子真相。妻子听后被母亲感动,决心和我一起善待母亲。”

看了这篇文章,我的心情久久不能平静。我从来没想到还有这样的母亲,更没想到竟然有这样的儿子。这位母亲是天下最伟大的母亲,而这个儿子……

**【父亲·曰】**

你看的这篇文章我看过,作者是李雪峰,《视野》杂志曾经刊载过。本来想介绍给你看,没想到你已经读了,爸爸就和你谈谈读这篇文章时的一些感受。

俗话说,“犬不择家贫,子不嫌母丑”。文中儿子起初的表现和禽兽无异。且看儿子的所作所为:从小就不和母亲一块儿上街,一块儿行走;宁愿一个人担心、害怕,也不让母亲到学校接送自己;害怕女友嫌自己的母亲丑陋而离开自己,就谎称母亲是“大婶”。儿子所做的一切都只是因为母亲长得丑陋,会让自己丢脸,会让自己在别人面前抬不起头!

再看母亲又是怎么做的。儿子不和母亲一块儿上街、一块儿行走,母亲就答应儿子,宁愿一个人在心里流泪。“儿行千里母担忧”,儿子拒绝母亲到学校接送自己,母亲就背着儿子偷偷“护送”。试想,如果看到前面的儿子不小心摔倒,母亲会有多么心疼,因为她只能看着而无法上前将他扶起。如果黑暗中有人想伤害儿子,母亲一定会毫不犹豫地冲出来,哪怕歹徒手中有利器!儿子害怕女友离开自己,谎称母亲是“大婶”,母亲的地位再一次下降,以前好歹还是亲人,可现在居然成了“大婶”。为了儿子的幸福,母亲再一次纵容儿子,忍着心中锥刺般的痛以“大婶”自居,并帮助儿子向女友撒谎。得知自己有了孙子后更是为孙子送去满腔的爱却不进儿子的家门,悄悄地来,又悄悄地去,一切还是为了儿子的幸福。母亲所做的一切都只是因为爱。

紫阳,你知道吗?当我看到这里,我感到一阵揪心的痛,还有一股无法言说的愤怒。母亲穷尽自己的一生,为家、为孩子日夜操劳,她有家,也有孩子,却像个幽灵般被人遗忘。我仿佛看到了一颗孤独的灵魂在暗夜里颤抖!

我们的生命是母亲赋予的。孕育时的苦累,生产时的伤痛,哺养时的操劳,母亲为儿女、为家操碎了心。母亲的爱就像空气,一直默默地伴我们左右,在我们的生命里游走。在孩子的眼里,母亲是最美的,这种美无关容貌。

可在现实社会中,像文章中所写的情况时有发生。昨天在网上看到大学生拒母亲于校门之外,今天又在报纸上看到子嫌母丑而脱离亲子关系……如此种种,都是人性的扭曲,让人心生悲哀。我不禁要问:难道我们传承了千年的道德文化在与时俱进中产生变异了吗?而造成这一切的真正原因又是什么?

## 亲情永恒

**【儿子·说】**

2007年3月7日　　星期日　　晴

中午,妈妈带着我去买菜,我边走边东张西望,希望能发现一些有趣的东西。走到新建路中段的时候,我的眼睛被一群人给吸引住了。妈妈不同意我在街上围观,可在我的再三央求下,妈妈还是无奈地带着我挤进了人群。

人群中,一位年轻的妇女怀里抱着一个两三岁左右的小孩,嘴里骂骂咧咧。地上坐着一位老奶奶,头发花白,满脸泪水,浑身发抖。原两个人在吵架,真没意思!正当我准备离开的时候,听围观的人议论道:"这是要遭天谴的,怎么能这么对待自己的婆婆呢?唉!""自从进了门,李奶奶就没过过好日子。""人都会变老么……"听着听着我明白了,这恐怕不是吵架这么简单的事儿了,是儿媳虐待婆婆。我回过头,看着被人围住的婆媳,心里满是愤怒,真想上去揪住那儿媳问:"虐待老人对吗?你自己就没有老的那一天吗?"但是看着周围围观的人没有一个上前质问和劝解,我不禁犹豫了,硬生生止住了想冲上去的脚步。

当我挤出人群的时候，看到许多小孩往这边跑来，有比我大的，也有比我小的。有个小孩一边跑嘴里还一边喊：“张超，快，有热闹看啊！”

我问妈妈：“这么多人，怎么连个劝架的都没有啊？”妈妈沉着脸没有说话，我忽然想到了那个被儿媳抱在怀里的小孩，不知他长大会像他妈妈一样吗？

**【父亲·曰】**

“老吾老，以及人之老；幼吾幼，以及人之幼。”你当着子孙的面虐待老人的时候心里不妨想想，你是在以身示教，当儿孙在你的熏陶下渐渐长大，童年时的记忆会告诉他们：对待老人当如你！

然而这还不是最大的罪恶，这种做法最大的罪恶在于：通过别人的围观，你把恶传递给了更多的人，包括更多人的子孙。

俗话说“养儿防老”，不是说养了儿子自己就不怕老而无人赡养，而是告诉我们：养了儿子就要教会他知道自己也会老的道理。人都有老的时候，孝敬老人是我们应尽的责任。俗话说：生儿才知育儿苦，养儿才知报母恩。父母的一言一行都会影响到孩子。从这个层面上讲，孝敬老人也是为了自己。现在追求男女平等，而且越来越多的家庭都是独生子女，那么这个道理不仅仅要让儿子知道，也要让女儿知道。

在所有家庭关系中，婆媳关系可谓最难相处，这是千百年来家庭难以解决的难题。对于一个家庭来说，幸福就是一家人在一起生活和睦，婆媳关系融洽，夫妻关系甜蜜。对于老人来说，幸福就是见到子女平安，儿孙满堂。对于孩子来说，幸福就是能生活在父母的身边，有爷爷奶奶陪伴，有亲人买玩具、衣服，逗乐开心。在这里，亲情是纽带。现在有好多媳妇不知道孝敬公婆。这对一个有血性的男人来说，绝对是不允许的大辱。如果只有夫妻之爱，而无亲情之爱，生活质量一定会受影响，除非这个儿子是狼心狗肺。婆媳关系之所以成为难题，往往因为媳妇总在婆婆面前表现出老公是我的，必须听我的这种状态。这样的行为容易让婆婆觉得儿子只疼媳妇，不听她的话了。其实要处好关系，做儿媳妇的，当着老公和婆婆的面，尽量弱势一点，小鸟依人一点，顺着老公，妥协婆婆一点。因为孝敬公婆是好媳妇必须做的。尊敬老人，照顾好孩子，夫妻和睦，家庭才能幸福。

有人说："亲情就是人类心灵最深处，无法磨灭的烙印，就是人类最纯洁、最真挚、最热烈的感情的升华。亲情是无形的，没有人能够说清楚它是什么样子；亲情是无偿的，没有人会让你为此付出钱物；亲情是无价的，世上没有什么事物的价值比得上它；亲情是无私的，世上没有东西比它更能牺牲自己；亲情是无尽的，你的一生无时无刻不在体会着它的存在。亲情如良药，可以治愈你受伤的伤口；亲情如美酒，愈久愈香醇；亲情如影子，无论贫富，无论贵贱，总是无怨无悔地伴你一生。"但亲情需要用心呵护，需要自己精心经营。如果媳妇从心里把公婆当亲人，人世间定会有无数的感动。

有人说，没啥都别没情。一个人如果既没有亲情和友情，也没有爱情，那他活在世上就如行尸走肉一般。

## 父母的心怀是儿女的天堂

**【儿子·说】**

2004年1月12日　　星期一　　晴

晚饭前，爸爸问我最近看《钢铁是怎样炼成的》这本书看得怎么样了，要我说说读后感。我听了心里不由得有些不情愿，每天都让我学习、看书，学习、看书，我还是小孩子啊！所以，就沉默着以示反抗。这惹恼了爸爸，他狠狠地批评了我。

吃过晚饭，我正准备休息一会儿再写作业，姐姐却把我叫住了，说有话和我说。我以为姐姐又要问我的成绩，和我谈学习方法。没想到姐姐这次竟然没有问这些。今天姐姐完全是以一个大人的口气和我说话的。姐姐告诉我，爸爸和妈妈为了这个家操碎了心，他们太辛苦了。尤其是爸爸，他每天要为工作操劳，还要辅导我的学习，十二点半以前他几乎就没休息过，而且早上也总是五点多钟就起床了。现在爸爸的颈椎疼得厉害，而且经常咳嗽，咳嗽起来就像要把肺给咳出来一样。但是他从来没在我们面前说过什么。做子女的要理解父母的一片苦心才行。

听了姐姐的话，我觉得心里挺难受。自从我开始写日记以来，爸爸不管刮风下雨，也不管工作忙到多晚多累，总要把我的日记点评完才去休息。而爸爸不仅为我亲自辅导，还请家教，可我的成绩还是不太理想。都说父母望子成龙，望女成凤，我一定会好好努力，等有出息了，让爸爸妈妈在家里享清福，再也不用这么劳累。

**【父亲·曰】**

紫阳，看了你的日记，爸爸很欣慰，很感动。看着你的日记，我对自己说："这就是我的孩子，他的心里是如此深沉地爱着我，这一刻，我被浓浓的幸福感包围了。"

儿子，其实作为父母，不论是国王还是乞丐，对子女最大的期盼就是：希望子女终生吃饱穿暖，健康快乐地活着。前者主要是培养子女生存的能力和方法，后者主要是开启子女不论贫富贵贱都能快乐面对的心智和态度，至于其他都在其次。

看到你要努力干出一番成绩，让我和你妈妈在家里享清福的决心，看到你对自己如此严格的要求，爸爸很欣慰。但是爸爸希望你不仅仅是为这个目标而努力，更希望你为了自己健康、平安、幸福而努力，这才是对爸爸和妈妈最大的安慰和孝顺。

但近期我觉得你好像有了叛逆心理，也许是爸爸家教的方法不对。但爸爸要告诉你，年轻人从来就不缺少叛逆，从古至今，概莫能外，只是在现代由于种种原因，这种叛逆被强化了、放大了。这种叛逆被放大，有社会原因，现代社会竞争太激烈，没有丰富的知识和一身的本事很难过上幸福的生活。也有人为原因，就是父母对子女的期望值过高，望子成龙的愿望太强烈，而这种望子成龙的愿望基于让子女健康快乐成长这一目的，只是他们在前进的路上忘记了自己最初的目的。对于子女的叛逆行为，父母可以包容，因为父母的心里永远是孩子的天堂,这里没有世俗的尔虞我诈,这里有的只是浓浓的亲情和关爱。孩子,简简单单地爱自己的父母吧,一如他们对你们那样简单的期盼。

## 父母是儿女的绿叶

**【儿子·说】**

2003年9月26日　　星期五　　晴

今天早晨第二节是数学课,老师在黑板上出了几道小数除法题让我们做,我迅速拿出本子,很快就做完了,老师一检查,我都做对了。快下课的时候,老师让几个学习好的同学帮助学习有困难的同学,我帮助的是小洋,我给他出了两道题,他都做出来了。

回家后,我把早上的事反思了一下,认为早上我之所以能快速、准确地完成习题,是因为最近我看了很多书,尤其是关于数学方面的书籍。我就是用曾经看过一本教人快速解题方法书上所讲思路做对了今早老师出的题。

晚上爸爸回家后,我把今天的表现给爸爸说了,爸爸听了,摸摸我的头说:"行,比爸爸当年强!"我听了高兴地笑了。

**【父亲·曰】**

爸爸今天发现你突然爱读书了,读得极认真,关键是读后还能积极思考,联系实际,学以致用,这可是个大进步。爱读书是学习的前提。考上梦想中的大学是你的理想,也是爸爸的心愿,爸爸会和你一起努力奋斗的,在你追梦的路上我们父子俩能互相陪伴,互帮互学,就不会嫌苦、不会懈怠。只有不断读书、不断思考、不断进取,再高的门槛你也终将能从容地跨过去。爸爸渴望看到那一天,到时一定会由衷地为你喝彩。

不论从现实还是历史看,父亲无法战胜儿子,上一代永远都是下一代的梯子和绿叶。只是有的人一叶障目,看不到社会的发展进步罢了。老拿自己几十年的知识经历与下一代相比，一味地挑剔后人的不足，这正说明了自己的无知。人可以不服什么事物，但不能不服下一代，不论我们怎么优秀，都会成为后代成长的梯子，我们代表了过去，而后代代表了未来，过去怎么能战胜未来呢？与我们这一代相比，你们思维活跃，接受新事物快，目光不囿于课本，喜欢睁着好奇的眼睛通过报纸、杂志、网络、电视等媒介，感受社会上层出不穷的新事物、新思潮。头脑中很少有条条框框的限制，对新生事物——无论在我们眼里是先进的、另类的，或是不可理解的，都会表现出比大人更多的兴趣，并对事情有自己的看法，喜欢用自己的思维去思考，用自己的价值去评判。如果与大人意见不同，就会去争辩，即使表面沉默或顺从，内心却坚持并抗争。我曾听到过你与同学聚在一起时的高谈阔论，你们的思维言谈老道超出了我的想象。你们头脑灵活，反应迅速，知识面也因接触各类事物范围广而大大拓宽。自己人生的软件里多了许多我们这代人缺少的程序，让人不得不相信"自古英雄出少年"这句老话，我们还有什么比你们优越的资本去争做红花呢？你们身上的这些优点，已让我愿意把自己变成绿叶来衬托你们，使你们这些花朵开得更加娇艳夺目。

当然，由于你们接受积极的、正确的事物快，接受消极的、反面的事物也快，你们身上也会流露出被世俗影响的痕迹。聪明、大方、活跃、敢想、敢干的优点与娇气、缺乏毅力、自我意识强、自私自利的缺点相互交织，因此你们还需要时间的磨炼，需要绿叶的扶持，如此才能得到更加丰富的营养。我的任务就是帮助你，使你的生活更加充满生机和活力。

## 亲人之间不可无礼

**【儿子·说】**

2004年3月9日　　星期二　　晴

下午放学后，为了一起商量科技小制作的事儿，我和小梁到了他家。我们到了一小会儿，小梁的哥哥小也回来了，我赶紧向他哥打了个招呼。看到我们在商量科技小制作，小也就凑过来想帮我们出主意。我刚张口准备说声谢谢，可小梁一张口我就愣住了，“我们的事我们自己干，你赶紧吃饭去，一会儿还要上晚自习呢！”看到我发愣，小梁拉了拉我，笑着说：“怎么，傻了？”我好奇地问他：“你怎么不叫哥啊？”“没事儿，我一直都这么叫的，我俩也习惯了。”小梁无所谓地说。我转身去看小也，他冲着我笑了笑，向我证实小梁说的是真的。也许是受了影响吧，后来我俩什么也没商量出来。没办法，我只好先回家了。

晚上，我一直在想小梁和他哥称谓的事。哥，真的是一个无所谓的称呼吗？

**【父亲·曰】**

亲人间失去了应有的称谓是一件令人沮丧和悲哀的事情。你的日记让我想起了单位的老曹。老曹长我几岁，工作干得也很出色，只是眉头总是皱在一起。和我们聊天时他总提起自己的两个儿子，这两个儿子一个比一个聪明，学习成绩都是年级前五名。但作为父亲他却没那么高兴，因为两个儿子总是相互直呼其名，没有兄弟之称，这种情形一直持续到小儿子高中毕业。

小儿子刚上大一，大儿子从学校请假回到西安看望小儿子。两人在西安玩了一天，大儿子用自己做家教的钱给小儿子买了衣服等生活用品，然后就急匆匆地返校了。小儿子坚持送大儿子上火车。在大儿子上火车的一刹那，小儿子的一声“哥，到了给我打电话”使两人紧紧地拥抱在了一起。从那以后，老曹的眉头终于展开了。

有兄弟姐妹是件幸福的事，这种幸福我们不能拒绝。否则一旦错过将终生难以找回。兄弟如手足，兄弟不止是一种称谓，更是一种亲情的表达和传递。

不同于理，礼在家里是一定要讲的，这种礼实际上是敬的表现。对于家庭成员来说，敬之以礼、待之以诚、用之以情、辅之以理是极其重要的。有感情又受礼待，个人心中必定满足，家庭才能和睦幸福。礼是保证家庭长治久安的经典智慧。亲人之间不可无礼，这就要求经营家庭或家族时除了情感更需要智慧。你祖母不止一次地说过，坦坦荡荡过三日，遮遮掩掩过一生。

如果觉得在家可以百无禁忌，为所欲为，那就大错特错了。爸爸曾留意过在历史上长久不衰的大家族，他们的秘诀就在于以礼驭人，以规矩教人，谁都不能例外。山西王家、浙江钱家亦都如此。好多贫民女子嫁入有钱人家后大都生活不是特别如意，除其他原因外就是这些女子家境贫寒，缺乏教养和治家的智慧及守礼意识。她们往往看到的是表面繁华，而看不到创造和维系这些繁华的是礼和规矩，就像今天的影视明星凭借脸蛋或身材嫁入豪门后遭遇抛弃一样，由于内秀不够，不愿或不会守礼和规矩，家庭自然难以和谐。因此，古人说的婚姻门当户对不是完全没有道理。

对于父母要讲礼，这更不用多说。因为父母是长辈，是赐予我们生命的人，所以对于父母我们要尊敬、礼让，这样父母心中才会觉得被尊重，才会产生认同感。孔子教导弟子时说："今之孝者，是谓能养。至于犬马，皆能养。不敬，何以别乎？"所以，对父母有礼是孝。

兄弟姐妹要讲礼，是因为讲礼才能有兄、弟、姐、妹的区别，才能和睦，这是悌。倘若彼此都以各自为中心，谁也不认同谁，一副我是老大的样子，矛盾、争执必然滋生。严重些，便兄不兄、弟不弟了。

夫妻之间要讲礼，因为夫妻本是两个家庭的结合，各人有各人的生活习惯和思维方式，讲礼才能让对方感觉没有失去自我。

对于孩子更得讲礼，这既是对孩子的尊重，也是对孩子的教育，这便是爱。有礼方可有节，凡事才能有度而不至于激发矛盾，这是使家庭生活幸福的秘密，也是家族昌盛的法宝。

## 家庭不是讲理的地方

**【儿子·说】**

2004 年 9 月 8 日　　星期三　　晴

唉，精力旺盛的邻居又吵架了。中午正在吃饭，门外熟悉的摔门声再次响起，爸爸和妈妈无奈地摇摇头又赶去劝架了。坐在家里，我能清晰地听到两口子的对话："你还讲不讲理了？我哪里错了？啊？你说啊！""你没错，难道我错了？……"反反复复就这些话，我算是听明白了，这次可能是想讲理而没讲通，所以吵起来了。其实我也算半个大人了，可是我仍然不明白，一样过日子，他们怎么总有那么大的劲头吵架啊？好像每次都在和对方讲理，可没一次讲得通的，讲到最后都是大吵特吵。都是一家人，何必呢？

**【父亲·曰】**

家庭不是讲理的地方，而是讲情的地方，只有情通了，理才能通，即所谓的通情达理。这一点孩子不懂，年轻的夫妻不懂。所以小孩子在家里常常比大人较真，年轻的夫妻常常争吵不断，都希望分出个是非对错来。可亲人之间真的能分得清对与错吗？在家庭中试图通过讲理来分出对错输赢，是怨恨之始。试图讲理，就是因为心中有愤、不平，这就是怨。如果非要执着地分个对错，只能把怨加深，使之成恨。恨就像"七伤拳"，首先伤己，然后伤人。可惜的是，当我们年轻的时候常常看不透。

亲人之间要马虎。人们对于外人的过失，往往抱着事不关己、高高挂起的态度，在别人看来反而是一种包容；对于亲人，我们却总是由于关心情切，把一个微小的失误给放大数倍，因而显得比对外人更加苛刻。所谓期望越高，失望越大，这是生活常态。但正是这种生活常态慢慢地在我们和亲人之间深一刀浅一刀地划着伤口，我们总因为一点点小事而吵得不可开交，更有甚者还大打出手，其实都是我们太过较真了，亲人之间还是马虎一些好。

亲人之间要包容。亲人之间马虎的实质上就是包容，要善于倾听家人的倾诉和心声。不是说爱一个人就要先爱上他的缺点吗？亲人相亲，小利不可看得太重，而应相互包容。想起一种小动物——刺猬，我从心底里佩服它们，因为它们比人类更懂得与亲人相处的方法。刺猬浑身带刺，在寒冷的季节，他们两两相依来取暖，总是小心翼翼地接近对方，直到彼此最大限度地靠在一起。这个过程中，对方的刺总会无在意中刺痛自己，而自己的刺也总会在无意中刺痛对方，但它们都保持沉默。因为它们心里知道，在一起是为了温暖对方和自己，些许刺痛是无所谓的。我们人类何尝不是如此，我们是亲人,在我们彼此被亲情温暖着的时候,又何必在意对方带来的些许刺痛呢?

亲人之间要善忘。《华严经·修慈分》中说:“我若多嗔及怨结者,十方诸佛世尊皆应见我。当作是念:云何此人欲求菩提而生嗔恚及以怨结?此愚痴人,以嗔恨故,于自诸苦不能解脱,何由能救一切众生。”意思是说放下怨恨,才能自救,然后才能救人。要想家庭和睦,家庭成员就要放下怨恨,以包容之心对待对方。妻子对父母不够孝顺,讲理只能让这种状况愈演愈烈,如果丈夫不生怨恨,想想妻子照顾整个家也不容易,用心把妻子没做到的补上,再对妻子的父母悉心照料,百般孝顺,妻子自有被感化的时候;丈夫粗心大意,对家里、对妻儿照顾不周,讲理只能变成争吵。如果妻子能多想想丈夫没日没夜的辛劳,把丈夫没做好的帮他补上,然后通过其他方式向丈夫暗示,丈夫岂会不明白?即使不明白,妻子说明就好,不必争吵。不生怨恨,这既是对自己心灵的释放,也是对对方爱的表达。

有一首歌叫作《最浪漫的事》。歌词不多,却清晰地表达了对幸福爱情和幸福家庭生活的向往。其中有一句我很喜欢——我希望你放我在心上。是的,把彼此放在心上,这是幸福之始。

## 爱是示弱的艺术

**【儿子·说】**

2006年3月29日　　星期三　　多云

今天该轮我值日了,早晨我起得特别早,三两下吃完早饭就急匆匆地往学校赶。

到了学校,我把书包放到课桌上就连忙开始打扫卫生。我先打开窗户,又把椅子全部反放到桌子上,然后拿起笤帚扫地,没一会儿工夫,地就扫完了。看了看扫得还算干净,我把笤帚放下打了一盆水洒在了教室地上。想到同学们进教室看到教室这么干净一定会夸我的,我心里特别高兴。看看时间已经不早了，同学们已开始陆陆续续进校门了，我赶紧把椅子往下放。突然“啪”的一声，我被吓了一跳，低头一看，珊珊的作业本掉地上了，我赶紧捡了起来。可是已经迟了，作业本刚好掉在一摊水上，封面连着后面的好几页都湿了。我正想把它拿到窗户上去晾晾，然而门开了，进来的正是珊珊。我心里暗叫一声糟糕，肯定说不清了。

“冯紫阳，你拿的谁的作业本?”珊珊边大声质问，边走到我跟前。“你的，掉地上了!”虽然知道她不一定相信，但我还是告诉了她。“你故意碰到地上的吧?!”“不是，我也不知道，正摆椅子呢，听见‘啪’一声响，低头一看，就这样了!”“你……你还想撒谎，你赔我作业本，这个作业本我用了没两天呢！呜呜……”“好了好了，我最怕看见人哭了，大不了我赔你一本新的就是了。”“哼！……”

中午回家，我问妈妈要了一块钱，给珊珊买了一个新作业本。没想到给她的时候她却死活不要，说她也知道我不是故意的，弄得我反而有点不好意思了，结果我费了好大劲她才把作业本收下。

其实，我完全可以不管这件事，只是说实话，珊珊家境确实不太好，我赔她作业本全当是帮她了。

**【父亲·曰】**

紫阳，你今天的表现不错，虽然只是一点小误会，由于你暂时的让步反而让这次误会加深了你和同学之间的友谊。与人相处就是这样，适当地示弱，不但不会吃亏，反而会加深你与他人之间的感情。

爱的艺术其实就是示弱。无论是对亲人还是对领导都一样。对亲人示弱，不和亲人争执，这是谦、是容，会增加亲人间的感情。对领导示弱，不损领导颜面，很好地维护领导的尊严，是对领导的尊重，同样也会赢得领导的重视和信任。

陈凯歌说：“我们这个时代义气越来越少，私仇越来越多。”之所以如此，就是因为人心浮躁，没有人愿意示弱，因为示弱意味着忍，意味着丢面子。随着社会的不断进步，人民物质生活水平的不断提高，同时提高的还有人们不断膨胀的欲望和虚荣心。放眼周围，已经没有人愿意示弱，愿意去忍，往往一件小小的事情都会上升到所谓的尊严问题而引发矛盾。义气需要互相的包容和忍让，如果人人都不懂包容、忍让，矛盾也会层出不穷。

人要学会示弱，这是一种智慧。人在自己还弱小的时候学会示弱，这是对自己的保护。人在弱小时示敌以弱，是为了争取生存的机会。在这一点上，小人物比大人物厉害，他们无所顾忌，示弱也不会伤及根本。而大人物顾虑太多，往往抓不住机会，反而会遭受更大的打击。

如果不曾卑微，哪里会有繁花似锦？我们都是从弱小开始，无论我们多么强大，总有比我们更强大的存在。成年的狮子很强大，但幼狮却仍然需要保护。一味地逞强只会为自己带来阻碍和灾难。当我们无力抗拒和不用逞强时，且向对方示弱，这便是生存的智慧。

## 亲亲相隐

**【儿子·说】**

2006年6月1日　　星期四　　晴

今天下雨不能出去玩，我就在家里看电视。电视里演的是《刁蛮公主》，前边的情节我没有看全，只看到皇上的舅舅和表哥造反，被皇上派人给抓住了。为了天下百姓，原来什么事都向着自家人的太皇太后居然也治了他哥哥和侄子的罪。看完电视，我觉得这个太皇太后和皇上都挺让人佩服的，他们为了不让天下百姓陷入战火之中，竟然能做到大义灭亲，换作是我恐怕不一定做得出来。

唉，尽瞎想，我又不是皇上！

**【父亲·曰】**

中国封建社会的刑律有一项原则，即亲属之间有罪应当互相隐瞒，不告发和不作证的不论罪，反之要论罪。实行这项原则，是为了维护封建伦常和家族制度，巩固君主专制统治。随着社会的不断进步和体制的不断变革，亲亲相隐已经变成大义灭亲。

捍卫亲情是人性深处最基本、最原始的情感需求，因为人的感情就是在与亲人的共同生活中培养、建立起来的，这种情感和我们的生命一样应受到尊重和保护。我们的人道主义保护的不能仅仅是保护一具徒具生命体征的人形物体，保护情感和思维比保护生命更重要。抛开亲亲相隐的历史局限性，从和谐社会的角度出发，亲亲相隐仍然有其值得称道的地方。

对于历史，我们需要采取的态度是批判继承。对于一种理念、一种制度，纵然是陈旧的，我们也大不必畏之如虎。对其仔细甄别，总会发现其有可圈可点的地方。从历史角度看，亲亲相隐和中国传统的儒家文化一脉相承。孔子曾提出："父为子隐，子为父隐，直在其中矣。"中国历代各朝多以孝治天下，在不同程度上对这一思想有所继承。例如汉宣帝时期规定：卑幼首匿尊长不负刑事责任；尊长首匿卑幼，死刑以外的不负刑事责任。后来律法涉及相关行为的多以此为蓝本，以《唐律疏议》最为典型，它认为血缘关系是亲属互相为隐的基础，同时在较大范围内承认人情的合理性。除谋反、谋大逆与谋叛等重大犯罪外，亲属和同居者可以相隐不告。历代立法者多肯定亲亲相隐的原则，一直到民国《刑法》仍规定，藏匿犯罪的亲属可减轻处罚。现在，亲亲相隐从法律法规中消失了，出现的是窝藏、包庇罪。犯此罪者，处三年以下有期徒刑、拘役或者管制；情节严重的，处三年以上、十年以下有期徒刑。前者藏匿犯罪的亲属可以减轻处罚，而后者不论亲疏，概以窝藏、包庇罪论之。一前一后，一减一增，到底是历史的进步还是退步？是全盘地否定，还是批判地继承？

我们现在强调亲亲相隐当然和封建社会不同。封建社会时期，统治者为了保护自己的伦理纲常不受其他理论侵犯而强行要求人们亲亲相隐。而现时，我们强调的亲亲相隐更多的是从道德层面出发，旨在保护人的情感，不使更多的人被伤害。封建社会亲亲相隐泛指对外，而现在我们强调的亲亲相隐应该有明显的内外之别。隐，是对外的，这是一种保护。但对内，亲人间不必避讳什么，错了就是错了，小错不隐，当头棒喝，是为教育；大错不隐,加以处罚,引以为戒,更是保护。

家是国之根本,当人们对家、对亲人的感情都可以淡漠、可以放弃的时候,他对国的感情也不会有太多的真诚。隐忍不发的和谐其实就是一颗定时炸弹。况且,我们不能用一个人的错来处罚一大家的人,因为这不符合人道主义精神的内涵。

## 没有人为之悲痛的人是悲哀的人

**【儿子·说】**

2006 年 4 月 27 日　　星期四　　晴

外曾祖母去世了,下午成殓,我请了一下午假,怀揣爸爸走时留给我的路费,独自坐车到了齐镇。走到外婆家附近,就听到阵阵悲凉的哀乐在四周飘荡,如泣如诉,让人不由心生悲意。到了外婆家门口,只见大门两侧的对联已经换成了白纸写的,整个院子里的气氛非常严肃。前来祭奠的乡邻祭奠过后就安静地坐在院子里吃饭,人人一脸平静,没有往日吃宴席时的喧闹。妈妈守在外曾祖母的灵前,眼睛明显有些红肿,爸爸在一旁也是表情严肃,这让我觉得爸爸妈妈都像换了个人似的。外曾祖母躺在殡棺里一动不动,好像是睡着了,显得十分安详。“来,紫阳,给你外曾祖母磕头。”爸爸拉着我跪在灵堂前给外曾祖母磕头。我想到再也见不到疼我、爱我的外曾祖母了,忽然感到十分难过,鼻子发酸,眼泪已经不知不觉流了下来。

**【父亲·曰】**

今天是你外曾祖母成殓之日,从此阴阳两隔、永难相见,为父不禁悲从心来,失声痛哭。

在我眼里,你外曾祖母是一个睿智、伟大的人,也是我生命中重要的人。她一生温良贤淑,不辞辛劳,一边操持家务,一边将几个子女抚养成人,十分要强。在爸爸最困惑的时候,正是你外曾祖母的一席话让我豁然开朗。我们每一个人都爱她，她的离开深深地揪痛了我们的心，跪在她的灵堂前，想着她的音容笑貌，我们为失去一个至亲的人而痛哭。

爸爸一生几乎没流过眼泪，今天却在你外曾祖母的灵堂前痛哭流涕，但爸爸并不觉得有失颜面。如果一个人在世上行走一回，到去世时都没有人能真心实意地为他痛哭一场，那他的人生是悲哀的。我觉得这是为所爱之人所能做的最后一件事了——为她的离去情不自禁地放声大哭，且不顾及自己的形象。你外曾祖母的一生是成功的，也是完整的。我觉得她的精神在活着的亲人的哭泣中得到了升华，直达天堂。

在你外曾祖母去世的这几天，爸爸常想，为什么在人们眼里爸爸是你外曾祖母最爱的人，为什么你外曾祖母去世后爸爸会感到如此悲伤和孤单，今天在灵堂爸爸似乎明白了其中的道理，那就是爸爸愿意花时间陪伴你外曾祖母，遥想当年，爸爸刚与你母亲相识，就被你外曾祖母坚强好胜、不屈不挠的性格所折服，特别是你外曾祖母在没有工作的情况下，凭着一双手和一把剪刀，在齐镇街道摆起了纸花摊点，日夜操劳，自强自立，赢得了他人的衷心的爱戴。看到你外曾祖母起早贪黑，爸爸在工作之余常常帮你外曾祖母扎糊纸花，她谈天说地，家长里短的唠叨不休，爸爸虽然话语不多，但你外曾祖母能感到爸爸在用心听。后来为了生计，爸爸回家的次数日益减少，但不论工作如何变动，只要回到她的身边，几乎都是如此。不是爸爸工作不忙不累，也不是爸爸喜欢听她唠叨，而是爸爸觉得亲情需要守护和陪伴。几十年来，不论对你外曾祖母，还是你祖父、祖母，几乎从未改变。爸爸工资不高，能给他们的金钱不多，但爸爸在用心守护陪伴着这份亲情，无怨无悔。就像一生守护陪伴你和你姐姐、母亲一样。在守护和陪伴过程中，家人之间的亲情更加浓厚、更加牢固。从爸爸一生的经历看，任何感情，包括爱情都需要陪伴和守护，如果一个人肯用一生时间，不论你贫富贵贱，都在用心无怨无悔地守护、陪伴着你，那么你就应该倍加珍惜。这就是你外曾祖母留给爸爸的启示和人生最美好的回忆。

# 人总要学会自己长大

**【儿子·说】**

2007年5月6日　　星期日　　阴

游泳一直是我想学的体育项目，学会了就可以像鱼儿一样在水中游来游去。体育课上，老师曾给我们讲过学习游泳的要诀，由于心有所想，那些口诀我背得滚瓜烂熟。所以，当爸爸说带我去游泳时，我信心满满。到了太白山庄泳池，我迫不及待地换上泳裤，跳入水中，便按照老师教的口诀游了起来，我这才发现，在水里做动作比在岸上难得多。岸上很轻松完成的动作，到了水里腿上就像绑了沙袋，怎么也游不动。原来在水中的感觉并不是像鱼儿那样自由自在，无忧无虑。我只扑腾了几下，就把水吸进了鼻子里，鼻子顿时酸酸的，心里有点害怕。爸爸看到后，给我请了一位教练，教练先把他学习游泳的经验和体会告诉我，然后让我把头埋进水里教我闭气，接着又教我打水。最难的就是换气，我只能闭着一口气游，先前学的口诀和教练刚说的经验此刻完全用不上。教练教了一个多小时，看我“孺子难教”，一面对我说游泳要自己学，一面对爸爸说让孩子回去练习练习，自己体会体会，下次再来。我不甘心，自己在泳池中不断练习，身体随着水的波动晃来晃去。在呛了几口水之后，我的身体失去了平衡，四脚朝天仰翻到水里。我恐惧极了，心里想着完了，游泳池边的爸爸和其他人想帮又不知如何下手，我知道要学会游泳只有靠自己了。想到这里，我冷静下来，不停地提醒自己：身体放松！身体放松！手和腿都要配合好，腿要用力蹬出去，手指并拢向外划水。经过几个小时的摸索，我居然向前游了起来！啊！终于感受到了成功的喜悦，心里比吃了蜜还甜！

**【父亲·曰】**

你今天自己学会了游泳，爸爸很高兴。许多事情，总是在经历后才会懂得，一如学习游泳，试过了，学会了，才知道成长要靠自己。

学会自己长大，首先要学会面对。每个人都有自己的人生，都怀揣着对未来的憧憬与向往。对于梦想，必须坚持，否则将是虚无缥渺的幻想。人生如故事，每个人都有自己的故事，这故事或是大喜大悲，或是大起大落，或是平淡无奇，或是起伏不平。前面的路，无论是坎坷，还是曲折，都要自己去走，独自面对形形色色的人，独自面对挫折与困难，人在面对和行走中成长。因此，当自己遭受重创的时候，当自己无路可走的时候，真正能挽救自己的不会是别人。人生就像一趟列车，车上总有形形色色的人穿梭往来。你在车上会遇到很多有缘人，总会有人从这趟列车上上下下。因此，和千万人相遇，和千万人别离，生命中能够真实相伴的唯有自己，别人都是看客。

学会自己长大，还要学会改变自己。人生都有梦想，实现梦想需要时间。与梦想一样，学会自己长大也是个漫长的过程。在此过程中，我们改变不了事实，但可以改变态度；改变不了环境，但可以改变心情；改变不了过去，但可以改变现在；不能控制别人，但可以把握自己；不能预知明天，但可以掌控今天；不能选择容貌，但可以展现笑容。从童年到少年，从少年到青年，从青年到中年，再从中年到老年。无论什么样的人生，什么样的时代，没有人能够永远快乐，幸福地过每一天，没有人能够坦然地面对自己的软弱。让我们成熟的，是经历，是磨难；让我们幸福的，是宽容，是爱心；让我们心安的，是理解，是信任！

学会自己长大，还要学会坚持有恒。繁华落尽，浅落迷茫，世间的人在不知不觉中明白了许多，懂得了许多。人生如舟，泛兰舟上，有浅有深，有高有低，世事纷纷扰扰，都有各自的处世之道。我们要面临生活与事业的双重重担，压力过大，重任在肩，不免让我们忧心忡忡，喜怒哀乐不可避免地成为心灵的乐章。长大了，就要有思想上的追求，有人生观、价值观的自我认知。时间不容我们犹豫，现实不容我们停滞。不管这个物欲横流的社会如何人心不古，积极向上、追求进步仍然是主流。

学会自己长大，还要学会为人生减负。事事永远不会都是完美的，遗憾了，失去过，才知道其实生活并不需要这么多无谓的执着。过去就让它过去，抛弃了不必要的包袱，未来走得更好，生活才会更美好。人生如此短暂，有什么理由，不去好好的生活呢，有太多的事情要我去做，有重要的人等着我去珍惜。过去的事物，教会了我不要回头看，因为前面的世界才更精彩！

长大对应着成熟、坚强，能够明白自己在做什么，理想是什么。

人总要学会自己长大。

## 家庭也有“三角恋”

**【儿子·说】**

2005年5月20日　　星期五　　晴

今天妈妈挨奶奶训了，因为我早晨起床嚷着要吃肉夹馍，可妈妈却说：“你忘记昨天晚上的事了？”这时我才想起来，昨天吃晚饭时我告诉妈妈今天早上我要吃肉夹馍，妈妈答应了，但前提是我必须吃干净晚饭，不能把饭洒得满桌子都是，我想这还不简单，张口就答应了。可没想到的是，虽然我已经很注意了，但吃完饭一看，桌子上还是有一些米粒。我趁妈妈不注意时悄悄地捡了起来，准备偷偷扔掉。也不知道妈妈是不是千里眼，我一转身，就被妈妈叫住了。我暗自懊恼，可这又怪得了谁呢？只能祈祷妈妈睡上一觉就能忘记这件事。可现在看来，忘记的是我而不是妈妈。

奶奶知道这件事后就将妈妈训了一顿：“孩子想吃什么你让他吃就是了，你不知道他现在正长身体吗？”看到妈妈满脸的委屈，我有些后悔了。奶奶和妈妈其实都是为了我好，可是我却惹得她们都不高兴，真要命！

**【父亲·曰】**

奶奶和妈妈对于你的爱是毋庸置疑的，但她们的矛盾也确因你而起，这种矛盾长久以来就存在于每个家庭之中。我将这种现象称之为家庭中的“三角恋”。

你奶奶和你妈妈都爱你，都希望你快乐、平安、健康，但两者表达爱的方式却有所不同。你奶奶渐老,对生命,尤其对新生命的渴望和爱更迫切,这种迫切的心情让她的爱带有几分溺爱,这种爱不讲对错。你母亲的爱更理智一些,她爱你,希望你养成良好的行为习惯,这种爱更长远些。

然而,爱又是自私的,你奶奶和你妈妈都希望用自己的方式来爱你,方式不同,自然而然就会产生矛盾。站在你的角度,你在享受这些爱的同时,有义务通过自己的行动让爱你的人之间关系更融洽。

其实这样的关系不仅体现在你和你奶奶、你妈妈之间,更体现在每个家庭成员之间,因为我们在爱别人的同时,也被别人所爱。奶奶、妈妈、我是这样,姐姐、妈妈、奶奶之间是这样,奶奶、我、你和姐姐之间也是这样。家,其实就是这些个"三角恋"结合在一起而形成的一个不可分割的整体。这种三角恋,可以让亲人之间的感情更稳固,让家更温馨。只是我们每个人在尽情享受亲人的爱的同时,还要用自己的爱去化解爱你的人因为爱的方式不同所产生的矛盾,因为爱没有对错,只是方式的不同而已。

亲人间的爱,不是简单地爱或者被爱,我们都身陷由若干个三角恋组成的稳定的家庭中。这种"三角"关系处理不好,就会弄得鸡犬不宁、亲人反目,甚至家破人亡。古人的办法是三纲五常为本,以礼相待处之。现代社会可能要开放一些。其实这种爱的方式,让我们得到的更多,感受得更多。如果谁在家中众多亲人间只得到某个人单独的爱,那不仅这个人不幸福,这个家也不会幸福,因为这是爱的缺失。

## 烟熏火燎是家的底色

**【儿子·说】**

2006年9月20日　　星期日　　晴

今天得到爸爸的允许,我出去和几个伙伴疯玩了一个上午。我们一会儿玩打仗,一会儿跳九宫,一会比赛跳绳,虽然天气比较冷,可我们心里却非常高兴。到了中午,我们几个肚子都饿了,小垒就叫我们到他家去先吃点东西,我们玩得高兴,想也没想就答应了。到了小垒家,一进门我们便被呛得直掉眼泪。原来小垒的妈妈正在做饭,虽然有点呛,但从厨房里飘出来的饭菜味道的确很好闻。我们坐在沙发上休息,小垒对我们说:“我家里没你们几个家里好看,你们可别笑话啊!”这时我们注意到他家的墙果然有点发黄,明显是被烟熏的。我们露出疑惑的眼神,小垒笑着说:“我妈做饭时油烟熏的!”我们赶紧说:“哦,我们家也一样。”可是我心里却在想,做饭怎么能将家里熏成这样啊!不过这感觉嘛,倒是挺温馨的!

**【父亲·曰】**

爸爸小时候家里并不富裕,很多食材家里都没有。我虽然知道自家的厨房里不可能常常端出宴席上的美味珍馐,但每当你奶奶做饭时我都会选择待在家里。你奶奶常夸我不像别的孩子吃饭总要大人往回叫,可她哪里知道我喜欢那个烟熏火燎中的家,那个时候我感觉家里特别温暖,自己特别幸福。直到在西安上了大学,我也不止一次在梦里回到儿时的家,每次梦里都是你奶奶做饭时那一片烟熏火燎的场景。而每次寒暑假回家,站在村口望着自家的烟囱里升起的袅袅炊烟,旅途的劳顿便会瞬间消失。后来结了婚,我这种“毛病”更甚。看着你妈妈在厨房里烟熏火燎地做饭,或浓或淡的油烟味时不时地从厨房里飘溢而出,更兼锅碗瓢盆的碰撞声,一种温馨感总会萦绕在我的心头。

在我内心深处,家就应该是这个样子,充斥着烟熏火燎。只有烟熏火燎的家才是真正的家,是温馨、幸福的家。现在的人们有的因工作忙碌无暇做饭,有的害怕家里被油烟熏脏而不做饭,更多的人甚至就不会做饭。殊不知,充满清香的家是女儿家的闺房,没有味道的家只是一个宿舍,只有烟熏火燎才是家的底色。为爱的人做饭时人心里是甜蜜的,手执小小的铲子,心里充满了爱的情感,这种情感和油烟一起弥漫在空气中,为家镀上一层温暖的颜色。有烟熏,有火燎,家里的感情氛围才会越来越浓。

冰锅冷灶的家是清冷的,是灰色的,到处充满了抑郁和孤独。所以每个男人都希望自己的爱人即便上不了厅堂也要下得了厨房。每当我们拖着疲惫的身体回家，看到爱人在厨房里忙碌，闻着淡淡的油烟味，便会不由地从心里感到舒坦，长叹一声——终于到家了。这种感觉，在冰锅冷灶的家里是不会有的。所以，我宁愿在自己家里喝一碗你妈妈亲手做的胡辣汤，也不愿在饭店里吃一顿宴席。

当我们在追求幸福的路上走累时，不妨停住脚步，蓦然回首，锅碗瓢盆叮当响，烟火生处才是家。

## 女人既是家中的“国王”，也是家中的“奴仆”

**【儿子·说】**

2006 年 3 月 13 日　　星期一　　晴

今天是星期一，爸爸要带我去老师家做客。出门前，妈妈给我和爸爸拿出新衣服让我们换上。我很快就换好了衣服，可爸爸却因为衣服和妈妈讨论了起来。爸爸要穿西服，觉得精神，可妈妈硬要爸爸穿休闲装，说显得年轻。我看得都乐了。最后爸爸看妈妈一再坚持，就笑着说：“行，你在家里是国王，就听你的。”我觉得爸爸说话真幽默。

**【父亲·曰】**

不是爸爸幽默，爸爸在阐述一个事实：女人是伟大的，她们既是家里的“国王”，也是家里的“奴仆”。

有人说，男人建功立业在朝廷，女人建功立业在家庭。这话很有意思。女人是家里的“国王”，是有历史原因的。中国封建社会的刑律和三纲五常极大地限制了女性的地位，使她们得不到与丈夫同等的待遇。古人讲女子无才便是德，这使女子不能走出家门学习、工作，从而把女性的活动范围限制在了家的范围内。

在中国，男主外、女主内的传统观念根深蒂固。男人在外打拼，女人则在家相夫教子，侍候老人，围着家中的一亩三分地转。家里的一切她们都了如指掌，从老人饮食起居到孩子上学，以及油盐酱醋茶的添置，都是她们在精打细算，一手操持，甚至家人的衣着打扮都要由她们操心。家里正是有“国王”的存在，丈夫才能安心在外工作，挣钱养家。

幸运的是，随着历史的发展进步，女性同样可以走出家门了，但女性以家为主的习惯却传承了下来，女人永远比男人顾家，女人永远是最熟悉家的人。

说女人是家里的“奴仆”，这正是女人的伟大之处。东方女性从漫长的历史中一路走来，从被压迫到自主平等，她们的勤劳从来没有变过。人们总说女人是家里的火炉，家里有女人了才觉得温暖。的确是这样，结过婚的男性，尤其是年长一些的都知道，妻子总是起得最早，睡得最晚，每天打扫屋子，做饭买菜，几乎没有闲的时间，整个家的温馨全是她们营造的。为了家，女人心甘情愿，在操持家务的过程中，女人们也越来越贤惠。

因为女人是家里的“国王”，所以家庭成员在家里听女人的安排，一家子和和气气；因为女人是家里的“奴仆”，所以家庭成员都凝聚在她的周围。这个女人是妻子也是母亲。

## 妻子决定家族的未来

**【儿子·说】**

2006 年 9 月 19 日　　星期二　　晴

今天我遇到了一件比较有趣的事情。

中午第二节课下课期间，我在校园里活动时听到几个同学聊天，我觉得内容很“雷人”。有个同学一本正经地对我们说：“以前人们结婚时年龄、身高啊什么都很注意的，可现在不同了，知道网上怎么说吗？‘年龄不是问题，身高不是距离’。”他一说完立即就有人附和：“那是那是，你没听说吗？有个老头 82 岁了，可娶的媳妇才 28 岁。”“你们知道什么啊，那也是没办法啊，没听大人说啊，现在娶媳妇太难了，房子、车子，更重要的是还得有钱……”

“丁零零……”上课铃响了，我们都向教室跑去。我一边跑一边想：这些家伙怎么成天关心这些事啊，难道是我落伍了？

**【父亲·曰】**

不论是小说还是电视剧、电影，里面名门望族的正房永远都是端庄、秀丽、贤淑、温婉、聪慧的，翻开历史，也确实如此。但凡名门望族，在娶妻的过程中都讲究门当户对，且经过千挑万选，因为他们要保证家族长盛不衰，所以非常注重遗传，他们无疑走对了路。

钱学森的钱氏家族可以说是其中一个典型的例子。钱氏家族是五代时期吴越国国王钱镠的后代。近代钱家之所以出现人才“井喷”的现象，这是与钱氏家族严格的择妻标准有着极大的关系。钱氏族规中说：“子女婚姻应慎重，长辈家人常引导。娶妻求淑女勿计陪嫁，嫁女择佳婿不讲贫富，一脉相传血缘亲，族内通婚不可取。”请注意其中的“淑女”二字。这两个字已经明明白白地告诉我们，钱氏家族的眼光很长远，也更清楚地说明了娶妻过程中“人”的重要性。

俗话说：“一个好女人，三代好子孙。”一个家族的兴旺与否虽然不能说完全是女人的功劳，但女人绝对起着决定性的作用。起这个作用的因素既有女人本身的遗传基因，更有其品德才质。优秀的遗传基因只会让家族基因更优秀，这是家族常盛的基本保证，这也是大家族择偶条件特别苛刻的原因；娶妻的个人品德学识对后代的影响也很深远，对当代的影响更是直接。品行端正、才识过人的妻子可为夫家减少祸患、排忧解难，而空有容貌却品行不端的妻子只能为夫家带来灾祸。周幽王娶褒姒，昏君遇到愚妇，因笑灭国以泯众人就是最好的反面教材。

所以，婚姻不是儿戏，娶妻还当慎重选择。

# 世界上所有的爱情都是“另有所图”

**【儿子·说】**

2009年9月17日　　星期四　　晴转多云

最近,我同桌小明的母亲与他的父亲离婚后嫁给了一个乡镇企业主。同学们都讥讽小明的母亲不到四十岁却嫁给了个六十多岁的糟老头是另有所图,是对感情的亵渎。小明在同学面前脸上无光,很是郁闷,上课时神情恍惚,学习成绩下降了不少。我问小明:这是为什么?小明说自己的父母下岗后,两个人经常闹矛盾,他的母亲带着他嫁给那个企业主后,他觉得很别扭,为这事没少生他母亲的气!可他母亲说:我们母子要生活啊!我听后就无语了。难道真的像同学们说的那样,小明的母亲嫁给那个老头是另有所图吗?婚姻和爱情这么神圣的东西,怎么能被他们亵渎了呢?我百思不得其解。

**【父亲·曰】**

爱情是个永恒的话题,人们把它描述成人类最美好的感情之一。自古就有“牛郎织女”“梁祝化蝶”的爱情神话。人们所期望的真正的爱情是不受功利所累,不为门户所限,不被诱惑所驱,坚贞不渝,忠诚奉献,无有所图的爱情。可世间真的存在这样的爱情吗?

记得看过一部韩剧,剧中的金喜善扮演的空姐不停地相亲,她的目标是嫁个有钱人。在一次相亲中,她误将一个穷小子当成了有钱人,频频向其献媚,得知真相后,她愤然与其断绝交往。穷小子问她,难道你跟我交往只是为了钱吗?金喜善抛了一句相当智慧的话:你不也是因为我的脸蛋才跟我在一起吗?

多么残酷的现实!使人不由得想起20世纪20年代文坛巨匠鲁迅在其小说《伤逝》中借主人公所说出的一个道理:爱情要有所依附。你奶奶说的更直白:嫁汉嫁汉,穿衣吃饭。

当美女遭遇其貌不扬的“才郎”或老态龙钟的“财郎”时,人们会直白地评论,美女是因为“才”“财”而嫁。在人们眼中,美女是怕吃苦的,是轻率的、功利的,是没有爱情可言的,按此逻辑推理,其必有所图。这样的情感当然不是高尚的,是不值得人们尊敬或歌颂的。于是,一旦人们发现了这样的状况,便会以极大的热情去关注。至于男人,人们则会有意无意地忽视其意图。小明的母亲年轻漂亮,嫁给一个比自己大二十多岁的人,一定另有所图。

猜疑没有错,只是我们不要有思维定式,只猜疑美女,不猜疑财(才)郎。我们也不要把爱情定义得那么完美、高尚和不食人间烟火。我们不要虚伪地带着假面具、装圣人,而应该勇敢地承认所有的爱情都有所图:有的人图的是对方的长相;有的人图的是对方殷实的家境或富裕的物质条件;有的人图的是对方的才华或贤惠;有的人图的是对方给予踏实的情感归宿或无微不至的关怀照顾……至于人们对爱情存在的褒贬意见,只是源于对爱情图的东西与事物不同的理解而已,有的爱情图的感性洁净,有的爱情图的理性现实些罢了。

郎才女貌、珠联璧合的一对会招来很多人的羡慕,觉得他们是天造地设的,没有人会说其中一人图了另一个人的什么。因为前提是双方各方面条件旗鼓相当,这多少掩盖了背后的真相。就连当事人恐怕也自我感觉良好,认为自己的爱情是纯洁的、高尚的,是无功利、无所图的。但事实真是这样吗?

所谓的“无所图”,只是男女双方在合适的时间、合适的地点,能彼此容忍、接受、欣赏对方,因为双方差距小而显得不那么突兀罢了。有人说,聪明的女人对付男人,愚笨的女人对付女人。婚姻中,看重钱财也好,看重脸蛋也罢,重要的是当事人对其有清醒的认识。只要双方的选择不盲目,对自己、对他人是负责的,是出于善意的,就无可指责。爱情都应该得到人们的祝福,我祝福小明的母亲!

# 不要在婚姻中寻找浪漫

**【儿子·说】**

2007年5月8日　　星期二　　雨

今天有节体育课，但是因为下雨就改在教室里上室内课了。老师给我们拿来象棋、跳棋、围棋之后就走了。男生一拥而上，女生轻轻地抗议了几声就扎堆聊天去了。由于棋不多，所以下的人少，看的人多。我没抢上，就在一边看。看了一会儿，旁边女生聊天的声音不经意间传进了我的耳朵，我一听就有些晕，聊的不是琼瑶剧就是韩剧，诸如谁和谁感情很深，他们如果结婚了肯定会很浪漫这一类话题。唉，真是无聊！

**【父亲·曰】**

今天你的日记引发了爸爸的一些思考：婚姻因浪漫而形成，但婚姻绝不等于浪漫，谁如果想在婚姻中寻找浪漫，谁注定会对婚姻大失所望。

钱钟书在《围城》这本小说里写得好，“城中的人想出去，城外的人想进来”。城外的人想进来，是因为爱情的浪漫让他们对婚姻充满了渴望，可城中的人为什么想出去呢？因为他们看到了太多的失望。有人说婚姻是爱情的坟墓，这话不全对，但绝对不假。陷入爱情的人容易被激情冲昏头脑，急于想组成家庭将这份浪漫延续下去。可当两人真正步入婚姻殿堂时就会发现：婚姻不像谈恋爱那样浪漫，婚姻是责任，是柴、米、油、盐、酱、醋、茶，是干不尽的家务活，是两个家庭的结合和碰撞。这个时候你会发现，婚姻有时候更像战场，淑女也会河东狮吼。如果说爱情是丰满的，那么婚姻有些许的骨感。如果没有做好挑起婚姻这一重担的准备，还想着在婚姻中继续寻找浪漫，只能说人还没有成熟。

浪漫是为了将爱延续，婚姻中找不到浪漫。爱情永远比婚姻圣洁，婚姻永远比爱情实惠。其实婚姻产生也是因为延续种族的需要，人们的东西、财产需要被继承，这就必须用一种方式确认一种规则。需确定两人生出的子嗣有此权利，便产生婚姻，婚姻总是神秘如云烟。

现代人为什么感觉特别累，主要是更愿意幼稚地把婚姻美化成天长地久、爱之无极，其实真正的答案在自己心里。

婚姻却常常会因爱而离婚。在婚姻中似乎发生过太多，又像什么都没发生过，婚姻的平淡是爱情无形的杀手。因为爱情有保鲜期，不可能像婚姻专家说得常爱常新，恩爱的背后往往隐藏着更多的无奈和妥协，而正是这种无奈和妥协之后还能坚守一生的婚姻往往是由于爱的深沉。

浪漫的爱情往往比婚姻短命，普天之下，无一幸免。浪漫的爱情经不起强调，经不起落差，经不起别离，两人再忙也要耳鬓厮磨。一句话，别考验爱情，爱情经不起考验，如果你按文学或影视作品中演示的那样寻找爱，你一生注定会后悔莫及。相爱是彼此尝试被对方催眠，在迷迷糊糊的感觉中感受着爱情的温度和魅力，婚姻往往残酷地将两人唤醒，婚姻最好的结果是两人一起醒了。

现实中的婚姻往往并不是为爱结婚，也不是为浪漫而结婚。爸爸做了多年法院院长，凡是因爱而结婚者大都不幸福，凡是为浪漫而结婚者大都失望。因此，在童话故事、古老传说中，写爱情时只写到他们幸福地结婚了，然后就戛然而止。至于结婚后生活怎样，人们心照不宣，也正因为心照不宣，所以人们才把在婚姻中得不到的向往和感觉全部寄托于婚前和笔下，难怪连情种贾宝玉都惊呼女人怎么了，一结婚怎么变得那么浊污。有人说，爱就像打篮球，拼命地抢，拼命地追，当得到以后便毫不犹豫地抛出去。特别是男人，一般婚前制造浪漫不遗余力，婚后却只剩下女人制造浪漫了。这话很值得深思。

虽然在婚姻中寻找浪漫注定会失望，但婚姻却离不开浪漫，走进婚姻的围城，要做好制造浪漫的准备，婚姻中没有了浪漫也注定不会走远，一个女人，在外面再受苦遭罪都不算受苦遭罪，只有在家里受苦遭罪才算真正的受苦遭罪。因此，在婚姻的围城里有人选择烛光晚餐，有人选择给对方意外的惊喜，有人在卑微中坚守，如此种种，各有千秋，难得的是制造浪漫的这份心意和智慧。但要注意，如果步入婚姻，就要做好一切准备，不要把浪漫看成婚姻的代名词。

## 遮遮掩掩一辈子，坦坦荡荡过几天

**【儿子·说】**

2010年9月8日　　星期三　　晴

这几天文佳不知为什么一直没来上学，同学们纷纷议论，说是文佳的父亲在外面有了女人，“红杏出墙”了。文佳已经四天没来上学了，如果再不来，会跟不上学习进度的。

下午放学后，我约小磊去文佳家，想叫他尽快回学校上课。走到他家门口，听到文佳的母亲骂声阵阵，接着传来猛砸东西的声音。我和小磊正在犹豫该不该进去，又传来文佳母亲的嚎叫声：“你有野女人，还打我，打死我你好去找那个狐狸精。”听到打闹声后，我和小磊怕出事，就赶快敲门。好不容易把门叫开，发现房子里凌乱不堪，电视机都被砸烂了，文佳的母亲披头散发，号啕大哭。见我们来了，好像有势了，又愤怒地控诉着文佳的父亲的种种丑行，还不断地撕打着文佳的父亲。文佳的父亲怒不可遏，两人又闹作一团。而文佳在自己的房间里，戴着耳机不闻不问。原来，文佳的母亲在无意间发现了文佳父亲的手机里有个女人发的暧昧短信，在文佳母亲一番甜言蜜语、保证既往不咎的承诺后，文佳的父亲老实交代了他与那个女人的风流韵事。文佳的母亲当时表现得很大度。文佳的父亲保证与那个女人断绝关系、再不来往后还做了几个拿手菜，庆祝家庭回归正常。可没过几天，文佳的母亲越想越生气，心里越想越觉得特别恶心，而且这种感觉越来越强烈，于是终于闹了起来。

开始文佳的父亲觉得理亏，一忍再忍，文佳也站在了母亲的一边。可后来妈妈变本加厉，逢人便讲，单位和亲戚都知道了此事，闹得文佳的父亲很没面子，于是两人大打出手，把家里能砸的东西都砸了。这几天文佳的父亲要离婚，母亲不愿意，说不能便宜了这对奸夫淫妇。文佳很是痛苦，慢慢地由支持母亲转变为同情父亲，埋怨自己的母亲明明说过既往不咎，却说话不算数，没完没了，弄得家不像个家。文佳问我和小磊："难道我爸爸向妈妈真诚坦白后，就保证不再犯错了吗？"我和小磊不知怎样回答，只好拉着他一起出去散心了。到现在我心里还觉得别扭，明天见到文佳该怎么说呢？

【父亲·曰】

给他们时间，让他们慢慢地去醒悟吧！记得小时候，你奶奶因乡行好，谁家发生纠纷，大家都习惯请你奶奶出面说理。特别是遇到小两口吵架不和，互相揭短，你奶奶会及时劝阻，并说"遮遮掩掩一辈子，坦坦荡荡过几天"。当时爸爸年龄小，不理解，总觉得你奶奶是个老好人，为啥不旗帜鲜明，听个究竟，分个子丑寅卯。随着年龄增长，特别是在法院工作十几年、给两千多对夫妻审理离婚官司后，我才明白你奶奶这句话的深意，敬佩你奶奶的世事洞明。

其实，从人的本性来讲，人都是喜新厌旧的，因此，需要道德、法律和风俗等来约束和规范。作为两性感情归宿的一种普遍表现形式，婚姻注定烟火满面，俗不可耐，但也注定生机勃勃，永不言倦。实际上，婚姻是一道试图绑架两个人终身的符咒。结婚后，一成不变、愈来愈熟到无孔不入的关系，丧失了危机与新鲜的刺激。无论男女，都会因为缺少挑战和新鲜而变得琐碎、颓废，提前老去。这不是婚姻之罪，问题在于修建围城的夫与妻这两个人如何定位自己的角色。

影视剧诲人不倦地一部接一部轮番播映婚姻大戏，主妇们便兴致盎然一集不落地追着看。除了情节离奇、故事夸张外，其余所有生活细节和方式，简直就是生活的原版复制。看完之后，对于男人的臭袜子满天飞、余味绕梁三日熏得妻子头发晕的巨大共鸣是有了，但排除"臭味"的出口在哪里？影视剧也不知道。虽然剧中夫妻分合吵闹，到底还是白头到老了。现实中，如此鸡毛蒜皮到处裂缝的婚姻，早就不合时宜，迅速解体是多数"80 后"的不二之选。

老年人常说，吵吵闹闹一辈子。通常愿意留下来跟你争吵一辈子的人，才是真正爱你的人！影视剧最大的功劳就是让所有已婚未婚的人都明白了婚姻的一个功能,那就是照妖镜。无须对方动手,婚姻镜子中的自己,几乎不约而同地一层层剥掉婚前的包装,由外及内,丝毫不加掩饰甚至变本加厉地原形毕露。

我不反对夫妻之间的真诚,真诚是婚姻的基础,但维持婚姻需要智慧,需要向前看。不能太计较已发生的事情。我以为,任何关系欲持久稳固,必须理解一句话:陌生使人亲近,熟知使人斥离。尤其婚姻外皮遮蔽下的男女关系,最易丢掉自我,亲极而斥。

一个很有用的方法就是在彼此的婚姻中刻意保留适度的距离,扬善隐恶。保持适度的距离,这也就保持住了彼此自我的神秘与独立,进而熟而不腻,新鲜不断。而爱情就是需要这份保鲜度的。距离的好处在于它令吵架失去了土壤,当一方脸色不对,另一方就能从容避开,伺机而和。距离同时产生了尊重,让夫妻之间没有撕破脸的冲动。

我们每个人都拥有无际广阔的心灵空间,在里面划出婚姻领地,面积大小是由自己说了算的。客观条件是艰难,但正确的心态与姿态,始终才是主导全局走向的标杆。换个浅显直白的说法,从女人的角度出发,就是把老公当外人。在外人面前,你是什么样的,在老公面前,起码还得是那个样。双方彼此保持着基本的礼节与优雅,便能最大限度地维持感情的温度。

正因为婚姻无限地拉近了男女身体的关系,所以穿好精神的衣服才显得极为必要。遮掩了自身的不足,使自己拥有独立的尊严,在婚姻近距离的琐碎关系里,才能经得起时间的考验。

## 家中也要注重仪表

**【儿子·说】**

2006 年 6 月 23 日　　星期五　　晴

下午放学我没有直接回家,而是和同桌一起到小奇家里完成老师布置的小组学习任务。

可能是天太热吧，我们刚一进门，小奇就将短袖脱了扔在沙发上，上身只穿一件背心，然后又冲进卧室换了一条大马裤，由于马裤的裤腿太宽，他就变得下宽上窄，样子非常滑稽。我和同桌都取笑他变成三角形了，他却不以为然，说："到家了，就要放松一点啊！样子虽难看点，但舒服啊！""就你，才多大点啊，还想学大人呢！"同桌听了接着打击他。我们闹了一会儿就开始做作业，作业快做完的时候小奇的爸爸回来了，他进门之后的动作竟然和小奇一模一样。我和同桌相互看了一下都没说话，但我想同桌当时心里和我想的一定都是：有其父必有其子啊！

**【父亲·曰】**

在外劳累了一天，回到家就应该放松放松，这是大多数人的想法。所以在家里人们都比在外面随便得多，衣服穿得宽松了，情绪也不再加以掩饰了，说话也开始暴露"本来面目"了。殊不知，这样的做法万万要不得。一则你的放松会把自己最丑的一面展现在家人面前，会将不修边幅、懒散等信号传递给家人。再则，当你不修边幅，一切行为都很随意，将良好的修养丢到一边的时候，家里环境也会因为你而变得凌乱。如果家中的成员人人如此，可以想象，家里会乱成什么样子，家里的气氛又会是何等模样——必然萦绕着消极的气氛。

在家里注重仪表其实是最好的放松方式。试想，当你回到家看到屋子里一片亮堂，衣服洗得干干净净，摆得整整齐齐，喝水的杯子洗得几可照人，家里人人看起来都清清爽爽，一脸轻松，到处充满着温馨的感觉，你还会觉得累吗？注重仪表，其实就是在共同营造一个温馨舒适的环境。而且，家里的孩子，他们年幼无知，大人什么样，他们就会自然而然地跟着照做。小孩子的坏习惯就可能在大人的潜移默化下养成了。

今天在杂志上看到一篇短文，觉得很有意思，与爸爸要表达的想法有异曲同工之妙。文章的题目是《女人婚后别急着摘掉面具》。文章说，女孩子婚前多是一副仪态万方的样子，可婚后又常常会有让人跌破眼镜的窘况出现。别怨男人少见多怪，要知道，即使男人说爱的是你的内在，但对女人的仪态举止还是有要求的,不论在婚前,还是在婚后。钱钟书形象地把婚姻比作围城,引得男男女女好一阵感慨。既然围城是禁锢人身心的一道樊篱,那么大家干脆不要结婚好了。可事实却并非如此,婚姻虽是围城,可这围城却能给我们一个安全、可靠的避风港。

在马斯洛的需求层次理论里,人在满足了生理需求、安全需求等基本的生存需求之后,接着就会寻求情感和归属感的满足,如果这种需求不能满足的话,就会引发各种各样的问题。实际上,一种强烈而普遍的建立亲密关系的欲望是我们人类的本性之一,如果我们想使日常生活正常运转的话,我们就需要经常地、愉快地与亲密的伴侣在长期的和充满爱心的关系中进行互动。正是出于人类对归属感的需求,所以,男男女女都想要结婚,结了婚,有了伴,安心地住在这个围城里,心里也就踏实了。

人一踏实,就会变得放松,不仅男人如此,女人也是一样。两个人关起门,立即会摘除面具,向对方展示自己最真实本色的一面。反正你已经是我的人了,生米做成了熟饭,懒一点,邋遢一点,对你狠一点、恶一点也没有关系。这本也是一件好事,说明你们亲密无间,可是若真实得过了头,真实得忘乎所以,甚至不顾形象,后果还是很严重的。不是有这样一句话吗?因为不了解而结婚,因为太了解而离婚……

## 按时回家

**【儿子·说】**

2004 年 3 月 12 日　　星期六　　晴

上午数学辅导班放学后,我和小昊到他家去玩。本来准备给爸爸妈妈打电话说一声的,没想到小昊家的午饭已经做好了,小昊让我吃完饭再打,我想也可以,就先去吃饭了。可吃完饭后我却把打电话的事情抛到了脑后,和小昊疯玩了起来。我俩玩得很开心,根本没有注意时间。等小昊妈妈叫我们去上学时我才发觉已经快下午两点了。在去学校的路上,看到爸爸站在路口张望，一脸焦急，我这才想起没有给爸爸打电话，吓得浑身直哆嗦，出了一身的冷汗。爸爸转过身看到了我，脸上的焦急不见了，我明显看到爸爸长长地舒了一口气。爸爸阴沉着脸带着我，一边走一边批评我，一直到了学校门口爸爸才停止了对我的批评，让我赶紧去教室上课。

今天上午的事情是我做得不对，请爸爸妈妈原谅！

**【父亲·曰】**

紫阳，中午你没有回家，爸爸妈妈因为担心你而没有心思吃饭，我们到处找你，心慌得厉害，生怕你出了什么事。最近咱县上几个十岁左右的孩子被别人拐跑了，原因都是孩子听信了别人的甜言蜜语，或贪图别人的小恩小惠，或出于好奇，或出于对看似好人、貌似正人君子之人的轻信。被拐的孩子有的被杀，有的致残，一个个好端端的家庭从此家破人亡……爸爸越想越怕，不知你是怎么想的，这件事你确实做得不对！以后不论有什么理由，都要按时回家。

人活着不能光图自己高兴，还要考虑别人的感受。其实，人在很多情况下都不只是为自己活着，不光是为自己学习。我们之所以要努力工作、学习，很大一部分原因是我们自己努力地工作、学习可以给亲人、给他人带来欢乐。如果你为家人的欢乐、安康而拼命努力，你将是家人的骄傲；如果你为世人的欢乐安康而拼命努力，你将是时代的骄子。爸爸希望你不但能为家人的高兴而读书、工作，更希望你能为天下人的欢乐而奋发读书、工作。在你长大成人后，我希望能看到世人因你的精彩而欢乐无穷。

其实，按时回家是种责任。爸爸不希望今后此类情况再次发生。你要知道，你和你姐的安危是爸爸妈妈的全部，你要自我珍惜，不要再让爸爸妈妈再为回家的事操心，更不能让爸爸妈妈担惊受怕了。

# 家风熏人

**【儿子·说】**

2004 年 9 月 12 日　　星期日　　晴

一大早，闲来无事，在爸爸的书架上找书看，发现一本薄薄的书，书名叫《朱子家训》。我翻看了几页之后觉得很有意思，就坐下认真地看了起来，谁知一看竟然入迷了，等妈妈叫我吃饭我才意识到快中午了。虽然半天的时间没了，但是我觉得收获很大。从《朱子家训》中我看到了一种精神——做一个正大光明、知书明理、生活严谨、宽容善良、理想崇高的人。

**【父亲·曰】**

《朱子家训》中所折射出的精神其外在表现就是朱家的气质、朱家的性格。其实每个家庭都是有性格的，这种性格于外在的表现是家庭成员的言行，于内在的表现就是家人共同坚守的精神、信念。家庭精神是每个家庭不可或缺的东西，它熏陶着家庭中的每个成员，直接影响着家庭成员的生活习惯、思维方式，乃至道德观、人生观的形成和发展。所谓“如入芝兰之室，久而不闻其香”“如入鲍鱼之肆，久而不闻其臭”就是这个道理。

古时候讲书香门第，讲耕读传家，这些都是在强调一种家庭精神。随着社会竞争加剧，现代家庭对于家庭精神的培养已经趋于单一化，就是读书，找工作，然后挣钱，缺乏对人性的关怀。在这种情况下，培养家庭精神就迫在眉睫了。

家庭精神要有发起者，但更需要响应、支持与参与者。《朱子家训》中所反映的“正大光明、知书明理、生活严谨、宽容善良、理想崇高”的精神，发起者是朱熹，响应者是当时朱家的所有人。只有营造出一个正大光明、知书明理、生活严谨、宽容善良、理想崇高的氛围，身居其中才能受氛围的熏陶而向着家庭精神所倡导的方向发展。在现代家庭中，父亲应该积极承担起家庭精神发起者的重任，因为父亲是家里的顶梁柱，上梁不正下梁歪，一家人的好几双眼睛都盯着我呢！

对于家庭精神的培养应有选择，或以德载物，或以学明理，或以才治世，或勤俭持家等等。无论培养什么样的家庭精神，都不能违背基本的道德伦理。家庭精神应该是健康、乐观、积极的，应该促使家庭成员树立乐观积极的心态。只有这样的家庭精神才是值得我们大力培养和传承的。

## 家和万事兴

**【儿子・说】**

2005 年 1 月 17 日　　星期一　　晴

晚上回家，爸爸妈妈已经在家了，妈妈在做饭，爸爸在看书，我就赶紧写作业。过了一会儿，妈妈把饭做好了。正当我们准备吃饭的时候，忽然传来“咣”的一声闷响。过一会儿，就听见隔壁家的门“砰”的一声关上了，然后又被打开，紧接着又“砰”的一声关上，接着就听见门口有人吵了起来。妈妈皱了皱眉头说：“这两口子又掐上了！”这时爸爸放下碗筷站了起来，说：“紫阳你先吃，我和你妈去看看！”说完就和妈妈出去了。

我心不在焉地吃着饭，爸爸和妈妈过了好半天才回来，回来时脸上都是一副无可奈何的表情，我知道这次肯定又没劝成功。

吃完饭，我接着写作业，可心里总静不下来。我想：都是一家人，有什么话不能好好说的呢？邻居这一家三天一小吵，五天一大吵，每次一吵架，两个人就把家里的东西砸个稀巴烂，我真没见过这么过日子的一家人。

**【父亲・曰】**

紫阳，你的日记给我敲响了警钟：你已经长大了。看看咱们年轻的邻居，听听你的疑惑，爸爸也要自我检讨一下了，以前爸爸和妈妈也会争吵，可能曾经也给你造成困惑了吧？虽然我们的争吵只是因为一些无关紧要的小事，但爸爸和妈妈以后不会再争吵了。

我和你妈偶尔的争吵都曾给你造成困惑，邻居家的孩子该有多么痛苦啊！老祖宗说的“家和万事兴”是我们过好家庭生活的金科玉律，因为一个温馨的家对每一个家庭成员来说都有着非常重要的意义。

你爷爷曾对我说：“家里一吵三日穷。”我在法院办案时曾经见过这样一个家庭。1994 年左右，我去调查一起故意伤人的案件。伤人者张某，38 岁，个体户，原来开有一家商店，生意也很红火，曾经是他们村子里出了名的能人。可就是这样一个人，却将自己的妻子打成重伤，右腿中度残疾。经过我们的调查，事情原来是这样的：张某的妻子王某刚结婚时性格平和，自从生了孩子之后却来了个大变脸，变得急躁易怒，常常为了一点小事就发火，家里老人、小孩都成为她怒骂的对象。张某觉得以前自己的心思全放在商店里，家里全靠妻子照顾，心里有愧，能忍则忍，能让则让，可是王某却变本加厉，经常在家里乱摔乱砸。因此，两人逐渐开始争吵，最后发展到动手。几年下来，家里的家具全部成了“重伤员”，有些已经早早“退休”了。张某看到家不成家，心里苦闷，就经常喝酒，后来还染上了赌博的恶习。为了偿还赌债商店最终被变卖，家里的两层楼也卖给了别人。两位老人看着家里横遭变故，连气带急，一死一瘫。王某只好带着女儿回到娘家住。张某看到家不成家，就将一切责任归结到王某身上，心怀怨恨之下，张某冲到王某娘家将其打成了重伤，本来令人羡慕的幸福家庭落得如此下场，着实令人惋惜。

人们常说：“幸福的家庭都是一样的，不幸的家庭各有各的不幸。”在我看来，之所以说幸福的家庭都是一样的，就是因为一个字——和。老祖宗说的“家和万事兴”，讲的就是一个“和”字，取平稳、和缓、协调、均衡的意思。一个家庭中，幼尊老，老爱幼，同辈相爱而又相互尊重，家庭成员间和谐相处，家庭感情稳固，就是“和”。我们每个人，无论取得了多么大的成就，或者潦倒到了多么差的地步，心里想的，梦中梦的，不都是一个幸福的家吗？

紫阳，当我早晨迎着寒风出门，我知道身后有你和妈妈凝视的目光，那是一种温暖，让我不再感到寒冷；当我披星戴月回家，看着桌上放着你妈妈给我温热的晚饭，还有你放在桌上的日记本，我总能感到一种力量，它能驱走我满身的疲惫；每当我陷入案情没有进展的困惑中，我总能感觉到你和妈妈期待的目光，那是一种鼓励，我会静下心来，换个思路重新分析，案情就会取得突破。

一个和顺温馨的家给男人带来力量，为女人带来幸福。对于老人来说，家是最大的满足，对于孩子来说，家是一个快乐的世界。

## 第三节　乐善乐礼

### 善良是一粒种子

【儿子·说】

2006 年 5 月 2 日　　星期二　　晴

学校开展“人人献爱心,大家齐动手”的活动,倡导我们向贫困地区儿童捐款捐物。中午放学回家,我给妈妈说了这件事,妈妈非常支持,刚吃完饭,便和我一起动手准备东西。妈妈把我们以前穿过的旧衣服,还有我用过的课本、没用完的作业本和小人书全都找了出来,共整理了两大袋。

下午,我们一起把东西送到了学校,同学和家长们都准备了好多东西,部分同学和家长还在现场捐了钱,我也捐了 20 元零花钱。老师说:“我们尽自己微小的力量,去帮助那些需要帮助的人,让他们感受到我们的爱,让我们的善意给他们信心,让善良像一粒种子一样在他们心中生根发芽,让他们知道有爱就有希望。”我听了默默地攥紧了拳头,在心里说:“我不知道你是谁,但我希望这一份小小的心意能帮到你!”

【父亲·曰】

善良是一粒种子,善心是一朵花,善行是一枚果实,上善若水。

你现在还是个学生,我希望你能够让自己那颗善良的种子好好地成长起来,然后能在这个纷繁的世界里,绽放出最沁人心脾的芬芳。所以,一定要好好呵护身边的人,还有你自己。在学校的时候,记得和同学要相亲相爱,无怨无悔地给予别人帮助。

每个人生下来的时候，都怀揣着这样一粒种子，它可以为一个人绽放最富人情味的奇葩。然而，有的人丢弃了它，逐渐变得冷漠，有的人玷污了它，最后走向邪恶。而更多的人，内心会散发出花的幽香，或恬淡，或浓郁，丝丝缕缕，飘散着人性的芬芳。善良的果实里，藏着这个世界最深沉的情感，以及最醇厚的温暖。生命的花园中，如果每一粒善良的种子都能结出温暖的果实，那么这个世界必将是一个和谐有序的世界。

善良是为自己留下的路标。没有谁不曾要善良，也没有谁不会被善良所感化。即便是自私的人，不愿为别人拿出友善和关爱，却也希望在交往中，能得到别人的呵护与抚慰。即便是一颗坚硬的心，纵使坚船利炮也攻不破、打不败，但有时候一丝善良却可以把它温柔地感化。最高境界的善行，是不在意结果的。当你奉献爱心的时候，无论最后是个什么结果，在本质上，你都是一个天使。君子莫大乎与人为善。

在这样的变革年代，尽管一些人开始崇尚个人主义、拜金主义、享乐主义，他们内心空虚无聊，精神萎靡不振，信奉事不关己，对弱小者视而不见、麻木不仁，但我们看到的更多的还是人性的美好。一个人想要内心快乐、充实，并不一定需要足够多的金钱，或者多么显赫的地位。就像许许多多善良的人一样，他们乐意付出关怀而不计回报。这种善良，能让他们在生活中得到笑容，赢得尊重，让他们的人生闪光。多一些善良，多一些谦让，多一些宽容，多一些理解，这是善良的人们所向往和追求的，也是我们勤劳善良的中华民族所提倡和弘扬的。

当然，在做一个善良的人的同时，莫忘了播撒善良的种子。因为只有让善良的种子生根发芽、开枝散叶，才能让世界更美好，我们才能收获更多的惊喜与希望。善良是会传播的，它会以美的形式感染你周围的人。勿以善小而不为，在你经过的地方，播撒善良的种子吧！

# 善待他人

**【儿子·说】**

2003年8月22日 星期五 晴

我们的英语老师,课教得非常好,同学们对她评价都很高,她唯一的不足就是脾气不太好,动不动就发火。如果一个问题她强调了好几遍,你仍然记不住或是掌握不了的话,你就该倒霉了。她训起人来非常严厉,同学见了她就像老鼠见了猫似的,甚至有些时候,她愤怒到极点时,手里随便拿起什么东西就教训人。所以每次去找她辅导功课,我都会提前做好充分的心理准备。

今天又到了要去英语老师那儿学习的时间了。我一大早就起来复习功课,可没想到怕什么来什么。在听写时,我有一个单词没记清,写错了。我心里想这下可完了,就记这么几个单词,还没记牢,肯定少不了挨训。但出乎意料的是,老师却走到我面前和蔼地说:"今后要用心,否则就是白白浪费时间。浪费时间就等于浪费生命。"我听了老师的话愣住了,今天英语老师怎么了?后来我反复回忆老师说的话,觉得老师都是为了我好,她的话我一定会记住的。

**【父亲·曰】**

善心的源泉,按照孟子的说法,在于恻隐之情。看到小孩快要落井,人出于同情,很自然地伸手救助,这就是所谓的恻隐之情,是善心的根源。善待他人要有宽容之心。没有宽容的社会是冷漠的,不懂宽容的人是冷酷的。试想,没有宽容,何来融洽?没有宽容,何来和谐?宽容是阳光,更是一缕芳香,时时会沁人肺腑,润人心田,暖人胸怀。让我们学会宽容,用一颗感恩的心,走好人生的每一步。温暖的宽容让人难忘。一位女士不小心在一家商店里摔倒了,手中的奶油蛋糕弄脏了商店的地板,她歉意地向老板笑笑,不料老板却对她说:“真对不起,我代表地板向您致歉,它太想吃您的蛋糕了!”于是,双方都开心地笑了。老板的热心打动了她,她也立刻“投桃报李”,买了好几样东西才离开商店。随着年龄的不断增长,你就会领悟到:处世时,让人一步为高,待人宽一分是福。心存善良,则无可恨之人。宽容是一种美德,既甜美,又亲切,要有“泰山不辞抔土,江河不辞细流”的度量,方能成就大事业。因此,要善待他人,就像日常检查、保养身体一样,经常注意修心。现实中欲望的膨胀,往往使人忘记利他之心。

善待他人要有隐善之行。与人相交,要先严后宽,使人觉得你富有感激之心。不能先宽后严,让人觉得你口蜜腹剑。与其容忍而遭人费解,不如因人而异,在一开始便不忍不让、寸步不退,打消其妄念,使其不敢小视你,不敢轻举妄动,对你有所畏惧。有的人心存善意却被人误解为敌意,而有的人却把敌意巧妙地隐藏在善意之后。不管是何种心态,你都要认真思考,准确判断。因为,从人性的本质上讲,对人常存善意,常怀忍让之心,并不是要求有好报,而是为了使自己活得安心,心存善良这是一种处世的策略。在人的一生中,懂得做人要比懂得做事更重要。想想历代的忠臣良将,他们长于谋国谋事,而疏于谋己保身,结果多数像比干、于谦一样最终落个“自古忠臣无下场”的悲剧。有的人常把你的容忍当作无能和软弱,常常得寸进尺;有的人还把你的退让当作对他的一种羞辱……但恶人自有恶人磨。不论怎样,人心不只有恶,它也有善,百态人生路上不要浪费你的生命,重要的是要善待他人于无形。基督教有将善隐藏的说法,这才是人最美好的心态。善待他人,要有感恩之情。有人说,利己则生,利他则久。这就必须懂得抑制自己的欲望。善和恶在心底同居,需要不断地清扫净化,律己要严,待人要宽,抑制一些为欲望所迷的丑恶心,就能使美好的善心抬头。常怀着一颗感恩的心,忘记别人的缺点吧! 总之,心存善良,则无可恨之人。

# 学会微笑

**【儿子·说】**

2005年2月28日 星期一 晴

午饭时,我和爸爸看了一部纪录片。内容是:一个商洛山区的小姑娘,只有九岁,她的爸爸在一次车祸中离开了她,妈妈也离家出走,只剩下她和爷爷奶奶相依为命,但她并没有被现实打倒,依旧对生活充满信心。每天一个人步行两个多小时的山路去上学,回家还得挑水做饭喂牲口,完了还要做作业。即使这样,这个小女孩的学习成绩依旧名列前茅,她的脸上也总是挂着淡淡的微笑,像一朵雏菊。

想想自己平时遇到一点点困难就畏首畏尾,不敢面对,很是惭愧。爸爸说:"任何人都会遇到困难,甚至是我们无法想象的困难,但只要我们笑对人生,胜利就会向我们招手。"

**【父亲·曰】**

人生需要微笑,生活更需要微笑。即便是面对仇人,也需要"相逢一笑泯恩仇"。老友相逢,袒露彼此情谊的是微笑;站在领奖台上,品味胜利喜悦的还是微笑。微笑,是自信与成功的源泉;学会微笑,就是善待自己,温暖他人。

有人说:"微笑是一种前进的力量。"这一点,我从未怀疑过,学会微笑,就算前方有再大的困难,也会挺过去。海伦·凯勒因为儿时体弱多病,少年时双目失明,且无法用语言表达。在后来的时间里,她学会微笑,把自己从死亡的边缘挽救回来,这不很好地说明了微笑是一种强大力量吗?学会微笑,脸上常挂着笑容,多些亲和,少些隔阂,无论做任何事,都可以达到事半功倍的效果。学会微笑,成功也就不远了。美国有位企业家在谈到用人的成功经验时说:"宁雇一名满脸微笑的小学毕业的职员,也不雇一位面孔冷淡的哲学博士。”可见，微笑是多么的重要。

微笑，不单单是一种力量，更是自信的象征。因为微笑是一种宣示：与人疏远的沉默已经结束，与人接近的叙说已经开启。这种宣示，犹如开岁发出的春令：来吧，我们是朋友。微笑是可亲的，因为微笑传递出的是快乐。笑由喜悦来，相从心头生。微笑是可敬的，因为微笑传递出的是友善。微笑在诚，诚就是真心实意。诚还是无所隐伏，诚可生情，情可生笑。微笑在心，心动笑发。

民间有一句俗语：“莫笑莫开店。”特别是在市场经济条件下，只有科技含量高的好产品还不够，还要有好的态度、优质的服务。只有相逢开口笑，才能盼得人气旺、生意火，从而“雨中草色绿堪染，水上桃花红欲然”。孩子，请微笑吧。

## 张狂招祸

**【儿子·说】**

2007 年 3 月 13 日　　星期二　　阴

一班的晓刚同学今天被别人起了一个新绰号——醋缸。这个绰号的由来其实很让人气愤。

三班的班主任张老师是一班和三班的语文老师。中午第二节课后，张老师让三班的学习委员小锐把一班的作业本帮忙送过去。晓刚的作业本在最上面，小锐打开一看，里面错题满篇，就有些看不起晓刚。他把一班的作业本拿到一班教室后，小锐叫道：“晓刚，晓刚！”晓刚应了一声，小锐却故意说：“不是叫你，我叫晓刚呢，你是醋缸。”晓刚很生气，便与小锐理论，小锐一脸不屑地说：“作业上错那么多题，不是醋缸是什么！”在同学的劝说下两人才没打起来，但“醋缸”却传开了。我听到这件事后觉得小锐太狂妄了，拿一班当他们三班呢，在别人的地盘上也敢这么说话，把一班同学惹怒了有他好受的。

**【父亲·曰】**

由于受儒家思想的影响，中庸之道渐入国人骨髓，所以国人在骨子里对于狂妄自大有着本能的反感。因而，历来狂妄之人即便有大能也难有善终。

杨修之死，我们都明白是什么原因，说好听点是恃才而傲、放荡不羁，说难听点就是过于狂妄。杨修先是指点工匠，帮助修后花园的工匠破解了曹操写在门上的“活”字，引起了曹操的妒忌。后当着众人面点破曹操梦中杀人的真相，引起了曹操的杀心。接着，他认为自己有大才，介入王储之争，犯了为官之大忌。最后，杨修又凭着自己的聪明，在众人面前显摆，透露主子曹操“鸡肋”的含义，动摇了军心。杨修一路走来不知收敛，虽为曹操献了很多智谋，到头来却仍被曹操砍了脑袋，这不能不说是咎由自取。

如果说杨修的狂妄只是害了自己，不能引起人们的警惕，那韩信的死就必须引起我们的注意了。韩信为刘邦统一天下可以说是征战南北，立下赫赫战功，最终却被刘邦假吕后之手杀死，其实就是韩信狂妄所致。

刘邦在夺取天下前，韩信的功劳已经非常大了。但韩信的确不算一个好部下，要官、抢功的事时有发生。所以刘邦在得天下之后，就收了韩信的兵权，改封韩信为楚王。那时韩信初到楚国，到各县乡邑巡察出入都派军队戒严，前呼后拥，排场十足，过分张扬。项羽的逃亡将领钟离昧，曾是韩信旧友，前来投奔他，韩信明知钟离昧是刘邦正在追捕的逃犯，却仍然仗着自己功高收留了他。公元前201年，有人告韩信谋反。刘邦用陈平的计策，说天子要出外巡视会见诸侯，通知诸侯到陈地相会，韩信闻讯后感到了危险。经过一番权衡之后，韩信选择了卖友求荣，带着钟离昧的人头去见刘邦，却让刘邦感到了更大的威胁。于是刘邦将韩信软禁在身边，并贬为淮阴侯。被贬之后的韩信并没有认真反思自己的行为，调整自己的心态，而是怨天尤人，在家中闷闷不乐、牢骚不断，常常装病不参加朝见或不跟随刘邦出行，认为自己功高盖世，对于和绛侯周勃、颍阴侯灌婴等处于同等地位感到羞耻，对同僚也缺乏起码的尊重。一次，韩信去拜访樊哙，樊哙行跪拜礼恭迎恭送，并说：“大王竟肯光临臣下家门，真是臣下的荣幸。”谁知韩信不但不领情,反而讽刺说:“我这辈子居然同樊哙这样的人同级别,真是丢人啊!”樊哙是什么人?他既是刘邦的连襟,又是刘邦的心腹,当初在鸿门宴上还曾救过刘邦的性命,如此人物韩信都不放在眼里,其他人更不用说了,韩信渐渐失去了大家对他的同情。公元前196年,就在汉高祖刘邦带兵讨伐巨鹿郡守陈豨时,韩信竟然密谋杀害吕后和太子,吕后和萧何设下计谋,将韩信诱至长乐宫,以“叛乱”之名将其处决,并诛其三族。韩信的狂妄不仅害了自己,还害了自己的家族!

历来的文人说话都是很含蓄的,说什么“满招损,谦受益”。其实只是含蓄地表达了人们对狂妄的厌恶而已,实质上就是在说:“小子,你别太张狂!”所以,低调收敛无疑是一种智慧。

古人常说:“事成于密。”实际上就是倡导为人做事应低调。凡做事爱炫耀的人,成功的机会很小,因为别人会因嫉妒而给你所做的事设置障碍,因此,低调是一切未达到事业巅峰的人所采取的明哲保身的谋略。现代如苏联解体、东欧剧变后,有人指望中国扛起社会主义阵营这面大旗,但邓小平以退为进地提出“韬光养晦”的外交政策,这是智者之举。古之曹操、司马懿,虽实权大握,却宁愿躲在幕后,把抛头露面、出风头的事情都推给傀儡,这样既实现了自己的意志,又使自己超身事外,还可以推过揽功。当有暴风雨或纷争来临时,自己充当裁判的角色。这也是一切权谋之士常用的政治谋略。一个事业未达到巅峰而急于出风头的人只能说明政治思想上的幼稚,他们不懂“木秀于林,风必摧之”的道理。青春年少要防止过激张扬,年长衰老要防止低迷消沉。张扬者虽轰轰烈烈,但得到的往往只是虚名浪名;低调者默默无闻,得到的却是实惠。处事低调的人往往都非常自信自爱,非常冷静稳重,非常果断勇敢。唯有冷静,在处事中才能出其不意;唯有勇敢,在处事中才不惧失败;唯有能干,在处事中才会一呼百应,赢得多方支持。这是中国这种氛围和文化浸泡下开放的奇葩。不光是人,就是连动物在捕食成功后都会收起翅膀、屏声静气。

至于那种“王婆卖瓜”式的做法,实际上属于西方文化中的经典现象。总统选举尚未开选,拳击比赛还未开战,当事人双方都各显其能,使出浑身解数,大肆宣扬自己的主张和政绩,给自己打气鼓励,想让自己背水一战。不论是低调做人,还是“王婆卖瓜”,都有其生存的文化和土壤。前者文化属于封建文化,虽然贴着时兴的标签,但骨子里散发出的是腐朽的气味,主要原因在于裁判权在最高掌权人手里;后者文化属于民主文化,虽然还有很多不满意的方面,但是把裁判权交给了民众。前者需要思想的奴隶,行为低沉;后者产生精神的贵族,行为张扬。因此,人在世界上要想成就一番事业,必须熟悉环境气候,否则就会出现“淮南橘,淮北枳”的情况,使你显得不合时宜,进而为世俗为世人所不容,失去健康生长的环境和土壤,这样枯萎就在所难免了。

## 学会化敌为友

**【儿子·说】**

2006年3月7日　星期二　晴

上午我非常生气,因为我上课并没有说话,老师却冤枉我,说我说话了,还对我进行了体罚,令我一肚子的闷气没处发泄。

我想来想去还是想不通,难道是有同学故意打小报告报复我?还是老师有意针对我?一直到吃午饭的时候,心中的怒火依然没有熄灭,甚至想着要彻底查清这件事。如果真是同学打了小报告,就想着怎么进行报复;如果只是老师冤枉了我,我一定要问个究竟。

我边吃饭边想,哎,还是算了吧,最起码老师的这次批评也是对我的关怀教育,可以算是一次警告,让我知道以后上课时不能说话。即便查出来是同学打小报告又能怎么样,真去报复他吗?那我不是和打小报告的同学一样了。爸爸不是告诉我要化敌为友吗?我这次大度一点,不仅让他的阴谋不能得逞,而且还显示了我的宽容,这不是爸爸所说的技高一筹吗?想到这里,心里一下子豁然开朗了。

**【父亲·曰】**

人一生很多时候都不得不和自己不喜欢的人一起学习或工作，如果你不能改变现状或彻底摆脱他，不妨换一个思维方式——化敌为友。先露出你真诚的笑脸，认真地对待他，试着发现他的可爱之处，这样你不仅会变得快乐，还会拥有更多的朋友。

你要懂得，危险常来自于你的某种依赖，赢得一个朋友，就赢得一片天地。你把别人当成朋友，你就多了一个朋友；你把别人当成敌人，你就多了一个敌人。

毛泽东说："谁是我们的敌人？谁是我们的朋友？这个问题是革命的首要问题。"现在虽然不是革命时期，但就为人处世而言，"朋友和敌人是谁"仍然是我们要思考的首要问题。谁是朋友，能给予我们帮助；谁又是敌人，时刻在和我们一较长短。这个问题如果不清楚，我们的人生将一片混乱。就像电视剧《玉观音》中的安心与毛杰的感情，安心作为一名缉毒警察，没有分清敌友，错将毒犯当爱人，最终下场悲惨，丈夫身死，孩子魂销，朋友受伤，人生遭逢大变，安心又岂能好受？分清敌我，团结一切可以团结的力量去对付现实存在的敌人，这对于我们的执政党来说也是一大法宝。化敌为友，首先要有高远的眼光和宽广的胸怀，要有战略眼光和全局意识，要有宏大明确的目标。其次，要既往不咎，摒弃前嫌，特别是在处于劣势时更要与他人真心相待，不要过于在意识形态和价值观方面较真，当然也要提高警惕，防止轻信带来杀身之祸。

"在家靠父母，出门靠朋友""朋友多了路好走"。只是结交朋友并不是一件容易的事情，往往酒肉朋友多，知心朋友少。对于酒肉朋友，我们要适当保持距离，但对于知心朋友，我们一定要真心对待，能让友谊长存的唯有真诚，即便有波折，真诚也不会让朋友变成死敌。人们都愿意和强者交朋友，但比自己强的人太多，并不是每一个人都愿意和我们成为朋友，强者自有强者的骄傲。对此，我们不必怨恨，怨恨只能使对方成为我们的敌人。对于一个自己无法战胜的强者，将他变成自己的敌人是一件愚蠢的事情。

对于朋友我们要诚心结交，对敌人不一定要打压。结交十个朋友，不如化解一个敌人。化敌为友的方法千奇百怪。富兰克林年轻的时候，他把所有的积蓄都投资在一家小印刷厂里。他很想获得为议会印制文件的工作，可是出现了一个不利的情况。议会中有一个极有钱又能干的议员，非常不喜欢富兰克林，还公开斥骂他。这种情形对富兰林克非常不利。因此，富兰克林决心让对方喜欢他。富兰克林听说这个议员的图书室里藏有一本非常稀奇且特殊的书，就给他一封便笺，表示自己很想一睹为快，请求议员把那本书借给他几天，好让他仔细地阅读一遍。没想到议员马上派人把那本书送来了。过了大约一个星期的时间，富兰克林把那本书还给了议员，还附上一封信，表达了他真诚的谢意。于是，后来当他们在议会里相遇时，议员居然主动跟富兰克林打招呼，并且极有礼貌。自那以后，这位议员先生便乐意给富兰克林帮忙，两人还成为很好的朋友。

人生没有永远的朋友，也没有永远的敌人。我们能做的就是尽量让朋友做得久一些，即便不能做朋友了，也不要成为敌人；让敌人少一些，尽量把敌人变成朋友。这样，以后的路就好走多了！

## 不要无事生非

**【儿子·说】**

2005 年 1 月 27 日　　星期四　　晴

今天体育课，由于三班的体育老师请假，所以我们班和三班一起上体育课。老师带着我们做了一会儿热身运动后，就叫我们自由活动。我们拿出跳绳跳大绳，几个人一组比赛，看谁一次跳得多。我们按顺序一个接一个小心地跳着，争取不间断。正当我们跳得高兴的时候，三班一个大个子同学冲过来叫我们让开，我们都感到莫名其妙。他见我们不让开，就粗暴地推我们，我们个子没他高，力气也没他大，于是就被他推到了一边。他把我们推开后又去推别的同学，谁也不知道他想干什么。最后我们才明白了，他是故意捣乱。我们都很气愤，就十几个同学一起围上去与他理论。他看我们人多,就说我们欺负他,恶人先告状要去告诉老师。我们让他去,他却不去了,便趁我们不注意时溜走了。“真是扫兴,怎么还有这样的人啊!”有人抱怨道。立刻有人补充道:“算了,他们班基本都没人理他!”

我稍微一想便明白了,原来他是想引起我们的注意啊,可这种方法也太笨了,这样只会让我们更讨厌他!

**【父亲·曰】**

这位同学的行为是典型的无事生非。无事生非是损人不利己的做法,你要切记。

无事生非常常是有意为之,且都是以破坏为目的的,故意找茬,破坏别人的事情或心情。而究其原因,多是阴暗、扭曲心理的宣泄,或因忌妒,或因愤恨,或因厌恶,或是为了引起别人的注意。不管出于哪种原因,无事生非的人历来被人从内心所排斥和厌恶。

不过这种现象到了现在好像又不是那么回事了。现代人很聪明,往往把“无事生非”当作一种手段,运用得炉火纯青。就像现在的明星大腕们,时不时搞个桃色新闻,曝出两张不雅照片,引得影迷刨根究底。对于其曝出的丑闻以及捏造的不雅事实,人们不以为耻,对其的迷恋和狂热却有过之而无不及。鉴于此,我不禁要问:人们怎么了?难道真的是美丑不分了吗?

世上能留住的不光有美好的事物和回忆,还有丑陋的事物和回忆,只是前者让人向往,后者让人唾弃。无事生非本就不是智者所为,无事生非者不顾羞耻,以“丑”换得短暂的人气,所为者利益耳。可是,值得吗?无事生非之后,又用无数个谎言来挽救自己的名声,为自己“洗白”,如是往返,纠缠于名利纷争中,能有多少快乐?天天无事生非,最后退到台下,留下的也不过是累累伤痕,原来那个清白、简单、质朴的自己又在哪里?

“无事生非”令人反感,虽然可以吸引人们一时的眼球,但终究是饮鸩止渴。要幸福快乐地生活,必须离“无事生非”越远越好。

# 不要取笑他人

**【儿子·说】**

2004年9月24日　　星期五　　晴

下午放学后我到小鑫家去玩。小鑫的妈妈开了一家服装店,爸爸在外地上班,家庭收入还不错。因为他爸爸生病后头发掉光了,所以就得了一个很刺耳的外号——“秃驴”。当然我也知道给别人起外号是不对的,尤其是拿别人的短处作为笑料更是不应该。

哎呀!怎么把这么重要的事给忘了,光顾着介绍小鑫的父母了,还没有介绍他呢,他呀!身材不高,有点胖,但是学习却很好,于是我们俩就成了好朋友。我们有一个共同点,就是贪玩。

**【父亲·曰】**

不要随便叫别人的绰号,更不要给别人起绰号,这样会害他人人格,自己快乐一时,伤害他人一生。轻者令人难堪,重者反目成仇,失去朋友。因为,绰号大都是一个人最典型的特征,且多是本人特别忌讳的方面,有讥讽调侃之嫌。

历史上因起绰号而招来祸事的真是举不胜举。朱元璋因为做皇帝之前做过和尚,所以他当上皇帝后对光、亮等字都很忌讳。相反,善避人讳者多是福运亨通之人,这也反映了一个人做人的智慧和善良的心态。

“取笑”两字即取某人之一点而笑之。如果取的是别人的优点,说者得利,闻者开心,结局是皆大欢喜;可如果取笑别人的缺点,说的人可能无意,只想活跃气氛,却伤害了被取笑的对象。画师将单眼君王画成正在闭眼射击的枪手而加官晋爵,就连奇黑无比、公正无私的包青天也对当初国太送他红纱遮面之情几十年而不忘。当然,如果两个人私交甚好,在私下称呼一些“西北大侠”“玉面书生”之类的雅称,不但不会讨人嫌,而且还有亲近之感,更能赢得对方的“真心”。

无论何时，如果你想取笑某人，就把那个人换成你自己，换位思考，你就会体会到对方的感受。当别人比你丑时，请不要取笑别人，或许他的心灵比你美；当你学习比别人好时，也不能取笑别人，有可能他别的地方优胜于你。大多数情况下，人们取笑别人是无意的，在取笑者看来是一句无关紧要的话，但对被取笑者来说可能会产生心理阴影，尤其是挖苦和嘲讽对孩子的伤害更是不可低估。

重庆一名女生因迟到，被老师嘲讽“连坐台都没有资格”，这个女生因而跳楼自杀身亡。这充分说明取笑别人带来的伤害是深远的。出语伤人会在别人的心里种下可怕的种子，会在别人心里留下伤痕，这些伤痕会随着岁月的流逝而使他人生活变得暗淡无光，影响人的一生。所以你要谨记，任何时候都不要取笑他人。

## 不要与穷人为敌

**【儿子·说】**

2005年5月11日　　星期二　　晴

今天我看了《渔夫和金鱼》这个童话故事，我觉得故事中老渔夫的妻子太贪婪了，一会儿要新木盆，一会儿要新房子，一会儿要做贵妇人，最后竟然要当女皇，可最终却仍然一无所有，纯粹是自作自受。爸爸说可怜之人必有可恨之处，这话说得一点儿没错。

**【父亲·曰】**

紫阳，你今天的日记让我想起了一个新的命题：不要与穷人为敌。

穷人之所以被称之为穷人，就是因为他们物质资源占有的太少，这在穷人心里来说是不公平的。穷人除了命之外再没有什么，与之为敌，无异于拿着万贯家财和空手套白狼的家伙赌博，你能赢他多少，他又能输给你多少？

和穷人为敌，不与之为善，只会把矛盾激化，他们心里的不公平会被放大，会引发仇恨。有句话说得好，忍无可忍，无须再忍。穷人就是这种心态，他本身拥有的就少，如果面临更大的压力，他要么崩溃，要么就会奋起反抗，而后者所造成的结果往往会超乎人们的意料。

中国人自古就有杀富济贫的心理，当穷富产生矛盾时，人们往往同情穷人，道德的天平也会向穷人倾斜，因为他们是弱者。一旦和穷人为敌，就可能面临铺天盖地的舆论所带来的压力和指责，以及道德的审判，这是一种自我折磨。也正因如此，人们评价历史时，对于各种贫民暴动谈论更多的往往是它推翻了什么，有什么历史意义，但对它所造成的不良影响和后果却避而不谈。

不与穷人结怨是为了保护自己。穷人因为一无所有，所以可以毫无顾忌，往往会做出出格的举动，甚至会以牺牲自己的性命为代价来伤害别人。兔子急了还咬人，何况是具有人格尊严的人。再者，“咸鱼”也有翻身的时候，又何必为自己的未来树立不可知的敌人。

## 身正不怕影子斜

**【儿子·说】**

2005 年 2 月 20 日　　星期六　　晴

中午刚到校，就看见许多同学围着佳明又说又笑，过去一看，原来是他爸爸出差回来给他买了一支漂亮的钢笔，大家都羡慕不已。

放学了，大家收拾好文具准备回家，忽然，佳明大声喊道：“我的钢笔不见了。”这下大家开始议论了，“会是谁拿了他的钢笔？”“你再仔细找找！”大家七嘴八舌地议论着。佳明气势汹汹地问小浩：“肯定是你拿了，拿出来，要不然，有你好看！”小浩也不示弱：“没拿就是没拿。”正争论着，班主任来了，老师让我们在自己的书包里都仔细找找，结果谁都没找到。最后还是老师在佳明书包的夹层中找到了。

佳明不好意思地向小浩道歉：“对不起，我错怪你了，咱俩还是好朋友。”

小浩说:“我没拿,身正不怕影子斜,你找到就好了。”

一场风波终于平息了,只是不知道他俩还能不能像以前那样要好。

**【父亲·曰】**

影子的存在,正好说明了一个人正处在明亮的阳光或是灯光下。身正的人,是不怕也不担心影子是斜的。因为身正的人,心灵一定是纯净的,而这里的身正,其实指的就是一个人在为人、处世、待人、接物、工作、生活等过程中不贪利、不求名,不做任何对不起自己良心的事情。

身正不怕影子斜,只要心灵是无私的,就不用在意影子的正斜与否。影子是每个人拆不散、打不跑、骂不走的朋友。你做得对,它无声;你做得不对,它也无语。它只会根据光源的方向,随时随地陪伴在你左右,无论正斜,它都默默无声,一生相伴。

言语不正,行为不正,意念态度不正,人就不会有正果。堂堂正正做人,正正经经做事,走得直站得正。

## 以善为乐

**【儿子·说】**

2004 年 11 月 30 日　　星期二　　晴

荣华路上有一对夫妻摆着小摊卖凉皮,因为他们家的凉皮味道很正宗,虽然只有简单的几张小桌子,但每天的生意都很红火。我也经常去那里“改善伙食”。去的次数多了,发现在午饭时,常常会有一位衣衫破旧的老人站在小摊旁等候。夫妻一边忙着手上的活,一边微笑着对他说:“老人家,您稍等,我这就给你调一碗。”一会儿,夫妻俩中的一个就麻利地拌好一盒凉皮递给老人。老人接过,也不说话,默默地转身离去,但他似乎从未付过钱。今天中午,我忍不住好奇地询问原因,那女主人叹一口气,说:“老人家命苦,把儿女拉扯大了,老了却一个也靠不住。我们也是做了父母的人,所以只要老人来，太多的帮不了，但送他一份凉皮总是力所能及的。”说着女主人脸上流露出无奈的神情。荣华路上共有十几家卖凉皮的小摊，此时，我好像忽然明白唯独这家生意格外红火的秘密。

晚上，我梦见我把爸爸妈妈给我买的饼干送给了那位老人，虽然梦中老人未曾说话，但从那双被皱纹围绕的眼中我看到一丝安慰。结果，自己在梦中快乐地笑醒了。

**【父亲·曰】**

你今天从梦中快乐地笑醒了，这是善的情感带给你的快乐。因为，善是一种源自人内心深处的纯美情感。那么，善为什么可以产生快乐呢？

首先，善体现着人们的道德意识和修养。培养与人为善可以消解隔阂，可以争取朋友，可以改善个人处境，可以避免受到伤害，可以为自己创造一个宽松和谐的人际环境，可以为自己营造一个发展个性和创造力的自由天地，可以享受到一种施惠与人的快乐，这一切都有助于个人的身心健康。一个人如果不能与人为善，说明他连最起码的道德规范都无法做到，还哪有资格谈其他呢？

其次，善显示着人们的社会心态和感受。人的心态可以分为健康和不健康两种，它不仅影响着人们的日常行为，而且还会影响人的一生。健康的心态可以使人幸福、快乐、积极、进取，可以促使人充分发挥其创造力，使其积极地面对生活中的一切，从而化解各种烦恼、不幸和困难，反之则会使人与痛苦为伍。在生活中，如果人们都能与人为善，和睦相处，真诚相待，把精力放在提高学习、工作和生活的质量上，我们社会的文明程度也就会随之提高，我们的生存状态也就会日见其好。如果每个人都“善并快乐着”，我们整个社会就会朝着一种良好的状态发展。

再次，善展示着人们健全的人格和言行。不完善是人生的常态，要使人生完美、社会和谐，就必须求之于心。健全的人格代表着一个人能自我完善，说明其具有正常的社会行为，而不健全或有障碍的人格则会导致一个人无法建立良好的人际关系，不能正确地对待自己，不能具有正常的心理活动，甚至会导致过激行为乃至犯罪。对于普通公民来讲，劝人行善本身就是一种善，一种更深更高的善，因为他是在努力号召和帮助别人享受行善的快乐。

其实，快乐就在我们身边，那就是与人为善，并以善为乐、以乐求善、善乐为美。

所谓以善为乐。善有好多种，可以是对别人物质上的帮助，可以是给别人精神上的抚慰。但无论是哪种形式的善，其最终的结果都是助人。而与人为善、乐于助人的人，在帮助别人的同时，内心总是充满快乐，此所谓助人为乐。因为对真正行善的人来讲，他不会讲求物质上的报酬，不会追求别人的感恩戴德或歌功颂德，他追求的就是行善的快乐。马克·吐温说过一句话："善良的、忠心的、心里充满着爱的人不断地给人间带来幸福。"雨果也曾说过："善良的心就是太阳。"到底"善良"的定义是什么呢？在我看来，善良就是纯真温厚，没有恶意。

所谓以乐求善。"快乐是我们天生的最高的善。"古希腊哲学家伊壁鸠鲁认为："人生的幸福就是追求和获得快乐。"快乐是人间最高的善。人为什么会以善为乐？他说"快乐是幸福生活的开始和目的。因为我们认为幸福生活是我们天生的最高的善，我们的一切取舍都从快乐出发；我们的最终目的乃是得到快乐，而以感触为标准来判断一切的善。"在伊壁鸠鲁心里，快乐是幸福的出发点和归宿；快乐同样是善的出发点和归宿。离开了快乐，既无幸福可言，也无什么道德善可论。虽然伊壁鸠鲁提倡快乐为善，但这种快乐并非单纯的物质的和感官享受的快乐，而是心灵上和精神上的愉快。"当我们说快乐是一个主要的善时，我们并不是指放荡者的快乐或肉体享受的快乐。""我们所谓的快乐，是指身体的无痛苦和灵魂的无纷扰。""使生活愉快的乃是清醒的静观，它找出了一切取舍的理由，清除了那些在灵魂中造成最大的纷扰的空洞的意见。"

所谓善乐为美。尽管孔子说"人之初，性本善"，孟子说"取诸人以为善，是与人为善者也。故君子莫大乎与人为善"（君子最高的德行就是同别人一道行善），但善其实是需要培养的。关于善行，有人认为善受社会环境和家庭环境的双重影响。对此，国家和社会都拥有不可推卸的责任。从时间上来说，真正的善良之举不是一时的心血来潮，而是长期坚持善举，终身不悔。记得有位伟人说过：一个人做一件好事并不难，难的是一辈子做好事，不做坏事。从这个意义上讲，做一次善事固然令人钦佩，但更可贵的是一直做好事、善事，其最高境界就是要努力让善成为一种习惯、一种状态——善并快乐着。

## 伪装的善良比真正的敌人更可怕

**【儿子·说】**

2006年6月11日　　星期天　　晴

中午做完作业，我随手打开了电视。因为我喜欢看武侠片，所以目光很快就锁定了浙江卫视，因为浙江卫视正在播放苏有朋主演的《倚天屠龙记》，这可是我最爱看的电视剧了。虽然已经看过其他版本了，但总觉得不过瘾，只要遇到了总要看看。

刚开始，我看得还挺高兴，可看着看着，我的心不由得揪了起来。因为朱长龄、朱九真父女出现了，这一对父女刚开始时一副老好人的样子，我看第一遍的时候都被他们给骗了，谁知演到最后他们竟然是一副蛇蝎心肠。看着电视剧中的情节不断推进，我不由地暗暗为张无忌祈祷，希望这个张无忌能聪明点。虽然我的心里充满了期待，但无奈最后张无忌还是着了朱家父女的道。

看完电视，我不禁想，朱家父女要是真诚地对待张无忌，那该多好啊！

**【父亲·曰】**

以前觉得你的日记思考的东西较少，我没想到今天你看电视竟然开始思考了。我既惊喜又有些担心。我惊喜，是因为你的思考是如此深沉；我担心，是因为我不知道你思考之后的选择。但随即我又释然，因为我知道了你的选择。

恶是实现人生的一种手段，但人心却都是趋善的，所以我们宁愿选择做一个善良的人,宁愿相信对方是善良的、真诚的。与人相交,我们应秉承“己所不欲,勿施于人”的古训。但不要期望自己的善良和真诚能换来对方的善良和真诚。这个世界存在太多的欺骗,有人为了达到目的不择手段,哪个巨大的阴谋没有披着美丽的外衣?

玩阴谋的人正是知道这一点,所以他们才会伪装自己,将自己伪装成我们的同类,除非阴谋败露,否则我们很难发现。伪装的善良最可恨之处就在于,他装得越善良,其目的越歹毒。就像杜鹃可以把自己的卵寄生在125种鸟的巢穴里,和别的卵混在一起,让别的鸟替自己孵卵。而杜鹃的卵总是比巢中别的卵早孵出来,一旦小杜鹃破壳而出,就会把巢中其他卵推落到地面,自己独自享受“妈妈”的哺养。可怜的鸟妈妈喂着比自己个头还大的“孩子”,却不知自己哺养的是仇人之子。

伪装的善良比敌人更可怕,因为敌人就是敌人,他们的面孔就是如此,而伪装的善良犹如静静潜伏的毒蛇,笑靥如花,却时刻准备着咬人一口。白骨精时而变作村姑好心为唐僧师徒送饭,时而变作痛失女儿一心向佛的老人,哪个不是至善的面孔,可这至善的面孔后藏着的是一颗吃人的心!

虽然如此,但我们仍要向善良靠拢,只是需要多一双识别真伪的“火眼金睛”。张无忌之所以中了朱家父女的圈套,只是心中太过执着,太急于想知道关于他父亲和母亲的事,才少了明察。“无事献殷勤,非奸即盗。”“事出反常必有妖。”只要心里少一些执念,静下心来细细观察和分析,总能找出其中的破绽,毕竟假的就是假的,黄铜擦得再亮也充不了金子。

## 认识社会的善恶

**【儿子·说】**

2004年5月24日　　星期一　　晴

昨天下午,我同桌小鑫从抽屉里拿出一个黑色盒子,让我猜里面装的是什么?我猜了几次都没有猜中。他打开盒子,原来是一只小麻雀。他说这是他在小区的树下抓的。“咱们拿到操场上去玩。”小鑫得意地说。看着奄奄一息的小麻雀，我觉得这么幼小的生命已经失去了父母的照看，我们还要拿它当玩具，这太残忍了吧！这时围观的几个同学都来指责小鑫，叫他不要把自己的快乐建立在玩弄动物生命的基础之上，劝他把小麻雀放回大自然。在同学们的劝说下，小鑫和我们来到学校门口，把麻雀交给了校门口一个看似十分慈祥的收破烂的老人，请他帮我们把麻雀放回大自然。那位老人很痛快地答应了。结果下午放学时，有同学发现了装麻雀的盒子，里面是那只小麻雀，却已经死了。看到这个情形，小鑫和同学们都很难受，看起来那么慈祥的老人，这么会这样不用心呢？今天放学后，我们几个同学相约去找那位收破烂的老人论理，结果他说，那只小东西已经奄奄一息了，他只是帮助小麻雀“超度”罢了。真是岂有此理，这人太可恶了！

**【父亲·曰】**

今天，收破烂的老人给你们上了一堂生动的人生课，值得你认真思考。刀尔登先生的名言：“事不宜以是非论者，十居七八；人不可以善恶论者，十居八九。”刀公此言提醒世人，论断人事时，务须审慎使用是非善恶的标签。为什么要慎论呢？宋朝的理学家吕祖谦说：“善未易明，理未易察。”是非善恶，不易明辨，对此立论，当慎之又慎。胡适曾引吕祖谦之言，告诫青年陈之藩，不要觉得“明善”“察理”“穷理”太过容易，一旦如此，会以为天下的道理与正义，尽在只手之中，不免自我膨胀，从而患上武断病与幼稚病。

以前读金庸小说，最喜其写武打，最厌其写景与说教，读至后者，发现金庸阅尽千帆，老于世故，在貌似俗套的说教下，充满了大智慧与大彻悟。他的笔下，善恶只在一线之隔，而且极易打破，那些所谓的大恶人，最终哪怕不能回归良善，却也在忏悔罪孽，或者与善人相逢一笑泯恩仇。如欧阳锋与洪七公相拥而死，慕容博与萧远山同归佛门。他们的生命，皆可看见人性善良的暖光。这不仅可归结于金庸的悲悯情怀，更呈现了他对人性和世事的深刻体察。金庸还让穆人清教育袁承志：“……是非之间，有时甚难分辨，世情诡险，人心难料，好人或许是坏人，坏人说不定其实是好人。但只要你常存忠恕宽容之心,就不易误伤了。”

现实中,人们往往过于纠结善恶而常常迷失在善恶之间。《圣经》云:你们不要论断人,免得被人论断。但我们论人断事,正是论断自己,我们对善恶的迷惘,正是对自身的迷惘。

记得南山和尚有两名弟子。一天,大弟子外出化缘,得了一担鲜桃,他挑着桃儿路过李家庄时内急,就把桃子放在树下,方便后回来时,见一大群人正围在树下吃桃子,他大声叫喊,人们立即散了。回到寺里,大弟子向南山和尚抱怨:“李家庄的人太可恶了,居然偷吃桃子。”南山和尚笑而不语。时隔不久,二弟子下山化缘,摔伤了腿,倒在了李家庄的村口。村民把二弟子抬回家中,还请来医生给他治疗。伤好后,二弟子回到寺里,把经过告诉了南山和尚。南山和尚便问大弟子:“你还说李家庄的人可恶吗?”大弟子挠着头,说:“上次是挺可恶的,这次怎么友善了呢?”“其实啊,”南山和尚说:“大善大恶的人,毕竟是少数。大多数人,都和这李家庄的村民一样,是些普通人。既有小善,也有小恶。你给他一个善的契机,他就表现为善;你给他一个恶的契机,他就表现为恶,善恶之间会转变,关键在于如何认知和引导。你把一担桃子丢在树下不管,还怪别人偷吗?”

善与恶共同构成了社会现实。一面是海水,一面是火焰,一面是光明,一面是幽暗。如果我们只相信其中一面,那么另一面便可轻易被击碎,如果我们只相信人们的恶行,便可轻易遗忘他们的善业。然而他们岂止一面,善恶之间,焉能泾渭分明?他们身上,不止有善,不止有恶,也许还有一些事物,远在善恶之外。禅讲人均有佛性,人皆可成佛。善是成佛的本性。我们为善,只是为了达到心灵的彼岸。现实中的人们庸俗地认为,善良是无能者的遮羞布,是懦弱的代名词。其实不然,真正的善良指的是从人内心深处所萌发出的最原始的、最本质的对万事万物的爱心。他并不是说人无能,也不是说人懦弱。时光飞逝,到了现代社会,善仍然是一种美德,无论东方西方,为善仍然受到充分肯定。我们现在的社会讲“法治”,同时也提倡“德治”。所谓“德治”,就是要求人们净化心灵,与人为善,与物为善。这就要求你提高自身的修养,陶冶自己的情操。我们与人为善,并不是为了索取什么。只要我们自己心中有善念，就已经是精神上的升华，不必去刻意要求别人怎样。

人性不仅仅是善良，也会有恶的一面。所谓“善里有恶，恶里有善”。当自己的既得利益或者意图受到威胁，或是得不到满足的时候，残酷的现实会激发出恶的一面，所以说谁相信人性里仅仅只有善良，而对恶没有戒备，注定要失败。这也就是我们为什么终将变为起初我们最讨厌的那种人的原因。不但是中国，外国也是如此。电影《特洛伊木马》给我们讲了这样一个悲剧，特洛伊国王轻信希腊士兵关于木马是献给神灵的礼物的“善意”，自己打开了城门，引狼入室，导致特洛伊王国灭亡。因此，世上一切苦难和不幸皆与“善人”有关。善有真善和伪善，需要我们有一双“火眼金睛”，既注意真善的越轨，又要防止伪善的伎俩。特别要警惕以“善”面目出现的“善人”。他们常常表现在以下几个方面。

一是“善人”往往心无自我而以坐拥天下为利。表面看，“善人”常常自诩胸怀天下，其心其意其愿其欲皆为他人、为大众、为集体、为国家，“脱离”了追逐自我的低级趣味。这本身就说明他是一个彻头彻尾的利己主义者，只是追求更加隐秘罢了。世界上本没有纷争，纷争都是由个别人的私心和利益引起，他们把自己的私利用外表华丽的理由进行包装，再以救世主的面目出现，煽风点火、嫁祸于民。在他们心目中，没有是非可言，只有利益可争。当人们争斗开始后，他们高高在上，置身事外，站在云端，心里对他的追随者冷酷无情地说：看这些人多么愚蠢！试想，古代帝王将相，哪一个不是打着“施行仁政”的旗号却在实现自己为王称侯的梦想，在倡导建立“天下为公”的社会秩序的同时，实现了自己为王称侯的目的，自己的私利与公心相互结合、相互依存、相互促进，最终实现了私与公、己与民的双赢。

二是“善人”往往以目的的正当性而舍弃手段的正当性。也许善人的动机是真实美好的，因为他们利他无私，心无顾虑，往往“无畏”而“无法”，要么常常以其目的而舍弃合法手段，要么以目的正当而证明手段的正当，这样，美好的动机就往往成为罪恶的源泉。无私利是好事，但无私不一定能办好事。认为自己无私利，认为为人类谋福利做好事而为所欲为，缺乏约束，这样就会事与愿违，成为真正的恶人。更要命的是，他们这种无私却常常得到社会的广泛认同,人间悲剧由此诞生。历史上以暴制暴,为维护某种私权而侵害人权,就是人们相信善人的真诚无私而丧失警惕所致。

三是"善人"往往使人忽视对其制约而变成"恶人"。人性之恶易防范,而人性之善易疏忽,危害更大。人们往往对善人抱有诸多幻想和宽容,宽容易使善人产生越轨行为,不受"规矩"限制,特权易庸临众,临众易腐,易腐则坏。因而,恶人往往"大奸似忠",哪怕是圣人,如果忽视了约束,不能使其心存畏惧,那么你就等着瞧吧,今天的善人必定会成为明天的恶魔。

## 没有谁能跑赢欲望

**【儿子·说】**

2009 年 7 月 5 日　　星期六　　晴

这几年,有一首《老鼠爱大米》的歌曲红遍大江南北,似乎老鼠的形象有所好转。但今天看了另一个关于老鼠的故事,更让人回味。在青黄不接的春夏之交,一只饥饿的老鼠发现一个半满的米缸,饥饿老鼠的眼中只有白花花的大米。吃到半饱时,它也想跳出去,但是大米的诱惑战胜了理智,它只顾低头享受口福。等到米缸见底时,它发现自己已经没有能力跳出米缸了,最后掉入了欲望的陷阱,饿死缸中。这只老鼠让欲望战胜了自己,忘记了自己跳出米缸的能力。结果让欲望无节制地疯长而导致了自己的悲剧,这也许就是老鼠的本性难移吧!

**【父亲·曰】**

"食色,性也",人皆有欲望。美国的马斯洛提出了人的五个需要——生理需要、安全需要、归属和爱的需要、尊重的需要、自我实现的需要。每一个需要的满足都会刺激人欲望的增长,某种意义上说,正是人对欲望的不断追求,让人努力,让人奋斗,让人不断超越,社会也正是在这种超越中进步和发展。

然而，欲望不遏如火燎原。人的欲望总是在满足之后不断膨胀，欲不可止之时就是洪水滔天的灭顶之时。《不知足歌》唱得好："终日奔忙只为饥，才得温饱又思衣；衣食两般皆足够，房中缺少美娇妻；娶了娇妻并美妾，又无田产作根基；置下良田千万顷，因无官职怕人欺；三品四品还嫌小，一品二品仍觉低；一日当朝为宰相，又想帝王做一回；做得君王犹不足，还把长生不老期；欲壑未满梦未醒，一棺长盖抱憾归！"正是无节制的欲望，让人们在物欲横流中迷失自我，能力、才气往往为贪婪的欲望所吞噬。放眼望去，一个个贪官堕落的轨迹可以从中看到其中的影子。他们像老鼠一样不明白：在米缸中多待一天，欲望多满足了一分，危机就增加一成，距离死亡就更近一尺。

欲望既是成就生命的原动力，又是将生命引向深渊的巨大诱因。如果没有欲望，人就不会为了满足欲望而做出任何努力，人就不会去劳动，不会去奋斗，更不会去学习，不会去创造，那么人类自身就不会进步，社会也不会有任何发展。但人的欲望太强烈，就会无法抑制，就会为了实现自己的欲望，而阻止别人正常需求的实现，就会产生群体和社会的失衡，反过来对个体的发展和社会进步产生破坏作用。

人的欲望是层出不穷的，是无尽无休的，随着时间的推移和环境的转变，总会有新的形式出现。如果人的所有欲望都能够得到满足，那么这个人一定会和传说中的魔鬼是一种东西。反过来，如果一个人的所有欲望都被一一克服，那么这个人就一定如传说中的神一样不近人间烟火。所以有先哲说，人是介于神和魔鬼之间的一种存在。

人有动物属性，欲望永无止境。人一生下来，就张开双手，开始为自己的欲望哭喊。从此，便一步紧接着一步地展开了欲望的旅程，要生存、要荣耀、要名气、要尊敬、要权力、要财富、要愉悦、要自由、要霸权……人们追求刺激的方式很多，如果欲望不能控制，那么欲望就像无底洞一样把人类活生生地吞噬，适当的欲望能给人们产生动力，但是无止境的欲望终究会给人们带来极大的痛苦。欲望需要思想的缰绳，否则欲望会毁灭人类。古往今来，没有谁能跑赢欲望。欲望如水，水能载舟，亦能覆舟。要使欲望成全人生，有益社会，惠及人类，就要依道而行，修心有节，学会自解。

欲望如水,依道而行。欲望的背后是生命的活力,如果我们正确引导,那么它就会创造出物质财富或精神财富。如果没有欲望,我们还怎么存活?那些有着强烈个人欲望的人,并不一定就要受到社会的谴责,他们在实现个人欲望的同时,也在客观上丰富了世界。先哲说,君子爱财,取之有道。这里的财其实不仅仅指的是金钱,而是指人类所有的欲望。也就是说,不管要实现哪种欲望,都需要按"道"而行,要通过公允的、正当的方式实现。"不仁者,不可以久处约,不可以长处乐。"请你记住,许多的美好都在恰到好处之中,欲望亦是如此。

欲望如水,过犹不及。古人讲"欲不可除,求可节也。"有时太执着,反而会迷失方向。淡,所以不苦。甜到浓时会变苦,苦到浓处心无力。生活如水,欲望如糖,不是糖越多,水就越甜。人的成熟无关年龄,而在于修心。做人率真一点,做事清澈一点,心胸宽广一点,情感流露一点,这样的人生才会有乐趣。正如人的欲望是多方面的,是多层次的,我们提倡尽可能地满足正当的、高层次的欲望追求,以期不断完善自我。老鼠寻食无可厚非,只是它忘记了自己跳出米缸的能力。凡事有度,过犹不及。战胜欲望的"度"就是自己的"能力"。无论何时,都不能让欲望无节制地疯长,要用自己的智慧、修养、学识和品行把欲望限制在自己的能力之外。

欲望如水,规章如堤。叔本华说:欲望不满足就痛苦,满足就无聊,人生如同钟摆在痛苦和无聊之间摆动。要使欲望朝着有利于自我发展的轨迹运行,就必须去除那些不良的欲望,以健康的生活方式规范自己。因此,节制、克制、理智,才是人道顺畅的要件。一个人必须懂得哪些欲望该有,哪些不该有;懂得在什么地方停下追逐的脚步;懂得什么时候该把目标放下反观一下自己的内心;懂得人生的最高诉求并不是欲望的实现;总之要学会从欲望的奴役中解放自己,实现人与自然的和谐、人与社会的和谐、人与人之间的和谐以及人自身的和谐,达到存在与心灵的和谐,达到物质与精神的和谐。

欲望如水,自解为用。萨特说:人是一堆无用的欲望。学会自解,是人生最大的学科,欲望是自解的最大障碍。当把欲望降到最低点,压力就会缓解很多,顺应自然发展规律,每一个起点建立在力所能及的基础上,一层层地积蓄，慢慢地品味生命的意义。一切的欲望，最初非常简单，希望一生如意幸福，而很多时候常常忽略生命的根本，无论在任何阶段，食为第一位，若能餐餐如意，才是幸福的人，幸福的生活是从点点滴滴中获得的。以外的过多欲望，为贪心所致，许多无奈和烦恼皆因欲涨而涨。

## 亲密有间

**【儿子·说】**

2003年10月31日　　星期五　　晴

放学后，我碰见了小威和明涛，他们叫我去网吧玩，我说别去了，小威还是想去，并说他请客。我想起爸爸说的话："不要进网吧，进网吧的习惯不好。"但他们说："那里又没有同学，走吧。"我想那就跟着去看看。上完网，老板收了钱，找了48元，小威让我数一数，我数了一下刚好，就把钱放在桌子上回家了。

可是刚到家，爸爸就说："你的两个同学来找你了，说钱丢了。"我对爸爸说："我把钱放在桌子上，他拿去了啊。""你为什么不交到他手里？"爸爸就打了我。过了一会儿，那两个同学又来找我，小威说他把钱放在口袋里了，还以为是我拿了。他们走了以后，妈妈对我说："那两个孩子学习不好，你还和他们一起玩，还跟他们进网吧，我给你说了多少次不让你去网吧，你偏要去。"我说："不是我要去，我是迫不得已才去的。"妈妈说："还是你把自己没管好，人家叫你干什么，你就干什么啊！"然后让我罚站了一个小时。在这一个小时里，我把剑桥英语一词不漏地读了一遍，单词背会了，句型也记住了。

我想，今天本来家里气氛很好，却被我影响了，爸爸妈妈整个晚上都不高兴。

**【父亲·曰】**

爸爸今天打了你，其实心里比别人打我还难受、心疼。为什么打你呢？

原因有三:一是我教育过你“无友不如己者”,而你却不听。物以类聚,人以群分,爸妈担心你与那些不学无术的朋友混在一起,天长日久会染上恶习。“近朱者赤,近墨者黑”就是这个道理。二是你去网吧。家里有电脑,为什么还要去外面上网?任何东西都有好和坏两个方面。电脑在推动社会进步之时也带来了很多不好的东西,往往不好的东西更具诱惑力,没有家长老师的陪伴,怕你会受到负面影响。三是你随便替别人收钱又不交到人家手中。这说明你缺少生活经验,这使我联想到你在平时学习、生活中自由散漫、丢三落四。

一个连自己的东西都管理不好的人怎么能够指望他振兴家族、为国出力呢?作为男人,对自家的东西要珍惜,要有防护的措施,你经常不锁门就出去,万一发生意外,受损的是咱们家。我希望你好好学习,是想让你成才;希望你爱护属于你的财产,是想让你知道守业之不易。

与人相处,哪怕是最亲近的人,也要给人留下心理空间,做到“亲密有间”。历观人事,那些枭雄们与人相处,与其让人尊重爱戴,不如让人害怕畏惧。有些人因为缺乏威信而易生情变,有些人因为自身危机难除而易显忠诚。不论何种状况,都要以实力为后盾。没有实力,妄谈朋友,情谊也只是痴人说梦。

古人常说:“害人之心不可有,防人之心不可无。”世界上人与人相处不易。我要求你对人对事以诚相待,大智慧者会从容面对,凡人多以其人之道还治其人之身,但不论什么情况,你要特别留意,决不能和忘恩负义的人做朋友,否则会招致祸患。

## 养成好的习惯

**【儿子·说】**

2006年4月8日　　星期六　　晴

下午我去康华培训中心上辅导课,老师指导我们进行了总复习,还写了一黑板的题让我们做。我做得飞快,做题的正确率在95%以上,因为这些题我在平时的课堂上已经弄懂了,所以做起来自然就像砍瓜切菜一样顺利。

下午放学我已经累得浑身酸软,一到家就想躺床上睡觉,可是想到我今天的表现,还是坚持复习了一些知识。我想,既然从复习功课中尝到了甜头,那就要坚持下去,也许现在是苦了一点,但习惯成自然,以后我可能就不会觉得苦,甚至还能尝到更大的甜头呢。

坚持复习了一会我才去睡觉,而且还做了一个梦,梦见自己成了比尔·盖茨那样的人,心里感到一阵欢喜。我想,只要现在就向那个目标奋斗,我将来一定会成功!

**【父亲·曰】**

好习惯让我们受益终身,坏习惯则会贻害终身。所以,人的一生,就是不断用好习惯来取代坏习惯的过程。

一个好习惯之所以好,原因就在于坚持。提前预习一两次功课,偶尔认真地读一回书,偶尔在无人监督的情况下自觉地学习,偶尔……还不能称之为习惯。什么叫习惯?习惯在长久坚持中形成,它的特点在于坚持。好的习惯一旦形成,我们将终身受益。

在生活工作中,每个人时不时都会有一些好的做法,我们只有将其长期地坚持下来,才会形成好习惯。而在坚持好习惯中,我们将获益无穷。坚持看报使你视野开阔;坚持锻炼使你体魄强健;坚持思考使你思维敏捷;坚持劳动使你不产生惰性;坚持反思使你自身不断提高。每一种好的习惯,都会使我们受益。“习惯是行为的女儿,不过女儿反过来养育母亲,并按母亲的模样生下自己的女儿,不过更漂亮,更幸运了。”杰·泰勒如是说。

古人说“凡事预则立,不预则废”,今天的总复习课上你做题如鱼得水,那是因为你之前的功夫下到了。既然尝到了好习惯的甜头,就要坚定信念,把好习惯坚持下去。记得我给你说过,优秀是一种习惯,成功是一种坚持,滋养成功的欲望,使之强烈到成为潜意识的一部分,在不知不觉中你会达到更高的山峰!

如果说好习惯的形成是因为坚持,那么坏习惯的形成就是因为惰性。

我们不改变坏习惯，它将控制我们一生。我们要培养一种好习惯很难，因为好习惯的培养就像爬山，需付出艰辛的努力。坏习惯不用培养，自然形成，会让你们做自由落体运动，不用使半分力气便越落越快。培养一种好习惯，可以让我们爬得更高，走得更远；而形成一种坏习惯，使我们一事无成。

奥古斯丁说："习惯不加以抑制，不久就会变成你生活中的必需品。"成为必需品之后，你就成为习惯的奴隶，不好的习惯会随时阻碍你的成功，所以，一个渴望成功的人必须具有斩断一切恶习的能力。奥斯特洛夫斯基说："人应该支配习惯，而决不能让习惯支配自己。"支配好习惯，我们手中就拥有了改变自己、改变生活的利器，让坏习惯支配，我们则有可能一生浑浑噩噩、无所事事。

通过今天的事，爸爸觉得在你今后的人生中应该注意在以下几个方面养成好的习惯。

一是要养成回头望的习惯。不论做什么事，做完后一定要回过头来，看是否还有遗漏，哪些事还未做好，以后遇到类似问题怎样解决。凡事都要回头看，人生就会少许多遗憾。回头看的目的在于查漏补缺，完善巩固。不忘昨天，因为昨天给了我们经验。没有人可以回到过去重新开始，但谁都可以从今日开始，书写一个全然不同的结局。

二是要养成乐善乐群的习惯。人生活在群体之中，群体是大海，是人生的栖息之所。如果一个人失去了别人的掩护和照顾，那他就十分危险了。即使你毫无过错，但众口铄金，三人成虎，众人的唾沫可以淹死人，这是十分可怕的事情。你应该在这方面引起重视。

三是养成行动迅速的习惯。过去的事已经一去不复返，聪明的人应当考虑现在和未来。人生不能拖泥带水，不能老想着还有明天，还有下一次，人生买的都是单程车票，没有返程车票。要活得轻松愉快必须把握两点：一是抓大事抓重点，二是抓时机抓时间，就像你今天从复习中尝到甜头一样。把事情尽量提前做完才能给后面的生活留下充足的时间。把希望寄托于明天或下一次的人，一生注定是失败的。行动迅速还体现了一种积极的人生态度，不积攒事情就少了烦恼，少了思想负担，心情也会变得开朗愉快。如果你养成了上面的三种习惯，你就会发现人生原来还是可以这样尽情潇洒的呢！

## 救赎的价值

【儿子·说】

2009年7月7日　　星期二　　晴

下午，高年级同学小刚的父母又到学校闹事来了。原因是上个星期上体育课时，小刚与同学发生口角后大打出手，双方都受了点外伤。平时小刚因为个子高、长得帅、学习好，总是摆出一副不可一世的样子，人称“小霸王”。结果，这次小刚的父母认为自己儿子吃了亏，老师拉了偏架，当天就到学校大吵大闹，扬言要卸了对方的腿。虽然当时有很多同学在场，学校也经过调查认为主要责任在小刚，但他的父母还是不依不饶，多次带领家人到学校闹事，下午还用架子车把小刚八十多岁的祖母拉到学校，太不可理喻了。老师和同学都劝老人回去，她却说，如果不给她孙子一个说法，她就死在学校。由于闹的动静太大，学校都无法正常上课。同学们纷纷议论，这到底是怎么了？明明是小刚做得不对，他家里人还利用老人要挟学校，这还有没有天理啊？说归说，但没有一个人敢上前碰坐在地上的老人，怕她万一讹上自己？直到我们放学，老人还在学校里不停地叫骂着，不知这会怎么样了，真让人担心啊！

【父亲·曰】

法国科学家、哲学家帕斯卡尔曾说“世人深陷罪孽之中而不觉”。其实，现实生活中，如小刚及其父母、祖母一样的人们需要的并不是一个说法，只是因为他们在道德上和精神上极度贫穷，需要进行灵魂上的救赎。

所谓救赎，按照基督教的说法，人类始祖使其罪过传至后代，致使整个人类都有原罪，这种原罪和后天犯罪导致人间充满罪恶，而人类自己解救不了自己。在这种情况下，上帝大发慈悲，派遣其独子耶稣降临世间，拯救人类。耶稣基督为了赎世人的罪，甘愿被钉死在十字架上，以自己的鲜血洗净世人的罪。

有人说，恶魔都是我们自己制造的。不论过去还是现在，有些人只热衷于教儿女“成龙”，不教儿女“成人”，这害了很多人。这是典型的父母的价值观毒害了孩子。去年分配到你们学校的那个老师，不到一年就因强奸案被判十年。他父母也算我们这儿的“能人”，认为儿子学习好就能堪当大任，就可光宗耀祖，因而有意放纵，处处袒护，还说这是在培养他儿子的胆量和魄力。结果他们“能”错了地方。这几年，无论是他们儿子在大学的打人肇事案，还是去年的强奸案，他们都上蹿下跳，到处活动，试图用钱解决问题。殊不知他们的儿子需要的是拯救，而不是袒护，而拯救并非是拯救它脱离牢狱之灾，而是拯救他的内心，拯救他的道德、他的是非观，挖掘他内心的善良。可他父母所做的，恰恰是在毁坏他们儿子的是非观，这种强词夺理、对事实不认账、抹黑对方的行为，让公众看到了这对父母为维护自己儿子而不择手段的嘴脸。结果他们儿子并没有像他们期望的那样“成龙变凤”，而是走进了监狱。

世上没有救世主，要救赎自己，救赎人类，只能依靠我们自己。其实救赎者就是我们自己。

一是反省觉醒。反省者，自省之意也。古人尤为看重这一德行，主张“吾日三省吾身”，也就是每天都对自己在这一天里的所作所为进行不断反省。认识自己的不足常常意味着一个人心灵的觉醒，承认自己的不足恰恰意味着一个人进步的希望。这是一种自我反省和忏悔，如果学会了反省和忏悔，才会点燃希望。美国电影《肖申克的救赎》有句台词:“不要忘了这个世界上还有可以穿透一切高墙的东西，它就在我们的内心深处，它们无法达到，也触摸不到，那就是希望。”《肖申克的救赎》之所以经典，就是因为它让人们看到了，即使在法律约束的困境中，也有自由新生的可能与希望。

二是皈依行善。救赎的意义在于重回善道。对真相和正义的追求，能救赎一切人的灵魂。在善和美中度过一分钟胜过在邪恶中度过一生，因为

“凡是高尚的就会永恒，凡是伟大的就会不朽”。一个心性温和的人在苦难中也会有巨大的幸福感，一个心灵纯洁的人在危险来临时会处之泰然。而一个心胸狭隘的人会把自己的快乐建立在别人痛苦之上，把自己的不正当利益凌驾于别人的正当利益之上。同时，至善能容大恶。耶稣让上帝宽恕他们的罪恶，因为他们不知他们在做什么。最后耶稣取得了精神上的永恒胜利。皈依善道就意味着救赎。《悲惨世界》里，冉阿让连一个小孩子的食物都抢，他在莫里哀神父家，偷了神父的烛台，可神父想到的不是惩罚他，而是在精神上救赎他，让他成为一个善良的人。其实我们大家都需要精神的救赎，需要找到我们心底的善。因为，人间虽有邪恶和不公，但重要的是道义和良知能亘古长存，薪火相传，延续人类的文明。

三是精神自由。灵魂是人一生的影子，不想被束缚，就要学会舍弃。当你觉得一切都在乎的时候，你就完全丢弃了灵魂，而灵魂的丢弃，是一个人堕落的开始。因此，要感谢那些为拯救人类灵魂而奔走呼号的思想家，虽然他们的思想未必能拯救所有人的灵魂，但他们至少可以慰藉一部分人的心灵。要皈依，精神和道德就要有取舍，就要有牺牲精神。庄子穷困终生才到达无我无名的境界，获得了无限的自由和精神上的独立，收获了令世人羡慕的逍遥游。苏格拉底坚持自己民主平等的政治观念，选择了蹲监坐牢，饮鸩而死，但他的思想观念和政治理想却得到了永存。所有圣贤都在皈依他们心中坚守的东西，始终都没有背离过。这些圣贤们用自己的智慧和精神对现实的假丑恶进行了坚决抵抗，把人类丢失了的道德和精神救赎了回来。我们虽非圣贤，但我们完全可以保留一份心灵的净土，在纷繁艰难中活出不一样的风范，体味精神和道德自由的幸福。

四是仁爱天下。心中拥有爱，刹那即永恒。但人身上有些恶性似乎是与生俱来的。例如人云亦云，对人恶意猜测，忽视自己的缺点而去谴责别人，把自己的快乐建立在别人的痛苦之上，与特立独行的人为敌，喜欢传播流言蜚语，等等。没有学会约束自己的人会暴露这些弱点，并被个人情感所支配，与此相对应出现了拉帮结派，尔虞我诈，旁门左道。于是，是非颠倒，黑白不分，真理噤若寒蝉，欺诈巧舌如簧，行善的默默无闻，作恶的还受鼓励，这些非正常现象便出现了。人之所以要皈依，就是因为罪孽在人该行善的时候却乘机作恶，这种对道义的亏欠致使人生黯然失色。而皈依于真善美的人得到的大多是精神世界的回报，他能随时感知到真善美，并获得坚定不移的精神力量。耶稣心中的仁爱使他在忍受酷刑的剧烈痛苦时还在请求上帝宽恕那些判他刑的人，最后取得了精神上的永恒胜利。孔子说："仁者爱人。"世人学会了反省和忏悔自身的恶行，并皈依善道，就会如同爱自己一样爱他人、爱邻居。

人人皆可为尧舜，人人皆可为柏拉图，关键就在于你要找到你该皈依的善道和信仰，并完美地实现你的皈依。

## 要有君子之风

**【儿子·说】**

2006年6月7日　　星期三　　晴

倪老师就要离开我们回上海工作了，所以他今天特意给我介绍了一名新老师——田老师，是专门教语文的，是陕西师范大学的毕业生，也是来我们这儿做西部志愿者的。他非常幽默，晚上我们进行了一番深入的交流。田老师的字写得非常好，我十分佩服，心想这下可有人教我练字了。他让我写字要写大、写工整，有时写不对，他就生气了，我只好按他的意思来，不然就"惨"了。只是我不理解的是，倪老师和田老师走后，爸爸却要我向倪老师学习，为什么呢？

**【父亲·曰】**

一个人想要在社会上立足，就要有自己的行事准则。好的行事准则就像一个标签，领略了这张标签的魅力，有的人会更加尊敬你；有的人愿意和你进行深层次的交往，并且为你介绍更多的朋友；有的人会奉你为知己……久而久之，你独特的人格魅力会给众人留下深刻的印象。

中国自古崇尚君子之风,对君子一词也有诸多解释,但无一例外的是对君子的解释中都会有重义轻利、行事公正、诚实守信、待人和善有礼、语言谦逊、做事态度忠诚、有节制等。这种君子之风其实就是一种非常好的行事准则。

倪老师完全可以一走了之,把其余的事全部留给学校去解决,但他却没有这样做,而是郑重地给你们推荐了一位好老师。这不仅是对你学习的负责,更是一种言传身教,教育你做事要有始有终。他虽然不再给你们代课了,却留下了一种君子精神,他这样做事,正是君子所为。

## 自私但不要贪婪

**【儿子·说】**

2006 年 2 月 24 日　　星期五　　晴

今天下午,全校领导听了我们班的生物课,我觉得课上得不怎么好。上课前,老师把实验器具放在讲桌上,同学们看见这些稀奇古怪的东西,就在下面不停地说话,给校领导的印象很不好。而且下课收实验器具的时候,居然少了二十几个。当时生物老师表面看起来很淡定,但他心里肯定非常担心,这可是学校的东西,弄丢了是要赔偿的。我不知道同学们拿实验器具干什么,唉!真希望这些同学能将拿走的东西还回去。

**【父亲·曰】**

是自私地拿回来,还是慷慨地送出去,虽然只是一个选择,但这个选择却昭示了两种不同的人生。

每个人的心里都有一个恶魔,源自欲望。我们判定自私与否的标准就是有关行为是"利我"还是"利他"。利我,就会被称为自私,利他就是无私。其实这个标准极不客观,因为这个"他"的内涵实在有限。在集团内将个人利益最大化被称为自私,但面对其他集团时我们却总将本集团的利益最大化;我们排斥别的生物侵犯人类生存的领域,但为了人类自己的生存和欲望,我们却总是肆意破坏其他物种的生存空间。我不反对自私,因为自私是我们生存的本能。所以,不妨在对他人忠诚的时候,也考虑一下如何为自己盈利,这样你就不至于一无所有,更重要的是你用此法向别人昭示了你真实的人性,在心理上给别人一种安全感而易与人为友。自私是缺点,但有时却迫不得已,就像管鲍分金一样。贪婪是罪恶,就像和珅做官一样,必然导致其毁灭。

很多时候我们批评别人自私,往往都是因为我们没有比对方更自私罢了。我不反对自私,但我反对极端的贪婪。因为自私有度,而贪婪无边。自私的目的是可以预见的,而贪婪却漫无目的。自私简单而直接,贪婪却往往披着华丽的外衣。有的人看似不自私,只是他的目光瞄准的是更大的利益。因此,不要轻信以他人利益为利益的谎言,且对这种人尤其要注意,并保持距离,否则灾难和不幸就会悄悄地降临。

今天部分同学"私吞"的实验器材对他们而言根本就没有用,他们之所以"私吞",只是为了满足自己的好奇心和占有欲而已。这种没有价值的占有其实是很可怕的,如果成为习惯,就会变成贪婪,其结果将是灾难性的。

人性是自私的,但请不要把自私变成贪婪。

## 仪容是原始资本

**【儿子·说】**

2006 年 5 月 23 日　　星期二　　晴

下午放学走到校门口时,因为我没有把衣服拉链拉好,被学校的校纪督察员老师逮了个正着。我急忙解释说:"拉链坏了,还没来得及修。"听了我的解释,老师和气地对我说:"作为学生,不但要认真学习,而且也要注意形象,这样才是一个合格的学生。"我心里想,我学习又不差,老师又不认识我,怎么还"以貌取人"呢?

回家后爸爸知道了这件事,对我说:"形象是一个人内心的外在表现,你现在年龄还小,不注意形象,别人也许会说是大人没有照顾好你。可当你长大后还这样，对你的影响可就大了。不说别的，到时找工作面试都是问题。”我听后脸都红了。

**【父亲·曰】**

世人都有以貌取人的倾向。不要说我们普通人，就是被我们普通人看作是公正化身的法官也会以貌取人。美国社会心理学家发现了一个惊人的现象：即使最公正无私的法官，也会犯“以貌取人”的错误。他们通过20年的调查统计证实，比起邋遢粗野的罪犯，整洁帅气的罪犯的平均刑期要少2~3年。美国哈佛大学伊戈尔·巴斯坎迪泽夫博士主持研究发现，外形靓丽的成年人更容易赢得儿童的信任。“当了解外部世界时，孩子们严重依赖他人向他们提供的信息。相较于外形普通的陌生人而言，孩子们尤其是女孩更相信外形靓丽的陌生人。”原来孩子也会以貌取人。这是不是有点残酷，但事实就是如此。

再说我国，古代选官中“以貌取人”最初主要是对容止和威仪的重视，也包括对相貌姣好者的偏爱。自《诗经》赋“窈窕淑女，君子好逑”以来，“以貌取人”之风已久，即使大儒圣贤们也未能免俗。世事洞明、人情练达的孔夫子，就曾因为弟子子羽长得丑而甚鄙之，最后追悔莫及，发出“以貌取人，失之子羽”的感叹。其实像子羽这样，因为长得不好而在现实中处处碰壁的例子，历史上还有许多。三国时西川之张松，到曹操那里去献图。操见其“人物猥琐，五分不喜”，最后竟把他赶了出来。与孔明齐名，被誉为“卧龙凤雏，得一可安天下”的庞统平生最重要的两次“面试”，皆因其“黑面短髯，形容古怪”而甚为失意。孙权、刘备两位“老板”，一个“心中不喜”，斥其为“狂士，用之何益”；一个“心中亦不悦”，勉强让他做一个小县官。三国之后的两晋，“以貌取人”之风日盛。潘岳“妙有姿容”“少时挟弹出洛阳道，妇人遇者，莫不连手萦之”。可见女粉丝之疯狂。而当时更具才华文名的左思，“左太冲绝丑，亦复效岳游遨，于是群妪齐共乱唾之”。更倒霉的还有我们的乡党张载，“时张载甚丑，每行，小儿以瓦石掷之，委顿而返”。一个长得丑的人，连小孩都要拿石头砸他，人生遭遇之悲惨，莫过于此。

“以貌取人”与教养没有必然的联系，而是来源于人们“爱美”的社会心理。孔子云：“吾未见好德如好色者也。”意思是人对相貌的爱好，是其天性使然，而对道德的爱好，则靠后天的培养。所以，好德总不如好色来得自然有力。懂得此理，也就不会对古今社会存在“以貌取人”之风大惊小怪了。那么，是什么原因让我们出现以貌取人的这种心理倾向呢？其实这是人的一种心理本能，在心理学上我们称为首应效应。它是指当人们第一次与某物或某人接触时会留下深刻印象，个体在社会认知过程中，通过“第一印象”最先输入的信息对客体以后的认知产生的影响作用。第一印象作用最强，持续的时间也长，比以后得到的信息对于事物整个印象产生的作用更强。首因效应本质上是一种优先效应，当不同的信息结合在一起的时候，人们总是倾向于重视前面的信息。即使人们同样重视了后面的信息，也会认为后面的信息是非本质的、偶然的，人们习惯于按照前面的信息解释后面的信息，即使后面的信息与前面的信息不一致，也会屈从于前面的信息，以形成整体一致的印象。

读书改变命运，仪容改变人生。形象是我们可以利用的天生资源之一。如果你的形象和你在社会上的角色不符合，那么你在社会上的认可度自然会下降。当然，普通情况下没什么关系，但是在重要场合，就非常重要了。因此，要增加自己的资本，必须做好三个“表面功夫”。

一是要珍视初次风采。媒体策划专家有一句名言：要给人好印象，你只需要七秒钟。研究者们认为，第一印象的形成有一半以上与外表有关。你的外表是否清爽整齐，是让身边的人决定你是否可信的重要条件，也是别人决定如何对待你的首要条件。但仪容不仅是一张漂亮的脸蛋，还包括体态、气质、神情和衣着等。在生活节奏如同飞快奔驰的列车的现代社会，很少有人会愿意花更多的时间去了解、证实一个留给他第一印象不美好的人。因此，不同的仪容会有不同的际遇。这不仅仅是以貌取人的问题。

二是要苦修自身德才。俄国科学家契诃夫说过这样一句话：“人的一切都应该是美丽的：面貌、衣裳、心灵、思想。”我们说的仪容不仅指人的外表、服饰和姿态，还有人的精神面貌和气质的显著特征。告诉你仪容的重要，并不是强调要去过分追求衣着的光鲜。在古代“以貌取人”之风虽时消时长，但总体上还是“德、才、貌”三者并重。传统文化重“德”，所有任性自然的不良习惯，均以德化之。其所造出来的偶像大多也是“德、才、貌”集大成者，最起码也是“才、貌”兼备。一个男人如果有“子建之才，潘安之貌”，那是很吃香的。再说古人所取之“貌”，实指“容止”，“容”为相貌，“止”为举止。举止自然与德才有关。作为学生，仪容既是个人内在修养的一种体现，同时也是对老师、同学的一种尊重。现在，你正处于努力学习、实现人生目标与理想的关键时期，你的仪容仪表，应该是以朴素大方、活泼整洁为主。学生就要有学生样，遵守学校的规章制度是最起码的要求。过分追求个性和漂亮，在穿着打扮上太时尚是不妥的。同时也违反了《小学生日常行为规范》中的“自尊自爱，注重仪表”等有关规定。因此，在适当注重衣着仪容时，你更应该加强内在的修养，以渊博的知识和高尚的思想道德修养来充实自我，从而使自己内在的学识修养和外在的衣饰打扮和谐地统一起来，于朴实大方中见高雅，也给别人以美的熏陶和感染。

三要追求人生神韵。仪容是心灵的写照。熟谙国学的人，都知道传统文化重“修身”，强调“以德取人”，所谓“腹有诗书气自华”，一个饱读诗书、德才兼备的人，即使长得再怎么对不起人，仍不失为贤人才子。因此，人的仪容最能体现出一个人的道德修养、文化层次和精神面貌，也就是说你们学生的仪容是班级班风、班貌的体现。有些同学之所以喜欢奇装异服是对美的曲解和庸俗理解。美是什么？美是给人愉悦的体验和感受，仪容美首先是要给人以美好的感受，自己觉得美不一定就是美，当大多数人感受到了和谐与美好的时候，才可以说是美的。所幸的是，出色的外表只能是走向未来的阶梯，能否达到彼岸，还需要自身的学识和能力做后盾。对男人而言，仪容既是原始资本、事业推手，同时更是隐形杀手、慢性毒药。美男子往往年轻时集百般宠爱于一身，且都很自负，无暇修德养性，在日后的岁月中，往往把年轻时与女孩交往的经验和感觉不自觉地引用到后来的现实生活和人事交往中，太过相信仪容的积极作用而忽视了后天的磨炼，随着岁月的流逝，当青春不再、优势尽失、一事无成时，才恍然大悟，追悔莫及。

# 师道既尊，学风自善

**【儿子·说】**

2006 年 5 月 20 日　　星期六　　晴

下午我到康华培训中心去上数学辅导课，本来老师今天的心情特别好。但是几个捣蛋鬼把老师气得火冒三丈而无法继续讲课，老师只好让大家自学了。

但自学过程更糟，同学们不停地小声说话，老师不得已给我们上了一堂"政治课"。他说："学习要先学做人。既然来到学校，不好好学习就对不起父母辛勤的付出。有些同学不以为然，对自己要求不严格；有的人更是自由散漫，不尊重别人的劳动成果。结果就是不仅学习没学好，而且连人也没做好！"那几个捣蛋鬼听了之后一个个面红耳赤。我觉得老师对我们太好了，如果在别的班，老师早就走了，还对我们说这些话干什么？这样的好老师，我们更应该尊重。

**【父亲·曰】**

老师费力劳、神苦口婆心地教导你们，都是为了你们的学业和成长，你们要理解老师的良苦用心。"春蚕到死丝方尽，蜡炬成灰泪始干"这是对老师最真诚的赞美，奉献了自己，照亮了别人。尊师重教一向是我国优良的文化传统，韩愈在《师说》里曾说道："师者，所以传道授业解惑也。"在当今社会中，老师的责任仍然如此。

与古代不同的是，现代的教学方式是通过课堂教学来完成的。为了讲好每一节课，老师要花费很大心血。首先，要尊重老师的劳动成果。你们应该集中精力，积极思索，以最饱满的热情，投入到每一节课中，这是对老师辛苦劳动的最大尊重。老师布置的作业，是课堂教学的延续，同样倾注了老师的心血。你们应该按时、认真、独立地完成各项作业，并且认真体会老师在作业中悉心批注之处，这同样是对老师的一种尊重。

其次,要虚心接受老师的教导。教育事业的根本目的是要把学生培养成为"有理想、有道德、有文化、有纪律"的"四有"新人。这就是说,老师不仅要教书,还要育人。在这一点上,绝大部分老师都付出了最大的努力,并以最审慎的眼光来观察分析和研究他所教导的每一位学生的思想品质和性格特征。老师关注每一个学生的学习情况、社会环境和家庭环境,以便全面地培养和造就每一个学生。正因为如此,老师对你们提出的鼓励或者批评,都是为了帮助你们健康成长。所以,你们虚心听取老师的意见和批评,认真改正自己的缺点和错误,同样是对老师的尊敬和热爱。老师的批评如果与事实有出入,你们应该平心静气地对老师进行解释,或在事后寻找适当的场合、时机加以说明。如与老师发生矛盾,不要顶撞老师,更不要在课下散布对老师的无礼言辞,发泄不满情绪。

再次,要对老师待之以礼。俗话说:"人无礼而不生,事无礼而不成,国无礼而不宁。"尊重老师要从生活学习中的小事做起,认真学习,礼貌待人,真正从行动和思想上做到尊重老师。要养成使用礼貌用语主动向老师问好的习惯。如果你主动说了一句"老师好",这样不仅会增进师生感情,还能体现出你崇高的素养。

诗人把老师比做"课堂里的树",说"老师的语言,是富有光泽的树叶"。歌唱家以"老师的窗前彻夜明亮"来赞颂老师的鞠躬尽瘁、无私奉献。老师是耕耘春天、播种希望的人,他们撒播下希望的种子,为祖国的未来辛勤耕耘,我们大家都应尊重老师。

## 尊老爱幼

**【儿子·说】**

2006 年 4 月 13 日　　星期四　　晴

今天是刘叔叔母亲的生日,一大早,我们两家人便一起坐车去刘叔叔的老家。我们赶到时,家里已经来了很多亲戚朋友,我和一些小孩便在院子里放鞭炮。

到了吃午饭的时候，刘叔叔扶着80岁的老母亲出来和大家一起吃饭，刘奶奶虽然80岁高龄，头发也全白了，满脸的皱纹，但看起来很精神，很健康，她笑得很慈祥。所有的人一起为刘奶奶祝寿，看着他们一家祖孙三代欢聚一堂，真是幸福。

想起我奶奶生日时爸爸对我说："爷爷奶奶把我抚养大很不容易，现在他们老了，我们做儿女的应该孝敬老人，让他们有一个幸福的晚年。"还说："人就是这样辈辈相传，老的爱小的，小的敬老的，这样才是温暖的一家。"我想：爸爸说得对，每一个人都应该尊老爱幼。这样，我们的生活才能幸福。

【父亲·曰】

尊老爱幼是中华民族的优良传统，也是人类敬重自己的表现，因为每个人都有自己的儿童时代，每个人也都有老的一天。古往今来，弘扬尊老爱幼的优良传统从未改变。

尊老爱幼起始于原始社会，当时生产力低下，氏族公社内部为了人类的繁衍和文明的延续，对丧失劳动能力的老人和尚无劳动与生活能力的小孩都一样分配劳动果实，实行义务抚养。由此逐渐形成了这种朴素的道德观念，并被继承下来。

尊老爱幼是我们中华民族的优良传统。我们为有这样的传统感到自豪和骄傲。作为学生，你们应该继承和发扬这一传统美德。自古以来，有许许多多尊老爱幼的故事，如春风一般，感染着我们，打动着我们纯洁的心灵。《小学生日常行为规范》也规定：我们要尊老爱幼，对同学友爱，平等待人……现在，大多数学生是独生子女，部分学生在家里是小皇帝、小公主，要风得风，要雨得雨，根本不知道什么是尊老爱幼。日本"经营之圣"稻盛和夫先生曾告诫我们："道德和教养要靠家长的强制性教育。"尊老爱幼的养成，也离不开家长的强制性教育。

百善孝为先。春秋时期，孔子最有名的弟子子路，在其小的时候，由于父母体弱多病，家里很穷。有一次，父母想吃米饭，可家里一粒米也没有。

怎么办？于是小小的子路翻山越岭，走了十几里山路，从亲戚家里背回了一小袋米。看到父母吃上香喷喷的米饭，子路忘记了奔走的疲劳，邻居们都夸他是个孝顺的孩子。记得孟子说过一句名言："老吾老以及人之老，幼吾幼以及人之幼。"可见尊老爱幼是中华民族的美德。社会也十分重视尊老爱幼，建了许多所养老院和孤儿院，让那些老人能安享晚年，让那些被狠心的父母遗弃的孩子都能过上幸福的生活，度过快乐的童年。

但在现今社会，青少年中能做到这一点的有几人？我们不时听闻虐待父母、打骂父母，甚至抛弃父母这样令人发指的事件。这在已婚子女身上表现得尤为突出，"有了老婆，忘了爹娘"是男人的悲哀，是对传统文化的亵渎。试想，连自己的父母都抛之脑后的男人，何谈保家卫国？

所以，从现在起，从自己做起，尊老爱幼，让这个社会充满温情，更加美好！

## 礼尚往来为礼也

**【儿子·说】**

2004年11月27日　　星期六　　晴

今天的阳光十分明媚，是个好天气。吃完早饭，我和爸爸一起去了刘叔叔的新家，因为今天是刘叔叔搬家的日子。刘叔叔是爸爸的同事，他们的关系很好，平时来往也很多，无论谁家有事，他们都互相帮忙。爸爸说："朋友、同事之间就应该互相走动，多来往，这样大家也都有个照应，如果碰到困难，也能很快解决，也就是说我们要经常礼尚往来。"

是呀，爸爸说得对。记得上次奶奶生病，爸爸出差不在家，幸亏刘叔叔及时把奶奶送到医院，要不然，后果不堪设想，爸爸因为此事一直很感激他，而今天我们去给刘叔叔帮忙搬家也是为了回报刘叔叔的恩情。

**【父亲·曰】**

我国自古以来便是礼仪之邦，古人道："礼尚往来。往而不来，非礼也；

来而不往,亦非礼也。”“来而不往非君子。”礼尚往来,不仅是我国的传统,在人生中更是必不可少。

任何一个文明社会,都十分注重文明礼貌。因为礼貌是促进人际交往友好和谐的优良品质之一,是构建与他人和睦相处的桥梁。而礼尚往来,是礼貌待人的一条重要准则。接受别人的好意,必须报以同样的礼敬。这样,人际交往才能平等、友好地在一种良性循环中持续下去。

礼尚往来是中华民族的传统美德,从《周礼》到现在已有三千余年的历史,在继承发展中,不同地区形成了不同的风俗习惯。礼尚往来是为了传递友谊,古人云:“千里送鹅毛,礼轻情意重。”送礼者要量力而行,受礼者要充分理解,不要以送礼的贵贱来划分情谊的轻重。只有用一颗真诚的心,才能真正做到礼尚往来,才能使之充分散发光彩。然而随着时代的变迁、社会的进步,人们在物质漩涡四伏的海洋深处挣扎,“礼尚往来”的真谛也渐行渐远……

社会中的“礼尚往来”更是面目全非。昂贵的烟酒、钻石、珠宝,鼓鼓的红包……于是,越来越多的腐败官员,越来越多的无能领导,越来越多的腐败工程,越来越多不被理睬的投诉,越来越多的不安定事件……照这样“礼尚往来”下去,我们的“和谐社会”将是水中月、镜中花,兴复中华的目标也将会是海市蜃楼!

孩子,“礼尚往来”的古训并非着眼于“礼”,而是“尚”!只有当我们拥有了高尚的品质、崇高的人格、纯洁的心灵、真诚的心意时,我们才有资格提起“礼”!

眼下,随着人们生活水平的提高,从城里到乡下,人情风是愈刮愈烈。小孩满月、子女婚嫁、上学参军、入党提干、乔迁新居、开业庆典……都要请客赶人情。人情的档次也越来越高,过去,宰只鸡、提瓶酒,大家凑在一起热闹热闹、庆贺庆贺,宾主都很开心。现在时代发展了,你随上五十元、上百元的礼金,别人看不上,有时随礼者也觉得拿不出手。好像礼随得不重,别人就会小瞧自己。礼重心沉,礼多心痛。这礼越来越重,礼金越来越烫手。

人情过重一旦超出了人们的承受能力,就会影响到人们的生活和正常交往。俗话说:人情大似债,头顶锅儿卖。

健康、文明、积极向上的人际关系,是一个社会能够和谐发展不可或缺的重要因素。我们应该积极行动起来,从自身做起,在全社会树立正确的礼仪观念,让崇尚健康礼尚往来的文化风气越来越浓厚。

## 让人不是痴汉

**【儿子·说】**

2004年4月5日　　星期一　　晴

今天,妈妈做了我最爱吃的虾仁饺子,我高兴坏了。妈妈煮饺子的时候,我就帮妈妈把醋碟、筷子全部拿到了餐桌上,趴在桌子上眼巴巴地等着饺子煮熟,爸爸回家看到我这副样子给乐坏了。我感觉等了好长时间,饺子才煮好。就在我兴冲冲地拿起筷子准备要大快朵颐的时候,门铃响了。原来来人是爸爸单位的同事,爸爸邀请他进屋,他看到我们正准备吃饭,迟疑了一下,但禁不住爸爸和妈妈的邀请还是坐了下来。想到我最爱吃的饺子要被别人吃掉心里很不是滋味,但又想起爸爸曾经告诉过我待人的礼节,我还是跑进厨房拿了一副碗筷出来。爸爸的同事吃了几个饺子就和爸爸到书房谈工作去了。妈妈问我:“饺子被别人吃了,不高兴了?”“哪有! 我下回多吃几个就行了!”妈妈听完用手摸了摸我的头,说我懂事了。

**【父亲·曰】**

今天发生的其实是很小的一件事,这样的事情在我们的生活中无时无刻不在发生着。你小小的年纪,能这样做,我很高兴。今天你的日记其实是“谦让”的问题。

谦让,是礼节,也是对人的爱。适度的谦让,会让我们的生活更加和谐,人与人之间相处得更加融洽。倘若人都只顾自个儿,那么人与人之间会有多少温情? 恐怕除了冷漠不会剩下什么!

谦让,看似把自己的利益分了出去,其实不然,谦让是用自己的小利益换取更大的收获。孔融让梨的故事家喻户晓,你说孔融用大梨换了一个小梨,是亏了还是赚了?他用一个稍微小一点的梨换来了长辈的称赞和同辈的认可,在当时的历史环境下,个人的名声就是品行,就是才识,就是地位。撇开利益,孔融用一个小小的梨实践了五伦纲常,赢得了内心的安宁。这岂是小小的一个梨可比!

随着社会的进步,人类的物质资源得到了极大的丰富和满足,可人们对于利益的追求却是欲求不满。人心不足蛇吞象,拥有的越多,越舍不得割舍。公交车上,老、弱、病、残专用座上坐着身体健壮的小伙子;独生子女个人拥有的呵护与关爱是长辈们儿时的数十倍,但他们与人相处时却表现得更自私……“礼仪之邦”究竟是进步了还是退化了?

自私地全部占有,你会活得无比孤独;温情地让出一口、一杯、一碗,你却能赢得全世界的温情和内心的满足。在生活中,懂得谦让的人才是真正拥有智慧的人。

## 教化扶本

**【儿子·说】**

2005年4月3日　　星期天　　晴

今天我在看《说禅》的时候,妈妈过来了,她问我看了有什么感想。我想了想说:“这些话都是教人学好,使人品德变得高尚。”妈妈听了问:“还有吗?”我想了想没有了,就摇了摇头。妈妈看我一脸迷惑,就告诉我:“你把大部分说出来了,这里边还有哲学的成分,主要就是教化人们一心向善。”“教化?”我愣了一下。“不知道什么意思?自己去查字典吧。查完好好看。”说完妈妈就出去了。我查了字典,“教化”是教育感化,使其改变的意思。再结合妈妈说的话,我终于弄明白了爸爸让我经常看《说禅》的目的。

**【父亲·曰】**

让你看《说禅》确实有让你从中感悟美好品德的目的，即使有些你理解不了，做不到，但最起码会给你留下善和美的种子，这其实就是教化。

教化是为了扶本，这一点不管对个人，还是对家庭、民族，都非常重要。可以说教化扶本是家庭和睦、国家长治久安的根本保障。

回头看看历史，每一个时代由混乱到统一之后建立的第一个王朝都是短命的，秦统一六国之后如此，隋朝一统江山之后也如此。究其原因，就是因为统一的过程中融合了多种外来的思想和文化，尚未形成统一的、适合民心民意的统治思想，人心散乱，大脚穿小鞋，能走得了多远？

这些王朝之所以短命，就是因为没有一个可以掌控全局的中心思想，各种思想互相碰撞不但达不到融合的目的，反而引发了实质性的碰撞，造成了王朝覆灭。

教化，首先要有适合的主导思想，这就是"扶"的"本"。我们所要扶的是民族的精神，是人间的正义，是人的精、气、神。只有把这些思想扶起，民众的心中才会有目标和方向。

我们难以忘记，日本侵略者在我国土地上传播日本的文化，妄图奴化中国人民。正是深植民心的不屈的中华民族气节和精神才使中国人民在高压下能坚守内心的防线。所以说，教化扶本，通过教化所扶持的，一定是正确的、正义的、坚强的精神。

现在，我们正处于经济高速发展、外来文化快速融合的时期，韩剧、日本动漫、美国电影正充斥着人们的生活，西方节日过得比我们的传统节日还热闹，我们的传统文化正在遭到侵蚀。因此，我们需要重新修缮我们精神的大厦，这是民族团结和强大的根本，只要我们的精神大厦屹立不倒，所有的侵蚀都将变得无力。

# 传统需要返本开新

**【儿子·说】**

2004年9月19日　　星期日　　阴

我今天遭到同学们的嘲笑了。

中午做完课间操，我和几个同学聚在一起聊天。突然看到旁边一个同学穿的裤子比较有意思。左边的裤腿是好的，可右边的那条裤腿靠近脚腕的地方少了一小截不说，边上的线还全开了。我觉得好笑："怎么穿那么烂的裤子啊！"结果我话音刚落就被同学们给批倒了。"你那什么眼神，你没见过比这还烂的吧，这是乞丐装。""就是。唉，不过他这好像今年不流行吧！""好像是。"……同学们你一言我一语地讨论了半天，也没讨论出个什么结果。我在一边不禁想：现在流行的可真奇怪，又是红头发，又是黑眼圈的。可别让我碰到穿超人服的，将内裤穿到外面一定会被人围观。想到这儿，我自己忍不住笑了起来。

回家后我把这件事告诉了爸爸，爸爸感叹道："现在流行的东西是越来越怪异了，人们只顾着追赶潮流，反而离老祖宗留下的好东西越来越远了！"

**【父亲·曰】**

不夸张地说，我们的传统正在渐渐偏离航线，人们，尤其是年轻一代所追求的东西与我们的文化之根渐行渐远。我们所追求的勤俭节约成了年轻一代口中的"小气"，我们当年读书时比看谁更勤奋的做法也被现在的年轻一辈嗤之以鼻。很多根本的、美好的传统正在被抛弃、被遗忘。

一个民族的传统带着本民族的精神烙印铭刻在每个人的灵魂深处，影响着每个人的言行、思维、品德。因为传统不同，每个民族才各具特色，才独立于其他民族而存在。因为传统的存在，我们的心里才会产生强烈的归属感。一个民族如果失去了自己的传统，必将失去自己的传承，丢失自己的尊严。

一个民族的消亡必先从其传统的消失开始。埃及古文明是何其发达，但在其灭亡前，他们开始质疑自己的祖先，不但不认同自己的祖先，还将其称为异教徒。更有甚者，给自己取两个名字，一个埃及名，一个希腊名，这在当时成为一种潮流。之后不久，埃及灭亡。不承认自己的传统，背离本民族的传统，这是埃及被希腊同化的开始，是埃及消亡的开始。看看现在呈现在我们眼前的现象：说普通话夹杂外文才叫帅；网络流行语背得比唐诗宋词熟才叫酷；有一个中文名，再取一个英文名才够时尚；批评祖先才叫有文化；指责儒家是中国落后的根源才叫有思想……从中我们依稀可以看见古埃及人的影子。这种情形是多么可怕啊！

传统不可能一成不变，不变即意味着落后和被淘汰，它也要随着社会的进步和发展而不断进步，使它更适合当时的时代。这就好比人都要穿鞋，但不同的时代要穿不同的鞋，不能走新路穿旧鞋，穿高跟鞋还裹脚，这样只会作茧自缚。所以，当我们的传统面临严峻的挑战时，我们必须改革。邓小平一句走中国特色的社会主义道路，为中国选择了一条最适合中国发展的道路。我们的传统也当如此。

中国的传统文化是基于儒学的基础而发展起来的，虽然在后继的发展中融合了佛家释学的一些理论，但儒学仍然占据着主导地位。我们今天的礼、行等处处透露着儒学的光芒，可以说是儒学的发展带动了中国传统文化的进步。因此，对于传统的改革，我们依然要回归到儒学思想的继承和发扬上。

我们首先要做的就是温故而知新。只有对中国传统的本质有了系统的了解，我们才能明确它的发展方向。对于这一点，从研读传统经典开始无疑是个不错的选择。只有在研读的基础上，我们才能找出它与当代社会的契合点在哪里。

其次，要重新构建符合当代社会特色的传统文化。所谓重症下猛药，我们传统文化的发展和经济基础的发展明显不对等，长此以往，只会造成两者之间“韧带”的断裂。我们需要在继承原有儒学和传统文化的基础上，结合当代人思想行为的特点，引进西方先进且符合中国国情的文化，同时抵制消极的、不符合中国国情的外来文化的冲击，从而形成符合时代发展要求的新儒学、新的传统文化。而在这一点上，要特别注重加入快乐的元素。我们的文化走得太学术，太严肃，甚至让人感到压抑，我们的祖先对精神愉悦的追求太高太远，所谓曲高和寡，这样的传统文化必将走向与大众决裂的地步。

再次，要做好新儒学、新传统的普及工作。新传统的普及，不是口头能背两句《论语》，说两句"谢谢"就可以的，而要人们通过研讨、诵读等方式身体力行，把它深入到骨子里，让国人深深感受到新儒学、新传统所散发出的朝气、活力，以及浓郁的生命欢愉，激发人们骨子里追求生命的热情。

一个民族如果失去了自己的传统文化，只能被同化和奴役。希望新的传统文化能尽快发展起来，这寄托在你们身上。

第二章

# 修身真味——夯实快乐之基

在这个世界上，你必须成为你希望看到的改变。

——甘　地

修身之要，在于修己安身，齐家纳福，在掌控自己的过程中掌控世界。快乐的要务就是用个人的修养力行人生，教育孩子以情恕人，以理律己，使自己在精神上先富起来。人若要掌控世界，必先掌控自己。掌控自己的欲，就可以“随心所欲”；掌控天下的欲，就可以“无所不能”。修身的目的就是要探寻解决理欲相生相济之法，既要防止人们成为感性欲望和外物的奴隶，又要防止“以理依法杀人”。寓理于欲，以理导欲，在修身中磨炼自己的意志力，努力获得实现理与欲的和谐共处。这样，“从心所欲不愈矩”，达到“理欲合一”的境界，才能养成快乐的习惯。

# 第一节　乐勤乐俭

## 舞动青春

**【儿子·说】**

2004年4月19日　　星期一　　晴

今天是好朋友小旗的生日。我该送个什么礼物好呢？想了半天，决定送他一个笔记本。我给爸爸说明情况，爸爸给了我两元钱，我在超市挑了一个精致的笔记本作为礼物送给他。下午一放学我就去了他家，进了他家之后，发现好几个同学都已经到了，小旗的妈妈拿来瓜子糖果招待我们，大家说说笑笑很是热闹。欢乐的时光总是过得很快，不知不觉天都黑了，我们点起了蜡烛，唱起了《生日歌》，切蛋糕时，不知谁起的头，竟然用奶油抹脸，结果大家都用手沾了些奶油玩了起来，顿时，屋子里一片“鬼哭狼嚎”……

派对结束，夜已经深了，我匆匆赶回家。到家后发现爸爸和妈妈都还没睡，好像在专门等我似的，把我吓了一跳。看到我回来了，爸爸把我叫到跟前，严肃地问我：“玩高兴了？”我“嗯”了一声。“下不为例，少年光阴不是这么浪费的！”听了爸爸的话，我心里也咯噔一下：“是啊，今天下午放学后可是什么都没干啊，一寸光阴一寸金，以后真的不能这样了。”

**【父亲·曰】**

今天你的同学过生日，你竟然去玩了六个多小时，这也太浪费青春了吧？青春是经不起挥霍的，否则，你一生将一无所有。

青春是一种精神，就像春天，是一种开拓、向上、永不言败、永不言老的精神。爸爸这样说，只是希望你能把握青春，珍惜青春，心中始终信念坚定，勇往直前。不因早晓春潮而狂傲，也不因严冬风寒而颓废，不因盛夏的骄阳而干涸，也不因肃杀的浓雾而动容。用你包容一切的胸怀，不负青春和人生，用执着、智慧和勤劳打造青春的辉煌。因为有青春的存在，春天便有了灵魂，有了神韵，才有了别样的风景和风情。春天与青春一样，是一种创造。春天在每个人的心里，在每个人的手中，在每个人的脚下，每个人都是写春的诗人、描春的画家、种春的园丁。

爸爸希望你一生都春光明媚，能像春天一样，一到人间，就无私地给大地披上绿衣，给一切生灵带来生机，使一切都焕然一新，给人间带来无限的希冀和期盼，更希望因为有你的青春，河流可以笑得更欢，阳光会更加明媚温暖。愿春天永驻你心间！

## 青春永不言败

**【儿子·说】**

2005年2月24日　　星期四　　晴

今天是新学期第一天，上午报名，下午就开班会了。在班会上，老师让我们每个人都把假期的生活总结一下，并且给新学期提出希望和目标。同学们一个个地站起来发言了，我坐在座位上，心里多了一股莫名的惆怅。

回想整个寒假生活，还真是百般滋味。从放假开始，自己每天的学习都排得满满的，看书、写字，一天也没落下过。这样的生活应该就是充实、幸福的吧，可自己心里却也常常向往窗外的蓝天白云。假期生活，充实且痛苦着。这种感觉虽非我愿，但我却清醒地知道：青春正在一天一天地消逝，我应抓紧一切时间学习，放弃玩耍的机会，就是为了抓住青春，为自己的人生打下坚实的基础。

轮到我发言了，我缓缓站了起来："我的寒假生活幸福而痛苦，幸福是因为我过得很充实，痛苦是因为我常常遭遇失败和挫折。但幸运的是，即使失败了我也没有放弃，因为青春不言败。”当我结束发言后，教室里响起了热烈的掌声。

【父亲·曰】

人生有很多事情没有办法重来，生命和时间即是如此。年轻人因为手中握有大把的青春可以挥霍，而对年长者“惜时如金”的教诲充耳不闻，心生厌烦。岂不知当自己知道“惜时如金”时，已步入中年，一切都悔之晚矣，继而把自己的悔恨变成“惜时如金”的哀歌而“鸣”给下一代，又引起下一代的不满和厌烦，周而复始，以至循环往复。其实，上苍给每个人一生“做”和“玩”的时间是极其公平的，年轻时“玩得疯”，年老时就凄苦；年轻时“做得多”，年老时就风光。况且，不论是“颜如玉”，还是“黄金屋”，不可能从天上掉下来，只能靠自己勤劳的双手去赢得，去守护。知道道理容易，把道理变成行动却很难。在年少之时，人应该有“扼住命运的咽喉”的勇气和魄力，要尽己所能、挑战自我、发掘潜能，这样就不会因回首过去而发出“空悲切”的哀怨，更重要的是还可以创造出你意想不到的奇迹。

青春永不言败，人生永不言败，只有你自己不放弃自己，别人才不会放弃你。人的成熟和成功，除客观因素外，更重要的是要自我教育、自我疏导、自觉追求，在多变、难以控制的外部环境中坚守自立、自信、自强的原则。就像梅花不能改变风雪的肆虐，但它能耐寒傲雪，暗香独溢；松柏不能选择栖身之地，但它能强干固本，铁“骨”侠“胆”。从你的发言中可以看出，你对学习有了自己的体会和想法，这要比别人督促你更有效。你现在除掌握基本知识外，更重要的是要养成好好学习的习惯。

你不能改变环境，但可以改变自己；你不能改变天气，但可以改变心情；你不能改变容貌，但可以改变表情；你不能预知明天，但可以把握今天。今天的事情，必须今天完成。为明天做好准备，就是把今天该做的事情做到最好，这是成功人士的秘密。把握青春就是把握今天，把握现在，就要把今天的事情尽全力干好，不留遗漏和缺憾。这样，你才能在“平凡”中创造奇迹，这就是百折不挠之人追求的坚实基础和成功的捷径。

# 年轻就要朝气蓬勃

**【儿子·说】**

2004年7月7日　　星期三　　晴

下午写完作业,我把日记本拿了出来,认真地把爸爸最近写的点评重新看了一遍。不知道为什么,每次看爸爸的点评都会有新的收获,这些收获总让我欣喜。今天,我又会得到什么样的收获呢?我逐字逐句地推敲着爸爸的点评,咦,这个字不应该这么写吧?我赶紧拿出字典查阅,爸爸还真是写错了。看来,今天还真的有"收获"啊,我继续阅读,又发现了一个错别字。爸爸回家后,我把自己的发现告诉了爸爸。没想到爸爸竟然很高兴,说我是他的"一字之师"呢!我得到表扬,高兴得手舞足蹈,爸爸拍着我的肩膀说:"你现在看起来才有些朝气了,小孩子就应该这样,不要成天一幅小大人的样子,死气沉沉的!"我听了,向爸爸做了一个鬼脸,惹得爸爸哈哈大笑!

**【父亲·曰】**

今天晚上你给爸爸的点评改了两个错别字,爸爸应该向你学习。另外,这两天你用纸叠的"风火轮",我觉得棒极了,极富创意。人们都觉得,年龄大的人无论从经验,还是学识上都要老道。常言道"姜是老的辣",我觉得并不是这样,实际上年纪大的人往往受其人生经验、学识的束缚,缺乏年少轻狂的勇气和闯劲,从而使经验、学识成为其思想革新的包袱,难于解放思想。如果再无自知之明,就有倚老卖老之嫌了。而你们年轻人,唯因缺乏经历,心中没有条条框框的束缚,故有初生牛犊不怕虎的气概,加之年轻人的生命正处于人生中的春夏之季,更会勃发有为,在很多方面也一定会更胜一筹。因此,不要和年轻人争强好胜,不要因年华消失而妒忌年轻人,要学会尊重年轻人的智慧,欣赏他们的创造力和想象力,帮助他们在朝气蓬勃的生命里找到自尊、自重、自爱、自律,促使他们在敢闯、敢干、敢想中实现自身的价值。

但不知为什么,年轻一代似乎一夜之间集体变“老”了。先是怀旧,唱着“老男孩”,感叹消逝的青春,怀念看过的动画片,还有“那些年一起追过的女孩”。再是叹老。一群在父母看来还是小孩的年轻人,在比自己更小的小孩面前大叹“老了”“心好累,感觉不会再爱了”。如果说“叹老”只是情绪的释放和吐槽,那么精神上的“早衰”就值得警惕了。“早衰”的年轻人,让人觉得“成熟”,举手投足都无比正确,接人待物都恰如其分,说话谈吐都深思熟虑,但总让人觉得少了点什么。

少了点什么呢?想来想去,原来是少了年轻人的朝气和锐气。年轻人不应该是敢想敢干吗,不应该是直抒胸臆吗,不应该是敢为风气先吗?为什么眼前的这些年轻人像是从少年直接迈入了中年?更令人担忧的是,这些看似“矫情”的吐槽背后,是年轻人踏入一个空前流动性的社会后,遭遇的精神上的迷茫和认同感的缺失。有些人似乎忘了自己的年少岁月,岂不知李白、康熙等古今英豪都是在年轻时就完成了奠定自己一生荣誉的伟业。

年轻人有朝气,社会就有朝气;年轻人有光明的前途,社会的未来就一片大好。要扫除笼罩在社会上、徘徊在青年人心头的暮气,需要社会对他们敞开更多的机会之门,提供更公平的竞争环境、更广阔的上升空间,让年轻成为资本而不是不足,让锐意进取、活力四射的青年精神成为社会风尚。毛泽东说:“世界是你们的,也是我们的,但归根结底是你们的。”老者老矣,年轻一代最终将成为世界的主宰。其实每个人,包括年轻人的选择,都有其道理和合理性。年长者重要的不是自叹自怨,而是要奋起直追,与时俱进,与年轻人为伍。

随着年龄的增长,爸爸已越来越不善于说别人的不对,只坚持自己认为对的就行了,并且越来越重视别人的意见,特别是年轻人的意见了,他们的想法和说法往往是我修正和提升自己思想的发酵剂。虽然我也有不同意别人观点的时候,但我尊重别人自由的思想,或者说不同意别人的说话内容或观点,但我维护别人说话的权利。国家的命运也是青年的命运,年轻人更应该在时代的召唤下奋勇前进,担当起复兴中华民族这一伟大使命。作为父亲，我更希望你能不负青春，朝气蓬勃，释放青春的力量，闯出自己的一片天地。

## 别拿年轻赌明天

**【儿子·说】**

2003年9月16日　　星期二　　晴

今天体育课上，王老师带着一位年轻老师来给我们上课，并告诉我们他快要退休了，以后就由这位刘老师给我们上体育课，希望我们能像原来一样，认真上课，听从刘老师的教导。听完王老师的介绍，我们用热烈的掌声欢迎刘老师的到来。

开始上课了，内容是练习上节课的投篮。练了一会儿，大家提议让两位老师比试一下投篮，看谁投得又准又快。比赛开始了，没过多长时间，刘老师便满头大汗，而且投中的还没王老师多。这时王老师便走过来说："小刘，感觉咋样，是不是很吃力？"刘老师点点头。王老师接着说："体育运动大多数是技能运动，力量固然重要，但更重要的是掌握技能，这才是关键。年轻人有的是力气，这是种优势，但任何事情只有掌握了技巧，才能事半功倍。"王老师说得对，赢的关键不是力量，而是技巧，虽然刘老师比王老师年轻、力气大，但还是王老师赢了，老将出马就是不一样呀。

**【父亲·曰】**

每个人都会从青年时代走过，许多人把年轻看作一种资本，认为年轻可以有更多的机遇，有更好的发展前景。我并不否认这种看法，但我要说的是，不管你是否年轻，世界都是公平的，机会也是同等的。也许在现今就业压力如此大的社会生活当中，年轻人会有更多的机会，但不要忘了，年长者拥有比年轻人更多的东西，那就是经验！这种东西不是与生俱来的，它是靠阅历积累而来的！

年轻人有冲劲、思想，但这些东西都只属于年轻人吗？不可否认，这个世界上成功人士越来越年轻，但他们是靠着所谓的冲劲，在众多人群中拼杀出来的吗？20岁相对于30岁，是年轻的；30岁相对于40岁，是年轻的；40岁相对于50岁，是年轻的。当我们不再“年轻”的时候，再回头看看“年轻”时候所创造的价值，我们还敢说“年轻就是资本吗”？年轻并不是资本！那什么是资本？

从教科书上我们不难看到这样的解释：按照马克思主义政治经济学的观点，资本是一种可以带来剩余价值的东西，它在资本主义生产关系中是一个特定的政治经济范畴，它体现了资本家对工人的剥削关系。因此，资本并不完全是一个存量的概念。然而今天我们单独研究宏观经济存量核算时，“资本”则泛指一切投入再生产过程的有形资本、无形资本、金融资本和人力资本。

对于年轻人而言，普遍认为的无形资本，即自己！但自己的价值又是什么？是年轻吗？至少我无法对此问题进行回答，姑且认为他们将年轻看作是一种资本吧！这种资本的价值体现在哪里呢？是相对于那些不年轻的人多了几年的时间？我们很难找到答案，那么为什么就一厢情愿地认为“年轻”就是资本呢？

在这个问题上，我更愿意把整个人一生的时间看作一种能源，一种有限的能源！为什么这么说呢？不管我们是否愿意，不可否认的是：我们在一天一天地长大，时间在一分一秒地流逝，就像是有限的能源在一点一滴地被使用一样，总有耗尽的时候。这种能源是值得我们去重视的，因为它是无法再生的，我们无法阻止它的消逝，我们所能做的就是如何利用能源去生产有价值的物品或做有价值的事情。对于能源而言，我们才有道理将它看作“资本”，因为它可以创造出价值，而创造价值的多少可以判断出“资本”的大小！这是能源与资本互相转换的过程，而控制整个过程的，就是我们自己！

# 加速正在少年时

**【儿子·说】**

2005年5月31日　　星期二　　小雨

新的一天又来了，我又开始了新的征程。明天就是六一儿童节了，下午放学回家，爸爸刚好也下班回来了。爸爸送给我一个杯子，上面写着两个字——帅哥。

**【父亲·曰】**

随着明天初升的太阳，按照中国传统的说法，你就从天真烂漫、无拘无束的稚童幼年时代跨入一个多姿多彩、充满幻想和激情的少年时代，可以毫不夸张地说，这一时期是决定你一生前途命运的关键时期。

自古英雄出少年。少年时代对一个人一生的影响和作用不可小视，人生的高峰你能否攀登过去，能攀登多高，就看你在少年时代的思想和作为了。人的世界观、人生观以及一生的学识、性格都定型于这一阶段，随之而来的人生责任也会逐渐压在你的肩头。离开父母的呵护，跨出人生这关键的一步，你将会进入更加广阔、更加艰难的人生历程，你自己的独立精神会逐渐显现出来。少年的你就要学会逐步适应生活，按照物竞天择的自然法则逐渐去适应多变、多险、多难、多彩的社会生活。在适应中磨炼自己，在适应中增长见识、提升能力。对于少年来说，只有逆境，没有绝境，前途充满着希望和光明，且最大的优势在于可以犯错、可以改错。如果你还沉浸在稚童的梦幻当中，不知与时俱进，为人生加速，那么，到头来除了白了少年头外，留下的只有无穷无尽的悔恨。

这使我想起了一则寓言，一匹狼吃饱了，安逸地躺在草地上睡觉，另一只狼气喘吁吁地从它身边经过，这使它十分惊奇。它问："你在追赶羚羊吗？""没有。""有人在追赶你吗？""没有。""那么你为什么拼命地奔跑呢？"

那匹狼说："听说狮子要来了。""狮子要来了？"听了这话它放下了心，"狮子是我们的好朋友，有什么可怕的呢？你去跑吧，我要睡觉了，待会再去玩耍。"后来，狮子真的来了，只来了一只。然而，由于它的到来，整个草原上的羚羊奔跑速度变得极快。这匹狼不再那么容易得到食物，偶尔只能吃点狮子剩下的残渣，但终究不能长久。不久它便饿死了，死时，它不住地怨恨，是狮子破坏了它宁静的生活。我觉得，这则寓言所包含的人生深意，值得我们每个人细细咀嚼。

你要安静、快乐、无忧无虑地生活，就得不断适应环境，居安思危，永不懈怠，不断加快人生成长的步伐，增加人生的技能。社会不会因为你年少无知而停止飞快前进的脚步去迁就你、等候你，也不可能时时处处都适应你、跟随你，竞争永远是生活的真正主题，你必须时时处处都适应生活，特别是在人生关键的少年时代，一定要瞄准目标，兼收并蓄，博采众长，努力掌握本领，为人生奠定坚实的基础。这样，你才能永远立于不败之地。

## 于无声处见真功

**【儿子·说】**

2004年5月21日　　星期五　　晴

上午放学，因为老师黑板上写的练习题已经擦了，我没来得及抄，就把文阳的作业本拿回家抄题，我知道抄作业是不对的，所以我只抄题不抄答案。通过今天的教训我觉得以后要练习把字写得又好又快，这样上课记笔记、抄题目的时候就能跟上老师的速度了。

下午第二节课，老师组织我们表演才艺，为的是选拔代表参加六一儿童节歌咏舞蹈比赛。独唱的时候，好多同学不是因为胆小控制不好声调，就是面无表情目光呆滞，上去的十名同学只选上了两个。舞蹈表演的时候，他们肢体生硬，动作也不协调，和音乐合不上拍，惹得我们在台下哈哈大笑。只是没想到，我拿手的小提琴独奏也惨遭淘汰。台上一分钟，台下十年功。爸爸多次对我说过，于无声处见真功。都怪自己平时不好好练琴，遇到困难就轻言放弃，才失去了这次机会。吃一堑，长一智。从今往后，我一定要勤学苦练，争取下次能参加比赛。

**【父亲·曰】**

同学的作业是可以借鉴、学习，学习别人答题的思路和方法，但不能生搬硬套地去照抄。你今天的表现不错，知道自己应该独立思考完成作业，继续努力，我相信儿子是最棒的！

我要批评你的是，今天在六一儿童节歌咏舞蹈比赛选拔中你遭遇了“滑铁卢”，这正反映了你平时在练琴这件事情上缺乏执着的精神。其实执着、认真、专心比智慧、机敏、激情更重要。一个人围着一件事转，最后全世界可能都围着他转；一个人围着世界转，最后全世界都可能抛弃他！

执着在于无声。对于很多人一样，选定目标时并不会惊天动地，通常它只是悄悄降临。在不经意间，一些模糊的意念或者影像闪过脑际，我们很难说清那是什么，在这个时候，我们最需要的是执着！在这个过程中，会有许多三心二意的念头涌出来扰乱你的心志，不断地打击你，不停地劝你打消念头，尽可能地阻止你的追寻。但你一定要记得：一定要把握住你的心性，把握住你的执着。一份执着，带来一分收获，也带来一个全新的人生！执着也包括不断向他人学习。要善于、敢于、乐于学习模仿别人，不要担心在学习模仿中迷失自己。这就像演戏，要成功，首先要学会模仿，做到惟妙惟肖，把别人的东西学会学好，然后再根据自己的特点有所发挥，最终超越他，也就是人们常说的“先当孙子真学习，后当师爷教徒弟”。

执着会书写人生。“努力了不一定会成功，但不努力一定不会成功！”不论干什么事情都要执着，要有毅力，看准目标永不放弃。有这样一句话：“人活在世，最能够体现你人生价值的不是你成功了多少次，而是你面对打击与磨难，战胜了多少次。”人生就是“100 次被打倒，第 101 次选择站起来”。在人生的道路上，我们总会经历这样或那样的困难、打击、磨难、挫折、失败，在每一次的交锋与挑战中，有多少人选择了勇敢地走过去，又有多少人选择了放弃;有多少人选择了另辟蹊径,又有多少人从此萎靡不振。当挫折与打击迎面而来的时候,如果能够坚强,重新面对,一次又一次地挑战自己能力的极限,勇敢地走过去,这样的人才走出了其辉煌灿烂的人生轨迹。

执着在于不懈努力。有人说:“我不是一个天才,也不是一个强者,但我不服输,所以我唯有不懈努力!”每个人都是独特的个体,唯一相同的是没有人真正知道自己的潜能到底有多大。很多时候,我们真正缺少的只是坚持,也许坚持了你就会收获意想不到的结果。如果放弃了,可能一辈子都不会知道坚持的背后是什么。因此,如果遇到挫折,你要勇敢面对,并不断地试验和寻找机会。比如你想吃一个苹果,但没有吃到,这时你不应该整天想着苹果,而是应该赶紧去找香蕉或者桃子等。不能只闷在家里,要勇敢地到人群中、社会中、工作中、学习中、生活中去寻找人生乐趣。否则,一旦有朝一日你走出家门、走出课堂,你就会六神无主、全面崩溃。这也是执着的应有之义。

执着在于敢于行动。远大的目标是美好而鼓舞人心的,但如果只把目标挂在嘴上而不去付出艰苦的劳动,那就是投机了,最终也将一事无成。首先,要对所追求的目标有燃烧的激情,这种激情要充满每个细胞。其次,要有认真、扎实的工作作风。成功者是孤独的,他们之所以成功,重要的原因在于他们能忍受寂寞,孤独者才能成功,真正成功的人很难得到所有人的理解。伟人的伟大之处,在于他比同时代的人领先了几步,他会尽力找出理论或是标准说服别人,但他不会祈求所有世俗的理解,否则,他就很难成功。再次,善于反省,同样的错误绝不可再犯。这样当你被社会肯定认可时,你已经遥遥领先。

爸爸说的执着不是盲目地坚持。该执着时就执着,该放手时就放手,做事情有个度就好。曾经无数次地告诉自己,对于生命中不属于自己的东西,不逃避也不强求,因为强求的结果除了伤害自己和给自己带来无边的痛苦之外,什么都不会留下,但是对于属于自己的东西一定要执着地追求,并且不轻言放弃。否则,就会失去人性。

# 勤奋是生命的密码

**【儿子·说】**

2003年10月23日　　星期四　　晴

今天我们班举行了一次即兴演讲。老师提前准备了一些纸条,上面有的写了一句话,有的画了一幅简单的漫画。我们在下面击鼓传花,花传到谁手里就由谁上去抽题,已经演讲过的不再参与传花。

当鼓声响起来后,我们都很紧张,生怕传到自己手里,拿到花的人都迅速传给下一个人。突然,鼓声停了,花正好传到了浩明手里。我们都以为他会紧张,可没想到,他抽到题后思考了一会就开始大声地演讲,而且语言流利。我们都很吃惊:这家伙难道是天才不成?我们都害怕得要命,他看起来怎么这么轻松!

浩明演讲完后,鼓声再次响起。接到花的人愁眉苦脸,而演讲完的人却一副幸灾乐祸的表情,真不知道让人说什么好!

下课铃声响起时,我们的演讲也结束了,浩明的镇定和出色表现却在我们心里留下了深刻的印象。

这就是所谓的天才吗?

**【父亲·曰】**

这个世界上没有天才。所谓天才,只是相对于平庸,而成功源自于勤奋。

爱因斯坦说:“成功=艰苦的劳动+正确的方法+少谈空话。”其中艰苦的劳动是根本,正确的方法是保证,少谈空话是窍门。中国有个成语,叫作“天道酬勤”,它的意思是说上天只会眷顾勤劳的人,帮助他们达成心底的愿望,再直白一些就是指多一分耕耘,便多一分收获。我们常说的天才,实际上只是接受的训练比常人多、知识面比一般人广、肯下功夫。如果肯用功,每个人都有可能成为天才。

今天浩明的出色表现震惊全场，你们只是惊叹，可有没有人问过他冷静的心理素质和流利的口才是如何得来的吗？我们常常感叹舞台上的艺术家技艺超群，可有没有想到过“台上一分钟，台下十年功”？全世界60多亿人口，为什么成功的却不足万分之一？不是世界上天才太少，而是我们努力得还不够。

环顾我们周围，许多被我们喻为天才的人在成功前甚至比我们一般人表现得还要差。已故美国总统里根，在他执政期间，曾发表过许多著名的演说，是美国历届总统中被誉为口才一流者之一。也许有人会说，里根在成为总统之前曾是美国好莱坞电影圈的一名演员，演员的口才一般都比较好。但据《里根传》记载，里根在做演员之前，患有严重的口吃。为了实现当演员的梦想，他专门找人多的地方练习朗诵，把他人的冷嘲热讽当作对自己的鼓励。克服了语言障碍后，他又把流利的吐字发音作为突破的目标，于是嘴里含着石子练习发音。里根的能说会道，再次证明口才并非遗传。美国第十六任总统林肯，被称为演讲家、雄辩家。第一次公开演说时，他感觉嗓子好像被团棉花堵住了似得，脸色铁青，不知道手往哪儿放。但是后来，经过长期苦练，林肯终于成为世界著名的演说家、雄辩家。他参加葛底斯堡的演说，总共才三分钟三百多句，掌声竟持续了十分钟。那篇演说讲稿现在已经铸成经文，放在英国的牛津大学里，作为英文的演说典范。还有中央电视台著名节目主持人白岩松为了练口才，也有嘴里含着石子练习的经历。

儿子，世界上没有天才，有的只是比别人更勤奋、更专注的人。不要羡慕别人，要做最好的自己，加油！

## 时间是上帝交给人类雕琢生命的刻刀

**【儿子·说】**

2005年4月21日　星期四　晴

早上的语文课我们学的是朱自清的散文《匆匆》。这篇课文主要是激励人们要珍惜时间、奋发努力，如此才能使自己的一生光辉灿烂。老师讲得很生动,我们听得也很认真。一堂课下来,我觉得时间好像有了生命一样,它有脚,会偷偷地跑掉;它固执,从来不肯多等一秒;它活泼,在我们脚步里和手指缝间嬉戏。尤其是朱自清先生在文章的末尾问道:"聪明的你,告诉我,我们的日子为什么一去不复返呢?"这让我陷入深深的思考之中。

**【父亲·曰】**

今天你学的这篇文章我也读过,并和王老师一起谈过各自的体会。它是朱自清先生写的一篇关于时间的散文,读来让人亲切。

时间是无声的脚步,它不会因我们有很多事情未完成而稍停片刻。在我给你点评日记的时候,我仿佛听见时间随着我的笔尖唰唰地溜走。

在时间的王国里,第一法则就是珍惜现在。在时间的脚步声中,未来总是姗姗来迟,过去永远静立不动,而现在却像箭一样飞逝。你们年轻人,除了精力、聪明、热情之外,时间也是重要的财富。唐代颜真卿就说:"三更灯火五更鸡,正是男儿读书时。黑发不知勤学早,白首方悔读书迟。"时间是伟大的作者,它能写出未来的结局。抓住今天,才不会丢失明天。聪明的人,今天做今天的事;懒惰的人,今天做昨天的事;糊涂的人,把昨天的事推给明天。今天我要对你说的是,时间总是能战胜一切,放弃时间的人,时间也会放弃他。

人世间有四件事会一去不复返:出口之言,发出之箭,过去之时,失去之机。正如宋代理学大师朱熹所言:"少年易老学难成,一寸光阴不可轻。未觉池塘春草梦,阶前梧叶已秋声。"人不可返老还童,只有坚持和时间比赛,你才可能增加生命的厚度,你的事业才有希望获得成功。只是在与时间的赛跑中,就像古人所说"贵有恒,何必三更起五更眠;最无益,只怕一日曝十日寒",必须持之以恒,直到生命的尽头,即使在你躯体离开人世时,你的精神也会留下来陪伴你的家人、朋友及整个世界。

希望你能紧紧地跟住时间的步伐,这样幸运之神、幸福之神就会永远伴随在你左右。我这样说,你或许会为以前没有珍惜时间而感到不安。没关系,时时处处是起点,时间不会抛弃有追求的人,追求是无尽的,且永远是进行时。"少年好学,如日出之阳;壮年好学,如月中之光;老年好学,如秉烛之明。"只要你有决心,有毅力,什么时候学习都不晚,日本学者佐藤一斋就说过:"少小而学,及壮有为;壮年好学,及老不衰;老年好学,及死不朽。"关键是要抓紧现在的时间,别让它在你犹豫不决的时候从你身边悄悄溜走。那样,时间留给你的,除了叹息和悔恨之外,就一无所有了。

## 善于利用琐碎的时间

**【儿子·说】**

2005年6月4日 星期六 晴转雨

今天上剑桥英语时,老师在课堂上听写英语单词,因为我在学校抽空把这些单词抄了一遍,所以今天写起来既快又准。尝到了提前准备的甜头,所以中午吃完饭后我没有去玩,而是去了同学家练习英语对话。没想到下午老师果然让我们进行对话比赛,看哪一组表演得最好。我们这一组第一个上台表演,我演的是鸭妈妈,任务是带领其他的小鸭子。我们组表演得最好,老师给我们每人发了一张帖画作为奖励。回家后我兴奋地将今天的事告诉了爸爸,爸爸摸了摸我的头说,这是我充分利用琐碎的时间的好处。我想想也是,在学校哪有专门的时间去自己练习和复习,光作业就够让人头疼的了,如果不是利用一些零碎的时间,哪里还顾得上练习和复习啊!

**【父亲·曰】**

人们都埋怨时间太少,其实是我们没有抓住零碎的时间,不屑于不经意间的分分秒秒。例如:等车期间、搭车时、午餐中、散步时、做饭时、洗碗时、睡觉前,甚至上洗手间时,等等,这些零碎的时间,如果利用好了也会产生较大的效益。

生活千姿百态,不可能有大把整块的时间供你肆意挥霍,所以充分利用点滴的时间就显得很重要。我觉得特别是要把握每个十分钟,提高学习效率,使生活间隙中的每个十分钟都成为你人生中最精彩的音符,请用毅力和坚持串起这人生中每个如珍珠般的十分钟。天长日久,这些美丽精彩的十分钟,就会构成你人生中一道最亮丽的彩虹。这美妙的十分钟如同珍珠散落在生活的每个角落,在上学的途中,在课间休息中,在茶余饭后的小憩中,在与人玩耍中,只要你有心,处处都可以找到它的身影,人生的兴衰往往能从如何对待这些零散的十分钟中透露出来。

那么,如何把零散的、杂乱的、不连续的时间贯穿联系起来,那就要学会时间管理。首先,要养成好的习惯:一是随身带上便签本,记录一些灵感或者想法。因为这些宝贵的信息最容易被丢失,也最不容易被想起。二是包里永远装上一本可阅读的东西。在候车坐车时、等人时、休息时都可以将这些时间利用起来。三要注意好的方法:散步时思考一个问题,可以是某个朋友的建议、对某件时事的看法、开展某项工作的思路等;吃饭时与人沟通,获取一些重要的信息和资讯;上班路上做好今天的日程安排或者工作计划;搭车过程中读几篇文章、听几则新闻等,这样自己总是利用一切时间用心地生活。饭后发几条短信给朋友,问候或者祝福,打几通电话联系一些久未联系的人,在做饭的同时,打开电视机或者收音机听几首歌等。这样,就可以把这些闲散的时间利用起来,发挥它们最大的效用。

逝者如斯夫,不舍昼夜!孔夫子尚且知道珍惜时间,对于我们现代人而言,要想让自己的工作、学习能更从容,生活更和谐,做到生活与工作学习达到平衡,就需要了解时间管理,学习时间管理,实践时间管理,将自己的生活、工作、家庭等处理得更好,将自己的生命进行有效的规划和管理!

记得德国戏剧家席勒曾说过:“时间的步伐有三种,未来姗姗来迟,现在像箭一般飞过,而过去永远静立。”这句话把“现在”极易失去的特征刻画得多么形象而深刻啊!一个人如果沉湎于过去,对过去的光辉业绩津津乐道,或者对过去的不幸耿耿于怀,那“现在”就会在他的夸耀或叹息声中“箭一般飞逝”。还有的人梦想过幸福的生活,可不愿付出艰辛的劳动,却在一旁哀叹自己生不逢时,或者对自己说“等明天再说”,殊不知,当他翘首未来,哀叹现在的时候,“现在”已经变成了过去。

“千里之行，始于足下。”紧紧抓住易失的今天，从现在做起，从今天做起，才是每一个渴望成功的人的正确选择。

## 是金子在哪里都能发光

**【儿子·说】**

2005年4月27日　　星期三　　晴

下午放学回家后得知王老师朗诵比赛得了二等奖，我特别高兴。虽然我没有去现场看王老师比赛，可是我想老师能拿到二等奖，表现得肯定非常出色，朗诵时的表情、动作、语气一定都很到位。想想我自己，朗诵的时候经常忘词，有时背着背着动作没了，表情没了，干巴巴地在那里站着，没有一点台风，以后我可得多向王老师学习啊。

晚上，爸爸将王老师请到家里，让妈妈做了几道菜为王老师祝贺。爸爸要我向王老师学习，还说王老师是金子，所以在哪里都能发光，我听了有些羡慕，也有些惭愧，而王老师也不好意思地涨红了脸。

**【父亲·曰】**

今天下午，王老师在全县举办的“再铸新丰碑，保持先进性”的演讲大赛中，以优异的表现在激烈的竞争中勇夺二等奖。下午我和你母亲都去助战了，心里也为王老师感到高兴。

我对王老师说：“好样的，未来定能创造辉煌。”我之所以这么说，是基于我对你王老师的信任和了解，他是一个认真勤奋、坚忍执着、充满智慧、目标坚定、富有责任感的优秀男人。不论是学习，还是参加西部计划志愿服务，或是给你授业解惑，他都尽心尽力，力争做到更好，像金子一样，在哪里都不改其本质，闪闪发光，这样的男人怎能不令人尊敬呢？每当我提到王老师，不知怎的就想起了曾国藩，我觉得他俩身上有许多共同之处，都有成大事的优秀品质，稍加历练点化，必成国家栋梁之材。

难能可贵的是，你王老师身上具有一种冷静敏锐、审时度势、志在必得的品质。在大赛预赛后，他能站在更高的层次，全面审视所有选手和比赛形势，做到知己知彼，结合自己的情况正确定位，把争夺二等奖作为自己的目标。这不是他没有能力取得一等奖，而是在充分客观地分析了诸多外在因素后的正确判断，因而能在充满自信的同时，以一种比其他选手更加平和的心态去迎接比赛，这使他在比赛中能够超常发挥，用你母亲的话说就是"神采飞扬，激情荡漾，好像换了一个人似的"。这种品质不是一般人所具备的。

当你得知这一消息时，你在日记里表达了对王老师的敬佩之情，同时也对自己的不足流露出一丝失望，我觉得你不应该妄自菲薄，因为你也具备了成为像王老师一样优秀的潜质和条件，只是有待于发现和挖掘。俗话说，名师出高徒，王老师一定希望你青出于蓝而胜于蓝，让他的成功经验和过人才智成为你"资治"的"通鉴"，引导你成为他精神的传人。我坚信王老师有能力通过言传身教、精心雕琢变"腐朽"为"神奇"，使你成为他引以为豪的杰作，这点我深信不疑，因为是金子在哪里都会发光！

## 不断挑战自我

**【儿子·说】**

2004 年 11 月 24 日　　星期三　　小雨加雪

今天，我又换了一个新的日记本。

下午放学，爸爸把一本新的日记本递给我说："昨天晚上写点评时看到你的日记本写完了，今天给你买了本新的。""谢谢爸爸！"要不是爸爸记着买回来，我差点都忘了。"记得这是你第几本日记吗？"看到我接过日记本，爸爸郑重地问我。"第六本。"我不假思索地回答了出来。"呵呵，好好写！"爸爸鼓励我说。

转身回到房间，看到桌角的一摞日记本，我陷入了沉思。自己坚持写日记快两年了。在这两年里，不论学习多苦多累，自己从来都没有放弃过。开始写日记的时候虽然是在爸爸的要求下进行的,心里有点不情愿,可是后来每每把自己的喜怒哀乐记录下来,心里总会多一份充实。两年多来,爸爸不管多累、多忙、回来多晚,第二天我总能在日记上看到爸爸的点评。这些点评或长或短,字字都饱含着爸爸的爱和期盼。每次回顾以前的日记和点评,这种感觉就会更强烈。525个日夜,爸爸就这样和我默契地交流着。我的成长,我的烦恼,感受最深的就是爸爸了。爸爸,谢谢你!学习是我的事业,我一定会努力,好的学习习惯我会坚持下来,坏习惯我会坚决改正,面对优异的成绩我会不骄不躁,面对挑战我会迎难而上,不断战胜自己,做一个优秀的儿子。

**【父亲·曰】**

今天是你新日记本开启之日,你写日记已有两年,持之以恒的精神应当继续发扬。在开启新日记本的这一天,爸爸给你提几点新的希望:一是希望你多读书,拓宽思路和眼界,你日记写得怎样,其实反映了你当日读书的情况,读书就像土地,日记就像庄稼,土地肥沃庄稼才能茁壮。二是希望你能写出真情实感。记下对每件事、每句话、每个人的感觉,这是体悟人生的一个途径,在写日记时不要拘泥于文体,要生动活泼。三是希望你能与我或你妈妈、你老师争辩一次。希望你敢说敢辩,不要过于在乎别人的眼光和说法,而要把你自己的才华充分展现出来,在争辩中提高你的思维和应变能力,增强你的胆识和气魄。你可以先向我和你妈妈挑战,我们甘愿被你驳得体无完肤,你就把这当作向权威挑战、练习人生、增强斗志的家庭演习吧!我和你妈妈已准备好迎接你的挑战了。

你最近考试得了第一名,这既是福气和运气,更是你这几个月努力的结果。古人说:“合抱之木,起于毫末;九层之台,起于垒土。”没有你近几个月的不断努力,要取得第一是很难的,即使偶尔交上好运,也难以持久。想要福气不断,好运连连,就要坚持不懈,因为学如逆水行舟,不进则退。如果要保持荣盛不衰,就要更加勤奋刻苦。重要的是你已感受到成功的快乐,并知道骄兵必败的道理。

人的快乐要靠自己去争取,去创造。你最近有了巨大的变化,表现在三个方面:一是喜欢上了学习,在学习中感受到了快乐。昨天晚上你妈妈检查你作业时,把你做对的题看错了,结果你坚持自己的观点并说服了妈妈。你有主见,对自己更加有信心了。二是在做事中表现出了雷厉风行的作风。第一个交作业且正确率高,说明你既重质量又重效率。三是自控能力逐渐增强,做事能辨别好坏。玩的时候你能痛快地玩,学的时候你能认真地学,而且在学习的时候能马上去掉杂念进入状态,这是很大的变化。特别是你昨天说自己能排除外界的干扰和诱惑而集中注意力做事,这证明你已有了自控力,希望你再接再厉。

## 青出于蓝而胜于蓝

**【儿子·说】**

2004年7月26日　　星期一　　晴

今天爸爸给我辅导语文暑假作业,我们对每一道题目讨论得都很激烈,特别是讨论“心惊胆战”这个成语时,我说“心惊胆战”的“战”是“战场”的“战”,爸爸把“心惊胆战”的“战”写成了“颤”,结果一查词典我对了,我很高兴。接下来,每一道题我们都讨论得很激烈,要是我感觉我是对的,我就坚持自己的意见,与爸爸一直争论。到最后,我们共同发现了我作业中的很多错误。爸爸让我先写日记,我说:“不,今天的事情今天一定要做完。”爸爸问我要干什么,我说:“改错要趁早!我要把今天所有的错题都改完。”爸爸很高兴:“好。青出于蓝而胜于蓝!”我一字不漏地改正了我们发现的所有错题。通过今天的事,我觉得自己真是一个自信的孩子,我相信“我能行”!

**【父亲·曰】**

你今天表现不俗,可以说使爸爸“心惊胆战”,特别是你那自信、执着以及不服输的劲头,使我感觉到你已经有了自己的想法,让我产生了后生可畏、廉颇老矣的感觉。看来我也要活到老，学到老，不然对儿子的问题可能束手无策，只能向儿子学习了。不过我喜欢在儿子面前“出丑卖乖”，甘做你的手下败将。只要你有实力，爸爸就会奉陪到底，毕竟“青出于蓝而胜于蓝”是历史的必然，也是人生一大快事。你今天表现出来的自信和勇气，让我对你刮目相看，特别是你表现出的那份快乐、潇洒、无畏的精神，让我觉得你定会与时俱进，必成大器。自信是男人最好的装饰。

我想你的自信源于几个原因：一是你胸有成竹，掌握真理是实力，也是自信的前提。掌握知识的深浅多寡，决定人成就的高低。二是你不畏人言，坚持到底，坚持是自信的表现。三是你相信自己，勇气可嘉，勇气是自信的武器。自信需要勇气，没有勇气，智慧往往无法开花结果。智勇兼备，可成伟业。

紫阳，但愿我们都能够站在前人的肩膀上攀向更高的山峰。爸爸的肩膀不宽，却时刻准备托起你的双脚，让你站得更高。

## 今日事，今日毕

**【儿子·说】**

2004 年 2 月 14 日　　星期六　　晴

下午上完剑桥英语课后，我本来应该到数学老师那里去补习功课，可我没告诉妈妈，和晓尧跑到滑冰场去溜冰了。本来我给妈妈保证只玩半个小时，可是一玩起来就忘记了时间，整整玩了三个小时才回家。回去以后，妈妈责骂了我一顿，让我以后早点回来，提高自己的自制能力。

晚上，我躺在床上，看着窗外浓浓的夜色。星星在深蓝色的天空一闪一闪，好像在叫我一起去玩，可我却没有一点儿兴致，总觉得心里好像少了点什么，可到底是什么呢？原来是我今天光顾着玩了，家庭作业还没有完成。爸爸和妈妈已经休息了，我又悄悄地爬了起来，拿出了寒假作业。我可不想让明天的作业量加大，今天的事还是今天做完为好。

**【父亲·曰】**

人生的奔跑,不在于突然爆发,而在于长久坚持。所以,人生可以有相似,但不会有重叠;可以有缓慢,但不会有停止。每个热爱生活的人从来不会停下自己前进的脚步,因为他们始终相信,最美的风景在前方。但当你停下脚步,流连于身旁昙花一现的芬芳时,你就永远也追不回今天那已经远逝的时光。

你今天本来是要去学习的,可你却溜出去玩了,而且一玩就是一下午。我从来不反对你玩,只是要看在什么时候玩和怎么玩。要知道,放弃学习溜出去玩,沉浸在体力游戏或者智力游戏中,都是一种堕落。要知道,放弃学习就是放弃自己的理想。成功的前提就是要学会自我控制,而不是想做什么就去做什么!成熟的男人是做他应该做的事,而不是做他想做的事!

你还年幼,常常会被各种短暂的、虚假的美好所诱惑和欺骗,你要想方设法抵御这些诱惑和欺骗。从我二十年来学习和工作的经历来看,我们应该在每天早晨或者晚上,把自己当天或第二天要做的事情列出来,依照轻重缓急分配时间,先做至关重要的,再做次要的,这样既完成了工作或学习任务,又使人活得潇洒悠闲。

作为一个有志于干一番事业的男人,早晨起来的第一件事就是要想想今天应该干什么才会使自己更充实,让家人更幸福。这样持之以恒,必有收获。我们应养成重分析、讲条理、顾大局的好习惯,这也是整理自己的思想、行为的方法之一。反之,每日无所事事,只知道浑浑噩噩地混日子,到头来,只能空悲切,白了少年头!

人在旅途风景好,人一生都在不断前进。只有前进,沿途风光才能尽收眼底,才能感悟生命存在的意义。如果停止前进,周围风光熟悉了,人就会失去探索的动力、生活的动力,就会无所作为,生命也会因此而枯萎。因此,任何时候都不要停止前进的脚步,在旅途中不断寻找生命的真谛。这样,你会看到一个不一样的世界,感知不一样的人生,你会感到生活原来是如此丰富多彩,富有生机!

# 争当优秀

**【儿子·说】**

2006年5月28日　　星期天　　晴

上午我去英语老师那里补习功课,开始时,同学们都精神饱满,可是到了最后,大多数人看起来都昏昏欲睡,我还算清醒,老师出的题目全做对了。临回家时,老师对我说:"冯紫阳,你这次月考如果得不了优秀,就等着挨骂吧。"我虽然知道老师这是在开玩笑,但还是把我吓出了一身冷汗。放学后,大家听说电视上正在演什么好电影,都急着回家去看。我在心里偷偷想,如果学习能有这样的精神,那么就不会有学习差的学生了。不过想想老师的"威胁",我不由得又充满了动力,我一定能达到优秀的!

**【父亲·曰】**

一个十岁的外国女孩,渴望在罗纳尼亚最著名的体操馆里展现自我,于是踏上了一条漫长而艰苦的训练之路。一开始,信心十足的她却被女教练莉莉小姐在一次验收中训斥,说她没有天赋,朽木不可雕。可她并没有气馁,反而更加勤奋,经过漫长而艰苦的训练后,罗纳尼亚终于诞生了新一代体操冠军——克莉娜。

人们都对克莉娜的冠军光环津津乐道,可谁又知道克莉娜在训练过程中经历了多少磨难。那种痛苦可能只有她最要好的朋友玛丽亚清楚,她们两人都有同样的训练经历。当克莉娜第一次想逃跑、想放弃时,玛利亚极力劝阻,求另一位男教练再给克莉娜一次机会。那位男教练只说了一句话:"一个冠军是不会临阵退缩的!"这句话点醒了克莉娜。的确,一个渴望成功的人,绝对不能临阵脱逃。从此,克莉娜刻苦训练,最后用实力证明了自己。

她的经历给了世人一个启示:一个真正的冠军,不仅仅要靠技巧,还要靠"信念"。只有压不倒的意志才是一个人一直撑到最后的"秘密武器"。就拿克莉娜首次问鼎冠军那次经历来说，可能当时谁也不会想到在最后一项“自由体操”中，克莉娜能以压倒性优势赢得冠军。

若要获得真正的成功，必须先爱上自己的工作。只要你不放弃，就不算失败。一个人，在一个展现自我的舞台上，必须有一种良好的心态，放下自己，放下沉重的琐事，以一个自由、放松的心态去面对所有要面对的事情。最美的笑容总是在成功之后。从始至终，我们明白一个道理：天赋只是火苗，要使它成为熊熊烈火，还要刻苦！再刻苦！

## 理财就是理人

**【儿子·说】**

2003 年 9 月 5 日　　星期五　　大雨

中午妈妈给了我十元钱，我买了一本数学《课课练》，然后把剩下的钱装在了口袋里。下午回家，我准备把剩下的钱交给妈妈，可是一摸口袋，空空的什么也没有。爸爸知道后让我去找剩下的钱，我把能找的地方都找遍了还是没有找到。因害怕爸爸责备，我就去向同学小阳的爸爸借钱，最后没借成，反而让爸爸发现了，被狠狠地教训了一顿。不就几块钱吗？爸爸怎么这样啊，我真是想不通！

**【父亲·曰】**

今天爸爸狠心地教训了你，其实爸爸让你去找丢失的钱并不是叫你去借钱，目的是让你体会挣钱的艰辛。教训你并不是可惜那五元钱，而是联想到你平时对家人和财产的态度，想让你从这件事上懂得一些道理：理财就是理人。

一是先理自己，学会珍惜自己的东西。首先，要了解自己的能力。在你还没有能力偿还的情况下就开口向别人借钱，没借到钱会丢人现眼，借到了钱会助长你的不良习气，这使我很生气。其次，要爱惜自己的东西。中国有句老话叫“敝帚自珍”，我很小的时候，并不了解这话的深刻含义，总是为得不到的东西感到烦恼，久久不能释怀。当经历了很多事情后，我才知道，对得不到的东西不要有过分贪欲，否则必被其所害、所困、所误。人最容易犯的一个错误就是总处在一种对得不到的东西的追求、等待、幻想之中，而对已经得到的东西则不珍惜，甚至还苛刻寡情、吹毛求疵。在你一心追求不属于你的东西的时候，你就没有更多的精力去注意并经营你已经得到的东西，待失去之后，你才觉得后悔莫及。你现在有我和你妈，因而吃喝不愁。在你拥有财产的时候，你不在意、不珍惜它，而一旦失去，你就会饥寒交迫，与其到时后悔，不如从现在起学会珍惜。再次，要培养护家的勇气。男子汉应有血性，敢于用生命保护家人和财产，而你却时常不爱惜家里和自己的东西，随便把东西借给别人而不讨、不要、不心疼。特别是今天你丢了钱，回到家还一副满不在乎的样子，真是太不应该了。你是男人，你的就是你的，不许别人侵犯。而你平时大而化之，缺乏“卧榻之侧，岂容他人鼾睡”的勇气。

二是慎理别人，学会与有德行的人理财共事。理财更多的时候是一种理念，一种生活方式，更是一种生活习惯，通过理财能够获得更加丰富和富足的人生。而这核心就是你交往的人，他们往往会影响你理财的理念和态度。金钱是人性最好的试金石，也是人性的照妖镜。我反对你与不如你的朋友交往。你要知道“物以类聚，人以群分”的道理。孔子说：“无友不如己者。”在人生中，交的朋友不如自己，等于向落后看齐，与落后者交往，结果比落后者更糟。同样，在理财中，如果与无品无德之人相交，那么关键时候伤害你的人一定是他。

三是爱财有道，培养稳健务实的理财观念。理财需要做扎扎实实的规划。同时理财和做人一样，要耐得住寂寞，经得起诱惑。渔夫和金鱼的故事妇孺皆知，下金蛋的鸡的故事更值得人深思。有一对贫穷的夫妇，养了一只鸡，一天这只鸡下了个金蛋，他们拿到市场上去卖，不费吹灰之力就得到大笔金钱，遂欣喜若狂。为了得到更多的金蛋，他们决定把鸡杀了，从鸡肚子里把所有的金蛋都拿出来，但当他们剖开鸡肚之后，发现这只鸡和普通鸡并没有什么不同，这对夫妇非常后悔自己亲手毁坏了致富的宝贝，但为时已晚。他们希望得到更多的财富，却把原有的东西也毁了。杀鸡取卵、贪得无厌的结果就是一无所有。

## 穷富一念间

**【儿子·说】**

2004年1月8日 星期四 晴

今天中午吃完饭，我想去买一盒花炮回来放，就缠着妈妈给我一元钱。妈妈不给，我很不高兴，小声地说："就一元钱，不至于给不起吧！"妈妈听后严肃地说："你知道这一元钱是从哪来的吗？妈妈工作一天的所得就是由这一块钱组成的。买炮放，听个响声就完了，有什么意思？再说万一不小心炸伤了你的手或眼睛，多不值啊！"我不听，最后妈妈拗不过我，还是给了我一元钱。我拿着钱高兴地对妈妈说："妈妈，等我成为亿万富翁，我一定还你。"妈妈听了，无奈地笑着摇了摇头。

**【父亲·曰】**

王侯将相宁有种乎？你想成为亿万富翁，这也没错。有些人白手起家，最后终于摆脱了穷人的身份，跨进富人的行列，然而更多的穷人却仍然摆脱不了贫穷的处境。这是为什么呢？其实很多时候，由穷到富只是一念之差。这里我们要注意几个问题：

一是为何要成为富人。从某种意义上说，钱财的富足与否是衡量一个人或者一个家族成败的因素之一。现实生活中人的一切欲望都是以金钱作为基础的。但财富不是我们生来就有的，需要我们自己去聚集。的确，能用钱解决的问题都不是问题，但前提是你得拥有能够解决问题所需的足够多的钱。俗话说：一分钱难倒英雄汉。缺少金钱，生活中很多事情都没办法顺利进行。正因为如此，每个人都需要聚集财富。

二是如何能成为富人。首先，要有改变现状的勇气。穷人总是用"知足常乐"来安慰自己,或者幻想成为亿万富翁,却很少去考虑如何才能将梦想实现。若想要变为富人,就要改变现在的生活状态,把自己从日复一日的平庸生活中解脱出来,相信只要自己努力,就可以过上理想的生活,这样人生才有可能改变。其次,要学会和富人交朋友。穷人的朋友也多半是穷人,他们每天谈论的是打折的商品,交流的是节约的技巧,虽然有利于训练生存能力,但总是拘于这样的琐事,也消磨了内心的雄心壮志。虽然有自己的智慧,但更多的是表现在生存的层面上。要想成为富人,必须和富人交朋友,用一种客观平和的心态去了解和学习富人的致富技巧。应该明白,富人不管他有多蠢,他能够成为富人,就是不简单,而自己想要甩掉贫穷的帽子,就要虚心学习富人的长处。再次,要脚踏实地,马上行动。报刊上常常有发财致富的小广告,说不需要太多的投资,也不用辛苦地跑市场,只要坐在家里就能发财。世界上哪有这么好的事,这可能是精心设计的圈套。只有不想努力又急于发财的人,才会心甘情愿地相信这些骗局。应该知道,世界上没有免费的午餐,资本的特性是唯利是图,没有人会以这样的方式大发慈悲来解救穷人。不要相信那些天方夜谭、一夜暴富的故事,要想变为富人,就得脚踏实地,认真勤勉,也就是人们经常所说的开源节流。一边创造财富,一边积累财富,两者缺一不可。创造财富靠的是能力,而积累财富靠的是节俭。无度挥霍和无计划的使用会使一个人、一个家庭走向毁灭!

三是成为富人后该怎么做。财富对于我们固然重要,但深陷其中是人生最大的悲哀。真正的富人应该是同时拥有精神财富和物质财富的人。一个成功的人必然是一个脱离了金钱桎梏的人,但现实中却有太多的人将财富设定成了唯一的生活目标,被金钱所左右。对于没钱的人,把追逐金钱当成自己的梦,为了获得金钱而不择手段,甚至卖儿卖女,导致妻离子散;对于有钱的人,害怕失去,金钱反而成为一种负担,终日提心吊胆,惴惴不安。可当人们把一切过错都归咎于金钱的时候却不知:金钱本不是问题,问题是人对金钱的态度,正是这种态度决定了自己的人生。因为他们深知:钱财始终都只是一种生活的工具,聚集财富只是一种手段,并不是生活的目标。现实生活中,人们对金钱的态度也往往决定了人生的高度。任何伟人和事业有成的人对金钱都能看得开。当然,看得开并不等同于无所谓。看得开只是看清了钱财的本质,而予以合理、恰当的利用,并不是弃之如敝屣。这些从刘邦的仗义疏财到武官不要命、文官不爱财的岳飞身上都能说明问题。

## 取之有道,用之有度

**【儿子·说】**

2004 年 9 月 19 日　　星期天　　大雨

今天,妈妈带我去买玩具赛车。我们在宝商超市逛了一圈,没有合适的,妈妈说:"要不今天先不买了,带的钱也不够,下星期再来买吧。"我心想赛车买不买都可以,可不要因为我要买赛车把妈妈带的钱全部花完了,毕竟我们家也不是很富有,家里的收入全靠爸爸和妈妈的工资,而且最近爸爸和妈妈花在我身上的钱已经很多了,我还真得省省了,没个度可不行。我干脆地回答妈妈:"行!"回家的路上,妈妈表扬了我,说我懂事了。我不禁有些脸红,难道大人表扬小孩子就这一句话吗?不过心里还是美滋滋的,完全没有因没买到赛车而懊恼,因为这是我心甘情愿的。

**【父亲·曰】**

对待金钱的态度实际上是一个人人生的境界。你今天想得很对,花钱不能大手大脚,从小就要有理财的意识和观念。如何花钱,包括父母给的零用钱,对少年来说,是人生理财的第一课,上好这一课,决定着人一生的幸福。

人常说,经济基础决定上层建筑。有什么样的经济基础,就有什么样的人生境界。在财务上,人有多种境界。一种是大境界。把钱当成一种工具或一种概念,关心的是如何在社会上纵横驰骋,闹出不同凡响的动静。这种境界最大的弊端是容易产生不知节俭的奢华之风和败家之徒。一种是小境界,自给自足,精于算计,心思几乎全在钱上。这种境界的弊端是容易出现唯利是图、损公肥私的情况。一种是穷境界,整天在柴、米、油、盐、酱、醋、茶上算计,为生计而忙碌。其实人由于家境、出身、学识、地位的不同,对理财的观念也会不自觉地进入属于自己的那个境界,形成独有的对钱的计算方法。每个人对钱的态度会影响他自己的生活方式和行为。

作为少年,对金钱的认识甚至会影响其一生。我认为会花、会挣、会用零花钱是人生重要的一课。首先,挣钱应该通过劳动和付出获得。其次,花钱应该会合理消费。钱是把双刃剑,用得不好就会伤人。再次,花钱能培养孩子独立生活的能力,也是孩子参与社会生活最基础的方式。花钱就像游泳,理论再成熟,不亲自下水,就始终不会游泳。

在美国,财商知识教育被称为"从三岁起实现的人生幸福计划"。这一教育计划就是要达到这样的目标:三岁能识钱;四岁知道钱不能把商品买光,必须做出选择;五岁知道基本硬币的等价物;六岁知道钱是怎么来的;七岁能数大量硬币;八岁知道他们可以通过额外工作赚钱;九岁能制作简单的一周开销计划,购物时知道比较价格;十岁时知道能节约一点钱,以备大笔开销使用;十一岁知道从电视频道中发现商机;十二岁能够制订并执行两周的开支计划,并正确使用银行业务中的术语。

儿子,对照一下,如果有哪一项没做好,就请继续努力吧!

## "穷大方"要不得

**【儿子·说】**

2006 年 3 月 14 日　　星期二　　晴

我为我们班的小明感到遗憾。

小明是我们班家境最差的同学,去过他家的同学都知道他家总共只有两间平房,40 平方米都不到,而且房子又矮又潮。他父母都是农民,种地之余靠做临时工维持生计,家里的电视机到现在还只是 14 寸的黑白海燕,没有接有线电视。像他这样的学生我们学校不少,学校每年都要组织同学们给这些生活困难的同学捐款捐物。

我们都觉得像小明这样的家境,他应该节俭一些才是,可小明在我们班却是出了名的大方。同学的圆珠笔芯没油了,他就将自己的借给同学,而且拒绝同学归还;天热了他买冰激凌,看到同学了就每人买一个,还坚持不让同学付钱。这样的事在小明身上可以说时时发生。我们都劝他节俭一些,可他说对同学不能太小气了,要大方。

今天上午,同学小豪的橡皮没有了,他看见了就将自己的橡皮随手递了过去。我们知道,他下午肯定会买一个新的。果不其然,他再次拒绝了小豪归还他的橡皮。

小明这是何必呢?大家都知道他家里并不宽裕,他节俭一些没有人会笑话他,可他却偏偏要穷大方。这样,久而久之恐怕同学们都不愿和他在一起了。

**【父亲·曰】**

在小明看来,自己的大方应该会赢得同学们的好感,但实际上他这种穷大方会让他很快受到惩罚。

中国人素来爱打肿脸充胖子。有这样一个笑话:从前有个秀才,手无缚鸡之力,家徒四壁,却又偏偏是个好面子的人。他在家门口拴一个煮熟的猪尾巴,每次出门前都要用猪尾巴在嘴上抹一下,出门后逢人就说:“我家今天又吃肉了,不信你看我的嘴上这不还有油呢!”久而久之,大家都知道了他这个毛病,就取笑他:“猪尾巴快舔没了吧?”他一时没反应过来,就说:“不要紧,还能再舔两次!”众人哈哈大笑,他这才反应过来大家是在取笑他,羞得面红耳赤,躲在家里不敢出门了。

再比如中国人婚嫁、孩子满月等事情,不管有钱的没钱的,都要讲究吃了多少席,鸡、鸭、鱼肉都要上齐。而事后往往是欠了一大笔债。

造成这一切的罪魁祸首有三个方面。一是虚荣心作怪。想在别人面前装出一副大款或富人的模样,使别人羡慕。二是想掩盖自己的穷相。不想让人知道自己没钱,结果越穷越大方,越大方越穷。三是错误的感情表达方式。有的人认为，为对方大方花钱是表示自己与对方感情很深，正是这种错误的感情表达方式才助涨了其“穷大方”的“气焰”。

穷也好，富也好，都要过最真实的生活。穷大方是人前大方，人后更穷，这是对生活的不负责。希望小明能迷途知返，更希望你能以此为戒。

## 别拿运气当本事

**【儿子·说】**

2003 年 10 月 16 日　　星期四　　晴

我们班的小航同学非常有意思，嘴里总是念叨买彩票中奖的事，总是羡慕今天谁买福利彩票中了几千块，明天谁买体彩中了多少万。同学们都笑他是个财迷。这不，今天中午到校后他不在自己座位上写作业，却趴到我的课桌上神神秘秘地说他昨天买彩票中了十块钱，一脸的洋洋得意。离开时还不忘来一句：“这就是运气！有钱能使鬼推磨，有运气却能使人拿钱！”同学们听了，纷纷摇头。

我们都知道小航家境不好，可是他这种希望靠运气发家致富的梦想真的能实现吗？他偶尔中一两次奖还可能，可谁又能保证他每次都能中奖呢。

**【父亲·曰】**

运气只是瞎猫碰到了死耗子而已，没有什么技巧，所以爸爸看到那些整天钻研彩票中奖规律的人就打心眼里为他们感到可悲。

中国有则守株待兔的寓言故事，可谓家喻户晓。说的是战国时宋国有一个农民，看见一只兔子撞在树桩上死了，便放下锄头在树桩旁等待，希望再得到撞死的兔子，结果自然可想而知！

还有一则寓言说的是一只小鸟想到南方去过冬。由于天很冷，它想找个暖和点的地方休息一下，正巧一头牛经过那儿，拉了一堆牛粪在小鸟的身上。小鸟躺在粪堆里，觉得很是温暖、舒服，就唱起歌来。这时，正好一只路过的野猫听到声音,发现了躺在粪堆里的小鸟,就把它拽出来吃掉了。小鸟把偶尔的好运当成自己的本事,忘记了自己到南方过冬的目标,悲催的命运在所难免。在学业上,更不能把一次考试的成功作为资本,认为每次都能考好,这是不现实的,也是万万不可取的。坐享其成的人,最终都不会成功。要想有所作为,就要脚踏实地地做一些实实在在的事情,这样才能使你一路披荆斩棘、乘风破浪般地前进。

一个人把幸福交到不可预知的随机概率事件当中而放弃勤奋,且沉迷其中将是人生最大的悲哀。

## 业成于精荒于嬉

**【儿子·说】**

2004 年 12 月 18 日　　星期六　　晴

不知不觉我在剑桥英语上课已经有一段时间了,我们都已经把上册书学完了。今天上课的时候我精神饱满,老师提出的所有问题我只有两个答不出来。晚上我在数学老师那里补课,老师出了两道题,好多同学都做错了,只有我和小时两个人做对了,这种感觉真棒!

这几天我一直都很幸运,今天也一样,我把黑板上题目的每一个解题步骤都详细地写了出来,并且进行了分析,老师听了我的分析后说全班这么多人,只有你和小明两个人会,你的进步可真大啊!我听了心里乐滋滋的,心情十分愉快。回家后爸爸问我的表现,我就把在学校的情况说了,还骄傲地问爸爸有什么感想,没想到爸爸说:“业成于精荒于嬉,好好努力!”说完还一脸得意!唉,真是被爸爸给打败了!

**【父亲·曰】**

你知道今天为什么受到老师的表扬吗?我觉得有两点很重要。一是你能勇敢地争取机会。天上不会自动掉馅饼,有表现的机会就要勇敢地去争取。如果不具备勇敢的品质,你就无法争取到机会,人们就不会知道你的进步。二是你准备充分,机会从来都青睐于有准备的人。凡事预则立,不预则废。争取到了机会而没有能力做好,只能成为笑谈。如果取得了机会而无法把握,你也无法战胜自己并证明自己,人的成就是无数个进步的积累。而人就是在不断证明自己中寻找自信,建立自信,超越自己。有时,关键的一次表现,会成为自己走向成熟的转折点,使自己厚积薄发,绽放出耀眼的光芒,使自己在取得成就的同时,更具备“王”者的品质。

争取机会要“精”于理想而戒“嬉”想。立志是成功之始。一个人如果没有志向,他就会陷入迷茫之中,找不到人生的方向,没有奋斗的目标,就会因此变得慵懒颓废而一事无成。自古成就事业的人,都是志向远大的人。过去我的一个同学,每天几乎都有一个理想,诸如每天记一篇日记,早晨坚持五点起床,每天背一首唐诗,每天记一个单词,三十岁以前出一本文集等。但到头来却从未认真实施,不是半途而废,就是不了了之。更为可怕的是,在一次次的理想和誓言的“嬉”想中,他逐渐丧失了信心和斗志,开始自我颓废,自我放弃,结果一事无成。所以,常立志不如立长志,瞬间的意念经不起岁月长河滚滚洪流的冲刷。

把握机会要“精”于行动而戒“嬉”行。任何理想不付诸行动都如同天上的彩虹,可观而不可触。传说有一种鸟,叫寒号鸟。夏天的时候,它全身长满了绚丽的羽毛,整天走来走去,洋洋得意地唱着:“凤凰不如我!凤凰不如我!”秋天到来了,鸟儿们有的开始结伴飞到南边准备过冬天。有的留下来整天辛勤忙碌,积聚食物,修理窝巢,做好过冬的准备。只有寒号鸟,仍然整日东游西逛,还在一个劲地到处炫耀自己身上漂亮的羽毛。冬天最终来了,天气寒冷极了,鸟儿们都回到自己温暖的窝里。这时寒号鸟身上的羽毛都脱落了。夜间,它躲在石缝里冻得浑身直哆嗦,不停地叫着:“好冷啊,好冷啊,等到天亮了就造个窝啊!”等到天亮后,太阳出来了,温暖的阳光一照,寒号鸟又忘记了夜晚的寒冷,于是它又不停地唱着:“得过且过!得过且过!太阳下面暖和!太阳下面暖和!”就这样过一天是一天,寒号鸟一直也没能给自己造个窝。最后,它没能度过寒冷的冬天,被冻死在岩石缝里了。那些只顾眼前,得过且过,不作长远打算,不凭辛勤劳动去创造生活的人,跟寒号鸟没什么区别。

实现机会要“精”于勤奋而戒“嬉”勤。古人说:“曲不离口,拳不离手。”要想天天进步,就要不断进取,不断练习,熟能生巧。百炼才能成钢。一个人的生存和发展离不开勤俭,“四体不勤,五谷不分”的人难以成就大事,骄奢淫逸的人难以常保富贵,一个人无论在什么时候都不应该抛弃勤俭的作风,只有做到克勤克俭,才能成就大业。曾国藩为官勤政,持家节俭。克勤克俭不仅使他创下了功业,而且守住了功业。这样才能做到不为物累,物贫心富。如果生活条件太好,往往会让人产生惰性而放弃目标。因为,人生充满了关爱和温暖,就会忘记人世间还有寒冷和冷漠,人在恒温下就会丧失刚性和韧性,经不住人世的风霜刀剑。尤其在年少时期,如果那种在百般呵护下而萌生的人见人爱的“柔性”过早过滥地在心灵和躯体中产生,那么,先天的“脆骨症”便会把人变成百人一腔调、千人一面孔的低能儿。如果你懂得了这个道理,在学习和做事中就无须爸爸多说了。

因此,要成就一番学业和事业,就要在“精”上下功夫,精于理想,精于学业,精于事业。这样,你才会一路披荆斩棘,乘风破浪,继续前行!

## 劳动创造快乐

**【儿子·说】**

2005年4月30日　　星期六　　晴转阴

明天就是五一国际劳动节了,今天早晨我起得很早,因为我要把这周的作业全部做完。家里的习惯是每年的五月一日都要一起劳动,今年肯定也不例外,我今天必须把明天的作业做了,要不就没时间了。起来后发现大家还都没有起床,我就趴在书房里学习,一直到吃早饭。

吃饭的时候我对全家说:“从现在开始到下午两点钟我要学习,不要打扰我,吃饭的时候叫我就行了。”说完我就在桌子边开始学习。不知不觉,指针就指向了十二点，我的作业也完成了大半。吃完午饭，我继续奋斗。功夫不负有心人，下午三点多，我终于把所有作业都做完了。

收拾完书包，我心里一阵轻松，不禁大喊一声“五一假期，我来了！”惹得爸爸边笑边摇头。

**【父亲·曰】**

明天是五一国际劳动节，是劳动者的节日。劳动之于人类是生命的源头，生存的依托，生活的保障。人类在劳动中创造了世界，创造了自己，并在劳动中代代相传、生生不息。劳动之于个人是创造快乐、享受快乐，人们在劳动中变得更加聪明、更加自信、更加坚强，并在劳动中展现自我价值。人们在劳动中产生的那种满足、快乐，鼓舞并推动着社会的发展，一个被剥夺劳动权利的人也就失去了存在的价值，必然会被社会所抛弃。

你今天说老师布置的作业有些难度，学习好的学生很容易完成，对于学习相对差的学生来说就有些难度了。而这学习好、学习差的区别就是由以前付出劳动的多少来决定的。我一向认为学习是一种劳动，而且是一项艰苦的劳动，这种劳动如同春天的播种、夏日的劳作，使人对生活产生一种希望和快乐，这种劳动也许难以立见成效，但当你享受劳动带来的果实的时候，你会发现以前的辛苦劳动都是为了今天收获快乐。你现在处于播种人生快乐和希望的时期，我知道你会辛勤耕耘，精心播种，埋头学习，使快乐和希望在劳动中发芽、成长。

人们都讨厌不劳而获的人，那些人的卑鄙就在于想通过自己的小聪明和不正当手段来夺取别人的果实。因此，国家制定了法律来保护人们的劳动成果和劳动权利。如果一个政府不能保护劳动者，它必将灭亡。如果你不愿意付出劳动，就要付出别的代价。一个崇尚劳动的民族，必定是一个欣欣向荣的民族；一个崇尚劳动的家族，必定是一个长盛不衰的家族；一个崇尚劳动的人，必定是一个快乐伟大的人。劳动可以改变一个人的境遇、命运、性格。一个不爱劳动的人，我敢断定他绝对是一个胸无大志的人。因此，劳动是人类获得快乐的重要途径，也是创造快乐的重要途径，因为劳动是人间奇迹的创造者。

快乐有招，但快乐要靠自己。快乐在于有所作为，有所作为才能创造快乐。劳动是人的权利。人的一生离不开劳动，靠劳动创造奇迹，创造生活。如果你要快乐，我给你的忠告就是以勤为乐。在劳动中，你会发现自己的人生价值。

## 认真做事的人最有魅力

**【儿子·说】**

2006年5月9日　　星期二　　阵雨

今天又是一个风雨天，雷雨交加，一直到晚上都没有停。一会儿狂风暴雨，一会儿电闪雷鸣，真让人胆战心惊。英语老师兼班主任好像受了天气的影响，在班上大发雷霆，批评我们作业没有做好，上课之前还大声说话。被老师训了一顿之后，同学们都噤若寒蝉、鸦雀无声。因为这几天我们班的纪律一直不好，上午一到教室就有人大声吵闹，让人心烦，总要经过老师的整顿才会安静下来。我今天写作业时忘记抄写单词，老师批评了我一顿，让我以后要注意。我会记住这次教训，下次不再犯了。

**【父亲·曰】**

虽然抄单词是一件小事，但小事也要认真去做，这也是做人的基本原则。做事和做人一样，都要认真，不能敷衍了事。

人活在世上，要面对两个问题——做人与做事。做人可以圆，但做事就要方。所谓的“圆”，不是圆滑世故，而是圆融通达；所谓“方”，即方方正正，规规矩矩。反之亦然，做人也可以“方”，方得刚直不阿，耿直豪爽，这是做人的脊梁。做事也可以“圆”，圆得游刃有余，灵活多变，这是做事的锦囊。这就叫“方中有圆，圆中有方”。

在我看来，做人要低调真实，做事要高调负责；做人要平和透彻，做事要认真踏实。有时候，做人与做事是相通的。做人要言而有信，做事要诚信为本；做人要干脆果敢，做事要干净利索。认真做事的人最有魅力，因为他们注重修身养性，品德操守高尚，言谈举止文雅，有平常心，无烦恼事。做事需要思维灵活，刻苦努力，展示出来的风采就是不但要深思熟虑，而且要严谨有序。有一句话叫“做事一阵子，做人一辈子”。但反过来说，做一辈子人自然就要做一辈子事，所以，无论做事做人都要认真，这样才会如深谷幽兰，散发出独特的魅力。

## 快乐是健康的护身符

**【儿子·说】**

2006年6月14日　　星期三　　阵雨

下午放学时，同桌小赫让我陪他去医院看望他生病的奶奶，说如果没有同学陪他，他一个人去医院看奶奶，他妈妈会当着奶奶的面责怪他只顾往医院跑而不好好学习，这样奶奶就会更加难过，他还告诉我说奶奶的病根本就是“憋”出来的，什么事儿都爱窝在心里不愿意对别人说，时间长了，便经常失眠，做噩梦。我们到了医院，小赫的妈妈出去了，他奶奶整个人看起来都没精神。但看见我们来了，一下子就从病床上坐了起来，弄得我问老人感觉如何，得的什么病。老人说：“这是老年病，医生检查后说，没什么大问题，只是要注意保持心情愉快，不能生闷气，好好睡觉就好了。”小赫问他妈妈去哪儿了，不料奶奶马上满脸忧愁，难过得哭了起来，弄得我和小赫不知所措，幸好医生过来查房，问了一些常规的问题之后，医生认真地对奶奶说：“你不想得病就别生气，这是最主要的，爱生气的人什么病都容易得。为了身体健康，要像我一样保持好心情。”但奶奶好像控制不了自己，还是哭个不停，我感到小赫的奶奶太可怜了。

晚上回到家，看见妈妈忙碌的样子，我心里难受极了。心里暗暗下决心，一定要好好学习，孝敬妈妈，让妈妈一辈子健健康康、快快乐乐地生活！

**【父亲·曰】**

你今天说想让你妈妈一辈子健健康康、快快乐乐地生活,真是孝心可嘉。这也说明你通过今天去医院看小赫的奶奶明白了一个道理,人的快乐与否与健康紧密相连。德国哲学家叔本华说:“在一切幸福中,人的健康胜过其他幸福。可以说,一个健康的乞丐比疾病缠身的国王幸福得多。”由此可以想象,人们如果失去了健康,身体和心灵时刻都会笼罩着一层黑影,昏暗苦闷。

快乐是健康的源泉。俄国著名生理学家巴甫洛夫说:“快乐是养生的唯一秘诀。”他说自己有三个医生:第一是安静,第二是快乐,第三是节食。快乐和健康其实是相辅相成的。因为快乐的心情能促进健康,而健康的身体又能让自己更快乐。一个人如果总是郁闷生气,在不久的将来他就可能会生病。如果他总是保持快乐的心情,那他生病的概率就会很小。爸爸不懂医学,以前曾看过一份资料,美国心理学界经过长达10年时间对100多个国家和地区的1万多人进行了详细的调查,发现快乐是人类特有的一种心理感受,具有浓重的主观色彩。乐观主义者往往健康无恙,即使有时患病,也容易不药自愈。这是因为乐观者能沉浸在内啡肽的世界里。有意思的是,美国切斯特大学的神经生理学教授戴维·菲尔顿在大脑免疫系统的研究中发现,脑内啡肽不仅作为大脑的受体产生作用,在体内各个地方都存在着受体。他同时指出,脑内分泌内啡肽时,NK细胞十分活跃,免疫力随之提高,从而能防御疾病,维持身体健康。什么都没有健康重要,什么都没有快乐重要,“健康来自于快乐的心情”,追求健康是每一个人的生活目标。我从生活中真正地感悟到:要活好,心别小;笑口开,病不来;精神好,身体好,精彩到老!

快乐是健康的良药。尽管人类的疾病千奇百怪,尽管医生开出的处方千差万别,然而,只有快乐才是人类寻求健康的通用处方。举世皆从愁里老,乐观才是长寿药。常言说得好,心病还得心药治。忧愁是一朵乌云,让人双眼蒙尘,看不到光亮和希望。乐观精神是自疗心病的无形妙药。乐观、开朗、愉快、喜悦的情绪,能增强大脑皮层的功能和整个神经系统的张力,促使皮质激素与脑啡肽类物质的分泌,使机体抗病能力大大增强,并能极大地活跃体内的免疫系统,从而有利于防病治病。这就是说,用乐观的精神取代不良情绪,对人体健康十分重要。同时也说明,快乐的情绪可以悦心。一个人如果能有一个好的心情并保持乐观积极的精神状态,那他就会进入洒脱豁达的境界,从而掌握生命的主动权。

快乐是健康的基础。人生的最高目标是心情愉快。拥有快乐,就等于拥有健康。学会与自己快乐相处,让自己的心灵时时充满快乐,就是自己要拥有一间常开着的"健心房",常常走进去,为自己忙碌疲惫的心灵做做按摩,使心灵的各个零件得到维护和保养。印度著名医生特里古纳说:"你的生命由你自己决定。你的大脑就是控制你生命的枢纽,是健康的生活还是得病,全由你自己选择。"可能有人会说,咱一没钱二没权,到哪儿找快乐呢?其实,快乐纯粹是一种人生态度,它与种族、年龄、财富、地位没有什么内在的联系。相同的人生境界,相同的生活状况,有人感到快乐,有人却感到痛苦,这完全是不同的主观感受使然。伊壁鸠鲁认为,欲望的满足即快乐,快乐是人生的最终目的,快乐是最高的善。在他看来,如果没有美味的快乐、性的快乐和音乐的快乐,人们就不知道如何去设想善了。因此,为了身体无痛苦,伊壁鸠鲁提出要养成一种简单朴素的生活习惯。他甚至说,只要有了面包和清水,他就敢和宙斯比较看谁更快乐。

快乐是健康的保证。佛教里有一句至理名言:"难明之理宜平,难处之人宜厚,难处之事宜缓,难成之事宜智。"有啥别有病。人最怕生病,一个人如果没有一个健康的身体,即使他拥有全世界也等于零。有个故事说的是大哲学家苏格拉底。他妻子脾气很不好。有一天来了一位朋友,交谈时间很长,已进入深夜,他的妻子大骂苏格拉底。苏格拉底只是满不在乎地一笑,他妻子就用水向他头上浇去。苏格拉底又一笑说:"我早料到了,打雷后一定会下雨。"这让我们不得不佩服苏格拉底的心态,快乐是健康的源泉,现在好多人都在透支健康,燃烧生命,经常借口工作忙、应酬多,不注意生活方式,不重视锻炼和爱惜自己,过早处于亚健康状态。一般都是撑不住了才去看医生，身体有毛病了、退休了才去保养和锻炼。往往都是等到健康状况不行了，才想起珍惜和维护。其实，如果我们过早地把自己身体都搞垮了，要再多的身外之物又有何用？“万里长城今犹在，不见当年秦始皇。”世界上再富有的人，往往也无法买回自己的健康。我觉得无论干什么，干多大的事业，健康是第一位的。我们连生命都没了，还会有什么？俗话说，笑一笑，十年少；愁一愁，白了头。还是笑比哭好。如果不刻意做人，不钻牛角尖，不糟蹋自己，那么忧愁拿你就没有办法。因此，摒弃忧愁，寻找快乐，是人生的必修课，也是一门学问，一辈子也学不完。

快乐是健康的重要标志。健康是人生最大的利益。健康可分为身体健康和心理健康，快乐是心理健康的一部分，而快乐的心态又可以促进身体的健康。现在的社会竞争激烈，压力很大，很多人的身体处于亚健康的状态，除了缺少体育锻炼外，烦躁的心态也是重要的成因。包括现在很多的疾病，心理状态也是很重要的诱因。1997 年，世界精神病协会年会指出，人类已从“躯体疾病时代”进入“精神疾病时代”。心理疾病已成为 21 世纪的“世纪病”，成为人类健康的主要敌人。最近，有的科学家甚至认为，21 世纪心理治疗将是人类战胜疾病的最重要手段。所以，保持快乐、积极向上的心态，对健康很重要。一个精神充实，生活充满快乐的人必然是一个心理健康的人，而心理健康又是生理健康的重要保证，也是人类健康的最终标准。

人生在世，不可能一帆风顺，经历多多，坎坷多多。可能我们一时无法改变环境，却可以改变对环境的态度。努力改变你能够改变的，坦然地面对你无法改变的，你就能把一切痛苦变成欢乐。生活中不是缺少快乐，而是缺少对快乐的发现。在乱世纷纷的夹缝中，快乐无处不在，无时不有，关键在于你有没有一双智慧的眼睛，有没有一颗宁静、淡泊的平常心。如果能以平常心去看待人生，就给自己的生活挖掘了一眼永不枯竭的快乐之泉，就会一直拥有幸福和健康。

# 我平淡，我快乐

**【儿子·说】**

2006年4月4日　　星期二　　晴

今天爸妈都有事回不了家，中午放学后我被小康拉着到他爸爸的中学去吃午饭。到了食堂门口，我不禁乐了。食堂里打饭的同学熙熙攘攘，在窗口排起了一条条长龙，虽然没有人大声说话，但食堂里仍然一片“嗡嗡”声。我转身一看，吃饭的同学更有意思，有的坐在石凳上，俨然一副山大王的样子；有的蹲在地上，将饭盒放在石凳上，不紧不慢地吃着，怡然自得；有的三三两两站在一起，一边吃饭，一边轻声交谈；还有的十几个人围成一圈，头对头蹲在地上狠劲儿地开吃，那个动作真叫一致……嗯，要是将这幅画面定格再来个特写，保留上几年或者几十年后拿出来，大家看到不知会是什么样子？

一直忙忙碌碌地学习，抬头看看窗外，原来快乐离我并不遥远！

**【父亲·曰】**

以前常听人说：平淡是真。我不太理解。现在，我渐渐领悟这话的意思了。生活就像平静的湖泊，从湖面上看波澜不惊、平淡无奇，只有深入湖中，才能领略湖底那缤纷多彩的世界。

平淡是生活的本色。如果没有对地球那“惊鸿一瞥”，我们也许永远都不会感觉到它的存在。它的寂寂无闻成就了辉煌瞬间，它的辉煌瞬间折射出它平淡而寂寞的岁月。今天有人对我说，他如果不能流芳百世，那么遗臭万年也好，并说他虽然只有二十多岁，但拒绝平庸的生命，还引用了陕西作家高建群的一句话：“让我像白天鹅歌尽而亡。”

我听后沉思良久，对他说：“我觉得活着便构成了生命的第一要义，你可以拒绝平庸，但不能拒绝平淡，前者安于现状、不思进取，是对自我的放逐，对人生不负责任的搁浅。而后者则是在繁杂生活中的一种处世心态，它不是消极的，而是用一种极好的心态处理世事，生活不只有功和利。”我觉得言犹未尽，想了想又诚恳地对他说：“其实就我们绝大多数人，都是布衣素食的小人物。一整天从太阳升起到熄灯就寝，为了生命的存在和延续，必须面对衣食住行等各种琐事，而且桩桩件件都是不可推脱的，否则就无法面对真实的生活。只要能用平常的心去对待人生，人生将会更精彩。”那人听了，耸耸肩，撇了撇嘴走了，下午我看见他陪着女朋友，提着菜篮去市场买菜。

昙花一现纵然美丽，但转瞬即逝；烟花绚丽纵然耀眼，但顷刻间便灰飞烟灭；瞬间的辉煌固然精彩，但当看尽一切风景了，才发现细水长流最珍贵。人生灿烂的时光毕竟很少，大多数情况下都平平淡淡、默默无闻，就像流星一样，它在划破长空、璀璨夺目之前，可能在星空中已默默地运行了成千上亿年。

朴素是生活的底色。晚上躺在床上，不知怎的，我猛然想起老子的一句话：“万物莫与朴素争美。”我觉得这才真正道出了生活的真谛。我们现在生活的社会，各种利欲、诱惑、繁华已将生活的底色遮掩。朴素、忠义、恩义就是原始的纯洁之色，我们曾经将善和贫穷当作朴素，这是一种偏见。其实，朴素是真、善、美、智四位一体的外在表现和内在追求。离开了真，奢谈革命、肆喊口号、乱造理论、疯狂斗争，难以达到实事求是的真；离开了善，任何成功都可能只是昙花一现，如过眼烟云，难以达到悲天悯人的善；离开了美，一切会显得单调乏味，苍白而无生命力，难以达到超乎想象的美；离开了智，作秀作威作福，会使人疯狂，无所节制，不知进取自律，必然导致毁灭。因此，朴素是生命之根，是一种品德、一种文明，更是一种关注、一种智慧、一种觉悟。

名人高士自风流，这风流就是基于朴素，他们以人生的本来面目对待生活，用岁月、智慧涤尽了功利和妄念，摆脱了愚昧和贫贱，又超脱了奢侈和浮华，只留下对生活、对生命、对社会最质朴淳美的感受，这便是人生的本真状态。就像有学问的人，如山蕴玉，如水含珠，精彩自然光润，达到“心安茅屋稳，性定菜根香。世事静方见，人情淡始长”这一人生朴素的境界。

有心是生活的颜色,境随心转。生活本来并不平淡,平淡的只是我们的心。我们的生活本来是美好的,只是平淡或者习惯掩盖了它本来的面目。当你每天只知道吃饭、学习、睡觉的时候,你的眼睛又怎么会留意到上学途中墙角独自绽放的一朵蔷薇?当你认为生活就是吃喝拉撒睡,自然地长大,自然地衰老,乃至于自然死亡的时候,你的内心又怎么会充满激情?只要摘掉眼前那叫作习惯和冷漠的眼镜,用心去发现、感受生活,我们一定能透过丑陋的蚌壳发现美丽的珍珠。

快乐是生活的暖色。人生无须惊天动地,快乐就好。尽管我们都知道必须去奔波才能生存,然而,只有当你用心去感受暖春的花朵,用心体会寒冬的冰凌,你才能体会到生活蕴含的内容。要知道,人在大自然中本就是沧海一粟,这样,你才会感到原来平淡也是一种风景,平淡也是一种幸福。

走出教室,融入生活,你会发现更多的快乐!

# 第二节　乐信乐义

## 信为万物之本

**【儿子·说】**

2005 年 3 月 16 日　　星期三　　晴

昨天因为老师批改卷子，上午回家后我就赶快写作业。妈妈说只要我把作业写完，其余时间由我自由安排。但我把作业完成后想出去玩一会儿，妈妈却又不让我出去了，非要让我再看一会儿书才行。唉，妈妈今天说话怎么不算数。

可今天我又犯了和妈妈同样的错误。看着日记本，心里有些忐忑不安，有件事我做错了，但并不想让爸爸知道。心里反复挣扎，我还是决定写出来。我答应爸爸要坚持每天都写日记，可是昨天晚上，我实在太累了，所以没有写日记就睡下了。爸爸睡觉前问我要日记写点评，我借口爸爸工作一天太累了，明天一块儿点评就行了。没想到爸爸竟然同意了。我原打算今天早晨起早一点把昨天的日记补上，可是早晨又起晚了。我只好偷偷把日记带到学校，趁课间匆匆补写了一篇。我希望爸爸能原谅我这次的错误。

**【父亲·曰】**

上天最喜欢诚实的人，也最眷顾诚实的人。诚实的人因为不欺天，当然会得到上天的喜爱。

以信取人。凡事因信而成，你母亲今天做错了，有点像曾子杀猪这个故事中的母亲。如果以为信用是一种个人的美德，不应含有任何功利，那就是混淆了生活的方法与目的，是大错特错的想法。曹操肯放刘备出逃，齐桓公愿与管仲共事，并不是因为他们的品格有多高尚，而是想以此取信天下，达到聚集天下英雄豪杰为己所用，有效号令天下的目的。因此，不论国家还是个人，想要成就事业，除了依靠实力，还要讲求信誉，以信取人，切不可顾小利而失大局。

以信处事。人们都埋怨上天偏心，感叹傻人有傻福，似乎忘记了自己曾因精明而沾沾自喜过。人由精明转入诚实需要大勇气和大智慧。勇敢是因为他敢于直面内心，不像鸵鸟一样，在遇到困难时只是自欺欺人地把头藏在沙子里；敢于面对世界，不像狐狸一样，遇到利益总会虚伪地对乌鸦唱赞歌。智慧，是因为它以不变应万变，像大山一样任风吹雨打而岿然不动，才更显伟岸；以大胸怀宽容小谋略，像宇宙一样可以包容万物，更显广阔。宽容和包容不是胆怯，而是一种无畏的境界。

以信成功。当精明的人在时时算计如何用更大的行动和谎言掩盖已发生的事情时，诚实的人却在潜心于自己喜爱的事情并从中获得心灵的宁静达观。爸爸在写《刑侦谋略七十二计》时，虽然通篇都在写如何斗智斗勇，而在最后一计时经你爷爷的点化才悟出真正的智者就是那些不谋而胜的人。今天之所以啰嗦了许多，都是因为你昨天未写日记而又欲掩盖的事，请你三思。

## 诚实是经营人生的最高谋略

**【儿子·说】**

2005年6月18日　　星期六　　晴

爸爸明天要带妈妈、姐姐和我到太白山去玩，为了让我更深刻地了解我们家乡这座传说中姜子牙封神的名山，爸爸让我把他写过的《太白山印象》一文看几遍，并要求我完成今明两天的作业。我写了一会儿作业，心想晚上要和几位同学去老师那里补课，老师在黑板上讲，我在下面抄，不是试题就全做对了吗？这样神不知鬼不觉多好。抱着这种想法，当小昊和小阳叫我一起玩耍时，我就欣然答应了，可当我回家取书包时才发现，把钥匙忘在家里了。这可怎么办，我想给爸爸打个电话，可小昊却说他能帮我把门打开。最后，我在门纱上割了一个拳头大小的洞，把手伸进去将门打开了。妈妈回来问，我说可能是小偷割的。妈妈问我作业的时候，我撒谎说做完了。可惜老师晚上有事取消了辅导，害得我“露馅”了，还被爸爸“修理”了一顿。晚上睡在床上，我翻来覆去睡不着，下午偷偷割门纱的事让爸妈担心不已，我心中总是放不下这事，最后决定，还是把事情的经过告诉妈妈爸爸，结果爸爸早就发现了其中的秘密，还在客厅等着我自动“坦白”呢，我这才明白，爸爸干过刑警，还写过《刑侦谋略七十二计》，他之所以引而不发，就是在等待我自己反省呢。唉，早知如此，何必当初啊，看来还是老实一点好！

**【父亲·曰】**

古人云：“矜伪不长，盖虚不久。”说好明天要去旅游，所有假期作业必须在晚上做完，而你却在三点半到五点半之间没有做一道题，时间就这样白白浪费了。更要命的是，你没有做的原因就是晚上老师要讲解。你这是投机心理，也是一种不诚实的表现。

看一个人要看他在关乎自己前途命运的事上的立场、人品怎样，而不是看琐事怎么样，这点你要注意。如果你在小事情上都不诚实，那以后面对大事情呢？门纱破了可以补，如果一个人心灵或身体受了伤，即使好了，也会留有伤疤，那是终生引以为耻的事情。所以爸爸告诉你，如果做了错事，要勇于承认，不要自作聪明地想篡改事实，你说得越多，里边的漏洞就会更多，反而会授人以柄。记住，诚实是一个人最重要的品质。

诚实为人生之源。诚实成就人生。如果没有老实的学习态度而靠投机取巧，那你学习的效果肯定难以提高。任何事情，在别人还未做之前，你最好认真试一下，在试的过程中可审视并提高自己的能力和水平。有人抱怨世界不公，其实，这个世界还是很公平的，你今天种什么因，明天就会结什么果；你今天投机取巧，明天就会后悔莫及；你今天专心扎实，明天就会有所收获,所谓“种瓜得瓜,种豆得豆”是也。这也是佛教所说的因果报应。

诚实为立身之本。诚实根源于心,心正则诚,只有内诚于心,方能外信于人。要善于用真诚打动人,没人愿意和一个不诚实的人交往。不诚实的人其实最可怜,欺人者人恒欺之。连自己都开始欺骗了,还有谁不能欺骗他?而自欺欺人者也是不自信和懦弱的表现。与人交往一旦开始自欺,就已经失去了主动,再欺人只会变得更加被动,甚至会失去与人交往的资格。所以说自欺欺人者心里最痛苦。诚实首先就是对自己诚实,不欺心,所谓“内不欺己”。与人相处相交,诚实也是最基本的黏合剂。“精诚所至,金石为开”讲的就是一个诚字。没有了诚实,人与人之间就会互相戒备,互相提防,如果这样,何来朋友和亲情?所以,对人诚实,就会打开心灵之门,拉近彼此的距离,这也是人与人交往的基础,所谓“外不欺人”。把诚信作为根基,我们的生命之厦才会更稳固;携诚信上路,我们的生命之旅会更加多彩!

诚实为立业之基。学习工作中出了问题,就要承认和改正,而不是遮遮掩掩,后者只能让事情越来越糟。每干一件事,人们总会权衡利弊。一般情况下,人们都想走捷径,但往往捷径所取得的成功有其局限性,有时看似曲折的道路却是最佳途径。就像今天你做作业,如果下午用功完成了,问题就解决了,你反而不会因撒谎而担惊受怕了。现实生活中,你撒了个小谎,想要使谎言不被戳破,就要用更大的谎言来圆之前的谎。生活中的小事不必撒谎,否则劳心费神得不偿失。试想,一个不能坦然面对错误的人,谁愿意与之合作,这份事业又如何能够成功?

诚实是立德之本。人间没有诚信将会是一个苍凉而荒芜的世界。一个人是否诚实和诚信,会直接影响他人生的命运。诚实是人生的命脉,是一切价值的根基。诚实成就自己,成就事业,成就人生。诚信是人类一个永恒的旋律,诚实也是经营人生的最高谋略。

# 缺乏伦理的发展必将给人类带来灾难

**【儿子·说】**

2009年10月15日　　星期四　　晴

今天早晨，我们班几个同学提到了昨晚中央电视台《焦点访谈》的报道，说湖南某县医院防治结核病的门诊医生拒绝发放国家免费的结核病药物，非要患者掏钱购买医院销售的高价药。我追问详情，同学们说，湖南农村一个约10多岁的女孩子，父亲癌症去世，母亲因结核病丧失劳动能力，全家无任何收入，而医生不仅每次看病要收取300元药费，还恶语相加。女孩看着在墙边咯血的母亲，哭着说："我有母亲才有家，我只有这个母亲了，但医生为什么就是不发免费的药呢?"我们几个同学听了，不禁眼眶湿润，这算什么医生，完全无视国家法律，无视百姓的生死。有的同学说，看看现在医生做的那些混蛋事，拉出去枪毙都不解恨！我当时没有说话，心里想，现在的医生到底怎么了?

**【父亲·曰】**

医生这样做就叫伦理丧尽！所谓伦理，就是人与人以及人与自然的关系和处理这些关系的规则。如天、地、君、亲、师为五天伦，君臣、父子、兄弟、夫妻、朋友为五人伦，忠、孝、悌、忍、信为处理人伦的规则。从学术角度来看，人们往往把伦理看作是对道德标准的寻求。

对个人而言，伦理是一个人"正心、修身、齐家、治国、平天下"的基础。这与"穷则独善其身，达则兼济天下"的积极而达观的态度相互补充，几千年中影响始终不衰。《中庸》说："不诚无物。"缺乏诚意，则一切事物都变成虚伪。虚伪的时候，所学得的知识，便不能妥善地加以运用，也将成为无所得。一旦无所得，便不能说有什么德行。这在佛教里就是慈悲，在基督教里就是爱。最初的基督教，特别是在清教徒的伦理中，讲究清贫和诚实，信徒们坚守这种信仰。俄国小说家陀思妥耶夫斯基在其代表作《卡拉马佐夫兄弟》中描写了一个儿子弑父的故事。父亲肖特尔否定基督教，不相信上帝，他只相信自己赚钱的欲望和勾引女人的欲望。这样的肖特尔后来养出了弑父的儿子。在现代人中，有许多肖特尔式的人物，但表面上，他们不像肖特尔那么放荡，看起来颇有绅士风度，头脑聪明，处事周到。但他们做事的目的，全在于满足自己的欲望，世人如何，社会如何，全不在话下，只要自己发财就好。你今天说到的那个医院和医生就是如此。这说明人类正在逐渐丧失伦理，因此必须让它复苏。因为每个人的内心都存在着慈悲和爱这样的善心，同时，也存在着为欲望所迷、只顾自己的恶心。善恶两者在我们心中同居，抑恶扬善，应该是我们每个人努力的方向。简单地讲，为了拨乱反正，家庭和学校必须扎扎实实地教给孩子正义、博爱、勇气、诚实这些做人最基本的伦理，重整现实社会的伦理道德。这样，我们面临的许多问题才有可能迎刃而解。

对人类而言，伦理是一个民族的立身之本。春秋齐相管仲曾说："国有四维，礼义廉耻。礼不愈节，义不自进，廉不蔽恶，耻不从枉。故不逾节则上位安，不自进则民无巧诈，不蔽恶则行自全，不从枉则邪事不生。"而现在更可怕的是，"进步思想"反而增添了不知耻辱的人群，不但人类个体为自身利益伦理丧尽，而且个别国家也为了所谓的国家利益伦理丧尽，社会治理更是缺乏正确的伦理支撑。爸爸一直以为有些名人特别是企业家、演艺明星年薪过高，与此同时还有很多穷人，这种现象拉大了贫富之间的差距，破坏了人类的发展伦理。现在，有三种观念对人类的伦理的破坏相当危险。

一是"进步是善"。20世纪的"先发展后治理"的模式给人类的生活和生存环境带来了众多灾难和教训，如生态破坏、环境污染、温室效应以及不断增加的种种新的疾病等等。正是由于这样的模式使我们付出了沉重的代价。现代科学技术日新月异，发展迅猛，提供了几百年前、几十年前人们难以想象的开拓世界、改造世界的崭新手段。近三十年来，人类所取得的科技成果，比过去两千年的总和还要多，科技的发展极大地影响了人类生活的各个方面。然而我们在享受科学技术给我们带来舒适、快乐的生活的同时，却也感觉到了它给我们带来的很多的困惑甚至危机。如核武器如果掌控不好,甚至可以毁灭整个人类。

二是"赚钱就好"。世界各国因怕中止经济增长,很难考虑人类永续的发展。有些国家买进石油囤积起来,提高价格,带动物价上涨,引发粮食危机,饿死人,引起暴动。"这一切与我无关,只要我能赚钱就好",抱这种想法的人越来越多。从某种意义上讲,这正是卡尔·马克思所预言的结果。马克思称资本家是有"罪恶"的人,而现在发金融横财的那些人就是贪得无厌的家伙。2008年夏,纽约市场的原油价格继续飞涨,这并不是因为产油国减产,或需求增长,最大的原因是巨大的投机资金涌入商品市场。只要涨价就能赚钱,因为能赚钱就可以投入更大的资金,这样的循环促使油价一路飙升。油价暴涨给世界带来了灾难,然而投资家们为了能让自己赚钱,还在尽力提高价格。现在,尝到甜头的投机家们又涌进了芝加哥谷物期货交易市场。结果是,原本粮食就短缺的发展中国家,许多民众活活饿死,陷入悲惨的境地。由此不得不说,美国的资本主义已进入"伦理丧尽"的阶段。

三是"唯我独善"。有的人天真地以为,美国"在全世界范围内行善,伸张正义",其实美国的"自由" 和"民主" 不过是招牌。在对待大自然上,"征服自然是人类最大的幸福"的价值观肆意蔓延。人类以"征服自然"为荣。自然成了人类的奴隶,近代文明使这种价值观得到了充分的体现。正像法国哲学家勒内·笛卡尔所说:"我思故我在。"这里的"我"是绝对的,自然不过作为"我"面前的对象物而存在。由于依照这种思想创建的社会体制带来了繁荣,更使人类"加紧压榨奴隶就能增加财富",结果环境急剧恶化。就连美国前副总统戈尔在其《难以忽视的真相》中也大胆而直率地呐喊:"环境恶化将置人类于死地。"作为人类特别是美国至今还没有从正面来应对地球环境这个重大的问题。在对待同类上,国家主义盛行。发达国家特别是美国以"自由""民主"为手段,"在民族和文化完全不同的人们身上强加美国的价值观"。对抵制的国家实行制裁,有时甚至还动用军队。美国这样做,实质是偏激而固执的"国家"意识在作怪,这使美国社会现在变成只看重自己"国家利益"的褊狭的社会。这样也使全世界陷入深深的不安与混乱之中。尤为可怕的是价值观的异化。资本主义的初始基础是“一手拿算盘，一手拿圣经”的新教徒精神。基督教伦理节制了人们对欲望的追求，由此促进了资本主义的发展。如今支撑美国超级大国地位的，表面上是“自由”和“民主”，实际上是“世界第一的军事实力”和“世界第一的经济实力”。更令人担忧的是，发达国家改变了通过坚船利炮赤裸裸掠夺的方法，以全球化为幌子，在含情脉脉中对欠发达国家刀刀见血，而中刀者却浑然不觉。历史上，古埃及文明灭亡后有希腊文明，希腊文明灭亡后有罗马文明，罗马文明灭亡后又出现了西欧文明及伊斯兰文明等，新的文明接二连三兴起。然而，现在世界文明多样性正面临着前所未有的挑战，所谓的现代文明已扩展到了全球各个角落，这就关系到所有人类的存亡。

总之，上述这些看似进步和善的伦理，在实质上却是对外“破坏自然”，对内“破坏人性”。叱咤日本商界的“经营之圣”稻盛和夫在其《拯救人类的哲学》所言：我正在考虑，请世界上的有识之士，特别是哲学家，一起来讨论“国家是什么”这个问题。“国家真的是值得付出一切牺牲也必须保卫的那种存在吗？”“国家的存在不正是纷争的根源吗？”以此向以美国为代表的各国的国家主义观念敲响警钟。人类要永恒发展，就摒弃以欲望为引擎的近代文明，建立营造怜悯之心、利他之心、关怀之心、纯朴之心为引擎的新的伦理文明。

## 心不化妆

**【儿子·说】**

2006 年 3 月 18 日　　星期六　　晴

爸爸常对我说，待人要真诚，可今天我真的有些矛盾了。

中午放学，我和几个同学一起回家。在路上，他们几个对我说：“紫阳，你最近进步很快啊，真是羡慕你。我们要是能像你进步这么快就好了。”听了同学们的话，我不禁一愣，我进步快吗？我倒没怎么觉得，便笑着说：“我这不还是原地踏步吗？你们这几个家伙什么时候学会恭维人了？”“没有，没有，我们都是实话实说而已。”接下来，他们还是有一搭没一搭地说着类似的话，我却再也没心情听了。

难道作为同学，真的连句实话都没了吗？为什么要说这些没价值的话呢？我对待同学都是很真诚的，从来不说这些违心的话，可他们对我居然连一句真心的话都没有。唉，真是悲哀！我是不是也要这样言不由衷地说话呢？

**【父亲·曰】**

中国有句古训：“喜怒哀乐不形于色。”你可以用谦虚欺骗他人，做谦虚状，以示强者的仁心厚爱、人品高尚，但却欺骗不了自己的心灵。

谦虚唯一的用处就是赢得别人的好感和廉价的赞美。其实谦虚是智者得志的另类表现，谦虚背后隐含的是正视和嘲笑，对他人圆融是必要的，但对自己则不要用那些虚伪的东西给心灵化妆。那样，你将看不清自己的本质，感受不到生活的真实，最终将迷失自己。

要做到心不化妆，就要用真诚面对社会，用德法面对自己，用责任来面对人类，用良心来面对大家。同时，掬起时间之水唤起满天彩霞，把自己心灵的影子反映其上，这样，你就可以看到真的自我。只有心不化妆，才能认识自己。

## 不要随意承诺

**【儿子·说】**

2003 年 12 月 25 日　星期四　晴

上午上数学课时，老师说下课要检查作业，让我们把作业准备好。我想总会有几个同学没交。下课的时候，老师一个一个地往下念名字，念到我的时候，说让我以后把作业写整齐点，不然就把我的作业本“撕”了。我记住了老师的话。结果中午放学时，还是有十几个平时就不好好学习的同学因没有完成作业被老师留在学校继续写。看着他们，我暗自庆幸。同时也下决心一定要努力，千万不能成为他们中的一员！

下午妈妈回家的时候，我正在写作业。妈妈让我在家做作业，她出去办事。我就问妈妈要去哪，妈妈没有说，但我出于好奇心，就不停地追问。妈妈神秘地笑了笑，让我猜。我猜了半天也没有猜到，妈妈看我一副冥思苦想的样子，心里一软才说要去给我买礼物。我这才反应过来今天是圣诞节。唉，早知道就不问妈妈了，到时说不准还能惊喜一下呢！

**【父亲·曰】**

看看不按时完成作业的那些同学的遭遇，顿生奋发向上的决心也是一件好事。人们犯过的错误，常常会成为他人的前车之鉴。没有哪个聪明人会否定痛苦与忧愁的锻炼价值。人们在失败和不幸中所得的收获往往比在胜利或幸运中学到的东西要多。要深刻体会老子说的“祸兮福依”。不论什么样的不幸都会孕育着某种幸运，就看你怎样去发现和挖掘。愚蠢的人只从中看到风险、困难和恐惧，聪明的人却从中长了见识，增了勇气，多了机遇，掌握了求胜的秘诀，把不幸和困难当作幸运和成功的契机，一定要自信、顽强、乐观、勇敢地去寻找办法来加以挽救，并从不幸的荆棘中开辟出新的成功之路！

妈妈刚开始做得对。任何礼物，如果在意料之中，就不会给人以惊喜，也不会引起别人更大的兴趣和欲望，意料之中的事难以引起别人的共鸣。不要过早挑起别人的欲望，因为如果你满足了别人的欲望，别人已经有了欲求，就会觉得那是理所当然的。古人说：“开米恩，斗米仇。”如果你未能实现别人对你的期待或你的承诺，别人会认为你信口雌黄、没有实力或故意不想兑现承诺，甚至会对你的品质产生怀疑。因此，中国人讲凡事都会给自己留点余地，正因如此，“半”字、“中庸”在中国颇为吃香。不论干什么事都要给别人留有想象的空间，让别人始终有雾里看花的感觉，就像龙或神一样，身在云中，给人以变化万端之感，若隐若现，给人以希望。如果别人未能预料到而你突然给人以惊喜,那么对方的感动会很强烈。因为你不知道将来会发生什么事情,所以你就会对将来充满期待和希望。

## 不能欺骗自己

**【儿子·说】**

2006年3月17日　　星期五　　晴

今天下午我们月考成绩出来了,我考得不太理想,才前进了100名。为什么没有考好?我分析主要原因是我没有把老师布置的题都做会,平时做完就了事,没有用心钻研。尽管有时候自己也感觉有些知识点并没有完全吃透,却没有仔细琢磨。没有取得好成绩,归根结底就是因为自己对自己不诚实,揣着糊涂装明白,到头来还是害了自己,自作自受。

**【父亲·曰】**

对自己诚实比对别人诚实要难。对别人的诚实还有社会、道德、法律的约束,而对自己的诚实恐怕只有残酷的现实给你以震撼了。人类的弱点就在于常常喜欢掩耳盗铃。真正的男子汉会对自己、对他人一意守诚,而很少甚至不去考虑对个人荣辱的影响。日记的隐秘性解决了这个问题,或许你会问,那你给我点评日记不是就知道我的秘密了吗?我要说,父犹天,不可欺。

我觉得现在社会中最缺的就是诚,人们被物化之后,人人都知道诚实是一种美德,可古今中外能做到诚实的有几人?治世诚为先,这是世代相传的不二法则。可人们或许基于私心杂念,或许出于明哲保身,或许纯粹是损人利己,干出一些阳奉阴违、欺己瞒人的不诚之事。这中间有个利己的基点,当多数人口头上宣扬诚实,但不诚实就能把事办成时,他们就不诚实了。一切以需要为转移,需要第一,原则第二。但要世风日好,就必须以诚为本,示诚也是达到目的的一种手段。

宋代鲁宗道嗜酒如命,经常出入酒家。有一天,皇帝召见,使臣到时他已经去喝酒了，找到他时已过召见时间，来使说："皇上怪罪，何以托词？"鲁说："实话实说。"使臣说："这样会得罪皇上。"鲁答："好喝酒，人之常情，欺君之罪可就大了。"使臣回去如实禀报，皇上虽表面上对其严加责问，从此却在心里对他刮目相看，认为他诚实可信，可以重用。后来鲁宗道还当上了参知政事，这就是以诚示忠的例子。

还有李鸿章初办洋务时，原打算与洋人只打痞子腔，对此曾国藩很不满，并告诫李对洋人一定要诚实，说只有诚心才能立于不败之地。因此，不论你认为有多么不好的想法，多么不切合实际的幻想，多么卑鄙的行为都可以在日记里向你爸爸说，听听爸爸的建议和忠告，这或许对你有所帮助。

欺骗自己就像吸食毒品，可以让人对欺骗产生的幻觉出现依赖感。对己真诚需要勇气、需要智慧，并且往往需要用惊心动魄的方式表达。有时真诚使人尴尬，使人痛苦，使人孤立无援，但这些炼狱般的磨炼会使人变得更加坚强。

## 学会战胜自己

**【儿子·说】**

2004 年 1 月 1 日　　星期四　　晴

今天是 2004 年的第一天，我也总结总结自己的 2003 年。先说学习吧，前半年在学习上有些进步，可是后半年由于骄傲自满，一下子就退步了一大截。在新的一年中，我一定要认真学习，遇到困难不逃避，想方设法克服掉。有句话说得好：虚心使人进步，骄傲使人落后。

再说说我的家庭生活吧。6 月份的时候家里买了一台电脑，全家人都很高兴。可是联网以后，妈妈和爸爸每天总要上网玩一会儿，我自己也受了影响，学习学不进去，想玩却也玩不成。而且，我也不知道爸爸妈妈是怎么搞的，在这一年中吵架的次数我都数不清了。现在我已经坚持写日记整整六个月了，在日记上也提过很多次爸爸妈妈的缺点了，可是他们看了以后说改，但坚持一两天就坚持不下去了。不过在这一年中，妈妈每天早上锻炼的习惯是好的,强身健体。爸爸也有一个好习惯,就是不管发生什么事,他都能认认真真地写作。

下午姐姐一回家我就对她说:“我在新的一年中要好好学习,战胜昨天的自己,创造新的成就。”姐姐说:“我也一样!”

【父亲·曰】

人生快乐的法则之一就是今天的自己战胜了昨天的自己,明天的自己又优于今天的自己。人在不断战胜自己的过程中逐渐成长,战胜自己也是人类最可贵的品质。

战胜别人也许是阶段性的目标,而战胜自己则是终生的追求。战胜别人固然值得庆幸,但随之而来的心理、思维定式及胜者的虚荣自大又是极其危险的,这种荣耀和战绩又往往会成为战胜自己的障碍和陷阱,所以古人才有“骄兵必败”之说。况且“人比人,活不成”,人因出生境遇各异而拥有不同的人生,老和别人比较,不但会心生嫉妒之意,而且还会给自己战胜自己造成压力因而无法专注。韩非子曾讲过赵襄王学御的故事,赵襄王跟王良学驾车然而却始终难以战胜王良,赵襄王以为王良未能尽力相教,问其原因,王良告诉赵襄王:“驾车贵在专注,你在驾车时心里想的却是我在前还是在后,未能做到人车、人马的合而为一,故而屡败。”这就说明,得胜之道就是先战胜自己,不要过分盯着别人,人只有战胜了自己,才能战胜别人!

你期中考试数学取得了94分的好成绩,是你上学以来数学成绩最好的一次,我们大家都为你高兴,希望你继续努力。

你说成绩出乎你意料,我却认为这是必然结果,是王老师和你近一年来努力的结果。它凝聚了王老师的心血,也记录了你的勤奋,也再一次说明了天才源于勤奋。你说试题过于简单,我看是你的学习能力提高了,才有“一览众山小”的感觉。你这次的成功,是今天的你战胜了昨天的你,是你自己战胜自己的起点。

我觉得你从两个方面战胜了自己:一是战胜了过去自卑的你。你以前之所以考试屡屡不如意,很大的一个原因就是你遇到事情首先想到的是“我不行”。自我评价对人的行为影响很大,它给人的思维和行动在无形中划定了界限，自认为平庸而不敢有更高的要求。结果本来能够达到的目标，由于自我想象软弱，往往在没有开始努力之前就把成功的机会失去了。其实作为父亲，作为旁观者，我一直认为你很聪明。在你身上，智慧和能力就像尚待开发的矿藏，只是你老抬头看别人的成就，而忽略你自身的潜能罢了。实际上你比你想象中要更聪明，更强壮，更有才能，更有创造性，这次考试就是例证。过去的就让它过去，重要的是现在和将来，习惯可以改变，素质可以提高，这样，你的今天肯定比昨天强。

二是你具备了战胜自我束缚的能力。实践证明，成功者在成功之前大都自信。爱默生说："信心是成功的主要秘诀。"这种信念给人一种强大的动力，使人百折不挠，以前由于别人对你的不正确的看法和自己不顺利的经历，使你惧怕失败也惧怕成功，失败了怕人讥笑，成功了怕人嫉妒，因此缺乏了行动的勇气。

你要知道，世上何人不说人，何人不被世人说，想通了就好了。至于你前一阶段担心你成功了别人会嫉妒你，我看还是你成功的概率不高。因为超过别人一点别人就会嫉妒你，超过别人一大截别人就会羡慕你，超过别人使其无法超越你，别人就会崇拜你。你现在虽然初步成功了，别忘了前有对手后有追兵，只有把对手当作陪练或超越的目标，你才能战胜他们。你只有不断成功，才能防止别人超越你，这就是你今天考试成功的意义，因为你战胜了曾经自卑、懊悔、自我束缚的你，学会了战胜自己，逐步成为生活的强者。而善于战胜自己弱点的强者，要胜于无缺点的弱者。

## 感动的背后

**【儿子·说】**

2005 年 1 月 7 日　　星期五　　晴

因为王老师快要走了，所以今天上午我和妈妈经过仔细挑选，买了一个漂亮的中国结准备送给老师当作纪念品。我想给王老师一个惊喜，就把中国结藏了起来。下午王老师来时我把礼物拿出来送给他,老师果然很高兴,也很惊讶,看着精致的中国结,他的手一时间竟稍微有些颤抖。晚上,老师、爸爸和妈妈在讨论我最近的学习情况,我在房间里写作业,但脑海里总是浮现出老师之前给我辅导作业的点点滴滴,还有老师刚才那有些颤抖的手,心里像打翻了五味瓶一样,很难受。当我极力控制着自己的情绪做完作业时,大人们也讨论得差不多了。后来老师拿着我送他的中国结,笑容满面地回家了。站在窗户前,看着老师离去的身影,我不禁感慨,原来一件小小的礼物、一份真挚的感谢不仅会感动他人,也会感动自己!

**【父亲·曰】**

中国人很难被什么感动,因为我们的文化里有太多的赞美、谋略,且把其尊为治世经典。加之,现实中太多的阴暗面使人对感动有了免疫力。

感动需要感恩。在现实社会久染成习的人,做什么事都目标明确,时间宝贵。耗不起互相猜测,承受不了没有结果。有时候我们太急于到达目的地,太过功利,到了之后又迷茫到底为了什么目的,这样的目的性太强,又怎能让人感动?你对王老师没有要求,只是出于一种感恩之情,他怎能不感动呢?

感动需要单纯。像我以前看的一部电影,一个男人过了很多很多年,经历了很多很多事,却依然对年少的某个人念念不忘,我总觉得难以理解。可是最近我开始有了切身的体会,这样的事情是真实存在的。当初越是单纯,越是没有实质关系的感情,到了已阅无数人与事的中年,越是可能变得可贵而美好,越是容易被感动。

感动需要真实。能让我们感动的情感,不需要经历多少风浪,不需要多么轰轰烈烈,只要真实就已足够。我们被苏格拉底喝药护法的行为感动,虽然那法可能是恶法,可他选择了真实。也许王小波的情书远不如他的小说好看,但我们却为他"爱你就像爱生命"的质朴情话感动了!

感动需要感动的心。君不见感字有心,动字有力吗?只要我们的心还有力地跳动,我们感受到的世间百味就会在我们心底化开,变成闲云,洒下感动之雨。我们感叹这个世界缺少感动，其实这个世界缺少的是感动的心。如果有心，感动无处不在。在浩瀚的时空里，我们实在是无足轻重的微生物，但生活却为我们制造了许许多多的感动。因此，不管感动是现实中的点点滴滴，还是听来的或是书上看到的，这些感动足以让我们的心变得柔软。于是，我们彻悟，一切便无憾。

## 老鼠要过街

**【儿子·说】**

2005年2月10日　　星期四　　晴

中午放学回家，我们快走到菜市场时，忽然听见有人喊："抓小偷，抓小偷……"只见一个阿姨边跑边喊，在她前面有个小伙子飞快地跑着，原来那个小伙子就是小偷。由于中午路上人多，那个小偷没跑多远就被大家给抓住了。很多人围了上去，我们也好奇地跟了过去，大家把小偷围了个圈。只见那个小偷看上去年龄不大，穿的也还讲究，低着头，蹲在那儿，不管大家说什么他都一言不发。那阿姨冲上去一把拉住小偷的胳膊说："我的钱包呢？快拿出来。"小偷低着头不吭一声，半天才抬起头说："我没拿。"阿姨生气地说："你没拿，我明明看见是你在我背后拿个小刀，把我的包都划破了，你看。"说着举起她手里的包，包的背面确实有个很长的口子。这时只见一位老大爷走上前，在小偷的衣服口袋里挨着找，在衣服里面的夹层找到了一个红色的皮夹。阿姨急忙拿过去说就是她的钱夹，数了一下里面的钱也没少，便拿着走了。

老大爷对小偷说："看你年纪轻轻，也挺聪明的，干点啥不好，非得干这个，下次不要让我再看见你了。"说完便气哼哼地走了，大伙也随即都散了，我们也赶紧回家了。

**【父亲·曰】**

"老鼠过街，人人喊打"的故事我们耳熟能详，今天那个小偷犹如过街的

老鼠,其“不幸”在于街上有一大批敢于喊打的人。但我们对现代社会不得不产生这样一些思考:

一是老鼠敢不敢过街。各种“灭鼠”制度和法律条文严禁各种“老鼠”自由过街,老鼠稍一出头,便会遭打。这样,老鼠的思想还没出炉,就被扼杀了,即使有几个漏网之鼠,也只能灰溜溜地顺着墙角溜了。

二是老鼠横行,人人喊打吗?即使有成群“老鼠”在社会上横行无忌,兴风作浪,甚至掀起腥风血雨,有人站出来喊打吗?有人敢喊打吗?就是连喊别人来打的人恐怕都没有几个吧?

三是喊打了,老鼠依旧作乱。人人都在召唤声中站出来了,谴责和喊骂声冲破云霄,都说喊打,声色俱厉却没有人去打,有可能几个人出头去打,却像是和老鼠戏玩,即使受点皮外伤,命都保住了。俗话说:养精蓄锐,来日再战。

四是有没有老鼠便喊打。的确,有些闲人就愿意凑在这些无聊的场合,听到有人喊打老鼠,自己的行为便受别人大脑的控制,无论自己看没看到,便一哄而上,摇旗呐喊。

鲁迅笔下受虐国人我们同情之后会哀其不幸,而他笔下的看客我们愤怒之后也会怒其不争。不难看出,现代社会中人们已经丢失了我们祖先赖以生存和生活的立世之本——信义。看到不敢说,想到不敢做,事不关己,高高挂起,倘若长此以往,人心背弃,民族精神将何存?

## 国学需要复兴

**【儿子·说】**

2006 年 4 月 14 日　　星期五　　阴

课间操时,我们几个在讨论这次考试的英语成绩。由于同桌这次英语没考好而影响了总分,所以他不是很高兴。他说:“英语考得好没啥了不起,我们是中国人,学好汉语才是真本事。”我一听也觉得有道理,是啊,不管学校老师还是家长都是一味强调英语的重要性，而对汉语的学习不太重视，难道我们都忘了自己是中国人吗？

班上好多同学和我一样都报了英语辅导班，学校也对英语特别重视，原来只有一节英语早读，现在把一节语文早读也换成英语了。慢慢地大家的英语成绩都提高了，但语文成绩却大不如前了，特别是一提到写作文，同学们都叫苦连天。同桌说得没错，我们是中国人，学好语文才是真本事，汉语才是我们真正应该学好、学精的语言。

**【父亲·曰】**

联合国教科文组织近日正式批准设立国际“孔子教育奖”，这一消息传出后，一些专家表示，设立孔子奖对传播孔子思想有推动作用，这也是由孔子思想的特质决定的，因为孔子思想本身具备了时代的要求，对当今世界有着重要的现实意义。一些以孔子思想为核心的传统文化正在兴起，也掀起了学习国学的热潮。国学思想可以指导我们每个人为人处事、待人接物，帮助我们更好地立足于社会，可以说是具有现实意义的人文思想。

1988 年，74 位诺贝尔奖获得者出席在巴黎召开的会议，探讨和平、发展、环境、民族、宗教等一系列国际问题。物理学诺贝尔奖得主、瑞典人汉内斯·阿尔文教授在发言中说：“人类要想在 21 世纪生存发展下去，就必须回到 2000 年前，从孔子那里寻找智慧。”

在美国，道家思想很“火”，一个被广泛引用的例证是《纽约时报》曾经做过一个关于世界上销量最大的图书的调查，结果《道德经》排进前两位。“道”之所以会这么“火”，也许跟当年美国前总统里根提到老子有关。在第二次就职演说中，里根引用了老子的名言“治大国若烹小鲜”来阐释他的治国理念。从此，美国人对道家的兴趣有增无减，甚至连美国科学院一间办公室的墙壁上都写着“无为而治”四个大字。道家思想在美国受到的重视，由此可见一斑。

一个人的知识、学问、技巧、方法是可以通过学习而获得的，但一个人的胸怀、境界、眼光，是要靠修炼的。所以说思想决定人的行为方式和价值取向,做任何事要先把思想放到重要的位置。而传统国学正是从仁、义、礼、智、信等方面净化人的心灵。简单来说,国学可以提升自己的文化素养、道德修养,告诉你该如何为人处事,拓展自身思维。

国学是我们中华民族之学,经典之学。我们中华民族有着上下五千年恢宏灿烂的历史文明,这里有三皇五帝的传说,有夏商周文明的起源和发展,有孔孟之道诸子之学,有汉赋唐诗宋词的文化精髓……面对这些烂若群星、璀璨夺目的优秀传统文化,我们有什么理由拒绝国学,我们只有接近它,传承我们中华民族之优秀文化,守护我们中华民族之根基。从它博大的知识宝库中不断学习、不断汲取,中华民族的优秀文化才能传承,民族之根基才能得以坚守。

国学具有文化免疫功能,更是国家凝聚力之核心。我们只有努力学习并传承自己民族优秀的传统文化,推行国学,提高自身免疫力,才能正确地面对外来文化。

有人鼓吹国学无用论,不能当饭吃,不能当衣穿,不能当权用,不能当钱花。可这"无用"乃大用也！学习四书五经,我们能与孔孟交流,与圣贤为友,清新儒雅;诵读唐诗宋词,我们能穿越时空,领略圣朝古风,存储宝贵的精神财富。

学习国学,可谓不断吸食丰富人生的营养果,是个人成功之必需,国家兴盛强大之根基。真心希望我们的国学能够复兴,让我们的古代经典重现当时之辉煌,从而让"和谐"与"小康"伴随我们走得更远！

## 戏说历史要不得

**【儿子·说】**

2004 年 9 月 1 日　　星期三　　晴

我比较喜欢看武打片,可是好长一段时间电视里面几乎全是古装历史剧。不是《后宫秘史》就是《大内传奇》,或者是《戏说乾隆》等,一点意思都没有。就连妈妈都说:“一打开电视不是皇上驾到,就是格格驾到,让人听了都难受。”而且每部电视剧内容大同小异,甚至有的内容和历史书上的大相径庭。

同一个历史人物,在这部“传奇”里面心狠手辣,而在另外一部“秘史”里面却宽厚仁慈,真让人搞不明白,到底哪个才是真正的“历史原形”?有一次晚上我做了一个梦,梦见自己也变成了“大内高手”。当然,我是维护正义的,不是为了夺权而去害人的那种“高手”。早上醒来,我自己都觉得好笑,我在梦里竟自己把自己“戏说”了一回。

**【父亲·曰】**

对待历史的态度应该客观公正、严肃严谨。因为历史是对过去时代的人、事、物等的真实记录,如若不具备此态度,对历史的理解肯定是片面的,甚至是错误的。

当前社会出现了历史剧空前繁荣的状态,通过历史剧让人们了解历史,学习历史,同时也是文化的一种传承,这本无可厚非。但有些“巨作”的确让人不敢恭维,因之扭曲歪解历史、篡改历史,尤其是对历史人物的刻画,不尊重客观事实,夹杂了后人的众多“新解”,与史实大相径庭。试想这些作品对现实有何指导意义?只不过是挂羊头卖狗肉的伎俩罢了。

这些历史剧的出现,无疑符合一些人的口味,但是,有一点儿值得人们注意,无论你是专门研究历史的还是做历史传播的,一定要把历史说准确,如实地呈现历史真相,既不要拔高历史人物,也不要刻意贬低,要吃透古人的精神,而不是作主观的想象和判断。将一些以讹传讹的东西视为至宝,进行创作和传播,亵渎了先哲的思想和境界,这是不能宽容的。不能以正说为名歪曲历史真相,误导受众。

作为受众,我们也应培养自己正确的历史观,在传统文化的刺激下,正确解读历史,准确评价历史,还历史和历史人物本来面目。他们都是我们的祖先前辈,我们应该尊重,如若不然,我们当代的丑恶现实会变成明日子孙后辈的可笑历史。

# 传统文化不可弃

**【儿子·说】**

2003 年 10 月 28 日　　星期二　　晴

今天我们一家去吃肯德基了。一进去,一家三口立即分了工,爸爸去点餐,我和妈妈去找座位。好不容易找了个座位坐了下来,趁爸爸还没来,我打量了一下周围:大厅很宽敞,桌椅整洁漂亮,设施齐全,四周的墙壁上画满了儿童卡通画和肯德基宣传画,有清凉的饮料、酥焦的薯条、香喷喷的汉堡包、色香味俱全的炸鸡腿,只看着画上的食物,就把我馋得已经直流口水了。“可以吃了!”随着我的一声欢叫,爸爸端着满满一托盘食物回来了。爸爸给我买了儿童套餐,我一看餐盘里,哇!儿童套餐还送玩具呢!一个小巧玲珑的肯德基小人正在翻油桶,可每次他都运气不好,总是一头栽进桶里去!看着他那滑稽的样子,我不由“咯咯”地笑出声来!“紫阳,你要是不饿,我们可要全吃了!”妈妈故意逗我。我一听急了,左手抓起大鸡腿,右手拿起汉堡包,便狼吞虎咽地吃了起来。不一会儿,一套儿童套餐就被我“消灭”了!

走出肯德基店门,刚才的美味还在我嘴里回味。我心中想,其实国外真的有很多好的东西值得我们学习。

**【父亲·曰】**

传统文化是文明演化而汇集成的一种反映民族特质和风貌的民族文化,是一个民族历史上各种思想文化、观念形态的总体表征。世界各地,各民族都有自己的传统文化。

中国传统文化是中华民族历史上各种思想文化、观念形态的总体表征。中国传统文化在某些短暂的历史时期有所中断,在不同的历史时期或多或少地有所改变,但世代相传的内容大体上没有中断过,总的来说变化不大。

一百多年前的鸦片战争时期,欧美文化思潮随着坚船利炮打开了中国的大门，几千年的中国文化瞬间支离破碎，我们文化的民族性和独立性被破坏殆尽。现在日本料理、韩国料理、肯德基、麦当劳以及全民狂的欢圣诞节，各种西方文化将我们的传统文化冲击得面目全非。尤其是部分80、90后青年对洋节日如数家珍，却不知道中国的七夕节、重阳节、清明节、端午节等传统节日。许多国人感觉到传统节日“春节”已失去了昔日的味道，甚至有些节日习俗已经被扭曲甚至流失。我们的根呢？我们的精神家园又在哪里？

历史本身就是文化，现象演变和存在本身也是文化。一个千年传承的端午节，变相地被韩国抢了去，我们的国人也只能是鲁迅笔下的阿Q了，自己安慰自己吧，因为韩国申请的只是江陵端午祭，跟我们的端午节丝毫不相干，最终，联合国教科文组织正式确定韩国申报的江陵端午祭为人类传说及无形遗产著作，中韩端午节申遗之争以韩国的胜利而告终。这件事难道还不能让我们警醒吗？

爸爸并不是一味排外，先进科技、好的经验我们可以引进、借鉴，这可以提高社会生产力，提高人民生活水平。但一个国家的传统文化是不可再生的。因一味地模仿甚至继承外来文化而丢失自己的文化精髓，是可悲的。德国存在主义代表人物卡尔·雅斯贝斯曾经指出，在继承中，人拥有一点实际能力，那是不可摧毁的东西；在传统中，则拥有一点绝对的东西，那是不会遗失的。中国传统文化之河就像黄河长江一样源远流长，每个时代的人们所创造的灿烂文化都应该积淀下来，然后传承给后代。我们需要真诚地回溯自己的文化，点滴积累和创建，必能创造出一个崛起的文化大国，重建属于当代中国的新文化体系，重塑当代中国人的精神文化。希望你们这一代能深刻认识到文化流失的严重性，很好地传承我们自己灿烂文明的本土文化，绝不能使我们五千年的传统文化在我们手中葬送。

# 以史为鉴

**【儿子·说】**

2005年4月16日 星期六 晴

今天，月考卷子发了，我的语文成绩比上次有所提高，数学成绩变化不大。看来这段时间应该好好补一下数学了。

晚上回家，爸爸指导我把错题改正了一遍，还帮我分析了试卷。他让我拿出上次月考的试卷，做了对比分析。数学里面有几道题上次就做错了，虽然我及时改了，但并没有记住，所以这次犯了同样的错误。爸爸说："不管做任何事，不能光低着头往前赶，还要学会回头总结，过去的失败才可以成为现在的借鉴，只有这样才能不断提高，才能事半功倍。"

**【父亲·曰】**

前事不忘，后事之师。成功的经验和失败的教训是构成历史的两个方面。总结历史，学习成功的经验，吸取失败的教训，是我们必备的取舍常识。然而，说是一回事，做是另一回事。你今天犯了和上次同样的错误就是例证。

在我国，历史还有审判功能。春秋战国的思想家荀子提出"以史为鉴"，后来唐太宗发扬光大，提出"以铜为鉴，可以正衣冠；以古为鉴，可以知兴衰；以人为鉴，可以明得失；以史为鉴，可以知兴替"。"以史为鉴"，就是说应把历史当作现实的一面镜子，这在我们中国的影响是很深远的。

通常，这面镜子都是从正面积极地告诫人类要吸取历史的经验教训，以便能更好地把握自己，大到治理国家，小到自我修养，都应该走正道。纵观人类几千年的历史，有人确实"以史为鉴"，从中学到许多好东西，社会因此得以不断发展，而同时，一些人也在学的过程中走上了歪路。有人说，历史经验值得注意。是的，历史经验应引以为鉴。但是在过去这一百年里，同样的问题被反复提出来却没有得到很好地解决的事实，说明了我们的历史经验值得每个人注意。

陆游《夜登白帝城楼怀少陵先生》中有两句：“要识人间盛衰理，岸沙君看去年痕。”意思是人间之事盛衰因循，你且看那岸沙边，春去秋来花肥瘦，今年的模样仍有着去年的痕迹。学历史可以让我们了解过去，总结过去，得到一些经验，以史为鉴，用历史来警醒我们。不了解过去怎么能把握将来呢。今天你的月考成绩出来了，通过和上次成绩的比较，虽然有所进步，但还不是很理想。希望你以此为鉴，找出差距，取得更大的进步。

“江山不管兴亡事，一任斜阳伴客愁。”今天作业的事虽小，但也应“以史为鉴”。有比较才有鉴别，两相对照，孰优孰劣，孰兴孰衰，不问可知矣！

## 人要有侠气

**【儿子·说】**

2004 年 8 月 27 日　　星期五　　晴

“路见不平一声吼啊！该出手时就出手啊……”每当听到这首《好汉歌》时，我就感觉自己热血沸腾，都想着自己要是能当一回大侠就好了。看到《水浒传》中 108 个好汉侠肝义胆、路见不平拔刀相助，我也幻想和他们一样当一回英雄。特别是鲁智深，他在好友林冲受高俅陷害后押送“服刑”的路上，冒着被杀头的危险解救林冲于危难之中，最后共上梁山。因此，鲁智深是我特别敬仰的英雄。那么，现在有没有这样的侠士呢？

**【父亲·曰】**

人要有侠气，侠气就是见义勇为的气概。古人讲：“交友需带三分侠气，做人要存一点素心。”以义择友，乃君子之交；以利结朋，则小人之交。朋友往来不可只重视饮宴谈笑的交际应酬，更应重视道义，即有患难相助的侠义精神，锄强扶弱而不为暴力所屈。试想刘备当年，一介村夫，文不如曹操，武不敌孙氏父子,却能在激烈的军阀争斗中屡败屡战,最后三分天下得其一,这离不开关羽和张飞这两个赤胆忠心的朋友。假如交友本着互相利用的态度,那就违背了交友之道。当然,像刘备、关羽、张飞这样的异姓兄弟、真心朋友,在现实生活中毕竟不多,所以才会千古流传,令人称羡。于是,古人就有了"天下有一人知己,可以不恨"的感叹。

一个人是否有侠气是检验朋友的试金石。学生时代觉得每个人都是朋友,而且会无话不谈。随着年龄的增长,阅历的丰富,就像筛沙子一样,剩下的真心朋友越来越少,多半都是"用得着"的朋友,一旦没有了利用价值,也就"树倒猢狲散"了。特别是在价值取向日益多元化的今天,要交一个"虽百里之遥,皆可相信,而不为浮言所动;闻有谤之者,即多为辩析而后已;事之宜行宜止者,代为筹画决断;或事当利害关头,有所需而后济者,即不必与闻,亦不虑其负我与否"的朋友,可能已比较难了,中国千百年来所推崇的"义",到如今这个时代似乎有了新的含义。以前毛主席曾批评有的人:事不关己,高高挂起,明知不对,少说为佳;明哲保身,但求无过。这是典型的无侠气之人,这种人你要注意。

但在现实中,你还要注意两种"气",一是劫富济贫式的侠气。不管是儒家还是法家,都不倡导劫富济贫,拔刀相助。二是绿林好汉式的侠气。而心怀侠义之心交友,也绝非只讲义气,就像黑社会的兄弟间重义气,但绝非侠义之气。这些人大多不务正业,而妄想给自己的懒惰加上个侠义的好名字,其实十分虚伪。

我们平日交友,应找志向一致、心灵相通的侠肝义胆之人,并且要带三分侠义心肠去相交,这样才能获得真诚的挚友。否则,若只是萍水相逢,或商场上的往来,或工作上的接触,那只是交际应酬罢了。一个真正以侠义交友的人,可以向朋友规劝过失,勉志励行。所以,朋友间唯有以侠义之心相交,感情才会真挚。

人有侠气,就要关心社会而不只是一味独善其身,随俗而不为外物所染。这就要求有一颗善良的心,有了善良的心,思想也就纯洁无污。倘若心志纯良,便不会做出奸诈的事,也就不会失去做人的准则,虽然社会上充斥着许多罪恶，潜藏着许多陷阱，但只要我们保存一颗善良的心，就能与邪恶对抗。时时心存一颗素心修养自身，并以侠义之心去影响周围的友人。如此，人人不但能独善其身，更能够兼济天下。

## 人要有义气

**【儿子·说】**

2005年1月12日　　星期二　　晴

最近看了《三国演义》这部电视剧，我真为里面的历史人物叫绝。诸葛亮神机妙算，曹操足智多谋，关羽义薄云天。作为一个男子汉，我最佩服的人物是关羽，因为他有着义薄云天的气概，桃园三结义就可以看出他这个人的特点。自从关羽、刘备、张飞结为兄弟后，关羽与他们患难与共，有难同当，为兄弟两肋插刀，至死不渝。这种义气很值得我们学习。

**【父亲·曰】**

现代中国人缺少的东西实在是太多了。历史上，关羽绝对算得上是一个勇冠三军的猛将，而他的义气也绝对值得称赞。试想一下，如果关羽没有过人之处，以曹操对人才的挑剔又怎会对他那般喜爱和欣赏？有人可能会说是因为关羽勇猛。可曹操手上猛将如云，即使像关羽、张飞一般级别的也不是没有，再则曹操要是真的喜欢猛将的话，为什么又要白门楼斩吕布，他大可将吕布归为己用，而且他也有足够的实力和智慧让吕布效忠于自己。这些都足以证明曹操欣赏关羽的不仅仅是他的勇猛，关羽的忠义和他身上特有的英雄气概才是真正吸引曹操的地方。曹操一生哭过很多次，不是为自己而是为别人，而所有值得他哭的人不是名震天下的豪杰就是智慧超群的谋士，关羽就是其中之一。由此也可以看出，关羽是中国古代忠义之士的杰出典范。

而在我们现代社会，人们在物质生活和精神生活极大丰富的情况下，人与人之间却失去了古人留给我们的义气之风。人情淡漠、世态炎凉用在当世并不为过,赤裸裸的金钱、利益、权势充斥着人们的思想。古人曰:“君子重义轻利。”而我们的这些劣思劣行,不但会影响我们真正意义上的快乐美好生活,而且有损先辈的圣明,同时为后代的教育起了负面作用,其影响之深刻和后果之可怕令人担忧。

俗话说有本事的人容易自大。关羽的确骄傲了些,这一点从演义中也可以略窥一二,而我们现代又有几人能和关羽相媲美,就更别提其他的了。谁强谁弱,仅一个“义”字便可分出高下。

无论关羽是勇猛无敌还是性格高傲,这些都不重要,重要的是关羽的确对得起“忠义”二字。天下什么样的诱惑和酷刑都不能动摇他对刘备的忠义。如果说刘备是天生的王者,那么曹操就是天生的霸者,霸者可以让一个国家空前强盛,而王者可以让一个国家长久安定。如果关羽是一把绝世好刀,那么三国之中用得起这把刀的就只有刘备和曹操了,而其中最关键的就是他们都看重关羽身上所表现出的义气。

## 人要有豪气

**【儿子·说】**

2004 年 9 月 6 日　　星期一　　阴转晴

今天,我们班进行了新一轮的班干部竞选。在班会课上,同学们踊跃发言,都想为班集体服务。我当然不能错过这次机会,在竞选演讲时我说:“在我心目中,一直觉得能为同学们、为班级服务是一件很自豪的事情。上学期,我担任劳动委员,大家都看到了我的努力以及取得的成绩,我觉得劳动委员我当得很好,所以这次我想挑战新的目标——竞选副班长。副班长可以协助老师和班长管理班集体,为同学们服务,也可以提高自己的管理水平。副班长还必须学会处理同学之间的关系,帮助需要帮助的同学,这可以提高我的胆量和处理问题的能力。总之,如果我竞选上了副班长,我会尽我所能干好工作，不辜负同学们的信任。希望各位同学投我一票！谢谢大家！”

【父亲·曰】

你今天的竞选演讲可谓“豪气冲天”。爸爸就欣赏这样的男人。因为，豪气令人积极振作，勤奋不懈；也能使人不畏艰难，勇于任事，敢于开拓创新，让自己活得充实且有意义。豪气是一种强劲的精神力量，能给我们信心，孕育生活的动力。更值得重视的是，它能引导人走出泥沼，重新看到新的愿景和希望。

男人可以没有出众的外表，但男人一定要有豪气。豪气常与襟怀、志向相融。古代有个很响亮的成语叫“豪气干云”，形容英雄豪气高到能触碰到云的地步。做人贵有豪气，有了豪气，襟怀、志向、胆识就有了立足之地。西汉将领陈汤，素有大志，他给皇帝的战报中，汇报了消灭入侵匈奴人数和缴获的物资后，加了一句千古名言：“明犯强汉者，虽远必诛。”这句话，啥时候想起来都叫人热血沸腾，有了这样豪迈、雄壮、凛然的气势，“虽千万人吾往矣”，国家就不可战胜，民族就不会受辱，就能永保中华儿女安康和平。

男人可以没有魁梧的身材，但男人一定要有豪气。豪气常与担当、牺牲精神相伴。有了豪气，就不畏艰险，不避斧钺，人格魅力便凸显出来。所谓男子汉大丈夫，要敢作敢当。有了豪气，就有了齐顷公“灭此朝食”的决心与信心，就有了霍去病“匈奴未灭，何以家为”的襟怀与壮志，就有了李太白“天生我材必有用，千金散尽还复来”的潇洒与自信，就有了李清照“生当作人杰，死亦为鬼雄”的悲壮与不朽，就有了左宗棠抬棺行军收复新疆的壮举与奇迹，就有了狼牙山五壮士跳崖时的从容与决绝……

男人可以没有很高的文凭，但男人一定要有豪气。豪气常与思想、修养相连。男人的思想可以不完美，可以有错误，但是不能没思想。一个没有思想的男人就不会有属于自己的灵魂，也不会有豪气。虽然有思想的男人可能会经历更多的磨难，但他们内心的豪气依旧。陶渊明弃官躬耕是一种豪气，海瑞罢官也是一种豪气。凡事拿得起放得下，宽容理解，豁达豪迈，富于幽默，绝不斤斤计较、婆婆妈妈也是一种豪气。因此，有豪气的男人的胸怀要宽，眼界要广，遇事要豁达，不能斤斤计较，不能吹毛求疵；要看到山的那边，看到天的上面。

男人可以没有很多的财富，但男人一定要有豪气。豪气常与真情、正义相生。诸葛亮在空城计里充满豪气，关云长单刀赴会充满豪气，这些既是智慧的象征，又有“视死如归”的胆识。豪气不是没脑子的莽撞，豪气是真情的爆发，是正义的爆发。过去，我们因为肯做卑微的工作，才培养出豪气与自尊；现在，我们自以为高贵，却眼高手低，失去豪气，失去艰苦自立的创业精神。

个人有豪气，才能活得有声有色；团体有豪气，才会将事业办得风生水起；国家民族有豪气，才不被人欺负，不必仰人鼻息。总之，豪气纵情天下。那么，我们如何培养自己的豪气呢？

首先，豪气贵在磨炼“精神”。有精神的人，才能够不受外在诱惑，活得踏实。生活尤其看重精神的力量。几年前，许多人在股票狂飙之后，突然拥有了一大笔财富。然而，财富非但没有为他们带来生活上的舒适快乐，反而将他们带往一个懒散、痛苦的渊薮，财富对他们而言已成为生活的恶魔。作为新一代青少年的你们，要有试图改善慵懒的社会风气、颓废的精神生活，要有培养振作的豪气。

其次，豪气贵在培养“担当”。用困境磨炼豪气，是培养担当意识的最佳方式。我们要突破今天的困境，好高骛远或妄自菲薄都无法成事。只有认清自己，准确把握自己，才能培养非一般的豪气，再创奇迹。禅家告诉我们，不经一番寒彻骨，哪得梅花扑鼻香？这正是以困境来磨炼豪气的最佳写照。

豪气贵在累积“实力”。豪气要以实力为后盾，没有实力的豪气，只能自欺欺人。读南宋时期那些主战派诗人的豪言壮语，常觉心酸和无奈，因为国家积弱，朝廷昏聩，根本没有实力与女真人的虎狼之师相抗衡。所以，曾经“气吞万里如虎”的辛稼轩，也只能“却将万字平戎策，换得东家种树书”。以史为鉴，我们唯有卧薪尝胆，励精图治，发奋拼搏。如果有了足够实力，无须“可以说不”的喧嚣，自然会不怒自威，不言自雄，堂堂正正，顶天立地，豪气冲天。

# 自豪的意义

【儿子·说】

2006 年 2 月 23 日　　星期四　　晴

今天,我们全体师生参加了学校举行的开学典礼。典礼在隆隆的爆竹声中开始了,大家都非常激动。大会首先是校长讲话,然后由教务处主任宣读表彰名单,由学校领导为获奖的同学颁发奖状。我和堂哥都在受表彰学生之列,堂哥被评为三好学生,我被评为进步生。虽然我告诫自己上台领奖时一定要淡定,但当我站在领奖台上接过校长亲手递过来的奖状和奖品,同学们如雷鸣般的掌声响起的那一刹那,我的心还是一阵激动,心里感到自豪极了,原来我可以做得更好!小学的生活转眼就会结束,在以后的学习中,我一定要继续努力,争取当上三好学生,考上梦想中的大学,让爸爸妈妈也因我而自豪。

【父亲·曰】

今天我看到一本书,他对英文 Pride(自豪)一词的理解虽然牵强,但却令人耳目一亮。他说 Pride 虽一词但有五个意思,每个字母都有着独特的意义。

"P"代表愉快(Pleasure)。感觉自豪会令人愉快,不论这种愉快的心情是因圆满完成任务或只是单纯地喜欢自己,都会让你享受生命的喜悦。

"R"代表尊敬(Respect)。感觉自己是一个高尚正直、值得尊敬的人,这种感觉能引发适度而健康的自豪感。

"I"代表改善(Improvement)。要记住,没有人是十全十美的,我们必须随时努力完善自己,自豪和傲慢的区别就在于此。

"D"代表尊严(Dignity)。有尊严就表示在内心看重自己,这是深藏心中的自敬自重,不必大声喧嚷。

“E”代表努力(Effort)。要对一件事感到自豪,必须费些心力去做,有价值的都是不容易得到的。再说,我们不曾花费过多少心血的事物,也不值得我们骄傲,自豪就是对自己努力的成果感到愉快。

这种为自己自豪,从心理学上说就叫自我暗示的力量,这种暗示就是把目标用强烈的语气念出声来,告诉自己:“自己是最棒的。”并在潜意识里无法分辨真假,从而相信它,使自己始终保持旺盛的精力。

## 随心所欲的快乐

**【儿子·说】**

2006年4月21日　　星期五　　晴

下午放学后,爸爸妈妈都没在家。我正准备做作业,没想到院子里的伙伴来叫我一起去玩,我想作业也不多就先去玩吧,回来再做作业。我们在院子里一会儿玩捉迷藏,一会儿玩“打仗”。刚开始我还玩得挺高兴,可到了后来我总想着作业还没做,就有些心不在焉了,总是输。看着天色已晚,我实在没了玩的兴趣,就回家了。看着作业本,我不禁想:啥时候能什么也不用想地玩呀,那该是多么快乐的一件事啊!

**【父亲·曰】**

要想玩得有质量,先要活得有质量,只有活着你才有玩的资本。

没有谁能随心所欲地享受快乐。现在对于你来说,要想玩得快乐,就要时刻记着你的首要任务,把学习这件正事做完。能把正事安排得井井有条,你就掌握了主动,而掌握了主动你就会在生活中如鱼得水,有较多的时间做自己想做的事。如果你不能把兴趣和学习、工作(事业)融为一体,你就要只争朝夕,把事关你生活的事情做好。人修身养性、追求成功是终极目标,只有这一终极目标达到了,你才能在工作、生活中随心所欲,享受快乐。

# 见义勇为需量力而行

**【儿子·说】**

2003年12月8日　　星期一　　晴

下午看新闻，报道了有个年轻人看到两个孩子掉入水中，便奋不顾身地跳入水中去救孩子。由于他对出事一带的水域不熟悉，再加上他水性也不是很好，在水中挣扎了好一会儿，才将那两个孩子托到岸边。在大家的帮助下，两个孩子得救了，但是他体力不支，被水卷走，再也没有上来。看后真让人心里难过，一个鲜活的生命就这样匆匆离开了这个世界。

看了悲剧的发生，我认识到见义勇为一定要理智，一定要量力而行。

**【父亲·曰】**

古人说："害人之心不可有，防人之心不可无。"你现在还未成年，遇到不对的事或者坏人，还没有能力与之做斗争，最好的选择就是赶快离开，使自己免受侵害。不轻信陌生人且提高警惕，多思考，你就会练就一双"火眼金睛"。我不赞成少年儿童去见义勇为，不是爸爸胆小，只是觉得少年儿童不应该在没有能力的情况下，去承担本不该由他们来承担的"义"，否则就是对生命的轻视。

随着时代的发展，人们的社会价值观也在不断变化。少年英雄赖宁的事迹你应该听说过吧。曾经有一段时间，这个事迹是否应从中小学生课本上删除成为社会争论的焦点。有很大一部分人建议删除，我也赞同这一观点。凡事应量力而行，生命是伟大的，而且对于每个人来说都只有一次，如果失去生命，那么与生命有关的其他价值也将失去意义。

中小学生的各种价值观都还尚未形成，当意外发生时，首先要知道如何自保、自卫，而不是鲁莽地向前冲，虽然这种精神固然可贵，但结果却得不偿失。中小学生本身属于弱势群体，如果弱势变强，那么社会自然强，这需要社会舆论的正确引导。如果有什么事情要以生命为代价来换取的话,那么这件事情本身的意义就值得我们思考。

我们倡导以人为本,构建和谐社会。尊重生命,尊重生命的意义,这是几千年来中国社会发展前所未有的,是任何一个时代所不能比拟的,这是人类文明的进步、社会的发展。对此,我感到很欣慰!

## 当今社会是笑贫不笑娼吗?

【儿子·说】

2003 年 8 月 31 日　　星期天　　晴

下午放学走到体育场附近,忽然老远看见有个中年妇女向一个高中生模样的人行乞,不料那人把头一歪,留下一句“穷鬼,滚远点!”然后扬长而去。那个中年妇女笑了笑,若无其事地又在寻找下一个乞讨对象。我感觉她挺可怜,就准备把自己的零花钱给她,同行的佳明一把拉住我说:“快走,这人是个骗子,我和我妈妈碰到过好几次了,听人说她年轻时做小姐骗钱,现在年龄大了还好吃懒做,到处乞讨骗钱,就是不肯干活。”我说:“那你看她穿得破破烂烂的,哪里像是骗子?”佳明说:“你不懂了吧,只有装成这个样子才好骗人。再说了,她不缺手,不缺脚,为啥不靠自己的能力去赚钱!”听了佳明的话,我也觉得有点道理。但就是搞不明白了,她为什么不自食其力而要出来骗人呢?

【父亲·曰】

有人说过,贫穷的人更加值得尊敬,因为他们是那样的顽强而骄傲。但在现实面前,有些人已然被生活磨平了棱角,在打压下失去了傲气,开始向贫穷低头,你今天见到的那个人就是如此。这究竟是社会的畸形发展,还是道德底线的倒退?值得人深思。

中国古代有“笑贫不笑娼”一说,其实在很多时候,人们都把这句话的意义给曲解了。所谓的“贫”，并不单是指贫穷，而是指那些“明明贫穷却一直不思进取”的人。而我们的所要考虑的是，难道说贫穷就真的值得嘲笑、轻视，甚至连尊严都可以被抛弃了吗？

虽然有人从内心默认“笑贫不笑娼”，但是，他们永远不敢明目张胆地提出来。无论社会如何发展，无论出于什么原因，无论在什么样的社会，一个人出卖自己的肉体和灵魂，都不会被认可和尊重。我们同情她的遭遇，但我们永远不会原谅她的堕落。中国古代名妓，从李师师到李香君，再到陈圆圆，她们名噪一时，历史也留下了她们的风流轨迹，但人们对她们的家事却一无所知，这说明即便是如此名妓，她们也不愿意让自己累及家人。这是一个正常的社会心态。

为钱而放弃尊严是可耻的。但在崇尚功名的社会中，社会公众舆论衡量一个人社会地位的唯一尺度是占有财产的多少，衡量一个人成功与否也是以聚敛的财富为重要标尺。在当代崇尚金钱的社会，人们对贫穷总是格外敏感，爱慕虚荣的社会心理大多由此而生，而虚荣心恰恰是“笑贫不笑娼”的根本原因。特别是在贫穷落后地区，“笑贫不笑娼”的现象并不属于个例。在这些经济极其落后地区生活的人们，他们的价值观就是如何摆脱贫困。如果让他们在解决温饱甚至过上幸福生活与做人的尊严之间选择的话，大多数人可能会选择“要钱不要脸”。

我并不是道德卫士，但生命中有些东西需要我们捍卫。管仲说，仓廪实而知礼节，衣食足而知荣辱。但人的生活成长环境以及受教育状况等会影响人世界观、人生观、价值观的形成，说明仓廪实则未必知礼节，衣食足未必知荣辱。有人讲，饿死事小，失节事大。所谓节，首先应针对社会上层的达官贵人而言，这是社会风气之来源，而历史上每当国家离乱，哪来那么多乱臣贼子？国家承平，哪来那么多贪官？在一个社会上层达官贵人名节尚难保全的时代，百姓能为此做些什么？恐怕只有“活着”了。因此，才会有人戏说“笑贫”是陋习，“不笑娼”是善念。每当看到这种种现象的时候，人们心里都会泛起难言的痛楚。真不知道在“笑贫不笑娼”的背后，究竟是家庭的悲哀、社会的悲哀，还是国家的悲哀？因此，在社会中出现越来越多“笑贫不笑娼”的时候，应该认真思考她们真正需要什么？是面包还是在有面包的前提下修补缺失的道德观念？

## 学不能用是祸害

【儿子·说】

2003年7月28日　　星期一　　晴

今天班会课上，我们被老师狠狠地批评了一顿。因为今天早晨集合时，我们班被值周老师点名批评了，说我们班卫生保持得不好。班会上，老师让我们互相检举，看谁不注意卫生。结果，没有一个人站出来检举。老师一生气，就让我们每人拿一张纸，把要检举的人的名字写在纸上交给他。这样一来，最后还真有4名同学被大家检举出来了。老师把他们叫到讲台上，让他们当面检讨。他们反省得都很好，说乱扔垃圾不对，再也不乱扔垃圾了，而且还保证把自己的个人卫生搞好。这样一来，一节课很快就完了。但让我没想到的是，老师前脚刚走出教室，立刻就有人把纸屑扔到了教室走廊里。唉！

【父亲·曰】

曾经有人说，现在的人心里想的和嘴里说的不一样，嘴里说的和手里干的不一样。而且有的人还将这句话奉为处世经典。实际上，这是典型的表里不一、阳奉阴违。你们班上的个别同学今天这样做，是未欺人已先欺己。明知不对，仍然乱扔纸屑，小小的一件事尚且如此，其人如何，可想而知。切记，做人要知行合一，学习要学以致用，这才是做人的正道。

如果知行不一，学不致用，知识就会成为招祸的根源之一。当年唐寅风流才子之名传遍大江南北，圣贤书没有少读，但他却以放浪形骸出名，把知道的知识没有用在济世安民上，也没有用于独善其身上。虽有才气，但留恋于青楼、花丛之中，降低对自己的要求。正常的人就要用正常的规范来要求,他的所为已经不在正常人的社会规范之内,所学不能尽其用,所以他的才气只能称之为小聪明罢了。

现实中人们之所以难以做到知行合一、学以致用,归纳起来,大致的原因有三:

其一,知易而行难。很多道理,三岁小孩都知道,可是连百岁老人都做不到。我们与成功之间并不遥远,许多非凡的成就只不过是简单坚持的结果。关键是要守住你的心。难常常并不说明做不到,只是坚持得不够。这就像爬山,上山的道路总是吃力的,山越高,付出的努力就越大,而越好的品行,付出的坚持就要越久。行百里者半九十,“行”不长久,必然达不到所学的要求,这一点让人深感遗憾。

其二,学用而不合。学和用本是水乳交融的一个整体,如果学习只为考试,或只为卖弄,学到的知识并不能指导自己的实践,所学也只能如韩剧般全是泡沫,对人而言没有半分营养。很多学生考试可以达到全科优秀,但社会生活能力却低得令人不可思议。前几年我曾见过一个中专生,他学的是计算机专业,理论考试一直是全班第一。可毕业后他去一家计算机培训中心找工作,看到一名技术人员正在打开机箱修理计算机,就好奇地走过去看。看到主板上的一块芯片不认识,就向技术人员咨询。技术人员没好气地告诉他,这是CPU。恰巧这个培训中心的人事部经理目睹了这一幕,所以在他接下来的应聘过程中,人事部经理只是象征性地问了几个问题,就让他回去等候电话了。等候的结果可想而知。对于这名中专生来说,我只能将“可怜”两个字送给他。

其三,明知而不行。知道但无法达到,固然令人感到遗憾,但知道能达到却不去做,就可憎了,这是欺世。知道乱扔垃圾不对,自己完全可以做得到,却违反了;知道盗窃不对,自己没必要,也不用偷窃,却偷窃了;知道欺凌弱小不对,却还是这样做了……心里明明知道,却没有约束自己,最后只能是自寻灭亡。人的思维分裂了,叫精神病,可人的言行如果分裂了,分裂的可就是自己的人生了。因此,对于上述种种,请你静思,唯有知行合一,学以致用,方能学有所成,终有所获。

# 克己利人是大义

**【儿子·说】**

2006年3月21日　　星期三　　晴

今天，爸爸和我一起看电视，电视上正在报道哈工大教授马祖光的感人事迹。我觉得没意思，要换台，可爸爸却坚持让我看完。没有办法，我只好硬着头皮看了。刚开始我还不以为然，可看了一会儿之后，我就对这位老爷爷充满了敬佩之情。他说："我对生活一无所求，有床睡，有馒头吃，有几件衣服穿就行。""我当顾问可以，当课题组组长绝对不行！"他不和别人争荣誉，却作出了更大的贡献。看完电视后，爸爸问我有什么感受，我说："他为别人考虑的多，对自己要求很严。"爸爸听了我的回答，笑了笑说："马祖光高义，你要好好向他学习。"我虽然听不太懂，但还是点了点头。

**【父亲·曰】**

打开电视，看到正在报道马祖光教授，我就已经决定让你看了。记住我说的话，马祖光高义，你要好好向他学习。

马祖光是中国光学界著名专家、国际激光领域知名学者、哈工大航天学院光电子信息科学技术系首席教授。多年来，他共获国家自然科学四等奖1项，部级科技进步一、二等奖9项，发明专利1项，并发表主要学术论文141篇，被SCI、EI录用71篇，引用51人次，培养博士生27人，编撰著作3部。他领导的马祖光研究组在国际上首次发现了13个新荧光谱区，4种非线性光学现象，其中"钠双支超喇曼散射"可以反映出我国激光光谱研究的新水平；得出3种新激光，其中有两种是在他们自己发现的荧光谱区中得到的；另一种是首次得到的Na脉冲蓝绿激光。他在自己所从事的领域对祖国、对人民做出了如此巨大的贡献，可他从来不向组织提要求，生活标准低得出乎意料，考虑问题总是替别人考虑的多，为自己考虑的少。

以马祖光取得的成就，他完全可以向组织提出解决子女的工作、学习问题，可他不但没向组织提要求，反而教育孩子："不要借爸爸的光，要自己去发光。"妻子长期卧病在床心情不好，他从来不和她生气。担心妻子寂寞，他看书的时候都坐在妻子的床头陪伴妻子。马祖光有一段时间因心脏病很严重，半夜喘不上气，只能起来走一走，每次他都是放轻脚步，生怕吵到妻子。

细细咀嚼这位老人的一生，我体会到四个字——克己利人。克己利人是大义，做人就要做这样的人。

克己，就是约束自己，就是"无我"，是时时克制自己的私心和欲望，不计个人得失。常怀律己之心，常思贪欲之害，常除非分之想，常修为人之德。只有这样，才能不为名利所累，不为得失分心，才能不断净化自己的心灵，集中精力干事业，也才能干出成绩，为社会、为人民做出更大的贡献。

利人，即时时刻刻心中有"人"，这个人是身边的人，是一个集体、一个民族，甚至是全人类。白求恩远赴中国救死扶伤，毛泽东评价他"毫不利己，专门利人"；周恩来一生服务人民，鞠躬尽瘁，死而后已，被全世界人民所铭记；雷锋，一双袜子补了又补，却寄钱救济战友的家人，一个小战士，却温暖了全中国。他们的共同特点就是把自己放在卑微的后面，把别人时时放在心间，把自己放到无限小，把"人"推向无限大。

克己利人，把自己看得越卑微，发出的光芒越强；把别人看得重要，自己会被别人看得更大。这就是克己利人——人间大义。

## 以人民的名义

**【儿子・说】**

2005年5月2日　　星期一　　晴

早上，爸爸让我背《为人民服务》这篇文章，我打算和妈妈一起背，看谁背得快。我先把第一自然段读了一遍，想了想第一自然段讲的是什么，然后再在本子上抄一遍，这样一来果然背得很快。我以此方法，不到一个小时就背完了，最后我又读了一遍，在爸爸考我时，我背得非常流利。爸爸说我出乎他的意料，太好了。最后在爸爸的指导下，我也渐渐弄明白了这篇课文的意思，不禁为革命先辈的情怀而感动，他们所有的付出只是为了天下老百姓生活得更好，他们真是好样的！

**【父亲·曰】**

让你背《为人民服务》这篇文章，有三个意思，一是因为现在很多人不相信崇高了，也不太相信大道理了，而大道理是经过几千年验证的，每个人都以为自己是个例外，但这种可能性微乎其微。现在有些年轻人不太相信崇高、毅力，只相信小聪明，想投机取巧和走捷径，喜欢把小道理留给自己，把大道理留给别人，如果能反过来，试试看，你一定会了不起。我们眉县乡党张载曾发出"为生民立命，为万世开太平"的呼吁，曾经激励了多少仁人志士为天下苍生舍生入死。毛泽东以"为人民服务"为号召，团结并带领全国民众浴血奋战，打败了腐败的国民党政府，取得了胜利，并建立了新中国。中国文化讲中庸，这实际上只是一个梦想，翻开中国历史，你见过哪个朝代不是在血雨腥风中诞生，即使"禅让"的光芒，也由刀剑的寒光所发出，这种胜者为王，败者为寇，非黑即白的理论其实一直都隐藏在中国文化里，深深地影响着国人。

二是突然想起了法国革命家罗兰夫人有句名言："自古多少人假汝之名行罪恶之实。"现在人类的问题就是，防止出现像希特勒那样的独裁统治者，为了一己私利而使整个民族遭受劫难。要防止有人在人民的名义下，"挂羊头卖狗肉"，历史上很多政治家就是如此。英国前首相丘吉尔曾经有个十分精彩的叙述："承认一个人存在并不一定是赞同之举。人们不得不在这个充满罪恶和敌人的世界上承认他们并不喜欢的那些许许多多的人和事。建立外交关系的原因并不是要表达恭维之意，而是要取得便利。"丘吉尔这番话阐述的意思极为深刻，不论是对于一个民族、一个国家、一个政党来讲，还是对于一个家庭和个体来讲，我们必须承认和接受现实中罪恶的人和事，并与之以和平或是战争的手段相处。和平的手段是为便利，或共赢，战争的手段是为推翻和取代。但不管怎样，最后取得胜利的一方能够在宣讲自己政治主张的同时，切切实实地为历史、为现实、为人民争取更多的红利，那将都是有意义的。

三是让你学习毛泽东如何写文章。毛泽东开一代文风，是真正的文章大家。他的文风，首先胜在思想与气势。那种风格、那种语言、那种气派，那种磅礴凌厉的气势，能浸到骨子里了。中国是个文学的国度，青史不绝，佳作迭出。向来说文章有汉司马、唐韩柳、宋东坡、清康梁，群峰逶迤，比肩竞秀。毛泽东是历史群山中一座巍峨的高峰。其次胜在说理与用典上。在《为人民服务》中，他引司马迁的话："中国古时候有个文学家叫作司马迁的说过'人固有一死，或重于泰山，或轻于鸿毛'。为人民利益而死，就比泰山还重；替法西斯卖力，替剥削人民和压迫人民的人去死，就比鸿毛还轻。"知识渊博、用典丰富。再次胜在讽刺与幽默。充满辛辣的讽刺和轻松的幽默。他还胜在能把通俗与典雅完美地结合起来。他早期的古文，也写得十分的典雅。但是为了时代的需要，他放弃了自己熟悉的文体，学会了使用最通俗的文字。请你细心品味毛泽东以下的语录，从中可以体会到毛泽东文章的威力和魅力。(1)最鼓舞人心的一句话：星星之火，可以燎原。(2)最豪迈和傲气的一句话：一切反动派都是纸老虎！(3)最谦虚的一句话：夺取全国胜利，只是万里长征的第一步。(4)最震撼人心，最震撼世界的一句话：中国人民从此站起来了！(5)最正气凛然的一句话：人不犯我，我不犯人；人若犯我，我必犯人！(6)最自信的一句话：自信人生二百年，会当水击三千里！(7)最有凝聚力的一句话：军民团结如一人，试看天下谁能敌！(8)最清醒的一句话：在战略上要藐视敌人，在战术上要重视敌人！(9)最有哲理的一句话：凡是敌人反对的我们就要拥护，凡是敌人拥护的我们就要反对！(10)最鼓舞人心的一句话：与天斗其乐无穷！与地斗其乐无穷！与人斗其乐无穷！(11)最有自尊的一句话：封锁吧！封锁它十年、八年，中国的一切问题都解决了！(12)最具奥运精神的一句话：文明其精神，野蛮其体魄！(13)最像长辈的一句话：好好学习，天天向上。(14)最具和平意识的一句话：中国永远不称霸。(15)最有煽动性的一句话：哪里有压迫，哪里就有反抗！(16)最让人警醒的一句话:贪污和浪费是极大的犯罪。(17)最英雄主义的一句话:这个军队具有一往无前的精神,它要压倒一切敌人,而决不被敌人所屈服!(18)最激励人克服困难的一句话:下定决心,不怕牺牲,排除万难,去争取胜利!(19)最具前瞻性的一句话:中国人民有志气有能力,一定能在不远的将来赶上和超过世界先进水平!(20)最伤感的一句话:汽笛一声肠已断,从此天涯孤旅!(21)最悲壮的一句话:苍山如海,残阳如血!(22)最写意的一句话:江山如此多娇!(23)最立志的一句话:孩儿立志出乡关,学不成名誓不还。(24)最酷的一句话:独立寒秋,湘江北去,橘子洲头。(25)最有主人翁意识的一句话:问苍茫大地,谁主沉浮?(26)最畅快的一句话:雄关漫道真如铁,而今迈步从头越!(27)最潇洒的一句话:不管风吹浪打,胜似闲庭信步。(28)最入镜的一句话:暮色苍茫看劲松,乱云飞渡仍从容。(29)最有哲理的一句话:宜将剩勇追穷寇,不可沽名学霸王!(30)最豪迈的一句话:惜秦皇汉武,略输文采,唐宗宋祖,稍逊风骚;一代天骄,成吉思汗,只识弯弓射大雕!(31)最消愁的一句话:牢骚太盛防肠断,风物长宜放眼量!(32)最现实的一句话:打得赢就打,打不赢就走。(33)最有预见性的一句话:核战争打不起来。(34)最有紧迫感的一句话:多少事,从来急,天地转,光阴迫,一万年太久,只争朝夕。(35)最受女性欢迎的一句话:中华儿女多奇志,不爱红装爱武装。(36)最有情意的一句话:天若有情天亦老,人间正道是沧桑。(37)最标语式的一句话:发展体育运动,增强人民体质。(38)最让女性自豪的一句话:妇女要顶半边天。(39)最具借鉴意义的一句话:古为今用,洋为中用,百花齐放,推陈出新。(40)最理智的一句话:前途是光明的,道路是曲折的。(41)最充满希望的一句话:世界是你们的,也是我们的,但归根结底是你们的。你们青年人朝气蓬勃,正在兴旺时期,好像早晨八九点钟的太阳。希望寄托在你们身上。(42)最无奈又最具神秘性的一句话:天要下雨,娘要嫁人,由他去吧!(43)最具爱情观的一句话:世界上没有无缘无故的爱,也没有无缘无故的恨。

文章是一门独立的艺术。细读毛泽东的文章,特别是他独特的语言风格,足可自立为一门一派。如果有时间,建议你认真读几遍《毛泽东选集》,

不但会体味到写文章的真谛，而且还能深刻了解中国国情。须知：打天下要靠枪杆子，治天下则要靠笔杆子。毛泽东两者兼而有之，中国共产党焉有不胜之理。

## 我进步，我快乐！

**【儿子·说】**

2005 年 5 月 7 日　　星期六　　晴

早上，我把昨天的错题改到本子上，结果还是有两道题做错了。下午放学以后，我把老师昨天给我布置的作业认认真真做了一遍，每一个计算我都非常认真，结果全对，老师十分惊讶，就让我又做了期中测试题，这些题，我同样做得非常好。

晚上，我又做了一套题，一个都没有错，老师和爸爸表扬了我，说我终于实现了得一百分的愿望。之后我把这两天学的课文背了一遍，老师说我进步很大，以后要继续努力。我听后心里美滋滋的。

**【父亲·曰】**

今天你做试卷时全神贯注，这个 100 分为你今年的五一长假画上了一个圆满的句号。也得到了一向严谨的王老师的表扬，你很高兴，这说明只要你做事精益求精，力求尽善尽美，就没有什么事情能难倒你，也没有什么愿望实现不了。更重要的是你从中得到了快乐和成功的喜悦，这是一种实现自我的自信。看着你快乐的表情，我也由衷地为你高兴。你进步，你快乐，我也快乐。因为你对自我价值有了新的认识，对自我潜能有了新的发现，对自我成就有了新的感受，所以你在发现并欣赏自己的进步中获得了自我满足，这种滋味妙不可言。

“我进步，我快乐”，要想快乐就要干什么事都力争第一，使别人不敢小看你，慢慢地积累作为男子汉身上需要的霸气。你自信、聪明、执着、认真，因此无论从哪个方面看，你都没有输给别人的理由。只有抱着永不服输的精神，你才会不断进步，才会有苍茫天地任我行的潇洒和自由，并在这种挥洒自由中体会由此带来的快乐。

这个世界从来就没有神仙皇帝，别人不能帮你解决实质问题，想有一番作为，最主要还是靠自己。要想有所收获，你必须尽可能地少依赖别人，不管别人有多少经验，多少学识，多少实力，多少力量。这样，才能把自己的主观能动性调动起来，并使自己自信、自控、自力、自强，也就没有攻克不了的难题，你会变得随时能战，战则能胜，紧紧扼住命运的咽喉，主宰自己的未来。

看到你每天都在进步，爸爸从心底为你感到骄傲和自豪，你的进步使爸爸看到了新的生活希望，这要感谢王老师和你的努力，爸爸之所以给你点评日记，是因为你用坚强的毅力一直坚持写日记，你用行动鼓舞并激励着爸爸坚持至今。现在，每天睡觉前翻阅你的日记，反省人生百味已成为我生活的一部分。因为我已把日记当成与你沟通、交流、对话的一种渠道。在我们因心灵对话而感到进步快乐的同时，爸爸还要提醒你，日记的“说与曰”本是父子之间的秘密和私事，还是不以示人为好。但中国人其实都很自负和骄傲，遇到好事都喜欢偷着乐，装出一副谦虚恭卑的模样，主要原因就是因为担心引起别人的嫉妒而横生祸事。你还小，还不大明白“以言获罪”到底是什么。历史上很多事情特别是历代的文字狱使人们不寒而栗，所谓欲加之罪，何患无辞，更何况日记不但有辞，还是肺腑之辞，都可以成为“定罪”的依据。因此，进步后还要低调做人，这是保持进步后长久快乐的不二法门。

## 第三节　乐智乐勇

### 人生的大智慧

【儿子·说】

2003年6月21日　　星期六　　晴

晚上，在我和爸爸去医院看望奶奶的路上，爸爸让我背诵今天早上刚学过的三首诗。当我有些地方记不起来时，爸爸就会给我一些提示，但我还是没背过。爸爸就给我讲解这三首诗的意思，我按照自己的理解和爸爸的提示，在脑海中勾勒出诗中描写的画面，边想边背，不一会儿就把这三首诗都背过了。

到了医院的病房，爸爸让我把这三首诗背给奶奶听。我背完后，奶奶笑了，旁边住院的老爷爷也对我竖起了大拇指，我十分高兴。

在回家的路上我想，即使一件小事情也是有智慧存在的。既然我已经找到了背诗的方法，那我就要好好利用这种方法，背更多的诗——等到奶奶出院回家，我就能天天给她背诗了。

【父亲·曰】

坚持人生最基本的、放弃投机取巧的方法，认认真真、踏踏实实地做人，终会取得成功。我觉得人生需要大智慧，真正的人生是不屑于一些小动作小技巧的。归结起来，所谓大智慧无非有以下几种：

一是要做望远镜，不做显微镜。眼睛要盯着前方，低头拉车，抬头看路。成功者之所以能成功，首先是因为他见识高远不畏浮云，眼睛始终看着远方和未来——“人无远虑，必有近忧”。如果像显微镜一样总在与目标无关的细枝末节上徘徊，或把目光局限在目前这种状态而缺乏远大理想和抱负，那么肯定难有作为。

二是要做凸透镜，不做凹透镜。好多有才华的人因为聪明，涉猎太广，缺乏专一而终究无成。人一生的精力是有限的，所以要把有限的精力放在最主要的事情上。人要成功就要保持心理单纯，心理过于复杂的人注定会精力分散。你有很多同学学习成绩很好，主要是他想学好，想法单纯，用心专一，就像凸透镜一样将光聚集在一点，这样才能点燃人生。否则就会像凹透镜，光束分散而不能发热。记得爱因斯坦年轻的时候每门功课都很出色，但他既迷物理，又迷音乐，并自认为能处理好二者的关系，结果两方面都无建树。后来，他痛定思痛，毅然放弃音乐，结果仅用三年时间，就在物理上取得惊人成就。这个事例说明，爱好过于广泛很难有什么突出成就。

三是要做调温器，不做温度计。现代人做学问，一种是创新研究，阐发自己的思想；另一种是销售贩卖，批发他人的思想。前者如调温器可自动调整温度，后者如温度计需根据周围环境的变化来证明自己的存在。人生在于占据主动，就像踢足球一样：由看客而替补，由替补而主力，由主力而不可替代，由不可替代而名垂青史。而人的价值就在于掌握主动。人常说，“宁为鸡头，不做凤尾”就是这个道理。要掌握主动就要有能力，如果你球技不高，那么想在球场上掌握主动那只能是做梦。

四是要做围棋手，不做象棋手。人生要像围棋手一样——讲究战略布局，注重整体作战，注意发挥众人的智慧和力量；同时要讲究“造眼”，造无数个活眼，这样人才能左右逢源、呼应连接，往往一招看似无关紧要的走法，却能置对手于死地。而象棋注重单打独斗，棋少而招式凶狠，这样容易处处受敌，于己不利。

五是要做高山磐石，不做墙头芦苇。开始我说要“守拙”，就是指人要如磐石一样风吹不摇、雷打不动，认定目标谦和自持，高而不争，坚守本分；像石头一样有定力，坚守信仰来干自己的事情，这是人生心底的基石。人有了这种定力，才会排除俗事，坚守原则，成就一番伟业，而不像墙头芦苇一样顺风而倒，最后落个春生夏枯的下场。

# 智慧改变命运

【儿子·说】

2006年4月6日　　星期四　　晴

下午阅读课，我做完了今天的作业，就拿出自己买的《安徒生童话》看起来。不一会儿，我就入了迷，被其中的几篇故事所吸引。我最喜欢的是《卖火柴的小女孩》。故事中的主人公是一个靠卖火柴为生的小女孩。她的不幸遭遇以及她在苦难中顽强的意志、乐观的生活心态深深打动了我，我也为当时社会的黑暗而感到愤恨。小女孩在童年时失去了我们同龄人应有的欢乐、童真和童趣，相比之下，我感到自己很幸福。

【父亲·曰】

你喜欢读童话，说明你心里充满了理想主义色彩。童话的世界充满了真善美与假恶丑的斗争，而结果总是前者战胜后者，世界一片阳光。它也是一种古老而又保持着青春活力的文学体裁，有强烈的讽刺性和教育性，故事情节多为虚构，语言简练，极富表现力。多用比喻、夸张、象征等手法，风格泼辣且一针见血，力砭时弊，耐人寻味而又让人进德益智。

短小的童话故事，往往能让人们更乐于接受那些因说教而不愿接受的大道理，更便捷、更有效地获得人生的经验和智慧，从而受到教育和启迪。世界著名“酒店大王”希尔顿曾感言：“智慧的力量大于武器的力量，有了智慧，你就能改写自己的人生命运。”可以说，童话会给人们的生活、事业、人生注入鲜活的血液，会对我们的人生产生深远的影响。

对于青少年，我觉得童话是一种很好的情感引导，人们一切良好的行为和心态都来源于善良淳朴的感情，这种善良应从孩童时就开始培养。如果一个人缺乏爱心，缺乏对生命的尊重，那他就容易形成自私自利的性格，这对他以后的人生会产生不利的影响。如果你每天坚持去读，每天就会获得一些新的惊喜和启示，这会让你的人生过得更有意义。同时，这些故事能给你的人生些许启示，能让你的人生之旅更加愉悦、顺畅、轻松！

## 用智慧战胜对手

**【儿子·说】**

2004 年 7 月 3 日　　星期六　　晴

上午，我去上剑桥英语课。课堂上我表现得很好，发言积极，受到了老师的表扬。本来一切都很好，可是下课后却发生了一点意外。下课后，陈帅像往常一样和我玩，并和我开起了玩笑。可不知道为什么，我今天半点开玩笑的心思都没有，所以我们两个言语间就出现了摩擦，最终也不知道是谁先出的手，我们打了起来，不过，我俩谁也没有把谁打伤。按理说，这其实是一场争吵，可是老师罚我们在操场上站了一节课。我站在那里默默地想，君子动口不动手，动口是智慧，动手是笨蛋。我一定要吸取这次教训，以后再也不犯类似的错误了。

**【父亲·曰】**

古人讲，不要与穷人为敌，他们除了生命之外一无所有。不要和武夫、疯子为敌，要学习用智慧战胜对手。当年韩信如不忍胯下之辱，就难以建立盖世之功。俗话说，忍一时风平浪静，退一步海阔天空。如果用有用之身逞一时之勇，那就是愚蠢。有无实力，不是武力的角逐，而是智慧的较量，掌握知识的人才是最有力量的人，明白了这个道理，就会以此为目标，不断地去努力。因此，不要与一无所有者争，他们会赤膊上阵、毫无顾忌，因为他们早已失去了一切，甚至连可耻之心也丧失殆尽。而没有可耻之心是可怕的，他们会肆无忌惮、为所欲为，如果与这样的人为敌，实在是得不偿失。

人必须正确处理两件事才能成为智者。一是做事要注意细节。成功是细节的积累，人们往往在大风大浪里安然若泰，却会在风平浪静里翻船落水;在山路中没有跌倒,却在平地上失足。细节往往隐藏着事物的规律,很多人就是因为小人、小事而毁于一旦,以小见大,就是这个道理。二是做事要善于总结。有钱难买后悔药,踩到香蕉皮摔倒一次情有可原,但如果两次跌倒皆因踩在同一块香蕉皮上就会引人耻笑了。总结的目的是从已有的事情上看到事态的发展,吸取经验教训。总结若是对人则多言成绩,若是对己,则多查问题。前者在于鼓舞人心,彰显实力,保持奋发之气;后者则是寻找差距,冷静思考,静中求变,保持应对之策。这就要求人每干完一件事情,要从各个环节、细节、天时、地利和人和等方面冷静观察,确保万无一失。人们往往对你的成功之路熟视无睹,甚至因嫉妒而心怀不满,而对你小小的失误却会穷追不舍。这就是"好事不出门,坏事传千里"。有时所有的成功,却难掩一个小小的失误。因此,善于及时总结,防止微小纰漏,远远胜于盲目地追逐成功。

## 若愚是种境界

**【儿子·说】**

2006年10月29日　　星期天　　晴

今天妈妈带我上街买东西。走在半路上,妈妈碰到了熟人,是一个年龄和妈妈相仿的阿姨,她一看到我就一个劲儿地夸我一脸聪明相,将来一定能干成一番大事,还说爸爸妈妈真是好福气。我听了也感到很高兴。没想到妈妈却说我其实很笨。我听了心里不乐意,哪有妈妈这么说儿子的,就反驳道:"我这不是笨,是大智若愚!"那位阿姨听了大笑起来,妈妈哭笑不得,没好气地说我是骄傲自大。

回家后妈妈问我知道"大智若愚"的意思吗,我说了,妈妈说我知道的太肤浅了。那到底什么是大智若愚呢?

**【父亲·曰】**

人们总喜欢将自己聪明的一面展现给别人,尤其是现在社会竞争越来越激烈，每个人都要拼命表现自己，以求争取到各种的机会，人人锋芒毕露，拼得你死我活，最后头破血流、身心疲惫。为什么不换一种方式呢？

战国末期，秦国大将王翦奉命出征。出发前他向秦王请求赐给其良田房屋。秦王说："将军放心出征，何必担心呢？"王翦说："做大王的将军，有功最终也得不到封侯，所以趁大王赏赐我临时酒饭之际，我也斗胆请求赐给我田园，作为子孙后代的家业。"秦王大笑，答应了王翦的要求。王翦到了潼关，又派使者回朝请求良田。秦王爽快地应允。手下心腹劝告王翦，王翦支开左右，坦诚相告："我并非贪婪之人，因秦王多疑，现在他把全国的部队交给我一人指挥，心中必有不安。所以我多求其赏赐田产，名为子孙计，实为安秦王之心。这样他就不会怀疑我造反了。"王翦的确不是一个贪婪的人，但在出征前及出征后却要装出一副贪婪的样子，看似有失英明，愚蠢至极，但这只是一种错觉，但凡相信了这种错觉，就会自以为抓住了王翦的命门，对其失去了防范之心。王翦看似愚蠢的行为却正是他的过人之处，大智若愚是他保命的方式。

曾经看到这样一则故事。有三位日本人代表日本航空公司与美国的一家飞机制造公司谈判。美国公司为了抓住这次机会，挑选了最精明干练的高级职员组成谈判小组。谈判伊始，美方就展开了猛烈的产品宣传攻势。他们在谈判室里挂满了许多产品的图像，还印刷了许多宣传资料和图片。他们用了两个半小时，三台幻灯放映机，放映了好莱坞式的公司介绍。他们这样做，一是要加强自己的谈判实力，二是想向三位日本代表作一次精妙绝伦的产品简报。在整个放映过程中，日方代表静静地坐着，全神贯注地观看。放映结束后，美方高级主管很得意地站起来，扭亮了电灯，笑容里充满了期望和必胜的信念。他转身向三位显得有些迟钝和木讷的日方代表说："请问，你们的看法如何？"不料一位日方代表说："我们还不懂。"这句话大大伤害了美方代表，他的笑容随即消失了，一股莫名之火似乎正往上冒。他又问："你们说不懂，是什么意思？哪一点你们还不懂？"另一位日方代表彬彬有礼、微笑着回答："我们全部没弄懂。"美方的高级主管又压了压火气，再次问对方："从什么时候开始你们不懂？"第三位代表严肃、认真地回答："从关掉电灯，开始放幻灯简报的时候起，我们就不懂了。”这时，美国公司的主管有种严重的挫败感。但为了商业利益，他又重放了一次幻灯片，这次速度比前一次慢多了。之后，他强压怒气，问日方代表：“怎么样？该看明白了吧？”然而，日方代表端坐在位子上，若无其事地摇摇头。美方的高级主管一下子泄气了，他灰心丧气地斜靠在墙上，松开他价值昂贵的领带，显得心灰意冷、无可奈何。他对日方代表说：“那么，那么……那么你们希望我们做些什么呢？既然我们所做的一切你们都不懂。”这时，一位日方代表慢条斯理地将他们的条件说了出来，他说得如此慢，以至使美方高级主管像回答讯问似地，毫无斗志地斜坐在那里，稀里糊涂地应答着，他的思维已经紊乱了，信念被摧毁了，根本未作什么有效反应。结果，日本航空公司大获全胜，成果之大，连他们也感到意外。你说，日本人笨吗？他们非但不笨，还极聪明，他们看似“笨”得连幻灯片都看不懂，实质上却以四两拨千斤的方式轻轻松松地化解了美方的攻势。他们的大智若愚是一种迂回的反击。

有时候，大智若愚还是一种长期的投资。有一个愣头愣脑的流浪汉，常常在市场里走动，许多人很喜欢开他的玩笑，并且用不同的方法捉弄他。其中一个大家最常用的方法，就是在手掌上放一个五元和十元的硬币，由他来挑选，而他每次都选择五元的硬币。大家看他傻乎乎的，连五元和十元都分不清楚，都捧腹大笑。每次看他经过，都一再地以这个手法来取笑他。过了一段时间，一个有爱心的老妇人，忍不住问他：“你真的连五元和十元都分不出来吗？”流浪汉露出狡黠的笑容说：“如果我拿十元，他们下次就不会让我挑选了。”

小聪明不是真聪明，真正的聪明总和“笨”形影不离。因此，不要小看你周围任何一个人的智慧，也不要时时把自己的聪明展现在大家面前，适当的时候，“笨”一点其实是个不错的选择。最起码笨是一种谦虚的姿态，笨一点的朋友我们更容易坦诚相待，笨一点的亲人彼此更容易开怀。

# 变通的智慧

【儿子·说】

2004年12月23日　　星期四　　晴

我们今天没有上新课，下午数学老师用了两节课的时间给我们讲了一套卷子。第一节课老师发了一套数学卷子，让我们先做，我做得十分快，一会儿查书，一会儿计算，有点手忙脚乱，但速度很快，不到一节课就已经把卷子做完了。第二节课老师给我们讲了这套题，我的正确率为98%，在老师讲解的过程中，我把上面做错的题一个一个地改正，并用不同颜色的笔加以区别，下来后又认真地想了几遍，直到全部弄懂为止。晚上，王老师给我讲了一道特别难的题，我没听懂，问了老师几遍，可还是不行。唉！真有种瞎子点灯白费蜡的感觉。

【父亲·曰】

知识的力量是无穷的，它可以成为保护自己、养活自己、让自己辉煌的武器，难怪古人讲“书中自有颜如玉，书中自有黄金屋……”你用不同颜色的笔区别错题，反映了你心胸渐开、善变顺天的本性。这使爸爸想起了一则故事：有一位高僧是寺院方丈，因年事已高，寻找接班人。一日，他把两个得意门生名坚、名远用绳索吊放于寺院后的悬崖下，并说：“谁能凭自己的力量从悬崖下爬上来，谁就是接班人。”悬崖下，身体瘦弱的名坚屡爬屡摔，摔得鼻青脸肿，还顽强地攀爬，当拼死爬上半壁无处着力时，摔落于崖下，头破血流，最后高僧不得不用绳索把他救上来。而身体强壮的名远，攀爬几次不成功后，便沿着悬崖下的小溪顺水而下，过树林，出山谷，游名山，访名师。一年之后，名远才回到寺中，高僧不但没有骂他怯懦怕死将他赶出家门，反而立他为接班人，众僧不解，高僧微笑着解释道：“寺院后悬崖极其陡峭，是人力不能攀爬上去的。悬崖之下，却有路可寻，若为名利所诱，心中便只有面前的悬崖峭壁。天不建牢，而人自在心中建牢。在名利牢笼之内，徒劳苦守，轻者苦恼伤心，重者伤身损肢，极重者粉身碎骨。”高僧把五彩袈裟和禅杖传于名远，语重心长地对众生说道：“师言要听，但伸缩进退变化，乃圣人之道。明者因境而变。智者随情而变，攀爬悬崖，是师出奇题，验看弟子们心境如何。能不入名利牢笼，即心中无牢，顺天而行者，便是我的意中人。”不久，高僧圆寂，名远成主持，寺庙香火鼎盛，僧徒日增。这个故事说明，不论干什么事情，都要因情因境因人而变，切不可死守陈规，那将一事无成。人们常感叹，君子斗不过小人，因为君子按常规行事，注重按人性、天理、人情办事，而小人专走捷径，只求目的，不择手段，往往因变化多端，出奇制胜。可悲的是，人们往往以成败论英雄，即使卑劣诡计，只要成功了，这些阴谋诡计还往往被人们当作谋略智慧而千古传颂，这就是人！

人要因情因境因人而变，切不可一味地墨守成规。用过往的事情束缚自己的思想和言行，作茧自缚，必定犯教条主义错误，走入“死胡同”。人在实践中、生活中、经历中增长见识，增长的过程就是转变的过程，变无时无刻不在，聪明的人只是将变隐藏在不变的形式中。第一个发现变的人是哲人，第一个抓住变的人是智人，第一个实践变的人是强人，第一个因变而变的人是伟人，世界因变而五彩缤纷，人生因变而绚烂多姿。变中有机遇，变中有契机，变中有风险，变中有成就，变中有机理，变把世界搅得天翻地覆。古人讲“识时务者为俊杰”，识时务，就是在识变；只有识变，才能把握先机，沉着应变。而人，有时面对变而无可奈何，只能“以不变应万变”为借口掩饰其无能和彷徨。适者生存，谁能说“适”不是在变，不变人就不能成为人，而只能继续为猴子。觉者入旋，未入旋怎么能成为觉者。因此，要正确看待变，认识变，适应变，掌握变，利用变；在变中成长，在变中成熟，在变中灿烂。

# 做一个智者

**【儿子·说】**

2006年2月18日　　星期六　　晴

今天早晨,倪老师来家里给我辅导功课。吃饭的时候,我讲起星期五语文课堂上发生的一件事。老师给我们出了一个鲁迅先生考学生的上联:独角兽。当时同学们纷纷笑着说下联是“四眼狗”,我刚讲到这里,爸爸就打断了我的话:“你说话怎么不注意场合呢?难道忘了老师也在这儿?”爸爸一批评,我才意识到自己说漏了嘴,暗恨自己说话怎么不动脑筋呢!我仔细一看,原来倪老师戴着一副近视眼镜,我连忙向倪老师道歉,说明我不是有意的,倪老师笑着摇了摇头,示意我接着往下讲。我看到倪老师没往心里去,这才揭开了最后的谜底——鲁迅最后对的下联是“比目鱼”。听到这里,爸爸和老师都露出了微笑。

通过这件事,我得到了一个教训,就是说话做事时一定要注意场合和对象,避免别人对号入座,以防无意中伤害别人的自尊。

**【父亲·曰】**

智者的嘴在心里,认真做事,百事可成。每天都下决心不如每天都付出行动,行动是成功的必由之路。只听楼梯响,不见人下来,如果这样,无论干什么,其一生都将一事无成。天才在于勤奋,勤奋在于每天如痴如醉地埋头苦干,没有勤奋就没有将来的成功。

天才不是生而为天才,而是发自内心努力使自己成为天才的。智者嘴在心里,愚者心在嘴上;智者重视结果,愚者注重理由。天才首先是智者,就拿为人处事来说吧,从古至今有多少才华横溢的人因未能韬光养晦而招来杀身之祸,他们不懂得“木秀于林风必摧之”的道理,做事锋芒毕露,王安石、晁错就是实例。现实也是如此,在日常生活中要处事低调、大智若愚、谦虚自让,不给别人压力才能明哲保身。要甘于与众人为伍，对小鸟来说最安全的地方是森林；对鱼来说，最安全的地方是大海。高于别人会招妒忌，低于别人必受白眼，最好的办法，就是让人感到水平相当。特别是在影响你命运的人面前，切不可才华太露，以免功高震主，伤着他的尊严就等于给自己挖下陷阱。我工作多年，大凡上升极快的，并不是才华出众的人，而是那些看似平庸、实则精明之徒。他们在处事中往往不显示自己的勇气和智慧，也不算果断。而那些有才华的人却弄才招祸，遭人暗算。才气是优势，但也是导火索。历来经验证明，功高常招损，平庸总得益，只有合大流，才能在人生的大海中稳渡自我之舟。

看看周围，大凡工作出类拔萃者却升迁缓慢，就是因为他太突出，遭众人嫉恨。所以人常说，无过就是功。集中心智避免做错，才算真正的智者。古人讲："对失意人，少谈得意事；处得意日，莫忘失意时。"让别人保住面子，不伤害别人的自尊心，才会赢得别人的尊敬。训斥别人，可以体验权势在手和恃才傲物的快意，但这些都会随时间逝去而消失，"江山代有才人出，各领风骚数百年"。你要记住，高手是人，高手也一样会失手，越是高明的人，越会犯常人所犯的错误或常识性的错误，就像牛顿为了让大猫和小猫出入方便而在门上挖一大一小两个洞一样。

## 男子气概

**【儿子·说】**

2005年2月21日　　星期一　　晴

晚上，在我的央求下，爸爸带着我在邮政超市的门口观看了电影《嘎达梅林》。影片的主人公是蒙古族一个叫嘎达梅林的勇士，他为了保护草原，团结牧民和牧垦草原的敌对势力做斗争。在炮军的围攻下，他说："草既可以喂牛羊，也可以化为烈火。"他带领牧民和敌人展开殊死搏斗，但是在最后一次的较量中，由于力量悬殊，敌人用重机枪扫射，他们都死在了罪恶的枪口下，惨不忍睹。

【父亲·曰】

今天是我第一次陪你在野外看电影。南大街寒风刺骨,但你坚持把电影看完了,我觉得这才像一个男子汉,要做就做一个不畏艰难困苦、智勇兼备的男儿。像嘎达梅林那样,勇敢地面对强敌。他身上表现出的冲天豪气,使我想到了前一阵子中央电视台热播的《汉武大帝》,我从嘎达梅林身上仿佛看到了汉朝男儿的影子。

历史上,西汉的男子也窝囊过。像一代枭雄刘邦就曾不得不向兵强马壮的匈奴再三忍让。武不如人,甘居人下,只好低三下四地献上自己的公主和大批珍宝物品,以求苟安,还美其名曰"和亲""厚赐"。然而,当雄才大略的汉武帝振臂一挥,西汉的男人们便马上变得英勇无比,将憋了几十年对匈奴的仇恨一泄而出。大将军卫青率精骑数出雁门,尽取河套以南地区,修筑朔方城,一举解除了匈奴对长安的威胁。骠骑将军霍去病仅率一万人马九千里奔袭,过居延,攻祁连山,斩敌数万,俘虏匈奴王五人及王母、单于阏氏、王子、相国、将军等一百二十多人,整个河西走廊全部为汉所有。匈奴人悲歌道:"失我祁连山,使我六畜不蕃息;失我焉支山,使我嫁妇无颜色。"两个民族的悲与欢,由此可见。也印证了现代心理学上的一句名言:"一只老虎领一群羊,绝对能打败一只羊带领的一群老虎。"

胜利更加激励了西汉男儿的豪气,霍去病那句"匈奴未灭,何以家为",还有汉元帝时名将陈汤的那句"犯强汉者,虽远必诛",真是气吞万里如虎啊。岳飞"壮志饥餐胡虏肉,笑谈渴饮匈奴血"倾吐了其豪情气概,可惜他生不逢时,他想做霍去病,龙椅上坐的却不是汉武帝刘彻。

更令人惊奇的是,当时的许多男子都是文武兼备。像窦婴、卫绾、韩安国都是出将入相,窦婴、卫绾还当过太子太傅,可见都是学富五车之才。如此优秀的男儿,不由得不让人佩服。

我们在唐代男人身上还能看到西汉男人的影子。一句"男儿何不带吴钩"尽显唐代男人的尚武之风。有勇武刚猛的唐代男人,才有大唐盛世的辉煌。令人痛惜的是,到了宋代,中国男人从精神上被"阉割"了。始作俑者便是从孤儿寡妇手中抢夺江山的赵匡胤。为了防止自己做过的事情在其子孙身上重演，以及防止五代时期将王拥立的弊端延续而导致宋氏皇权衰落，赵匡胤和他的子孙们长期推行重文轻武的国策。上有好焉，下必效焉。更有甚者，那个以“存天理，灭人欲”为名义的朱熹硬帮着把儒家为代表的传统文化给阉割了，使人们几乎忘记了原来孔子也是倚剑男儿。统治上的阉割还有可能再生，文化上的阉割却很少再有复活的机会。从此，文武彻底失衡。中国人都成了“万般皆下品，唯有读书高”的信徒。而为国尽忠的勇士，英勇忠烈如杨家将也只能在情况危急时不得不授予兵权，仗一打完马上收回，毫不留情。而决心“从头收拾旧山河”的岳飞更是被夺取了性命。宋朝的男人在政治、文化的挤压中已经彻底被阉了雄根。这种衰落和蜕变主要原因不是体质，而是精神。

宋朝男人的蜕变直接导致了宋朝极度软弱。别说辽国、金国，就连一个小小的西夏也敢骑在大宋朝的头上撒野。南宋末年，数万宋军乘人之危，攻击几千名被蒙古军队打败的金兵，却反被这些残兵败将打得屁滚尿流。毛泽东在《祭黄陵文》中的一句悲愤之词描述宋朝宋兵实在是再贴切不过了——“不武如斯！”不武如斯啊！虽然有人经常赞叹宋朝在文化、经济、科技方面最发达，宋朝的皇帝最开明，但我总是对宋朝不甚看好，因为它缺少真正的男人，缺少男儿精神。

有趣的是，辽国、金国在不断侵略宋朝的同时，也逐渐沾染上了宋朝重文轻武的习气，在一定程度上被“理”化了，曾经剽悍过的他们被更剽悍的敌人消灭了。看历史、评历史自然要联想到今天。当下，宋朝开启的重文轻武之风，仍然不知不觉地渗透在我们的生活之中，影响着我们的行为和思维。且不说我们如何热炒高考状元而漠视见义勇为的英雄，只说我们只重文凭而不看实际才能；更不必说我们懒于动手，只顾明哲保身，内心缺少血性。看着西汉那些英气勃发的男人，想着草原上宁折不弯的嘎达梅林，我激动，我羞愧。忽然想起了自己十几年前写的一首被当时很多同学笑称为“迂腐”的词：

锅碗瓢盆灶头烤，气短骨酥脚板娇。

香味酥口雄心老，兴国振邦怎么了。

# 人要有点“野性”

【儿子·说】

2006年7月16日　　星期日　　晴

昨天晚上，妈妈的同事带着儿子小磊来家里做客，说她和小磊爸爸今天有事，希望妈妈和我能照顾小磊一天。妈妈是个老好人，自然就答应了，而我想到自己有个伴了，也非常高兴。

一吃完早饭，我就非常自觉地开始做作业，因为早点做完作业我就可以和小磊玩了。可没想到我才做了一会儿作业，小磊就被带了过来。小磊比我小几岁，我怕他小不懂事闹腾，没想到他进来后就一直静静地坐在一边，不说话，也不动。我看他很乖，就叫他去看电视，可他还是不动，我给他拿了一个玩具，他也只是拿在手里不玩。直到我将作业做完，他始终很安静，完全不像个小男孩。

做完作业，经妈妈同意，我带小磊去外面玩。本来以为他会很高兴，可他再次让我感到了意外。我们院子里几个小孩一起玩打沙包的游戏，我拉着小磊一起玩，可他却扭捏得像个女孩子，惹得其他几个孩子直笑，我脸上有些挂不住，只玩了一会儿，就带着小磊回家了。

到了家里，我把小磊的表现告诉了妈妈，没想到妈妈却说：“你看人家小磊，多乖啊，像个女孩子似的，文文静静的，你一天就知道野！”“我……”真是没话说了，让我像小磊一样，天呐！

【父亲·曰】

看了你今天的日记，爸爸心里很不平静。小磊是个男孩子，纵然是在一个陌生的环境里，也应该有男孩子该有的野性才对，可今天的他却让我感到了一种“悲哀”。我不知道小磊今天的表现是他本身的性格使然，还是父母教育的结果，但不管是哪一种原因，我都不认同。男人，就要“野”一点。

人的骨子里都是有野性的。人类由猿人进化而来,猿人本来也就是大自然中的一种野兽,怎么可能没有野性?只是随着人类的不断进化,灵智不断被开启,社会的文明程度也不断地得到提高,脱离了兽的范畴,为了有所区别,生物学家按照人为的标准将人称为灵长类动物。但人说到底还是一种动物。我们不能忘记的是,人类统治地球的过程,就是野性不断释放的过程。所谓文明,只是野性的一层华丽外衣,因为文明如果失去了野性,就会变得孱弱,也就失去了竞争的能力,人类也就不可能统治地球。

抛开大自然,就人类社会本身而言,人也需要野性。野,是一种内在要求变强的冲动,是一种不断发展的外在张力。因为这种野性,我们才能打碎枷锁,冲出牢笼。你看陈胜、吴广起义,你看斯巴达克在斗兽场中与猛兽撕搏的场面,你看每一个朝代的更替,哪一个不是以人的野性冲动作为最原始的动力?你再看普罗米修斯被绑上十字架,再看释迦牟尼静坐悟禅,再看中国四大发明、飞机的诞生和人类社会各种工具和科技的更新,又有哪一个背后没有充斥着野性?为什么起义,为什么更替,为什么不断参悟,为什么不断发现、发明?一句话,为了征服。人类要征服世界,人要征服自己所处的社会和人群,征服已经僵化的思想,进而创出一片新的天地、新的理论和思想,这就是人性骨子里的野性,这种野性也正是人类和人类社会不断进化的根本动力。

人是不能失去野性的,如果失去了野性,被教条的思想和僵硬的理论所束缚,人就失去了斗志。思想套上了枷锁,又怎能成就大事?

## 人争一口气

**【儿子·说】**

2005年6月23日　　星期四　　晴

我今天考试没考好,很沮丧,出了考场,我低着头默默地走着。“看,他肯定没考好,你看他的样子!”我心里咯噔一下:是谁?是在说我吗?我赶紧抬起头向声音传来的方向看去，却看到一个男生满脸兴奋，用不屑的眼光看着另一个方向。我顺着他的目光看过去，果然有一个男生和我刚才一样，低着头。唉，同病相怜啊！不行，我不能让别人知道我考得不好。心思一动，我赶紧抬起头大步向前走去。

回到家，我再也不能装样子了，想到刚才发生的事情，我很难过。我以前考得不好的时候，别人是否也是这样在背后笑话我呢？不行，我不能让别人笑话，我一定要好好学习，考出好成绩，让以前笑话过我的人再也不能笑话我，我一定要争这口气。

**【父亲·曰】**

“佛争一炷香，人争一口气。”说明人要活得精神，活得精彩，首先要在“气”上与人较劲。气，以我之见，一是思想和精神的永不服输，表现为对改变境遇的执着和坚忍。人如果憋着一口气，就会不断要求自己、鞭策自己，全力以赴证明自己，发掘潜能战胜一切艰难险阻。你在这次考试中受了挫折，受了羞辱，那么要雪此大耻，就要憋足一口气，定下目标，奋力去做。这全凭自己的意志和决心，别人再怎么做都帮不了你。

这口气还包括奋斗的方向。如果你与学习尖子较劲，就会拥有无尽的勇气和力量，千方百计想战胜他，他反倒成了你追赶的目标。在追赶的过程中，你会不断加速，最终追上他。等你追上了这个目标，还有其他更远的目标，还需要你继续努力。有好多人在目标达到之后泄气了，迷失了前进的方向，故而堕落了，他的水平似乎没有降低，可是别人一鼓作气，又超过了他，没有进步就是后退说的就是这种情况。因此，鼓劲、憋气之后一定要坚持到底，这样才有可能取得非凡的成就。

# 成功需要条件

**【儿子·说】**

2006年5月24日　　星期三　　晴

以前提起爱迪生，我总是打心眼里佩服他，觉得他太能干了，一生有那么多的发明。今天因为写作文要用到爱迪生的事例，我就上网查了一下，这一查才知道，以前对于爱迪生的了解太少了，他简直可以用“神奇”两个字来形容。他一生有两千多项发明不说，其中很多发明是和人们的生活息息相关的，而且他想要干的事基本上都能成功。比如他一夜画好了一张水泥厂的设计图，而且按照他的设计建成的水泥厂十年都没有大的增补；再比如他为了发明电灯，试用了1 600多次耐热材料和600多种植物纤维，而他在发明电灯的同时还发明了配套的输电装置……看完爱迪生的资料，我不禁有些疑惑了，为什么爱迪生很容易就能取得成功呢？

**【父亲·曰】**

有一首歌中唱得好，“没有人能随随便便成功”。这既是一句歌词，也是一种感叹。发出这种感叹的人有两种：一种是已经成功的人，他这样感叹是对所走过的路的总结，心中豪情万丈；一种是没想过成功的人，他这样感叹是对未走的路的一种恐惧，精神上畏缩不前。我们对于成功有过无数种设想和试探，但每一种设想和试探都明明白白地告诉我们：成功需要条件。

人要成功，一方面需要外在的条件成全自己，即成长道路上要有困难、压力，要有展示自己才华和能力的舞台。人的智慧毕竟有限，只有在面对困难、解决困难的过程中，不断思考，磨炼自己，提高智慧，才能增加成功的可能性。压力是激发潜力的催化剂。家养的猪和野猪同种同源，但家猪却没有野猪那么长的獠牙，也没有野猪那么凶猛，就是因为家猪在一代代被驯化的过程中，失去了生存的压力，战斗意识不断消退。人如果没有压力，也会缺少战斗力，自然不能取胜。成功还需要舞台。卖菜的要摆摊，卖酒的要开店，唱戏的要上舞台，一个人的成功必须有施展才华和能力的“舞台”。这个舞台本就存在，就看你能不能挑战困难，顶住压力走上舞台，并在上面尽情展示自己。困难、压力和舞台，这三者是成功的外因。

人要成功，还要靠自己成全自己。一个人最可悲的不是没有成功，而是一开始就没有想过要成功。但凡成功者，从一开始就要有自信、激情和决心。外因毕竟只是外因，要想成功，决定性因素还是要看内因。如果是块石头，即使外因再怎么热情，都不会孵化出小鸡。所以，要想成功，除了要满足外因，还要通过内因把“石头”换成“鸡蛋”，两者缺一不可。

成功的目的，说到底就是为了生活得更好，是为了增强抵御外界打击的能力，使自己和家人都能够平安快乐地生活。这可以说是最实际的成功。每个人的条件不尽相同，对于成功的要求和渴望也因人而异，但不管怎样，成功的过程都是满足外在和内在条件的过程，是自我磨砺的过程。经过了磨砺，即使没有达到自己预想的目标，但只要自己仍然站在舞台上，那也是一种成功。

如果你是菊花，别渴望你在夏季绽放；如果你是白杨，别渴求它会结出松子。你要始终明白，要成功就必须既学会懂道理，遵规则，又必须学会劳作，学会勤奋，学会一丝不苟，当然还要学会等待。

## 敢于尝试

**【儿子·说】**

2006年3月15日　星期三　晴

下午的游艺活动课，我觉得很有意思。

我先是下象棋，虽然很感兴趣，却没有勇气和对手一比高低，不过最后还是全力以赴地拼了一回，结果竟然打垮了我们班的“棋圣”，大家就封我为“棋佛”，我十分得意。然后又开始下五子棋，这下我有些忐忑了，因为五子棋我以前没怎么玩过，不过想想我下象棋时的表现，又信心十足了。没想到对手更厉害，结果可想而知。

一节课后，我满头大汗，看来这些游戏也很费神啊。我觉得干任何事只要细心，敢想敢做，敢于尝试，就没有干不好的。

**【父亲·曰】**

“悟”在很大程度上是只能意会而不能言传的东西，只能靠自己琢磨，不能够向他人学习。悟性不能积累，不会遗传，但它能把别人的东西变成你的思想，变成你的行动。想得到悟性，就要在实践中悟，敢想敢做，敢于尝试。如果李嘉诚没有看到塑料花的潜力，就没有长江实业；如果霍英东没有看到军事物资的航运市场，就没有今天的霍英东集团；如果杨致远没有看到网络市场的潜力，就不会有今天的雅虎。这说明悟性的灵光只会在脚踏实地、敢于抓住机会的人的头脑中闪现，而这灵光一现，往往照亮的就是一片新天地。

比尔·盖茨说：“所谓机会，就是去尝试新的、没做过的事。”人生本身就是一场冒险。那些希望一生宁静平安的人不敢冒险，也不会冒险，这样的人永远也不会成功。不冒风险，哪来的机会呢？很多时候，成功的机会与风险紧密相连。要想抓住成功的机会，就得冒一点风险，否则，就会丧失许多可能是人生重大转折的机会，从而使自己的一生平淡无奇，毫无建树。冒险是表现在人身上的一种勇气和魅力。经验告诉我们：冒险与收获常常结伴而行。哥伦布如果不航海探险，能登上新大陆吗？达尔文不亲身探险，搜集资料，能完成巨著《物种起源》吗？既有成功的欲望，又敢于冒险，怎么能不实现伟大的目标呢？如果你总是希望成功却又怕风险，那么对不起，成功将会从你身边一次次地溜走。在现代社会里，一个人的才华和能力，只有通过冒险，通过克服一道道难关才能锻炼和展现出来。而安于现状不思进取、没有危机感的人，不愿参与竞争和拼搏的人，他得到的肯定不是成功，而是彻头彻尾的失败。

敢于冒险尝试，是挑战成功的第一步，敢冒最大风险的人，往往能抓住成功的机遇，才能在众人中脱颖而出，才能为自己的成功打下牢固的基础，最终会实现自己人生最大的价值。

## 战胜身边的人

**【儿子·说】**

2007年5月6日　　星期日　　晴

早上，爸爸又在我面前表扬姐姐了。说姐姐比我有毅力、能吃苦、学习肯投入，现在在大学里门门功课都优秀。爸爸虽然没有批评我，但这和批评我又有什么区别呢？自从姐姐上了大学，虽然不能常常见姐姐，可爸爸在我面前表扬姐姐的次数比姐姐上高中的时候多得多了，我明显感觉到自己在家里的地位大不如前了。不行，为了扭转这种局面，我一定要努力学习，都是一个妈生的，我一定要比姐姐更优秀！

下午，上体育课时老师让我们自由活动。不用说，我选择的肯定是打乒乓球。进入中学后，又增加了一些新的同学，也不知道有没有乒乓球高手。况且我已经两个月没有碰过乒乓球拍了，已经明显感觉到了手生，必须要练练了。由于手生，刚开始我的成绩并不理想，但打着打着我就找到感觉了，越打越起劲，一下子打败了七八个同学。

看来乒乓球我不能放下，还要抽空练练才行，要不身边随便一个人都能打败我了。不光打乒乓球是这样，在学习中，我也要更加努力才行，否则也会像打乒乓球一样输得很惨。

**【父亲·曰】**

从某种意义上讲，你的家人、亲友和周围的人构成了你的世界。人的生活与你的家人、亲友和周围的人息息相关。身边的人既是你生存的帮手，更重要的是你一生的竞争对手。因为，竞争首先是与熟人和身边人的竞争。

知道爸爸为什么总在你面前表扬姐姐吗？如果你能静下心来想想你就

会发现，爸爸其实是在激励你，激励你和姐姐竞争。竞争是生存之道，又何尝不是幸福之道。实际上，人的一生都在为他爱的人和爱他的人活着，因为竞争时时处处都存在于你的身边。人的竞争其实就是在和自己爱的人及爱自己的人竞争。换而言之，就是和自己认识、熟悉的人进行竞争。而竞争能够让彼此提高。之所以和这些人竞争，因为他们是活生生的人，就在你的面前。对于一个虚无的人，你如何去和他竞争呢？因此，如果要达到高层次，就要认识高层次的人，只有和高层次的人认识了，熟悉了，你才会和他们对比，才会和他们竞争，你也才能提高得更快。

小时候，你不服姐姐生得比你早，妈妈告诉你等你什么时候长得比姐姐高了，姐姐就可以叫你哥。你听了之后，为了让姐姐叫你哥，就拼命地吃饭，努力想长得比姐姐高，结果你的身体长得很结实。还记得吗，你刚开始打乒乓球的时候打得并不好，爸爸对你说："如果是男子汉，就和爸爸比，看你什么时候能胜过爸爸。能打赢爸爸了，你的水平自然就高了。"结果，你只要逮到爸爸，就缠着爸爸和你打。半学期下来，你打乒乓球的水平在你们班里都数一数二了。现在，我又激励你和你姐竞争，就是要你以你姐为目标，向着更高更远的目标前进，避免满足于现状，停滞不前。儿子，你知道吗？你姐上大学前曾经对我说："爸，以前是你和妈妈养活咱们一家。等我参加工作了，就换我来养活你和妈妈吧，我一定会让咱家更幸福！"她这是要和我竞争了。不过，竞争好啊，这样，我们都会过得更加幸福。

紫阳，回头看看你的成长经历，看看你都是在和谁竞争呢？爸爸、姐姐、同学、朋友，都是你身边的人，这都是竞争的真实对象。我们的一生都是在和自己身边的人竞争，包括你爱的和爱你的人。真正爱你的人都是希望你在与他竞争中取胜并超过他的人，比如爸爸妈妈，因为他们希望你活得更好，你的取胜超越在他们看来就是你安身立命的保证，也是自身价值延续的体现。但在多数情况下，你身边的人却是你人生最强最可怕的对手，这是人性中较为阴暗的一面。因为人们往往对陌生人比较宽容，而对朋友和熟人比较苛刻。因为不熟又无利害冲突，人们提出所有陌生的榜样只能证明距离产生美，只能作为人们追求的终极目标和精神港湾罢了。因此，就不难理解历史上熟人之间如李斯、韩非之间嫉妒猜疑、残酷打击的卑劣行径了。

从历史经验看，人往往不会被敌人打倒而会被战友和朋友打倒，被敌人打倒还有东山再起的机会，被朋友打倒几乎没有生还的希望。况且被敌人打倒一般都不容易，而被朋友和战友打倒却不是很难。在这种情况下，进攻是最好的防守，使人不敢窥视你的一切。动物在遇到攻击或攻击别的动物时，一般都会虚张声势，用气势压倒对方，使对方不敢小觑自己。但也要防守，如果在进攻路线、预定战术失灵的情况下，另辟蹊径，可能会事半功倍。

人生要寻求胜利，最主要的事情就是不要轻视你的战友和朋友，把战胜他们作为人生第一目标。如果不想让朋友背叛你，秘密武器就是在斗争中求团结，使朋友及周围的人敬畏你，因而不敢生出二心。如果他对你尊敬大于敬畏，那么你们的友谊已经出现了潜在的裂痕。在与人的交往中，人们都会不自觉地把自己的安全和利益放在首位。当他觉得你不论在思想、学识还是能力、权力方面不会给他益处时，他会本能地寻找新的朋友，慢慢让你淡出他的朋友圈子。

现在，你姐姐已经在和爸爸竞争了，你什么时候也开始和爸爸展开这样的竞争呢？

## 在竞争中战胜对手

**【儿子·说】**

2005年4月25日　　星期一　　晴

下午放学后，我和小阳打了一架。因为在英语课上，我把橡皮拿在手里时，他说我在那里玩，而且还告诉老师了，老师就罚我站在讲台上。我怎么都咽不下这口气，所以放了学我就和他打在了一起。虽然我知道做得不对，但是他当着全班同学的面向老师告我的状，让大家误认为我不好好学习。不过，他既然敢诬陷我，我就要他好看。我不会再动手，因为那是笨办法，我要努力学习,在学习上赶超他,让他看着我的背影!

【父亲·曰】

昨天,看了你的日记,直到今天我还在思考。你遇到的情况可以说是每个人都会遇到的问题,你问我遇到这样的事怎么办。其实,儿子被冤枉、被处罚,做父亲的真是怒从心起,恨不得教训一下打小报告的小阳和不分青红皂白就处罚学生的老师。我知道你一直把小阳当作知心朋友,而他却信口雌黄,睁着眼睛说瞎话。用以前的眼光来看待今天已经脱胎换骨、努力上进、自律、自尊、自信的冯紫阳,实在是不顾朋友之情、同学之义。被朋友出卖的滋味不好受吧,我能理解你的心情,你今天打了他,从感情上来说,你用武力维护了自己做人的尊严,似乎很合情合理。大丈夫生于天地间受此辱,岂能不怒发冲冠?所以从昨天到今天,我迟迟未对你的行为做出评价,因为我也在愤怒中,担心难以给你一个客观的评价,也担心给出一些不恰当的建议而影响你今后的行事方式,直到今天午睡之前,我还在思考。

我想起了美国汽车巨子艾克卡。1978 年 7 月 13 日,艾克卡被他的老板,即福特公司的董事长亨利·福特革了职。他曾经在福特公司当了 8 年总裁和 32 年职员,把全部的心血都献给了福特公司,创造了亿万财富,可是一夜之间,他就从事业的巅峰被人一脚踹了下来。更令他难以忍受的是,按照公司的规定,他的任期还有三个月,在期满辞职的情况下,他还可以找到新工作,也可以得到一个暂时的新的办公室。过了不久,是他 54 岁生日,也是他在福特工作的最后一天,他带着几个月来跟着自己忍受着巨大屈辱和痛苦的妻女,心生无限悲愤。后来他回忆说:“直到今日,他还不能忘记妻女的苦楚和忧伤,就像猎人在捕猎狮子时,要是发现什么东西对他有用,他就不会伤害那些无辜的幼狮,然而福特却加害于我的妻女,对此我永远刻骨铭心,永远不会原谅这个欺世盗名的暴君。”随后,他来到一个昏暗无光的仓库,也是他的办公室,面对团团包围的记者提出的类似于“当了 8 年的总裁,今天到这个地下室你有何感想?”的提问时,他说:“我感到自己成了一个废物。”在这个地板已经开裂的办公室,与他昨天宽大、装饰豪华、仆人成群,被亲朋好友称为“好像是死后进入美妙天国一般”的办公室真是天壤之别。在理智与情感的双重驱使下，他永远离开了这个使他感到屈辱的办公室。他几乎要发狂了，他想杀人，但不知道是杀自己还是杀福特，他深知谋杀和自杀是不可行的。在短暂的徘徊、痛苦之后，经过冷静思考，他没有拔刀而起，更没有自杀，而是把仇恨埋在心里，利用自身优势，全身心地投入到克莱斯勒公司的振兴当中。经过卧薪尝胆，一举在商场击败了福特公司，用典型的美国方式证明了自己的实力，战胜了带给他痛苦和屈辱的人，维护了一个人的尊严，赢得了更广泛的尊重，也为后来者提供了捍卫自己尊严的成功样本。这说明竞争并不可耻，它是物竞天择在自然中的反映。人类在生存竞争中进步，社会在发展中走向光明，艾克卡用他的成功之路在这种发展和进步的大道上树立了一块活的里程碑。

古往今来，不知道有多少英雄豪杰为争一时之气，为图一时之快，为辩一时之理，胆从怒中来，路见不平，拔刀相助，以致两败俱伤，造成难以挽回的悲剧。如果你能像艾克卡一样，压住怒气，把悲愤的情绪转化为自强的动力，用心读书，用成绩证明自己，那才是英雄本色。人最妒忌的往往是最熟悉的朋友和亲人，朋友一旦背叛，将是最恶毒、最可怕的敌人，因为他了解你的一切，往往招招都会置你于死地。因此，对任何人都要防备，与人就说七分话，不可全抛一片心。也许是小阳看你学习进步很快，出于一种本能，想借这种方式来增加你的心理负担，使你在自卑中萎靡不振，好使他自己在学习中永远处于优势，在与你的交往中保持优势，使你永远仰视、尊敬他。好在我觉得你已觉醒，正在用你的优秀去击碎他的“痴心妄想”，用你的实力捍卫你的尊严，我也希望你最近好好练习英文歌，在适当的时候一展风采，令那些人刮目相看。同时我也提醒你，如果小阳说的是真的，那请记住这一羞辱，痛下决心改正自己的不足，告别昨天不完善的你，重塑今天新的你，使这一事件成为你自尊自强自爱自警的“火把”，去点燃你辉煌的明天。

男人要有尊严，而尊严要靠实力维护。弱国无外交，人也一样。你有本事，自然会有人捧场；你没有本事，别人就会离你而去。这是千古不变的真理。所以，作为男人要不断地拼搏、奋斗，不断地超越自我。另外，谩骂、恐吓绝不是战斗,有本事的话就做出样子让别人服你,而不是压制别人。别人学习好、工作好,你就要努力想办法超越他。谩骂和侮辱对改变自己的现状毫无益处,只能使自己变得更糟,并且树敌过多对以后的发展也不利。

人们尊敬你的程度与你取得的成绩成正比。人们从来不会无缘无故地尊敬谁,包括父亲我也是一样。受别人尊重的前提是你必须对尊重你的人有影响、有用处。

不要轻易招惹与你无关的人,否则就是在为自己招惹敌人。只有愚蠢的人才到处树敌,聪明的人会化敌为友。你要吸取教训,没有认准的事,最好的办法就是免开尊口。

## 与人斗其乐无穷

**【儿子·说】**

2007年6月28日 星期六 晴

下午放学后,我们家属院的孩子分为两队进行了足球比赛。小笑和小尧等七人一队,我和小刚等七人一队。不料在比赛中,韩笑多次像马拉多纳一样,不断把球送进我们的球门,开始我们觉得只是友谊比赛,没有在意。结果他们在取胜后,竟然在球场上大喊我们是“垃圾球队”。这下我们忍无可忍了,要求严格按规则再踢一场,开始他们还在抵赖,在我们坚决要求下,来了场对抗赛,我们每球必争,丝毫不让,把他们打得落花流水,这下刚才还高傲的小笑低下了头。小刚高兴极了,他给了我一拳,装成大人的样子由衷地说:“看来还是要斗争呀!”比赛结束了,我十分开心。晚上爸爸妈妈把我领到大院纳凉,爸爸送给我一个笔记本让我写日记,之后我们在院子里锻炼了一会儿就回家了。

**【父亲·曰】**

爸爸看过《解读人性》一书,书中说:“在人的世界里,永远存在着斗争。

与动物世界里的斗争相比,人的斗争外表上显得更加文明和优雅,而骨子里却充满了血腥和残忍。人用锋利无比的软刀子替代了动物血光闪闪的坚硬的牙齿,高明地嵌入同类的精神里,任其自动腐烂;用裹着糖衣的毒药取代了动物追捕猎物的脚步,诚恳地引诱着自己的目标,然后张开血盆大口如鳄鱼般地吞咽。"我虽不同意这种观点,但这种观点却值得人深思。

人生就像一场足球赛,要踢赢这场球,就要勇敢地战胜对手、打垮对手。如果一味妥协,那么,结果只能是输——输掉尊严,输掉人生,并遭受对方深深的鄙视。毛泽东曾说:"与天斗,其乐无穷;与地斗,其乐无穷;与人斗,其乐无穷。"人们把他的成功归功于伟大、智慧、思想等,但我觉得他成功的核心在于斗争。最典型的是他在与美国斗争中的勇气,就值得人尊重和学习,这些是在斗争中求生存的成功范例。

当时,新中国刚建国,美国与台湾结交火热,企图从周边向我国包围,怎么办?是要像宋仁宗一样妥协求和苟且偷生,还是拿起勇气斗争呢?毛泽东高瞻远瞩,靠斗争而不是靠妥协,他知道,"文事必须有武备"(孔子语)。一味忍让妥协,必遭不测之祸。但美国有原子弹和先进武器,我们却没有,在这种情况下,毛泽东不信邪,决定出兵朝鲜,凭勇气上阵,结果打赢了。不仅与美国,与印度也是如此。1950 年,新中国建立不久,藏独分子与美国、印度勾结闹独立,毛泽东出其不意,在解放西藏击退境内印兵后,立即收兵交还武器,不但教训了印度,使其不敢在西藏问题上轻举妄动,而且还在世界范围内树立了维护正义与和平的形象。这样,毛泽东以斗争求生存、求和平,1950 年的抗美援朝和 1962 年的对印自卫反击,为中国赢得半个多世纪的和平建设环境,从而拓宽了我国的国际空间。

不仅国家事情如此,个人和家庭也一样。有些事情,如果你敢于斗争,善于斗争,反倒会有好的生存环境。也许因为顶了两下美国,美国反而对中国刮目相看。20 世纪 70 年代,美国总统尼克松就主动与中国建立友好关系。就像踢足球,如果你踢得好,战胜了对手,对手反而对你心存敬意,下次你还有踢球的可能,你也就有机会施展才华。如果你像中国足球一样,越是"疲软"、输球,越是会遭人唾弃,还会自毁生存空间,最后只能不光彩地收场，因为连对手都觉得与他们踢球是对自己的一种侮辱。当然，斗争要讲策略，要讲战术，在斗争中，人们经常会在道德理论和社会实践之间做出妥协。斗争的目的是确立道德与需要之间的关系，为人类行为构造一种可操作的基础。但我以为，学会在斗争中求生存，勇气是关键，这是每个男子汉所必须掌握的本领，也是“进攻是最好的防卫”在人生中的精彩解读。

## 勇于展现自己

**【儿子·说】**

2004年6月21日　　星期一　　晴

今天早读的时候，我把英语课本拿出来，大声朗读课文，读得非常好，发音正确，流利自然，我自己也觉得很开心。

下午，我们开展了一次实践活动——“成语比赛”，看谁说的成语故事多。我们组小阳一上去就说了九个，第二组说了五个，第三组说了八个，第四组说了六个，我们组得了全校第一名，而且我们讲的故事也比他们精彩。我讲了一个《守株待兔》的故事，同学们都给我鼓掌。

**【父亲·曰】**

大声读英语进步就快，“语”字就是说的意思，成人与少儿学英语的区别就在这里。成人因为不好意思而疏于口语训练，少儿练口语因为“无知无畏”而竿头日上。并不是因为少儿的学习有什么诀窍，而是他们敢于开口。开口说一遍比默写十遍更能增加记忆。且在朗读和说练中，能体会不同语言的语境及言外之意。因此，爸爸对你学习英语提五点建议：一是敢于开口说英语。敢于说、喜欢说是前提，随时随地，点点滴滴，见缝插针，大说特说，不要在乎他人的眼光。二是乐于触景想英语，见到事物、人物、东西，马上想英语该怎么说，并说出来。三是勇于带着动作学英语，在学中敢于“指手画脚”。四是频于唱英语歌，听英语歌，看英语电影，感受英语之美。五是善于快乐学英语，在说中体会英语之快乐、之趣味，把英语变为娱乐的手段和工具并运用自如，你就会从中体会到无穷的乐趣。这样，把死英语变成活英语，使乏味变为有趣，使学习英语之痛苦变成快乐。

你今天敢于展现自己，敢于登台演讲，这是一个很大的进步，也是勇敢的表现。其实，人与人之间、伟人与凡人之间区别并不大，不同的是伟人都比凡人有勇气实现自己的理想与抱负，并且敢于说出来，并能说服别人赞同自己的观点。一个人的成功，“说”功不可磨灭，敢说是成功的前提，它与正确处理人事关系并称为成功的不二法则。成功需要勇气，要想成功，唯有不断奋斗。长期坚持，这句话很好理解，但是也最难做到，难就难在奋斗途中，在坚持期间，一般人很难表现出“屡败屡战”的勇气、韧性和毅力。人生的成功并不在于你取得多大成就，而在于你是否具有屡败屡战、敢于坚持、永不言败的勇气。考验一个人的勇气，往往不是看他敢不敢面对死亡，而是看他敢不敢面对困境，敢不敢活下去。成功者、伟人并不比凡人有运气，只是比凡人更敢于持久地面对失败和挑战而已。伏尔泰说：“要在这个世界上获得成功，就必须有勇气坚持到底——剑至死都不能离手。”

人生在世，最重要的就是做一个不可多得的人才。如果无一技之长，这个人就离失业不远了。因此古人云：“家有万贯，不如薄技在身。”不吃苦中苦，难为人上人。

# 学会“炫耀”自己

**【儿子·说】**

2005 年 3 月 13 日　　星期天　　晴

晚上王老师来家给我辅导作业时，和爸爸谈起了我进乒乓球队落选的事，爸爸感到很诧异，便向我询问：“你的乒乓球应该打得不错啊，怎么落选了呢？”我一时语塞，看到爸爸和王老师都看着我，我情急之下道：“我才不在人前炫耀呢。我要默默炫耀。”“这怎么能说是炫耀呢？有能力就要全力以赴地去做。否则你要能力干什么?”爸爸听了我的话有些不高兴了。“我知道了。”爸爸虽然再没说什么,但我明显感觉到爸爸心里很失望,耳旁也似乎传来一声轻轻的叹息。

**【父亲·曰】**

晚上吃饭时,你谈起你们学校选拔乒乓球队员的事。我和王老师都觉得打乒乓球对你来说是个强项,应该选上,但你却出人意料地落选了。我问你原因,你答:“我才不在人前炫耀呢,我要默默炫耀。”我听后一愣,随后对你说:“你不要以为炫耀就是不好,更不能成为你不会炫耀、不想炫耀、不敢炫耀的借口。其实炫耀是个性的张扬、本领的展示、自我的挑战,炫耀自己的同时其实也是对社会和自然的多元文化的一种贡献。正因为人们个性的凸显、能力的炫耀,才使我们这个世界千姿百态,气象万千。”

个性的炫耀是一切炫耀中最具魅力的部分。如果人人都做谦谦君子,那么世界就未免太单调乏味、缺少生机了。因此你应该炫耀自己,把自己最美最炫的方面展现在人们面前。从古到今,凡是炫耀不当和不合时宜者,难成大事。掌握了炫耀之法而千古留名者亦有其人,盖因层次有所不同,有人炫耀权势,落得怨声载道,如杨广、李林甫之流;有人炫耀金钱,落得身败名裂,如石崇、王恺之流;有人炫耀美色,落得红颜薄命,如西施、貂蝉之流;有人炫耀关系,挣来狐假虎威,落得势倒力亡,如梁冀、和珅之流;有些人炫耀智慧,招来杀身之祸,如杨修、孔融之流;有人炫耀思想,闹得生辱死荣,如苏格拉底、耶稣之流;有人炫耀家世,空留虚名颓势,如胡亥、司马衷之流。这些表面上都是炫耀之祸,其实是自己炫耀功夫不够,火候欠佳。会炫耀者无不审时度势,因时而动,出神入化,长袖善舞。

有些人因炫耀而千古留名,而有些人却因炫耀而遗臭万年,最主要的还是炫耀者本身要有实力,失败者均与实力不足有关。炫耀本身需要有专长,一招鲜,吃遍天。炫耀本身要看对象,对牛弹琴枉落笑名。炫耀本身有技术,欲擒故纵。总之,炫耀是推销自己、经营自己、展示生命价值的一种人生策略。不论是哪个方面,都应该学会炫耀。不是有句古话,叫作人生如戏吗？你炫耀的是否精彩，全在于你自己功夫如何，怨不得看戏的人褒贬毁誉，说三道四。你说是吗？

## 敢于亮丑是强者的本色

**【儿子·说】**

2003年9月23日　　星期二　　晴

今天上午，我的数学作业得了100分，老师说："冯紫阳，你这学期表现非常好，希望你以后继续努力！"受到了老师的表扬，我心中乐滋滋的。这学期，我上课爱发言，很难的数学题都会做，而且不像去年那样不按时交作业，光想着玩了。

下午放学回家的路上，我吹着口哨走到县剧团门前时，剧院有一个孩子骂我。我记着爸爸给我说过不能跟人打架，就没有还口。可是这孩子欺人太甚，又骂了我，我忍无可忍，也骂了他一句，然后我们就打起来了。最后，剧院的老师走过来劝开了我们，我就回家了。晚上，我把事情告诉了妈妈，妈妈批评我不应和人家打架。

晚上，我把数学书上"小数除法的性质"背得滚瓜烂熟，小数的除法与整数除法意义相同，就是已知两个因数的积与其中的一个因数，求另一个因数的运算。小数除法法则，除数是整数的小数除法，按照整数的法则去除，商的小数点要和被除数的小数点对齐；如果被除数的末尾仍有余数就在余数的后面添上"0"，再继续除。我一定要把这些牢牢记住！

前几天，爸爸在点评日记时曾对我说不能把日记写成流水账，要写一天来对自己影响最深的事、人或者物。今天写完日记回头看看，日记又没了重点，完全成了流水账。怎么才能改变这种现状呢？

**【父亲·曰】**

儿子，你从学习中得到快乐，爸爸很高兴。学习兴趣的培养，对今后的发展至关重要，在学习中找到快乐是一个人成功的起点，也是一个人成熟的重要条件。不过，日记是对自己人生历程的记录，从中可以看到一个人的成长经历，写的应该是每天感触最深的事情，是从灵魂中流露出的真情实感，把对学习、生活、家庭、社会的感悟写入日记，并时时反省自己的不足，才是进步的一个重要方面。因为，对自身不足的反省能使一个人迅速成长。

中国文化有文过饰非的毛病，这一毛病导致中国思想界和科技界缺乏创造的锐气。而西方人能勇于解剖且直面人性弱点，使其文化保持了活力，这也是一个民族崛起的内在动力。其实，对自身思想的解剖也就是对一个民族思想发展的记录。这里你要注意的是，在自我解剖中，还要以人为镜，虚心听取别人的意见和建议，集思广益，完善自己的思想，成就自己的事业。从这个角度讲，让人赞美不如让人责备。当然，赞美是所有声音中最甜蜜的一种，然而它会让人陶醉于其中飘飘然，从而失去基本的辨别能力。

如果在政界你会发现，每遇一次重大措施出台，大家都齐心叫好。但我想不通的是，“反右”“文革”及大大小小、林林总总的失误决策被实践后，又文过饰非来赞美改正的勇气，这样怎能不失去民心？你看美国的报纸媒体，对国家党政出现的不足穷追猛打、毫不放过，不但未亡国，相反还促进了国家的发展。因此，请人赞美，不如请人责备，古人说：“良药苦口利于病，忠言逆耳利于行。”对一个宽广、高洁、博大的灵魂而言，赞美是一根马鞭；对脆弱的灵魂而言，赞美是一杯毒酒。

智者在赞美声中能清醒地看到自己的不足，而要看到自己的不足，最好的办法莫过于以人为鉴。人要敢于揭短亮丑，听取别人的批评责备，在别人的唾沫中给自己的灵魂洗澡。正如李世民所言：“以铜为镜，可以正衣冠；以古为镜，可以知兴替；以人为镜，可以明得失。”看看李世民在中国历史上的地位，你就知道请人责备、揭短亮丑的功效了。

# 科学的最后阶段是想象

【儿子·说】

2004年8月5日　　星期四　　晴

今天上午,我和表哥做完作业实在没事干,就决定到婶婶的房间里去看电视。电视上演的是《哈利波特》,这个电影真是好看啊!剧中故事真让人吃惊,好多我们想不到的事情在片子中都成真的了。例如,汽车可以在天上飞;学生可以骑着扫把在空中飞来飞去;报纸是立体的,可以动的;还有他们竟然可以把一个杯子变成任何一只小动物;一只小虫可以把一个孩子拉到天上去……我和表哥都被吸引住了,每出现一个我们没见过的事情,我俩都会不约而同地发出感叹,世界真是太神奇了!我看电视从来没有看得如此全神贯注,也从来没有看到过这么先进的东西,我决定要好好学习,等我长大以后,我也要靠自己的努力把这些变成现实。

【父亲·曰】

有发明创造之意识值得大力表扬。只是要坚持,不能只有想法而无行动,更不能担心耕耘无果而不耕耘,也不要顾虑失败而不努力。人生在创造中才能丰富精彩。有人从小就闻鸡起舞、勤学苦练,时刻准备着,就是为了把握人生的未来。而人生永远是未来的人生,只有在不断的奋进和超越中,才会创造辉煌。凡成大事者,对任何事都不讲理由,只找可行的办法。法律保障社会的平衡和稳定,思想指引人类的创造和发展。一个时期一个领域的金科玉律,也可能会变成下一个时期同一个领域发展的桎梏。创新就是否定,按部就班有时是必要的,但也是守旧落后的。社会也罢,人生也罢,创新意味着希望,胜利永远属于永不满足、一往无前的创新者。

创新就是否定,探索的旅程在于培养新视角。无创新的守旧,只能倒退不会前进,新的事物都是在突破原有的戒律法规中得以生成壮大。不创新,囿于陈规，时间长了就会使人感到迷茫。在旧有的环境里踏步，就好像一个蜜蜂被玻璃罩在里面，能看到光明，但是出不来。所以好的办法就是创新，该肯定的肯定，该否定的否定，一个历史时期正确的事情，过了这一时期就可能是错误的，任何事情都会在一定时期完成它的历史使命，然后寿终正寝，这是自然法则。

## 探索没有失败

**【儿子·说】**

2004年10月17日　星期天　晴

今天王老师检查给我布置的作业，发现我只是把大书上的一些错题改了，没有做教案书上的题，就严肃地说："你怎么没有做教案书上的题呢？不能因为教案书上的题难就不做了，知难而上、克服困难才是好学生。"老师让我赶快把剩下的数学题做完，就是编写应用题，我感到自己不会才没有做，其实没过一会儿就做完了，我觉得其实这些题也没有什么难的。

**【父亲·曰】**

今天你在做作业时，只把容易做的做了，而没有认真钻研和思考难题，我觉得这是让我忧虑的事情。学习的乐趣之一就是不断探索未知的领域，未知的东西其实更具诱惑和挑战性。反复机械地重复一项简单工作会使人的创造力停滞。因此不要过于沉溺于已会的问题，那样会消磨你的创造力。简单重复已掌握的事情，是浪费自己的生命，刻苦钻研是人生面对挑战和困难时最有威力的武器。人生的价值，是在创造中显现的，而价值大小则取决于对未知的事物采取的态度。如果遇到困难就放弃或浅尝辄止，这样的人绝不会有什么大的成就。只有百折不挠，才能取得成功。探索没有失败，失败的只是放弃探索。失败后需要检讨和反省，这才是成功之路，检讨的过程正是修正完善目标、寻找探索新路的过程。

紫阳，对于你的反省，我既高兴又担心，高兴的是你知道反省，这是进步的第一关；担心的是你把承认不足当作借口，当作堵住别人评论你的工具。圣人说：“吾日三省吾身。”但我从现实情况来看，过分的自省是人生的大敌。特别是在今天市场经济竞争十分激烈的情况下，竞争要成功就首先要具有极大的冒险精神，不论是战争年代还是和平年代，胆量而非才华是取得成功的重要条件。但仅有胆量还是不够的，还要习惯于凭直觉的激情迅速行事。事实上，即使是不成熟的尝试，也胜于胎死腹中的万全之法。在瞬息万变的生活中，你必须抓住每个出现的机会，并学会立即利用它，如果你犹豫片刻，算计成功的风险，机会可能早已溜走。

因此，与其不停地内省，不如行动。与其在思想上徘徊寻觅，不如在行动上雷厉风行。与其心动，不如行动。过分内省往往使人瞻前顾后，犹豫不决，胆小怕事，贻误战机，最终酿成大错。把反复内省的时间和精力放在认真干好犹豫的事情上，在干中修正自己、完善自己、充实自己，才是人生之道。现实中，那些志向远大，最具竞争力的人认为，稳健的作风有时是成功的天敌。这些人往往特点突出，缺点明显，但他们都有一个共同特点：在别人自省时，他们着手工作，最后赢得了一切。相反，失败的人往往把简单问题复杂化，一边在自省中作茧自缚，一边又在犹豫中怨声载道，最后的结果只能是失败。

## 创意赢得新天地

**【儿子·说】**

2004 年 9 月 26 日　　星期天　　晴

下午，我和妈妈去看望姐姐，回来的时候，我们一起去学校门口买了一辆精致的四驱赛车。回到家中，我按照着说明书的说明组装，可老是弄不好，拆开又重弄，真是忙得团团转。实在没法，我就把全部零件拿上让卖赛车的人给安装，结果人家一下子就弄好啦。原来一般玩具赛车先装小件，这款赛车为开发智力，逆向思维，必须先装大件，然后才能组装。回家后我又把赛车拆了重新安装一遍，并在车身上用硬塑料板做了两个“翅膀”，命名为“创意”号！

**【父亲·曰】**

爸爸已经为你今天安装赛车的事想了好长时间，不知从何说起。看到你安装赛车没有成功，爸爸心里比自己失败还难过。我分析了一下你失败的原因，主要有以下几点：一是你没有认真阅读安装说明书，对整个零部件缺乏全面的审视。特别是缺乏创意，遇事急于求成、心浮气躁，未能反复试验。二是未能认真思考，不分步骤，不讲程序，结果只能是乱中出错。三是不太细心，零部件洒落一地，未能做认真分类。四是遇事有依赖思想，缺乏耐心和非装好不可的决心，从安装赛车可以折射出一个人的思维和行为方式。另外，向别人请教，要知道别人为什么能安好，自己失误在那里，最后你自己再拆装一次，这样才是干事之道。

你为这辆赛车命名为“创意”，这是个好名字。创意是指对现实存在事物的理解以及认知所衍生出的一种新的抽象思维和行为潜能。创意是逻辑思维、形象思维、逆向思维、发散思维、系统思维、模糊思维和直觉、灵感等多种认知方式综合运用的结果。人类每一次发展都离不开创意。自人类诞生开始，“创意”就开始左右着人类的发展。创意是对传统的叛逆，是打破常规的哲学，是破旧立新的创造与毁灭的循环，是思维碰撞、智慧对接，是具有新颖性和创造性的想法。

最后，爸爸特别要告诉你的是，要养成开拓创新的习惯，并把创新当成终身的习惯。因此，你首先要有意识地培养自己发现问题、提出问题的习惯。人民教育家陶行知先生说：“发明千千万，起点一个问。”其次，要注意培养自己手脑结合，注重实践的习惯。实践是创新中必不可少的一个过程。再次，要培养自己的认知能力，培养求知的欲望，这样你的人生中才会充满精彩！

# 像鸡一样勇敢

**【儿子·说】**

2006 年 2 月 17 日　　星期四　　雪

今天，我感到很无聊，因为今天除了学习与玩之外，什么也没有做。早晨我起来时就 9 点了，起来以后就坐在书桌前开始做我“已经”完成的作业。做到了 12 点，那时妈妈正在厨房里给我做饭，我就对妈妈说：“妈妈，我做了已经有两个半小时的作业了，让我 play(玩)一会儿吧。”妈妈同意了。1 点 50 分左右，我对妈妈说：“如果我能把第二个大单元做完，你就让我玩玩 computer(电脑)。”这次可真是把我给累坏了，但是功夫不负有心人，妈妈也实现了她的诺言，让我玩了一个半小时的电脑。随后，我就自觉地去看《三国演义》了。

**【父亲·曰】**

你属鸡，可今天的言行却不像鸡那么志怀高远，自强不息。因为你年龄不大，却感到了“无聊”，这是一个危险的信号，没有追求的人才会感到生活无聊，有追求的人绝不会感到生活无聊。在这方面，我觉得你应该和鸡一样，学习鸡的品质。

首先，鸡是光明和希望的象征，有坚定的信念，它最显著的特征就是迎接光明，传递福音。公鸡报晓，意味着天将晓，象征着黑暗已经过去，曙光即将来临，所谓“晨鸡鸣高树，命驾起旋归”。毛泽东说：“雄鸡一唱天下白。”天下白就是曙光初露、朝阳将升，光明即至，希望将显。期盼光明是人们共同的希望，是伴随着雄鸡引吭高歌到来的，因此雄鸡最具有迎接光明的资格。我给你起名紫阳，就是希望你像紫气东来一样，彰显雄鸡一唱天下白的恢宏气势。

世界在金鸡啼晓中拉开了新的序幕，人生在金鸡引吭中书写新的历史，每一天都是人生新的起点。人们在金鸡声中起床,轻装上阵,鸡鸣如出征鼓,如冲锋号,给每个人注入生命的活力和进取的激情。鸡每天在引吭高歌中开始迎接新的挑战,从不气馁,对生活和明天充满了信心。

其次,鸡是责任和自励的象征。我国的地图就犹如一只一往无前的雄鸡。你在前几天收集关于鸡的成语中写了一个"闻鸡起舞",这是一个颇富民族文化品质的成语,体现了我们民族责任感和互相勉励、奋发有为的优良传统,更是我们能屹立于世界民族之林所具备的品质。为什么要"闻鸡起舞",而不闻其他起舞呢?我觉得是因为鸡的责任心特别强,忠于职守,按时报晓,催人珍惜时光。一句闻鸡起舞,让人们豪情万丈,热血沸腾,它让嬉者自愧,庸者赧颜,勤者奋发,智者必得。你看,在鸡鸣声中,年过半百的沈括束发而起,燃灯梦溪园,奋笔疾书,写出了三十二卷世界科技史上的杰出著作——《梦溪笔谈》;在鸡鸣声中,三次考举落选的李时珍另辟蹊径,钻研医学,实现人生抱负,他花 27 年时间,在 9 800 多个凌晨闻鸡起床,写出了 190 万字的"东方医药巨典"——《本草纲目》。因为人们"闻鸡"而"起舞",历史上才出现了灿若星辰的优秀人物,他们都是鸡的命,忙碌一生,流芳万代,所以我说"忙碌是雄气的良药"。

再次,鸡是乐群和勇敢的象征,鸡与人类做伴,人类以美好的情谊和瑰丽的诗句相赠。《诗经》曰:"雄雉于飞,泄泄其羽。"唐代温庭筠道:"万壑动晴景,山禽凑翠微。绣翎翻草去,红嘴啄花归。"宋代苏东坡也赞:"雄雉曳修尾,惊飞向日斜。空中纷格斗,彩羽落如花。"以上说明,鸡使人乐于与其做伴。同时,鸡不怯懦畏缩,永远保持一副高视阔步、一往无前的战斗姿态,即使面对强敌——凶恶的狗、阴险的蛇、狡猾的兔、鲁莽的猪,它都绝无惧色,更不会奴颜婢膝,献媚讨好,这时,它就成了骄傲的斗士,以钢铁之喙、锐利之爪,与之殊死搏斗,哪怕伤痕累累,血染红袍,也要活出一份尊严和自信。

同时,鸡还是快乐和知足的象征,鸡在精神上要求很高,在物质上却要求很低。白天,它为生活奔波寻找食物,应了郑板桥对儿子说的"吃自己的饭,干自己的事",视工作奔波为快乐,既食小虫,又咬菜糠,粗茶淡饭掩盖不了精神的美丽。因为其精神的高贵,人们把它视为出世的凤凰。晚上,它栖之甚陋，一枝一寸之地是也，但它却每天以嘹亮的歌声站定于民心希冀的起端，鸣出当代的精神风景，以高昂的气度驮着日月前进，似中华之形象腾跃于天地之间。

因此，作为属鸡的你，我觉得不应该有“无聊”之叹，而应具有鸡的五德，即头戴冠，文也；足张距，武也；见食相呼，仁也；遇敌敢斗，勇也；司晨不失，信也。这就是我在鸡年之际，对你一生的希望。

## 成功不会垂青于胆怯之人

【儿子·说】

2004年12月11日　星期六　晴

早上我起得很早，因为今天剑桥英语考试，我要做一些考前准备工作。考试时我心里有些害怕，当试卷发在我手中的时候，我的手已经在发抖，总想着要是考不好，这一学期不就是白学了吗？同学和老师会怎么说我、看我？爸爸妈妈又会怎样批评我……这些问题一下子充斥了我的大脑。但是，最终我还是强迫自己冷静下来答完了卷子，整体感觉还可以。

【父亲·曰】

战胜害怕和胆怯的最好办法就是有所准备，机会不会光顾毫无准备的人，害怕和胆怯最主要的问题是害怕和胆怯本身。害怕实质上是没有努力，已经在心理上承认失败。只看到失败的人注定很快就会尝到失败的滋味。就像比利时首相伏恩达说的：“政治就像骑自行车，弯腰但要眼看前方，沉默但要拼命骑踏。”干什么事情，眼睛都要盯住目标，埋头苦干，永不言败，一头扎进实现某种目标且带有冒险的行动之中。即使充满困苦，也不要害怕和胆怯，需咬紧牙关，拼命骑踏，坚持到底，眼睛盯着的不是失败，而是远大宏伟的目标。在心中描绘一幅美妙的蓝图，认准目标，努力争取，战胜害怕和胆怯，达到胜利的彼岸。

儿子，你不必害怕，也不要让害怕成为问题。如果你害怕了，那就自乱了阵脚，我相信你，你也应该相信自己。

在你说害怕的时候，爸爸想给你说两个理念：一是你今天干什么事，都要想到明天的结果。农夫说得好，种瓜得瓜，种豆得豆。如果你种下勤劳刻苦的种子，那一定能结出圆满丰硕的果实。你今天的学习与明天的事业有着必然联系。因此，你现在学习就要考虑到明天的考试，这样才能有备无患，防止临时抱佛脚。二是不论别人怎样评说，你永远不要忽视自己的进步。作为家长、教师，我们都希望让你成为最优秀的人，你的愿望可能也是如此。但我觉得最现实的态度是，你要珍惜你的点滴进步。譬如考试，如果你上次考了倒数第一，家长想让你前进几名，而你这次考倒数第二，那么你就应该高兴，因为你虽然未满足家长、教师的心愿，但与上次相比，你的确进步了，你就应该高兴。战胜别人固然重要，但我觉得能不断战胜自己的人才是最真实、最伟大的人。

不要把害怕挂在嘴上，不要让情感和心情牵着你的智慧走。不论干什么事，都要有平和的心态，人生拼到最后，实际上就是毅力、心态及勇气智力的较量。不论什么人，与生俱来都有一个美妙而伟大的梦。人生本为梦想而活，但芸芸众生能真正实现梦想的却寥若晨星。我思之，无非有以下几种情况：一种人是在实现梦想的旅途中，被沿途的风光所吸引，驻足不前；一种人是开始坚持，但随着前面道路的崎岖而被困难吓倒，畏缩不前；一种人是快到目的地，看见前边的人所剩无几，沾沾自喜，止足不前；到最后剩下为数不多的人，常常需要忍受别人难以忍受的艰难，战胜内心难以战胜的恐惧，咬紧牙关，坚持到底，最终成功。这种人是难以战胜的，除非他自己打败自己。人只有鼓起勇气，坚持到底，梦中的目标才能实现。老师说你是数学进步生，爸爸的确很高兴，这说明你和王老师的心血没有白费。也再一次说明，任何事不论多么困难，只要认真对待，坚持不懈，就能战胜。

不要怕考试，爸爸送你两句话：把考试当作平时学习，把平时学习当作考试。如果把考试当作平时学习，心态就平和了许多，就能从容不迫，发挥出平时的水平。如果把平时的学习当作考试，就能认真对待。细心扎实，养成良好的学习心态，临阵不怯不慌。这样，考试成绩好坏就显得不那么重要，重要的是你能发挥出自己正常的水平。

## 知耻而后勇

**【儿子·说】**

2005 年 6 月 21 日　　星期二　　晴

今天我得到一个不好的消息，早晨爸爸拿着我的资料去宝鸡一中给我报名，由于我四年级和五年级的成绩没有考好，所以我没有通过初审，不能参加入学考试。小明由于去年语文、数学都考到了 100 分以上，所以他初审过关，可以参加宝鸡一中入学考试，小明和我相比，我学习条件比他好，还有一位老师在家里给我辅导，我还会考不上？那不是白学了？没想到结果会是这样！我知道结果后，心里的压力很大，感觉很憋屈。所以，我今天晚上做作业是质量提高、速度加快，真是不见结果不后悔啊！

**【父亲·曰】**

今天爸爸专程去宝鸡一中给你报名，我们共去了 3 位家长，其他两位由于孩子符合条件，顺利通过初审，当时爸爸感到很尴尬，我的儿子不比别人差，为什么考试成绩却不如人呢？思来想去，想起我前几天给你点评的话：种什么因，得什么果。这与你平时学习不用心、不专心、不耐心有很大关系。为此，我和你王老师多次给你指出，但你表面答应改正，骨子里却并未当回事。你怕动脑筋，以简单无意义的玩耍为乐，久而久之，养成学习做事缺乏耐心、慌张、不肯深思的毛病。你把决心和改正挂在嘴上，随说随忘，好了伤疤忘了痛，事情一过，依然如故。世上没有后悔药，我希望你化今天的事情为今后学习的动力。

你不比别人差，没有输给别人的理由。如果你已经真正为此而后悔，知道了耻辱，你就要争取并严格检讨自己这六年来的失误，不掩饰、不推卸，然后才可能发奋图强。这里,知耻是奋发图强的基础和前提,羞于或怯于承认自己的失误,进步也就无从谈起。最后,因为你和你姐姐的教育问题,爸爸陷入了深深的自省与自责,可能由于我和你母亲的家庭出身、文化背景不同,在教育你们的过程中难以真正统一,从而给你们思想造成了一定的混乱和错觉。你母亲和天下所有慈母一样,认为你们的吃、穿、用不如人。爸爸则认为,吃、穿、用与一个人的未来有内在的某种联系,一个人如果衣食无忧,万事如意,那么他为什么要发奋图强呢?他就缺少了改变现状的决心和恒心。我们各自的固执无形中把你们当成了证明自己正确的试验品,使你们无所适从,你们姐弟俩在不断适应我们的教育方式中也少了份投入,多了份放纵,钻了我们俩教育理念的空子。我这么说,是想告诉你,一个人做错了事,一定要有责任感,不怨天怨地。父母也不例外,如果自己做错了、失败了,首先想到的是如何推卸责任,那一个错误、一次失败就会变成两个,这里也还包含着严己而宽人的品质,请你自己认真反思,知耻而后勇。通向宝鸡一中和成功的大门并未关死,如果你在这次期末考试和宝鸡一中入学考试中成绩优秀,那么你就很有可能后来居上,达到你的目标。

加油吧,儿子,在爸爸心目中,你就是最棒的,没有什么困难能阻碍你前进,只要你心系一处(学习)、全神贯注、专心致志,那么你就会成为一名优秀的学生和男人。那时,成功的大门就会为你打开。我也殷切地期望着你通过自己的努力,一雪今日之“耻”。

## 永不服输

**【儿子·说】**

2006 年 4 月 1 日　　星期六　　晴

下午,我去数学老师那儿听课,老师讲的内容很简单,主要是复习这一单元所学的知识。简单讲解后,老师就写了两黑板的题让我们做。这一单元内容我掌握得非常好,做题的正确率居然达到了 100%。

下午回家后本来想玩玩电脑松口气，也算是奖励自己，可是被爸爸拦住了。于是我写了一会儿作业，九点多就睡了。

**【父亲·曰】**

胜不骄败不馁，这才是成功者的心态！今天你做题的正确率达到了100%，不代表以后每次都能达到。不能让偶尔的成功羁绊了你前进的脚步，谁笑到最后，谁才笑得最甜！

古人说，骄兵必败，哀兵必胜，就是因为骄兵容易放松警惕，往往轻视对手，发挥不出百分之百的实力；而哀兵义无反顾，无所顾忌，破釜沉舟，更容易超常发挥，战胜对手。

三国时期的诸葛亮是胜而不骄的典范。他可以轻视对手，但从来不会因胜利而骄狂。最著名的事例是七擒孟获。他将孟获七擒七纵，也许在别人看来，孟获和诸葛亮的智慧不在一个档次上，但孟获也非庸人。诸葛亮可以说每一次都是精心布置，丝毫不敢大意，才能最终成就七擒孟获的佳话。

而汉高祖刘邦则是败而不馁的典范。楚汉战争初期，刘邦屡败，特别是项羽巨鹿之战大胜之后越发看不起刘邦，多次打败了刘邦。在项羽看来，刘邦已然是他的手下败将，是不可能战胜他的，刘邦的存在似乎只是为他自己的人生增添乐趣。相反，刘邦却从来没有放弃，而是屡败屡战，最后通过自身的努力终于使项羽四面楚歌，进而一统天下！

正面的事例有不少，反面的事例也很多。比如著名的“大意失荆州”，比如李自成的失败，比如妇孺皆知的“龟兔赛跑”……这些事例都说明了一个道理：骄傲是失败之母，而坚持不放弃则是通向成功的阶梯。

人生难免遭遇失败，被对手打败固然是一种失败，但如果胜利了就骄傲则更是一种失败，很多人成功了仍然是一个失败者，就是因为他们输给了自己的胜利。做人就要有股永不服输的信念，能淡定地接受胜利，也能平静地接受失败，不仅能从失败走向胜利，更能从胜利走向胜利。

# 男人的天职在于征服

**【儿子·说】**

2005年5月13日　　星期五　　晴转阴

今天,学校组织的登山比赛在太白山拉开,100多名从各班级挑选的精兵强将齐聚山下。我也有幸被同学们选中,背负着全班47名同学的期望参加了比赛。上午九时,校长做了简短的动员,号召大家从征服太白山开始,征服人生,征服世界。随后,登山发令声正式响起,同学们纷纷冲出起跑线,铆足了劲儿向太白山的一处高地——"天圆地方"进发。行进途中,鸟语花香,风景如画,但大家无暇欣赏。到了半山腰,原本密集的队伍渐渐拉开距离,有些同学也显得体力不支,但大家都咬紧牙关坚持到了最后。我得了第七名,就地颁奖后,同学们或聊天赏景,或合影拍照,在惬意中感受春天的美景。班主任见我和没有拿到名次的同学在一旁默不作声,安慰说名次并不重要,关键是参与,友谊第一,比赛第二!听了老师的安慰,大家的心情才稍微好了一点,很快融入到了同学们的欢乐之中。

**【父亲·曰】**

校长号召大家从征服太白山开始,征服人生,征服世界,这是对的。比赛就是为了赢得冠军,班主任说比赛的结果并不重要,那是为了安慰你。为了友谊,是胜利者和失败者找到共同相处的一个借口,实际上人生犹如比赛,永远只是赢者的天下。

要使征服成为男人的天职,就必须使征服成为男人的天性。而要使征服成为男人的天性,就必须使征服成为一个民族的天性。而这种天性还必须首先存在于民族的基因之中。这种基因主要表现为三个方面。一是野蛮尚武的基因。任何文明都需要注入野蛮的基因方能长盛不衰。一个民族如果放弃武备和征服的欲望,必将遭人鱼肉。斯大林曾说:"一个在军人待遇上精打细算的国家，是在为下次战争赔款做准备。国家假装关心军人，军人也假装保卫国家。”俄罗斯从 14 至 19 世纪上半期，在不到五百年的时间，以莫斯科公国为中心在反抗蒙古人压迫的斗争中把分散的各个小公国、封邑领地逐渐联合起来，建成一个地跨欧亚两洲的大帝国其实就是一部野蛮征伐史。二是阳刚不屈的气象。一个民族，一个国家，有了阳刚之气，才可以勃发向上。曾经有人说：在和平年代，每一个中国男儿都有个武侠梦！是的，在这种和平盛世，虽然我们得到了安全生存、物质生活上的保证，但是随之而来的种种条框、约束，使得我们渐渐失去了不羁与野性。社会上“阴气太重”其民族必然衰败无疑。拿破仑曾经说过：“如果一个国家的军人还不如商人受人敬仰，那么这个国家离亡国就不远了。”最明显的例子就是高度文明的宋朝。三是昂扬开拓的精神。中华民族在汉代以前，就有一股振奋人心的昂扬开拓精神，那个时代有人喊出了震撼我身心灵魂的一句话：“犯我强汉者，虽远必诛！”世界伟人毛泽东就是这种精神的传承者。为了中华民族，他与日本斗、苏联斗、美帝斗、联合国联军斗，无所畏惧，终于斗出一个独立、自由的新中国。其实，爸爸最喜热血愤青，无论是保境安民，还是开疆拓境；无论是战功赫赫，还是不幸马革裹尸；这样的男儿才是真正的男儿，那样的人生才不枉在世间走这一遭。因此，要伫立于世界民族之林，就必须树立起全民族无畏、昂扬、进取的精神。

只有征服成为男人与生俱来的天性，征服才能给他们带来快感，也只有征服才能充分显示男人的雄风！那么，男人靠什么来“征服人生，征服世界”呢？我们老祖宗早就给出了答案，那就是“内圣外王”，从以下修养中修炼征服者的天职。

一是信念坚定雄心在。这是征服者的灵魂。身在万物中，心在万物上。任何成功的男人都有“天降大任”的使命意识和“舍我其谁”的担当自信。作为男人要懂得，自己就是一道绝无仅有的风景，没必要在别人的风景里面仰视。男人要用一切办法去证明自己，做最好的自己，发现最好的自己。人的一生，特别是求学阶段，自己要学会自主学习，力求使学习、工作变成自己喜欢和感兴趣的事情，而不是别人喜欢和要求的事情，从而使自己从内心深处涌出强大的动力。这样,改变自己命运的强烈希望,如饥似渴地学习思考,良师益友的指点支持,自己废寝忘食学习工作就可能把信念变为现实。

二是勇于担当敢冒险。这是征服者的品质。征服是人类社会不断进化的动力。但征服往往是野性的孪生兄弟。一个男人应该具有野性。成吉思汗就曾对部下说,男人的才能在于战胜敌人并猎取他们的一切,并勉励儿孙们说:"天下土地辽阔,你们应尽可能地扩大自己的领域。"成吉思汗以一个部落的首领,带着这种征服一切的雄心横扫草原,征战欧亚,剿灭宋金,展现了一代天骄的超人气魄,还有清朝仅以十万之众将拥兵百万、强盛一时、显现资本主义萌芽的明朝打得落花流水,最终入主中原,凭的是友谊吗?我看凭的是野蛮的征服和勇于担当的冒险精神。从古到今,凡是一味墨守成规的人注定要失败,真正的强者,在难以取得胜利的结果时就会改变规则,这也是一切社会动荡的根源。在历史的进程中,为何屡屡出现野蛮战胜文明的情况,可以说正是因为野蛮,历史才得到发展。现在我们讲解放思想,开拓创新,实际上就是对已有规则的否定。否定有两种方式,一是野蛮的征服,二是双赢。我看双赢中往往隐藏着妥协、杀机和大乱。对于一个男人来说,最致命的弱点就在于"文明",企图用妥协来赢得胜利,这是不可能的。项羽当年本以为楚汉划界后,可以相安无事,不料刘邦在协议笔迹未干时,却乘胜追击,最后逼迫项羽自刎乌江。毛泽东就比项羽高明,当有人提出国共划江而治时,他却发出"宜将胜勇追穷寇,不可沽名学霸王"的惊人之句,号召共产党人痛打落水狗,最终取得了全国的胜利。

三是坚忍不拔不放弃。这是征服者的特性。作为男人永远不要放弃自己,相信自己一定能行。别人之所以放弃你,就是因为你已经先放弃了自己。"人脉"决定你的竞争力,要把握你生命中的"贵人"。成功的关键往往只有几步,其他时候都是默默积淀的过程。成功不在于坚持了多久,而在于你能否继续坚持。积淀的过程需要坚持,此时的寂寞、平淡需要耐心来坚守。此间的困难、挫折需要智慧来攻克。关键时候更需要坚持,几乎所有困难都在此时浮出水面,击破他们,你就赢了。作为一个男人,要想撑起一片天空,就必须懂得"不是东风压倒西风就是西风压倒东风,两风从来不会和谐相处”的道理。如果一个男人失去征服的欲望和能力,那他就只能成为任人宰割的羔羊。记得南唐后主李煜为保江山社稷,一味谋求妥协,派弟弟李从善去宋室朝贡,结果被扣为人质,最终被毒死。我认为宋太祖是真英雄,他以这种气势征服了五代所有的小国,独霸天下,这也说明征服进攻是男人最好的防御措施,不征服别人就会被别人征服,世间事情概莫能外。

四是战胜自己求大我。这是征服者的资本。征服世界,一个多么狂放霸道的字眼儿,说起来很容易,但做起来却真的很难。古往今来,有多少英雄具有征服世界的梦想,却又有多少人实现了这个梦想。这里最大的敌人就是自己。有人说,聪明人,一味向前看,智慧人,事事向后看。聪明人,是战胜别人的人,智慧人,是战胜自己的人。征服世界必须先征服自己,这是基础和前提。男人在少儿时代,就要在心灵里撒播气吞山河、唯我独好的种子,而不是做别人眼中最好的自己。有人说,说服自己是一种理智的胜利,感动自己是一种心灵的升华,征服自己是一种人格的成熟。战胜自己,首先要笑对人生。面对挫折,迎难而上。积极的心态是征服世界的前提。征服世界从改变心态开始,积极的心态能创造任何神话。男人就要永远积极向上,乐观自信。每个男人都有他可爱可敬的地方,不可爱可敬的人只是不能积极面对生活。自卑是一种可怕的消极心态,忧虑是人生最丑陋的皱纹,自负往往是男人失败的导火线,浮躁常常是男人成功的绊脚石,我们的导师毛泽东教导我们:“我们的同志在困难的时候,要看到成绩,要看到光明,要提高我们的勇气。”看待任何事物,都要有积极向上的心态。及时面临诸事不顺,也有谨记“祸兮伏福”的哲理。笑对逆境方显男人铮铮铁骨,真正的男人,心里只愿装着喜乐。其次要耐得寂寞。男人临危不乱,处变不惊修养孤独中往往练就王者意志。当遇到自己不喜欢却无力改变的事情时,我们唯一能做的就是忍耐,忍过寂寞的黑夜,天就亮了。耐过寒冷的冬天,春天就到了。练就波澜不惊的忍耐,再艰难的岁月,也只不过是浮云。这期间,如果还有很好的协商和沟通表达能力,以及自我控制能力,那么他就会如虎添翼,成为未来世界的主宰。再次要包容万物。泰戈尔说过,人类能够破坏、掠夺、赚钱、积聚、发明和发现,但是人类所以伟大是因为他的灵魂能容纳一切。曹操在《观沧海》中面对大海发出“日月之行，若出其中；星汉灿烂，若出其里”以此来抒发其包容万物，建功立业，一统天下的宏愿。人生的轨迹不一定会按你喜欢的方式运行，有些事你可以不喜欢，但不得不做。有些人，你可以不喜欢，但不得不交往。宽可容人，厚可载物，学会“爱”你的对手，在竞争中取胜。说了就是伤害，不说就是包容。忍耐别人其实也是在宽容别人。成功的男人往往也是一个能够忍辱负重的男人。耐得住寂寞的男人从不甘寂寞，男人的忍耐是为了更好的爆发。

五是博采众长有智慧。这是征服者的阶梯。人生的高度取决于你读过的书和你遇到的人。超凡的智慧是征服者的阶梯，书籍是人类智慧的阶梯，征服谋略尽显男人魅力，凡能博采众长的人才能成大事。博采众长就要带领大家一同追求卓越，前者是后者的基础。永远不要做大多数，就是让你学习在工作、生活中力求卓越。追求卓越首先要随机而动，把握现实机遇。其次，要做大多数中的一员，不要被大多数所孤立和遗弃。有些人如李白，他很卓越，后人很敬仰，但却在当时与社会不容，发出众人皆醉，自己独醒的感叹。我觉得他的卓越是站立在对现实无奈的基础上的，这种卓越并不是我所敬仰的，他以他在现实中的失败换取后人的几声叹息，几许赞美，实际上是很可悲的事情。如果自己很卓越，并能得到现实和历史的承认和褒奖，并建立了不朽的功勋，我认为这才是我所敬仰的卓越。

六是体魄健康有长寿。这是征服者的本钱。健康男人征服世界的资本。有人说，健康是“1”，其余都是“0”，这才是人生的硬道理，也是征服者的压舱石。

如果一个男人具备上述特征，使它们成为自己的天性，并通过立德、立言、立行显示出来，就有可能征服人生、征服世界。

第三章

# 立业真经——拓展快乐之途

天堂与地狱都由自己建造。如果你视工作为一种乐趣,人生就是天堂;如果你视工作为一种义务,人生就是地狱。

——洛克菲勒

立业之要,在于知行相成、人尽其才,从奉献社会中实现自我价值。快乐的基础就是用功事学问充实丰富人生,引导孩子学会快乐学习、快乐工作,使个人的能力和天资得到发挥。这其中虽然充满了艰辛,但追求者却往往能把这种艰辛化为继续追求的动力,在追求中感到满足和快乐。我们追逐成功,其实追逐的是成功带来的快乐。人生的最高境界是思想和言行的融合,只有以知为行,知行并进,达到“知行合一”的境界,才能感悟快乐的真谛。

# 第一节　乐艺乐业

## 学习让生命更精彩

**【儿子·说】**

2003年6月15日　　星期天　　晴

今天下午,同学拿着一本《少男少女》在看,我站在一边看了一会儿,觉得挺有意思,就借过来看。正巧看到一个很有意思的心理测试题,觉得好玩,就抄了下来,内容大概是这样:你到一个原始森林里去探险,带着猴子、孔雀、老虎、大象和狗这五种动物,四周危险重重,你迫于无奈,要一一把它们放弃,你会按怎样的顺序放弃呢?

这个心理测试题我想了半天也没想明白,因为我不明白这五种动物分别代表什么意思,但是我想如果要放弃的话,一定要把最重要的留在最后。可什么是最重要的呢?

吃晚饭的时候,我向爸爸请教,爸爸告诉我生命最重要,我问他学习不是最重要的吗?爸爸笑了笑告诉我:"学习是为了让生命更精彩。"最后爸爸问我明白了吗?我点了点头,其实我似懂非懂的。

**【父亲·曰】**

晚饭时你问我,世界上什么最重要?我说,生命最重要。没有生命,一切都是空的,请永远珍惜生命。

你却问,那学习呢?

我告诉你,学习是为了让生命更精彩。

生命的精彩首先在于思想的高尚，在于精神世界的高尚。一个没有脱离低级趣味的人生是不会精彩的。人常说"腹有诗书气自华"，书读得多了人的爱好就会脱离低级趣味，人的思想才会变得深邃，目光才会变得高远。

苏轼在《於潜僧绿筠轩》中写道："宁可食无肉，不可居无竹。无肉令人瘦，无竹令人俗。人瘦尚可肥，士俗不可医。"这种对于居所的别样要求，正是一代大文豪精神世界外在的表现，情趣之高雅，令世人汗颜。

毛泽东是个终生与书为伴的人，他热爱读书简直到了疯狂的程度。他曾说："我一生最大的爱好是读书。""饭可以一日不吃，觉可以一日不睡，书不可以一日不读。"正因为此，他的精神世界无比强大，他的一生精彩绝伦，他的成就震古烁今。

生命不息，学习不止。学习的时间在于积少成多，学习的效率在于熟能生巧。任何一件事，如果没有效率，也就没有成果，因为世界日新月异，如果不讲效率，拖三拉四，就只能被社会和历史所抛弃。学习也是一样，效率是提高学习质量的重要条件，不可小视，它关系到你掌握知识的数量和质量。要提高效率，就必须专心、用心，不能三心二意，不能心存杂念。你可以在每次做作业前，给自己定一个时间，定一个目标，然后全身心投入，不管窗外发生什么事都静心专一地去做，这样，习惯成自然，你就会提高效率，学习成绩一定会有所飞跃！

追求成功的人应当好学不倦，多一门技艺，多一条路。成功人士的一生，应当是不断学习的一生。有的人把知识当作事业的敲门砖，一旦迈上工作岗位，就没有了学习的动力，再也不想学习这件事了。实际上，学习从来就不单单是学生们的事，学习是每个不懈追求者的毕生任务。新理念、新知识、新技术日新月异，知识以目不暇接的速度更新，几个月不学习，你的知识结构就落伍了。活到老，学到老，是我们这个时代对渴望成功者不容置疑的要求。

不论干什么事，有四个因素必不可少。一是收集信息，收集信息的过程也是学习的过程，这很重要，但不能贪大求全，要把握关键；二是立即行动，现在就行动，只想不做，对个人而言比不想不做更痛苦；三是绝不放弃，绝境之时往往正是人走向成功的关口和分水岭；四是充满激情，全心全意地投入，坚守必胜的信念，充满自信。只有这样，才能干好每一件事！

## 培养学习的乐趣

**【儿子·说】**

2004年3月14日　　星期天　　晴

下午，爸爸对我说："咱们比赛背诗怎么样？"我说："好啊！"然后，爸爸选了三首诗，分别是叶绍翁的《游园不值》、苏轼的《饮湖上初晴后雨》、杨万里的《晓出净慈寺送林子方》。

爸爸说："这三首诗的后两句都很有名，千古传诵，你一定要牢牢记住。"说着爸爸就开始默记，不到五分钟就背过了，而且一字不差地把三首诗默写了下来。我真有点不敢相信。我在整体背的基础上，把每一个句子反复读几遍，背过后再串联起来，很快也全背过了。通过背诗，我体会到：干什么事都有窍门，关键是自己要善于寻找、琢磨。

**【父亲·曰】**

任何学习都不是无心的，学习后要时时注意思考回味。其实，学习是一种高级智力游戏，只有反复思考、反复回味，才能感受到它的魅力所在，才能迷上它的美丽风采，在思考与参与中获得身心的巨大愉悦。如果你对某一类知识感兴趣，就会很快入迷，继而会在这方面突飞猛进，取得意想不到的成绩。其实你很有天赋，只是不注意发现和利用罢了。闲时用心想，忙时随心用，继续努力，不断探索，你一定会在某个领域取得成就。

你知道思考并提出解决问题的办法，让我很欣慰。发现问题的能力是一个人实践能力在现实生活中的检验。办法总比困难多，发现了问题，就会探索、解决，做事就有了目标，有了目标，就会有的放矢。发现问题的过程，也是分析情况、研究对策、知己知彼、寻找位置的过程。希望你能保持这种不断探求的精神状态。记住,读书要"博学之,明辨之,笃行之",读书无止境,思考无止境,探索无止境。

做好一件事,获得一份自信和满足,这种满足妙不可言,只有身临其境,才能体味到。你今天品尝到了做好一件事的成功感觉,爸爸很高兴,希望儿子努力做好以后的每一件事。良好的修养应从点滴做起,做好每一件事,从小培养自己的学习、生活兴趣,可以让你受用终身。

## 开卷的确有益

**【儿子·说】**

2006年5月30日　　星期二　　晴

今天月考,上午考语文、数学,下午考政治、英语。上午考完回家,由于爸爸觉得我政治每次答得都不理想,就让我再看会儿书,到考试时就不会在书上找不到答案了,并说这叫"临阵磨枪",这一招果然有效。

下午考政治时,我在家里看的那几个问题都在试卷上出现了,被我碰了个正着,我高兴不已,多谢爸爸。人们不是说临阵磨枪快三分吗?下午回家后,我把这件事情告诉了爸爸。爸爸笑着说:"开卷有益嘛!"我觉得这次月考题较难,但我却认为自己做得不错,可能是越简单的题同学们越不注意,往往大意失荆州,分数才考不高。有时人一旦觉得问题简单就不再用心,如果问题变难了,反而会激发一种探索精神。

**【父亲·曰】**

培根说:"史鉴使人明智;诗歌使人巧慧;数学使人精细;博物使人深沉;伦理之学使人庄重;逻辑与修辞使人善辩。"

开卷有益,通俗地说,就是多读书就有好处。为什么读书有好处呢?因为知识就是力量,知识就是财富。而读书是获取知识的重要方法,也是知理的一种方式。读书可以广博学识,增长智慧,明晓事理。苏联著名科学家齐奥尔科夫斯基从事星际航行理论研究，被称为“宇宙之父”。他在少年时因患猩红热并发症导致耳聋而被赶出了学校。后来他每天去莫斯科图书馆自学。一次，他参加中学教师的考核，人们被他的数学才能所惊叹。校长问他：“你的老师是谁？”齐奥尔科夫斯基微笑着回答：“书籍是我的老师！”

读书使人进步。三国时吕蒙的经历就能证明这一点。吕蒙从小就没机会读书，后来身经百战，升为郎中。有一次吴王孙权对他说：“你现在都掌权管事了，要好好学习，求得进步啊。”吕蒙听了孙权的劝告，努力学习，进步很快。以至于与鲁肃见面时，鲁肃感慨地说：“卿今者才略，非复吴下阿蒙！”

伟大的哲学家马克思先后在波恩大学、柏林大学研究历史和哲学，因而在以后的革命活动中能有两个空前的伟大发现，他写《资本论》就读了自藏书1 000余册，还到大英博物馆看了三间房的书。

确实，博览群书能使人拥有高深的学问，能言善辩，受人尊敬。杜甫有句名言：“读书破万卷，下笔如有神。”杜甫读过的书不可记数，许多书都被他翻烂了，翻破了。在他写文章、作诗的时候，一连串的好词好句便从笔尖顺流而下，一篇篇的佳作名句流传千古。

书是人类的营养品，是人类知识的源泉，如果一个文明的国度失去了书的文化，那么这个曾经富丽繁华的国度便会遭受到灭亡的威胁。所以说，人是决不能离开书籍的。

“开卷有益”，但人必须有选择地读书，否则不但无益，反而有害。有一种观点认为“开卷未必有益”。当然“开卷未必有益”这一说法并不是说多读书无益，而是说多读不健康的书籍会对身心造成影响，没有好处。多读书固然是件好事，可一定要读有益的书，不能读有损身心健康的书。

至乐莫如读书，读书会给你带来无穷的知识与快乐！紫阳，读书正当少年时，少年时代是读书的最好时期，你一定要抓住这段“黄金时段”，多读书，读好书，为你扬帆远航做好充分的准备。

# 起点随处可见

【儿子·说】

2005年4月1日　　星期五　　晴

下午数学卷子发了,我考了80分。仔细检查了一下试卷,发现有4分其实是不应该失去的。而且还有一个15分的题,前面的都答对了,就最后一步错了,还错在运算上。

在课堂上,老师把我们做错的题全部讲解了一遍,才发现失去的4分是因为没有写"解"字。我真是粗心啊。其实,我不应该用粗心来为自己找借口,每次都说自己粗心,但每次也没见有什么长进。

通过这次教训,我决心从现在开始认真学习,每天都给自己列个计划表,完成一个,划掉一个,如果完不成,那就把吃饭睡觉的时间缩短,我就不信成绩提不上去。

【父亲·曰】

这次考试有进步,比起上学期期末考试,进步较大,要保持这种进步的势头,不能怠慢松懈。爸爸从心里为你感到高兴,一次进步说明又有了新的起点。对于追求成功的人来说,到处都是起点;对于失败者来说,到处都是终点。起点和终点只隔着一条看不见的线,全凭心力智力把持,如心存骄傲不思进取,那么起点就会变成终点,难成大事。若不甘挫折,发愤图强,那么终点也会变成起点,终成大业。

你今天要注意两点,防止把这次进步变成下次进步的障碍。一是你喜形于笔端,说明你自信,但同时也会变成自满,这种自满会使你沉迷于暂时的成功之中而忘却进取之心。二是你在拿到试卷后,没有迅速对错题进行纠正。晚上,我问你为什么没改错,你不以为然地说了几个理由,说明我的担心不是多余的,正确的做法是知错就改,要是不知道错在哪里,就要立即探究，弄不懂誓不罢休，这才是常胜之道。

日记是你内心秘密的倾诉，应该把你的真情实感写出来。日记是写给自己看的，不是给别人看的，写出你心中秘密的日记才有价值，写出你人生最深处的感受才有修身警示作用，日记不应该是你掩饰内心世界的帘幕，而应该是你裸露内心世界的海滩。《容斋随笔》和《随园诗话》之所以留传至今，主要原因是它们处处闪烁着人性的光芒和作者独特的人生感悟，即使这种感觉有时让人觉得作者猥琐，但却恰恰反映出作者的真性情、真风格。因此，对你的日记我有几点要求：一是真实不做作。把日记当成你最好的倾诉朋友。二是涉猎不狭隘。把眼光放远，不只局限于学习、生活，可对你所见所闻的一切事情进行记叙评论。对于我的点评，可以发表自己不同的见解，可以辩论，这是咱父子间的秘密，不必隐瞒观点。三是题材不限。可以写散文、记叙、议论、札记、对联、诗词、歌曲等，只要能反映你当日的心情，什么方式都可以用，文无定法，适合你就行。文体是为你的内容服务的，在日记里，你就是统帅，可以调动任何形式、任何词句、任何手段。我想，天长日久，时间也会向你低头，把你推向成功。四是简单而不繁琐。人的精力是有限的，写日记主要是为了真实地记录自己的人生历程，力求言简意赅，随时随地，拿起笔就写，我想这点你应该向罗马帝国的恺撒学习，他在南北战争中坚持每天写作，终于写下了辉煌的《高卢战记》《内战记》等书；应该向拿破仑学习，他一边指挥千军万马，一边口授法律规定，给世人留下了不朽的《拿破仑法典》；应该向英国的丘吉尔学习，他在领导英国抗击法西斯的侵略中，根据切身感受，写下了《第二次世界大战回忆录》；还应该向美国历任总统学习，他们坚持写日记的习惯为他们日后写回忆录积累了丰富的素材；还应该向曾国藩学习，他几十年官场以及军旅生涯中，文章甚多，其中《曾国藩家书》体现了他的学识造诣和道德修养。

# 感知奋斗之艰

**【儿子·说】**

2005年2月2日　　星期三　　晴

吃过早饭,我正准备写作业,小阳来了。看到我在写作业,他就在一边的书架上翻了起来。由于平时他来我家也在书架上找过书,所以我就由着他去翻。"哇,以前都没发现,你爸原来这么厉害啊!"他突然一声惊叫,吓了我一跳。我转过身才看到他手里拿着几本爸爸写的书,一脸"你爸真乃神人也"的夸张表情,让我又好气又好笑。"这有什么大不了的!""什么叫有什么大不了的?你有本事也写几本书看看,你见过咱们老师出书了吗?而且我没想到你爸竟有这么多荣誉证书!"见我不以为然,小阳表现得竟然比我还不乐意,一转身又从一些书的夹缝里抽出十几个荣誉证书来。"行了,行了,你这家伙,感情我爸变成你爸了似的。我爸写这些书的确很不容易,我记得爸爸以前告诉我,他写这些书光稿纸就有两三米高呢。而且这些荣誉证书也是对我爸爸工作的肯定,来之不易啊。""唉,我爸要是这么厉害就好了!"听到小阳的感叹,我突然觉得非常自豪,我仿佛看到了爸爸在昏黄的台灯下奋笔疾书的样子。

**【父亲·曰】**

每个人都会在自己所擅长的领域里取得一些成绩,爸爸获得的这些荣誉也不足为奇。但你要明白,任何成功的取得都要付出辛劳,无论是写书还是其他的劳作,都是一样的。就像卖花生的老人一样,为了生计而忙碌,为多挣几个钱而与人讨价还价,比预期多挣一些钱对他来说就是成功。贫穷不是罪恶,若到死时依然贫困那至少说明这个人在有生之年没有努力奋斗过。不论干什么事都是一样,有的人天生适合奋斗,愈挫愈勇,但不适合守成。就像学习,拼命吸收,但不知巩固,结果像猴子掰玉米,边掰边丢,到头来手里只有一个玉米，劳而无功。而有些人是在追求幻想，不是在追求理想，这样的人生多数是可悲的，他们就像烟花追求瞬间的灿烂。人生是漫长的，只有珍惜并经营好已得到的东西，才可能步步为营，走好人生的每一步。所以，我以多年的经验告诉你，要珍惜属于你的东西，像古人说的那样，哪怕是把破扫帚，也要珍惜。对于不属于你的东西可以欣赏，可以追求，但如果不能拥有，便要淡然处之，否则，你就会沉溺在痛苦之中而难以自拔。因此我想说，珍惜你学习的经历吧！趁现在多读点书，把书中的东西变成自己的东西，好好回味。多拥有知识，你就拥有了自由的本钱，拥有了珍惜的能力。

真正的伟人是独立不群的人，是敢于白手起家的人，他们大多都具有一种天不怕、地不怕、百折不挠的精神。人要不断和自己进行极限挑战，这样的生活才更具有挑战性和吸引力。一件事的成功很大程度上取决于你用怎样的态度去做，要生活得更好，你首先要设定一个更高的目标。历史总是以一种恢宏的面貌展现在我们面前，但我们看到的却是一个个鲜活的为生计而奔波的个体。

## 主动学习

**【儿子·说】**

2005 年 1 月 21 日　　星期五　　晴

下午放学，几个同学约我上网打游戏，本来还有作业要做；可一想，等表哥来给我辅导完之后再做会简单一些，于是就和他们一起去玩电脑了。

晚上，表哥来我家给我批改家庭作业，看到我还没有做就问原因，当他听到我要求他先给我辅导然后我再做时非常生气，狠狠地批评了我，说我学习自觉性太差，自己做和别人指导你做效果是不一样的，被动学习的效率是很低的……我听后非常惭愧，认识到了学习不主动，最终吃亏的还是自己的道理。

**【父亲·曰】**

谁掌握了知识,谁就掌握了未来,谁就显得有力量。因为知识是不可战胜的,它好像武侠小说中所说的“盖世武功”,谁掌握了它,谁就增长了力量。遗憾的是,对于武侠小说中的“盖世神功”,人们推崇备至;而对于现实中的知识,人们却缺乏应有的热情和主动性。

我真的不想再过问你的学习了。如果你能主动学习,效率自会提高,我愿意把管理教育你的权利交给你,使你自我学习、自我教育、自我提高。主动学习,提高学习的积极性,是学习好的重要条件。主动预习或复习功课,完成作业不用别人催促,遇到不懂的问题主动向别人请教,并能及时改正作业上的错误。要明白学习的目的,往大了说是为了中华之崛起而读书,往小了说就是为了自己将来能立足社会,成为一个对社会、对家庭有用的人,实现自己的人生价值。

其实,能不能自主学习是一个人自控能力强弱的表现,而自控能力又是一个人是否成熟的重要表现。人无论在什么时候,都要弄清自己的职责,把自己从事的工作和学习搞好。人一生就像一棵树,树干不断往上长,树干要直、要壮,必须拼命地吸纳来自大地的营养,吸收的营养越多,树木才能枝繁叶茂。如果你不趁现在抓紧学习,充实自己,你就难以成为参天大树。

## 快乐学习

**【儿子·说】**

2004年10月27日　　星期三　　晴

今天王老师要来家里给我辅导功课,老师还没有来,我就先开始自学,准备把今天要辅导的内容提前看一遍。结果我越看越来劲,觉得通过自学已经掌握了一大半知识点。随后我又开始做课后题,经过努力,五道题中,只有一道不会做。我又回过头准备再次钻研知识点和例题时,老师来了,看到我在认真学习,老师非常开心,还夸我会学习了。之后在老师的辅导下,我学懂了所有的知识点，和老师一起寻找到了做题的快乐。

王老师辅导完又给我布置了一些作业，我很快就做完了，老师检查后，说我做得完全正确。我今天体会到了自学带来的快乐，很有成就感。

**【父亲·曰】**

你知道自学了，爸爸很高兴。自学是要依靠自己的，因为没有人监督和考核，很容易放任自己。而一旦养成了自学的习惯，那就截然不同了：它会形成一种无形的力量，时时刻刻都鞭策着你，使你自然而然地去学习。

自学习惯的培养如逆水行舟，不进则退；自学习惯的培养，仅仅是有了一个良好的开端，还不能保证有收获，还必须辛勤地耕耘，才能取得预期的效果。

学习的快乐是在寻找的过程中体现的，王老师作为支援西部的志愿者，在咱们县上只能待一年，我多次叫你珍惜和老师学习的机会，努力在王老师的指导下激发起学习的兴趣，培养学习的习惯，掌握学习的方法。王老师只能点燃你学习兴趣的火苗，要形成学习的燎原之势，还需自己努力。老师引导只是为了使你养成好的学习方法，你可以从以下几个方面入手：第一，兴趣要动于心。只有自己有追求的欲望，兴趣才能持久，才能变成习惯。第二，习惯决定性格。教育家魏书生说："行为养成习惯，习惯形成品质，品质决定命运。"如果养成良好的习惯，则会终身受益。目前你重要的是跟随老师培养六种习惯：一是预习—复习—独立作业的习惯；二是多练、多记、多思考的习惯；三是说干就干，珍惜时间的习惯；四是勇为人先、勇于竞争的习惯；五是大胆创新、求异思索的习惯；六是耐心认真、细心冷静的习惯。坐则入静，动则入行。第三，方法影响效果。掌握预习能力是自学能力的重点，掌握了预习方法，并养成习惯，就掌握了自学能力。另外，你还应该掌握学习规律，学会细致观察，灵活运用规律、技巧等，从而逐步提高解题的能力和方法。教育的本质是一种唤醒，唤醒学生心中的自信、自尊和自律。

人的一生，自学是获取知识的主要途径。就学习过程而言，老师只是引路人，学生才是学习的主体，学习中的大量问题，主要应靠自己解决。只有学会自学，学会自我挑战、自我完善，才能把外部的压力变成内心的精神动力，在自我学习、自我完善中寻找快乐也是学有所成的重要前提。

## 书要读活

**【儿子·说】**

2003年9月2日　　星期二　　晴

今天看《论语》时发现有一段话："子曰：诵《诗》三百，授之以政，不达；使于四方，不能专对；虽多，亦奚以为？"我对照着后面的注释看了半天也没理解。等爸爸回来后我就去问爸爸，爸爸告诉我，这段话的意思是：读了三百多篇诗，可是对于所交付的政治工作无法顺利完成，让他出使国外又无法独当一面，读诗虽多，又有何用？这段话告诉我们的道理是：读书是为了运用知识去指导实践，要学用结合。爸爸说完后让我反思自己的学习过程，我不明白，爸爸就问我："你读书只是为了完成作业和考个好成绩吗？"我想都没想就说："是！"爸爸愣了一下，无奈地摇了摇头。我感觉到说错了话，赶紧逃回了房间。

**【父亲·曰】**

读书要活，如果一个人死读书，我看不读也罢。所谓"活"，就是要运用，读了不用等于没读，可能比不读更可怕。从古至今，满腹经纶但好高骛远、眼高手低的失败者比比皆是。古人说："一世牢骚到白头，文章误我不封侯。江山故园空文藻，重过南朝感旧游。"究其原因，就是不会运用之故。"一语不能践，万卷徒虚空。"其实，现实与理论、理论与实践之间有一团迷雾，有人终生从这团迷雾中走不出来，到头来，只能感叹英雄无用武之地，任何益处都得不到。

从古至今，多少达人显贵，都是靠学问发家。先辈在考取功名前，大多数都很清贫，遍尝人间酸辣苦甜，熟悉人情冷暖，洞察世态炎凉。学习知其运用，随学随用，活学活用，学的目的就是为改变自己的现状，所以始终有一股奋发向上的气势。但后来子孙因衣食无忧，环境渐好，把学习当作一种“装潢”，不为追求书中黄金屋、颜如玉，失去读书为生计的压力，整天用学到的知识风花雪月、自我陶醉，在读书和为人处世中找不到运用的桥梁，不为经天济世之用，心胸只在笔墨间，家族怎么能不衰败呢？“人无风趣官必贵，家有藏书家必穷”，就是这个道理，也是对读书人不“活”最绝佳的嘲讽。

当下想读或爱读书的人众多。郭沫若说：“人是活的，书是死的。活人读死书，可以把书读活。死书读活人，可以把人读死。”郭老的这几句话，道出了读书活动的这个特点。读书，就是人要将死书读活，读者与活书做朋友，交流对话，从中了解作者所描写、记载的事件和意义，体验作者所传递的思想和感情……进而使自己增长知识，增添快乐和力量，收“开卷有益”之效。在此，爸爸结合先贤大家提供的读书感受自己读书的得失，给你几点把书读活的建议，只是一家之言，仅供参考。

一是既要“活”读，又要“死”读。所谓“活”读，就是可以联系实际，可以活学活用，可以打开思路，可以进行创造……一些举一反三的例子，一些科学上的创造发明，莫不是来自读“活”书，以及善于“活”读书。读书的目的是用，不能为读书而读书。但是，天下任何事情，都要看时间、地点等条件而定。我们现在谈的是你的读书。你刚刚开始人生的路，刚刚学会自己读书，需要的是牢固可靠的基础知识，首先要把书读懂，这样掌握的知识是可靠的，准确无误的，就可以终生受用。因此，对于学生来说，与其鼓励他们现在读“活”书，不如老老实实地劝他们读“死”书，或者是先读“死”书，后读“活”书。所谓读“死”书，是说要认真地照着书本去读，先求准，后求懂，然后再求用。书上怎样讲的，一个字一个字地认清楚，然后照着去理解。由于书是文字构成的，中国的文字包括形、音、义三个方面。读“死”书，就是要抓住书中的形、音、义，把形认准，把音读准，把义理解准，然后准确无误地把书中的话记准、背准、用准。爸爸主张中学生读“死”书，就是鼓励他们要在书内用功夫。要把书读进去，真正读懂，而不是不求甚解，或者不懂装懂。

爸爸这样讲，是总结了过去的经验。上学时，爸爸一心想做孔子式的教师,因此,涉猎广泛,喜欢从兴趣出发,强调读“活”书。结果许多基本知识都还没有搞通,就自以为是,夸夸其谈,以至什么都没有真正学到。年纪大了,回首往事,不胜懊恼。所以,读书先要读“死”书,有了读“死”书的基础,然后再读“活”书为佳。古人说:尽信书,不如无书。读书的终极目的,是要把“死”书读活,让书发挥作用。“死”“活”之间,相互为用,相互补充。我们强调读“死”书,但又不拘泥于读“死”书。“死”与“活”,都是对人而言的。人要书“死”,书就“死”;人要书“活”,书就“活”。这就叫“运用之妙,存乎一心”。善读书者,手中都有一把打开书籍奥秘的金钥匙。书籍是死的,金钥匙却是活的。“死”与“活”的关系,大概有如书籍与金钥匙的关系。我们先要有书籍,然后金钥匙才能发挥作用。只有漂亮的金钥匙,又有什么用处?因此,谈读书,就得先读书。

二是既要“博”览,又要“精”研。生命有限,知识无涯。目前图书出版事业空前发达,中外古今旧书新著浩繁,人的生活节奏加快,社会交际活动剧增,即便是一个迷恋读书的人,可以用来读书的时间也很有限。面对这种状况,读书人要学会用心地去挑选对自己身心有益、适用的好书来读。总体看,应当古今中外结合,与时俱进。季羡林说他平生唯一的嗜好就是读书,而像他这样的饱学之士也坦承,在他家藏的大量图书中“我只看过极少极少的一部分”。在博览群书的基础上,再花工夫精读少量。各人有自己的读书需求和志趣意向,对好书的精选,也难免会多有差异。

三是既读经典,又读当代。因为经典都是经过岁月打磨的,是传承下来的最有价值的东西。它可以让我们感受到生命的愉悦和快乐,使生活厚重、深刻、多彩,摆脱平庸、苍白、无聊和慵懒。但经典毕竟是过去时,使人有一些沉重、拘束之感,弥补这种遗憾和不足就要求读书也要与时俱进。积极涉猎一些当代的优秀文学作品,感受一下时代的新鲜元素,在自己的知识体系和认识体系中增加现代的知识,同时也让经典产生新的时代气息。其实,不必羡慕古人所处的经典年代,我们同样处在被经典环绕并不断产生经典的时代。因此,在与时俱进中,树立与经典同在的勇气,抱着这种心态去发现、挖掘与特殊时代相适合的知识,从而逐步培养自己的读书思维。要在浩如烟海的现代知识中，学会选择和认识，这样经典与现代同在，才是最有效、最务实的方法。

四是既要“苦”读，又要“乐”读。阅读是极具个性和创造性的实践过程。苦就是要有“头悬梁锥刺股”的勇气和毅力，肯下功夫，用心用脑，十年寒窗，铁砚磨穿，耐得住寂寞。在阅读过程中，读者的思维活动和情感意识交织运行，这样，不仅是将死书读活的关键所在，也是变苦为乐的内在动力。读书本是花时间、伤脑子的苦事，而从书中获取的多方面充实感，则是苦事成乐事的根由。培根说：“阅读使人充实。”只有会读书的人，将书读活的人，才能尽情享受这无穷无尽的读书之乐。

因此，只有用思想、情感去感知、去理解、去思考，死书才能成为读书人眼中、心中的活人，一位可以与之倾心交谈的忠实朋友。许多前辈早悟到了读书的这种奥秘，歌德说：“经验丰富的人读书用两只眼睛，一只眼睛看到纸面上的话，另一只眼睛看到纸的背面。”

## 不要囫囵吞枣

**【儿子·说】**

2006 年 5 月 25 日　　星期四　　晴

今天下午第二节课是课堂活动，我们年级进行演讲比赛。我们班的小宇同学发挥失常，得了倒数第二。虽然他讲得非常流利，可脸上却一点表情也没有，好像戴了个面具似的。相比之下，六(1)班的队员表现就好得多，不但表达得清楚，表情也很丰富，得了全年级第一。比赛结束后，小宇显得非常失落，全班同学也都垂头丧气，旁边不时有人小声嘀咕：“小宇不行，还自己逞能。”我听后觉得很反感，转过头反驳他们：“如果有本事，你们上，看你们连倒数第一恐怕都当不了。”他们一下子脸红了。晚上，我仔细想了想，小宇发挥失常是偶然，也是必然。偶然或许是因为他紧张了，必然应该是造成他紧张的原因——对于所考的知识，他并没有融会贯通。我要吸取这次教训。

【父亲·曰】

以前看过一个童话故事,觉得很有意思。说一个小男孩学习时很粗心,每次老师讲新知识他都听个大概就不听了,认为自己会了。他没发现的是每上一节课肚子都会鼓起一点。直到有一天,他的肚子胀得比皮球还大,站着根本看不到自己的膝盖。这时他慌了,急忙向医生求救,医生经过检查确诊为超级消化不良。普通药物无法医治,医生只好对他进行手术治疗。结果医生从他肚子里取出来的全部是什么三角形、平行四边形、半截破折号、一堆汉字之类的东西。从此以后,小男孩无论学什么都变得非常认真,肚子再也没疼过。

不论学什么知识、技能,我们都不能只求一知半解,否则到了关键时刻我们定会深受其害。

学生学习的内容由简入繁,由易到难,呈阶梯状上升。这是专家经过研究,严格按照人的心理、生理的接受能力安排的。就好像梯子一样,一级一级都是有关联的,前者为后者的基础,没有谁能越过这些基础直到顶端。因此,学习千万不能怕麻烦。

学习有三个境界:熟、精、化。由于你们学生生理、心理的还不成熟,加之阅历的浅薄,有些东西并不是你们听一下、看一下就能完全掌握的,还需要大量的练习,通过练习使你们达到巩固、理解的目的。古人说的“熟能生巧”,就是这个意思。只有熟练了,你才能掌握所学知识的每个细节,对它进行合理地使用,达到“精通”的地步。在不断的使用、摸索、总结过程中,这些知识又会不断和你的阅历、思想相结合,成为你思想体系的养料,这就是化。就像练武功,你能打一套长拳,只是学会了而已,万万不能用于对敌,没有哪个敌人会配合你将长拳从第一招打到最后一招,让你表演一遍。只有将拳法练得精通了,能随意拆解且能任意组合发挥,才能用于对敌。但不管你怎么使用,都只是“用”而已,终究不是自己的,只有将这些招式想通了,掌握其中的奥妙了,你才能因受其启发而创出属于自己的拳法。

学习课本知识亦是如此,学习任何技能也都是如此。你要谨记:学任何事情的秘诀都在于熟而精、精而化,这是不二法门。

## 教育还需适度惩戒

**【儿子·说】**

2006年10月13日　星期五　阴

这几天,我们数学老师由于体罚学生被迫在学校广播上给学生公开道歉,以求得学生和家长的谅解,而事件的主角小强和他的爸爸却趾高气扬,一副得胜还朝的样子。事情发生在上个星期,我们在上数学课时,音乐声突然响起,吓了同学们一跳。原来我们班的小强在玩小游戏机时,弄响了音乐。杜老师见状,对小强进行了批评,要求把游戏机先交到讲台,三令五申没有效果后杜老师走到小强跟前要取游戏机,小强竟用手把杜老师撇了一下,这可激怒了老师,于是大吼一声:“你要打游戏就站到教室外面去打!”小强就是不听。此时,教室一片混乱,喧闹异常。老师无奈,硬把小强拉出了教室,让他在外面站着,我们接着上课。不料还不到半个小时,小强的家长来校送衣服,发现他儿子站在外面。于是怒气冲冲地闯进校长室,发问道:“我儿子是到学校来接受教育的,不是来学校站岗放哨的,我儿子纵有千错万错,你们总不该把他‘驱逐出境’吧!”校长无言以对,而杜老师更加无话可说,只有赔礼道歉的份。看到小强的德行,我们都为杜老师感到委屈,为了教育学生,不但没受表扬,还遭到家长的谴责和学校的处分,真是冤呀!现在,很多教师谈“罚”色变。今天上历史课时,又有几位调皮的学生自由讲话,老师却视而不见,继续讲课,课堂都乱成一锅粥了!

**【父亲·曰】**

现在教育出现这种情况是我们教育的悲哀。究其原因,一是价值观教育问题。二是师道缺乏尊严。三是在教育理论阐述和教育经验宣传上,缺少科学的是非观，存在严重的片面性。现在，我们的媒体上有不少时髦的伪教育理念，譬如愉快、快乐、轻松等教育理念。在这种理念影响下，别说惩戒，就是连批评也不能了。这难道不奇怪吗？不少“专家”讲“愉快教育”讲过了头，讲“鼓励原则”讲过了头，对学习本身的艰苦性，对教与学过程中批评的必要性，少讲或不讲，久而久之，造就了对轻松甜蜜的校园生活的追捧，影响了学生的心理。这些调子唱得很高，却很片面，对学习本身的复杂性视而不见，尤其是对学习的艰难视而不见，结果给人以错觉——好像轻松愉快就能成就一切。果真如此吗？你们历史课上“乱成一锅粥了”就是例证，而且听你说还不是孤证。

著名的教育家马卡连科提出：“合理的惩罚制度不仅是合法的，而且也是必要的。这种合理的惩罚制度有助于形成学生坚强的性格，能培养学生的责任感，能锻炼学生的意志，能培养学生抵制引诱和战胜引诱的能力……适当的惩罚，不仅是一个教育者的权利，也是一个教育者的义务。”我觉得这段话值得我们深思。20世纪校园内曾发生了几起老师体罚学生的事件，借着新兴媒体，一时间社会舆论纷纷将矛头指向教育，教育主管部门立马出台了若干相关条例、规定，明令禁止体罚或变相体罚学生。现在的校园已是今非昔比，学生不仅碰不得，而且说不得，稍加严厉的批评就可能被举报为变相体罚，甚至会导致学生离家出走，教师们终日如履薄冰，生怕一言一行不慎，引来大祸，弄得家长“投诉”、媒体“讨论”、领导“重视”，最后还是自己吃不了兜着走。

面对违纪学生，我们该如何教育？温柔式的谈话教育对这些学生早已没有效果，他们压根儿不往心里去，也许能当着面保证坚决没有下一次，可一转身就旧病复发，甚至变本加厉，老师再找，他再保证，因为他清楚得很，你就这么几个招，既不可能辱骂他，更不敢惩罚他，让他觉得“我错了，你老师又能奈我何”，进而得寸进尺，以至于将来走上社会，酿成大祸。学生如此猖狂，教师们无计可施。造成如此局面的一个很重要的原因就在于如今的教育缺少惩戒。家庭教育中常有“严父慈母”一说，学校教育也不例外，如今盛行的教育更倾向于“慈母”，可只有慈母，缺乏了严父，这样的教育算是健全、完整的吗？学生批评不得，谈什么教书育人！所以，教育还需适度惩罚。

一、适度惩戒是一种大爱关怀。一位教育家曾说过：没有惩罚的教育是不完整的，必要的、适度的惩戒是规范学生行为的必然要求。中国有句古语"棒打出孝子，惯养忤逆儿"，虽然未免有点极端，但将惩戒的有效和纵容的危害刻画得淋漓尽致。说服教育不是万能的手段，对于一些自控能力不强，没有形成良好习惯的学生来说，很多道理就是耳边风，所有的道理他都懂，甚至说得还比老师熟，可就是不改，对于这样的学生，通过惩罚可以帮助他养成良好的习惯，这难道不是爱学生的一种表现吗？"无规矩不成方圆"，治理国家除了"以德治国"，还必须"以法治国"，只有这样我们的国家才能正常运转，同样地学生良好行为习惯也必须在制度的约束下才能逐步形成，让学生明白哪些该做，哪些不该做，并能严格执行，这才是我们教育所期待达到的效果，适度惩戒则是达成这一功效所必需的，通过惩戒可以让学生更加主动地了解行为界限、明确是非观念及权利和义务的关系，惩戒于教育，就如法律于社会，应该是学校教育的一条底线。现在，以人为本的赏识教育无疑是教育方法的主流，但是教育的"唯赏识"现象也造成了一定的负面作用，尤其是某些时候的虚假赏识（以伪善面目出现）已经背离了关爱和激励的真实基础，也导致适度惩戒被错误地归入体罚或变相体罚，在强大的社会舆论影响下，为了自我保护，一些教师连批评学生都如履薄冰，对调皮捣蛋的学生更是不敢管教。如此一来，在不少人心里，适当惩戒是教育的必要的理念，反倒成了错误的理念，这让不少教师深感焦虑和无奈。爸爸觉得，一切教育都是从如何培养人健康成长出发的，其过程都不能只有关爱而无惩戒。关爱是爱，惩戒的出发点也是关爱，是为了纠正学生在成长过程中的错误。爸爸认为，不论是赏识教育还是惩戒教育都应该建立在关爱和激励的基础之上，尤其是，针对某些特定的教育对象，适当惩戒是不可或缺的教育手段，俗话"给好心不给好脸"说的就是这个道理。

二、适度惩戒是一种挫折教育。常看到一些媒体报道现在的学生太脆弱，心理承受能力差，动不动就离家出走，甚至还有个别跳楼自杀的，这说明我们的教育缺失了挫折教育。现在的孩子从社会、家庭到学校都尽可能为他们提供最优的教育资源,在家大多是衣来伸手,饭来张口,随心所欲,任性跋扈;在学校老师们不敢批评,只能和颜悦色地讲道理,倒不是因为现在的教师只会以情动人,而是没胆量,只要批评的言辞过于激烈,就会遭到体罚、变相体罚、损伤学生心理等言论的攻击,导致老师们在教育违纪的学生时缩手缩脚,除了讲道理还是讲道理,道理讲好了,事情也就算处理了,给学生造成了一种错觉——做错事是不用负责任的,而事实是这样吗?做错了事,就应该承担责任,这是个颠扑不破的真理,可如今的家庭教育和学校教育都无法做到这一点,家庭是不舍,而学校却不敢,其实我们必须让学生明白无论在学校,还是在家里,如果做错了事情,就必须主动承担由此而引发的后果,应该让学生接受惩戒,让他们明白做错了事情是要付出代价的。这让孩子真正从自己心里去认识什么是对,什么是错,从教训中学会社会法则,有了这种切肤之痛、"自己教育自己"的经历,才能在将来不犯错误或少犯错误,才能使孩子更具担当意识和责任。如果我们现在对学生失去惩戒,只会将惩戒留给社会。到那时,社会和被惩戒者必将付出更惨痛的代价!

三、适度惩罚是一种教育方法。惩戒就是通过处罚来警戒,是一种常规的教育手段,是以教育学生为目的,对学生问题行为的一种强制性纠正行为,是在学生身心完全能够承受的前提下采取的教育措施,对学生能够起到教育和警示的作用。其现实价值是可以让孩子们明白,无论干什么事情,都要遵守规则,不能由着自己的性子来,犯了错误后就要承担责任。现在,大大小小的领导都时常将师德建设挂在嘴边,加之教师因为体罚学生而"享受"到的诸多"优惠",在报纸杂志上已屡见不鲜。于是,教师也学乖了,不再一味蛮干,一般教师乐得个清闲,听之任之,责任心强的教师则知道了采取迂回战术,避重就轻,免得惹火上身。这是教师的悲哀、教育的悲哀。身为人师,连最起码的责罚权利都没有了,哪还谈得上师道尊严。在教育中,要么是苦口婆心地说教,要么就是一味地迁就,甚至在学生及家长面前卑躬屈膝,这样的结果,只能导致教育的退步。我们不提倡棍棒式的教育,但惩戒教育应该是一种必需的教育,惩戒的合理运用对提高教学质量肯定具有一定的推动作用。

四、适度惩戒是一种人生预演。从社会规范的角度看适当惩戒和道德规范以及法律规范具有内在的一致性。学校是社会的缩影，从培养社会合格公民的教育角度看，我们要培养的人今后是要融入社会的，要成为有道德且遵纪守法的一代合格公民的。而作为社会的人，一定要遵守社会道德规范和法律规范才成，否则，一旦其言论和行为越过了道德规范和法律规范，就一定会受到相应的批评和惩罚。假如教育中缺少了适当惩戒，而只一味地表扬和赞扬，那么，犯了错误的孩子就无法从感受和体会错误被矫正的过程，就无法从错误中觉悟，就会形成错误的认识——以为人生没有惩戒而只有绝对自由，从而更加放纵而不受约束，结果为自己负责、为家庭负责、为社会负责的责任心就会失掉，勇于承担责任的思想意识就会大大降低。这样的孩子将来还能很好地融入社会吗？

五、适度惩戒是一种有序保障。如今的教育强调尊重学生个性，张扬个性，这样培养出的学生才不会循规蹈矩，才具有创新意识，爸爸很赞成，只是人的个性是否可以凌驾于道德之上？难道我们所要培养的是缺乏起码道德的个性吗？为了所谓的不抑制学生的发展，针对他们的一些不良行为，我们就只能任其胡作非为吗？当他们严重影响到其他学生学习的时候，我们是不是就该睁只眼闭只眼呢？当然不能让违纪学生横行霸道，可如何来约束、规范他们呢？只有使用适当的惩戒来维护规范的严肃性，这样既可以保障教育工作的有序运行，又维护了其他学生的学习权利。如果允许违规行为不受惩戒，那么纪律的权威就会为违规行为所侵蚀，违规行为不但得不到有效遏制，还会蔓延、繁衍，最终导致“正不压邪”。

六、适度惩戒是一种师道尊严。三尺戒尺是师道尊严直接体现。新中国成立后，三尺戒尺被作为封建社会摧残儿童的象征废止了。但有意思的是，直到今天，我国还没能在哪部条例、法规中，明确规定视违纪行为的轻重对学生所采取的相应惩戒，标榜人权的西方国家仍然还有对学生的惩罚，且有惩戒教育日益严厉的趋势，美国自称是国际社会尊重人权的“榜样”，然而这个“榜样”的 50 个州中有 21 个州是允许体罚的。这 21 个州在法律上保护教育工作者对学生进行体罚的合法性，而对学生体罚最常见的方式是用木板打学生的屁股。在2005学年,美国共有20万名中小学生遭受到体罚。英国对犯了错的学生,惩戒方法有罚写作文、周末不让回家、校长惩戒、停学,甚至还有体罚条例,例如:不超过六次鞭打男生臀部(8岁以下禁用);法国规定若学生犯打架斗殴、迟到、旷课等错误,将受到节假日到学校反省或加做作业的处罚;美国,学生违反了规章制度后,分情节轻重,可接受一般的纪律处罚、体罚、几天不上学、开除、勒令转校,而一般的纪律处罚就包括勒令离开教室10至30分钟。我们总期待着经济等诸多方面能够与世界接轨,为什么在教育上就不能仿效呢?

当前,提倡"赏识教育""情感教育""爱心教育"等教育方式,可我们不能认为赏识、激励就是包治一切的灵丹妙药,"惩戒教育"也是以学生进步为目的,不应视其为洪水猛兽,我们只要学会适度地、正确地、艺术地运用惩戒,让学生感受到惩戒中蕴涵的平等、尊重和爱,触动学生灵魂,让学生真正受到教育和警戒。

## 书非借不能读也

**【儿子·说】**

2006年4月7日　　星期五　　晴

终于到星期五了,我背着沉重的书包向家走去。放下书包,我就给妈妈说累了一天了,让我玩玩电脑。妈妈给我把电脑打开,我玩了一阵,突然觉得游戏没什么好玩的,特别乏味,还不如去借本书来看。

我来到堂哥家,在他的书桌上翻到一本作文书,专门教怎么写好议论文,我一看很实用,就借了回来。晚上,我没有看电视,而是认认真真地看起了作文书。我觉得书上写得很好,点出了我平时写作文的问题,对我写作帮助特别大,我特别高兴,因为我又掌握了一些写作知识。我想,书既然借来了,就要抓紧时间阅读,好好地汲取书上的知识。

**【父亲・曰】**

借书读是一种好方法，它可以催你只争朝夕地把书读完。因为你觉得是别人的东西，就自然要还，且有期限，甚至读书时还要做好笔记，以防自己会遗忘，所以借来的书总会很快看完，甚至会加倍珍惜。如果是自己的东西，内心深处就会有一丝惰性在里面，就想反正有的是时间，随便什么时候都可以看，便一放很久，这样的惰性如果没有坚强的意志，就会发生“明日复明日”的悲剧，总觉得是自己的书，日后再读也行，结果推三拉四，总也读不完。

读书就是要有一种如饥似渴的感觉，一鼓作气将它读完。这就需要你挤时间、钻空子，把零碎的时间和精力利用起来，日积月累，一段时间以后，你就会惊奇地发现，你的收获大大超出你所预想的效果，你会在不知不觉中发现并探寻到你从没有发现的精神家园和新的世界。

清朝袁枚的《黄生借书说》中有“书非借不能读也”。借书者“能读”，是因为书是借来的，担心别人要回去，自己没机会看，因此充满紧迫感。所以你要珍惜自己所借之书，尽快将它看完，吸收其精华，变成自己的东西。

## “作”文要慎重

**【儿子・说】**

2004年11月20日　　星期六　　晴

老师看了我的作文以后，批评我用词不当，本来应该写成“我感到十分内疚”，可是却写成“我十分自卑”，老师看完之后很纳闷，因为看似简单的几个字的变化，表达的意思却完全不同，从而产生了一系列的歧义。看来写作文一定要注意用词规范，不能想当然地乱用。首先，必须要搞懂每个词的含义。其次，还要注意在某个特定语言环境中的具体意思。

【父亲·曰】

文章千古事，得失寸心知，一时疏忽大意，悔恨难以追回。你今天看到了由于用词不当、词不达意、粗心疏忽而带来的后果了吧！你的不认真或用词不当让老师很难读懂，好多时候，说错了、写错了，就很难更改了。

古时有个人，家里来了客人，他不想让客人留下，又不好意思开口，就在墙壁上写了两句话“下雨天留客天天留我不留”，它的意思是“下雨天，留客天，天留，我不留”。客人看了，知道主人催离之意，但又不想走。他抓了主人未写标点的漏洞，改成“下雨天，留客天，天留我不？留”，主人回来一看，暗自叫苦，只好打掉牙往肚子里咽。这是家庭琐事，当作笑话说说也就过去了，但一旦涉及国家大事、军事战争，造成的损失就有可能是灭顶之灾。

20世纪30年代，蒋、阎、冯中原大战时，阎的一支军队，在危急时刻请求兄弟部队救援，在电报中把部队所在地的地名写错了，恰好这错的地名又确有其地，因地名有误，未能及时救援，导致其部队长官命丧黄泉。

因此，你不论写什么，哪怕是很小很短的文章，一定要想清楚了再写，特别是遣词造句一定要斟酌清楚，做到恰如其分。这样，你就可以从容地在文章中进出于自然与精神之间，达到写作人向往的最佳境界了。同时，我还想提醒你，在平时生活学习中，要注意别人言语中的话外之音，因为往往这种声音才是作者要真正表达的思想。听到了话外之音，最好的办法是佯装不知或心中想好应对之策，因为许多话外之音都隐藏着刀和剑，稍不慎重就会惹火烧身，当你知道时，常常悔之晚矣。

## 文章应精短

【儿子·说】

2004年8月11日　　星期三　　晴

下午，我和婶婶还有表哥去超市买东西，我和表哥每人拿了一个雪糕，我觉得夏天吃雪糕真是一种享受，而且现在雪糕有各种各样的口味，我都不知道该吃哪一种好。表哥问我想吃哪一种，其实我真想每一种都吃一个啊！超市里面有太多好吃的。婶婶说我们想吃什么随便拿。哈哈，这么多好吃的让我一下午吃完，我真是太幸福了！出了超市，我和表哥一人吃了一个比萨。比萨虽然很大，但是对我俩来说，哈，小意思，我和表哥都是很快就吃完了，真是太好吃了。我还是第一次吃到这么好吃的比萨，今天婶婶请我吃这么多好吃的东西，以后等我赚钱了，我也要买好多好吃的给婶婶吃！

**【父亲·曰】**

你的日记应该变个模样了，应该是长大的模样；你的标点应该运用自如了，语句应该精练，应该惜墨如金。我一直提倡你写短文章，其实短文章要求更高，就像说话一样，言简意赅，这就需要练习，需要思考，需要提炼。

文字戒繁，言语戒多，这个道理大家都懂，因为“言多必有失”。那么，如何完整地表达自己的意图，又让别人一看就懂，一听就明白呢？这就需要概括。行文的最高标准就在于简洁，聪明的人把繁事变简，愚蠢的人把简事变繁。古人云：“事以简为上，言以简为当。”契诃夫说：“写得有才华，就是写得短。”把文章写得短而精，历来为人们所称道。这就要求锻炼自己把一个复杂问题进行浓缩并用简短的文字或语言表达出来。中国古代一大批精短妙文，以字字珠玑、惜墨如金而成为脍炙人口的名篇。然而，时至今日，有人仍把“短”与“浅”画等号，认为只有“大块头”才引人注目。其实，文章由长到短，材料从繁至精，不只是量的减少，更是质的升华。

写作文也好，写材料也罢，做到行文精短，更是对读者的尊重。鲁迅先生的文章高度凝练，都是用较少的文字表达意蕴深远的内涵。他说：“写完至少看两遍，竭力将可有可无的字、句、段删去，毫不可惜。”“删繁就简三秋树，领异标新二月花。”真正的精短美文，就好比高山上的雪莲、沧海里的珍珠，需要付出“上九天、下五洋”的艰辛努力才能得到。就文章而言，“增一字则太长，减一字则太短”应成为你不懈追求的境界。

# 诗意源于生活

**【儿子·说】**

2004年9月6日　星期一　晴

今天,我们上了一节有意义的语文课,学的课文是《桂林山水》。它把桂林山水静、清、绿的特点和山的奇、秀、险的特点描写得十分具体和形象逼真,仿佛使人已经徘徊于桂林山水之中,突然就看见一座座奇形怪状的山拔地而起。

上完这堂课,我深深地感觉到桂林山水是这样的美。晚上,我模仿《桂林山水》写了首诗,写的是太白山,但是写来写去还是觉得桂林山水好,如果有机会,我一定要去桂林,亲身感受这人间仙境。

**【父亲·曰】**

写诗要把一切事物人性化,以奇巧美妙的语言展现出来。从古至今,即便是千古名篇,都有个显著特点,就是在平白如话中触动人的神经,阐发生活的哲理,表现人生的情趣。不要把写诗看得过于神圣,其实它和写作文一样,也是记录人的喜怒哀乐。用最简单的词写出最真实的感受,抒发最奇妙的情感,是写诗的不二法则。只是别以写诗为借口,卖弄自己的聪明,那样,就像在玻璃上描绘美景,遇到暴风骤雨就会被冲刷得一干二净。

写诗的基础源于生活、源于现实,写诗也应该与时俱进,描写新的事物、新的景观,不断寻求新的表达方式。还有,你心中没有装进一千首诗词,最好还是勤加体验训练。背诵是增加语感的关键,那样,诗人的奇思妙想就会慢慢渗透到你的血液之中,并在你的体内播下种子,一旦遇到合适的机缘,就会开花结果。你要注意,这种种子结出的果实都有副产品,就像在品尝西瓜时,不可避免地留有瓜皮一样,你在获得奇思妙想的时候,接踵而来的思想将是奇巧与风趣、空想与天真、浪漫与理想。这对于人的发展,特别是与人相处是有坏处的，因为过于纯洁的心灵经不住世俗的玷污，一旦堕落，将会更惨。莲花只有长在污泥浊水中才能开出圣洁的花朵。而诗的情怀、诗的理想、诗的追求却难经风雨，纵观历史，真正伟大的诗人在现实生活中大多不如意。因此，人们常说，最美的春天永远都在诗里。

## 世事洞察皆文章

【儿子·说】

2006年6月6日　　星期二　　阴

今天我的主要任务是写两篇作文。为了写作文，我把几本作文书都翻遍了，才找到两篇与之有关的话题。我细读了两遍，终于想到"模仿"这个词。我想依据自己的生活经历，把作文书上的写作框架拿来为己所用，再把自己身边发生的事例套进去，这样作文不就是自己的了吗？我急忙动手，如法炮制，不到半小时，一篇作文已成功出现在了作文本上。下午又写了另一篇，今天真轻松！

【父亲·曰】

模仿是写作初级阶段一种很效的方式。它可以达到训练写作、拓宽视野的目的。人常说，天下文章一大套，看你套的妙不妙。"套"就是模仿，"妙"就是自己的身心感悟。但你要注意，齐白石说："似我者死，学我者生。"文章包括作文最终学的是神韵，而不是简单的模仿临摹。做到形似而神不似，这就是"妙"的要求，在"妙"中感悟。

作文是什么？古今中外的文学家、教育家都一致把作文指向心灵的层面。法国雕塑家罗丹说："作品就是情感。"南北朝的刘勰在《文心雕龙·物色》中说："情以物迁，辞以情发。"晋代陆机在《文赋》中说"恒患意不称物，文不逮意"。教育家叶圣陶则指出写作是"心有所思，情有所感，而后有所撰作"。由此看出，写作的本质是"物→情→辞""物→意→文"的双重转化。而其中的物、情、意是文章的根本,辞和文只是表情达意的工具罢了。

文章中的物、情、意靠死读书是读不出来的,只有从生活中体验、感悟出来的物、情、意才是真实的。世事洞察皆文章,只有深入生活,遍历人生冷暖,见惯高山大洋,体悟人间万象,你在书本上所学的知识才能得到检验和升华,变成自己的知识,衍生为自己的智慧。这时候你才会明白什么是对,什么是错,才能看清虚妄与真实,才能深刻体会内心的充实与干涩,说话、写文章才能得心应手,思如泉涌。反之,不亲历生活,不洞察人生百态,你的文章只能是鹦鹉学舌、人云亦云,没有丝毫的智慧和实质的内容。所以,人们说"文章不是无情物",作文是一个人心灵的产物。其心灵空间的大小决定了语言驰骋空间的大小。心灵原野越广阔,语言施展的舞台才会越大。作文是一个人对生活的表达,映射着作者生活的充实与干涩;作文映射着作者对物、对情的理解与认识水平;作文是一个人阅读的展现,是阅读经验的沉淀与倾吐;作文是一个人思维的显露,映射着作者思维的广阔性、灵活性、敏捷性、深刻性和批判性;作文是一个人情意的投射,投射着作者的喜怒哀乐,对假、恶、丑的憎恨和对真、善、美的热爱;作文是一个人思想的映照,映照着作者发现与创造的能力。

作文素材来源于生活,那么,在生活中怎样来收集素材呢?这就需要观察和阅读,以及身体力行的实践和总结。观察和阅读是写作实践中两种重要的基本功,又是写作材料来源的两种渠道,而实践和总结则赋予文章以灵动。作文是情感表达的艺术,体验与感悟是作文的生命线。生活中的感动是情感滋生的原野。情感是人在与世界的对话中,通过长期的心理活动而逐渐构筑起来的心理经验世界。情感之于心灵,犹如树根之于大树;情感之于文章,犹如泉源之于江河。只有感悟到生活的美好,才能产生美好的思想感情。

古人云:"读书破万卷,下笔如有神。"它向世人有力地说明了阅读量对写作的影响。阅读量越多,对写作的影响也越大。但"巧妇难为无米之炊",作文并不仅仅是阅读量的积累,更是对生活的体验,对世事的思考。要写好作文,就必须积累丰富的知识,而大量的阅读只是为我们积累了丰富的材料。只有深入生活，行万里路，察万里事，我们的视野才能真正得以开阔，智慧才能深入骨髓，万事万理才能为我所用，信手拈来皆为文章，也只有这样的文章，才能“有血有肉”，生动感人，才具有存在的价值。

## 要全面发展

**【儿子·说】**

2006 年 4 月 29 日　　星期六　　晴

由于五一节放假调整，整个下午都上语文课。本来下午上语文课就容易走神，再加上要上一下午语文课，让人连喘气的机会都没有，同学们都觉得十分枯燥，还没上课，一个个就显得无精打采的。

幸好老师没有按教材内容继续讲课文，而是讲戏曲方面的知识，包括戏曲的类型和发展流派等。这一下子激起了同学们的兴趣，每个同学都坐得端端正正，认真听讲。虽然有些听不懂，但我还是觉得很有意思。最后，老师为我们播放了一段黄梅戏《天仙配》，我们听得是津津有味。下课后，同学们都学着曲中人的唱腔和表演，惹得大家哈哈大笑。

事后，我不禁想：世界原来这么精彩，以前还觉得自己学到的知识很多，可现在看来，自己还是井底之蛙。今后一定要努力学好各门功课，学好各方面的知识才行！

**【父亲·曰】**

现代社会经济高速发展，知识结构日趋全面，需要的人才也包括社会生活的各个领域。面对竞争如此激烈的当前社会，可以说，多掌握一门技术，就多一次选择就业的机会。如果只是学习书本上的知识，难免出现学到的知识面有限，与现代社会实际脱节，只注重理论学习就会出现具体操作性差、动手能力差等问题，到头来不能在社会上立足，最终只能被社会所淘汰。

这个问题还应该追溯到我国的教育体制问题，有人曾经做过统计：相同年龄，中国的学生考试成绩虽然高于国外学生，但动脑、动手、实际操作、社会生存等能力远远弱于国外学生。这也就是我们所看到的实际情况：国外科学技术、创新发明等都走在中国的前面。长此以往，我们的各项事业都受到制约，难以长足发展。从某种意义上说，这是我们教育体制的局限性所导致的。所以有人曾经得出结论：中国的教育在室内，国外的教育在社会。

现代教育体制中，我们只是对老祖先的科举考试作了一些改良，但本质还没有多大的变化，这就直接导致了为应试而教育的恶性循环。即使改革开放、提倡素质教育，我们还是明显滞后于发达国家，我们依然处在模仿与自我探索阶段，存在着很多的不规范并受到了很大的局限。再加上国人的观念中，依然认为孩子只有一级一级地通过考试、上大学才能报效社会。高考、中考的指挥棒依然左右着我们。于是有些专家提出培养复合型人才的观点，即各种技能和学识不分先后，不分主次，样样都要涉猎，这样的话，知识、能力、为人处世之本领等等才能融会贯通，相得益彰！你现在正处于求学的关键时期，我希望你能全面、均衡地发展，并尽可能地做到融会贯通。

学校是小社会，除了要掌握语文、数学、英语，还应努力涉猎其他领域的知识，包括艺术、体育、政治等，应将自己在学校所学知识运用于社会，因为二者是相辅相成、互相促进、缺一不可的。希望你努力践行，最后成为多德、多才、多能、多艺的全才。

## 学会触类旁通

**【儿子·说】**

2006 年 4 月 24 日　　星期一　　晴

新的一天又开始了，我背着书包高高兴兴地向学校走去。途中见到朋友小明，他对我说他学习退步了，这次考试没考好，主要是语文成绩太差，失分太多。我想，这次考试中，我们俩的其他科目都还行，就是语文成绩比较差，刚及格，所以总分不高。问题就出在偏科上，我有几门课的成绩还在班级前面，但就是语文成绩影响了总分。于是我想，只要把语文赶上去了，那么，我的总分就会提高。

**【父亲·曰】**

触类旁通，吸取教训，追求进步！学习语文，非下苦功夫不可。文章要仔仔细细地读，字要规规矩矩地写，练习要踏踏实实地做，作文要认认真真地完成。

要提高语文水平，必须多读、熟读、精读，这是被许多人的实践证明了的有效经验。书要每天读，朗读时要大声、响亮，读出抑扬顿挫来，读出语调神情来。朗读多了，优秀作品的语言和自己的口头语言就会相互融会贯通。时间久了，成效就会在自己的写作中反映出来。说到读书，要博览与精读结合。博览在于开阔眼界，增长学识；而精读则要逐字逐句透彻理解，深入体会，反复揣摩。读书时，还要注意既对相同体裁的文章进行比较，又对不同体裁的文章进行比较，找出它们的共性与个性，举一反三，寻找规律。

光多读还不够，还要多写。笔要勤，不能懒，勤能补拙，勤能出水平。文章要写自己的所见所闻所感。文字不在多，要天天练。写日记，写读后感，为黑板报投稿，都是练笔的机会。练习写作，要由简入繁，由易到难，循序渐进。写之前的思考不要满足于习惯的轨道，要敢于打破常规，这样你就会经常发现一片新的天地。写完之后，看看是否把自己的意思说明白了，是否说得有条理。文章修改也很重要，写完后一定要用心琢磨，反复推敲，认真修改。

写作的功夫不单纯是在语言文字上功夫，要写好文章，还需在文章外下功夫，既锤炼语言文字，又锤炼思想情操，二者紧密结合，方可收到相得益彰的效果。在学习中，对关键概念、关键句子的理解要准确、深刻、透彻，不要囫囵吞枣。

在学习中要开动脑筋，积极思考，善于思考，思考问题除由此及彼，还可以从正面推到反面，由反面推到正面，由近处看到远处，由远处想到近处，由简单推到复杂，由表面现象探究到内部实质。总之，要从各个角度、各个方面多思考，多探索，这样才能写出好文章。

# 背诵也要讲方法

**【儿子·说】**

2006年2月20日　　星期一　　阴

今天英语课我们学的是一封英语书信。信中主要介绍了这个孩子的年龄、家人、爱好、语言、国家等一系列事情，写得条理清楚、文采斐然。下课时，老师要求把这篇课文背过。我想，刚学完就要背过不可能吧？之后老师给我们讲了一种背诵课文的方法，把短文分成几小段来背，心里一定要清楚文章先讲什么，再讲什么，最后讲什么，把顺序记下后，用词组一连就成了一篇短文。按照这种方法背诵，不到十分钟就可以背过。

我按照老师提示的方法，果然在很短的时间内，就把这篇课文背得滚瓜烂熟了。

**【父亲·曰】**

“熟读唐诗三百首，不会作诗也会吟”，说明了背诵在作诗中的重要性。不论读书还是背诵，都要统揽全局，掌握其文脉大意，弄通你不懂的词汇典故，对通篇意思有个大体的了解，然后从头至尾循序渐进，步步为营，逐节突破。另外，背诵在于训练，在于有心，在于不间断地有意背诵。要做到“三入”，即身入、心入、情入。背诵是学习的基础，是学好各门功课的重要方法之一。背诵必须讲究方法。方法好，事半功倍；方法不好，事倍功半。具体来讲，要做好以下五个方面：

一、要理解。理解是背诵的基础。常言道：“若要记得，先要懂得。”如果你对要背诵的文章理解得比较深刻，那么，对这篇文章的基本内容一定会记得快，在这个基础上背诵全文，就会背得快，而且不容易忘记。反之，如果“不求甚解”或是“一知半解”，即使花费九牛二虎之力，勉强地把它背下来，也是记不牢，应用不了的。所以，理解了背诵，才能背得快，记得牢，用得活。

二、要全神贯注。人常说“一心不能二用”，就是说背书的时候，一定要专心，要像古人读书那样，做到心到、眼到、口到，最重要的在于心到。这里说的心到，就是说注意力要集中在思索全文的基本思想和琢磨文章中的重点词语上。眼睛要看前句、顾后句，使语句在眼帘中成线；口要勤读，在允许的条件下，要尽可能高声朗读，这样背书，效果好，印象深。

三、要熟读精思。熟读既可以加深对文章的理解，也可以帮助记忆。朱熹在谈论读书时说：“读书之法，在循序而渐进，熟读而精思……先须熟读，使其言皆若出于吾之口；继以精思，使其意皆若出于吾之心。”反复朗读的过程，是一个慢慢咀嚼、细细品味、渐渐消化的过程。所以，有的文章，特别是古典文学作品，要在力求理解的同时，采取反复消化的办法，先熟读、背诵，再理解、记忆，然后在实践活动中逐步消化和理解。熟读精思，可以是默读、放声读和不出声读，也可以是边读边思考。

四、要分背、合背结合。分背，就是按一篇文章的段落，一段一段分别背诵；合背，就是在分段背熟的基础上，连贯起来背诵。分背和合背，一般采用“连环背诵法”，就是分别背熟一篇文章的第一、二、三段以后，然后把三段连起来背一次，再单独背熟第四段，又把第二、三、四段连起来背一次，依次类推，全篇文章背完以后，从头到尾连贯起来背诵。记忆力较强的同学，可以采用“连贯背诵法”。就是按照一篇文章的逻辑顺序、结构特点，直接把连续几段或全文连贯起来，边读边记。这种方法，可减少反复的次数，速度快，效率高。

五、要循序渐进，摸索规律。每个人的大脑发育都有不同之处，所以，背诵课文也和掌握其他学习方法一样，既要找出普遍规律，又要摸索出适合自己的规律。背诵课文要根据文章的内容、特点和人物的具体情况逐渐摸索规律、掌握方法。背诵要由浅到深，由少到多，由简单到复杂，坚持不懈。常言说“勤能补拙”，很有道理。多读，不仅能帮助熟练地背诵，而且能从中找到方法，提高效率。

# 写好日记

**【儿子·说】**

2005 年 1 月 9 日　　星期天　　晴

爸爸又请了一位老师来辅导我。我心想,这下可好了,又有一个人可以陪我玩,陪我学习了。

下午,老师检查了我的数学卷子,告诉我有两个毛病需要改正:一是我的计算能力太差,还有一个就是我不会总结。辅导完功课后,这位老师给我讲了怎样做人,怎样学习比较快乐,我都记在了心中。老师走后,我把早上抄的“积累运用”和成语又读了一遍,加强记忆,我发现里面有一些字不认识,还有一些错字。我写的字,自己都看不清楚,我用心了吗?答案肯定是没有的,所以我决定以后不论遇到什么事,都不能慌张,要扎扎实实地做好每一件事。

**【父亲·曰】**

日记是人生翻动的页码,也是个人感受社会的浮世绘。写日记不能写成流水账、检讨书,而是既要写出亲身经历的事情,更要写出心灵的绚烂色彩。通过日记,把自己的心灵和生命勾画出来,把自己的气质和性情反映出来,把自己的影子和意识映射出来。日记可以写自己看到的或听到的事物,也可以写自己亲身感受到的事情,要注意选材和“剪裁”。

日记应该忠实于生活。用平常心去写,用常态说话,用细节寄性,用感悟传神,特别要用心体会不为人注意又关系人性本源、为人所希冀的东西,这些东西往往是心灵最真实的感受。

同时,写日记既要把自己当自己,又要把自己当别人。前者可以深入其中,了解心态,感悟心声,深及灵魂。后者可以置身事外,与日常的自己拉开距离,站在审视自己的位置对待自己,这样写出来的东西才不会过于自恋自赏，才会客观真实、充满理性。

写日记时，不要事先给自己定目标、提要求，要笔随心动，否则只能给自己带上枷锁，使思想囿于狭窄的天地，会把日记写成流水账。写日记还要敢于亮丑，要有真实面对生活的勇气。一方面不要怕自己写不好，经常写，写作能力就会提高，譬如金子就埋在沙子里边，关键在于不断地“淘”。另一方面要敢于剖析自己，把日记当成人生最好的朋友，把你所见、所想、所思、所悟、所感向它倾诉。

写日记，把日记当作最好的朋友向她倾诉，她可是世界上最可靠的朋友。你可以打她骂她，她永远不会背叛你——除非你未加珍惜使她丢失，否则她就是你最值得信赖的朋友。即使她知道你曾做错了事，也会对你忠心不二。写日记还要有毅力，在这漫长的过程中，要习惯忍耐，要有持之以恒的精神。

儿子，希望你谨记躬行，坚持到底，用一颗平常心去写好每一天的日记，这也是一项成功的事业！

## 学会复述

**【儿子·说】**

2006 年 3 月 26 日　　星期天　　晴

晚上，姐姐发了短信过来，说她专科升本科考试考得不好，后悔在高中时没有好好学习。爸爸说我现在学习还来得及，只要把书上的每一个知识点、每一个细节都学会弄懂，那么就没有问题了。

学过的知识如果不及时复习，就会很快忘记，而我的问题恰好就是不注意复习。子曰：“温故而知新。”只有“温故”才能把知识真正记住并且牢牢掌握。

**【父亲·曰】**

读书要善于复述。“温故而知新”不是简单地复习，而是发现问题，分析问题,解决问题,得出结论。要能复述下来,才能谈得上掌握。

复述是使别人的东西变成自己东西的一种有效途径。复述是有效的学习方法,复述有助于提高语言的表达能力,能够有效地检测学习者的语言综合水平。在复述中可以整理思想、归纳规律、加深记忆并思考与已掌握知识之间的联系。同时,复述也是加深记忆、锻炼口才、增强信心、体验成就的一种好方法。人们在复述中总是把对自己感受最深的观点和事例牢牢记在心里,并通过复述这个过程将别人的东西为我所用,变成自己的东西。神话、传说都是在一代代的复述中得以流传,并在复述流传的过程中加入复述者自己所处时代的生活背景,使其常述常新,进而启发教育了一代又一代人。

语言能力的发展是思维能力赖以发展的重要前提,而思维能力的发展又是语言表达能力提高的重要条件。复述对于思维能力及语言能力非常重要。复述不仅有助于提高人的记忆能力,训练人思维的逻辑性及灵活性,更重要的是能够培养人独立思考与解决问题的能力以及创造性的思维。因为在复述中,无论是词语的选择、句子的组织还是表达过程中的顺序及条理,都是自己积极思考的结果。从这一点上讲,复述能起到其他训练手段难以达到的作用,是一种非常理想的学习方式。

## 克服紧张

**【儿子·说】**

2005 年 1 月 22 日　　星期六　　晴

今天是本学期的倒数第二天,明天就是测验我这一学期对知识掌握情况的日子。早晨,小明、小克、小阳到我家来,我们四个一起复习,先复习了词语、成语、近义词和多音字。在复习过程中,小阳作为我们四个人的小组长,他说一个多音字,我们就回答,有时如果我们四个都不会,那么,就请教文字大师——字典。复习完后,我们检查了数学家庭作业,我没有错一个,这多亏表哥平时的帮助,我才能在同学面前大显身手啊。

尽管自我感觉复习得挺扎实，但心里仍然觉得不踏实，隐隐约约开始紧张起来，担心明天考试能否顺利，能否取得好的成绩。

**【父亲·曰】**

明天就要期末考试了，我希望你能放松，缓解紧张情绪，克服身心疲劳，既要以平常心对待考试，又要细心认真。爸爸小时候，克服紧张的办法有这么几点，可供你参考：(1)最好能在前一天洗个热水澡或在前一天晚上用热水泡脚，彻底放松；(2)进入考场的一瞬间，如果发现自己有负重心理和紧张情绪，不要先动笔，可闭目想想你最为成功的一次考试的景象和心境，这种回想能让你心情愉快；(3)在考试中出现紧张情绪时，可暂时停下来，做深呼吸；(4)当遇到难题时，可以不出声地自问自答，这有助于消除紧张情绪，当你自问自答时，你的思路会豁然开朗；(5)考完一科，休息间隙，你可找一个僻静的角落，闭上眼睛，喝一杯水，静静地坐上一会儿，什么都不要想，尤其不要想上一场考试的好坏。这样消除了紧张情绪，你就能考出理想的成绩。

人的一生中要经历许多次考试，你要记住的是，不能把一两次考试作为对人的最终评价。对考试分数应采取正确的态度，不要把考试分数看得过重，说到底，学习的最终目的不是为了取得高分，而是为了掌握知识技能，发展智力并形成良好的思想品德。只要刻苦学习，理想的考试分数是会属于你的。要做学习的主人，不要被考试和分数的"指挥棒"搞得晕头转向。人永远都会面临考试，考试既然如同家常便饭，那又何须紧张呢？与其害怕考试，不如认真反思一下考试中暴露出的不足。

心理素质必须过硬。考试既然是学习过程的组成部分，考试分数是测量学习效果的尺度之一，那么在考试时尽量考出理想的成绩就是理所当然的，也是完全应该的。要考出理想的成绩，主要取决于平时学习的努力程度和知识技能的掌握情况以及智力发展的水平，但也在一定程度上与考试时的心理状态也有很大的关系。智力水平都差不多，主要靠三个素质，即文化素质、心理素质、身体素质。很多学生不会调整心态，是没有考好的主要原因，其实调整心态、情绪的方法十分简单，做做深呼吸、听听音乐、散散步等，学会控制情绪，在面对困难时，你要尝试用不同的方法去解决，这就是心理素质好的表现。但有人一紧张就会心慌，一心慌大脑就一片空白，一考试就紧张，一上场就发抖，这是心理素质不过硬的表现。因此，你要学会调节情绪的方法，在情绪发生不良变化时能够及时地把情绪调整到正常状态，进入考场时给自己以积极的心理暗示。

考试成功 = 实力 + 心态 + 身体。实力就是文化素质，心态就是心理素质，身体就是身体素质。考试优秀者之所以成功，是因为他们学会了总结规律，考试其实就是考实力、考心态。考试就像秋收，你春天播的什么种子，夏天流了多少汗水，秋天就会有什么果实。正确面对考试，合理分析，克服紧张情绪，以平常心对待，你就会不断进步。

## 玩转人生

**【儿子·说】**

2004 年 10 月 4 日　　星期一　　晴

下午，我和妈妈一起去健身房打乒乓球。我慢慢学会了发旋球，让妈妈束手无策，妈妈对我发旋球作了指导。在妈妈的指导下，我发球技术又有了很大进步，几个回合下来，妈妈都有点招架不住了。

不一会儿，小尧也来和我叫板，结果，没几个回合，她就被我打得落花流水，她说："你的进步也太快了吧？发的球我都接不住了。"又经过几个回合的恶战，小尧一次又一次被我击败，她生气地说："我今后加紧练习，一定要把你打败！"我笑着说："好啊，回去好好练，我随时奉陪。"

我心里想：我也要加紧训练，要不然，以后我们交战时我会输的。

**【父亲·曰】**

今天你打乒乓球取得好成绩，爸爸十分高兴。我对你的一贯要求就是学会学习、学会玩耍。在玩中成就事业，成就生活，成就快乐，那是人生追求的完美境界。

学习需要有计划，玩也需要有计划，不然就成了瞎玩。首先，小玩要出大境界。玩中有学问，有人在玩中迷失了方向，忘记了目标，最后玩物丧志，落得个人人唾骂。但有人却在玩中成就了伟业，达到了目标，大玩家可以玩转地球，中玩家可以玩转事业，小玩家可以玩转家庭。其实成人的世界充满了儿童过家家式的游戏，谁在游戏中获胜，也就在人生中取胜。

其次，玩耍就是人生的休息场。天真的人往往把玩的功能归结为消遣，而有心的人却把玩的功能当成社交的手段，在玩中与人建立了深厚的友谊。我国古代先贤早就提出过“寓教于乐”，就是在游戏和玩耍中的育人原则。只要安排得当，玩耍与学习其实并不矛盾，而是相辅相成的。孩子的创造力、交际表达能力、社会适应能力、身心健康快乐等，往往可以在生动、活泼的玩耍过程中获取。

再次，玩就是生活。你如果想驾驭自己的生活，就必须学会玩转人生，在“玩”中寻找工作的乐趣。这样，不论工作还是玩乐，就都会变成你的生活。就像学习，如果你把学习当作智力游戏，以“玩”的心态去对待，那么你就一定会找到学习的乐趣。

做自己喜欢的事其实就是玩耍。玩的主要魅力就在于自己能决定做什么，从玩中大致可以看出一个人以后的发展情况，因为那是一个人最放松、最无意识的情况下的真实想法和行动的自然流露，是心灵不加修饰的时候。

玩家有三个品质值得人们学习：一是尽情享受眼前的快乐；二是从不会为任何事发愁；三是享受生活，永远不为昨日烦恼，也不为明日担忧。我不反对你玩，我只是担心你不会玩。会玩的人一定是会学、肯学的人，会玩的人一定会工作，会学习，会生活。玩是未来社会生活的演练，在玩中体味人生、体味生活，会玩是一种本领。

# 网络乾坤

**【儿子·说】**

2004 年 12 月 28 日　　星期二　　晴

过两天就是元旦了,老师让我们写一篇关于元旦来历的作文。我先到学校图书馆查了一下,结果很不理想。回到家中,我在网络上查了一下,哈,真是丰富之极,元旦是怎样来的,是谁创造了元旦,还有各种关于元旦来历的小故事和传说,应有尽有。我选了几个比较有意义的故事记了下来,还看了不同国家过元旦的习俗,真是有意思极了。原来网络世界是这么有趣而丰富啊,我一定要好好利用,让它更好地为我的学习服务。

**【父亲·曰】**

人类的脚步早已迈入 21 世纪,随着网络的飞速发展,其对人生活的影响也越来越大。当我们静心细想的时候,猛然发现自己其实已经生活在了一个实实在在的网络世界中。人类也开始了一种新的生活形态。也许我们能够拒绝网络,但我们不能改变网络对生活的影响。每天接触网络,我们立刻就可以了解世界,真可谓"坐地日行八百里",但我所畅游的又岂是八百里所能包容的？只要轻轻一点,键盘轻轻一按,五花八门的世界立刻呈现在我们的面前。真是优哉游哉,不亦乐乎？正是因为网络的存在,我们对世界的认知更加便利了。

网络也构成了一个与我们现实世界既相同又相异的崭新世界,并越来越深入而广泛地把我们融入其中。我们在拥有网络的同时,网络也拥有了我们。特别是网络新商业模式出现,不仅仅是心理和精神上容易得到满足,而且吃穿住行用样样都可以通过网络实现。网上购物、网上外卖、网上游戏、网上娱乐、网上交友,随着网络的发展,我们的人生也带上了数字化的色彩。我们这些人都应该感谢这个时代,庆幸自己生活和成长在这样的一个时代里,有互联网的时代里。随着网络化的深入,人们将彻底置身于消除一切时空的即时沟通环境之中。现在才知道为什么有那么多的人说“网络妩媚”。因为你在网络中可以找到许多你在生活中找不到的东西,网络里面有另外一个世界。过去写一篇文章,最多找到几本参考书,现在每篇都有数十万字的参考资料。在生活中你也许一辈子找不到一个聊得来的人,但在网上,你个性再强,兴趣再偏,都能找到同道中人。就像下棋的人,瘾上来了像毒瘾发作一样难受,周围跟你水平相当的人就那么两三个,人家还不一定有空,但上网下棋就不用发愁了。

网络是一张无边无际的网,也是双刃剑,它对人们的影响既有其积极的一面,也有其消极的一面。现在,上网的人们越来越多,人们也越来越愿意在网络上建立他们所谓的人际关系,而不是走出家门与自己的朋友交流、聊天或结识一些自己不认识的人,这是因为网络上人际关系的范围往往可以极大范围地横跨地域、职业、年龄等固有社交圈的限制,因此,重新塑造自我的可能性也就大了许多。网络上的人际关系就像舞台上的表演,表演者在前台扮演着众人期待的角色,并且努力地把真实的自己隐藏起来。曾有一幅关于网络的漫画,画着一只正在上网的狗,露出狡黠的表情,很高兴地说着:“在网络上最大的好处就是,人们永远不会知道你是一条狗。”简单地说,经由网络媒介的人际关系,类似于隔着面具的互动。正因为如此,网络在使我们可选择的生活方式和人际交流变得前所未有的广阔和便利的同时,也导致了人际关系显得比较虚无与易碎,让人与人之间的物理交流变得更少了,人情味变得更淡了,从而也造成了在真实世界里人与人、人与社会关系的隔离。更有甚者,有人预言,未来婚姻最大的杀手不是第三者,而是网络。还有许多人因感于在现实社会中的优胜劣汰,不能随心所欲,而把虚拟的世界当作逃避现实的“伊甸园”,导致沉溺于网络虚拟世界,脱离现实,惧怕现实生活而成为现实生活中的废人。同时,在那个虚拟的世界中,因缺乏制度和法律约束,人们在随心所欲地张扬个性后不必承担现实生活中的压力和责任。一旦真的认真起来,最终会受到无法预料的伤害,现在,流行的说法叫作“见光死”“阴阳人”就是例证。所以我也曾一度担心。但我经过一年多的观察，我觉得你和你姐在处理这件事上做得很好，很有自制力，并且电脑已成为你们学习、工作的工具。虽然目前，你们利用的空间还不大。我们要做网络的主人，不要做网络的奴隶！

网络世界很简单，只是 1 和 0；网络世界也很繁乱，因为其中的信息博杂。现在，我们说有一个叫作互联网的生灵正在天地之间撒野，在人类彻底把控这只生灵之前，它可能还会在人间兴风作浪，横行霸道，世界各地的网络演义还将风生水起，汹涌澎湃，甚至还可能让我们时时感受到这其中强烈的火药味和无奈感。这里且不说网络的发展对民族文化、国家安全、社会治理带来的挑战，就说网络中的不良信息和网络犯罪对人们的身心健康和安全也构成危害和威胁。诸如诈骗或性侵害之类的犯罪，以及黄色垃圾及暴力对人们的危害，仿佛又使网络成了又一个“花花世界”。人们对于网络褒贬不一，实际上就是对网络的恐惧。

其实，网络本身并不可怕，关键只在于我们怎么使用和利用它。因此，如何趋利避害，充分发挥其正面的影响，克服和消除其负面的影响，才是我们应仔细思考和权衡的问题。你已经接触了网络，就要接受其真实的繁乱，将其有利的一面掌握在手中，使其成为你的武器，而不要“乱花渐欲迷人眼”，不加选择地介入。电脑应该是学习的工具，就像新华字典等工具书一样。并且，它还可以给人提供一个与现实完全不一样的世界，一旦拥有，我们就可以比别人多拥有一个世界。爸爸坚信，互联网对于人类的意义和人类会使用火一样重要，它是改变人类生活方式的一种革命，更是启蒙人类思想的一种工具。人类会使用火，可以让人类烤肉、煮饭和取暖，从此和动物拉开了一个巨大的差距。人类会使用互联网其实是人类几千年来，所有科技发明的综合体，这个科技综合体如果使用得好，还可能推动人类走向大统一，使我们人类进入一个精神高度文明、物质极大丰富的美好世界。

# 我工作，我快乐

**【儿子·说】**

2006 年 3 月 19 日　　星期五　　晴

早上老师把上次考试的卷子发了。我一看,这次考得还不错。语文成绩比上次高出好几分,特别是作文,老师说我这次作文写得不错。我心里美滋滋的。当然这是我最近努力的结果,看来付出就会有收获。虽然这段时间我把好多玩的时间都用来学习,没有好好地放松玩,但这次能考出好成绩也值了。每当我学习中遇到困难时,我也很烦恼,但当我绞尽脑汁克服困难的时候,我心里会很高兴,很有成就感,原来学习中也会找到快乐。就拿这次考试来说,虽然当我看到别的同学在玩时,我也很心急,但当考试成绩出来时,这种快乐是无法形容的,比在玩耍时得到的快乐更有意义。所以,我要学会在学习中找快乐,在快乐中提高学习成绩,这才是我最大的快乐。

**【父亲·曰】**

我经常会听到身边朋友的抱怨:“工作压力太大了。”有时很兴奋地告诉我:“明天终于可以放假了,可以不去考虑工作上的事情了,可放松一下自己的心灵。”还有的朋友整天愁眉苦脸,几乎看不到他的笑容。对于以上种种现象,我想说的是:朋友们,把自己的工作当作一件快乐的事情去做,你就不会感觉到工作带来的压力了。就拿我来说,需要与不同的人进行接触,连我自己也说不清楚,每天要处理多少错综复杂的大小事情。可越是这样,我越在心底暗示自己,不要为了琐事而感觉麻烦,要把每一件事情当作自己生活中最快乐的事情来处理。其实处理事情的过程就是寻找快乐的过程,当一件事情结束后,感觉紧张后的轻松会更加快乐。

有的人把工作看成是一种压力,而感觉压力越大,越容易在处理问题时出错。人只有怀着一份激情,怀着一份快乐的心情,在对待工作的时候把工作转换成自己的兴趣，把工作当作自己的爱好，凡事永远保持一份活力，心里才会感到快乐。

要想保持快乐的工作心态，就必须做到性格开朗。当我们不快乐的时候，我们要想为什么要从事目前的工作？如果不是爱好，我们会选择这样的工作吗？就和集邮一样，这并不是别人强迫你去做的事情，只是自己的爱好，所以不用别人给你制订制度，不用约束你，你就可以兴之所至地去收集邮票。如果把这种爱好和兴趣的心态放在工作研究中，你就会感觉工作其实并没有那么多的困难和压力，如同新出了一套邮票，你只需想办法如何得到它。拓展自己工作的思维空间，敢于创新与想象，从苦闷的工作中展现出自己的成就、自己的创新，这同样是一种幸福。

当工作成为一种谋生的手段而觉得迫不得已或者说感到厌烦时，不妨把工作当作一种乐趣来享受。试想想，我们只是普通人，不是暴发户，我们必须靠勤劳才能致富，只有这样才是心安理得的，对得起自己也对得起别人，无愧于心，当然就是快乐的。所以在工作中寻求快慰和舒心，是我们需要做的。

# 第二节　乐思乐问

## 成功之路在何方？

【儿子·说】

2003年7月26日　　星期六　　晴

今天我上完数学辅导课回到家都下午一点半了，下午还要继续上课，爸爸非让我做一套试题再去上课。我一听，就说我再不去上辅导课了，下午课都来不及了，可爸爸非让我把卷子做完。我哭着吵着就是不做，时间在不知不觉中溜走了。等我闹够了，已经过去半个小时了。我最终还是做完了那套试卷，上课也迟到了。当我冷静下来之后，感到非常后悔。如果当时自己不哭不闹地把卷子做完，也许就不会迟到！

鲁迅先生能把喝咖啡的时间都用来写作，我为什么不向他学习呢？只有这样，我的学习成绩才能提高。

【父亲·曰】

人生的目标确定之后，能否找到通往成功的途径，对一个人来说是至关重要的。有些人确立了正确目标，却在错误的道路上徘徊，就像看见了天上的月亮，却找不到上天的路，只能望月兴叹。有句谚语说："条条大路通罗马。"但每一条路都有不同的走法。你必须找出你正在行走的这条路的正确路线，只有这样你才能成功地到达罗马。有些人找到了，他成功了；有些人终生未能找到，所以失败了。那么正确的道路在哪里呢？就在失败的教训中！目标在前，失败就是路标，良好的动机和意愿既可以将人引入天堂，也可以把人推向地狱。失败也是一样，你改正了方向，就会达到成功的目标；你纵容了错误，就会越走越远，误入歧途。

怀揣必胜的信念达到目标的人，永远是那些相信自己的见解和能力的人。在行进中，你会遇到许多问题，你要做的就是盯紧目标，围绕目标逐一解决问题，更重要的是要相信自己能够把握前进的方向。如果你不相信自己能够找到一条从未有人走过的正确的路，那么你就永远不会找到它。

要在不断地探索中寻找人生之路。有人说，延伸过去，没有未来；克隆历史，没有明天。虽然历史常常有惊人的相似之处，但透过相同的外表深究其内容，会发现它的本质并不相同。就像两个孪生兄弟或姐妹一样，虽然外貌十分相似，但却不是同一个人。从某种意义上讲，成功的路只有一条，那就是与众不同。比起传统的路径，披荆斩棘、不断探索永远是第一位。成功往往属于那些敢于想人所不敢想、为人所不愿为的人；那些不怕孤立、不断尝试的人；那些有创造力，勇于探索未知领域的人。

有个寓言就说明了这个道理：三只青蛙一同掉进了一个盛满鲜奶的木桶里。第一只青蛙想，这是上帝的旨意，于是他干脆闭上眼睛，缩起后腿，一动也不动，结果它窒息而死。第二只青蛙说，我根本没有机会出去，桶是那么结实，无论怎样努力也无济于事，还不如认命吧，于是它也死掉了。第三只青蛙想，我为什么不试试呢？只要我的腿上还有些力气，我就一定要把头伸到上面，于是它游啊游，游啊游。后来，它的腿忽然碰到一些硬硬的东西，于是它试着踩了上去，最后用力一跃，结果一下子跳出了木桶。原来，在它不停游动的过程中，鲜奶被搅成了奶油，在奶油块的支撑下，这只青蛙奋力一跳终于跳出了奶桶。它因此免遭了这场劫难。这说明，只有在不断的探索中才会有走出困境的希望。

如果我们想获得成功，找到正确的道路，就必须利用我们所具有的一切条件，譬如知识、特长、方法、诀窍、经验，甚至名声和周围的朋友，以及你能想到的一切关系，并在不断的练习中掌握、熟悉通往目标的捷径。当这一切都具备后，还有最重要的事就是要找到各个阶段引领你的导师，这样你就能更快地找到通往成功的路径。

人往往能经受住大风大浪的考验，却过不去生活中的小沟小坎。古人冯道曾在五代十国动乱年间先后担任后唐、后晋、后汉、后周、契丹五朝丞相，创造了古今中外罕见的政坛“不倒翁”神话。除了其他因素之外，他能处安而思危，且如履薄冰、事勤智慎，从他劝谏后唐李存勖的事件中可以找到他成功的秘诀。一次李存勖问已成宰相的冯道治国之道，他答：陛下以道得天下，应该日慎一日，以答谢天下百姓。臣早年侍奉先皇时，曾奉命出使，过大山关隘时由于地形险要，所以非常小心地拉紧马缰绳，人和马都没事。但到了平地上，觉得不用小心了，结果从马上摔了下来，且伤得不轻。此事虽小但所隐含的哲理给人颇多启示，因此陛下不要觉得天下太平、五谷丰登了就可以松懈，而是应当更加兢兢业业，这样才能使江山永固。

人在危境时容易提高警惕，而在顺境时则容易放松警觉。事实上，好高骛远是人性的弱点之一，人往往把目光投向太远的地方，反而会被脚下的石头绊倒。

## 脑袋后的问号

**【儿子·说】**

2003年8月7日　　星期四　　晴

中午，在去学校的路上，四周行人都引颈张望，每个人脸上都充满了疑惑和怪异。我心觉好奇，顺眼看去，一个十八九岁酷似谢霆锋的少年闯入眼帘。只见他一身新锐装饰，对四周投来的目光视而不见，一副张狂的模样，最后令人惊奇的是：他的头发很短，后脑勺的头发上，一个经过漂染夸张的金色问号显得格外醒目，好像在探寻着什么。他到底在问什么呢？

下午，我把今天发现的“问号”告诉了爸爸。爸爸一改往日的古板，好像换了个人似的，对这个少年的勇敢很是欣赏，使我一头雾水。

**【父亲·曰】**

你今天告诉我人们对那个脑袋后漂染“问号”的少年指指点点、议论纷纷。但从你描述别人的议论声中，我却能感悟到他对生活、对社会狂热的迷恋和执着。好像在向世人昭示他对这个世界的探求和迷茫，从中还可以感受到他那极富冲动的青春。

我很佩服他的勇气和真诚，他用他略显单薄的身躯，用他那另类的举动、激情和心灵向世人昭示并树起了一面不甘平庸、立志探索、怀疑一切的大旗。也许这并非他的本意，但他却向人们展示自己对生活、对社会、对人生的疑惑和启示。哪怕他漂染的效果只有短短的几个月，哪怕这面大旗仅能“各领风骚三五月”，但却完成了自己的使命。记得作家唐栋说：“问号是最伟大的语言，是包孕思想和哲理的子宫，是深不见底的蓝水湖，是白天的黑夜，是黑夜的白天。”我觉得问号是开启成功的钥匙，是人前进的路标，是人类文化生成的土壤。

回到家里，看了你今天写的日记，联想起那个后脑勺上的问号，结合我四十年的人生经验，我觉得善于觅寻、勇于质疑、明于解惑实际上是一个人或人类前进的三级跳。就像你今天的学习一样，把错题综合归纳就是个很好的办法，提不出问题就是没有学懂，会提问题是学会学习方法的第一步，也是关键的一步。没有哥德巴赫猜想，就不会有陈景润；没有嫦娥奔月的异想天开，就不会有人类步入月球的实现。我们在生活中，往往不是无法解决问题，而是没有发现问题。所以现在有句流行语，“只有想不到的，没有办不到的”，那些看似荒唐不着边际的幻想，其实为人类进入新领域提供了新的天空、新的境界、新的思想。我们有时也对西方有些超现实主义的东西百思不得其解，觉得离生活太远，太过离谱，其实这正是西方人敢于激发创造力的表现。一切创造在常人看来都不可想象，这正是我们思想过于缜密，扼杀了想象和创造的萌芽，思想的禁锢使我们慢慢地落后了。

不要轻易对你不懂和认为不可思议的东西加以否定，不合理之中其实孕育着合理，合理中也包含着不合理。只要你善于发现你不懂的东西，发现与你以往思想中相异的事物，发现与常规不吻合的蛛丝马迹，那么你就已经踏上了通往成功的征途，思想通常就是在发现问题中得到升华。正因为鼓励这种不合逻辑的想象和质疑，才使西方在很短的时间内赶超了我们，而我们过于追求理性常态，反倒扼杀了人们的创新，这是非常可怕的。

古人说“流水不腐，户枢不蠹”，旧的观念常识，形成新的思想理论，世界才能在不断发现问题、解决问题中飞速前进。其实，有人讳疾忌医，采取“不可使知之”的愚民政策，其目的就在于压制人们好奇心，以使人们对他们的聪明行径感恩戴德。为一己之私利而阻碍人们探索的步伐，这是蚂蚁挡道。记得有人说过，一个不会思考的民族是一个没有希望的民族。我要说，一个不会发现问题、提出问题的民族，是一个没有希望的民族，不会思考，何谈希望？至于个人，我坚持认为不会发现问题、提出问题的人，是一个不可能解决好人生难题的人，也是一个平庸无能、没有出息、难以前进的人。因此，请你不论遇到何事，都要问上三声“为什么”，这种声音会引导你走向正确的方向，使你取得意想不到的成绩。

有人说：问号是开启任何一门科学的钥匙。能开口问老师，问同学是勤奋好学的第一关。“三人行必有我师”，你今天做得很好，老师就是授业解惑之人，你不问，老师并不知道你到底学懂了没有。提不出问题是没有把学业真正弄懂；发现问题不敢或不愿向别人请教，是没有胆量和没出息的表现。你敢问老师说明你已经有很大的进步了，好奇和探索之心就像刚出土的嫩芽，必然会长成参天大树。

提问是一种智慧，许多人羞于开口问别人，担心暴露自己的无知，不喜欢别人比他们懂得多，这是一种极其愚昧的自傲心理在作怪，但凡有成就者都很注意虚心向别人学习，把别人的智慧变成自己的智慧。孔子伟大吗？伟大。他的知识是天生就有的吗？显然不是。他向老子学礼，向师襄子学琴，终于成为中国古今第一圣人。提问是一门学问，要得到别人的解答，你必须谦虚，如果你请教他人时是以一种早已晓得的态度，那你最好不要问了。无论你所请教的人如何卑微，你的发问态度必须诚恳谦恭，要有一种真正想知道的态度。想从别人身上得到知识的唯一秘诀在于能使别人感觉到你确实承认和敬佩他们高深的学识。这种诚意能打开别人的心门，而你也能获益匪浅。如果你自以为是地向别人请教，只是想证明他比你愚蠢，那么你就会朝无知的方向走去。如果你的提问得不到解答时，那么多半是你问错了人,你应当找别的方法得出答案,向知道答案的人去请教。

提问是一种探索,获取每一个问题的答案都要付出劳动。有成就的人心中充满了奇思妙想,他们发问的习惯会达到无法控制的地步。如果你不断地问,可能使别人厌烦你,但在提问中,你的心智会打开,问得足够多时,这些问题便会引导你问到一个最关键的问题上来。如果你从来不问,便会看不到问题,发现不了错误,当然也就不能尝试努力解答。提问是用自己的大脑来解决问题,爱迪生因为爱提问而被老师认为是个疯子,但他却成为世界上拥有发明创造最多的人。人往往对自己发现和提出的问题有强烈的好奇心,因而更愿意竭尽全力地寻找答案,而兴趣是解决一切问题的催化剂,它会加快你接近答案的速度。

## 儿子，请提问

**【儿子·说】**

2003年11月7日　　星期五　　晴

今天下午放学回家后,我玩了两个小时的电脑才开始做语文试题。做题时慢慢腾腾、不求甚解,因为我不爱学语文,每次上语文课思想总是开小差,根本没有把语文课放在心上。上一次在做《学·练·考》时,有一道题不会做就胡编乱造,语文老师批评了我。我也想改掉上课开小差的毛病,可就是改不了。有一次我有个字不会写,就问爸爸妈妈,但是他们却让我自己查字典。我不想查就把它胡写上去,结果却让我给猜对了。我想,语文学不好总会有猜对的时候,傻人有傻福嘛!可是我能一直猜下去吗?不行,我一定要好好学习语文,爸爸说语文是学好其他主课的基础——基础不牢,地动山摇。

**【父亲·曰】**

你今天的日记很有批判精神,富有哲理。"基础不牢,地动山摇。"你现在的学习就是在为你的未来打基础,基础越牢靠,人生的大厦就越高大坚固。你今天提到的几点问题:一是不讲效率磨洋工;二是分散精力难坐定,三是心存侥幸不认真。一切未成功的事都与这三点有关。磨洋工是缺乏责任心,精神不集中是缺乏紧迫感,不认真是缺乏事业心,这些问题对于你以后的工作、学习都是十分有害的。要干成一件事,首先要有成功的欲望,其次要集中精力,再次要扎扎实实、一步一个脚印地干好与这件事有关的一切事情。既然你已经知道这些问题对学习有害,希望你能及时改正并时时提醒自己,防止再犯同样的错误。

在"问"中学习并体验人生。首先,要能提出问题,这才说明你思考了,说明你对知识已有了了解。其次,要自己尝试着解决,培养自己独立解决问题的能力。在这里要注意用多种途径、多种方法、多种思维,任何事都不可能只有一种阐释的方法,在多种思维方案中,联系已有的知识,寻求问题的解决途径。再次,要学会"沉思",如一时没有办法,不如暂时搁置,干点儿别的事,在"分散"注意力中获得"灵感"。最后,经过钻研实在难以解决的问题,就要向有学问的人请教,请教也只是请教方法,请教思维,请教别人对事情的看法。但你对别人的方法、看法也要进行思考,想想别人为什么会这样想,我怎么没有想到,还有什么新的方法和思路,同类问题还有什么区别,切莫让别人说出答案,一听了之。那样,只能使你更加"无知",不能将向人请教变成你逃避、直面困难的遮羞布!

上次看电影时你曾经问我:"亚历山大战斗的时候,我国处在什么时期?"这让我惊喜万分,说明你已经有了联系事物之间关系的意识,学会了用发散性思维考虑知识的时空联系。这对学习和生活是十分可贵的。这种学习方法,对扩大视野,拓宽思维,丰富知识大有好处。希望你能持之以恒,遇事多联想,举一反三。这样,学习的魅力会使你不断去探索。

有困难不可怕,可怕的是被困难吓倒。攻克难题的过程,也是成长的过程,那种攻克难题的满足感和喜悦是难以言表的。生命中最伟大的光辉不在于永不坠落、永不言败,而是坠落、失败后总能再度升起、辉煌!生活应该是不断积累经验、经历风雨、笑对人生!学习的过程本身就很有乐趣,我们的任务就是发现并享受这种乐趣。

遇到难题要迎难而上，下功夫攻克，不能逃避。实践证明，任何事情逃避都不是办法，只有解决了才有出路，所以希望你能够坚持——一路坚持，直到实现你的理想。

遇到问题多琢磨，多独立思考，不要轻易服输，也不要轻易问人。如果别人给你辅导，你就会产生依赖心。况且，总是通过别人获取答案，就像吃别人嚼过的馍，无味。只有自己独立思考后解决了问题，才能品尝到知识的美味，并从中获得快乐。

怀疑一切是科学创新的动力。凡事不问为什么，就是失败的开始。

# 敢于质疑

**【儿子·说】**

2005年2月19日　　星期六　　晴

今天下午，我在做语文寒假作业时碰到了几个与人体有关的词语：胸有成竹、改头换面、张口结舌、眉飞色舞、口蜜腹剑、情同手足、归心似箭、肝胆俱裂、心头之患、体无完肤、手舞足蹈、了如指掌。同时我也遇到了一些问题，比如让我写反问句什么的，这让我的头有点大，仔细回想，我好像有好多知识都不清楚，比如：什么叫反问句，什么叫陈述句，什么叫拟人句，什么叫祈使句等等。对于不懂的就要去学去查。下午吃完饭，我立即冲进房间，拿起了词典查阅相关知识。

**【父亲·曰】**

不论看书学习，还是工作生活，发现不了问题、提不出问题就意味着没有理解、没有掌握。提出问题的过程就是思考问题的过程。悟的过程就是行的发端，是最接近事物本源的过程，是厚积薄发，是生命中最耀眼的礼花。

人在不断提出问题、解决问题中成长，社会也是一样。你今天掌握了什么是反问句、陈述句、祈使句，我觉得很好，在学习中就是要不断反复地提出“是什么”“为什么”。我们的教育模式现在是填鸭式的，一切都是为了考试，就像封建社会科举制度一样，期盼着一朝金榜题名，便可天下皆知、光宗耀祖，结果教育出来的学生就像工业化制造出来的产品，整齐划一、缺乏创意。世人没有把学习当作创造的阶梯，我觉得问题就出在我们的教育观念上。作为人师人父，就要注重培养孩子的创造精神，而创造精神恰恰是从孩子的质疑开始的。如果当初牛顿提出“苹果为什么会落地而不是上天”这样看似愚蠢的问题时遭到老师的大声呵斥，那么牛顿能不能发现万有引力就未尝可知了。这点我觉得我们应向西方学习，他们的课堂气氛比较活跃，学生在老师讲课的过程中会不断提出疑问。在美国的家庭中，许多家长问放学后孩子的第一句话是：你今天在课堂上向老师提出了几个有意义的问题？如果孩子有不理解的问题而不提问质疑的话，就会受到家长的严厉批评。再看我们，包括我在内，都缺少这种教育眼光，认为知识只要记下背会就成。当你提出问题时，我往往和其他家长一样，显得很不耐烦，有时还用类似“连这也不知道啊”的话语来掩饰自己的无知和浅薄。久而久之，不知扼杀了多少孩子的好奇心，埋葬了多少孩子勇于质疑的精神。

其实，古人在这方面也有所体会。子曰：“学而不思则罔。”这里的“罔”当作“迷惑而无所得”讲。不论在学校教育还是在家庭教育中，我们都要积极鼓励孩子思考，引导孩子发问。只有在学习中提出问题，并认真思考，才能深入到事物的核心，剥开事物的真相，要把学到的知识转化为自己的智慧和能力，就要求学会质疑、勇于质疑、敢于质疑。学会质疑，首先要学会思考。爱因斯坦说过，学习要善于思考，思考，再思考，他就是靠这个学习方法成为科学家的。其次，想到问题要敢于提问、敢于表达、善于表达，质疑是创造发展的前提。再次，要敢于探索，并善于有针对性地对质疑加以运用。如果对某一问题一时难以弄清楚，就要认真研究，阅读一些百科词典和自然科学之类的书籍，不明白之处随时查阅，并与现实紧密结合，慎读精思，融会贯通，举一反三。这样，对所提出的问题认真思考、揣摩悟化，突破自身的思维定式，渐渐再由浅入深，步步接近真理，不断悟出新知，从而不断有所发现、有所发明、有所创造、有所前进,孩子才能在探索真理的过程中提高自学的能力,养成敢于创造的性格,这将使他们终身受益。因此,从今天开始,你回家后爸爸要问你的第一句话是“你今天向老师提了什么问题”,你可不要嫌烦噢!我今天从教育你姐姐的失误中悟出了点东西,我想做个好爸爸,而知错能改是好爸爸的重要品德!儿子,你明天就等着接招吧!

## 做事讲方法

**【儿子·说】**

2003年9月29日　　星期一　　小雨

上午上数学课时,老师出了20道题,题目刚出来,我就站起来举手示意会做,老师却让我坐下。我坐下之后仍然把手举得高高的。最后,老师把目光投向了我,我迫不及待地站了起来,老师却对我说:“你要是再站起来举手的话就出去!”我十分生气,整个下午都不高兴。晚上,我把这件事情告诉了妈妈,妈妈也批评我说:“课堂上有课堂的纪律,以后不能站起来举手要求发言了!”我想了想,也许自己真的太莽撞了。还是等爸爸回来听听他的意见吧!

**【父亲·曰】**

你今天积极踊跃发言,这种勇气值得肯定。人常说“打狼仗要用拙将”,你今天的办法虽然拙了点,但爸爸觉得你的表现相当出色。老师的做法我不完全赞同,她应该包容所有有特色、有棱角的孩子,这些孩子将来定有出息。对于老师的批评,我希望你要正确看待,不要太过生气,因为你生气是用别人的失误来惩罚自己,这太不值得。

当然,你今天的表现也有应当注意的地方:你想表现的心理虽然值得肯定,但你的方法有些欠妥。人不论做什么事,都要讲求方法。历代仁人志士为何多遭不幸,一个重要的问题是因为他们觉得自己理想崇高、动机纯正,而无所顾忌，也不讲方法和策略。就像屈原，志向高远，为楚国的富强呕心沥血，但一句“众人皆醉我独醒”的感叹，得罪了朝廷上下，在实现自己爱国爱民的理想中，满腔热血抵不住一句谗言，最终只好投江自尽，报国之志难酬。说起屈原，爸爸想多啰嗦几句。因为在爸爸看来，屈原的事情本来就是一个懦弱的表现。一则他愚忠，忘记了“良禽择佳木而栖”的古训，别人已经不理解甚至讨厌他了，他没有察觉还自作多情，就是无趣了；二则不珍惜生命，一个不珍惜生命的人怎么能成为别人的楷模呢？以死证明自己只能表明他对自己的主张缺乏自信和说服别人的能力，为真君子所不齿；三是他遗憾，用死的方式让后人知道，用这种方式可沽名钓誉毒害匪浅，是一种不能把握现在而去追求后世虚名的逃避办法，说明他的人生是失败的。只有能把握现在的人才是强者，才具有王者之风，而把自己的失败以死的方式博得世人同情，那更是无趣。

做事讲方法，从字面理解，“方”就是要看清方向、瞅准机会，“法”就是要讲求程序、探寻规则。前者要求办事时要注意时机和场合，实际上是要看风向，在初期切忌逆流而动，要学会在顺从遵守中体现自己的意愿，随潮流而动，瞅准领路人。现实中，瞅准领路人，既亲密接触，又保持距离，想办法引起你所在集体主要领袖人物的注意。一般情况下，如果你吸引了集体中领袖人物的好感和注意，你就赢得了这个集团所有人的注意，你就有了脱颖而出的机会，这就是要看准方向，紧跟贵人。如果你现在在你班里学习成绩名列前茅，各方面都表现出色，深得老师喜爱，那么你今天勇敢的举动可能不但不会受到老师的训斥，而且还有可能成为班里积极发言、主动学习的典范，得到老师的表扬。

我觉得你今天挨训除了方法不当外，还有一个原因是你应该更加刻苦学习。人与人的感情亲疏，往往是决定办事方法的前提。后者要求办事讲规则和程序，要善于利用人们已经约定俗成的办法，另辟蹊径当然好，问题是风险或代价太大。一些人的小聪明在这方面经常发挥得淋漓尽致。因此，一些人在公众场合都是在无息无声无形中表现自己。那些初出茅庐者往往锋芒毕露，但刀子磨得太快，用时的确得心应手，却往往不能长久。因此,要学会在无声无息、无形无影中表现自己,实现自己的理想和抱负,这就是"胜于无形"。

## 眼睛看到的未必就是真的

**【儿子·说】**

2006 年 9 月 11 日　　星期一　　晴

中午吃完饭,我就急匆匆地赶往学校。到了学校附近,看到路边围了一大群人,心里好奇,就挤了进去。原来,人们围住的不是耍猴的,也不是卖艺的,而是一个"特殊的乞丐"。乞讨的人很年轻,30 岁左右的样子,衣着很整齐,怀里抱着一个三四岁的小女孩,穿的也很干净,怎么看也不像乞丐。正在我感到迷惑不解的时候,年轻人说话了,而且一听就是外地人,"各位好心的人,我是外地来这里打工的,可是工作还没找着,钱却花光了。我只想向各位借几块钱,给孩子买点吃的。"说到这儿,年轻人的声音已经带着哭腔了,但他停了停,还是控制住了情绪,"孩子太小了,不经饿。各位随便伸伸手,给几块钱就行! 谢谢了!"年轻人说完,就抱着小女孩来了一个九十度的鞠躬。

"这是真的吗? 该不会是骗钱的吧?""这小女孩是他女儿吗?"一时间说什么的都有,声音虽然小,但我还是听到了。是啊,这到底是真是假呢? 要是真的是这样,我兜里还有一块钱可以给他,可要是骗人的,我不就上当了吗? 我心里也打起了鼓。算了,先看看别人吧。我转过头看了看其他人,人们大概和我想的一样吧,半天了也没动静,年轻人还保持着鞠躬的姿势。突然,一位老大爷上去给了他一块钱,然后转身离开了。有了带头的人,人们就三三两两地上去给钱了。我犹豫了一下,掏出兜里的钱给了年轻人,然后转身向学校走去。

我到底有没有上当呢? 天知道!

【父亲·曰】

有时候,我们的眼睛看到的未必就是真的。

《三国演义》中的曹操生性多疑。当年,他刺杀董卓失败,就骑马逃出洛阳城,在经过中牟县时被擒,中牟县县令陈宫听闻曹操是忠义之士,就放弃官位和曹操一起逃亡。两人跑到成皋,投奔曹父的故人吕伯奢,受到了吕家的热情款待。吕伯奢为了款待曹操和陈宫,亲自出去买酒。当吕伯奢走后,曹操忽然听到屋后有磨刀的声音,就怀疑是有人想对自己下毒手,于是和陈宫将吕家的八人全部杀死。将吕家人全部杀死后,曹操才发现屋后有被捆起来的猪,原来吕家的人磨刀只是为了杀猪款客。曹操看到自己杀错了人,就和陈宫准备逃走,出门后碰到买酒回来的吕伯奢,曹操害怕真相暴露,干脆连吕伯奢也杀了。曹操一辈子杀了很多人,但吕伯奢一家是死得最冤枉的,而这一切都源自曹操的多疑。

还有一个故事,早年在美国阿拉斯加这个地方,有一个妇人因难产而死,给丈夫留下一个孩子。丈夫既要外出干活,又要照看孩子,实在忙不过来就养了一条狗,那狗聪明听话,能照顾小孩,咬着奶瓶给孩子喂奶喝。有一天,丈夫出门去了,狗照顾着孩子。他到了别的村子,因遇大雪,当晚回不来,第二天才赶回家,狗立即闻声出来迎接主人。他把房门打开一看,到处是血,抬头一望,床上也是血,孩子却不见了,狗在身边,满口也是血。丈夫看到这种情形,以为狗兽性发作,把孩子吃掉了,大怒之下,拿起刀来把狗杀死了。之后,丈夫忽然听到孩子的声音,这时才发现孩子正从床下向外爬,他将孩子抱起,看到孩子虽然身上有血,但并没有受伤。他很奇怪,不知道究竟是怎么一回事。仔细看看狗身上,发现狗后腿上的肉没有了,而在墙角处有一只狼,嘴里还咬着一块肉。这时丈夫才幡然醒悟,是狗救了自己的孩子,他却将救命"恩人"给杀了。这件事流传出来后,人们称之为"天下最令人惊奇的误会"。

两个故事,殊途同归,却都告诉我们:眼睛有时会欺骗我们,让我们做出错误的判断。在这个时候,我们要冷静下来,仔细分析。如果曹操和孩子的父亲,能冷静地观察周围的环境和细节,他们也就不会错杀好人(好犬)了。

# 想象力比严谨的思维更重要

**【儿子·说】**

2003 年 8 月 2 日　　星期六　　雨

前几天表哥刘桢拿来一本关于高考作文的书，其中渭南瑞泉中学吴斌同学写的满分作文《无题》告诉我，看问题不能感情用事，要理智。如果带着感情去看问题，就会失去判断力。我觉得写得很好，就抄录了下来。

**无　题**

拉开窗帘，阳光只有一种颜色

——题记

拉开窗帘，阳光只有一种颜色
不论你喜欢
赤橙黄绿青蓝紫
当然情感无罪
但它好像变成墨镜
把整个世界
染得非喜即悲
把所有面孔扭曲
给你看
于是无知地伸出指头
这个丑，那个美
别总给理智放假
如果感情像雾
那么当心它遮住了

真理的彼岸
如果感情像月光
那么要知道
它剽窃不了太阳的光线
不要说感情总在欺骗
只是它总有失真的一面
时常擦拭你的双眼
别让理智离开身边
拉开窗帘
你是否看得清暗礁
如果是
那么撑起帆
起风了,你看那是岸!

**【父亲·曰】**

今天你异想天开了吗？每天来一点异想天开,天空就会更开阔一些,生活的希望就会更多一些。人类的一切成就都来源于异想天开和奇思妙想,人类的一切成就都发源于幻想和欲望,世上的东西都有可能被怀疑,就连人们常识中认为的时间守恒也开始被质疑。

没有异想天开的想象力,一切创造发明便无从谈起。有人想考爱因斯坦,便问:“声音在空气中传播的速度是多少?”爱因斯坦说:“我永远不会记得我在任何一本手册中都可以读到的东西。”他认为,一个人应该用头脑思考和想象更重要的东西。因为知识是无限的,想象力不但可以创造新的知识,并且还是推动世界进步的源泉。一个聪明的人,应该学会把记忆知识的工作交给百科全书,而不是使自己变成词典和书橱。如果我们以浪费时间为代价,把自己变成一个令人称赞的活词典,像三国时期过目不忘的张松一样,我觉得意义不大。我从心底反对现在应试教育的原因也在于此,应试教育把问题的答案作为判断是否有知识和学问的评判标准。这种把人变成两脚书橱的做法，其实在某种程度上扼杀了人的创造力和想象力。如果你认为掌握知识就在于记忆和阅读，而忽略了思考和想象，那么你的思想必将走向穷途末路，因为许多问题的答案都不只有一种，更没有绝对的对错之分，你“正确”的回答充其量表明，你不过是一个背书大王和考试高手罢了。然而，你要注意，虽然应试教育有诸多不是，但在规则未变之前，你还是要照规矩办事，否则倒霉的只会是你自己。

## 幻想是成功的翅膀

**【儿子·说】**

2004 年 10 月 14 日　　星期四　　雨

我常常想，我长大以后，一定是一位举世闻名的科学家和发明家，我要发明一支不用削的铅笔，笔上有各种颜色，需要什么颜色就可以用它画出什么颜色。这种铅笔看起来和普通铅笔没什么不同，但它里面安装有特殊的零件，永远用不完。这种铅笔可以与自己的想象相关联，画出很好看的画，大家还等什么呢？快来试试吧！

**【父亲·曰】**

幻想是成功的翅膀，幻想意味着朝气蓬勃，意味着创新的希望，意味着不服现状的精神。没有幻想的指引和诱惑，人类进步的脚步可能会变慢。嫦娥奔月的幻想变成了今日的月球探险，万户用火药上天探寻宇宙的执着，变成了“神舟”五号载杨利伟上天的壮举。人类一切的科研活动，其实就是在证明着、探寻着人类幻想的可行性。幻想也是人类科研活动的诱因和基因，爱幻想的人是爱思考的人，爱思考的人是有希望的人，有希望的人是人类未来的希望。

任何好的幻想对于人生也罢、人类也罢，都是有益的，它表明了人们的一种愿望。幻想是思想创新和解放的前奏，思想创新是实践的先导，社会实践是幻想的土壤和基础。

精神既是家园又是枷锁,精神家园的满足,离不开幻想给予的希望,精神的枷锁往往靠幻想来突破,没有幻想的人是可悲的,没有幻想的民族是没有希望的。其实人都是在现实和幻想中徘徊,人们在幻想中往往能找到真实的自己。

## 锻炼你的悟性

**【儿子·说】**

2005年1月6日　　星期四　　晴

日历又翻过了一页,离王老师离开的时间越来越近,离期末考试的时间也越来越近了,而我也在这一页页日历的撕落声中渐渐长大了、懂事了。新的一年要有新的起色,如果有困难向我一步步逼近,那么我绝不会手下留情,而要给困难最致命的一击。想是这样想,但是,有时候那种奋斗精神又会被害怕失败的情绪所压倒。我知道我最近有些骄傲自满,不像以前那么认真、踏实地学习了,所以成绩有所下滑,这真是应了古人的一句话:“虚心使人进步,骄傲使人落后。”

晚上爸爸拿回一台DL-1001万年历。它有一个半圆形的大屏幕,外壳很像两颗锋利的虎牙。爸爸把调试的任务交给了我。万年历上面有各种各样奇特的功能,比如,时间、日期、闹钟、贪睡计时、广播等,我唯一的指导材料就是说明书。

工作开始了,我拿起DL-1001万年历照着说明书一步一步地操作,第一步按SET键,开始进入时间和日期的设置,并按照小时、分钟、年、月、日、星期的顺序进行了调试。可结果没有成功。我想,如何把12小时计时法变成24小时计时法呢?我认真地看着说明书,脑子也在思考要怎样才能把这个万年历调好,可心中越急就越弄不好。我不服气,凭什么我就弄不好。凭着这股不服输的劲头,所有的困难最后都被我克服了。我终于知道怎么调试了。可当我再试一次时，却又失败了，怎么回事啊？心里不免有些着急了，为什么老是弄不好呢？我思索着，终于豁然开朗，应该再按一个SET键。我照着这个方法又试了一遍，这次果然没有失误，可我却碰到了一个新的难题——不会从操作界面退出。我又仔细看了看说明书，哦，原来是按TIMER键。这个万年历终于被我调好了，美中不足的是我不会调闹钟，试了很长时间都没有成功。我有些灰心，但还是告诉自己，再试一次说不定就成功了。于是我按照说明书上所讲的又重新调试了一次，这一次终于成功了。把所有的内容都调好后我又认认真真地看了一遍说明书，把上面所有的按钮设备都记在了心里，现在不用说明书，我也能调时间和闹钟了。这是爸爸第一次交给我的课外任务，我不仅顺利地完成了，而且还多学了一项课外技能。

**【父亲·曰】**

人不论任何时候，心都不能浮，浮则乱，乱则慌，慌则错。在今后的学习中，你尤其要注意这点。方法其实很简单，就是深呼吸三次，然后进入佳境，全身心投入到你当下所从事的工作或学习中去。

我觉得你在调试万年历时的做法很值得你今后借鉴。爸爸单位有个姓张的同事调试了半天都未成功，拿回家后想让你试一试，结果你靠着说明书反复调试竟然成功了，我很高兴。在我的记忆中，这是你第一次独立思考并完成了较为复杂的仪器调试，通过我的观察我觉得你在这个过程中很有悟性。说起悟性，我觉得这是一个人一生中最重要、最神秘的一种东西。佛祖释迦牟尼在菩提树下静坐开悟，创造了佛教；无数人看到开水壶盖被冲起，却只有瓦特由此发明了蒸汽机，这都是悟的结果。当然，悟性也是因人而异的。

佛家既讲渐悟，像唐朝的神秀和尚；又讲顿悟，如慧能和尚。他们两人，其实是同出一门，但参佛悟禅的方法却各不相同。但不论怎样，要悟出道理，就必须在意识中要有方向和追求，要在潜意识中有一种得悟天道的意境和感觉。就好像我们平时所说的“机遇永远只青睐有准备的人”，因有所思，果有所享，在思想深处要早有念头和准备。在悟的过程当中，只能靠自己琢磨思考，而不能向别人学习讨教。悟性只有在现实生活和具体工作中培养和感悟，而无法从书本和别人那里找出一种立即可行的操作方法。因此，我们只有在现实生活中体味悟的滋味。没有烦恼，不会悟出佛理；没有困难，不会悟出解决问题的思路。

能器张者都是能及时悟出社会动向和趋势的人。在强者眼里，世上根本就没有困难，或者说困难与希望相比，根本不值一提。悟性不能靠积累，也不能靠传授，只能靠自己感受、培养和提高。逻辑推理有方法可循，人人都可以学习掌握，往往通过一定的方法和知识、智慧的积累，从而将智慧传递下来。而悟性不行，就比如做中餐，外国人照菜谱按图索骥，做出来的菜肴缺乏活性，充其量就是绘菜，失却了中餐的神韵。之所以如此，就是因为他们对中国文化不了解，悟不出菜中的韵味。

悟性必须具备四种能力，即敏锐的洞察力、逆向思维、前瞻性以及变通能力。首先，就是能在最短的时间里捕捉到机会；其次，能透过事物表象而深其精髓；再次，能一通万通，举一反三，一点就通；此外，还必须以长远的眼光观察现实。同时，有悟性还必须脚踏实地，敢于行动，需要执行力和一种百折不挠的精神。悟出的道理，没有执行，只能徒增烦恼，只靠决策和决心永远实现不了目标。悟字从字面上看，可以解释为自己的心理活动，只有当自己热爱某一事物，才能变被动为主动；带着激情、热情、感情去悟，才能够开悟得道。

当然就自己而言，向别人学习，提高并充实自己，才能在更高层面上获得悟性，从而通过悟把别人的东西变成自己的思想和行动。悟的过程也是对大量已知信息分析、筛选的过程，是对未知知识的预测推理过程，但它不像 1 +1 =2 那么便捷，中间还夹杂着很多类似直觉的神秘因素。秉心揣摩，有时只是一个模糊的印象，方向性不很精确，但正是这种模糊性使悟性能够兼顾并收，比逻辑推理更具有灵性，也具有更高境界。因此，从这个意义上说，悟性其实就是一种与别人思维相异的，可能是仅有的极具有创新的高级理性思维，而这种思维你一旦拥有，就会纵横天地、思想无疆、行动无羁，成就一番大事。

# 成功的背后

**【儿子·说】**

2004年10月20日　星期三　阴

今天，学校组织我们去电影院观看了东关小学的演出。他们演得都不错，节目大多来源于我们的校园生活。观看他们表演的时候，我注意到一个8岁的孩子架子鼓打得很好，挥洒自如，和大人打的没什么两样。我想起自己小提琴练了4年，却因为觉得练琴太苦太累而且影响我的玩耍时间而放弃了，毅力和这个小孩没法比。我不禁想，如果自己坚持下来，现在的水平估计也可以登台演出了吧。

**【父亲·曰】**

台上一分钟，台下十年功，任何成就的取得都是汗水和心血换来的。你看到名人在台上光彩照人的瞬间，但他们绝大多数在成名之前，特别是成名之后，有着常人难以企及的勤奋和执着。他们把泪水和汗水吞进肚里，而把最耀眼的光辉给世人。一般人只看到他们的成功，而看不到他们付出的努力。

丘吉尔以其演讲闻名于世，别人称颂他出口成章、才华横溢，他笑而不答。直到他死后，他的儿子才说出了他的秘密，原来每逢演讲之前，他都要认真收集相关资料，写成初稿后反复琢磨修改，在家里大声朗读直到满意后将讲稿背过，然后把讲稿撕碎，再对着镜子反复演讲。他上台时，实际上已胸有成竹、挥洒自如了。

圣人云：凡古之成大业者，不独有旷世之才，亦须有坚韧不拔之志。可见人生要想取得最终的胜利，必须要经历一番磨难。唐朝黄蘗禅师《上堂开示颂》中说："不经一番寒彻骨，那得梅花扑鼻香。"成功的过程往往很长很苦，就像马拉松长跑，头几公里都能跟下来，越到后来人越少，最后的胜者只有寥寥数人。在此过程中，就必须比别人下十倍、百倍的功夫，只是这种功夫别人看不到，如果你下的功夫被别人看到了，那么你取得的成绩就失去了聪明天才的光环。因为人们都知道，勤奋肯定会有收获，天才就是在人前表现优秀在人后更加勤奋，却不肯承认的人。因此，不论什么人的成功，苦是基本味道，我们能够哭着出生本来就是一件充满艰险的事情，能否顺利地出生，不仅仅是对母亲的考验，更是对我们的考验，只有通过了这个考验，我们才有生的资格。所以，每当我们感到人生多苦难的时候，不妨想想当时自己是怎么艰难地来到人世的。这是我们必须经历的。但苦就像一块磨刀石，横亘在我们前进的每一个路口，我们只有穿越它，将自身的刀锋磨得锋利，还必须在这磨刀石洒上两股水，一是汗水，二是泪水，前者在于耐得住辛苦，后者在于受得住委屈。

苦是成功的基本滋味，没有谁可以随随便便成功，所有的成功都是苦苦打磨的结果。古之圣贤，成名之前大都经历过常人无法忍受的磨难。对于成功路上的苦，我们无法逃避，但我们却可以把这种苦变甜。如果你觉得某件事对你的人生很有意义，你也很感兴趣，那么在做的时候就会觉得苦中有甜，而且这种甜是从心底里缓缓透出的，悠长而快乐，是在苦中感受奋斗过程的甜蜜。而如果逃避苦，那恰恰是将苦堂而皇之地迎进了门，如果你给自己找了一个不感兴趣，觉得毫无意义的借口，那么就会觉得这是负担，做起来三心二意，不肯苦干，还一副众人皆醉我独醒的悠然自得的模样。这样当时快乐，看起来也轻松愉快，但过后在甜中你会从内心深处冒出一丝苦意，而这种苦远比你当初所遇到的苦味道更浓，并且浸透你的一生，让你的生命多一些沉重。

现在，你年龄还小，体会不深，还需要家长帮你识别一些事情。你认为无乐趣、最不愿吃苦的事，就像学习，这可关系你一生的苦与甜，我们只好勉为其难，要求、鼓励、激励你不断学习。宋朝吕蒙正落难之时，朝投僧寺，夜宿破窑，破衣遮体，粥来充饥，上人嫌下人憎，皆说吕贱矣！吕回答说：非贱也，乃时也，运也，命也。后来吕登科及第，位列三公，出有壮士执鞭，入有家人扶袂，兄弟含笑出户庭，妻嫂下阶倾己顾。皆说吕贵矣，吕回答说：非贵也,乃时也,运也,命也。人情冷暖,世态炎凉,由此可见。在这个世界上,永远是锦上添花的多,雪里送炭的少。明白了这一点,越是在艰难困苦的时候,越不能有丝毫退缩动摇之心。而要立足自己,抱定必胜之信念,以大无畏之勇气,百折不挠之决心,与之做顽强彻底的斗争。欲取先予,现在的吃苦学习,是为你将来一生的快乐甜蜜做准备啊!时刻坚信:最后的胜利,一定会属于我。这样,就会像那傲雪迎春的红梅,不畏严寒,昂首怒放。

时下,有句俗语叫作“东风吹,战鼓擂,我年轻我怕谁!”因你年轻,爸爸相信你,会每时每刻在心里为你加油!因为你能行,你是最优秀的,只要你再认真仔细一点,再钻研善思一点就行了。只要你没有放弃,你就没有失败。

## 每临大事有静气

**【儿子·说】**

2004年10月16日　　星期六　　雨

今天,我的心情可以说是喜忧参半。

下午,我到数学老师那里上辅导课。老师的讲解深入浅出,我们听得都很认真。后来老师布置了一些练习题让我们做,其中有一道题要列方程式,我们都只列了一种方程式,可是老师在讲解时却说,这道题其实有很多种解法,仅算式计算就可以列二十个。我们听了之后,都开始思索起来,后来有几个同学很快又列出了新的方程式,并受到了老师的表扬。看到同学们的表现我有些急了,可越急越想不出来。老师看到我着急的样子说:“别急,静下心来思考。”我按老师说的静下心思考,果然不一会儿就列出了一个方程式,而且和别人写的都不一样。我也受到了老师的表扬,心里美滋滋的。

放学时雨越下越大了,我打着伞飞快地往家里跑去。到了家门口我却愣住了。只见大门锁着,爸爸和妈妈都站在雨里,浑身都被雨淋湿了。我赶紧冲到跟前,才知道锁被雨淋湿后生锈了,一时半会儿打不开,而爸爸和妈妈因为打不开锁还吵了起来。我二话不说,拿出铅笔,用小刀刮了一些铅笔末从锁孔里吹了进去,锁很容易就打开了。进了家门,我赶紧回到自己的房间写作业了,而爸爸和妈妈还在生气,都不理对方,真是让人发愁!

**【父亲·曰】**

急事要缓办!人越急,就会越不理智,只会让事情变得更糟。遇到事情,千万不能急,要记得以下四个要点:

一是条条大路通罗马,任何事情的解决方法和途径绝不会只是一条。就像你今天做题一样,一道题有多种解法,掌握的方法越多,成功的机会就越多。人的一生都在寻找幸福的生活,生活的方式多种多样,却只有一种适合你。你觉得幸福,在别人看来,也许是痛苦,所以生活就像一双鞋子,是否合适只有自己知道。遇到任何事情,我们都会寻找最佳的解决办法。解决问题的过程,其实也是思维飞跃的过程,是一种跳出思维现状,找出路、寻突破的过程。人生在世,要熟悉并掌握一些规则,同时也要打破一些规则。这样,外边的新鲜空气就会吹绿灵感的家园,绽放出夺目的奇花异草。

二是做任何事情都要多坚持,不要轻易放弃。目标确定以后,要学会坚持,坚持也是一种放弃,就是放弃浮躁、肤浅以及胆怯。就像今天,我要是多试几次,也许锁子就开了,我们也不会被淋成落汤鸡了。

三是不要因为争吵而破坏了与周围人之间的感情,事情已经发生,错误在所难免,与其乱发脾气,不如学会沉默和等待宽恕,想出办法予以弥补。我今天发了脾气,锁既未弄开,还使你母亲心情不好,真是得不偿失,看来争吵的确没有任何意义。

四是处事一定要沉稳,凡遇事慢三分而定,思之琢之而不盲动,定能减少失误,如只有匹夫之勇而无智者之慧,不论什么事,都会事倍功半。要知道,一旦失去了沉稳,人就容易急躁,注意力就不会集中,干事情不专心就容易出错,这是人生之大忌。看看钉子,着力一点,就能挤进坚硬的木板。因此,不论干什么事情都要沉稳,因为沉稳之后才能专心,学习是这样,工作也是这样。古今中外,凡成大事者都知道自己的目标和方向,面对前进路上的各种险阻,他们都能沉稳处理,从而步步为营。办事不沉稳的人,人生没有长远的目标和方向,遇事慌乱,注定成不了大事。成大事要着眼宏观,抓住重点,沉着稳重,克服毛躁的坏习惯。

## 每个第一次尝试都是成长

**【儿子·说】**

2005 年 3 月 10 日　　星期四　　晴

早晨,我们像往常一样到学校上课,一切和平时没有什么区别,可是谁也没想到,一件令我们所有人感动的大事悄然来临。

小波是我们班学习最差的学生,虽然老师经常苦口婆心地开导他,可他的成绩总是垫底,渐渐地,所有人也就将他遗忘了,只有期中或者期末考试结束后他才会被人记起。所以小波在不在教室也不会引起同学们过多的注意。

第二节课刚下,学校广播里传来了广播员略显低沉的声音:“同学们,大家好,现在发起一次倡议。我们学校小波同学……”小波?回头望去,小波已不在教室里了。耐心听完广播我们才知道,原来小波自小父母离异,小波由父亲抚养。小波的父亲自离婚后一直在外打工,十年了也没回来过。无奈之下,小波的奶奶只好一个人承担起抚养孙子的任务。可李奶奶毕竟年龄大了,身体也不好。为了生计,小波放学回家必须帮奶奶干一些活,根本顾不上学习。在李奶奶的照顾下,小波的一日三餐还基本上能解决。可是,最近,李奶奶被查出得了胃癌,祖孙二人的生活一下子陷入了困境。学校知道情况后立即组织全体师生为小波和李奶奶捐款。

学校利用第三节课组织全体师生为小波募捐。当我们排着队来到主席台前时,看到同学们排着队,一个接着一个捐款,认识小波的不认识小波的都在捐款。看到这种情形,我的心里突然涌上一股热流,直冲脑际,眼泪也随之掉了下来。

人都说男儿有泪不轻弹，可今天我却流泪了。这是我长这么大第一次因感动而流泪。

**【父亲·曰】**

你最近经历了四个人生的第一次，这一点要提出表扬。一是你第一次给女同志买花。3 月 7 日，你给你母亲买了一支康乃馨，你母亲给我发了短信，她很高兴，也很骄傲，仿佛一下子得到了全世界。如果下一次你能用自己的智慧和汗水换来的钱给你母亲买束花，她会更加高兴。二是你第一次学会理财。你和你母亲签订了母子之约，结果你母亲违反了，她向你交了 50 元罚款，这 50 元怎么用，由你支配，但必须给家里大人说一声。从这几天你使用的用途看，我觉得你很珍惜这些钱，买的东西也很实用，做到了精打细算，没有乱花一分钱。但是我觉得你应该对花过的钱进行记录，通过记账，等钱用完时，回过头来看看，什么地方该花，什么地方不该花，以后心中就更清楚如何最大限度地发挥理财的功能。三是你和同学合作的“小制作”在班上进行展览。这是一个很好的开端，说明你已经有意识注重动脑动手了，这点令爸爸很高兴，也从心底支持你。如果你以后再有什么奇思妙想，尽管说，我坚决支持，因为这些小制作连接着大兴趣，小发明连接着大发明。四是你今天第一次为有困难的同学捐款，这是与善同行，小捐款反映着大爱心，难怪你如此激动。

人生的路，会经历许许多多的第一次，每个第一次的经历都是人生新的开端，每个第一次的尝试都是成长，对你的人生有着举足轻重的影响。就像学习，我一直认为学习本身是一个很私人的问题，它全在于个人的悟性、兴趣和毅力。别人是没法真正帮你的，只能给你讲些经验和教训。正像所有做父亲的人一样，他都全心全意把自己一生所有的错误、所走的弯路、所取得的教训讲给孩子，目的只有一个，就是希望孩子以此为鉴，走好一生。但是，是否父亲说了儿子就不会犯同样的错误呢？我看未必。很多时候，处在叛逆阶段的孩子们，总觉得自己可以避免父辈犯过的错误，结果往往不会如意。人们对于忠言，绝大多数是不爱听的，只是对自己经历过的事印象深刻，特别是对学习中经历第一次挫折的感受。所以，别人的经验也许很好，一试就灵，但可能对你并不合适。这就像学游泳，即使教练把要领说得再清晰、具体，还得你自己在水中摸索和体验。只有你反复练习，经过多次的成功和失败，你才能掌握适合你的动作要领，一旦掌握了自己摸索出来的办法，你就会渐入佳境。所以，不论干什么事，也许可以得到别人的帮助，但最主要的还是靠自己，不然你永远不会独自飞翔。

紫阳，牢记你经历的每一个第一次，把它们如珍珠般串起来，你就会看到自己精彩的人生。

## 条条大路通罗马

**【儿子·说】**

2003年6月25日　　星期三　　大雨

以前总觉得学语文很难，要背的东西太多，可今天我却对记忆有了新的认识。早晨，表哥来辅导我作业，催了我几遍，我都不愿意写，最后才慢慢写完。我休息了一会儿，又开始抄写多音字。刚开始我只是机械地抄写，写过了却记不住，后来表哥提醒我，一边抄一边想着用这个读音组词，这样就能记住了，而且还能抄得快一些。听了表哥的话，我就一边抄，一边用这个读音组词，结果抄得又快又好，一个小时就把一至三十二课的多音字全都抄完了。

**【父亲·曰】**

生活中不只存在一种可能，很可能还有其他可能，你今天抄多音字就是很好的例子。如果仔细观察，你就会发现，不只是多音字，不论什么都存在多种可能。

比如人们耳熟能详的龟兔赛跑的故事。第一回，兔子因为睡觉而输了。

第二回，它吸取教训不睡了，一口气跑到终点等乌龟，兔子赢了。乌龟没有灰心，赛第三回，它提出前两次都是兔子设计路线，这一次要按他设计的路线来。兔子的速度依然快，但快到终点时，碰到了一条河，没办法过去，最终乌龟赢了。第四回，它们采用新办法，一个驮一个，陆地上时，兔子驮乌龟，遇到河时，乌龟驮着兔子，两个都以最快的速度到达终点，实现了双赢。这个简单的故事告诉我们，做事要讲求方法，寻求最有利的途径，就能达到事半功倍的效果。

总之，遇到问题时要记住，实现目标的途径千万个，关键是你怎样认识和把握。你不妨留心一下身边学习好的同学，他们遇到困难或难题时，总能够尝试选择不同的方法去解决，这不但是他们心理素质好的表现，也是他们取胜的法宝。

## 用心就会有收获

**【儿子·说】**

2003年12月27日　　星期六　　晴

音乐我没有专门学过，只是爱好，平时比较留心，今天记一点，明天记一点，隔一段时间还不时地拉出来晒晒，复习复习，不知不觉已在我们班上小有"成就"。下午，老师带我们几个音乐知识比较好的同学去参加音乐知识考试，我十分高兴。到了考场，觉得题目十分简单，不到半节课的时间我就答完交卷了。我觉得，这次表现得这么好，和我平时用心学习是分不开的。因为我用心地学了，所以才能记得住，也才不会被难住。以后在学习其他知识时我也仍然会用心学习！

**【父亲·曰】**

人在知识的海洋里航行，那些细小的、平淡无奇的东西都可以捕捞，一路拾来，待船靠岸时，把这满舱的收获串起来，挂在记忆的窗棂上，徐徐来风把这串风铃吹得叮当作响，奏出一支令人陶醉的曲子。想取得好结果就必须用心，用心就会有收获。

学习也是这样，用心先要走心，走心必须心存欲望。古人说“无欲则刚”，爸爸却觉得世界上有好多事情都是有欲则刚、无欲则怠。芳草若无对明媚阳光的向往，何来挤石排砾之力？河流若无对大海包纳百川的渴望，何来穿山越岭之势？欲望是人奋发的原始动力，只有有了欲望，才会有突破险阻、不惧艰难的拼劲。就像《韩非子》中所讲：人看见蛇则避，看见毛毛虫则怕。但是捕蛇者见蛇则喜，女人看见蚕则喜，这并不是他们不惧怕危险，而是他们想得到更大的利益来满足自己的欲望。欲望是人类一切活动赖以发展的原始动力，没有欲望，世界就不会发展。欲望是把双刃剑，使用得好，可以为我所用；使用不好，可能会伤及自己。如果欲望过多，就会像泛滥的河水，把一切都冲毁。只不过河水冲毁的是河道，而欲望冲毁的是灵魂。任何值得做的事就尽力做好它，任何事情只要你用心去做，就都会有所收获，并不是因为事情太难我们才不做，而是因为我们不去做事情才觉得难。生活的本质状态就是平平淡淡、安安稳稳，没有过多的传奇。爸爸走过了人生的大半，觉得生活大部分是缺乏传奇，是无奈的，而且是痛苦的。人往往是为了生活，但是却抛弃了生活。因此，人生只有很小的一部分是快乐和有趣的，所以才显得格外珍贵。你今天作业全部答对了，实际上也就为你的成功聚集了力量。

用心更要取心，取心才能意志坚定。“信息爆炸”是当代社会的客观形态。现代人在铺天盖地的信息狂轰滥炸中思想无限膨胀，如同一个消化不良而又不断进食的胃囊，在病态中早已迷失了方向，甚至失去了基本信息的接受能力。要干成事情，有收获，就必须“取心”。重视并强调现实社会上、人生中精神力量的至高无上的重要性。因为，在“信息爆炸”“物欲横流”中，唯有强大的心灵才能支撑被无节制的物质和欲望所侵害的躯壳，才能承受和消化铺天盖地的各种信息和物质，进入用心境界。只有各种信息和物质的内化与心灵的外化，才能让自己身心趋于和谐，达到做事创业的理想境界。

用心还要专心，专心才能干成事情。首先必须学会选择。生活学习应当是多方位、多层次、丰富多彩的，但必须“当痴则痴”“当醒则醒”，知道有所为有所不为，减少时间和精力的浪费，尽量集中精力去做自己应该做的事。在这个世界上，人无法对一切都无所谓，也无法对一切事情都过于执着，选择事业和事情需要围绕一生的幸福来考虑，这就像选择朋友一样，散漫无目的的专注和沉溺只能导致毁灭，把精力分散在过多的事情和目标上，就很难有什么真正的成绩，只有把精力和意志集中在一个或几个特定的事情和行为上，并一直集中精力找出实现这项欲望的方法，才能有所成就。其次必须心系一处。人没有为之专心致志的东西，也就失去了生活目标，也就没有真正的享受。这里要注意的是，你专心致志的东西必须是实在的事情，而不是过于空泛的东西。孔子一生有四不谈，一曰不主观臆测，二曰不独断专行，三曰不固执己见，四曰不自以为是，这是他的高明之处。过分沉溺于空泛的事情，会使人丧失具体的感受，目标一旦确立，就必须全神贯注，一门心思去争取、去热爱，对它产生兴趣，这就要看你的意志力了。所有成功者都深信，一个人只要集中注意力，就能调整自己的思想、时间和行动，竭尽全力地为自己所确定的目标去拼搏，并使这种专注成为一种习惯。如果你做事漫不经心、懒懒散散、粗心大意，这说明你没有把心思完全放在你的目标上，要想干成一件事是完全不可能的。再次必须出入自若。既要置身事内，又要置身事外。既要入境，在某一领域，深钻细研，掌握要旨，有所发现，有所创造。又要出境，站在更高的层面去审视入境的成果，沟通人间万象之联系，达到融会贯通、触类旁通、运用自如的目的。如果佛祖没有在菩提树下入境七日，他就难以领悟人生真谛；如果达摩未能面壁十年，他也不会得悟成佛。但是，如果一直置身事内，就会成为无用的书虫，这还不如不入境。如果入境后所悟、所学的东西，不能用于现实，那么入境是毫无用处的，对自己也十分有害。

# 任何事情都要力求完美

**【儿子·说】**

2003年7月1日　　星期二　　晴

今天,我和妈妈、姐姐三个人在家,她俩在做家务,让我安心学习,看到她们那么勤快,我想我也长大了,应该帮家里人做点什么。想着自己的房间应该自己收拾整理,同时也想自己先收拾好给她们一个惊喜,我就开始动手收拾自己的房间。

不一会儿,我就将自己的房间整理好了,信心十足地叫妈妈过来检查。本想着妈妈肯定会为我的表现感到自豪而表扬我,但是妈妈看了之后却笑了笑说:"你有这种想法和做法非常好,地板、书桌整理得都不错,应该肯定,但不足之处是……"我打断妈妈的话:"我觉得已经非常好了,怎么还有问题啊?"妈妈指着被子说:"要是不细看被子叠得还可以,但认真检查的话,还不够平整,有些歪歪扭扭,枕巾也铺得不够整齐。"我认真地检查了一遍,妈妈说的确实很对。我按照妈妈的要求又重新叠了一次,直到她检查过关为止。

后来,妈妈对我说:"不管什么事情,要么不做,要做就尽量做到十全十美。"我牢牢地记住了这句话。

**【父亲·曰】**

完美是人类孜孜不倦追求的目标,人类在追求完美的过程中创造了美丽的世界、绚烂的人生。完美是个动态的境界,无限风光永远在险峰,还到达险峰,会觉得更加完美的境界还在上面。要想达到完美的境界,首先要把现在正在做的事情干好,至少不让自己的心里留下遗憾。这样,你就会离完美越来越近。

一个享有盛名、事业成功的人,做起任何事情来一定会细心严谨;而一个做起事来丢三落四、无精打采的人,必定是一个默默无闻、无所建树的人。

你只要留意那些一事无成的人，你就会发现，他们对每件事大多是用“差不多”来搪塞了事。一个不能进步的人大多失败在做事不勤快、不完整上。说十分做八分，结果只成五分；说差不多，差不多，结果差很多。

有些人从小就养成了拖拉的坏毛病，凡事都要留一点尾巴，读书不求甚解，做事半途而废，久而久之，就成了做事毫无条理、东拼西凑、蜻蜓点水、得过且过的人。这种对生活敷衍塞责的人还会产生堕落的心理，这种心理很可怕，会使人的上进心逐步丧失，进而丧失人格尊严，最终失去社会对他的信任。

我之所以坚决要求你改变吃饭慢吞吞，时常剩饭，还有回家后钥匙乱扔乱放，用时翻箱倒柜寻找的毛病，就是想改变你办事马乎、杂乱无序、懒散拖沓的问题。因为这些坏毛病一旦形成再想改变就很难了。一个做事不认真，只知应付了事的人，到头来必然事事做不好，处处乱七八糟，最终必然一事无成。

希望你能认真地把每件事做好，而不是匆匆了事。不论学习也好，还是干其他事也罢，一定要拿出全部精力，尽量做得没有缺漏，养成做事精益求精、尽善尽美的习惯。这样，你就不必为失误多而担心烦恼，这既会使你精神愉快，又可以助你迅速进步，使你的学识日渐充实，还将极大地健全你的人格，提高你的自尊心，为人生打好基础。更重要的是，这是你取得成功的最好办法，也是一生成功的关键。

因此，如果你想成功，不管做任何事情，不管别人做法如何，你一定要尽力将它做得迅速稳妥，力求完美无缺。千万不要因投机取巧、懒散拖沓、草率疏忽、错误多端的坏习惯毁了自己的成功之路。

## 虚心使人进步

**【儿子·说】**

2003 年 10 月 8 日　　星期三　　晴

吃完晚饭，我和妈妈去健身房打乒乓球，刚好碰到王阿姨带着她的侄子。记得上次在图书馆见过王阿姨的侄子，听妈妈说，他学习很好，我便主动向他挑战，几个回合后，他说：“听姑姑说，你技术不错，我还得向你学习。”我一听，心里更是得意，心想：看来又是我的手下败将。果然，几个回合后，他败得一塌糊涂。

之后王阿姨认真地给他指导，而妈妈对我的指导我根本就没有理会。之后我们又杀了几个回合，慢慢地我有些招架不住，最后竟以我失败而告终。

在回家的路上，妈妈说：“你今天输得心服口服吧？由于你的骄傲，给了对手可乘之机，骄兵必败啊！”

**【父亲·曰】**

毛泽东曾经说过：“虚心使人进步，骄傲使人落后。”这一句话是教导人们取得成绩后不能骄傲，如果产生骄傲情绪，对竞争对手的提防之心就会松懈，从而惨遭失败，而谦虚是有自知之明，是一种有修养的表现。一个人只有谦虚，才会让别人尊重。相对而言，骄傲不仅使人落后，还会招致不良后果。尤其在这个竞争激烈的社会，稍有倦怠就会落后，所以不管成功与否，我们都要保持一种谦虚的心态，虚心向别人学习，这样才能不断进步。

人不可骄傲，一旦骄傲，将会祸端骤起，不利于己。“满招损，谦受益。”谦虚使人取得成就，从而赢得别人的称颂，而骄傲却令人不思进取，落后于对手。文王谦虚，渭河之滨访太公，最终成就了周朝八百年的基业。在《三国演义》里，刘备就是一位谦虚的人。他为了恢复汉室，竟三顾茅庐恳请诸葛亮出山。他不因诸葛亮位卑而倨傲，而是降低自己的身份，一次又一次地去拜访。诸葛亮终感其诚，答应了他。刘备的虚心换来了天下。这充分说明，虚心是取得成就的关键。

虚心的人乐于听取不同的意见，有则改之，无则加勉。但谦虚并不等于谦卑，也不等于虚伪。在荣誉面前，谦虚是一种美德。为了赢得谦虚的名声而“谦虚”，就是虚伪；为了讨好他人而谦虚，就是谦卑。我们不需要谦卑的谦虚，也不需要虚伪的谦虚，只需要真诚的谦虚。

虚心好学是我们中华民族的传统美德。在生活、学习中，有许多这样的例子。当我们取得成功时不应该骄傲自满，而应该给自己定下更高的目标。谦虚可以使你不断向他人学习，并有助于发现他人的优点。

谦虚是一种美德，越是情操高尚的人越懂得虚怀若谷的道理。山高不言，是因为它以谦虚作为根基；海深不言，是因为它以谦虚作为容量。人的胸怀如能开阔到如山、如海一样，便是人间的圣人了。自己不如人，就要加紧学习，争取赶上别人。顽固的人故步自封，迟早会被别人甩到后面而浑然不觉。谦虚的人懂得向别人学习，而自满的人却认为别人都应向他学习，两种不同的态度决定了迥然有别的人生方向。

任何人都不喜欢骄傲自大的人，这种人在与他人合作中也不会被大家认可。你可能会觉得自己在某个方面比其他人强，所谓“术业有专攻”，每个人都有强项，所以你更应该将自己的注意力放在他人的强项上，只有这样，你才能看到自己的不足，才能奋起直追，不断超越自己，超越对手。

骄傲是成功路上的绊脚石。生活中一些有才华、有抱负的人在取得一点成绩后，由于骄傲就变得目中无人，最后造成失败的事例也不少见。跑得很快的兔子却输给了爬起来慢吞吞的乌龟，这个故事有力地告诉我们：骄兵必败。我们在做任何事情的过程中，即使有必胜的信心，也要认真对待，千万不能骄傲自满。

## 不断谋求发展

**【儿子·说】**

2003 年 8 月 27 日　　星期三　　晴

今天起床后，爸爸妈妈都去上班了，我一个人在家。我先把英语诵读了一遍，然后把单词记了一遍，有些单词不会，就读了三遍。昨天表哥考查了我的英语，记不住的内容我就抄在练习本上，然后反复地写、读，最后终于全部记住了。

很多同学都说学英语是一种负担，英语现在根本就用不上。可我觉得我必须学好英语。虽然我的母语是汉语，但多掌握一种语言就等于多掌握了一种技巧，多拥有了一个了解世界的窗口，对自己将来的发展是有益而无害的。

下午爸爸妈妈都不在，只有我一个人在家。按照计划，我看了《500个故事》中的五页，真的很有意思，爸爸给我买的这本书很不错。看完故事后我又把数学预习了一课，通过预习我觉得我已经初步掌握了这一课的主要知识点，等老师讲的时候，我既能轻松很多，又能加深记忆。为了验证我的预习效果，我还做了几道课后题，只错了一道，后来我又认认真真地对照课本，把错题改正过来了。

**【父亲·曰】**

学习英语要敢说，常说，随时随地地说。如果学了不用等于没学，我发现你已经注意开口说英语了，这点做得很好。

我让你每天看《中小学生提高学习成绩的500个故事》，每天五道题，就是想让你对数学和数字有感觉。这种感觉就像猎豹感受猎物的天性，从小培养，形成天性，当一见到猎物就有想征服和获取的欲望，而这种欲望也正是学好数学的关键所在。依我看，学好数学的人学习有后劲，因为数学在锻炼人的思维和能力方面，是语文、英语所难以企及的。前者多靠推理，讲究理性思辨和分析，逻辑精密，因枯燥而使人望而生畏；后者多靠感知，讲究情感火花和灵感，顿悟即果，因多彩而使人流连忘返。总之，学好数学是你通向成功的秘密武器。

中国人的悲哀就在于几千年来忽视了自然科学，使得理性的光芒难以普照大地，而情绪化的感性认识又使几千年的国运多变多难，感性的善变使得中国人由辉煌滑向了衰落，中华文明中缺乏自然科学的浸泡，使人把目光由自然转移到现实的人身上，形成了与天斗与小我无益，与地斗与自我无补，只有与人斗可暂时实现自我价值的观点。久而久之，就变成了苟且偷生的当官逐利哲学，缺乏对事物是非的评判标准和对人类的终极关怀。历史证明，清谈误国，靠清谈救国，纷乱易起，国必亡；用科学救国（实业），秩序易成，国必昌。科学的发展带动理论的发展才是国运昌盛的正途。

克服困难是快乐的，人在克服困难中成长、提高和发展，在克服困难中享受创业发展带来的乐趣。现在，知识发展日新月异，不论什么人，在优胜劣汰的自然规律面前，都必须创造、提高和发展。邓小平说："发展才是硬道理。"不进则退，停滞则退，社会不会等你。因此，人的一生，力求发展是最好的思维、生活和行动方式。

发展是通向成功之梯，只有不断学习，掌握新知识，捕捉新信息，寻求新方法，涉足新领域，征服新难题，才能不断提高自己，从幼稚走向成熟，从单一走向丰富，从浅薄走向精深，在生活、工作、学习中如鱼得水，游刃有余。

发展是自我挑战之魂。人的能力是用进废退的，常给自己施加一点压力，给自己制订新的目标，你就会发现自己潜力无穷。相反，畏难和安于现状，则会使人饱食终日，无所用心，从而锐气渐消，心灵生锈。

发展是快乐之源。致力于发展，你会无暇斤斤计较鸡毛蒜皮之事，也不会为恩恩怨怨而耿耿于怀，为荣辱得失而伤心烦恼。发展的过程虽然充满了艰难险阻，但当你披荆斩棘一步步走向成功时，常常会充满"山重水复疑无路，柳暗花明又一村"的惊喜，拥有征服新难题、攻克新难关的成就感，这种快乐又会促使你朝新的方向、新的目标去发展。

发展是实现自身价值之路。只有不断发展，你的才能和价值才会得到最大限度的发挥，你才会得到欣赏和肯定，获得信任和支持，给社会、他人、自己以未来的希望。这种情况，必将使你的生活得到改善，并最终形成良性循环。相反，如果你不努力、不发展，成天牢骚满腹、怨天尤人，却希望赢得别人的支持和信任，希望生活得到改善和提高，那只能是南柯一梦。因此，我觉得发展是最好的活法，只有拥有不断发展的过程，才会逐渐走向成功和美满。

# 结果比过程重要

**【儿子·说】**

2005年6月9日　　星期四　　晴

早晨听妈妈说姐姐要去学校进行高考估分，我赶快从床上爬起来，原来姐姐今天就会知道考试答案。下午姐姐在电话中说她估了400~450分，妈妈和爸爸听后沉默了，都担心姐姐考不上一本，下午姐姐回来后，见她低着头不讲话，我心里也感到很紧张，但是我想只要姐姐尽了力，不管分数是多少都不重要。

**【父亲·曰】**

如果是劝慰，你说的是对的，只要你姐姐尽了力，就可以了。但如果是你自己的学习或者事业，这种想法是消极的，这不符合常说的"胜者为王，败者为寇"，而有些西方思维的味道。要知道，在某些时候，结果比过程更重要。只有懦夫和弱者才会用"结果并不重要，重要的是过程"来为自己不肯尽心尽力寻找托词。这不但于事无补，还会增加人们的惰性心理，使人的意志懈怠，就像我昨天一样，因担心你姐受苦而怨恨考试的心理一样。那时，我也安慰自己，人生要经历无数的考试，如果只重视结果而不在意过程中的收获与喜悦，那价值观未免也太过狭隘了吧？

但事实是，人生就像一场比赛，比赛的人绝大多数都觉得自己很优秀，即使是被迫参加比赛，也应全力以赴，争取夺冠。试想，你能记住几个虽败犹荣的历史英雄？历史从来都由胜利者书写的，你见过败者书写历史的情况吗？败者只能给人提供教训。这就要求你们在平时要把握好每一次考试、比赛的机会，把平时的比赛当作一种训练手段，有志在必得的气概，要在关键的时候一炮打响。我想说的是，只要考试是检验学生学习能力的主要手段，你就要注重培养自己良好的心理素质，以一颗积极的心态去对待任何考试，不应该怨天尤人。

人的一生，必须尽量多地参加各种考试，这是人生规则。勇于挑战，勇于比赛，比得多，考得多，总是以一颗轻松的心去应考，怎么会不胜呢？

## 读懂生活

**【儿子·说】**

2003年12月10日　　星期三　　晴

爸爸对于我读书的问题一直很关心，常常出题考查我对课本上文章的背诵掌握情况。

今天上午回家后爸爸问我："你们老师让没让背第十三课的前四个自然段？"其实老师说了，但我没有背，我怕爸爸批评，就说："还没让背。"爸爸就让我把课文读了几遍，试着背诵。过了一会儿，小明来了，他对爸爸说老师让我们背前四个自然段，他已经全会背了，然后小明就背给爸爸听。对于我的欺骗，爸爸没说什么，只是有些生气地看了我一眼，让我在最短的时间背会这几段。我背了一遍，但是只能背过前三个自然段。

下午放学回家后，我把作业拿出来做。过了一会儿，表妹到我家来了，她一看见我的语文课本就认认真真地读了起来，而且还读出了声。爸爸说："看看妹妹，见到书就读，而且还那么认真。"表妹走的时候都还一副恋恋不舍的样子。我真佩服她，到哪儿都能拿起书来读。

爸爸常对我说，在还没有能力去行万里路来长见识的年纪，就要靠读万卷书来长知识。我现在还是一棵幼苗，读书是为我的成长增添养分。我也知道读书的重要性，通过爸爸的教导，我觉得我应该多看一些课外书。

**【父亲·曰】**

读书是现代人文明生活的一部分，读书可以增加生活的感悟和经验。人的一生许多事情都无法经历，因此好多感受和经验都来自于书本，包括情感和思想。读书可以使我们从中吸取无穷的精神食粮,看到我们未曾看到的景象,听到我们未曾听到的天籁。多读书才能见识广博,学习的秘诀就在于博览群书,勤学苦练。

生活的经验可提高读书的质量,小时候读"少年不识愁滋味",总难理解"天凉好个秋"的感受,而当你真的步入中年,你会面对生活、命运的种种无奈而苦笑着品尝"天凉好个秋"的苍凉。读过杜甫的名句"两个黄鹂鸣翠柳",如果你在生活中发现此景,定会获得与别人不一样的感受。

读书会给生活增添色彩并开拓一块新的天地,而生活会给读书增添灵性和新的感触。如果一味读书,脑子里装满书本,那么你必成为"尽信书"的书呆子;如果不读书,满脑子的红尘往事,那么你必将成为空虚狭隘的人。我觉得如果书为生活而读,生活为书提供新的空间,那么生活就会流光溢彩,如临仙境。

只争朝夕读好书,废寝忘食长知识。阅读十分重要,但同时要提醒你不要忘了你的学业,只有把学业搞好了,你才能真正从阅读中找到乐趣。人的精力是有限的,很多人一个时期专注于干好一件事,就是所谓的专心致志、一心不能二用。请你在读书之前先把功课弄通弄懂,再多读书,如此,你就会有一种如虎添翼的感受,从而翱翔九天。

## 思维的品质

**【儿子·说】**

2007 年 9 月 11 日　　星期二　　晴

爸爸真牛!妈妈这几天出差了。我和爸爸在家,每天做完作业后,我都缠着爸爸给我讲故事,这才发现爸爸原来是个"故事大王",不论我提到书本上的任何事件和人物,他都能把天文地理、历史现实联系起来滔滔不绝,一口气可以讲几个小时。可惜的是,每到该睡觉的时候,爸爸总会找出"且听下回分解"的种种理由,让我欲罢不能。为了多听故事,这几天我做作业的速度直线加快。今天晚上，我问爸爸怎么知道这么多，并且把许多不相关的事情和人物联合在一起，爸爸说这是发散性思维，按照事物普遍联系的方法进行开拓性的讲述，关键是多读书，多思考。我听了之后一头雾水，还是听不明白，那怎么把数学和语文联系在一起呀？

**【父亲·曰】**

爸爸这点水平不算什么，只是在你跟前卖弄了一下自己的文史知识罢了。一个成功的人之所以成功是因为他具有成功的品质，而不是他在成功之后才具有了这些品质。因此，你需要从现在开始就培养成功者的品质，特别是思维品质。

人有品质，思维也有品质，品质好坏，决定一个人的成败。在人的一生中，既要锻造人的外在素质，也要锻造人的思想品质，前者表现于有形的言谈举止，关乎人的形象；后者多表现于人的意志，代表着你在处事中的智慧。思维品质是思维方法和思维习惯的问题，好的思维品质具有几个特性：

一是开拓性。做题做事既要符合已形成的行为规范，又要另辟蹊径，拓宽思维空间，不拘泥于一种模式。开拓性思维是以感知、记忆、思考、联想、理解等能力为基础，以综合性、探索性和求新性为特征的高级心理活动，需要人们付出艰苦的脑力劳动。一项创造性思维成果的取得，往往要经过长期的探索、刻苦的钻研，甚至多次的挫折之后才能取得，而开拓性思维能力也要经过长期的知识积累、素质磨砺才能具备，至于创造性思维的过程，则离不开繁多的推理、想象、联想、直觉等思维活动。

二是发散性。其实质是：“创新——找出事物间的联系，探索研究问题的新方法；求异——对未知的东西敢于大胆地设想，对已知的东西敢于提出异议，对陈规敢于突破。既要举一反三，明察秋毫，不放过任何与此有关的蛛丝马迹，打通此与彼、前与后、中与外、上与下的通道，使问题所涉及的东西和事物全线贯通；又要从不同角度、不同观点去思考，反弹琵琶。不但要知其然，还要知其所以然。打开思维的窗户，让不同的色彩照耀思维的海洋，这样就会发出光彩夺目的光芒，出现另一番景象。

三是创造性。思维品质之坏，莫大于遇到事情和困难不愿动脑子。人的感觉只是一个信息仓库，思维就在于运用这个仓库的原料产生新的产品。我要提醒你的是，遇到问题不要考虑别人怎么说，虽然这显得十分重要，而是要靠自己找出问题的答案，无论什么问题，只要想解决，就不要在乎别人怎么说，权威专家怎么说，不要把别人的话当作最后的判决。成功者未必能解决任何问题，但他们绝不会因为别人怎么说而不去解决问题。创造就是创建新的常识，作为智者，就要持续不断地创造。

四是专注性。专注是思维品质赖以生存的基础，要注意培养自己遇事迅速集中精力，进入忘我境界，调动思维中一切可以调动的力量，投入到自己的思维活动中去。钉子之所以能钉入坚硬的墙壁中，在于它集力量于一点，锲而不舍，全身心地投入。没有近乎癫狂的思维状态，管不住自己的思维还想取得骄人的成绩，只能是白日做梦。在这里一定要注意适应思维的防火墙，排除不良信息对你的干扰，你应全神贯注地投入其中，尽你全部的力量完成你所从事的事情，防止思维因心有杂念而抛锚和短路。同时要注意培养思维的频率，提高思维的效率，用毅力锻造思维的刀锋，这样你就会所向披靡，无坚不摧。懒惰拖延且迟钝的思维，对于一个人思维品质的锻炼，是致命的打击，它可以破坏自己对自己的信任。因此要练习紧促、敏捷、坚韧的思维，使其成为一种习惯，你就会受益无穷。不但会使自己更自信，而且还会赢得别人的信任。

五是坚韧性。目标一旦确定绝不轻言放弃，思维不能像玻璃一样易碎，而要有刚性和韧性。所谓刚性，就是要培养思维方法，把做的每一件事都当作训练思维的过程。所谓韧性，就是要百折不回。这样久而久之，思维就会形成一套独特的程序，指导你去规范自己的思维品质。良好的思维品质需要岁月的打磨，但最基本的质地就是坚韧和专注。所有的天才都深信，一个人只要集中精力，就能调整好自己的思维，这样，这个世界就会成为一本公开的书供你随意阅读。

人的品质，特别是思维品质需要不断地打造，这是一个永不停息的过程。这一过程也许会如凤凰涅槃般浴火重生，也许会如龙蛇蜕变般痛苦，但是人们在完善思维品质的时候，心中会充满梦想，如飞蛾寻光般勇往直前。

## 行使“特权”需要站在正确的高度

**【儿子·说】**

2006年6月15日　　星期四　　晴

我真羡慕老师，他们不需要像我们一样整天做作业、考试、上辅导班，还可以批评学生。为什么老师可以，而我不可以呢？要是什么时候我能有老师这样的“特权”就好了！

**【父亲·曰】**

你很向往老师不做作业，而且还有批评学生的“特权”，是吗？那你想过为什么老师拥有这种特权而你没有吗？下面这个小故事或许可以帮你解开迷惑。

乌鸦站在树上，整天无所事事，兔子看见了非常羡慕乌鸦，就问乌鸦：“我能像你一样，整天什么事都不用干吗？”乌鸦说：“当然，这有什么不可以呢？”于是，兔子就高高兴兴地坐在树下的空地上开始休息。忽然，一只狐狸跑出来，一下子就抓住兔子，把它吃掉了。

其实谁都可以像乌鸦一样享有“整天无所事事”的“特权”，但前提是你必须站在和它一样的高度，甚至比乌鸦站得更高才行。否则，当你站在树下放松警惕去享受不是这个高度该有的“特权”时，只能是自取灭亡。

明白了吗？你们老师之所以不用像你们一样整天写作业、考试，还能批评学生，那是因为他是老师，这个特权是老师这个职业的“高度”所特有的。每位老师都是经过漫长的、刻苦的学习，经过层层考试的历练，通过自己的努力奋斗，为自己争取到了这样一个拥有“特权”的职业，是他通过自己的努力而得到的。你要想拥有特权，只有通过不懈努力，让自己站得更高才行！

# 认清自己

**【儿子·说】**

2004 年 8 月 24 日　　星期二　　晴

今天,做完预先计划的暑假作业后,我看了《三国演义》和《韩非子说》这两本书。看的时候,我不是很认真,可能是我一个人在家的原因吧,我总是看一会儿,玩一会儿,虽然都依计划完成了,但是下午我玩的时间比学习的时间要长。我知道这样不对,下次,我一定要克制住自己,不让爸爸妈妈为我费心。爸爸回来后,我认认真真地给爸爸讲了《三国演义》和《500 个故事》中的故事,爸爸听后还表扬了我。我以后要继续努力。

**【父亲·曰】**

同样是石头,因为展现的方式不同,结果就不同。命运也是一样,是成功还是失败,更多地取决于在人生的长河中如何展现自己。你把自己当作冥顽不灵的石头,别人也就当你是块顽石;你把自己当作美玉,别人才会以为你是块美玉。对于先天条件相差无几的人来说,是成为叱咤风云的成功者,还是成为碌碌无为的平庸者,就看自己如何定位,只有对自己正确定位才能牢牢地掌控自己的命运。

你很聪慧,但聪慧并不代表你就能成就大事,成功还需要付出艰辛的努力。生活往往如此,打败自己的往往是自己引以为傲的长处。人的成长过程,其实是不断忍受痛苦的过程,人们在忍受痛苦中变得坚强、成熟、乐观、豁达。而如何把痛苦变成快乐,这就需要身心两修。首先,要减少欲望,欲望过多,再聪慧的人也会力不从心,顾此失彼,宗教使人感到满足的秘密就在于此。其次,要专注于一点。人不可能样样精通,而要集中精力,攻其一点,不及其余。再次,要换个思维方式。乐于妥协也是一种智慧,思维变了,看问题的角度也就变了,视野自然也就开阔了。

你今天表现得很好，一个人在家，并且能自觉地安排你的学习、休息和娱乐，说明你懂得自律了，自控能力增强了。一个人在没有别人在场的情况下，能自觉自愿地干一件事情，说明他一定能够把这件事情做好。而独立要经过艰苦的磨炼，人往往发现别人的缺点要比发现自己的缺点容易，改正自己的缺点却比发现自己的缺点困难。改正自己的缺点需要外力而依然如故的，那是凡人；改正自己的缺点而从善如流的，那是伟人；改正自己的缺点不需要外力而内心自省的，那是圣人。但什么是缺点，在圣人和凡人眼中的看法并不相同。在圣人眼中，有容乃大，没有缺点，没有羞辱，只有目标和目的，更多的是关注未来，因而显得固执。从某种程度上讲，固执己见也是一种美，更是一种个性，虽然圣人一生多不如意。在凡人眼里，天地本小，一切与世俗和理想不一样的行为都是缺点，他们更多的是关注现实，因而目标就易变。

其实每个人就像一颗坚果，在没有剥开之前，谁也不知道里面是什么；然而真的剥开了，并不见得都有美味的果肉；或者即使曾经有，剖开之后，即刻就在空气中腐烂、变质……因此，人成长的过程，就是自我觉醒、自我实现、自我完善、自我超越的过程，内心充满了激情和向往，就会给人类带来感染。就像春天的花朵，是由内向外绽放，而不是自外向内剥离，只有拥有真才实学，才能吐露芬芳。古人云：自胜者强。人生在世，要实现自我，往往会遇到很多困难和诱惑，常常是战胜别人的目标明确、意志坚定、勇猛无畏、易于取胜；而要战胜自己，达到自我实现的境界，则非拥有高深的修养不可，因为人在内心深处都有自以为是的缺点。

## 敢于同一切困难较真

**【儿子·说】**

2003 年 8 月 6 日　　星期三　　晴

数学一直是我的弱项，但经过我的努力以及课外补习，成绩已经有了较明显的提高，近来感觉做数学题比起以前速度快、效率高了。这不，今天妈妈让我做几个她出的题目,我满怀信心地点头答应,马上着手做了起来。

刚开始的几道题目还算容易,做起来完全不费功夫,可是后面两道题我绞尽脑汁却没有一点思路,急得我直挠头,注意力也不集中了,不时看看窗外的美景想想别的,结果越急越没有办法,脑子里乱作一团。心想:如果做不出来,妈妈会怎么看我?我这段时间在数学上下的功夫不就白费了吗?不知过了多久,妈妈好像看出了我的心思,开始认真地给我讲解这两道题,原来只差一点点我就能得出结果了,真是后悔,我如果当时再稍微深入思考一些,就绝不会败下阵来了。

**【父亲·曰】**

学习不但要求结果正确,还要注重效率,低效率的正确率是无意义的。不要把责备挂在嘴上,要在一点一滴中加以改进,敢于跟一切难题较劲。

你说我喜欢爱学习的孩子,只说对了一部分,其实我是喜欢遇到困难永不退缩的孩子,我觉得这样的孩子具备成功最重要的品质——不怕失败,爱学习的孩子一般都具备这一品质。

敢于跟一切难题较劲,首先要不怕失败。有人问一个孩子他是怎么学会溜冰的。那孩子回答说:“哦,跌倒了爬起来,爬起来再跌倒,然后再爬起来,就学会了。”这个孩子的回答,其实是历代伟人成功的秘诀,跌倒了再站起来,在失败中求胜利。跌倒不算失败,跌倒了站不起来才是失败,有人把失败当作前进道路的终点,有人把失败当成走向成功的开始。许多人的最终胜利,都得益于他们永不言败的勇气。没有遇到过大失败的人,往往也不知道什么是大胜利,失败会让勇敢者更加果断和有决心,会让怯懦者退缩和胆怯。生活总是让我们遍体鳞伤,但是最终,那些受伤的地方一定会变成我们最强壮的地方。

只有经历过失败,才能获得成功。当你被失败拥抱时,成功可能正在一边等着吻你。我们身边有许多人迷茫自己到底能做什么,羡慕别人的成功。还有一些人是知道自己该做什么,但就是做不好,这些人都存在一个共同的问题,那就是他们还没有找到自己身上真正的力量。人往往经过巨大的打击和刺激，才能显露出令人难以置信的力量。如果拿破仑在年轻时没有遇到困难，那么他绝不会如此多谋、如此镇定、如此刚强。巨大的危机和事变，往往会带来巨大的机遇，只有毫不畏惧、勇往直前、永不放弃的人，才会在自己生命里有伟大的成就。有许多人，虽然在外人看来已失去了一切，但我觉得还不能叫他们失败者，因为他们心中仍然有一种不屈服的意志，有一种坚韧不拔的精神。挫折对弱者来说是块绊脚石，对强者来说则是块垫脚石。

敢于跟一切困难较劲，就要不断探索。如果你遇到难题，受到挫折，不再探索，不再尝试，你必输无疑。成功者在失败时，总是试图探索一条前进之路，遇到困难时绝不撒手。记得美国“美联合保险公司”董事长克里蒙特斯通曾对其子女感叹地说：“我们看到许多年轻时极有才华的人，一生却一直默默无闻，在年轻时不敢大胆尝试是这些人毫无建树的最大原因，以至于所有才华都被埋没了。倘若他们在年轻时，有人引导一下，做一些他们应该做却又不敢做的事，那么他们的才华便能得以发挥，生活也会变得更加美好。所以我希望你们在人生路上无论遇到什么难题，都不要放弃尝试的机会。”虽然我们有勇气在困难面前不断探索尝试，但有时探索之路过于崎岖离奇，会使我们胆怯，阻碍我们的进取。碰到挫折，我们既不要畏惧，也不要回避，而要勇敢地去正视它，并有打垮它而奋勇拼搏的气魄。只有经历过地狱般的折磨，才能有征服天堂的力量，只有流过血的手指才能弹出世间的绝唱。

敢于跟一切难题较劲，要能扛得起责任。对付困难的能力和创造事业的才能，都只有在重大责任的压迫下才能被激发出来。自古将相多出寒门，原因就在于寒门之子有改变门庭的重大责任，而纨绔子弟多出豪门，他们衣食无忧、心无所求。许多有志青年，长期处于十分卑微、受人管束的地位，其主要原因就在于从来没有重大责任交付他们担当，这就无法激发他们的内在潜力。没有相应的外界环境，即使有雄心和自信，也未必会发挥最大才能。人的优良品质并不是在顺境中形成的，而是在逆境中因责任而养成的。因此，责任感是每一个成就大业的人必备的素质，当“大任”降临到你的身上时，你要勇敢担当，这是你走向成功的最佳机会，正所谓“天将降大任于斯人也，必先苦其心志，劳其筋骨，饿其体肤，空乏其身”。

永远不要害怕失败，永远不要丧失尝试的勇气，当你接连失败的时候，要知道，你距离成功也就越来越近了，希望你做一个勇敢的水手。

## 今天比昨天好

**【儿子·说】**

2003 年 9 月 3 日　　星期三　　小雨

今天发生了一件出乎意料的事。

下午的第三节英语课快下课的时候，老师让我们在班内推选出四位组长，以便以后收发作业和检查课文背诵。同学们各抒己见，议论纷纷，我心里也想着：会不会选我呢？不一会儿，老师在综合学生意见的基础上公布了结果：“……第二组组长，冯紫阳同学……”我简直不敢相信自己的耳朵，有的同学也投来异样的目光，好像在说：“他也能当组长？”

放学后，好多同学还在议论：冯紫阳学习不好，尤其是英语，还想管别人。听到这些话我很生气，可后来一想，我何必生气，只要我好好学习，赶上并超过他们，看他们还有什么话说。

**【父亲·曰】**

紫阳，爸爸相信你通过努力一定会成功的，也一定会成为一个杰出的管理者。因为你比爸爸当年要杰出得多。那时爸爸不会英语，不懂电脑，课外书也少得可怜，算术也很一般，而你在这方面已经超过了当年的爸爸。“青出于蓝而胜于蓝”，这是爸爸对你的希望。

我知道你内心深处有一种奋发向上的冲劲。今天比昨天好，这就是希望。在新学年开始之际，过去的一切都已过去了。正如爱迪生所说：“时光一去不返，每天都应尽力做完该做的事，疏忽和荒唐事在所难免，尽快忘掉它们，明天将是新的一天，应当重新开始振作精神，不要让过去的错误成为未来的包袱。"孩子，记住：只要开始，永远不晚；只要进步，永有空间。

要成为一个快乐的人，重要的是学会将过去的不愉快通通忘掉，一切往前看。因为悔恨挽救不了什么，每个人都难免失败，失败并不可怕，可怕的是你在悔恨中失去了重塑自己、反败为胜的积极心态。你多次在日记中谈到自己做过的错事，有过太多的忏悔，其实我看到后心里非常难受，这种情绪使你过于计较别人的感受，处处为别人着想，体谅别人的难处，当你的真诚难以被人理解时，你会感到委屈，而却恰恰忽略了自己的存在，这也许是我们这个家族的遗传基因在作怪吧。

笑着回忆往事说明你长大了，哭则说明你老了。从人性来讲，人都是自私的，每个人都有自己的生活，任何事情你只有先顾及自己的利益，才能兼顾别人的利益，而你的利益对你而言在任何时候都是第一位的。实质上人们顾及他人利益，最终还是为了自己的利益，你应该首先把自己变得强大，这样才有能力改变其他人的现状。

对过去的错误和对别人的内疚，这种心理使你产生自责的情绪，而这种情绪如果不与积极的心态相配合，其良好的、崇高的动机，常常会产生"意外"的后果，不但使已发生的事情无法挽回，而且会使你在现实中由于过去的事情而产生惰性。

一个人最伟大的能力就是超越自我。你要明白，内疚悔恨与吸取教训是有本质区别的，前者沉溺于过去，在不断责问中消磨自己现在的时光，无法积极面对生活，而后者着眼于未来，会在不断否定自己、修正自己中取得进步。借人之智，完善自己，服务他人，精益求精。

学最好的别人，做最好的自己！

# 第三节　乐行乐恒

## 耐烦有恒

**【儿子·说】**

2007 年 8 月 17 日　　星期五　　多云转晴

真是高兴，今天终于赢了爸爸！最近，我总是喜欢和爸爸下跳棋。回到家做完作业后，我总是非常积极地邀请爸爸对阵："爸爸，陪我玩一会儿！"刚开始时，爸爸总是不给我赢的机会，这下反倒激起了我的"斗志"，我除了跟爸爸下棋，还主动找老妈和同学挑战，老妈和同学往往妙招迭出，奇思不断，令我防不胜防。虽然和老妈、同学下棋胜少败多，但由于总是跟高手对弈，也总结出了一些经验。此外，我还刻苦钻研，如果爸爸哪天不在，做完作业后，我就摆好棋子，自己跟自己下。这样练了一段时间，棋艺大进，也磨炼出了我的耐心！今天，爸爸和我开始下棋时，还有点不太耐烦，不料我连胜三局，看着我"洋洋得意"的样子，爸爸又不服气，要求再来一盘，但在我的围追堵截下，爸爸很快又"溃不成军"。结果爸爸心服口服，直夸我下棋有耐心，棋艺大有长进。真的，我跟爸爸下棋好像已经下出了自信，真爽！

**【父亲·曰】**

你说得很对，爸爸今天下棋不是输在棋艺上，而是输在不耐烦上，而你正是赢在有耐心这点上。这倒不是说爸爸没有用心，下棋的时候爸爸也是心无旁骛，但平时却没拿跳棋当成一回事。而你却把下棋当成头等大事，如何给自己搭桥，如何堵住敌手的去路，你都仔细地琢磨了又琢磨，总是很耐心地研究着下棋的战略战术，结果可想而知。

金缨在《格言联璧》有云：不自反者，看不出一身病痛；不耐烦者，做不成一件事业。真至理名言也！耐烦，简而言之，便是忍耐麻烦，不怕麻烦，锲而不舍，善始善终。曾国藩给其弟曾国荃的信中说："居官以耐烦为第一要义，带勇亦然。……露出不耐烦之端倪，将来恐不免龃龉。"他认为：身在官场和社会中都会遇到许多烦事，还必须要处理许多烦事，有的人处理一件烦事还可以，处理两件烦事也还凑合，但三件或三件以上的烦事就不耐烦；有的人遇到小的麻烦还可以，遇到大的麻烦就挺不住了；有的人处理别人的麻烦事还可以，一旦自己遇到麻烦就受不了了。这样就有可能心浮气躁，做出一些不符合理性的事情来，给自己带来不好的后果。还以曾国藩的事情为例。有一天，曾国藩接到曾国荃的信，信中说："仰鼻息于傀儡膻腥之辈，又岂吾心之所乐。"曾国藩谆谆告诫弟弟说：这已经露出了不耐烦的苗头了，将来恐怕难以与人相处。有耐心就能从容平静，从容平静方能产生智慧，方可处变不惊，才能安稳如山。大凡做官，有权有势有地位，所以许多人都想做官。但是，大部分人是"只看到小偷吃肉，看不到小偷挨打"！不知道做官也有麻烦事，如要迎来送往，要违心屈己，要汇报、总结，要接受考核，要解决复杂问题……有的人就受不了这些麻烦事，就宁愿无权无势，也不愿意做官，如陶渊明、王冕、竹林七贤等。

佛书上说"耐烦有恒"。台湾星云法师也曾开示耐烦，说这是修行的第一步，也是做人处事的首要条件。他说："耐烦表现在外是低头下视；蕴藏于心是沉着默照。"耐烦的人，能够包容一切人事物境的纷攘，不怕干扰；耐烦的人，能够观照内心的杂念妄想，消融烦恼。世间无有不耐烦而能成事者。第一，耐烦的人，读书才会深入；第二，耐烦的人，做事才能圆融；第三，耐烦的人，事业才会成功；第四，耐烦的人，修行才有成就。无论在什么时候，做人要耐烦，才能有人缘；做事要耐烦，事业才能成功。如果要达到目的，就需要一种"耐烦"的劲头，把别人眼里的枯燥变成无穷的乐趣。"耐烦"两字是被动的，而"乐趣"是主动的，二者相互转化。"耐烦者"一开始为了达到什么功利的目的，强迫自己去做一件事，久而久之，就会将其变成乐趣。以此为烦的时候，也在以此为乐了。

曾国藩讲耐烦是“入世”，星云法师讲耐烦是“出世”，但不论“入世”还是“出世”，其含义却是大同小异。在近代“快餐文化”的潮流影响下，现代人凡事都讲求速成，修行的人希望当生成就，做学问的人希望即刻金榜题名，经商的人希望一夕就能致富等等。俗语说：“强摘的花不香，强采的果不甜。”无论做什么事，没有经过养深积厚、韬光养晦，哪能把事情做好？因为“一年的树木只能当木柴烧，十年的树木只能当桌椅用，百年的树木才能成为栋梁”。因此，“饭未煮熟，不能强自一开；蛋未孵熟，不要妄自一啄”。能够经得起岁月的煎熬，能够耐烦有恒，才会成功。

耐烦有恒，第一件事就是训练自己为人处世不急不躁，无怨清醒。欧洲的一家媒体向众多名人发出过这样一份问卷调查：什么样的人最容易取得成功？有一份回复写道：“容易厌烦的人，很难走向成功；不厌其烦的人，更可能取得成功。”组织者重新向大家发出了另一份问卷调查，询问他们是否同意这种观点。结果，百分之百的人表示赞同。无论做人还是做事，“烦”字是无法避免的，因为人是有思想的，有思想就必然有想法，有想法就必然会多想，多想必烦！“烦”由此而来，既然“烦”是无法避免，那我们能做的就只有“耐”了，以前我们形容一个人有能力经常会说他有“能耐”，看来“耐”字与一个人的能力密切相关。古人为了功成名就，十年寒窗，万卷苦读，因为有恒而成功的例子不胜枚举。例如汉朝董仲舒，年轻时立志向学，三年不窥园，终于成为一代的名儒学者。晋朝王羲之，临池磨砚，写完一缸水又再换一缸，终于成为旷古的书法大家。

耐烦有恒，第二件事就是要修炼自己心身合一，专注耐心。如果说耐烦是天生的，专注就是需要修炼的，只有具备了耐烦的天分，才有条件去修炼专注，佛家称之为“慧根”，但专注只是“慧根”之一，并非全部。“耐烦”不能说明什么必然的结果，但可以预示一个人未来的方向，古人能未卜先知，其实是他们能熟知世事。有人认为这是“迷信”！迷信与否，在乎心，在乎耐，在乎烦。现在许多人缺乏耐心、定力，对工作不耐烦，经常更换工作，没有恒心。如果不耐烦而又没有恒心，即使掘井九仞，最后还是功亏一篑，仍然没有水喝。所以立身成功的秘诀，只在于“耐烦有恒”而已。

耐烦有恒,第三件事就是要修炼自己的锲而不舍、善始善终。记得有一个故事是这么说的,一少年素有大志,想要澄清宇内,纵横天下,但对于个人小事十分不屑,自己的住处往往脏乱不堪,叫人"惨"不忍睹。有人劝他,他一副满不在乎的样子,说:"大丈夫当扫天下!"那人反问他:"一屋不扫,何以扫天下?"少年无语。那少年是嫌打扫卫生这件小事麻烦,便不肯做。他哪里知道,所有的大事没有一件不麻烦的。岂止是麻烦,甚至还有危险。如果在小事上放任自己,没有善始善终的精神,没有锲而不舍的态度,即便是一件小事,也都做不好,做不成。这种习惯一旦养成,便会根深蒂固地起作用,潜移默化地左右人。于是,做起事来,总是三分钟的热度,不能持之以恒。开始做事的时候,也许是心里好奇,也许是事情新鲜,便心血来潮,满腔热情。可是一旦遇到障碍或者挫折,便忙不迭地要打退堂鼓。

行百里者半九十,没有不怕麻烦,坚持到底的精神,即使一件简单的事情都做不成。既然这样,为什么不耐着性子,把烦恼抛开,把事情做好呢?今天爸爸输棋就是一个例证。

## 人是决定因素

**【儿子·说】**

2006年9月5日　　星期二　　阴

每个男子汉都有英雄情结,在我心里,古代英雄人物姜子牙、关云长、岳飞等是我学习的榜样,总觉得当代缺少英雄人物。晚上做完作业后,见爸爸正在电脑上看电影,我凑上前见是黑白电影《英雄儿女》,当时志愿军战士王成大喊:"为了胜利,向我开炮!"并手持爆破筒,冲向敌人时,我彻底被震撼了。这就是我心目中的英雄啊,为了保家卫国宁死不屈,舍生取义。再看看志愿军的装备,比"小米加步枪"好不到哪里,而以美国为首的联合国军队装备齐全,结果还是被志愿军打得落花流水,看来战争比的不是谁的装备厉害,而是看谁的人厉害。

【父亲·曰】

你说得对,不光是战争,其他一切事情人都是决定因素。只是朝鲜战争再一次证明了毛泽东的经典名言:“人是最宝贵的东西,只要有人,什么人间奇迹都可以创造出来!”古往今来,社会的核心是人不是物。在战争时期,战争的核心是人的较量。在和平时期,生产力要素中人也是核心,人才是最活跃的因素。

从世界战争历史和现实看,在战略层面,人口数量是决定因素。二战末期德国虽然还有大量的武器石油,但是青壮年适龄军人已经寥寥无几,后备力量枯竭,最后组建的所谓国民军全是孩子和老人,谈何战斗力?反观苏联,由于人口比德国多,虽然开战初期即损失大量训练有素的部队,但是充足的后备人口为苏军输血之后,熬过了最艰难的日子,可以说无论是斯大林格勒战役的转折还是整个苏德战争都是苏军拿人海夯出来的胜利。在战术层面,历次以少胜多的战例自不必说,未来的战争表面上可能是武器的较量,背后仍是人的较量,因为先进的武器本就是人来创造的,所以人作为战争的决定因素真是实至名归。

从经济社会发展历史和现实看,发展的决定因素是人。一个地方、一个民族、一个国家,要想赢得发展,最本质的活力在人,最持久的动力也在人。丰富的资源、优越的区位固然重要,但若撇开最为关键的人的因素,这些外在优势的作用恐怕也就难以发挥。人口是一个国家强大的基石,没有人力资源国土再大也不能成为一流强国,澳大利亚和加拿大虽然坐拥近千万平方千米的领土,但由于地广人稀,只能算是发达的大国而不能算是强国。历史反复证明,一个国家的发展,科技的进步、政治制度的进步、社会制度的完善等一切都离不开人的作用,这里的人主要是指人才。正是有了无数的先贤和智者,人类社会才一步步从愚昧走向文明,从农耕走向工业化。而束缚人才发展的国家就是束缚自己的发展,注定要遭受惩罚,比如清晚期的中国,整个社会方方面面都与西方列强差距巨大,自然要被列强入侵,后来虽有洋务运动,但是只知采买先进设备,却忽略了人才这个决定性因素,注定以失败收场。而现在世界各国综合国力的比拼更是建立在人才储备基础上的人的比拼,谁能更多地创造和拥有人才,更好地发挥人才的创造力,谁就能取得先机,从这个意义上讲人是国家实力的核心因素。

从一个家族兴衰的历史和现实看,人更是决定因素。在这方面,爸爸以前曾和你一起探讨过,今天就不和你探讨了。

上述主要从数量上讲了人的决定因素,从质量上讲,人是一切的决定因素而不是其他,这里的“人”其实就是人的综合素质。所谓综合素质大致指的是人的思想和人的体质的总和。人心所向决定政治走向;人的才能决定经济步伐。德国、日本二战前就是强国,所以尽管二战战败,他们还是富强,因为人的素质没有变。经过一百多年的探索和徘徊,中国变了,从原来的受尽凌辱到现在的威武雄壮,人的素质发生了巨变!其中主要原因就在于开国领袖毛泽东对中国人的素质的改造。一是他武装了全民思想,凝聚了人心志气。中国自古就有得民心者得天下。清末期的中国,民族意识还未觉醒,所以有鲁迅笔下围观看日本人屠杀自己同胞而无动于衷的麻木不仁,但是浴血重生后的新中国却在朝鲜战场上展现了一个不惧强敌、视死如归的民族面貌,这巨大的反差就是一个民族不同状态的写真。二是他建立了国家主义,提升了全民素质。狠抓全民教育,基本扫除了文盲。发展体育运动,增强人民体质。使国民的思想宽广而不狭窄,体质强壮而年轻。在他的努力下,中国发生了天翻地覆的变化,中国人也破蛹化蝶,大量高素质青年源源不断进入社会工作,为中国高速发展奠定了基础。三是他把人民组织了起来,发挥了集体力量。高举信仰大旗,团结带领全国人民改变了旧中国一盘散沙的现状。没有组织,不会组织、不善组织,再多的人,再高的素质,也只是数量,甚至会相互消减,难以凝聚成力量。古人说:天行健,君子以自强不息。现在,我们国家虽然还存在一些棘手的问题,但爸爸觉得只要上下一条心、各方一股劲,让“人”真正成为发展的动力之源,中华民族的宏伟蓝图就一定能够尽快实现,各族群众就一定能够享受到更多的发展成果。

# 成功从点滴做起

**【儿子·说】**

2004年8月8日　　星期天　　晴

今天是我在叔叔家待的第七天。上午,爸爸打电话问我有没有抄写古诗,我说抄了。接着爸爸问我他让我抄古诗的原因,我说不出来。爸爸告诉我,古诗是中华文化的精粹,常读古诗,不但能锻炼我的表达能力,还能提高我的文化素养,要想成才,不但要有远大的理想,更重要的是要把当前这些不起眼的小事扎实地做好,只有把点点滴滴的小事做好了,才能铸就以后的大成功。我听了,心想既然如此,为了丰富我的头脑,那我就应该好好抄写,每天至少抄上二十篇吧。

**【父亲·曰】**

不论做什么,都不要好高骛远、眼高手低。而应该从小培养脚踏实地的好习惯,干什么事情都一步一个脚印,从点滴做起。此外,还应该有明确的目标。

楚汉相争,项羽七十余战而不败,由于战略失误,目标不实,最终落得乌江自刎。所以毛泽东说:“宜将剩勇追穷寇,不可沽名学霸王。”目标既定,要实施必须手低,认真仔细地考虑周详,一件事一件事地做好,不可放过任何时机和细节。人常说,细节决定成败,任何细节都可能与结果有直接或间接的关联,就像你做作业一样,平时一个数字写错,一个符号写错,结果肯定是错的,而平时的这些错误,在考试中又会不自觉地表现出来,所以从小养成认真、沉稳的性格对你现在来说至关重要,在学习上要从一个数字、一个字做起,认真对待,否则,这种不严谨的习惯对你以后的学习、工作都是十分不利的。

做任何事情都一样,把每一个平凡的事情尽量做到尽善尽美,持之以恒,日积月累,必能在平凡中实现突破。我常说,做任何事情不要眼高手低,就是这个道理。目标要高,催人奋进;过程要实,一件事一件事去做。如果没有平凡，就不可能有突破，对于智者而言，人生就是为了实现梦想和兴趣，在这个过程中不过分计较成败利钝，享受经历的过程才是人生的真谛。这个世界上有太多成功人士的故事，让人产生误解，不要以为牛顿发现三大定律之后才有了幸福，其实他在磨制三棱镜的时候就已身在幸福之中，他在完成各种重复枯燥的实验时，并不知道自己将成为古典物理的奠基人。不要以为比尔·盖茨成为世界首富之时，幸福才从天而降，却不知他第一次运行自己编写的程序时的幸福更甚于前者；当然，他在编写程序时，并不知道自己会成为世界上最富裕的人。实际上，幸福如尘埃般散在所有日常琐碎繁杂的事物之中，而世人往往注重突破，忽略平凡，把结果当成原因，因而在挫折的悲伤中自暴自弃，进而自设牢笼，痛苦不堪。其实，幸福是庸俗的，如果世人一定为了什么目的而做事，并且以这些事情的成败作为自己幸福的证明，恐怕一辈子都感受不到幸福。我觉得，人们不论在什么时候，都要善于在平凡中发现幸福，这样散落在日常生活中如尘埃般细小的幸福，就会变成漫天飞舞的星星。

人都有趋之若鹜、攀龙附凤的劣性。正所谓"富在深山有远客，贫在闹市无近邻"。因此，你必须痛下功夫掌握自己的潜能，不断去拼搏发展，只有你发达了，你的价值和才能才会得到最大程度的发挥，并得到人们的欣赏、肯定、信任和支持，从而得到锻炼。自身价值的实现也必将改变你的生存环境，使你的生活得到改观，形成良性循环。相反，你自身无实力，又不肯努力，还整天牢骚满腹，怨天尤人，甚至坠落滑坡，却希望生活如意，获得尊重，那只能是痴人说梦。

## 行动决定一切

**【儿子·说】**

2006 年 4 月 30 日　　星期日　　晴

明天就要放五一假了，学校要求最后一堂课全校大扫除，我和同学们经过一个多小时的苦战，学校里窗明几净，散发出清爽的味道，当我和几个同学背着书包,兴高采烈地走出教室时,发现教室旁边刚被打扫干净的路上,却被运送垃圾的车掉下来的垃圾弄脏了好长一溜,同学们看到后七嘴八舌地炸开了锅,埋怨了起来,看到大家都很关心这件事,我说不如我们重新打扫一遍再回家,大家又争论了一会,又看见其他同学都陆续走了,都急着回家,就劝我说:"休完假再说吧!"我犹豫了一下说,你们先回家,我想先打扫一下。同学们见我坚持就先回家了。我回到教室拿来工具,又打扫了一个多小时,直到垃圾遍地的路上恢复干净,我才心满意足地回家了。

**【父亲·曰】**

今天你回来晚了,爸爸却十分高兴。因为你的行动,使学校干净了。如果你不采取行动,世界上最实用、最美丽、最可行的智慧也不会使垃圾自行消失。做太多的准备却迟迟不去行动,最后只会徒然浪费时间。诸如"明天""下礼拜""将来"之类的句子,跟"永远不可能做到"意义相同。因此,坐而论道,不如起而行之。成功的关键在于行动,而不是患得患失、畏首畏尾,思虑过多就会陷入犹豫不决的泥潭,这种性格对人生的成功毫无用处。因此,我觉得人最重要的不是理想,而是行动,人会在行动中不断走向成熟。

行动决定一切,没有行动,什么都不会发生。包括理想、价值、机会、习惯、成败、命运、结果和未来。一切美好设想都不能叫作目标,只有行动才能搭起你和目标之间的桥梁。人生成就的取得,并不在于你想了多少,而在于你付出了多少。虽然付出不一定能带来你所期望的成就,但不付出绝对没有你所期望的成就。不管你的人生目标多么宏伟,设想多么周全,没有行动,就永远不会有收获。人生中最令人感到挫折的,莫过于想做的事太多,结果不但没有足够的时间去做,反而想到每件事的步骤繁多,而被做不到的情绪所震慑,以致一事无成。凡失败者不是他们没有理想和欲望,而是他们没有认真贯彻施行的决心。哲学家威廉·詹姆斯说过:"种下行动就会收获习惯,种下习惯就会收获性格,种下性格就会收获命运。"这一切的习惯、性格、命运都从行动中来,因此,爸爸希望你能从今天的事情中获得启示,逐渐养成"现在就去做"的习惯,只要一息尚存,就必须身体力行。要养成这一习惯，必须从小事上开始，最重要的是要有积极主动的精神，戒除精神散漫的习惯，不要等到万事俱备以后才去做，世界上永远没有绝对完美的事。如果遇到紧要关头或人生机遇时，你就会从潜意识中闪出“现在就去做”的意念，立刻行动。同时，行动可以改变你人生的态度，使你积极勇敢地面对一切，使原来可能糟糕透顶的一天变成愉快的一天，使你原来可能灰色的人生和思想变得有滋有味。

行动比思想更重要。现实是此岸，理想是彼岸，中间隔着宽阔的河流，行动是架在河上的桥，是行驶在河上的舟。理想是一种精神动力，行动是成功的起点，只有思想没有行动，一切都只是空中楼阁，只是无聊的人在自言自语，自欺欺人，或是在吹牛皮罢了。如果想法太多，一天一个“窍门”，一天一个理想，不付诸行动就不会变成现实。即使是不成熟的尝试，也胜于胎死腹中的策略。成功没有秘诀，要在人生中取得正面结果，有过人的聪明智慧、特别的才艺当然好，没有也无可厚非，只要肯积极行动，你就会越来越接近成功。看看那些庸庸碌碌的普通人，你就会发现，他们都有在被动地活着，他们说的远比做的多，甚至只说不做。但他们几乎个个都是找借口的行家，他们会找各种借口来拖延，直到最后他们证明这件事不应该、没有能力去做或已经来不及了为止。要实现理想，需要从现在做起、从小事做起。有一个和尚，想用一根木头刻一尊佛像，琢磨了 30 年，未敢下手，和尚死了，木头还是木头。这个故事告诉我们，想好了的事情，不要犹豫，马上就办，否则，明日复明日，成功只能是天上的云彩，只能看到而无法采摘。临渊羡鱼，不如退而结网，只靠思想永远实现不了目标，只有行动，才能把握未来，上天永远不会眷顾不采取行动努力去做的人。

勇气比智慧更重要。人常说，狭路相逢勇者胜，历史上很多落后野蛮的民族最终战胜了文明古国，就是勇气起了决定作用。缺乏行动的人，都喜欢维持现状，拒绝改变。这是一种深具欺骗和自我毁灭效果的坏习惯。即使现状多么不令他满意，都不敢向前跨出一步。其实，每个人在决定一件大事时，心里都会或多或少有些担心、恐惧，都会面对到底要不要做的困扰。但“行动派”会用决心燃起心灵的火花，想出各种办法来完成他们的心愿，更有勇气克服种种困难。看看那些本该事业有成，却一事无成的人，你就知道不同情他们是件很难的事。做一件事，困难要考虑，但不能考虑得太多，思虑过杂，人生没有克服不了的困难。更令人沮丧的是即使空有知识和智慧，如果没有行动，一切仍属空谈。如果你看到困难勇敢面对，抱着办法总比困难多的想法和态度，你就会走向成功；如果你遇到困难，犹豫不决，始终不敢迈出第一步，那你的人生只能止步不前。在勇士眼里，永远没有困难，只有机会。你应该清楚，思想是为了行动，而不是相反。

行动比金钱重要。思想可以产生金钱，金钱却难以买到思想，思想触及灵魂，金钱触动欲望。爸爸不同意有人人为地把思想与金钱对立起来的观点，每个人都不是圣人，能视金钱如粪土，毕竟，没有金钱，你的生活都成了问题，谈何伟大理想。但金钱永远没有行动重要，在我们这个世界上从来不缺少有想法有主意的人，但懂得成功地将一个好主意付诸实践的人却很少。人们用来判断你的能力的真正基础，不是你脑子里装了多少东西，而是你的行动。那些在工商界、政府、军队中的领袖，都是很能干又肯干的人、百分之百主动的人。那些站在场外袖手旁观的人永远当不成领导人物。

人生快乐的秘诀在于行动，有人叹息自己人生坎坷、生不逢时，我要说机会无处不在，重要的在于你是否采取行动去寻找机会，或当机会出现时，你是否已准备好了去抓住它。有些人看似是一夜成功，但如果你去看一看他们的奋斗史，就知道他们早在成功之前就已经付出了比常人更多的努力。很多人都知道索拉诺曾经找到了全世界最大的一颗叫作自由者的钻石。可很少有人知道，他在找到这颗钻石之前，已经找到过 100 万颗以上的小鹅卵石，这就是行动的力量。所以，无论何时，都要记住“现在就行动”这句话。

爸爸回顾几十年的经历得出了一个结论：人们到处找宝藏，其实人生最大的宝藏就是自己。只有敢想敢说、敢行动敢实践，你就会发现这个宝藏终身用之不竭。在你成长的路上，不管艳阳高照，还是风雨兼程，爸爸都会和你在一起，永远用行动支持你，永远做你坚强的后盾，因为你是我的儿子！

# 机会只给有准备的人

【儿子·说】

2003 年 11 月 26 日　　星期三　　晴

最近，一批眉县籍旅美华侨要回乡“省亲”，为了欢迎这些离乡多年的游子，展示家乡发展风貌，加强与眉县籍旅美华侨交流，县上在全县范围遴选眉坞英才来参与接待。其中有几个华侨的子女也一同回乡，因此今天下午县教育局的专家来到我们学校遴选有英语和音乐专长的学生。我因为参加过剑桥英语学习和练过四年小提琴被推荐参与遴选，不料信心满满的我却在第一轮遴选中败下阵来，主要原因是学艺不精，基本功太差，知识面过窄。这真是“书到用时方恨少，事非经过不知难”。看来这次不但提“琴”未扬声，英“语”未惊人，痛失了了解美国和世界的机会。看到同学们一副“早知今日”的眼神，我内心五味杂陈，连晚饭都少了平日的滋味，要赢得别人的尊重，必须自己有真本事才行。光练不精，光“学”不“行”终是无益。

【父亲·曰】

你暗自懊恼没有抓住与华侨交流的机会而错失了了解美国的机会。在我看来，你不是没抓住机会，而是你还没有做好抓住机会的准备，这件事证明了凡事“预则立，不预则废”的道理，也说明机遇只垂青有准备的人。你没有想过，要是你平时严格要求自己，这个机会不眷顾你吗？

机不可失，时不再来。机会有如白驹过隙。成功者积极准备，一旦机会来临便能牢牢地把握。在人生的岁月中或许我们一直在等待着成功的机会，但在等候的同时，要认真细心地开始做好准备，不断充实自己，让自己始终保持在最佳状态。许多人终其一生都在等待机遇，而事实上机会无处不在，重要的在于当机会出现时你是否已经准备好了。有人将机遇做了一个比较形象的比喻，说机遇是一位奇怪的女子，当她向你走来时长发遮脸，让人难以辨认。当你错过回头观望时,发现她后脑勺光滑得没有一根头发,让人想抓都无从下手。有人希望好运能从天而降,其结果只能是浪费时间,无异于把自己的命运交给未曾可知的外力来决定。有人渴望秋天的收获,而不愿经历春耕夏锄的辛苦,如果你没有经过锤炼后的积累和沉淀,没有锻造出坚硬的金刚钻,瓷器活摆在你面前你也无能为力,即使临时抱佛脚现学现卖,也难保机会稍纵即逝。要想担当大任获得成功,就应该从现在开始当机立断,见人之未见,坚持不懈,积蓄力量,为担当大任而精心准备吧。

没有远虑,必有近忧。机会是预立的结果。男人做事就应该有计划。按计划办事,可以避免手忙脚乱。在你把握和寻找机会之前,一定要想清楚,这些机会与你所追求的目标之间是否有联系。计划代表着男人的理性思考,会防止意气用事,一旦计划定了,就要用毅力和意志去坚持,不坚持实施的计划无异于一纸空文,坚持是对人整个综合素质的考验,那些不能成事的家伙天天定计划,但他们不付诸实施,只是给自己找个逃避争取成功的借口罢了。一旦定了计划,不管遇到什么情况,都不能轻言放弃,计划在实施过程中,还要注意根据情况修正。修正是为了使计划更完美,而不是为了否定计划。没有计划的人就像没有指南针的船只,在海中航行容易迷失方向。人有计划而不坚持实施,就像登高山而未达山顶,会前功尽弃。只有把计划定好,再持之以恒,且在实施中不断修正、不断完善,才能到达成功的彼岸,实现心中的理想,人生就是定着死的目标,在延续着的生命中坚持理想。记得小时候,你奶奶给我讲过《寒号鸟》的故事。这个故事说明不论干什么事都要提前做好准备,不然等到事情发生了再去应付,可能就已经来不及了,可怜的寒号鸟因为没有做好过冬的准备而被冻死了。

种瓜得瓜,种豆得豆。机会里孕育着必然。愚蠢的人等待机遇,聪明的人创造机遇。能不能抓住机遇一般取决于三个方面:一是敏锐的思想,二是综合素质,三是舍得付出。因为,机会不是上天赐予的,而是自己点滴积累的结果。佛语说,种善因得善果。今天这事既是坏事,又是好事。坏事就是机不可失,时不我待,机遇在一生中是可遇而不可求的,抓住了就能成功,未把握住就意味着失去,人的一生,有时候只因为一次机会没有抓住,就会改变一生的命运。今天没抓住机会，不仅使你失去了一次展示自己的机会，而且可能影响你一生的走向。好事就是你通过这件事，开始认真审视自己为什么未被选上。明白了机会总是青睐有准备的人，而机遇是成功的门神。那些想成功而不去下功夫的人只能是白日做梦的幻想家，一点用处都没有。人们常常羡慕有人好运连连，那是因为他们善于抓住每一个机遇，而且每一步都认真去做，只有把上一个机遇抓住，才能有下一个机遇，才能取得最终的成功。“临渊羡鱼，不如退而结网”，即是说与其羡慕别人成功，不如从现在开始发奋图强。你付出什么样的努力，就会结出什么样的果实。只有在平时种下机会的种子，日复一日地锄草、施肥、浇水，你才能看到机会凝结的果实。机会只给有准备的人。这个准备，就是平时的辛勤耕耘。练琴四载而未被选上，说明你还不够优秀。

抓而没紧，等于不抓。机会在眼光里生存。人生不是缺少机会，而是缺少抓住机会的眼光、心智和毅力。人人都在渴望机会，却总在机会来临时后知后觉，或者只希望机会如天上的馅饼般直接掉到嘴里。殊不知，当你抬头张嘴，等待机会降临时，机会不会如馅饼般掉落，只会如铁饼般，砸落在你的脸上。因为机会不能靠等，只能去抓。等来的是失望，抓住的才是希望。优秀的人善于寻找并抓住机会、把握机会，并让机会成为服务于他的奴仆。因为机遇对每个人都是平等的，但并不是每个人都能把机遇变成现实。我们只能为你提供学习、练琴的条件，能否成为演奏家，则要通过你的努力。把握机会，决心大还要有毅力，只打雷不下雨，时间长了，会让你自己和别人都对下雨失去信心。有的人总抱怨自己没有机会，其实，这里你要注意的是，不要把机遇想得太神秘、太玄乎了，其实机遇就存在于你的日常生活中，就在你的身边和琐碎的事物当中，就在机械的、重复的日常生活当中，甚至于应酬和来往之中，它来的时候多半显得“貌不惊人”，显得非常普通平常，没有人会告诉你“这是你的发展机遇”，如果知道，别人就会抢先抓去。如果你想要抓住机会，就要从身边每一个可以抓住的机会开始，这就要靠你处处留心了。不要心存侥幸地期待着下一个机会的降临，而是要寻找一切可利用的机会。当然，机遇只是一种可能性，不会自动变成现实，要把机遇变成现实，就需要付出艰苦的努力。今天的遴选就是个例子。在任何一个机遇上稍有怠慢疏忽，都会使机遇丧失，这也许是你今天未被选上的深刻教训吧！

## 埋头苦干是修行

**【儿子·说】**

2003 年 9 月 12 日　　星期五　　晴

表哥考上了中国农业大学，今天早上要去学校报到，奶奶、姑姑一起送表哥去北京，我也为他高兴。

上午回家，爸爸让我读了《一路狂读到清华》这篇文章。上面讲到，李路珂四五岁时，同龄的孩子还在看连环画，她就已经开始读白纸黑字的大书了，5 岁就记了 5 000 字，慢慢地开始读《365 夜》《青春之歌》《药科家典》《看云识天气》《农家历》等等。她 12 岁的时候，小学的课文对她来说太小儿科了，就让父亲在家里教她。15 岁时，她以 657 分的优异成绩考进了清华大学。

下午学校为庆祝国庆选拔节目。我参选的两首曲子——《小星星》和《金蛇狂舞》均没被选上，而同班同学小帅小提琴已经考到了三级，差距真是太大了。

**【父亲·曰】**

紫阳，志存高远是好事，我支持你。但你一定要记住，志存高远的基础是埋头苦干。不管是生活，还是事业，只有“脚踏实地”才是梦想成真之道。不论是表哥考上中国农业大学，李路珂一路狂读到清华，还是你节目落选，其中蕴含的人生道理明明白白告诉我们，埋头苦干是每一个人一生的修行。面对今天这个物欲横流的世界，人类比任何时候都要经受更多的诱惑。如果没有一个正确的是非标准，没有正确的人生观、价值观，我们都随时可能成为欲望的奴隶，从而在人海中迷失自己。因此，每时每刻，我们都要记住：

我们是在进行一场埋头苦干的人生修行。

埋头苦干是在用“心”实践修行。修行的目的在于“身体无痛苦，灵魂无纷扰”，这就要求我们不为名利地位所动，心无旁骛地做好眼前的事情。人们在没有做好一件小事之前，何以见得自己能做大事。《史记》作者司马迁，为了搜集史料走遍各地，在牢狱之中仍不忘撰写著作，最终写出了旷世之作。明朝著名药物学家李时珍，尝遍各种草药，多次服药中毒，险些丧命，终于著成《本草纲目》。伟人之所以有伟大的功绩，并不是因为他的长处多过短处，而是他们善于将自己的长处发挥到极致。这就是认识自我的好处。一句话：认识你自己。一个会做事的人总是能得到别人的欣赏，即使他们有时候有点愚钝，但也掩盖不了他们认真负责的一面。花言巧语、纸上谈兵有可能骗过别人一时，但是时间久了就会露出真相。因此，要警惕那些花言巧语的人，多尊重那些埋头苦干做实事的人。

埋头苦干是在用“行”实践修行。学不必多，行之为上。知道得再多，不认真去做，还是等于什么都不知道；知道得虽少，能够埋头实践，一样能产生巨大的力量。你知道“洛阳纸贵”这个成语吗？它说的是我国西晋著名文学家左思埋头学习写作的故事。左思出身寒微，相貌丑陋，小时候跟人学书法、弹琴、读书，但学习成绩却不好。他的父亲很泄气，认为这孩子没有出息。有一次他父亲对朋友说：“这孩子学习太差了，还赶不上我呢！”左思在一旁听了很不服气，从此发愤读书学习，决心追回失去时光。经过几年后，他开始着手撰写《三都赋》。他把读书、抄录、写作结合起来，发愤攻读，勤于动笔，抄录了无数书文警句。他在室内的门上、墙上，以及厕所里都挂满了纸、毛笔，随读随记。他还把平时看到或想到的语句也随时记下。经过十年构思、琢磨及反复修改，终于完成了《三都赋》。由于当时还没有发明印刷术，喜爱《三都赋》的人只能竞相传抄，因为抄写的人太多，纸张供不应求，洛阳的纸都涨价了，因而流传下了“洛阳纸贵”这一佳话。在左思成功的背后是埋头苦干的实践。他在读书时运用的是抄录读书法，步骤是诵读——抄写——记忆。贯穿全过程的是“思”：读中思，写中思，记中思。用抄写的方法来启迪思维，提高读写能力。因此，千想万想，不如动手一试。满脑子的空想,满嘴的空话,只能是语言的巨人,行动的矮子,这样的人,是注定办不成什么事的。因此,实践出真知,“做”远比“说”重要得多,能够埋头苦干、脚踏实地的人,一定会收获自己的硕果。

鲁迅在《且介亭杂文·中国人失掉自信力了吗》一文中写道:“我们自古以来,就有埋头苦干的人,有拼命硬干的人,有为民请命的人,有舍身求法的人。”俗话说,低头是稻穗,昂头是稗子。埋头苦干者大多具有一些共同特征:目标专一,为人厚道、干事实在;勇于挑重担,敢于打硬仗,不张扬,低调做人;会干事不会“来事”,重规则不懂圆滑,注重团结而不阿谀奉承,公道正派而不投机钻营,因而也往往不容易引起他人的注意。但是,任何一个人和民族的发展,都离不开脚踏实地的态度、无私奉献的精神、顽强拼搏的作风,离不开一代代前仆后继埋头苦干者的努力奋斗。正如作家冰心所说:“创造新陆地的,不是那滚滚的波浪,却是它底下细小的泥沙。”爸爸希望你能脚踏实地地去做事,去实践,去体验,不要用道理去说服别人,而是要用事实让别人信服。做一个既会用脑又会动手的人,既会说又会做的人,尝试着埋头苦干地去做事,而不是“说事”,也许就会修得一个精彩的人生。

## 坚持就是胜利

**【儿子·说】**

2004 年 6 月 15 日　　星期二　　晴

今天是我从 2003 年 6 月 15 日起开始写日记整整一年的日子,爸爸妈妈都十分高兴,虽然我中途有过动摇,但最终还是坚持了下来,而且爸爸也给我的每篇日记写了评语。

下午放学回家,我自觉地进屋写作业,而且十分认真,每个题目都细心地做,做完还仔细地检查了一遍。过了半小时,我把作业写完了才去玩,以后我要坚持这样的学习习惯。

**【父亲·曰】**

今天这样做就对了，今日事今日毕。写日记强调自我教育、自我疏导、自我修养、自我追求、自我完善，在多变纷繁的世界里要坚守自立、自信、自强、自律、自省的原则。

人生最精彩的不是实现梦想的瞬间，而是坚持梦想的过程！坚持几年，必有好处。“心系一处，守口如瓶”，这是一个和尚给著名作家贾平凹说的成大事之秘诀。“守口如瓶”随后再说，“心系一处”对现在的你十分重要。因为它是人生的一种定力、一个基点，没有这个点，人就会浮躁，如果没有坚强的韧性、持久的耐力，就很难达到成功的彼岸。在这个越来越繁华的世界，我们的目光常常被五光十色、光怪陆离的景色所吸引，能守住内心的一方宁静的确不易。对于许多成功者而言，其实没有什么秘诀，无非就是他们比常人更能“心系一处”而已。“蚓无爪牙之力，筋骨之强，上食埃土，下饮黄泉，用心一也”，能够做到心系一处是一种智慧，这种智慧不是一意孤行的固执，而是繁华过后的觉醒，不是缺乏思想的单纯，而是一种去繁化简的智慧。试想，一个人一生即使活到 80 岁，才仅有两万九千多天，除去睡觉吃饭等闲杂时间，所剩无几。倘若在短暂的一生之中再左顾右盼，走走停停，又会留下多少清晰的脚印呢？只有那些真正心无旁骛的人，才能够站在人生的最高点。愚公荷锄移山，终得天帝相助；达摩静坐参禅，石壁为之感化。在这里，“心系一处”变为一种无坚不摧的力量，任何艰难困苦都会变得微不足道。人在低谷时，它会让你学会坚持，带给你重振雄风的希望；当你辉煌时，它能给你带来一份清凉，让你始终保持清醒的头脑。

一切成绩的取得和品格的培养都是从坚持中得来的。有志者事竟成，心有多大，舞台就有多大。问题是有人在舞台上如匆匆过客，有人在舞台上长久不衰，区别就在于前者未能忍住寂寞和无奈，后者乐于面对和坚持。缘乃天定，份是人为，没有努力，一切都是纸上谈兵。

今天我翻了翻你的日记，已写了一年了，但总觉得你的写作水平进步不明显，文笔还不顺畅，描写还缺点灵气。突出感觉有两点：一是文章开头绝大多数都是“今天怎么怎么”，太单调，除此之外再没有其他写法了吗？写日记和写其他文章一样，事先要构思，要打腹稿，“文贵喜奇不喜平”，更不喜千篇一律。因此要力求变化。变化的过程，也就是发散思维的过程，你要从这方面着手，多想些办法，把文章写活。二是你写文章心不静，太慌。心不静的人难成大事，心静是强迫自己慢慢练出来的，心静才能把问题思考周全。你的心慌、不认真，从你的日记中便可看出，遗字掉句、语言不通是主要问题，还有你做事有点虎头蛇尾。多数日记最后一句的字都写得很潦草，有相当一部分连句号都没有标出，这是任何想取得成功的人的大忌。世界上任何事不到最后绝不要放弃，如果未能坚持到底，那往往就会失去成功的最好时机。因此，人们常说，坚持就是胜利！

## 效率的关键在于全神贯注

**【儿子·说】**

2005 年 6 月 12 日　　星期日　　晴

放了 9 天假，明天就要开学了。在这 9 天的时间里，前几天作业做得不认真，爸爸今天检查后发现我数学卷子错题比较多，尤其是最后一页错了 6 道题，共扣了 18 分。经过我仔细检查，这些题原来我都会做，因为做的时候没用心，最后做错了，所以我必须得今晚突击了。哎，如果我前几天好好做，哪有现在的辛苦啊！

**【父亲·曰】**

记得你小时候给爸爸讲过小猫钓鱼的故事，我听后进行了思考，小猫之所以没有钓到鱼，是因为没有全力以赴、全神贯注，白白地浪费了时间。其实以前我从侧面认真地观察过你学习时的状态，虽然人坐在那里，但吃着手发着呆，做题慢慢悠悠，做一会儿题，动一动手脚，或吃一口零食，外面一有风吹草动，即使题目做到半截儿，也会迅速停下来看发生了什么事。停下来等一会再做题时，就要把原先做的再回想一遍，前后思维又要重新梳理一遍，这样效率低。你有时为了多玩会儿，做题敷衍了事，草草收场，不重质量，做了和没做一样，待检查出错误之后又得花时间来改错，进行着毫无意义的重复劳动，结果表面上看起来在花时间做功课，而实际上却没有效果，学也没学好，玩也没玩好。你应该向刘苗学习，她小小年纪有两个特点令人钦佩：一是不论周围环境如何嘈杂，她都能旁若无人、专心做事；二是事未做完，其他一切都免谈，包括吃饭。爸爸曾开玩笑地说："这叫废寝忘食。"她做事认真，玩得也痛快，令人羡慕。

因此，我要求你向她学习，在学习时注意速度、重视质量，不要随便停顿下来，要安下心来，最好一口气做完一道题或一套题。在保证速度的情况下，求质量、求效率。我觉得你现在应该强化速记，抓住与书本文章接触的第一感觉，不论是否一见钟情，都要强势突破，在充分理解的基础上最好能背诵下来。这样可以打牢基础。有时只有速记速背，才能充分理解。幸运之神往往偏爱踏实勤奋者，而抛弃投机取巧者。

虽然我知道我的有些教导你听不进去，但这是每个家长对儿女的共同心愿。但每个孩子的情况不同，且现实中又存在着太多的变数和不测。你们应该理解父母望子成龙、望女成凤的良苦用心，从自身做起，从一点一滴做起，从现在所能做的每一件小事情做起，一件一件力求做到最好，使自己全神贯注，提高效率，不留遗憾，向着你自己的理想靠近，努力去实现你心中的目标。这就是人类生生不息的道理。

## 万事怕认真

**【儿子·说】**

2004年10月6日　　星期三　　晴

爸爸对我说过："凡事就怕认真二字。"以前我有些不以为然，觉得自己已经很认真了。可是今天下午的事情却改变了我的想法。

下午，老师到我们家来给我辅导功课，检查了我做的卷子，发现错误不少，而且大多都是因为粗心大意造成的，个别是还没有弄明白这个题的意思。最后老师耐心地给我讲解，我也努力集中精神，比以往任何时候都更认真地听，通过老师的讲解我才发现，以前自以为懂的地方今天才真正理解。

看来，有时候不是觉得认真就行，而是要真的认真才行啊！

**【父亲·曰】**

有一位伟人说：世界上的事就怕“认真”二字。凡要干成一件事，就必须认真，王老师的那份责任感、认真劲、不服输、爱钻研、拼命干的精神非常值得你学习。你看他平时能把平凡细小琐碎的事当作大事来认真地做，这是一个人品质的体现。世上本无大事小事之分，全看做的人怎么看、怎么想、怎么干，有人在看似细小琐碎的事情上做出了大事情，成就了大境界；有人在看似伟大重要的事情上却落下小笑话、小境界，最终以失败告终。究其原因，不能认真对待是重要的原因。其实伟大乃微小的积累，海不拒细流以成汪洋，山不拒细尘乃成千仞。在自己从事的工作中，立足现实，挖掘潜力，以认真的态度处之，方可成就事业，成就理想。

认真要成为做事的习惯。古今中外无数的事实证明，细节决定胜负，关键是要认真，勤能补拙，天道酬勤说的就是这个道理。其实，人一生做什么工作，有什么地位并不十分重要，重要的是不论做什么都要竭尽全力去做好它，完成它才是最重要的。从这个意义上说，我同意只管耕耘、不问收获的哲理。认真的习惯形成是一个艰苦而漫长的过程，是一个自我完善、自我约束、自我调整的过程。如果认真的习惯一旦形成，它所产生的惯性会使你终身受益。认真的习惯一旦形成，它的惯性可以波及你生活、学习、工作的各个方面(像月亮决定着海洋激起的潮波一样)，把你推向成功的彼岸。

习惯要固化认真的精神。人要习惯认真，不要习惯马虎。习惯胜利，不要习惯失败。认真是习惯的基础，胜利是习惯的果实。因此，习惯胜利能激发人的斗志，愈战愈勇；习惯失败会使人失去信心，屡战屡败。不要把借口和认错作为不愿认真、不思进取的遮羞布，更不要使其成为习惯。一旦寻找借口，永远都不会认真。一旦不断认错，又会不断犯同样的错误，出现这样的问题，那是十分可怕的。承认不足与错误，但不改正的话，不如不承认，承认而不改者，毁的是人的心性和精神，意味着精神的臣服，而臣服的人的奴性又是男人致命的天敌。

精神要追求胜利的认真。习惯失败的人不但无法突破自我，而且会抹杀自己的梦想，使人平庸一生。谢霆锋有首歌叫《因为爱所以爱》，我觉得其实是因为爱，所以多情。作为有志青年，在精神层面要习惯认真、习惯优秀、习惯胜利。如果认真、优秀和胜利是一种习惯，那么马虎、失败和懒惰也可以是一种习惯。因此，我们一言一行都要日积月累养成认真、优秀和胜利的习惯，从现在做起，把认真、优秀和胜利变成习惯，成为我们的第二天性，这样，一切艰难险阻都会怕你，使你披荆斩棘，一路凯歌！

对照反思我们自己，你上学期期末考试成绩不理想，我一直在寻找原因。其中一个很重要的原因还是认真问题。一是过于取巧误了你，使你遇事不认真。很多知识以理解之名没有记住。其实，死记硬背也不失为一种办法，而且是一种很有效的办法，这样知识的基础才能牢固。正确的方法应该在理解后牢牢记住。二是过于依赖误了你，使你遇事不认真。要把靠谁当作一种资源，而不是依赖！不会的题不是钻研攻克，而是回避，一味想得到别人的帮助，过于依赖别人。三是过于宽容误了你，使你遇事不认真。你母亲对你的溺爱和宽容是想让你自己管好自己，而不是你逃避监管的借口。过分宽容使你养成了爱做表面文章的习惯。四是过分贪玩误了你，使你遇事不认真。在做题的时候不是精益求精把题做好，而是想怎么把题敷衍做完而去玩耍。以至于做题时丢三落四，没有很好地理解题意，匆忙下手。五是过于懒惰误了你，使你遇事不认真。昨天学的知识是为了解决今天的难题，知识都是相互联系的。一个问题的解决，要考虑多种思路和办法，而你却就事论事，思路不够开阔。

不再埋怨什么了，其实我们每个人都有不认真的那一面。鲁迅先生曾指出：“中国民众害着一种毛病，那就是做事马马虎虎。”这对我们民族和个人是有百害而无一利的。我们很多人都知道，汽车是德国的“宝马”和“奔驰”最好，电子产品是日本的最好，这两个国家都是二战战败国，工业受到重创,为什么能在最短的时间内复兴呢?我认为关键是这两个民族讲规则,做事认真,甚至到了有点机械的地步。目前要改变你的学习现状,唯一的办法就是自律、笃行、认真、细心。把认真作为你学习办事的头等原则。因为,一个认真的人,绝不会允许做事马马虎虎、得过且过的。认真,就是对自己负责、对家庭负责、对团队负责、对社会负责。同样一个认真的人也是有社会责任感的人,而往往成功与失败的差别就在于两个字"认真"。首先,上课认真听讲。不做小动作,不和同学交头接耳,力争把老师课堂上讲的知识全部消化,对于疑难问题,虚心向老师和同学请教。其次,作业认真完成。做到一丝不苟。认真不仅仅是一种态度,它更是一种能力的体现。课堂作业应当堂完成,课后作业和家庭作业也要按时独立完成。第三,课前认真预习。对于课后题,要先试着去做;有些不理解的内容和不会做的题目,要做好标记,第二天上课时带着问题去听讲,还可以向老师请教。第四,丰富课外知识。在保证功课的前提下,利用星期天和节假日,参加奥数、英语培训班,多读课外书,不断丰富自己的知识。第五,英语敢于开口。要"曲不离口",多读多练,每天坚持大声朗读一个小时英语,不要怕读错,不要怕丢人,不要怕被别人笑话,丢了人才能读好,切记要大声朗读,不要默不作声。同时,要多记句型、多记短语、多记单词,随时随地记忆。如果有可能,在读的时候要随手把句子单词写出来。第七,数学贵在多练。把知识点反复在做题中运用,熟能生巧,举一反三。做数学题,要随手有笔有纸,第一步要认真读题,一定要认真审题,看到一个题目,应该知道出题人想要考哪些知识点,想让你以什么方式作答,做到胸有成竹。第二步要寻找规律、探索捷径,要学会"依此类推"这一招,善于把繁杂的题目化繁为简,知道"万变不离其宗",其实好多题都是"宗"不变而技在"变"。第三步,不论什么题,做完后都要回头看,认真检查,认真思考,这类题"窍"在何处?为什么要这么做?还有没有其他办法?考查的是哪一方面的知识?这样才能巩固基础,不断提高。掌握了这些方法再加上充分利用课余时间,抓紧学习,反复学习,你的成绩一定会不断提高的。

有人说,知道的唯一东西就是我们一无所知,从古至今,凡干大事者,无人不专心致志。智慧重要,专心比智慧更重要,而恒心比专心更重要。当然，不论恒心、专心、智慧，前提是必须看准某一目标，目标确定不好，其他都很难有其佳果！

把认真变成习惯的人，从事任何工作都容易成功。要形成认真的习惯，就需要培养和锻炼。任何你认准的事情，都要倾尽全力去奋斗，在日常生活中的小事情上时时提醒自己，有意约束和强迫自己做事情都要认真负责。这也许不能立即为你带来好处，但可以肯定的是，如果你养成不认真的习惯，做任何事情都是"随便一做"，结果便不问自知。要形成认真的习惯，需要决心和痛苦的搏斗，惰性是人的天性，人一生都要同惰性做斗争，在斗争中改变已有的惰性，这需要有坚定的决心，要有凤凰涅槃般的勇气，需要无时无刻与一切不良的习惯做斗争，不但在身体上，更重要的是在思想深处进行痛苦的抉择。什么样的选择决定什么样的习惯，什么样的习惯决定什么样的生活。

## 经得起成功

**【儿子·说】**

2006年4月8日　　星期六　　阴

考上大学一直是我的梦想。可今天我的同学小宏的哥哥却被大学勒令退学了。小宏说，他哥哥从小品学兼优，经过十年的寒窗苦读，终于考上心仪的大学，成为整个家族和爸爸妈妈感到骄傲的人物。但在大学阶段却没有把握住自己，逃课旷课，昏昏噩噩，迷恋网游，连留两级，最后被勒令退学。最近，小宏的父母整天以泪洗面，哥哥也闭门不出，无脸见人，甚至有了轻生的念头。"多好的一件事怎么会变成这样——"小宏说着说着竟呜呜地哭了起来，我一时不知道怎么劝他，真是可怜！

**【父亲·曰】**

小宏的哥哥被大学勒令退学，究其原因，就是没有经得起成功的磨难。人们渴望成功，但很多时候成功是一种磨难。古今中外，许多英雄豪杰，经受住了任何灾难困苦的炼狱，却偏偏经受不住成功的磨难。李自成就是典型的例子，以至于几百年后，毛泽东在新中国成立前夕，特别担心共产党重蹈李自成的覆辙，多次提醒党的高级领导干部，千万别在革命胜利后，就贪图享受，忘记节俭，脱离群众，葬送革命。对此，还将郭沫若论李自成的文章《甲申三百年祭》印发全党，告诫引为鉴戒，不要犯胜利时骄傲的错误。当中共中央机关从西柏坡迁入北京时，又对周恩来说："今天是进京赶考嘛。"然后又说："我们决不当李自成。"生活中这类情况也不少。有的人不能正视成功，往往被成功弄得神魂颠倒，忘乎所以，结果风光耀眼的成功，三下五除二地转化成了一种悲哀。

人们都希望成功。因为成功意味着胜利，意味着辉煌，意味着欢愉，意味着幸福。然而任何事情都具有二重性，有时候，成功带给人们的可能不是欢愉和幸福，而是一种痛苦和灾难。在这种情况下，成功对人是一种打击。有的人可能经得起失败的打击，却经不起成功的考验，以至被成功摧毁，跌在地上爬不起来，甚至付出生命的代价。

那么，人们为什么往往能够经受住失败，而经受不住成功的考验呢？爸爸觉得大致有以下原因。

一是沉溺成功。陶醉在自己的成功中不能自拔，失去了再进一步的冒险精神和创新精神。在成功面前得意忘形，丧失了危机意识。不仅如此，因为过去很成功，今天也很成功，于是，固执地认为明天也会很成功。到了最后，成功犹如昙花一现，失败的丧钟已经敲响。应当明白，终极的成功是由不同的阶段性成功组成的，短暂的成功只是昙花一现。阶段性的成功就像一颗珍珠，人生就应该是由很多的珍珠穿成的项链。但是，人们往往经得住失败，但却可能被很多阶段性的成功打倒，比如，"神童"们的消失，"状元"们的平庸。赌场上、情场上、赛车场上、高尔夫球场上，太多的"成功"人士，游戏着，迷恋着，结果沉溺于喜剧，演变成悲剧。

二是迷失自我。在功成名就的时候，也就是丧失自我的时候。成功后，周围的环境发生了质的变化，生存的压力骤然消失，人们对自己为什么创业深感迷茫，有的人开始放纵自己，甚至沾上黄赌毒，直到千金散去。熟悉

20世纪90年代第一批富豪的就知道,这个群体就像坐过山车一样,潮起潮落,各领风骚三五年。怪不得古人有所警世:“暴得大名则不祥!”希望这句话,能真正引起那些快速成长企业家的思考。

三是难耐寂寞。人们当成功未到来之前,为了达到预期的目标,为了改变现状,具有很强的承受力,进取心极足,追求欲甚旺,可以意气风发、义无反顾地顶风排浪、拼搏奋斗,克服和战胜一切艰难险阻。而当成功到来的时候,却被掌声、鲜花、捧场之类迷住双眼,松懈斗志,不思进取,贪图安逸和享受,结果失败接踵而至。现实中,许多落马官员在干事创业称得上英雄好汉,赢得群众的拥戴。然而却把成功当成包袱,进而耽于吃喝玩乐而追求金钱和美色,最后跌入自掘的坟墓。所有这一切,都是经受不住成功的考验使然。世界上最成功的人往往不是最有才华的人,而是最耐得住寂寞的人。越是接近梦想,道路便越艰辛,于是成功的终点便成为一种坚持,支持的精神往往仅是一种单纯的期待。始终知道自己想要什么,并去努力争取。

古人讲,打江山易,守江山难。成功往往意味着开始,也标志着转折。正视成功,强调经受住成功的考验,是人生的重要课题。在成功面前,特别需要保持一颗平常心,不可过分激动,陶醉其中不能自拔。要清醒地看到,成功有可能是铺满鲜花的陷阱,弄不好会毁灭自己。有了这种警惕性和危机感,就会适时调整自己的情绪,就能在成功面前保持豁达,就会在成功的考验面前泰然处之,永远立于不败之地。

## 把自己不喜欢的事情干得十全十美

**【儿子·说】**

2006年6月29日　　星期四　　晴

今天小阳哥来到我家,我非常高兴,上午哥哥把我从学校接回来后,爸爸让我俩把《你到底爱谁》的歌词背过,我不想背,所以没有背过。哥哥轻而易举地就把歌词背过了。下午第一节课是英语,英语老师对我们进行“魔鬼训练”,要求我们一天做两张报纸上的练习题,必须在下午上自习的时候做完,我想老师应该是想让我们多做练习,这样成绩才会好!

**【父亲·曰】**

你有没有想过,成功的人为什么比一般人出色呢?成功者的诀窍之一就是把自己不喜欢或不愿意做的事情想方设法做得十全十美。这是一个成熟男儿的重要标志,其实人如果把一种爱好变成一个职业,那么这一爱好也就失去了它的神秘性和吸引力,注定是要失败的,因为它失去了最初带给人的激情和冲动,变得平淡无奇。就说你今天背歌词这件事,如果你强迫自己以最快的速度记住它,这不但会锻炼你的意志,增长你的知识,更重要的是你的心情会随之而变得非常愉快。下一次如果遇到类似情况,不妨试一试,可能会得到一种不同的体会。

不喜欢的事情怎样做才可以充满激情?一方面,要换位思考,对自身进行分析,看这件事对自己的长远发展是否有利;另一方面,强迫自己喜欢,人的幸福感很大程度是别人强加的,而不是自己感受到的。因为生命中有许多你不想做却不得不做的事,这是责任;生命中有许多你想做却不能做的事,这是命运。由强迫到自觉再到习惯有个过程,如果适应了这个过程,就会对事情充满激情。对凡人而言,在激情中如能感受到进步与成功,就会延续激情;对智者而言,穿越情感保持激情的动力来自苦难而非成就。

会生活的人把任何枯燥的事情都能当成趣事,不会生活的人把任何有趣的事情都当成负担。一个人如果能把自己不喜欢的事情干得十全十美,他的人生一定是丰富多彩的,因为人生要面对太多自己不喜欢的事情。能把自己不喜欢的事情干得十全十美,那对于自己喜欢的事情不是会干得更出色吗?这样何愁不成功!

# 万事开头难

**【儿子·说】**

2006年3月8日 星期三 晴

看到别的同学骑自行车骑得很自如，我下定决心也要学会骑自行车。但是，爸妈不在家，谁帮我呢？看来只有靠我自己了。我推着车子来到楼下，先开始学滑行。这看似简单的动作也忙得我汗流浃背。车子好重，左摆右晃，我练了好久才掌握好平衡。正准备学骑车时，听见了一串悦耳的铃声，抬头一看，一个比我低很多的小姑娘熟练地骑着自行车从我身边穿过。我羡慕极了，心想：我都这么大了，难道还不如她，别人能，我也行！想到这儿，我立马抬腿跨上车座，两腿刚一离地，就扑通一声"人仰车翻"了。弄得一身土，膝盖也磕到了地上，我爬起来卷起裤腿一看，呀，膝盖出血了，我赶紧往四周瞄了瞄，还好，没人看见！我撒腿就往楼上跑去。"我不练了！"回到家我大声地抱怨着。爸爸回来后，我把学车的过程原原本本地告诉了他，爸爸耐心地给我处理好伤口，告诉我：只有付出，才会有收获；只要努力，就会成功。

**【父亲·曰】**

每一次作为观察者，都觉得别人做某事是如何顺手，然而当我们自己亲自去做时，会发现很多事情远不像自己想象得那样简单，甚至会觉得力不从心。

俗话说："万事开头难。"当你开始着手于一件事情的时候，你会感到它很生疏，令你不知所措。然而如果我们不好好把握住每一个开端，那么，我们将失去的不仅仅是一次机遇，甚至会失去成功的可能。人生是漫长的，又是短暂的，走好第一步也就显得极为关键。

走好第一步，首先面临的就是选择，这是一个方向问题，方向错了，与目标背道而驰，南辕北辙，走得越快，也就离目的地越远，这是可悲的。而要做出一个正确的选择，就需要你用头脑去认真对待和分析。没有这种能力，走好第一步也就会化为泡影。

信心是你走好第一步的又一个关键点。有人把社会看得很透，自以为能够如鱼得水，游刃有余；而有人又对社会讳莫如深，觉得它深不可测，因此望而生畏，裹足不前。事实上，我们踏入社会，踏入生活，就如“小马过河”，只有亲身体验了才会了解“河水”既不像老牛说的那么浅，也不像松鼠说的那么深。“深”与“浅”需要我们亲自试一试，去实践一下。生活不是梦想，它需要勇敢的开拓者。人生可能有失败，但我们不能让人生只有失败。“两强相遇勇者胜”，有没有信心和勇气去闯，去开拓，这也是我们走好第一步的关键。

走好第一步，还要走出一个“小我”，融进一个大社会。每个人都不是这个社会的旁观者，而是其中的一分子。人生舞台上，人人都是演员，演出一场人生的大戏、好戏，需要众多演员的配合，“独角戏”如何能唱得精彩呢？

迈出第一步是艰难的，走好第一步则更加艰难。人生不是为了痛苦，但人生必须承受痛苦。忍受苦难，坚定意志，拥有毅力，我们才可能走好第一步！要切记，“九层之台，起于垒土；千里之行，始于足下”。境界和胸怀的开阔、宽广是要靠积累的，但这一步步的路，至关重要的当数第一步。第一步既是起始，又是源头。柳青说：“人生之路是漫长的，但关键的就那么几步。”我想那关键的几步中也应有第一步。

走好第一步需要你的智慧，走好第一步需要你的勤奋和努力，走好第一步需要你的勇气，更需要你全身心地付出和投入。失败会有，成功会有，无论成功或失败，都应该做到胜不骄、败不馁，要有愈挫愈勇的胆气，要有总结经验教训的意识，要有借鉴的习惯，更要有高尚的境界和宽广的胸怀。

# 凡事先下手为强

**【儿子·说】**

2005年4月4日　　星期一　　晴

今天因为我回家后要打吊瓶，所以就在学校把作业写完了，作业题目很简单，就是计算多了点，稍微不注意就会算错，因此我格外细心。

晚上在大姑家打完吊瓶，爸爸来接我，大姑对爸爸说我可能还得继续打几天。我想，如果再打几天就可能影响学习，自己只有在课前抽时间好好预习新课，才能保证听课效率，课后及时完成作业，才能既不影响学习，又不耽误看病。由此我真正体会到了凡事先下手、赶前不赶后的重要性了。

**【父亲·曰】**

小时候看秦腔《金沙滩》，杨家将准备代替宋王和八贤王到敌国赴会，在临行之前，其父亲对假扮成宋王的儿子说："儿呀，到了敌营，先下手为强，后下手遭殃。"时虽已过二十多年，但当时的情景不时出现在我的脑海，每当我学习或工作懈怠时，那句语重心长的话就会浮现在我眼前，秦腔演员陈仁义凄惨悲凉的声音使我心头一震，继而打起精神，赶走心魔，把要做的事情提前思考好，认真应对。

你今天的想法就很对，知道晚上要打点滴，下午挤出时间把作业写完了，为晚上治疗赢得了时间，这样既不耽误学习，又能配合治疗，这就有先见之明。人生和打仗一样，如果事情或困难无法避免，那就应早做准备，提前做到占得先机之利，到时也不会显得慌乱，即使出现新的情况也会从容应对，以免在没有准备的情况下腹背受敌。所以凡事要攒前不攒后。

历史上不论是政治斗争还是军事斗争，先下手为强是取胜的重要战略。先于别人行动，可以取得优势。李世民在唐朝建立和统一战争中，屡立大功，太子建成感到李世民威胁他的地位，就与元吉勾结想除掉李世民。但李世民先发制人，发动玄武门之变，诛杀太子建成、弟弟元吉，逼迫其父李渊退位，自己登上大宝。因此，你不论是学习还是做事，尽可能地未雨绸缪，领先一筹，这样才能在激烈的竞争中始终处于不败之地。

## 人要有股牛劲

**【儿子·说】**

2003 年 12 月 19 日　　星期五　　晴

不知为什么，英语老师这几天好像和我铆上了劲似的，上课总让我回答问题，背诵课文叫我，回答问题叫我，听写单词也叫我，好像考不住我誓不罢休一样。既然这样，我怎么能简简单单地服软呢？老师越想考住我，我就越不能让老师"得逞"。下午放学，爸妈还没有回来。为了让老师明天考不住我，我决定把今天学的内容再好好复习一遍。然后跟着录音机把英语读得滚瓜烂熟，最后还试着背了一下。

妈妈回来了，为了炫耀，我就主动提出向妈妈背英语课文，没想到之前读得滚瓜烂熟，可当着妈妈的面却怎么也背不下来了。妈妈接着又考了我 25 个单词，我竟然错了 11 个。我还真不信这个邪，拿出课本重新读了起来。经过努力，终于把单词都默写下来了，句子也都背下来了。现在我信心十足，很期待明天老师的考验。

**【父亲·曰】**

今天，你学习的"牛"劲和"钻"劲上来了，这其实就是知难而进的精神。这对你学好功课至关重要，这股劲头也是干好一切事情的基础条件之一。

《愚公移山》和《精卫填海》的故事中国人耳熟能详，我们先不去评价愚公和精卫的执着有没有意义，我们只说这两个故事的含义。愚公面对山和精卫面对海都有一个共同特点，就是不屈不挠，牛劲十足。人们说水滴石穿，就是说一旦认准了目标，拼着一股"牛劲"，就总有战胜困难和挑战的一天。你想想,但凡取得一番成就的人,哪个不是“犟得和牛似的”?爱迪生如果不是对每项发明都抱着非实现不可的想法并坚持实验,他如何能取得成功?如果没有坚定的信念,蔡伦能发明沿用至今的纸张?毕昇能发明活字印刷术吗?你今天如果不是抱着“不信邪”的想法,又如何能“出人意料”?可以说,“牛”劲是成功的前提。

“牛”劲是要有所坚持,这种坚持必须建立在正确方向的基础上。你现在的学习,最为重要的不是会读几本书、会解几道题,而是要在读书、解题的过程中探索、总结出一定的方法,如果方法得当,就能事半功倍,进而把学习中积累的方法推而广之,运用到其他领域去。所以,学习重在学方法、练思维、理思路、查不足、勤总结、善改进,知道举一反三,这样才能有所收获。

只有把自己的事情做好,才有资格去帮助别人。真正的人才,是能够评判是非、帮别人指出错误,尽而能够让事情变得更好的人。你如果优秀,就能够以你的言行去带动别人。

对于男子汉来说,眼泪和无谓的瞎闹永远也成不了大器,人们不会相信男人的眼泪,只会相信他们的实力。

## 困境达己

**【儿子·说】**

2004 年 7 月 9 日　　星期五　　晴

今天已经 7 月 9 号了,再有两天就要期终考试了,我心里十分着急,希望时间可以过得慢一些,因为我还有好多知识没有学懂。尤其是数学,我一点儿信心都没有,虽然王老师一直在给我辅导,可我心里总觉得没底,害怕考砸了。唉,着急也没用啊,怪就怪自己的毅力不够,明明早就知道要考试,却总是静不下心复习,还给自己找了很多借口。现在后悔也来不及了,只有两天时间,时间怎么挤都不够啊!没办法,只好硬着头皮去考了!

睡觉前,我还在想着考试的事,爸爸看我心事重重的样子,就问我怎么了,我把要考试的事告诉了爸爸,爸爸什么都没说,只是笑了笑,笑得我莫名其妙。后来我就一直琢磨爸爸的笑。啊!是了,爸爸是让我笑着面对吧?一定是!

逃避是没用的,那就只能笑着面对了。这个星期六和星期天,我一定要好好把握,抓紧复习,认真争取每一分钟,争取期末考出好成绩。睡觉前,写了一首诗,这是我写的第一首诗,所以我把它抄了下来:

**我是一名小学生**

我只是一名普普通通的小学生,起早贪黑,在书海中畅游。早上起床,身披满天繁星;晚上休息,头顶一片月光。

我知道,求学的路上充满艰辛,语文、数学、英语,还有体育、音乐和美术,在我面前堆起一座小山,我要在山脚挖出一眼清泉。

一路走来,有蝴蝶在花丛中飞舞,也有荆棘布满前方。脚底虽然到处都是血泡和老茧,但手上却满是芬芳。

昨天的伤痛明天还将继续,但我的目光依然坚定地望着前方。

**【父亲·曰】**

今天日记的句号是爸爸给你添上的,看把你急得,连刹车都忘了。

今天你对考试有了危机感,这很好。古人说:“生于忧患,死于安乐。”没有困境,人就不会有危机感;有了困难,反而会成就自己。人在苦难中不断发展,不断进步,不断奋斗才是最好的活法。

面对困境首先要有“征服困难”的决心和信心。困难像弹簧,你强它就弱。人的一生,不管你愿意与否,都会有所发展,并且发展的过程总是充满艰难险阻,但征服困难过程的美丽却是难以言表的,它带来的成就感和力量会使人永不言悔。世上无难事,只怕有心人。因此,别让心灵生锈,人的智力和能力就像宝刀,愈磨愈利,要使宝刀不老,就需要不断用心地给自己增加压力,制定新的目标。这样,你就会发现自己原来异常聪睿,潜力无穷。反之,得过且过,就会使人饱食终日,无所用心,从而锐气渐消,在不知不觉中,自己被自己打倒了。如果你眼睛盯着前方,就会无暇斤斤计较于鸡毛蒜皮的小事,为恩恩怨怨的事而耿耿于怀,为宠辱得失的事而伤心烦恼,只有把发展作为人生目标，你才能逐渐走向幸福和美满。

突破困境关键要找“排忧解困”的思路和方法。遇到困境，不要找借口，而是要找思路和方法。如果遇到困难想一走了之或是一死了之，结果只会徒增烦恼和伤痛，留下无尽的遗憾。而当你勇敢面对，正视问题和困难时，你会惊奇地发现，那些困难和问题并不如你想象的那样强大，它们会因畏惧你的勇气而退缩，反而不会对你造成威胁和伤害。你的心越勇敢，困难就会变得越弱小，两者的关系就是如此微妙。不论什么事情，如果你都能勇敢面对，有一天你会从内心深处感谢生命中的风暴和挑战，因为在你勇敢地、艰辛地面对人生风暴或挑战的过程中，反而为自己的人生拓宽了道路，找到了更好的出路，创造了更广的生机，并带来了更大的成就。人只要用心、专心，不断学习新知识，了解新工艺，掌握新办法，捕捉新信息，驾驭新工具，涉足新领域，克服新难题，才能逐步发挥自己的潜能，提高自己的水平，使自己从幼稚走向成熟，从单一走向丰富，从浮躁走向精深，使自己在生活、工作学习中如鱼得水，游刃有余，而这一切都是人生发展的催化剂。

走出困境要有“转世重生”的决绝和气魄。逆风的方向，更适合飞翔。人不怕万人阻挡，只怕自己投降。越是困难的事情，越要勇敢面对。你说要用快乐的心态来面对考试，说明你已经学会勇敢面对了。生活中任何事情都是无法用逃避的方法解决的，当你面对人生的风暴与挑战时，唯一的办法就是抬起头来勇敢地接受挑战。有付出总会有收获，明知不可为而为之，就有取胜的机会，否则，就连一点机会都没有。如果一个人知道了自己的不足和缺点，而又不思改正，就像一个人得了病，已经查清而不思医治一样，那样的后果可想而知。因此，人一看到困难和挑战，就有征服的欲望，这就是青春的气味和脾气。如果一旦面对困难，患得患失，那么成败也许在刹那间。如果你没有做，存有得失之心，总把事情预料得比实际结果更糟，那么你就已经变老了，或者已无战胜困难的激情，结果只能是必败无疑。当你拥有踏平一切困难的魄力和气概，正是你未来取得成就的开山斧，不管结果，只要有恒心且辛勤耕耘，那么胜利就会向你招手。古人说，自古英雄出少年，之所以英雄出少年，很重要的一个原因就是他们心无顾忌，敢作敢为。其实，一切苦难都怕无忌的青春，都怕不谙世事的黑马，都怕青春中暗藏着的不可预测的那份“野性”，一切困难都是纸老虎，曾经的光辉不能说明什么，更多的只能成为向更高境地腾飞的包袱，翅膀有了包袱，就飞不高；心里有了包袱，就放不开。心放不开，人怎么能高飞呢？

## 人生要有目标

**【儿子·说】**

2008 年 5 月 3 日　　星期六　　晴天

中午吃饭时，爸爸让我看一份剪报，剪报上说 1970 年，美国哈佛大学对当年毕业的天之骄子们进行了一次关于人生目标的调查：27% 的人，没有目标；60% 的人，目标模糊；10% 的人，有清晰但比较短期的目标；3% 的人，有清晰而长远的目标。1995 年，即 25 年后，哈佛大学再次对这一批 1970 年毕业的学生进行了跟踪调查，结果是这样的：3% 的人，25 年间他们朝着一个既定的方向不懈努力，现在几乎都成为社会各界的成功人士，其中不乏行业领袖和社会精英；10% 的人，他们的短期目标不断实现，成为各个行业、各个领域中的专业人士，大都生活在社会的中上层；60% 的人，他们安稳地生活与工作，但都没什么特别突出的成绩；剩下 27% 的人，他们的生活没有目标，过得很不如意，并且常常在抱怨他人，抱怨社会，抱怨这个“不肯给他们机会”的世界。看完剪报，爸爸问我有何感想，我故作夸张地说：“啊！目标的作用太大了。真是失之毫厘谬以千里呀！”听了我的回答，爸爸严肃地说：“其实，他们之间的差别仅仅在于：25 年前，他们中的一些人知道自己的人生目标，而另一些人不清楚或不是很清楚自己的人生目标。”

**【父亲·曰】**

最近，爸爸发现你有了反叛的心理。爸爸去陇县工作不到两年，忙于工作，放松了对你的管教。你学习成绩大不如以前，上学的目标也变得模糊不清，爸爸很是着急。今天从剪报上看到哈佛的调研报告送给你，就是想让你坚定目标，学会用目标管理自己。

《圣经》上说：你定意要做何事，必然给你成就，亮光也必照耀你的路。人活着就要有目标，有了目标就要努力奋斗，只有努力奋斗，只有自己去拼搏才能创造自己人生的价值。有个雕刻家正用刻刀一刀一刀地雕刻一块尚未成型的大理石。一名男孩子好奇地在一旁观看。不一会儿，雕像逐渐成形，现出了一个美丽女人的模样。小男孩十分惊讶，他不解地问雕刻家道："你怎么知道她在里面？"雕刻家笑着说："每个人内心都有那么一尊金色的塑像等待被发掘。"人生也是这样，一定要有个目标，没有目标，你就永远无法到达成功的彼岸。

制定目标必须富有意义。生命只有放在追求美好的事物上才有意义。为什么世界上到处都是很有才华的穷人俗人，主要是这种人没有远大的目标和坚忍的意志以及超人的耐力。真正渴望成功的人，会竭尽所能地去寻找自己成功的路径和位置，但要找到它们，你必须遵循那套貌似长远的大道理。道理之所以伟大，一则它阐发规律，二则它放之四海而皆准，三是它控制世界于无形，四是它无处不在，五是它潜存于各人之心。道理之所以伟大，就在于人们对它熟视无睹，见怪不怪。人往往追求新潮，而回过头来细想，一切高深奇妙的道理，都蕴藏在最简单的常识中。

追求目标必须看准方向。没有方向或者跑错方向的人大有人在。很多人都坚信"天道酬勤""一分耕耘、一分收获""勤奋+汗水=成功""世上无难事，只要肯登攀""笨鸟先飞"等等成功的格言，殊不知，这些道理是建立在一个基本前提之上的，那就是正确的方向。也就是说，选择比努力重要，确定方向比出力流汗重要。也可以说，方向错误，你越努力，你离成功越远。龟兔赛跑的经典故事，有个新的版本，说兔子自从第一次比赛，因为自满和偷懒而输掉了之后，一方面很没有面子，另一方面，也关起门来深刻地反省了自己，并且给自己约法三章：第一，决不服输；第二，决不自满；第三，决不偷懒，全力以赴。一个月之后，兔子又找到了乌龟，要求再比赛一场，乌龟勉强同意了。在一个风和日丽的早晨，在老虎、猴子、大象等动物的监督、公证之下，比赛开始了。发令枪一响,兔子一溜烟地飞奔而去,而且,一路上,兔子不断地自我激励:“我是最棒的!加油!我一定能成为第一!”可是,最终的结果却是:乌龟这一次又获得了胜利,兔子又输掉了!为什么?答案是兔子跑错了方向。

实现目标必须集中精力。必须全神贯注于自己有优势并且会有高回报的方面。另外,当你不停地在自己有优势的方面努力时,这些优势会进一步发展。最终,在实现目标时,你自己成为什么样的人比你得到什么东西重要得多。不要害怕做不可能实现的梦。心有多大,舞台就有多大。干任何事情,信心第一,策略第二,技巧第三。先决定干不干,再决定怎么干。先有方向,再谈方法。许多年前,有一个300条鲸鱼突然死亡的报道。这些鲸鱼在追逐沙丁鱼时,不知不觉被困在一个海湾里,这些小沙丁鱼把海上巨人引向了死亡。鲸鱼因为追逐小利而惨死,为了微不足道的目标而空耗了自己的巨大力量。人如果没有目标,就像故事中的那些鲸鱼。他们有巨大的力量与潜能,但他们把精力放在小事情上,而小事情使他们忘记了自己本应做什么。

要达到目标,就要像上楼梯一样,一步一个台阶,把大目标分解为多个易于达到的小目标,脚踏实地向前迈进。每前进一步,达到一个小目标,就会体验到“成功的喜悦”,这种“感觉”将推动你充分调动自己的潜能去达到下一个目标。1984年,在东京国际马拉松邀请赛中,名不见经传的日本选手山田本一出人意料地夺得了世界冠军。两年后,在意大利国际马拉松邀请赛上,山田本一又获得了冠军。山田本一不善言谈,当记者问他原因时,他只说了句让人摸不着头脑的话:“用智慧战胜对手。”而记者对他所谓的智慧迷惑不解。十年后,山田本一在他的自传中揭开了当初的秘密:“每次比赛之前,我都要乘车把比赛的线路仔细看一遍,并把沿途比较醒目的标志画下来,比如第一个标志是银行,第二个标志是一棵大树,第三个标志是一座红房子,这样一直画到赛程的终点。比赛开始后,我就以百米冲刺的速度奋力向第一个目标冲去,等到达第一个目标,我又以同样的速度向第二个目标冲去。四十几公里的赛程,就被我分解成这么几个小目标轻松地跑完了。起初,我并不懂这样的道理,我把我的目标定在四十几公里处的终点线上,结果我跑到十几公里时就疲惫不堪了,我被前面那段遥远的路程给吓倒了。”

心理学家得出了这样的结论：当人们的行动有了明确的目标，并能把自己的行动与目标不断地加以对照，进而清楚地知道自己的行进速度和与目标之间的距离，人们行动的动机就会得到维持和加强，就会自觉地克服一切困难，努力达到目标。

在生活中，很多人之所以做事会半途而废，往往不是因为难度较大，而是觉得距成功太遥远。他们不是因失败而放弃，而是因心中无明确而具体的目标以至倦怠而失败。如果我们懂得分解自己的目标，一步一个脚印地向前走，也许成功就在眼前。相信我，只要努力奋斗并且是有目的的、高效率的，那么成功一定不会太遥远，杰出人士和平庸之辈的根本区别并不在于天赋，也不在于机遇，而在于人生有无目标，且是否能身体力行，坚持到底。到那时，你也许会对“人活着为了什么？”有了更深的理解。人活着不容易：“人生一世，草木一秋，花有重开日，人无再少年”“一寸光阴一寸金，寸金难买寸光阴”，都说明我们在走向死亡。人不能碌碌无为地度过这一生，虽然人都很平凡，但是我们有了目标，有了奋斗的方向，认识到生命的价值要靠我们自己去创造，我们还会担心我们作为一个平凡的人，站在同样平凡的岗位上，做不出不平凡的业绩来吗？

许多人之所以在生活中一事无成，最根本的原因在于他们不知道自己到底要做什么。在生活和工作中，明确自己的目标和方向是非常必要的。只有在知道你的目标是什么，你到底想做什么之后，你才能够达到自己的目的，你的梦想才会变成现实。

## 毅力需要锻炼

**【儿子·说】**

2004年11月3日　　星期三　　晴

打开日记本，我的心里仍然有些懊恼。

因为明天要开全县小学生运动会，下午，我们鼓号队就在老师的带领下到体育场进行排练。由于带着鼓和号,又不能影响交通,我们就一个挨着一个排了个一字长队,这让我们的前进速度慢了好多。到了体育场,打大鼓的同学们已经满头大汗了,老师告诉我们,这次只是练习而已,明天才正式演出,很多同学听了不禁直皱眉头。

在练习的过程中,大鼓把我肩膀压得很疼,另一只手也让鼓槌磨了个泡,更可怜的是每次当我把鼓举起来想松松肩膀,老师就会过来对我说:“你要是坚持不住,下次就别来了!”而每次听到老师的话,我都会有种一走了之的冲动,可想到能进鼓号队是我好不容易争取来的机会,我就又毅然忍受了下来。下午放学时,我觉得肩膀和手火辣辣地疼。

回头想想,老师之所以那样说,可能就是为了锻炼我的毅力吧。我曾经想过放弃,但我仍然坚持了下来。既然今天我坚持了下来,明天我一样能坚持下来,以后照样能!

**【父亲·曰】**

作为父亲,看见你手里的泡,心里的疼是难以言表的,但不论什么事,要有收获,就必须付出。我觉得现在的孩子生活条件好,本是好事,但也出现了一些不好的现象,如过分依赖父母、独立性差,因条件好不思上进、无所事事,娇、骄、横、蛮习气时而有之,这些都是成长的大忌。没有受过苦难,就不会珍惜生活,发奋上进,人经受苦难的大小与成功的大小是成正比的。古人说,要想知道,经过一遭。又说,豪杰出于乡里。面对苦难,要保持一颗平常心,苦难磨炼人的意志和毅力,安逸消磨人的斗志和激情!

毅力是锻炼出来的,不论做什么事都贵在坚持。这两晚你一个人睡觉,感觉一定不一样。你要知道,妈妈不可能永远都陪在你身边,你已经长大了,要学会锻炼自己的意志,坚持就是胜利,只要记得,爸爸妈妈是永远爱你的。

人都是一边受伤一边学会坚强,如果你没有办法战胜对方,或无法改变现状,办法有两个:一是适应他,使他变成你的朋友,让他反过来欣赏你。二是面对他,使他变成你的磨刀石,如果你在他的折磨中能坦然面对,你就学会了在逆境中生存，谁能说这不是一种幸福呢？其实谁都伤害不了你，能伤害你的只有你自己。

## 人生需要揭穿

**【儿子·说】**

2007 年 3 月 14 日　　星期三　　晴转多云

下午课外阅读课，老师组织我们班到学校阅览室自由阅读。由于每周只有一次，每个人就像饿狼扑食一般浏览着各种报纸杂志，从中了解着世态万象，大家通过这个窗口了解世界。当我们都沉浸在阅读的喜悦中时，小丹突然像发现新大陆似地叫了一声："这怎么可能呀！"大家凑过去一看，小丹正在拿着一本过期的《金色年华》杂志，上面有一篇文章《一个被拐卖的女研究生的平淡自述》，说的是 1988 年上海某大学一位女研究生，为了撰写毕业论文，离开了学校，路经郑州，在郑州火车站对面的旅行社里认识了一个自称是开饭馆的，年方十七八岁的姑娘。两人一见如故，非常亲切。在谈话中那姑娘邀约女研究生去山东贩银圆，说是来回只大半天，可赚两百元。女研究生经不起诱惑，见对方年轻，未存戒心，于是同她搭伴去郓城。她万万没想到自己一个堂堂大学的高才生，竟被一个小姑娘，以二千四百八十元卖给一个弓腰缩背的中年人为"妻"。在她失去自由的七十一天里，女研究生虽进行过抗争，但最终还是被强奸。同学们看后，都觉得不可思议，一个女研究生被一个 16 岁的半文盲农村女孩拐卖。一时间阅览室炸了锅，同学们对女研究生被农村女孩拐卖的事儿难以理解，纷纷谴责那个邪恶、贪婪、铤而走险的不法分子，还对女研究生没有拼死反抗颇有微词。我想，事情发生时，我还没出生。那个拐卖她的人固然很坏，但那个强奸她的"丈夫"更是可恶。

**【父亲·曰】**

为什么对眼下一些研究生、女大学生在被拐卖后一筹莫展等问题感到疑惑不解？实际上，今天你们同学们的这些疑问在半个世纪以前，文化巨人鲁迅就向世人发出了“文化杀人”的呐喊，我们不能置若罔闻。对于这个问题，台湾作家刘墉有自己独特的见解。他觉得今天的学校教育，使年轻人听到的圣人、伟人多，知道的人生真相少，造成许多年轻人对现实社会太没戒心，对各种人生的怪象更缺乏免疫力，结果真正进入社会之后，还没起跑，就已经摔倒，遇到挫折与磨难，则难免陷入迷惘和被动。为了增强青少年自身的免疫力，勇敢地面对人生，刘墉创作了《人生的真相》，娓娓道出一个个有趣、辛酸、血淋淋的小故事，揭露了社会、人性和人生的多面复杂性，说出人生最微妙，却也最真实的东西。对涉世未深的青少年颇有警世和启迪作用，如果你有时间，不妨看一看。

就《一个被拐卖的女研究生平淡自述》这篇报道而言，你们除了气愤外，似乎还可以用全方位的视角对事件进行综合性思考以代替同学们习惯的单向性思考。例如，将道德批判深化为社会批判。法律不允许买卖婚姻，爸爸对此并无异议。但爸爸在陇县做法院院长时却发现，买卖婚姻在一定环境下是不可避免的，因而对被迫做出这种选择的农民抱有某种同情。甚至对那些一手导致买卖婚姻悲剧的犯罪者，也会流露出一丝悲悯。因为，贫困的人和富贵的人对婚姻的看法可能不尽相同。当地农民甚至对解决山区“光棍”们人生大事的人口贩子“心存感激”，而对造成这种现象的社会历史条件则漠不关心。这就是人生的真相，但如果自己设身处地想一想，如果惨遭不测的是自己的姐妹或女儿，那该是怎样的撕心裂肺、痛不欲生?!

人生需要揭穿真相。正如刘墉所言，从小父母师长就叮嘱我们，要做好人，要做大事。教导我们亲近好人，远离坏人。我们也就学会了“人的二分法”——好人和坏人。不论看电影、比赛或玩游戏，自己先在心底划分出坏人与好人，敌人与“我们”。问题是，当我们长大了，进入社会，才渐渐发现这“二分法”的不适用。身边的朋友可能成为致命的敌人；本来恨之入骨的敌人，却表现出令我们惊讶的善良的一面。我们开始困惑了，从小“做好人”的道德准则也动摇了，整个人生观和价值观都变得错乱。不再信任别人，甚至我们对每个人都怀有了敌意，我们可能变得自私、孤僻。自私、孤僻正是现代人的通病,它尤其可能成为我们这个社会的通病,因为校内的教育和校外脱了节,使我们无法适应、难以接受。想想看,当有一天,我们自己最敬爱的亲人,竟被人揭发出丑陋的一面时,那心中偶像被毁灭的打击,是何等的残酷!我们却不曾想到:他们也是人,人都有人性的弱点,有善有恶,不是绝对的。人性是多面的,人与人之间的关系是错综复杂的。“横看成岭侧成峰”,善恶、是非与因果,真是千变万化。正因为如此,刘墉在《人生的真相》中谈到了行善,却也强调在行善的同时,要小心被利用。甚至说“善果”未必全出于“善心”。也谈到化敌为友,但同时指出敌人终究是敌人,不能一厢情愿地自己先放松戒备。更再三强调通权达变,在紧要关头采取非常手段的重要性。

刘墉在书中暴露了许多人生的丑恶面。问题是,我们的世界本来就有黑暗与光明,而且几乎对着光明的东西,后面都有着黑影,甚至光越亮,影子越黑。既然是《人生的真相》,当然有好有坏,而且好中见坏,坏中见好。

对于《人生的真相》这本书,很难称之为“励志书”,而应该叫它“砺智书”。如果前者是火,能把铁烧得通红,后者就是水,冷冷地泼上去,使铁能淬炼成钢。如果前者叫大家“冲啊”!这本书则告诉你“小心前面的陷阱”!

《人生的真相》虽然已经揭露了一些真相。但现实生活中可怕的不是真坏人,而是假好人。为了让你擦亮眼睛,避免再上当,爸爸也在日记中多次提到人生的真相。

但爸爸今天还要对你说,劳动的喜悦是世上最大的喜悦。虽然人生充满了许多不如人意的真相,但最大的真相就是活着,而活着最大的悲哀就是被人剥夺了做事的权利。

一位哲人说过,“顺境最能显露邪恶,逆境最能展示美德”。从本质上讲,生存是一场竞赛。秉承“残酷揭穿,直面真实”的原则,把现实撕裂开,陪伴他们走过阵痛,却又能温柔地补上他们内心的缺口。了解人性的真相是一种保护自己的处世智慧。许多人在生活中总是遭受失败,并不是他们的能力不足,或是时运不济,而是他们的想法过于迂腐,相信世界上的每一个人都是好人,结果是一再不知不觉地被蒙骗。人要想过得悠闲自在,就必须了解人性真相，改变人性本善的想法，彻底认清一些人的真面目。拉罗斯福科所说："研究人比研究书更重要。"人是无限复杂的动物，你可以花一辈子的时间去观察、研究他们。

眼下，每当有人在兜售自己的那些励志故事时，我更注意他们背后的故事。因为故事里透露出的文化精神与我们的人生息息相关。最后还想告诉你，如果你能够了解隐藏在人性背后的真相，也就了解了人隐藏的动机，这将是你所能拥有的最了不起的知识，它会为你赢得无数的机会，让你取得更大的成就。

## 不要投机取巧

**【儿子·说】**

2003 年 7 月 15 日　　星期二　　雨

晚饭后，一家人又开始忙碌了，姐姐为了高考而奋斗，在书房里认真地学习，我在客厅写作业，写着写着，发现许多题都不会做，想去问姐姐，可想到姐姐的高考非常重要，现在不能打扰姐姐，最后我就抄了参考答案。

我知道抄答案是不对的，可是我又不想打扰姐姐。晚上我把这事告诉了爸爸妈妈，爸爸妈妈很严肃地对我说：投机取巧害死人，作业不会做就要勤问勤学，不能一有难题就走捷径，抄答案，这样最终会害了自己。

**【父亲·曰】**

投机只能取得一时的成功，但它却种下了灾难的种子，最后必然结出失败的苦果。今天有人与我闲谈，说到人生，他给我讲了一段很有趣的话。他说，人一生要使其具有四种动物的特性，首先要像牛一样干活，任劳任怨，吃苦耐劳。二要像狗一样看家，忠于职守，尽职尽责。三要像兔子一样奔跑，反应敏锐，办事高效。四要像王八一样憋气，忍辱负重，坚韧不屈。人生就应该不畏挫折，不论得失。我觉得他的比喻虽然粗俗，但平实深刻地揭示了做人做事的道理。说明了只有为愿望而努力去做，才是达到目标的唯一途径，懒惰与投机者绝对无法享受成功的欢乐和喜悦。

有几个小孩听了关于天使的故事，一心想当天使，于是就求助于上帝，上帝给了每人一个烛台，叫他们保持烛台光亮，说这样才能够成为天使。孩子们很高兴，都仔细、认真地将烛台擦得很干净，结果一天天过去了，上帝一直没有来，几乎所有的孩子都不去擦拭烛台。有一天，上帝突然造访，他们每个人的烛台都蒙上了厚厚的灰尘，只有一个大家公认的笨小孩，坚持每天擦拭烛台，结果这个笨小孩成了天使。世界上大凡成功者都是比较笨的人。很多时候，捷径看起来像是一颗诱人的蜜糖，吃下去却是致命的毒药。

每个人都有惰性，懒惰是人的劣根性之一。特别是在自己本来就很疲惫的状态下，很容易就会选择最省力的方法，但是省力的后果通常是得不偿失。聪明反被聪明误，说的就是这个道理，其实很多时候，我们还是“傻”一点比较好，因为按部就班地做事总是最稳妥的。现实中，人们总想走捷径，都想投机取巧。但是很多时候，人生绝不可走捷径，因为捷径通常是最坏的路，看似捷径的路也许暗藏着很多难以预测的危险。对于你来说，踏实肯干才是最重要的，不要图省力。因为现在正处在打基础的阶段，如果还没有学会怎么做事，就先学会了投机取巧，那么这个人以后也不会有多大的出息。当有人好心劝你走捷径的时候，要有自己的主见，捷径并非绝对不能走，但是有些捷径是万万不能走的！

那么，怎样防止投机取巧呢？

一是勤奋去做。勤奋中包含了创新，做事不分轻重缓急的人，终难有所作为。我们应该时刻清醒自己在做什么，更为关键的是，必须知道什么事是最重要的。而且要当机立断把它付诸实践，绝不拖沓。人生最有用的就是行动，一生只想不做的人是空想家，注定要失败。人生在行动中会变得精彩，变得丰富，变得完美，变得富有意义。人生是由一个个行动谱写的，而不是由语言组成的。行动之于生命，就如身体之于心脏，只有不断行动，人生才充满活力，充满动力。没有行动，人生如同一束纸花，毫无生机。

二是要有主见。在面对问题的时候，我们身边总会有亲人朋友来帮你出谋划策，当然，这些人主观上都是出于好意的，他们想帮你分担困扰和解决问题。但是，最了解自己的人还是自己，而且很多事情的决定权都在于你自己，自己想怎么做，想做成什么样子，这些事是别人所无法了解和体会的。因此，我们做事情一定要有主见，在听取他人意见的同时，做出自己认为最正确的决定。

三是稳扎稳打。这世界是公平的，一分耕耘一分收获，谁都占不了便宜。对于年轻人来说，事业刚刚起步，必须稳扎稳打，忘我工作。牛顿煮手表、王羲之吃墨、陈景润碰电杆，不是他们笨，而是他们太过专心。心中只有他们从事的工作而忘记了世间的一切，这是一种境界。这种境界对个人而言，所谓的快感和幸福有如天堂般的感觉；对社会而言，乃是人类战胜一切困难和险阻特有的表情，所以我觉得与其说创新创造历史，不如说勤奋创造历史。因此，稳扎稳打首先要给自己选定一个清晰的方向，然后用自己的努力不断去追求梦想，当然这个过程可能是十分痛苦的，因为成功的路上往往布满荆棘。但是只要坚持下去，你一定会收获美好的结果。

## 为自己争取更多的考验机会

**【儿子·说】**

2005年6月10日　星期五　晴

早晨起床后，姐姐的房门闭紧，人也闷闷不乐，好像是昨天晚上爸爸因姐姐考试没考好而批评了她。我不知道姐姐是怎么想的，总想着高考时来个超常发挥，来个惊喜，这怎么行呢？只有把平时的考试当作高考，认真对待，才能更多地积累临考经验和答题技巧。多一次考验机会，就多一份经验积累，我希望姐姐好好思考爸爸所说的话，以便为将来的高考打下坚实的基础。

**【父亲·曰】**

你姐闷闷不乐，爸爸心疼得很！要知道，对我来说，你们的快乐、平安比什么都重要。

现在高考已经结束,我们对你姐姐能够做的就是鼓励和安慰。过去的就让它过去,我们应该面对未来,我想你姐姐通过参加高考,会有深刻的反思,对以后人生会有难以估量的影响和益处。

现在有的学生对考试有逃避和抵触情绪,只要听说考试,心里就烦,心里就紧张,考完后又很后悔,这是不对的,这是心理脆弱的一种表现。心理要坚强,唯一的办法就是为自己争取更多的考试训练机会。考试紧张谁都会有,只是程度不同而已。这种情绪讲道理很不管用,只能通过你自己慢慢去调节,别人的帮助反而会增加紧张情绪,成了"狗熊式"的服务。适用和唯一的办法就是多训练、多体验、多参加,习惯考场和比赛的一切,把考试当作家常便饭,慢慢地,比赛和考试不但会变得正常,还有乐趣,而这种状态就是通过不断比赛训练出来的。这就像一个人到了不熟悉的地方容易紧张一样,如果你熟悉周围的环境和一切,你就一定会沉着应对。更重要的是,多参加这种比赛,习惯了比赛和考试,还能激起人的斗志,使人以一种积极乐观的态度对待多次比赛和考试,一到临赛,就会产生一种跃跃欲试的心理,越是竞赛,越是大赛,状态就会达到最好,也就越容易发挥水平。这样,人生一路比下来,成绩就会越来越好,收获自然也就越来越大。

相反,那种惧怕比赛和考试的人,除了缺乏责任心外,还有就是心理素质过于脆弱。如果一个运动员讨厌、害怕、逃避比赛,那他绝对不会取得好的成绩,这些人既害怕失败,又惧怕成功,总是逃避,到头来只能随时运沉浮,感叹人生艰难。

优秀的人才应该像运动员一样,喜欢挑战,喜欢比赛,总是怀着急不可耐的心情盼着每次比赛,这样就会为自己争取更多的展示、锻炼机会。人生何尝不是如此呢?

# 把自己变成竞争高手

**【儿子·说】**

2005 年 3 月 24 日　　星期四　　阴

今天下午放学做完作业后，妈妈领我到康华培训中心去打乒乓球。刚开始我还没有进入状态，来一个稍快的球我就接不住了，慢慢地，经过热身练习，我觉得自己找回了感觉，已经可以开始比赛了，最后跟教练打的时候，我在动作的发挥上还可以，打了几个又低又旋的扣杀，妈妈和教练一个劲夸我进步快，而且我还学到了一个新的发球技术。我知道自己不能满足和骄傲，而应不断进步，因为人生就像打球一样，存在竞争，不是你输就是我赢，关键是要靠自己不断努力拼搏，相信自己一天更比一天强。

**【父亲·曰】**

竞争会伴随人的一生，无论是你现在的学习，还是以后的工作，时时刻刻都要面临各方面的竞争压力。

一个生存的高手，必定是一个竞争的高手，任何成功都是从竞争中取得的，我很担心你这种容易满足、恐惧困难的心态，会成为你人生路上的阻碍。人生在世，即使富裕阶层的悠闲生活，也都充满着竞争的气味，清朝皇帝的狩猎，汉武大帝的上林苑，唐室宗亲的马术比赛，看似比赛，实则是为防止皇室贵族竞争力的衰败。人在游戏中的行为心态实际上是对待人生、工作、学习最直接的折射，真正的竞争高手在学习、工作中的行为和在游戏中的行为没有什么两样。一个朝代的灭亡，除其他因素外，一个很重要的原因就是统治者缺乏危机感，被太平盛世的假象所迷惑，过上了养尊处优的生活，从内心深处放弃了竞争。

一个人也是如此。想取得成功，首先要把自己变成高手，勇于竞争，敢于竞争，善于竞争。怎么才能做到这一点呢？

第一,要想赢,就要有强烈的竞争意识。竞争意识是成功者的素质之一。古往今来,成功者无一不具有强烈的竞争意识,任何有远见的创新者都具有冒险家的精神。一件事是否能取得成功,关键是看当事人是否有决心让自己成功,世界比萨饼大王,美国企业家汤姆·莫纳汉在其自传中说:“我决心获胜,决心使我们公司的业绩更上一层楼,并击败竞争对手。”无论是什么成功者,这种心态都融化在他们的血液中,成为他们的天性。

第二,要敢赢,就要敢于“冒天下之大不韪”。有竞争意识,只能说你有竞争的内心冲动,要将竞争意识变成现实,还要敢于冒险,思想家为什么常在现实中碰壁,难以成就大事,就是他们比别人想得多,而未能立志把思想变成现实。孔子如此,苏格拉底如此,耶稣也是如此。他们虽然在思想上天马行空,敢于冒天下之大不韪,却在行动上短于竞争,结果往往是失败。马基雅维利在《君主论》中有这样的观点:为达到目的不择手段,虽然那些道貌岸然,看上去正直的政治骗子行动上就是这么干的,骨子里也是这么想的,但他们却要千方百计给他们卑鄙的勾当寻找一个冠冕堂皇的理由,以示他们清高,走正道,其实他们心里很明白真实情况,但他们却想要愚弄、欺骗众人。这有点像制造色彩艳丽的老鼠药的过程,这些人的竞争行为其实是狂热、卑劣、敢为天下先,是给一切肮脏的行为人为地涂上色彩。其实,生活也罢,学习也罢,工作也罢,真正的要旨就在于你在参加一场以生命为长度,以思想为宽度的超越他人的战斗。这里要特别注意,不要因为你的弱小就不敢与别人竞争,弱者有他们自己的生存方式,只要勇敢面对困难和挫折,就会成功,古人不是说“哀兵必胜”吗?

第三,要会赢,就要不安于现状。昨天我说失败是人的特权,有人能经受失败,却经不起胜利,有些人在取得小成就后,就沾沾自喜,不思进取,怠于竞争。殊不知,不进则退,以强者自居者,常常满足现状而不寻求突破,因此也就失去了前进的动力,停滞不前。竞争表面是与别人竞争,本质却是与自己竞争。竞争者都是百折不挠,对自己的梦想孜孜不倦追求的人。失败可以有很多理由,其中最主要的就是自己。

第四,要能赢,就不要恐惧失败。人在失败中要学会坚强,学会思索,学会放弃曾经的原则，学会现实，学会生活。真正善于竞争的人，就是在经历了无数次失败之后，还在失败中不断地奋起，成功的梯子都是由失败搭建起来的。对真正的强者，每一次在失败中都能找到新的起点，都能更上一层楼。对一般人来说，并不是畏惧失败本身，而是在行动之前，恐惧失败的结果，这样的人，永远都不会成功。

第五，要善赢，就要在小事上学会竞争。先制订一个小目标，向它挑战，实现后，再向大目标靠近，就像每次考试，你哪怕比上次多考一分，也算成功。这样，久而久之，你就会在心灵深处培养起竞争的信心和兴趣。不要小看在游戏和小事上的竞争，它可是人生竞争的演练场。

## 有钱难买回头望

**【儿子·说】**

2003 年 7 月 14 日　　星期一　　晴

今天期终考试，第一场考语文。我认认真真地答卷，不会做的题先跳过去，等做完其他的再回头做那些不会做的题。一个多小时过去了，我终于都答完了，检查了三四遍后，就交卷了，我相信自己这次能考好。

下午，小明来我家玩，说他已经把《学·练·考》和数学的《课课练》做完了，而我有的还没有做。爸爸让我先出去玩半个小时，等我回来的时候已经超了 30 分钟。我怕爸爸教训我，就乖乖地把数学《课课练》做完，刚好用了一个小时。然后爸爸给我批改，我就又跑出去玩了。回来后我一看，才得了 57 分，应用题居然连一个对的都没有。爸爸让我改正错题，我磨磨蹭蹭地花了两个小时才把错题改完。爸爸十分生气，狠狠地教训了我一顿：“做学问要认真仔细，尤其是对已经学过和做过的题，应回过头去反复琢磨，完全弄懂，类似的错误不要再犯，这样才能提高得更快。”

**【父亲·曰】**

爸爸很小的时候做事也经常丢三落四，学习往往是前学后忘，常干些骑驴寻驴的事情，你爷爷很是担心。一天，他给我讲了一个猴子掰玉米的故事，说是有一只猴子趁着月色溜进了一块玉米地，想偷些玉米。它到玉米地后，很快就投入到“战斗”中，左手掰一个，夹在右手，右手掰一个，夹在左手，当掰下新的玉米后，总是不经意间又丢掉手里原来拿的玉米。他不停地掰，汗流浃背，直到天色变亮，地里的所有玉米都让它掰完了，可它手里仍然只有两颗玉米。你爷爷当时问我这是为什么，我说猴子笨，不知道把掰的玉米收集起来。你爷爷笑着说，做事要瞻前顾后，不能只管耕耘，不问收获。他要求我不论学习还是做其他事情，做完以后一定要认真检查一遍，整理一下自己的思路，想一想还有什么疏漏和不足需要改进，还有什么需要注意和加强的。从这以后，我就按你爷爷说的，每干一件事情，每学一个知识都要认真回顾、检讨一番，天长日久，竟成习惯，也改正了丢三落四、前松后急的毛病，养成了办事认真的好习惯。别人问我其中的原因，我说其实很简单：有钱难买回头望，只要持之以恒，必有成效。

“有钱难买回头望”是一种为人处世的智慧。你今天做完题后，担心出现错误，认真进行检查，达到了没有错题的效果。这种做法可以使你在回头望中完善做事的思路和方法，起到查漏补缺的效果。人的智慧在不断做事中会得到开发和提高，只知盲目前进，不顾回头总结的人往往会使自己陷入绝境。人们常常容易犯两种错误：一种是沉溺于过去，不知取舍，不知总结过去，以至于过去的包袱越来越重，使他们拖着沉重的包袱难以前行；另一种则是不断抛弃过去，像故事中的猴子一样，这样永远无法真正拥有过去。

“有钱难买回头望”是对自己坚守目标的完善。人在反思中可不断完善，校正未来的方向和目标，回头的目的在于着眼于现在和未来。吾日三省吾身，不仅能发现自身的不足和缺点，端正自己前进的方向，在前进中少走弯路，使自己在边干边想、边想边干中充实自己，完善自我。不光学习是这样，做任何事情结束后，都要认真检查，接受现实的检验，才能达到理想与现实的统一，这样未来的成就会大不相同。

“有钱难买回头望”是通向未来的阶梯。如果你在完成某一件事情后，能平心静气地回顾、欣赏、总结一下自己过去的成就和知识，这样你就会站在一个新的高度和平台。凡事回头望，一方面，可以鼓舞人的斗志，在不断总结、不断自我肯定与否定中磨炼自己，使自己增加对未来的胜算，从而减少对不可预测的未来所产生的恐惧，从心理上增加冒险前进的安全感，所以说赞扬现在和过去的成就，回顾并总结以往的成就，会鼓励人不断前进。另一方面，在蓦然回首的同时，还可能有新的发现。“众里寻他千百度，蓦然回首，那人却在灯火阑珊处。”苏轼说：“不识庐山真面目，只缘身在此山中。”事情过去了就要以一种平和公正的心态去面对。中国为什么历来都有隔代修史的传统，就是为了防止与前朝的恩怨而有失公正。人在事情之中，容易被表象事物所迷惑，被自己的感情所左右，被自己的好恶所影响，但在事情结束之后再冷静观察，身处超然的地位，则往往会得出不一样的结论，防止在人生的旅途中再犯同样的错误。当然，我说的“回头”，并不是要你沉溺于过去，过分纠缠过去，这样就不会有精彩的现在，更不会有美好的未来。

## 学习是一种信仰

**【儿子·说】**

2006 年 8 月 4 日　　星期五　　晴

今天吃过晚饭后，爸爸难得没有去加班，也没去看书，而是拉着我坐下来聊天。这种情形可是从来没有过的，也不知道是不是我什么地方又做错了。

和爸爸聊天时，我的疑虑才打消了。爸爸只是想和我谈谈最近在学校的学习情况和学习的感受。也许是太正式了吧，刚开始我有些话不敢说，但发现爸爸没有平时找我谈话时那么严肃，我的胆子就放开了。爸爸问了我好多问题，比如最近和同学之间的趣事、课间发生的小意外、最近流行的话等等。我都跟他说了，爸爸听得直乐，我也乐了。可当爸爸问我最近有没有不解的问题时，我想了想说：“是有一个问题困扰了我好久，我经常听人说活到老学到老，这是为什么呢？参加工作以前不是学了那么久了吗？”我问出这个问题后，爸爸笑了，说："你能这样问，说明你很有学习的欲望，这点值得表扬，很多人常把这句话放在嘴上，可是却没有多少人做得到。学习其实是一种信仰，它让人生变得温暖。"爸爸好像知道我不理解他说的这句话似的，叫我把这句话记下来，说以后会慢慢理解的。

今天难得有个解开心中谜团的机会，可没想到，又多了一个不理解的问题，那我是不是从现在开始就应该把学习当作一种信仰呢？

**【父亲·曰】**

今天晚上我与你坐下谈话，是因为我发现你最近对学习的兴趣淡了一些，兴趣是最好的老师，如果兴趣淡了，你的成绩必然会下降。所以，我必须及时了解原因。通过与你的谈话，原因我大概找到了，因为你对学习有困惑，你把它当成了一种任务。不只是你，所有把学习当成任务的人面对学习都会感觉到累。所以，我想清楚地告诉你：学习是一种信仰。

有位科学家这样描述智慧："智慧并不产生于学历，而是来自对知识终生不懈的追求。"他将智慧和知识的关系说得很清楚，人活着不能没有智慧，而智慧就来自于不懈的学习。这里的学习不仅仅指狭隘的书本上的学习，还指从一切可以获取知识的人、事、物中学习，只有这样，人的智慧才能不断提高。智慧是一个人生存、生活、成功的根本，对于一个有思想的人来说，失去智慧就等于失去了灵魂。

瑞士人给每个出生的孩子都要开一个账户，在成人之前他们的存款额就是时间。而相比之下，犹太人把知识看得更重要，他们认为"知识是最可靠的财富，是唯一可以随身携带，终生享用不尽的财产"。犹太人教育子女，什么都可以放下，唯独读书学习不能放松，正因为如此，犹太人在经商等各个领域总能达到其他种族所不能达到的高度。现代物理学之父爱因斯坦、计算机之父冯·诺依曼等都是犹太人。可以说犹太人的智慧让全世界的人都感到震惊。

智慧对人如此重要，而要维持智慧不断提高，唯有学习。学习是一种信仰，一种使生活变得更好的信仰。譬如爸爸，从来没有间断过学习，因为我需要不断用新的知识替换我已经落伍的思想,需要向比我更智慧的人学习更好的解决问题的方法,然后把我的所学运用到工作、生活中去,使我的工作圆满完成,为社会做出更多的贡献,体现自己的价值,同时解决生活中遇到的困难和问题,使自己过得开心,家人过得幸福。这样,当我终老时,我仍然会觉得自己年轻,因为我有一颗年轻的心和一颗比年轻人更具智慧的头脑。现在你的学习不仅是积累知识,更是启迪智慧,激发兴趣。但是看看现在你们这些孩子,很多都是把学习当成了一种任务,还有个别说得好听,称学习是他的“事业”。可不管把学习当成什么,唯独没有把学习当成生活,没有把学习与生活联系起来,只知道学习,却不知道用学到的知识、智慧解决生活中的问题。这样的学习,与智慧无关。

有人说:“读书决定一个人的修养和境界。读书可以给人智慧,可以使人勇敢,可以让人温暖……知识不仅给人力量,还给人安全和幸福。”但你要切记,拿在手里的是书,看在眼里、听在耳中、感受在心中的是智慧。学习,就要凝聚智慧,用智慧之眼破开迷雾,追求人生的更高处。这是人一生的信仰。

## 从吃饭看性格

**【儿子·说】**

2005年3月15日　星期二　晴

真是没想到,吃饭也会吃出郁闷来。

最近妈妈出差了,一直没有回来,我们吃饭的问题只好由爸爸来解决。早晨天还没亮,爸爸就起床为我们准备早餐,6点30分闹钟响了,也许是昨天晚上睡得太晚的缘故吧,我觉得特别困,眼睛根本就睁不开。爸爸从厨房过来叫我起床,我迷迷糊糊地答应了一声就睡着了。爸爸将早餐准备好后看我还没起床,又过来叫我,我只好硬着头皮起床了,等我磨磨蹭蹭地穿好衣服,一看闹钟已经7点多了,就急急忙忙地洗把脸,牙也没顾上刷就准备去学校。爸爸看到了，叫住我，让我必须吃早饭。我想，吃完饭再去上学肯定要迟到，那可是要被罚扫地一周的啊！“爸，我不吃了，迟到了！”“不行，不按时起床是你自己造成的，饭必须吃！”“我就不吃！”说完我就准备拎起书包上学。可没想到爸爸比我快多了，一下子将我摁在了餐桌前，“饭必须吃！”爸爸的表情很严肃。“我求您了……”最终，我还是没有拗过爸爸，抹着眼泪吃完了早饭。等到了学校，早读课都快下了。我真后悔，光在家里哭闹就花去了快半个小时。

晚上，王老师来家给我辅导功课，由于来得早，就和我们一起吃晚饭。结果爸爸和王老师都已经吃完了，我的碗里还剩下好多，看到爸爸有些生气，我就赶紧加快吃饭速度，没想到被噎住了，不停地打嗝。

真丢人，我以后一定不再犯今天的错误了！

**【父亲·曰】**

早上起来，由于你母亲出差，我老早就给你准备好了早饭，你起床磨磨唧唧，拖拖拉拉，看时间不够了就不愿意吃饭，又哭又闹，因此，我决定必须让你吃完饭再走，我明知道你会迟到，但我认为，纠正你这方面的错误比你迟到一次更重要。你迟到老师罚你扫地一周，那是你自己造成的，后果你必须自己承担。

吃饭是人最自然的本能，从对吃饭的态度和做法可以看到一个人的性格甚至未来。大凡拒食之人，一般家境都比较好，不知粒粒皆辛苦，办事缺乏激情，缺乏自控力，缺乏追求。较为安逸、满足的生活使他不懂得世事的艰难，安于现状，不思进取，缺乏远大理想。大凡挑食之人，一般都得到家庭溺爱，不明事理，办事随心所欲，以自我为中心，自私娇蛮，不考虑他人感受，爱憎过于明显，缺乏包涵和兼收并蓄的胸怀。大凡慢食之人，一般都精于自身利益，缺乏危机感，办事不专心，不讲效率，心不在焉，性格中典型的“明日复明日”，看不到别人发展对自己的危机，缺乏竞争意识，凡事得过且过，能拖就拖。大凡剩食之人，一般都不重视事情的实效和结果，办事虎头蛇尾，有始无终，稍遇困难就逃避搁置，听之任之，不思解决，不主动追求完美，办事缺乏定力,缺乏精益求精、顽强拼搏的勇气。因此,我常说餐桌上反映一个人的精神风貌和习惯,对一个人的一生影响至关重要,这也是我要求你不不挑食、不慢食、不剩食的主要原因。世界上的事情都是相互联系、相互影响、相互依存。譬如剩食之人,如果形成习惯,他心灵深处的那个习惯就会从潜意识中悄悄溜出来,并给予他以心里暗示,阻止、分化、瓦解其恒心、毅力和意志,使之容易放弃成功的机会和希望,甚至惧怕成功带来的责任和要求。所以,我希望你改正吃饭时的不良习惯,认真对待每食每餐,从餐桌上,从细微处,培养你良好的生活、学习、工作习惯,从而使你担负起自己应该担负的责任。如果你想改变你的世界,那就首先从改变你的生活习惯开始。

晚上吃饭时,我和你王老师已经吃完了,你还有许多未吃。说你吃饭过慢,你又拿起勺子,囫囵吞枣,狼吞虎咽,一时饱嗝不断。我提醒你应当少送快吃,匀速进食,才能优雅舒展,不觉困难。不能吃吃停停,快慢不匀。我觉得你不论吃饭还是学习,一定要盯住目标,持之以恒,千万不能一曝十寒。为此,首先要求你要志向明确,人生每个阶段,都要有自己的目标。目标是人不断前进,愿意忍受苦难之动力和希望。一个人可以把目标分为几个中长期目标,再把每个中长期目标分解成几个中短期目标,然后把中短期目标分解成每月、每周、每天可以执行的任务,然后,紧盯目标,持之以恒。不要急于求成,梦想一步登天,须知罗马不是一天建成的。而要认准目标,锲而不舍,世界上很多事情都是恒心和毅力的俘虏。

前几天,你王老师谈到他的学习经验时说,他并没有刻意去加班加点,但他会在有效的时间内把每天应当掌握的每个知识点都弄通弄懂,精益求精,学习自然就会有好的结果。我深有同感,如果一个人平时不持之以恒,单靠突击和运气,他是成就不了大事的。即使偶尔侥幸,也不会持久。就像学习一样,今天该弄通而未弄通,该做的作业而未做完,日积月累,就会被堆积的问题吓到,最终影响目标的实现。你一直期盼在二十岁之前学有所成,那么就请你从现在起,以三好学生的标准来约束、激励自己,向着你的目标努力。这样,也许不能立竿见影地给你带来明显的好处,但可以肯定的是,如果你养成忽冷忽热、起伏不定的生活习惯,天长日久,你在学习工作中的马虎散漫、不负责任的做事态度就会深入你的灵魂深处，使你做任何事情都随随便便，结果不问自知。所以，请你从现在开始，先从吃饭开始，养成良好的习惯。盯住目标，不言困难，向前不止，从容不迫，锲而不舍，埋头苦干。这样，这种习惯就会潜移默化，不自觉地体现在你的学习与工作中，最终使你终身受益。儿子，我想，你一定会战胜自己！

## 生命在竞争中升华

**【儿子·说】**

2003 年 11 月 10 日　　星期一　　晴

今天体育课上，我们举行了一场别开生面的跳绳比赛。

上课铃一响，老师组织我们做了一些简单的热身运动后，就让我们自由活动。我和几位同学参加了跳绳比赛，开始是我和小伟比赛。裁判口令一响，我们俩就开始快速跳了起来。以前跳绳都只是玩，可今天一比赛，我才知道一分钟到底有多久了。随着跳的次数的增加，我的腿也渐渐变得沉重了，好像灌了铅似的。抬头看看小伟，虽然也没刚开始跳得那么快了，但却比我快一些。看着小伟得意的眼神，我的心里升起了一股倔劲：下一场我一定要赢他！不一会儿，第一轮比赛已经结束了，又轮到我和小伟了。这次，我鼓足了劲，每当觉得腿沉得抬不起来时，我就会告诉自己一定要赢！在我的坚持下，我终于赢了小伟！

下课铃响了，比赛结束了，但我的心里却好像烈火在燃烧。

**【父亲·曰】**

大自然无时无刻都充满了竞争，物竞天择，适者生存，是亘古不变的道理。人作为大自然中的一员，自一出生就自然而然地参与了竞争。因此，为了生存，为了更好地生活，我们必须善于竞争。只有竞争，才能让我们变得强大，生命的价值也才能得以体现。人们常说“爱哭的孩子有奶吃”，爱哭的孩子就是善于竞争者，他用哭声博得了同情，获得了更多的奶水，也就会比别的孩子长得更快、更壮。当母猫产仔后，会对幼仔有不同的照顾。体形大的，得到的奶水最多，而身体弱小的则得到的奶水最少。而我们人类的祖先在面对野兽的攻击和无法防备的自然灾害时，也常常会带走体形健壮的孩子，而留下身体孱弱的。这些虽然只是一种本能，但却是自然竞争的法则。

你一向比较温和，鲜与人争，这让我有些担心。我一直在思考如何教会你与别人竞争。今天看了你的日记，我很欣慰。男儿正当如此，让血液在竞争中沸腾，让生命在竞争中澎湃。

竞争是一件吃力的活，是要付出努力的。你今天和同学比赛跳绳，挥洒的是汗水，关键是坚持；在学习上你和同学竞争，挥洒的是心血，关键还是坚持。要竞争就要有取胜的决心，要取胜就必须努力坚持。只要你努力了，坚持了，就必有成效。

任何竞争的过程也是大浪淘沙的过程，人们常常憎恨那些小的罪恶却对那些大的罪恶无动于衷，要想使生命在竞争中升华就必须找高手一决雌雄。从某种意义上说竞争对手的高低决定了你自己的人生高度。《庄子·胠箧》中说“彼窃钩者诛，窃国者为诸侯；诸侯之门而仁义存焉。”这句话是不是有意思呢？

一切权利不会因你生来就拥有，而是通过努力争取到的。你的付出，是你向这个世界提出要求的先决条件和砝码。

第四章

# 为世真鉴——构建快乐之用

得一人而得天下。

——佚　名

为世之要，在于利己利人，乐群得人，在适应环境的过程中改变环境。快乐的秘方是能让天下人心身快乐，引导孩子融入社会，立己达人。因众人的欢喜而快乐，就会无限地拓宽自己的快乐之源，从而搭建自己的情感网络，使自己快乐的心成为阳光般的能源，去照耀他人，温暖他人，让家人、朋友乃至于更广阔的社会，从自己身上获得一点点欣慰，用天下人的智慧和力量实现自己的人生价值。这种双赢的为世之道，通过“义”与“礼”的发酵，逐渐膨大，从而达到“义礼合一”的境界，才能使自己的快乐无限放大。

# 第一节　乐忍乐独

## 郎心似铁

**【儿子·说】**

2009 年 8 月 17 日　　星期四　　阴转多云

继去年在陇县李家河村体验"穷养"之后，爸爸今年又出新招，暑假刚开始就让我到陇县驻军训练团去体验当兵生活，还美其名曰让我锻炼锻炼。虽说一百个不愿意，但是我还是来了。这几天身着统一迷彩服，几百人仿佛一个模样，加上训练枯燥乏味、简单机械，心里很是不爽，稍有怠慢，总会招来教练的一顿臭骂，还说要为国效力，成为虎狼之师，就必须先有铁的纪律、铁的手段、铁的技能，适应现代战争的要求，这样才能彰显男儿本色，立于不败之地。而要做到这一点关键是要有铁的心肠来落实。什么都是铁的，心能是铁的吗？经过近一个月的训练，下午上级要来检阅训练成果。我们被分成小组，采取循环淘汰的办法决出胜负。我和来后新交的朋友小任分在同组，很是高兴。可在第一轮穿越障碍赛时，小任从不高的软梯上摔了下来，弄得满脸是血，医务人员赶到现场紧急处理，比赛并未因此而停下来，看到这种情况，本已领先的我毫不犹豫地返了回来，没想到小任伤得不重，只是流了点鼻血。他简单处理后又重回赛场，我连忙冲了上去，结果我们小组在第一轮比赛中就惨遭淘汰。坐在观赛席上，大家七嘴八舌地说我简直就是妇人之仁，就连小任也是满脸的不高兴。我做错了吗？难道所谓的成功真的像教练说的要有铁石心肠吗？真是"岂有此理"！

**【父亲·曰】**

真是“岂有此理”！你的不解说明你还没有成熟。平时训练尚可谅解，真的到了战场，一切都难以挽回，这就是几千年来人们耻笑宋襄公“不擒二毛”自取灭亡的原因。曾经有人和我讨论人到底属羊还是属狼，说人的内心其实很柔软，像羊；又说人有时候很果断，甚至残忍，像狼。我反复思量，又不断回头看我所走过的路、经过的事，不禁感慨，人是披着羊皮的狼。一个干大事的人，于外必须如羊一般融入人群，于内却必须如狼一样刚强，甚至残忍。一个人的内心如果像羊一样柔软，必将一事无成，凡成大事者，其心如铁。

其心如铁必须有铁的信念。男人要有改造世界、改造人类的伟大理想信念。这是人间大义。理智是男儿本色，因为这个天下说到底终究还是雄性的天下，一旦雄性失去了理智，以感情驾驭智慧，天下必无久安。现实中个别政治家像妇人一样动不动就抹眼泪，扮爱民之状，其实内心却未必如此，他其实是在拉选票，像王莽一样收买人心。我觉得，博得个人名声不算是真正的男人，如果是男人就会把表演作秀的时间用来感受民之艰辛，想出如何治理看病难、买房难、上学难的办法。

其心如铁必须有铁的意志。这主要体现人在探索人类世界发展的规律运行法则，寻求把握改造世界的真理的过程中所体现的勇气和胆识。这是人间大道。如果毛泽东当年遵照“父母在，不出游”的传统，未从韶山走出来，就不会踏上革命之路，也就不会有后来的领袖地位；如果刘邦面对即将被油炸的父亲而缴械投降，那么楚汉相争的历史就未必存在，他更不会有汉朝开国皇帝之尊位；如果周文王在被囚期间，没有亲口食其子伯邑考之肉做的肉饼，就在劫难逃，宏图难展，更不会易殷立周。因此，想干成事的人，要能抛得下亲情、友情和感情，否则人的一生就会羁绊于针线圃篮①中而难以解脱。

其心如铁必须有铁的情感。面对爱情，多少英雄豪杰拜倒在石榴裙下，

①针线圃篮，陕西方言，旧时妇女用来装针线等器具的篮子，今天仍有极少部分妇女在沿用，以往多用竹子、藤条编制为篮子状，是以有此名称。

夏朝妺喜、殷朝妲己软化了君王骨头，李后主多愁善感、寄情诗词。面对友情，很多政治家都深谙远交近攻，对同僚和身边的人猜忌怀疑，对与己无关的人或外集团的人大度宽容。历代干大事的人，都没有真正的朋友，所以都显得十分孤独。在情感方面，他们的朋友多数为草根，只有在他们中间，他才会露出本真的一面，而宽容往往来自对手，对本阵营的人，更多的是弹劾、打压，甚至杀害。这样也就不难理解慈禧太后为何公然叫嚣“宁为洋奴，不为家奴”了，因为洋人要的是金钱和土地，家奴要的是江山、权力和性命，两者相较取其轻。在慈禧太后看来，给洋人还是比较合算。反观项羽，始终秉着贵族身份和兄弟之义，可谓一片仁慈、绅士之风，可惜在泼皮无赖的刘邦面前也只能仓皇败下阵来，上演一出徒叹天绝于我的悲剧。他的失败就在于郎心如玉。

其心如铁必须有铁的自律。男人的争权夺利，最终就是要争得对整个事情、整个世界制定标准的权力。书本上的英雄，只能是道德上的判断，而不应该成为历史中的定义，创造历史的人不一定是道德上的圣人，但绝不会是虚伪的绅士。人们往往懂得这个道理，但在文化认同或潜意识中却存在着差异，同为中华民族三大始祖的黄帝、蚩尤，在一般人眼中，前者是圣人，是祖先，后者则是败类，是恶魔，多少历史的真实往往被道德这面大旗掩盖了真相。被儒家尊为道德楷模的周文王，其实在汉朝以前并不是道德楷模，他也曾用铁血手段杀害企图摆脱其统治的流民；被称为道德完人的曾国藩，不也为了权谋和稳定军心，杀害最早跟随其一起东征西讨，甚至对其有救命之恩的李元度，置国家利益于不顾。

其心如铁必须有铁的荣誉。在生存的法则里面没有软弱和退让，只有谁更狠，所以，没有钢铁般的意志难成大事。男人应像关汉卿说的是个“蒸不烂、煮不熟、捶不扁、炒不暴、响当当一粒铜豌豆”。男人，要有一股舍我其谁的自信，要有百折不挠的苦干精神，这样，就没有成不了的事。

# 寡言而修身

【儿子·说】

2005年4月15日　星期五　晴

今天上午学校举办了一次作文大赛,要求我们在一节课的时间内写出一篇对母校的建议的文章,要写得具体。我思考了一会儿,写下五点建议,我想学校如果能做到,那么我们的学校一定会更棒。我提出的建议如下:一是节约用水;二是开放图书馆;三是维修护栏;四是开放信息课;五是餐厅墙壁上要挂上卫生许可证。

通过今天的事,我终于感觉到自己也是学校中重要的一分子!

【父亲·曰】

今天学校开展的给学校提建议的活动很好,它可以培养学生的责任心和主人翁意识,给学生畅所欲言的机会。你提出的五条建议也很符合学校的实际。针对你提出的建议,我认为:首先,要对自己的建议进行调查,摆事实,讲危害,提出改进意见。是否可针对节约用水、维修护栏成立一个活动小组,倡议大家及时检查水龙头是否关好,自己动手维修护栏;针对开放图书馆和信息课,应提出如何增加丰富的课外活动内容;针对餐厅的卫生情况,应提出学生要参与卫生监督等,这些都可以以"红领巾"的名义进行,总之要以自己的实际行动来改变学校管理中的漏洞。其次,应该把对学校建议改进的范围说得更为广泛。你提的意见大多集中在学校管理的表层,而忽视了学校的主体是学生和老师。学生应该注意哪些行为,老师的教学如何与现在提出的素质教育相结合,学校应该怎样做才能提高学校的竞争力。说到底,学校的竞争就是老师和学生素质的竞争,要注意针对现代学校教育体制、方法、管理方面的问题提出自己的想法,并在力所能及的范围内用行动去改变。当然,我说的这两点,是站在局外人的立场提出问题、解决问题,现实往往不是这样。从古至今,多嘴多舌、自以为是的人并不讨人喜欢。从秦始皇的焚书坑儒到清朝的文字狱无不说明这一点。至于上书提建议意见,从战国开始就已经盛行,有直言人君之长短的谏言,有揭露僚臣得失的诉讼,有陈述国家利害的对策,有利用私情打动人心的游说,有提出兴国安邦的策略。这些做法虽然动机各异,但总给人以卖弄诚志来猎取地位,靠耍嘴皮子来牟取利禄之嫌,很可能不仅得不到好处,反而会招来意外。如果陈述的意见侥幸被采纳,开始人君可能为表明其广纳贤言而给予其好处,但终究会得到意想不到的惩罚,古代张良、韩信、文仲、商鞅、张居正、康有为,无不在他们的利用价值消失之后而自食谏言之苦果。所以,从古到今,大凡事业有成者,多以议论时政为耻。

我倒欣赏有好的建议就直接找最高统治者面对面地交谈,丘吉尔在谈到他的成功经验时,特别强调他有事就直接找能解决事情的人,而不假借他人之名去沟通。正所谓阎王好见,小鬼难磨,这就避免了在交流沟通中出现与自己想法不一致被别人利用诬陷的可能。这也是古往今来许多近臣得宠的原因,这里面包含着行多于言的道理。因为你提的建议或许涉及他人的私人利益,无形中给他人以压力,侵犯了他人的私人空间,使其从内心对你产生反感,为友谊的破裂埋下伏笔。因此,我认为你应该把精力放在自己的事情上,扎实认真地做好自己的事情,用你自身散发出来的魅力和行动去赢得你想要的东西,而不是靠华丽的言辞哗众取宠。

## 学会容忍

**【儿子·说】**

2004年6月18日　　星期五　晴

早上,爸爸给我讲了历史上各朝各代帝王将相的故事,我听得津津有味,好像回到了几千年前,我正翱翔在历史的天空上,向下一看,呀!真热闹,原来正在举行新皇帝登基大典,两旁的护卫威风凛凛,文武百官跪拜高呼“吾皇万岁万岁万万岁”。我又记起老师教的一首朝代歌:夏商与西周,东周分两段,春秋和战国,一统秦两汉,三分魏蜀吴,二晋前后延,南北朝并列,隋唐五代传,宋元明清后,皇朝至此完。

晚上,爸爸又给我讲了晋国介子推割股献君的故事:晋献公死后,他的儿子们因争夺王位而引起内乱,献公的次子重耳被迫逃亡国外,跟从他的侍臣只有介子推等,护卫着他,始终不离左右。他们连日逃难,人困马乏,侍臣们看到主子重耳饥饿痛苦的样子,很是焦急,四处觅求食物,奔波了很久却一无所获。介子推心里很难过,便悄悄避开众人,拿出利刀,在自己身上割了一块肉,煮成羹汤,双手捧给早已饿得头脑发昏的重耳。重耳端过就喝,喝完后面呈喜色,满足地一抹嘴,口里连连称好,后来才明白是介子推所为,大受感动。

我听后为我国古代有这样的仁人志士而感动和自豪,更为他们忍辱负重、伺机东山再起的志向而感动。

**【父亲·曰】**

周文王被囚演八卦,越王勾践卧薪尝胆大败吴国,而那些路遇不平、拔刀而起的匹夫则难成大事。且看千古一帝秦始皇,他生于赵国邯郸,其父子楚为人质,出生之谜使其难堪,其母淫乱,吕不韦专权,这一切带来的耻辱感、压抑感,不但没有使年轻的秦王屈服,反而培养和造就了他的忍耐力。因为当时他还太小,国家运行不得不靠吕不韦维持,秦王从大局出发,忍耐心理得到了加强、锻炼和发挥。但是,秦王并不是在沉默忍耐中屈服,而是在等待时机,积蓄力量,在忍耐中为铲除吕不韦做思想和物质准备。可当忍耐到了极限,铲除吕氏之后,便会发展到反面,表现为多疑和进攻,表现为顺我者昌,逆我者亡,迅速将自己的意志转化为行动。秦王通过十几年的南征北战,灭六国而统一全国,对中国历史做出了巨大贡献。可以毫不夸张地说:忍耐是秦王成功的一个重要心理素质,不但对其后来的统治心理造成了深远影响,也为后世成就大业的人树立了一个榜样,这便是一种处变不惊的人生境界。

人们往往在困难和灾难面前表现得更为坚强、更为团结、更为理智,不易迷失方向，而在幸福和荣誉面前，则表现得更为懦弱、更为自私、更为情绪化，容易被利用、被诱惑，而产生懈怠和懒惰心理，得过且过，不思进取。这样，一切悲剧都有可能发生，在一个社会组织里，人往往对敌人比对自己的人更为宽容。

人生在世，不喜欢而必须做的事情十之八九，且一味随心所欲必对社会无益。如果每个人都随心所欲，社会就会无序，将来受苦遭殃的还是我们自己。共同的利益使人们学会了妥协，学会了容忍，学会了言不由衷，学会了文明，学会了遵守游戏规则，学会了忍耐，这一切都是不想为而为之。

成功的男人到处张扬，失败的男人落寞失控，喜怒哀乐不形于色才是男儿本色。为人处事如此，学习更该如此，全身心投入需要自控力到达一种无我的癫疯状态，所以古人讲，“不成魔，难成佛”。无论干什么事情，都要融入其中，又要超脱其外，前者是为了感受生命的精髓与过程，后者是为了感受生命的浮华与美妙。

请记住：忍无可忍时，请重新再忍。因为容忍，在人生旅途中，难免有许多失志和困惑。生命在宁静中得以孕育，也终归于宁静，能在蹉跎磨难中踏平岁月的坎坷，守住宁静；能在红尘迷离中安然独存，才会有披蓑戴笠、独钓寒江的闲适与从容，才会有宠辱皆忘、看云卷云舒的恬淡与轻灵，才会有晚风拂柳、残阳听笛的淡雅。

## 遇事要冷静

**【儿子·说】**

2003 年 10 月 4 日　　星期六　　晴

为了接受爸爸的检查，我把他布置的背诵内容背得滚瓜烂熟。吃饭前，爸爸先让我背诵一遍，然后又让我默写一遍。由于心慌，默写时把第四句忘了，最后又看了一遍才记了下来。自己明明背得很熟的东西，居然还是出错，犯这样低级的错误真是不可饶恕的，这只是一件小事，要是大事，因为这么一点差错，导致全盘皆输，那是多么可惜啊，可能连后悔的机会也没有了。所以，我今后一定要养成处事不惊不慌的好习惯。

**【父亲·曰】**

儿子，我想今天的事已经给了你启示：遇到任何事情，都要冷静，不要慌、不要急，稳扎稳打，这样才会“百战不殆”。要想立足于世，精神寂寞就难以避免，唯有不屈不挠，遇事冷静才可走向辉煌。你读历史就会知道，性格决定命运，遇事冷静是成就事业的重要品质。

你现在生活于和平年代，父慈母爱，从未受过挫折，可以说过着“锦衣玉食”的生活。生活过分安逸，会使人缺乏斗志，觉得这一切都是自然而然的事而不思进取。因此，在生活、学习和工作中，要保持斗志就要“自找罪受”，每天干一两件自己不喜欢或不愿做的事情，形成欲望和现实的冲突，在冲突中感受生活，锻炼忍耐力。就像现在，你不想写日记了，这是欲望所致，如果你把它当作事业，当作交朋友，当作锻炼耐力的办法，你就会坦然面对，主动出击。准备进攻的雄鹰腾飞前都会先收起翅膀，就像人在忍耐中等待人生爆发的最佳时机，从而一飞冲天，坚持就会成功！无论我们干什么事业，都免不了遇到各种危机、挑战、诱惑或其他让人气愤和头痛的事。越是这种时候，越是你个人发展的转折点。这样的时刻，能验证个人的素质和能力，而你的素质和能力只有在头脑清醒的情况下才能正常甚至超常发挥，所以说，关键时刻务必保持冷静。

## 控制自己的情感

**【儿子·说】**

2004 年 12 月 7 日　　星期二　　晴

晚上爸爸请我看了一部电影，名字叫作《亚历山大》。主人公亚历山大是一个非常伟大、非常聪明的人。他通过东征西讨占领了印度河以内的所有地方，那么广阔的领土都归他所有，按理来说，只要好好经营，他就可以长久地稳坐江山。可是后来，他每天沉迷于酒色，荒废了朝政，百姓生活苦不堪言，而他自己最后也患病去世，死时他才33岁。看完电影后我想：为什么英雄人物打下江山之后总是那么骄傲自满，最后导致自己的江山又轻易地被别人夺取呢？这也许就是古人所说的“打江山易，守江山难”的道理吧。

**【父亲·曰】**

今晚，咱爷俩看的《亚历山大》这部电影，使我们又看到了一个“自古英雄出少年”的神话。你感叹他历经磨难，英年早逝，我完全赞同。亚历山大与其说是神勇的化身，不如说是悲情的主角。一个受情感左右的人最终会成为悲剧的主角。因为，荣誉是历史的，情感是自己的，前者如同胸前的勋章，后者却是内心的家园。

在今年的第28届奥运会中，乒乓球男单决赛中王皓输给了韩国选手柳承敏。我只观看了两人的半决赛状况，在决赛前一天，同事问我，谁将称王，听到问话，我未加思索地说：“柳承敏必胜。”同事不解也不服，在一般人看来，不论是从技术还是之前双方交手情况看，王皓都是胜券在握。待到第二天决赛时，柳承敏一路领先，无论王皓如何奋力反击，也难有回天之力，最终败下阵来，赛毕同事问我何故，我说：“半决赛时，柳愈战愈勇，毫不畏惧世界名将，一副舍我其谁的霸主气势，轻松淋漓且眼中透出一股杀气，浑身上下充满了霸气。而王皓则给人以缩手缩脚患得患失之感，缺乏王者之气，结果可想而知。”同事听了似懂非懂，一味叹息王皓运气不济，实在可惜。

古人讲浩然之气，什么是浩然之气？就是能吞下整个世界的气势。这件事说明，高手之间的争斗，主要是心理之争。人的磨炼很大程度上是在聚集自信、聚集霸气，不论干什么事，要想取得成效，必须要有忘我的境界，投入其中，勇敢大胆，无畏无我，更多的时候这比智慧、技能、环境更加重要。在内心深处要腾起一种自己是宇宙之王、傲视一切、横视群雄的豪迈气魄，并且相信自己就是世界独一无二的宇宙之王，才能把整个世界当成自己的舞台，尽情放手一搏，敢打敢拼，取得最后的胜利。

# 要能坐得住

**【儿子·说】**

2004年9月2日　　星期四　　晴

今天是开学的第一天，我大步走进教室，觉得上了五年级就应该有高年级学生的样子，而且老师也换了。内心里既觉得忐忑又有些兴奋，大家坐在一起，想象着五年级的生活，每个人心里想的肯定都不一样，但每个人心里肯定都会有新的学习计划、新的学习目标。

老师带领我们几个同学把新书搬到教室，新书刚一发到手，有的人就迫不及待地给新书包了书皮，看起来都十分珍惜新书。还有一部分同学翻开书本如饥似渴地读了起来，大家都被新学期浓浓的学习气氛感染了。我觉得，新学期同学们最大的变化是不论在什么环境下读书，都能坐得住了。使那些平时过于好动的"属猴"的同学都不好意思"纷扰"大家了。在这样的气氛中读书学习，每个人都会有大的收获。新学期开始，我要努力加油！

**【父亲·曰】**

人生在世，要能耐得住寂寞，要有坐得住的毅力。人生大多讲究"站得起"，而对"坐得住"却不以为然，这就大错特错了，坐是前提，站是结果。也正因为如此，甘于寂寞者不乏强烈的自尊心和自制力。他们不但能在寂寞中默默地耕耘，还能用良知和理性严格地塑造自己、鞭策自己和完善自己。

杜甫在颠沛流离中写下的"万里悲秋常作客，百年多病独登台"等许多千古绝唱，可以说是他一生寂寞淡泊的生动注释。孟浩然抱怨"不才名主弃"，是不甘待在寂寞幽人的乡间，而"开轩面场圃，把酒话桑麻"时，又是多么的意态安闲。陶渊明隐居时，在南山下种一片天地，每天早晨，拿着锄头干一天，傍晚载月而归；闲暇时，观景赏菊，吟诗交友，排遣寂寞，生活中充满了田园情趣。

你现在学习很用功，但“坐得住”的功夫还要加强。如果你面对学习和生活，能很快入座入境，心神两静，那你就已经掌握了学习、干事的诀窍。爸爸多次说你学习、办事的战线拉得太长，实际上就是说你入座入境的时间太长，佛家讲“坐禅”，道家讲“忘坐”“无为”，其实也就是教人心往一处，丢弃多余而无用、有害而无益之处。人一生需要做的事情很多，难以取舍，但多而不专不精，必定多而无用无益，甚至有害。如果能坐得住，静静地心系一处，达到忘记一切杂念的境界，这本身就是一种德才双修。关键是要坐得住，又能心如止水。而要达到这种境界，还要靠练习和坚持，练坐也要花费气力和耐性，但毕竟有益。真正能坐得住、坐得下、坐得久的人更加能接近智者。如果你能坐得住，那么什么学习困难与生活苦难，就都不在话下。

人生在世，谁也难免感到寂寞，能不为寂寞所伤，不在寂寞中消沉，学会走出寂寞，把生活调节得有滋有味，将一定是个幸福的人。

## 要敢于独断

**【儿子·说】**

2003 年 7 月 17 日　　星期四　　晴

老师安排我们几个班干部布置教室，准备一次班级内部的文艺活动，来活跃学习气氛，增强同学之间的交流与合作。布置教室的过程中，学习委员建议用彩色的纸将灯管包住，使灯管发出五颜六色的光，这样看起来教室里就会更加漂亮。其他几个班干部也同意他的建议，说：“这样做的话，同学表演的节目就会更加精彩漂亮。”而我认为这样做会使教室光线变暗，反而会影响表演效果，因而不同意他们的想法。而其他人却坚持他们的想法，后来我们决定按学习委员说的做。结果到小洋朗诵诗歌的时候，由于光线太暗，看不清，他表现得很紧张，错了好几处。他们这才发现我的想法是对的，但已经晚了。不过，整体上说，这次活动搞得还是比较成功的。

晚上，我看漫画版《韩非子说》，很快就投入了进去。不知过了多久，爸爸检查完了数学试卷，很幽默地说："你的数学试卷错得很丰富嘛!"我很不好意思，赶紧改正错题。改完错题后爸爸让我说说我刚看的内容。我立刻认真起来，思考了一会儿才开始给爸爸讲。由于爸爸对"明聪独断可为王"这句话很感兴趣，我就讲得最详细。这句话的本意是能看清别人看不见的东西，叫作明，能听懂别人听不懂的东西叫作聪，遇到事情只要自行决断就可以领导天下。这个故事说明了具有领导才能者，都眼光独到，判断正确，自信而不自大，谨慎而不犹豫；能带领群众发挥高度群体的精神。我想我一定要做一个明聪而独断的人，自己的事情自己做主，不要别人说什么话我都听，那是给别人长胆识，而不是给自己长胆识。爸爸一边听一边点头，我也觉得很有成就感。

【父亲·曰】

今天，我说你错得很丰富，实际上也是对你做题不专心的幽默地提醒，希望你能注意。幽默的人生其实是很认真的人生，没有认真的人生，就不会有幽默的人生，只能是耍嘴皮、玩把戏的人生，而这种人生则是世人所鄙视的人生，这点请你务必记住，不论干什么事，都要认真，而不能马虎。

你今天说到了韩非子"明聪独断可为王"，实际上是说出了一个人生大问题，人生要敢于独断。而要独断，必须经过三个阶段。

一是要形成自己的主见。成大事者，与你想的不一样。我就是自己，这是一切巨人内心的动力。最重要的是你要明白，在所有朋友当中，知识是最可信赖的朋友。知识可以使你的主见更加富于远见和超前意识。没有超前意识，只能任命运摆布。

二是要坚持自己的主张。一个人一生不论干什么事，都要坚持自己的主张，不能人云亦云。主张在人生关键时候就是一面旗帜，如果你有了一个主张，并且坚持到底，你后边就会拥有追随者。有主张的人是大家的精神依赖，注定会成为人中之龙，问题是你的主张必须与某个时代大家潜在的心声相一致。很多时候，成功者失败的原因并不是能力低下、力量薄弱，而是信心不足、缺乏自信、优柔寡断，还没有上战场，就先败下阵来。而那些随声附和者如盲人一般的行径更是惹人耻笑。不如别人不要紧,可以通过努力赶上并超越别人。但如果对别人只是一味地毫无主见、随声附和的话,最终是难成大事。要记住:人活于逆流而上,而死于随波逐流。

三是要敢于善于独断。敢于独断其实也是敢于负责,这也是历来成大事者必备的品质之一。对于国家来讲,独断的弊端已经为人熟知,凡有权者都喜欢独断,这是人类的天性。对当权者来说,分权制约都是斗争的结果,是一种无奈的平衡。然而,从另一方面来说,独断并非一无可取,当你的能力、智慧高于普通大众时,独断往往能创造奇迹。大凡有抱负、有成就的人就把独断当作成事的品质。李鸿章生当乱世,深感权力受到制约的痛苦,因此他提倡有限的独断,“亦有不可不长顾远虑,出自独断者”。的确,乱世中若无号令一切的权力,不能力排众议去做,必会在议论争执中丧失机遇,那肯定就没有通力合作的时候。有感于此,就在前些年社会上对改革开放“姓资姓社”问题争得面红耳赤时,邓小平就高明地提出“不争议”的办法。

对于个人来说,独断是成熟的标志之一,也是对自己的选择负责的一种表现,它是对自己才智胆识的充分自信。但是,对他人的意见和建议仍要虚心听取、认真对待,作为决策参考,但最后的决定一定要出于自己,有时也会迫于压力暂时退让,但目标绝不能变。古时朱元璋下令不得用军粮酿酒,有一在外领兵数万的将军之子违令当斩,部下曰,“恐其父反”,朱元璋回答,“宁可其父反,不能使令废”,遂杀。

独断一般是站立在“明”和“聪”的基础之上。如果一个人从小就习惯于“兼听则明”,习惯于独断专行,那么,随着时间的推移,他定能聚集别人所没有的王者之气,往往他的气势就会压倒别人。因此,你从现在起不论什么事,都应该自己多拿主张。在拿主意的时候不要忘记,自己的主意无论好坏都要负起责任。一般情况下,主意既定,不要随便改变,朝令夕改会给人以不成熟、不可靠的感觉。

# 冲动是魔鬼

【儿子·说】

2006年6月12日　　星期一　　晴

课间休息时我发现同桌拿了一本心理学杂志，随手打开看了看，觉得挺有意思，尤其是其中一篇叫作《踢猫效应》的文章给我留下了深刻印象。我简单抄录了一下：

某公司董事长为了重整公司的一切事务，许诺自己将早到晚回。有一次，他看报看得太入迷以至忘了时间，事出突然，为了不迟到，他在公路上超速驾驶，结果被警察开了罚单，最后还是误了时间。这位老董愤怒之极，回到办公室时，为了转移别人的注意力，他将销售经理叫到办公室训斥了一番。销售经理挨训之后，气急败坏地走出老董办公室，将秘书叫到自己的办公室并对他挑剔一番。秘书无缘无故被人挑剔，自然是一肚子气，就故意找接线员的茬。接线员无可奈何垂头丧气地回到家，对着自己的儿子大发雷霆。儿子莫名其妙地被父亲痛斥之后，也很恼火，便将自己家里的猫狠狠地踢了一脚。

可怜的猫，招谁惹谁了？

【父亲·曰】

自然界中，大鱼吃小鱼，小鱼吃虾米，弱肉强食，已形成了一条生物链，各种动植物相互依存又相互制约，保障了自然界物种的数量平衡。在人类社会中也存在一条类似的关系链，而这条关系链比自然界中的生物链更加复杂，也正是通过这种关系链，个人与社会才有了具体的联系。在这条关系链中，情绪是引发矛盾最直接的导体，你抄录的故事就是这样的一种表现。

人际关系中，最不稳定的因素就是情绪，它具有不可控性，往往会使人因小失大。所以，无论什么时候，都要管理好自己的情绪，不要做情绪的奴隶。要永远记住:不能恃强凌弱,冲动是魔鬼!冲动意味着失去理智,意气用事所导致的结果往往是出乎意料的。

当然,喜怒哀乐是人的正常本性。正因为人有着丰富的情感,人与人之间、人与社会之间才能构成一种和谐的氛围。但是,易冲动,动不动就发怒,绝不是一种好的品质。冲动不但不会从根本上解决问题,还会使事物走向反面,甚至伤害到你的朋友和亲人,到头来令自己追悔莫及。遇事“三思而后行”是控制冲动最好的方法。我们应当学一学林则徐的“制怒”和郑板桥的“难得糊涂”。

每当你无法控制自己的情绪时,要学会管住嘴巴,平衡心态,化解痛苦,久而久之你就会生出宽容和大度来。冲动是一种理智的迷失,是人生中的大敌。人的一生经常会遇到个人利益受到他人有意或无意的侵害,如果你控制不住急躁和鲁莽的情绪,不甘于面对和忍耐,动不动就发怒、大动干戈,你将永远生活在无尽的烦恼和悔恨之中。学会自警自戒,善于控制冲动,是一种心态的调整、性格的修养和精神的净化。

所以,自觉地培养和锻炼自己的意志力、控制力,形成良好的心理素质,是成就事业的前提,也是享受健康人生的基石。

## 要对得起失败

**【儿子·说】**

2005 年 5 月 4 日　　星期三　　晴

早上上课的时候,老师说 5 月 6 日进行期中考试,因为我们还有一点课程没有学完,所以要抓紧时间,先学完教学规定的内容。在这个过程当中,自己要把已经学过的内容抽时间复习,要不然后边复习的时间可能比较紧张。

以前的考试中,我的成绩有时不太理想,但是我并没有灰心,也没有放弃,只是把它当作一次检查自己得失的机会。所以我暗下决心,这次要提前开始复习，把所学的知识仔细地、系统地过一遍，扎实地复习，争取能考个好成绩。

【父亲·曰】

今天老师说5月6日进行期中考试，还有两天时间可让你对所学的知识进行归纳、整理、复习，希望你能抓住这次机会，取得一个好名次。前几次你考试成绩不理想，我觉得是你没有发挥出自己的水平。为此我训斥过你，目的是让你重视考试，取得好成绩，对你的学习有个交代。我曾说过，失败是成功之母，失败中孕育着成功，但失败要付出代价，有时甚至是毁其一生的代价，正因为如此，人们才渴望成功。

失败如何孕育成功？应该是失败后需要深刻检讨的问题。是水牛掉井，自我放弃；还是凤凰涅槃，浴火重生？是好了伤疤忘了痛，还是积蓄力量破茧成蝶？我觉得失败后要有动力，痛苦之后应该反思自己的不足，全面改进，力求精益求精。现在你最大的问题就是定力不足，缺乏学习精神。失败一次并不可怕，可怕的是经常失败，习惯于失败。人应把失败当成锻炼自己的烈火，不在烈火中永生，就在烈火中死亡。

人在不断的挫折面前，从一个稚嫩的男孩走向成熟的男人。失败带给人的屈辱不言而喻，它用自身的毁灭向人们揭示成功的美好，警示失败者以此为戒。但奇怪的是，在现实生活中，有的人每成功一次，智商就下降一次，每失败一次，智商就增加一次。二战时期日本人在中国所犯的累累罪行至今让人愤恨，但他们的武士道精神却深入每个人的内心，他们面对失败常以剖腹自杀谢罪，他们用残忍的死亡向人们昭示着成功的美好。如果失败者不能从失败中获得成功的力量，失败就毫无意义，至多只能留下笑柄和唾骂罢了，因此，失败对于强者来说只是一块垫脚石，对于弱者来说则是万丈深渊。

没有哪个成功者面对危机会丧失信心。成功者之所以能成功，就在于他立志要成功。失败只能证明一件事，你对成功的决心和渴望还不够强烈。提醒你，求胜的秘诀在于坚信自己才是成功的唯一资源和理由，才是生活的战胜者，只要努力，信心百倍，信念坚定，就绝不会失败，只有这样，才能对得起曾经的失败。

## 学会妥协

**【儿子·说】**

2004 年 10 月 18 日　　星期一　　晴

下午，王老师到家来给我辅导功课，我认认真真地听老师讲解，把老师讲的每一道题都记在脑海里。当讲到最后一道题时，我提出了不同的看法，坚信自己的理解是正确的，并给老师讲了我做这道题的思路和方法，满以为老师会表扬我，但老师笑了笑说："按照大多数同学的常规思路，你想的没有错，但这道题有一个隐藏的条件，容易使学生走入误区。"

最后我让王老师认真地给我讲解了这道题，我明白了这一类题的解题方法和注意事项，也为自己刚才的据理力争向老师道了歉。我相信自己以后不会再犯这类错误了。

**【父亲·曰】**

最成功的谈判就是让步和妥协，只是方法和策略有所不同。爸爸年轻的时候，总以为自己才华横溢，常拿阿基米德的"如果给我一个支点，我可以撬动地球"这句话来鼓励自己，却很难客观地认识自己、对待自己，总把不如意和不顺心归结为客观因素，并且天真地想用自己的价值观和认定的方式改变现状，结果反倒自己落了许多的不是。为此也曾痛苦过，还对着你祖父哭过鼻子，觉得很委屈。但心里仍不愿妥协，以为自己是未来的拿破仑，成名前的司马迁。于是继续特立独行，日夜为心中的国家操劳思索，一年休假不到 10 天，并以少年的情怀，对待金钱如粪土，对待领导不愿摧眉折腰，对待工作眼高手低，对待感情潇洒飘逸，这样当然难被环境所容，被他人接受。

随着岁月流逝，我在反复的痛苦和徘徊中逐步懂得把那些梦想藏在心中,知道了适应环境,而不是让环境适应自己,体会了人生不会永远像彩蝶飞舞一般快乐,学会了自知之明的重要性。即便如此,我还在坚持我心中的梦想和我人生所遵循的原则,只是我愿意妥协了,易于与人沟通了,学会了生活并懂得了人生。也使我对妥协有了新的认识:

首先,妥协是一种坚持。妥协的基础是永不气馁。妥协并不是放弃,而是在知己知彼的基础上达成的一种共识,其中潜藏着一种坚持,这种坚持可以理解为一种坚定的决心,对准目标,迂回前进,即无论怎样,人生还要继续,可以妥协,但绝不放弃,直到达成共识。

其次,妥协是一种双赢。愿意妥协其实也是尊重他人价值观念的一种途径。大凡国与国之间,不是建立在利益而是建立在思想上的分歧,从根本上来说对国家是十分有害的,人们在思想上的不妥协给民族和大众带来的灾难往往是难以控制的。它只能带来争斗和战争,而不能带来双赢。而人与人之间又何尝不是如此,中国历来朝代更替,战争不断,除却其他原因,重要的问题就是统治双方难以妥协而进入了以暴制暴的怪圈,结果一方今日的胜利,又酝酿着他日的失败,变换的是统治集团,受苦的是平民百姓。

再次,妥协是一种境界。如果没有妥协,除非是在专制之下,否则任何事都难以完成,而这就要有海纳百川的心胸,古人讲"水至清则无鱼,人至察则无徒",斤斤计较只会自毁人生。大凡优秀的东西都有点怪,榴莲是果中精品,却味臭恶心;玫瑰芳香怡人,却冷刺在身;李白才高八斗,却放荡不羁;温庭筠聪明绝顶,却恃才傲物。

所以人要学会包容,学会以宽容之心对待伤害过自己的人和事,也就掌握了这些人和事,像齐桓公不计管仲射环之恨,对其加以重用而终成霸业,鲍叔牙不弃管仲之唯利,而成就万世英名。因此妥协能使人尽其所能,是一种胸怀,更是一种境界。

# 过分自责等于懦弱

**【儿子·说】**

2004 年 7 月 25 日　　星期天　　晴

下午在家里我认真地检查了一下暑假作业，结果发现有很多题目都做错了，分析原因，主要是因为我不够细心。本来不应该出错的地方，但就是因为一点点小毛病而出了错，我想我做题的时候肯定是不够细心，要不就不会有这么多错题了。

我为什么总是这么粗心，这些题本来不难，只要稍微认真一点就不会出错，可我总是马马虎虎，等出错了又很后悔，这个坏毛病一定要改过来，要不然考试时就要吃大亏了。其实老师也多次批评过我，我一定要记住老师的话，改掉这个坏毛病，做个细心的好学生。

**【父亲·曰】**

任何时候，行动都是成功的关键点，说得多不如做得多。古人说的“桃李不言，下自成蹊”就是这个道理。

人生在世，缺憾是常态，追求完美是美好的梦想。无休止的自责和自省会让你感到喘不过气来，既影响别人情绪，也会伤害到你的自信，这样天长日久，就会在你内心深处产生一种犯了错也无所谓的想法和情绪，使反省失去意义。反省是对的，但不能把反省作为逃避责任的理由和盾牌。反省应该是对一种生活、一件事情的审视和反思，是避免重蹈覆辙的有效方法，也是为人生寻找最佳道路的必要之举。

反省不等于自责，要防止自责成为一种习惯而影响了你的自信心。过分的自责会使你的思维步入狭隘的境界，使思维过分倾向于主观能动性和自身修养而忽视了外部条件。过分自责犹如苹果树的树心虫，伤害的是自信心，损害的是使人奋发图强的心劲心气，结果只能使自己在懊悔、自责中碌碌无为地终了此生，到头来还不明白这样自省自律为何还是一事无成。过分自责是一种懦弱的表现，不要一味指责自己，不要用自责为错误掩饰以博得别人谅解。

我们对生命和事业的热爱和热情，正是来源于我们心中那份期待与情感。而这种情感，应建立在一种渴求完善、自我肯定的精神之上，而不应沉溺在回味往事、自我否定和懊悔之中。前者可以使人直面人生，百折不挠，越挫越勇；后者却会使人萎靡不振，缩手缩脚，消极沉沦。因此，我觉得你应该把精神放在前进的旅途中，而不应该放在叹息或自责上。

不要过分自责，你已经对自己过于苛刻了，常常在日记里反省自己。自责其实是希望和后悔调出的鸡尾酒，会产生与希望和后悔完全不同的口味，使希望成为海市蜃楼，使你的后悔成为自卑的酵母。这说明一个事实——前进的路途上你并没有遭到别人的阻拦，而是受到了你自己的阻碍，你成了自己的绊脚石，希望产生的动力远比后悔产生的阻力消耗得多，这会使人一事无成。

## 浮躁、虚荣会害了你

**【儿子·说】**

2005年6月20日　星期一　晴

今天下午上英语课时爸爸来到了学校，接我去照2寸照片，准备在我考宝鸡中学（当地教学水平非常优秀的一所学校）时用。去照相馆的路上，我非常兴奋，因为宝鸡中学是很多学生向往的学校，那里教学条件好，教学质量高，能到那里上学本身就是对自己学习实力的证明。

我想，我一直有王老师给我辅导，而且我也很聪明，如果爸爸再能找一找熟人，到时候我一定能考上。到了那个时候，现在的同学一定会非常羡慕我，想着想着，我不禁笑出了声。爸爸问我笑什么，我就把我的想法告诉了爸爸，没想到爸爸却批评了我，说我如果不认真、踏实地学习，光想着在同学面前挣面子就会让虚荣蒙蔽了眼睛。

【父亲·曰】

今天，我、王老师和你母亲想给你报考宝鸡中学，主要是想给你创造一个锻炼自己的机会，你听到这个消息后，没有对自己的实力做一番认真评估，却是盲目乐观，仿佛自己已经考进了这所中学一般，忘记了考试其实是一场比赛，拼到最后完全靠的就是实力，关系、运气只能是一时的，也许这些东西还会误你大事。

你现在最应该做的是认真备考，不可心存半点侥幸。现在你存在的一个重要问题，就是沾染上了浮躁、虚荣的俗气，稍有进步就沾沾自喜，遇到机会就盲目乐观，对自己缺乏实事求是的评价。在盲目乐观之后，或成绩平平，或失败叹息，但过后行动上却依然如故，没有什么改进，天长日久，这会给你的性格和品质带来难以磨灭的负面影响，使你终身浮躁而沉不下心，经不住诱惑。把心思用在不必要的形式或虚名上，而放松了对个人素质和品质的提高，等于将自己放置于纸糊的高台之上，台子低了损害的是颜面，高了损伤的可就是性命了。希望你能认真对待，痛加改正，以平常心态，认真踏实地学习，这样才会实现自己的目标。

## 最好的礼物

【儿子·说】

2006 年 7 月 24 日　　星期一　　多云

前几年，爸爸给我讲过许多少年英才的故事。还说 3 岁看大，7 岁看老，甘罗 12 岁做宰相，曹植 7 步能写诗，白居易 1 岁识字，6 岁作诗，16 岁名扬天下，日本的三轮光范，2 岁开始写日记，11 岁翻译《詹天佑传》，莫扎特 5 岁作曲，6 岁主演音乐会，德国数学家高斯 3 岁掌握心算，5 岁便能解复杂方程式……还说姜子牙小时卖过粮，刘备儿时编过草鞋，很多优秀的人才，从小表现就与众不同。我今年已经15岁了，也想一展身手，利用暑假去参加社会实践，一则可以见见世面，闯荡江湖，二则也可以挣点零花钱，免得老做伸手族。爸爸没在家，前几天，我多次向妈妈说了想法，想让妈妈给我找个零活，可妈妈坚决不同意。打电话给爸爸，爸爸也不同意。还说人生每个阶段有每个阶段的任务。现在上学，主要任务就是好好学习。我不服气，今天妈妈上班去后，我独自闯荡去了。走到街上，看到一个酒店招聘服务生，很顺利地应聘成功，我十分高兴。中午来了好多客人，老板一会儿让给客人上菜，一会儿让打扫餐桌，搞得我手忙脚乱，可老板还是很不满意，唠唠叨叨说我连这都干不好，白挣他的钱。平时在家饭来张口，衣来伸手，那受过这种洋罪。特别是看到别人在好吃好喝，自己却像孙子一样忙活，心里很不是滋味，想着想着牛脾气就上来了，立马脱下服务生的制服，留下一句“干不了我不干了”转身就走了。没想到我第一次“闯荡江湖”竟是这个结果，真是有点不甘心。

**【父亲·曰】**

紫阳，看到你今天“闯荡江湖”很不顺利，爸爸心里很是后悔，因为爸爸妈妈在平时生活中没有注意培养你的自理能力，所以才让你今天如此遭人白眼。今天的事也让爸爸认识到了在教育你时的不足，以后爸爸妈妈会注重培养你的自理能力。父母能给儿女最好的礼物就是自强自立，教会子女自强自立是父母最大的德。可惜为人父母者在爱的光环强烈照耀下，往往出现视觉盲区，大多忘记了这一点。

爱孩子是一种本能，连老母鸡都会做！但是如何去爱，却是一门伟大的学问！我们没有受过任何“职业训练”，完全“无证上岗”。在这一点上，狐狸比人更聪明。人们总是赋予狐狸不好的象征：虚伪、奸诈和狡猾。但爸爸却认同狐狸是天下具有大德的动物。由于狐狸全身都是宝，因此常遭人类杀戮，这样狐狸的生存就受到威胁，它们不断改造自己，让自己的种群适应这种环境。母狐产下小狐狸后不久便狠心地把它赶走，让它在风雨中自己成长，于是狐狸一代比一代聪明，超过众多动物。狐狸教会了子女自强自立，更让自己的种族得以进化，这不是大德是什么？

狐狸在子女出生后送给孩子最大的礼物不是食物，不是温暖的窝，而是残忍——为了将来能更好地生存而逼着孩子远离自己的父母——只有这样它们才能自立。舐犊之情历来是人世间最美、最真、最善的爱。当父母看到延续自己血脉的生命诞生，这种喜悦是无与伦比的。但这种喜悦让太多的人失去了理智，因“爱”而左右了子女的人生，甚至毁了子女的人生。当父母的由于自己曾经艰苦过，再加上独生子女越来越多，每个孩子在家里都跟宝贝似的。父母宁肯自己不吃，也要满足孩子的要求；父母宁愿自己三年不买一件衣服，也不愿意为难孩子，省吃俭用给孩子买几百块钱一双的鞋或上千块钱一件的衣服；父母宁愿自己多受累，也不愿看着孩子因为干了一丁点家务而累得气喘吁吁；为了不让孩子输在所谓的起跑线上，父母花钱让孩子上好一点的学校，送礼让孩子坐在好一点的位置……于是，现在很多孩子几岁了还不会穿衣服，小学毕业了，袜子还洗不干净，一件衣服只穿几次，甚至逃学上网而不知道珍惜父母的苦心……

孩子错了吗？错了，错在他们接受了父母不正确的爱。父母爱孩子并没有错，错的只是不会爱孩子。孩子小，不懂事，不知道自立，只知道向父母索取，接受父母的爱也是天经地义的事情。孩子不知道，错不在他们，是父母没有教会他们如何生存。父母用自己的爱做茧，将子女束缚了起来，父母没有底线的爱束缚了子女的身体和心灵。所以，当子女因失去自立能力而痛苦时，不要问其他，父母的溺爱是最大的原罪。

人类的生命因爱而延伸，但却总因爱而终结。人毕竟也只是天地间的一种生灵，也要受大自然的制约，必须接受弱肉强食的生存现实。所以，为了子女，父母们都应该剪开溺爱的茧，送一份最好的礼物给子女——教会子女自立自强。

那么，父母如何教会孩子自强自立呢？从狐狸身上，我们至少要学会以下几点：

培养孩子主见。有人说，你若绽放，清风自来。在此之前我要告诉你，凡事要有自己的主见，使自己适应特殊的环境。人的主见容易受到人情的影响,受到大众影响。树大招风,但一般不会改变方向;小草依人,却常常随风摆动。一个人如果不能有大智慧,不能有大财富,不能有大富贵,通常容易受到别人意见的影响。一方面,他们易受大众或媒介的影响,让大众和媒体为自己思考。世人都有自大和好为人师之病,随时准备着一大堆意见,布成了一张无形的网,时刻等待着傻瓜自投罗网。如果你在工作时受到别人影响,你就会失去对此事的欲望,你能做的事就很难成功。另一方面,受亲友影响,这种意见往往是好心的规劝、无心的建议、温心的批评,但这“种种心情”会阻碍你的行动,挫伤你的锐气,使你的自信心被好心的人毁于无形之间。因此,要增强你的主见,必须狠心摒弃别人的意见,自己做出决定并付诸行动,只选择与你的想法完全相同的人,这点最主要的是提防你身边的人。

遇事慎言敏行。每个人都有他对某一事情的意见,不过最后还是你自己的意见决定自己的一切。当你做出选择之后,一定要学会运用策略,防止别人看穿你的心思,除非你将其公之于众。因此,有了主见之后,实施主见的第一个行动,就是立即闭上你的嘴,张开你的耳朵和眼睛。如果你说话多于听话,不仅会失去很多搜集有用知识、完善自己主见的机会,而且会过早暴露你的意向,而给人家击败你留下机会。历史经验证明,一个能立即做出决定,又确切知道他要的是什么的人,一般都能得到他所要的一切。世界各国的领袖,都能迅速而坚定地下决心,都能立即而坚定地拿主意,这就是他们之所以能成为领袖的主要原因。因此,此时你要立即确定现在你要干什么,这样你就会真正成为自己的主人。

鼓励自己动手。毛泽东说:自己动手,丰衣足食。还有一句俗话:爹有娘有不如自己有!自己换取的,自己才有权利支配,否则必受制于人。你今天能自己动手做饭,一则开始学习一门生存技能,二则证明自己动手的重要意义。要自己动手,必须要有自己的创造。不能沉醉于自己已有的长处,要学会不断进取。人生的确变化莫测,但有一点是可以肯定的,那就是必须不停地进取,在进取中把握人生、控制人生、战胜人生。如果你不能把命运的罗盘掌控在自己手中,那么胜利的彼岸便遥不可及。进取的人生是有希望的人生,进取意味着希望。人生就是一个不知疲倦的行者,胜利永远属于不安分、不服输的行者。要不断地进取,胜利很可能毁于一瞬间的犹豫和懈怠之中。因此,再好的理想蓝图,再高明的手段只能存在于不断进取中。人们在不断进取中创造机遇、创造思想、创造奇迹、创造未来,在不断地进取中战胜自己、战胜对手、战胜困难。在进取中学会闪转腾挪、左冲右突的过人本领;学会巧妙躲闪、聪明躲避的诀窍;学会化险为夷、绝处逢生的胆识;学会尊敬对手、包容一切的宽广胸怀;学会以退为进、进退得法的人生策略;更学会适时放弃、另辟蹊径的现实态度,人在不断进取中实现着人生的价值。

最后,你要认真唱好人生的三首歌:第一首是国歌《义勇军进行曲》:“起来,不愿做奴隶的人们……”;第二首歌是《敢问路在何方》“……敢问路在何方,路在脚下……”;第三首歌是《国际歌》“……从来就没有什么救世主……”。

## 人最宝贵的财富是自己

**【儿子·说】**

2003 年 8 月 28 日　　星期四　　大雨

今天天公不作美,一大早就下起了雨,虽然是夏天,但天气还是比较凉。可我想毕竟是夏天,少穿点没事儿,就只穿了一件背心开始做作业。可才一会儿工夫,我就连打了好几个喷嚏。不好,难道是感冒了?上午妈妈回来见我没穿外套,说小心感冒了。我急忙穿上外套。下午,爸爸回来见我流鼻涕、咳嗽,问我是怎么回事,我就如实回答。他听了之后十分生气,狠狠地教训我说:“身体是学习的本钱,没有身体一切都是空谈。身体是第一,有了好身体才有精力学习。身体不保,何谈学习?”因此,我深深地体会到我现在这个年龄阶段正在长身体,看似不经意的小事,导致的后果可能也会很严重。

**【父亲·曰】**

即使一无所有,也不要灰心丧气,因为我们还拥有最宝贵的财富,那就是自己，但前提是我们要珍爱自己的生命和健康。人所从事的一切，都是为了使自己活得精彩。如果失去了健康和生命，人所从事的一切活动都将毫无意义。

从古到今，那些鼓吹生命轻如鸿毛的学者、政客，正是为了使自己的生命更加精彩而草菅众人生命，他们鼓吹轻生并不是他们的真言，而是欺骗别人用鲜血染红自己顶戴的办法。一切善良的人都是以怜悯苍生为己任，所以君子往往悲天悯人。

人与命运抗争的方式有多种，千万不要用生命去抗争。钱能买到的只是物质方面的东西，而生命是无价的。人生在世，第一要紧的事情就是保护好自己，珍惜生命，要防止他人用看似正确或貌似正义的理由来利用你、煽动你；要防止意气用事和江湖义气左右你、强迫你；要防止从众心理，不做别人的“炮灰”；特别要防止以维护公众利益为由而进行的宣传。如果不是出自你内心的主张，在行动前一定要三思而后行，宁可被别人误解，也不要被别人利用。只有保护好自己不受伤害，才能有机会为别人服务；如果没有生命，一切都是空中楼阁！

轻视生命是可悲的。那些鼓吹重义轻生的人为什么自己不去堵枪眼呢？不惜身的人注定要上演人生的悲剧，只是他本人一厢情愿地认为是悲歌。人首先要学会生存的本领，不会生存，一切都是空的，只要生命尚在，一切都还有机会。

在你这个年龄，最主要的是健康、快乐地活着。今天你没有爱护好自己的身体，这是令我很痛心的事。你姐姐的鼻窦炎多次复发，爸爸心中充满了深深的自责，这也一直是我心中解不开的结。我希望你能爱护身体，把身体放在学习之上，学习的目的是为了完美人生，生命不复存在，学习又有何用？因此，请你体会我和你妈妈的心情。每天做的第一件事就是要注意身体，学会自己心疼自己，呵护自己的健康。

少年最忌气勇轻生，不要到了爸爸这个年龄才真正体会到身体的重要。请你记住三点：一是这个世界上任何东西都不值得用自己的生命去换取。拥有生命，珍惜健康，这是上天给每个人的恩赐，永远不要放弃。二是生命需要呵护，需要精彩，在生命存在的前提下，奋发学习，认真工作，踏实做人，你定会活得精彩。三是不要轻易与人为敌，特别是不要与勇夫或阴险的人为敌，要学会化敌为友，这是呵护你生命的“防弹衣”。

每一个生命都是美丽的，再渺小的花也不应该拒绝开放。人生在世要学会保护自己，一个连自己都保护不了的人是没有资格对别人指手画脚的，因为他自己就是生活的失败者。

## 创新是人类的成长方式

**【儿子·说】**

2008 年 6 月 22 日　　星期四　　阵雨

爸爸到陇县工作，已经一个多月没回家了，很是想念，又不好对别人说起。中午放学回家的路上，遇见了爸爸原先在眉县法院工作的同事刘叔叔，他一见我就老远地打招呼，高兴地摸摸我的头，问我学习怎样，爸爸回来了没有，家里是否需要帮忙。我说爸爸已经很长时间没有回家了，不知都忙些啥。刘叔叔见我不开心，就对我说，你要理解你爸爸，他干的可都是正经事，现在都成了司法界的名人了。竟敢冒天下之大不韪，率先在全国吃了“螃蟹”，提出了“能动司法”，建立了一村一法官工作机制，把正义运送到群众家门口，被人们称为能动司法之父，全国法院都在学习，还说这是爸爸善于思考、敢于创新、埋头苦干的结果，让我向爸爸学习。我听后心里美滋滋的，但不知什么是“能动司法”，更不知道一村一法官，等爸爸回来我一定要问问他让司法“动”起来是怎么回事。

**【父亲·曰】**

你刘叔叔今天说的情况你可以在网上查到。说爸爸在全国率先吃了“螃蟹”实不敢当。至于“冒天下之大不韪”可能说的是世界上人人都说司法是被动的，而爸爸的做法却是让司法“能动”起来的缘故罢了。但他说这是善于思考、敢于创新、埋头苦干的结果，却是说到了点子上。爸爸从1980年起从事法律工作，亲历了中国司法职权主义和当事人主义在中国的发展、变迁和兴衰，也一直在基层参与了司法改革的风风雨雨和起起伏伏，由于处于司法实践的最前沿，整天与民为伍，自然对中国司法的风吹草动有“春江水暖鸭先知”之感，当职权主义司法理念逐步淡出历史舞台，马锡五审判方式饱受争议之时，面对现代司法理念的欧风西雨的洗礼，爸爸也曾欢欣鼓舞，沉醉于“坐堂问案”对法官的“解放”之中，享受着现代司法理念带给法官的“尊荣”红利。作为最基层的主管审判的领导，也曾带领着法官在不遗余力的认知践行着现代司法理念。然而，好景不长，时隔不到一年，除了社会精英和理论大亨们的自娱自乐外，汹涌的民意和当事人强烈的“排异”反应，使“先进”司法理念的华丽外衣千疮百孔，群众对法院的“能动”不“动”和“眼中只有权贵”的做派深感不解，称之为“依法缺德”“把聋子治成哑巴”的审判，一位县委书记甚至感叹“法院已成为产生不稳定因素的源头之一”，随之而来的“涉诉信访”和“执行难”，更是现实社会给司法创造的“新品牌”和“新标签”，至此法官的“解放”“尊荣”在现实面前不堪一击。工作一直尽心竭力，司法公信力却在不断消解。身在基层的爸爸在民众的怨愤和法官的苦闷之中，为使法官“动”起来，苦苦探寻，经过反复调研，爸爸认识到，要解决这些问题，使群众满意，除了社会环境外，我们法官必须动起来，破解各种司法难题，提升司法公信。大约在1998年左右，爸爸提出了“能动司法”，并建立了“能动正义司法模式”，可是当时爸爸是副院长，虽有为民报国之志，却难有实施推行之地。直到去年爸爸来到陇县法院，才使“能动司法”付诸实践，取得了好的效果。最高法院院长王胜俊给予了充分肯定，还在北京专门召开“陇县能动主义司法模式研讨会”，最高法院常委副院长沈德咏到会并做了重要讲话。沈德咏还专门编写了《秋菊故乡新说法》一书在全国推广，现在，“能动司法”被专家教授说得天花乱坠，其实道理很简单，就是案件到法院后，法官要千方百计地把案件办成经得起时间和历史检验的铁案，同时，如若在办案中发现社会治理的不足和漏洞，及时向有关机构提出司法建议，从源头上预防矛盾纠纷的发生。

需要说明的是，当时爸爸并没有认识到这是创新，只是在下功夫解决自己在司法实践中遇到的难题。这就是爸爸敢冒天下之大不韪的真正动力。

危机毁灭权威，危机产生权威。任何新的理念和思想，都来源于对原有的理念和思想批判，在批判中不断完善和发展。可悲的是，当下有些人把创新有点概念化，还有些人把创新当作噱头而加以神秘化。其实，创新是人类的成长方式。所谓创新就是在人类一定的社会经验、知识、能力、智力等基础上，为解决某种问题，打破旧有的思维模式，灵活运用各种思维手段，重组、升华，产生新的思考方式，从而形成具有应用价值的新理论、新观念、新方法、新举措的创造过程。"能动司法"就是来源于对司法职权主义和当事人主义的批判、重组、升华。

不论是人类历史，还是人生发展，都遵循着一定的发展轨迹。创新就是通向彼岸的助燃剂，它帮助我们开发大脑，开阔思维方式，赢得竞争的实力，让我们的人生更加饱满和充实。对于一个国家、一个民族，创新始终都是社会进步的重要动力。它不但贯穿于人类文明史的每一个阶段，同时也是人类的本质需要中的一种。

作为个人，没有了创新，我们的大脑就失去了作用，最终会从封闭走向萎缩，走向灭亡；没有创新，我们的生命也就失去了光辉。那么，怎样让自己的人生不流于平庸而充满意义、丰富多彩，以致在暮年时我们可以无悔地说："这辈子我没有白活。"这可能是每一个人都渴望达到的境界。在这条梦想的路上，每个人都拥有均等的机会。关键就在于你创新的思维和创新的能力。

创新思维具有独创性、灵活性、探索性、发散性、科学性的本质特征，大体有五种方式，这些方式对我们的人生具有重大的意义。一是发散思维。就是尽可能地从多角度观察问题，解决问题，而不受任何限制的思维活动。众所周知的"曹冲称象"的故事，就是典型的发散思维的应用。二是收敛思维。强调在众多的现象、信息中，选择问题的某一个方面或方向进行思考，根据已有的知识、经验，以及目前已得出的解决方案，寻找最有效的途径和解决办法。特点就是集中优势，对目标进行"精准打击"。有助于我们在现实生活中集中注意力，集中精神，在鱼龙混杂中去伪存真。战国时期的苏秦、张仪就是在先发散后集中的思维中找到各自解决社会问题的方法。三是形象思维。要求具有无意想象、有意想象、接近联想、类比联想、对比联想和跨越联想的能力，有助实现大跨度、超常规的思维活动。红外线探测仪的发明，响尾蛇对热的敏感在空对空导弹中的应用，雷达的发明与应用等都是形象思维所起的巨大作用。四是直觉思维。就是我们通常所说的第六感。爱因斯坦将直觉思维称之为“自由创造力”。直觉思维有助于我们对事物或者现象在没有经过严密的逻辑思维的程序前，瞬间产生最直接的认识。只有依靠大胆的直觉，才能够产生新奇的想法，通过验证付诸行动。五是灵感思维。心理学告诉我们，“日有所思才会夜有所梦”。思想的火花缘于实践的冲击，只有实践的思考才有活根。从表面上看，灵感是一种偶然，但实际上却是日夜思考而导致的灵感在一瞬间爆发的必然。灵感影响着我们的成长，为我们的成长插上翅膀。

创新能力是动物本能，也是人类各种能力的其中一种能力的诠释或代称，如果将人类的各种能力分级的话，那么创新能力是各种能力中的最高级别。创新能力是由创新和能力两个名词共同构成，创新是指以现有的思维模式提出有别于常规或常人思路的见解为导向，利用现有的知识和物质，在特定的环境中，本着理想化需要或为满足社会需求，而改进或创造新的事物，并能获得一定有益效果的行为。能力是指完成一项目标或者任务所体现出来的素质。也是生命物体对自然探索、认知、改造水平的度量。对个人而言，能力总是和完成一定的实践相联系在一起，离开了具体实践既不能表现人的能力，也不能发展人的能力达成一个目的所具备的条件和水平。对社会或企业而言，创新能力的提升是企业竞争力提高的标志。创新能力的高低，直接关系到一个企业竞争力的强弱。创新能力强的企业，其竞争力也强，反之亦然。20 世纪二三十年代，福特一世以大规模生产黑色轿车独领风骚十余载，但随着时代变迁，消费者的消费需求也发生着变化，而福特汽车公司的产品，不仅颜色单调，而且耗油量大、废气排放量大，完全不符合日益紧张的石油供应和日趋紧迫的环境治理的客观要求。此时，通用汽车公司和其他几家公司则紧扣市场脉搏，制定出正确的战略规划，生产节能降耗、小型轻便的汽车，在20世纪70年代的石油危机中，后来居上，使福特汽车公司一度濒临破产。所以，福特公司前总裁亨利·福特深有体会地说：“不创新，就灭亡。”这是企业创新能力的突出体现和成功实践。

紫阳，人类的每一次创新都源自于创新思维和创新能力的相辅相成。在当今市场经济的条件下，人才的竞争异常激烈，要想在这个社会上占有一席之地，取得成功，就必须具有创新思维和创新能力。它不仅是对当代每一个人适应社会、创业、就业的要求；更是我们生存和发展的根本，对我们的成长有着举足轻重的作用。了解它们之间的关系，有助于我们增强竞争优势，在与他人的较量中立于不败之地，因为真正的强者都把创新当作人类和个人的成长方式。

## 人要靠自己

**【儿子·说】**

2004年9月1日　　星期三　　晴

今天是新学期的第一天，我要上六年级了。早晨起来，爸爸对我说：“今天我领你去报名。”我很想自己一个人去，但爸爸不放心，便领着我一块去了学校。

报名的人可真多。这时，我又提出想自己报名。爸爸想了想，便把报名材料和报名费交给我。我高兴极了，立即跑去排队。爸爸在远处看着我，我心想一定要让爸爸知道我能独当一面了，于是格外用心。前面一切都还顺利，当在收费窗口排队时，缴费的人很多，有些同学开始拥挤。快轮到我了，那个从不露一丝笑容的收费员却嫌秩序不好，竟然把钱装上转身离开，并吓唬我们说：“不报了！”同学们七嘴八舌地表示抗议，我勇敢地走出队列要求大家排好队，当同学们排好了队我准备回到自己原来的位置时，同学们却“无情”地起哄，并把我挤到了最后。这时，刚才离开的收费员才回来继续收费。终于轮到我了,我干脆地缴了钱,刚离开,就听见收费员大声喊道:“今天就到这里,明天继续”。看到后边同学们失望的神情,我心里暗暗地想,今天真悬呀!然后高兴地向爸爸走去。爸爸见我报完名十分高兴,表扬我是个勇敢的好孩子。

今天我自己报了名,我想以后自己的事情要尽量自己去做。

**【父亲·曰】**

今天你报名时,本来想让你一个人去,可爸爸实在放心不下,就跟着去了。在你排队的时候,爸爸在一旁静静地看着,看到你满脸汗水和来回奔跑、气喘吁吁的样子,很想上前去帮你。但为了锻炼你,还是忍住了为你报名的冲动。你真是好样的,长时间的坚持、忍耐和等待,终于成功了,我为你感到骄傲和自豪!

世界上有许多不如意之事,任何事情十有八九都会有变化或挫折,不变化的事情几乎没有,我们只有不断认识变化或挫折,面对变化或挫折,才能在适应变化中成熟起来。世界上谁都靠不住,包括父亲,人生在世唯一能靠得住的只有自己。我们每一个人都是唯一的,所以要正确认识自己的价值,对自己充满自信,不断发挥自己的潜力,将我们生存的意义充分体现出来。

爸爸今天零距离观察你独立办事的能力,虽然很高兴,但忍不住还是想对你提几点建议:

一是三思而后行,避免盲动。解决问题要观察,要思考,从而找到最佳方案,瞅准时机,雷厉风行,不可盲目轻动,没有目标的盲动比不动更糟。今天你和我只有一步之遥,本来可以穿过拥挤的人群,拿到交款的票据,但你却绕了一个大圈,从一楼到二楼再下楼,这样费时费力,也可能耽误事情。干任何事情,都要学会优选法,在各种方案中权衡利弊得失,优中选优,这样就可事半功倍。

二是切莫逞能,防止成为众矢之的,否则必败无疑。古人说:“捣鬼有术”,干坏事的人必有本事,否则他干起坏事来也不会成功。且本事越大,影响越大。正如韩非子所言,如虎添翼,而能侍之权势,但若养成虎狼之心,这是一切乱事、败事之患。就像今天收款的那个人一样，随心所欲，危害就会更大。你还要明白，人世间本无错对，对只是他人实现了自己心中潜在的欲望和希望，错不过是自己对他人期待的失望，对错本是人为设定，因此会随人而变。古今圣人贤士都讲，邪不压正，仁者无敌，这本是讲趋势和终极关怀，但现实并非如此。宋襄公的仁义之师怎敌得过虎狼之师，不但当时损兵折将，还为后世留下笑柄。

## 为自己负责

**【儿子·说】**

2006年4月20日　　星期四　　晴

今天期中考试的分数出来了，我考得很不理想，感到十分丢人。本来想前进100名，没想到结果却是倒退了100名，心里很是想不通，自己怎么会考得这么差！

我做了自我反省，觉得这次考试的失误主要是语文。语文是我的一个弱项，听老师、爸爸说大量阅读有好处，我就按照爸爸和老师的建议，不停地看书，要是论数量，读的书是够多的了，但缺乏的是深入的理解，谁知平时这些偷懒的做法根本经不住考验。我决心从今天起，自己对自己负责，自己重视自己的学习，再借鉴亲人朋友的建议，扎扎实实地学习。

**【父亲·曰】**

为自己负责，才会有能力为家人、为社会负责！命运不过是失败者无聊的自慰，不过是懦怯者的解嘲。人们的前途只能靠自己的意志、自己的努力来把握。

相信自己，就能激发出自己的力量，让自己成为一座金矿；相信自己，就能当好生命的舵手，冲破一切艰难险阻，扬帆起航，最终到达成功的彼岸！在解决问题时，首先想到的应该是自己，而不应是别人。每个人都应从小就看重自己！在别人肯定你之前，你应先肯定自己！

曾经看到过一个小故事：著名的大慧禅师，有位弟子叫道歉，参禅多年，却始终无法开悟。有一天，道歉恳切地向师兄诉说自己无法开悟的烦恼，并请求师兄帮助他。师兄对他说："能够帮助你，我当然愿意。不过有三件事，我是无论如何也帮不上忙的，必须你自己去做！"道歉忙问："是哪三件事？"师兄回答他："你肚子饿了或者口渴了，我不能帮你，你必须自己进食喝水；当你想要小解或者大解的时候，我也不能帮你，你必须亲自上茅房；最后，也是最重要的一点，除了你自己之外，任何人都不能帮你拖着你的身体行走。"道歉听完，心中豁然开朗，因为他感到了自己的力量，也知道该如何运用自己的力量了。

其实，做任何事想获得成功，都只有一条路，就是自己动手去学去做。任何事的成功，也只有这一条途径。不要只是羡慕或妒忌别人，不要只是看见别人的成功，而是要看他为成功所付出的努力。然后靠自己的努力，获得你所期望的成功。

对自己负责，就要学会善待自己，生命的意义才更有内涵！对社会、家庭、事业和周围的人负责就是善待自己。善待自己，绝不是放任自己，也不是享受生活而不思进取；善待自己，绝不是忽视他人，也不是以自我为中心，而是要学会尊重和宽待他人，要心胸开阔，容山纳海，善待他人的劳动。善待自己，首先要正确认识自己，知道自己的优势和不足，做一个冷静的现实主义者。对自己有足够的了解，方能从容面对竞争。善待自己，需要有足够的勇气，敢于坚持真理，敢于面对挑战，该出手时就出手，不必忸怩作态，而应光明磊落、问心无愧。善待自己，就是要与时俱进，不断发展自我、完善自我。善待自己吧，人心高深莫测，知音稀少难觅，只有你学会了善待自己，你才有足够的心灵空间去容纳他人、善待他人。

成功是因为态度。为自己负责，关键要有一个平和的心态。人生没有失败，只是暂时没有成功。你应该学会不以物喜、不以己悲，更要学会自尊、自立、自强。

# 为自己加油

**【儿子·说】**

2005 年 4 月 12 日　　星期二　　晴

这次,我有幸被选为我们班的运动员参加学校组织的运动会,我心里既高兴又紧张,生怕拿不了好成绩被其他同学笑话。于是我就在心里暗暗给自己加油,不要怕,自己一定行,一定不会让老师和同学失望的。

赛场上,大家都拿出了自己的看家本领,一点也不给对手机会。4×400米接力赛开始了,我跑的是第二棒,同学们都注视着我,为我加油,我觉得压力好大,心想:不能让同学们的希望落空。我深呼吸了几口气,又做了几个弯腰动作,然后瞅准时机,敏捷地接棒后像箭一样冲了出去,闭着眼睛用尽全力跑完了一圈。我看到自己成绩还不错,其他队的三个同学都在我后边,我为我们班取得第一名奠定了基础,同学们也都簇拥着我,为我欢呼呐喊,结果我们班果真得了第一,我们都很高兴。

我心中暗暗地想:只要心中有信念,做任何事时,不断为自己加油,就一定不会输。

**【父亲·曰】**

很久以来,在我心里,你是我见过的最棒的男子汉,我一直想用一种方式来表达这种想法!今天中午,我要送给你一份珍贵的礼物——男子汉宣言。全文如下:

儿子,你真是个重要人物,真的很了不起,你做事很热心,很执着,已经具备了成为成功人士的许多能力。你昨天了不起,今天更了不起,现在就这么倾尽全力去学习,向前迈进吧!这个宣言我希望你每天早、中、晚宣读一次,宣读的时候必须全神贯注,慷慨激昂,直到热血沸腾,精神百倍为止。

我觉得首先只有自己觉得自己了不起,才能树立起战胜一切困难的信念，承担起家庭、社会的责任，达到了不起的目标。中国人的思维都是在努力地否定自己，这是十分愚蠢，也是十分虚伪的。其实，在每个人内心深处都有“天生我材必有用”的想法，说出来，并身体力行，你就会在不断的自我肯定中找到奋发图强的力量源泉，增强不断进取、克服困难的信心，从而指引自己成为杰出的人物。

世界上一切东西都是“欺软怕硬”的，如果你够自信、够强大，困难和任务就只能在你面前俯首称臣了。战国时期，有一个人名叫苏秦，他是有名的政治家。在他年轻时，由于学问不精，曾到好多地方做事，都不受重视。回家后，家人对他也很冷淡，瞧不起他。这对他的刺激很大，所以，他下定决心发奋读书，常常读书到深夜，很疲倦，直想睡觉。于是他想出了一个方法，准备一把锥子，一打瞌睡，就用锥子在自己的大腿上刺一下。这样，猛然间感到的疼痛使自己清醒起来，再坚持读书。这就是“苏秦刺股”的故事。年轻是搏击风浪的船，昂扬、潇洒，学习则是船的动力。作为少年一代的你们，应抓紧时间，持之以恒，努力学习，扬帆起航。

《论语·子张》中子夏说：“博学而笃志，切问而近思，仁在其中矣。”请你谨记这句话，放飞自己的青春，用勤劳的汗水铺就未来的成功之路。也许你已经输在起跑线上，但是决不能再让自己输在终点。后天的勤奋可以弥补先天的不足，珍惜现在的每一刻，努力获取知识，使自己拥有亮丽的人生。每个人都有自己鲜活的梦想，相信梦有多远，你就能走多远。

天行健，君子以自强不息。你必须抓住这段易逝的美好时光，好好把握，将知识这颗闪光的宝石紧紧握在手中。市统考即将临近，作为一名学生，你更应学习鲁迅先生“海绵挤水”的精神，学习红军长征不怕苦、不怕累的精神，加倍努力，在接下来的一段时间里，进行扎实有效的复习，争取取得市统考的全面丰收，为以后的学习奠定良好的基础。

我们一起努力吧！让我们用热情拥抱未来，用青春谱写人生，用行动来证明存在的价值吧！

# 李白之败

**【儿子·说】**

2006年3月3日　　星期五　　雨

中午,小伟到家里和我一起写作业,其中有一项作业是抄写自己最喜欢的三首唐诗。小伟问我:“你喜欢谁的诗?”我说:“我喜欢李白的,他可是诗仙!”没想到小伟也喜欢李白的诗。于是我们就一起抄写李白的《夜宿山寺》《望天门山》和《送孟浩然之广陵》。抄着抄着,我忽然想起一个问题,就问小伟:“你说李白的诗写得那么好,他怎么没有当上大官啊? 要是放在现在,那可是属于高学历的专业人才啊!”小伟想了半天说:“可能唐朝的统治太黑暗了吧,那个时候是封建社会,和现在是不一样的。”我听了也觉得他说的有道理,心里也觉得庆幸,庆幸自己生活在新社会,只要好好学习,将来绝不会像李白那样“生不逢时”。

**【父亲·曰】**

今天,你的同学和你讨论,说李白才华横溢却没有当官,是因为唐朝统治太黑暗,这引发了我的思考。我纵观历史,得出了这样一个结论:李白败就败在他是一个秀才。历览古今,我们不难发现:秀才掌权国难安。

一是秀才掌权易招来杀身之祸。掌权者历来只是把文人士大夫当作统治国家的工具,尊儒的少,奴化的多,所以真儒渐少,腐儒、伪儒、犬儒渐多,因此就有了“犬儒阶层”之说,由此可见,秀才之流的社会地位并不像人们想象中那么高。所以一旦秀才掌权,众心难平,加之秀才缺少王者应有的霸气,人们常用“手无缚鸡之力”形容秀才。在别有用心的人看来,这和三岁小孩手持黄金招摇于市没什么分别。因此秀才掌权之后,图谋之人太多,朝堂不安定,从而为秀才招来杀身之祸。

二是秀才多为某一方面的专家,是专业人才,不是全才。专业人才,是其他方面一般，而在某方面有特长的人，只有全才才是凌驾于王之上的人。所以，从古至今，治国需要的是全才，需要通盘考虑所有的事情，而秀才因为环境、条件限制，只能成为某个方面的专家，而成为全才的少之又少。试看帝王家，真正的帝王哪个不是自小受到全方位的培养。

三是秀才掌权会家破人亡，因为他们不会统筹。比如宋朝，宋徽宗的灭亡，就是因为他想把汴梁建成一个超级花园，结果工程巨大，耗资巨大，致使国库空虚。面对强敌，国力不能支持军队，最终落得个被金兵俘虏的下场。

四是秀才易于投机。学而优则仕的竞争是残酷的，要博得上位，秀才们既学得了圣贤的儒雅和才学，也学到了圣贤们的清高，即自视高人一等，对于他人的才智不屑一顾。但其却缺少社会中的磨炼，没有大毅力，缺少大智慧，遇事要么纸上谈兵，要么不能顾及全局，易投机钻营，耍小聪明，干事不实在，自然难以服众。

五是律己不严，放荡不羁，而政治是一项严肃的工作。试看李白、唐寅、“竹林七贤”之流，哪个不是才高八斗，但哪个又不是放荡不羁之辈？他们把酒当歌，乘兴而作，哪有半点“组织纪律性”？这对于一个政治家而言，是一道致命的创伤，政治岂能成为娱乐大众的谈资，又有谁敢把自己的命运交给放浪形骸之辈？

六是不切实际，看问题时往往眼里容不得沙子，结果至察不详。书生意气，秀才往往缺少社会实践，看问题、处理问题多从书本上来，过于教条化，不懂变通，遇事易钻牛角尖，反而看不清真相。这样的掌权者在权力的诱惑下和人事的纷繁难辨中只会成为一个偏执狂。

七是文人性格多愁善感，想法太多，飘浮不定。人们总把文人和骚客联系在一起，这是两方面原因造成的。一是由于封建社会取才制度的限制，读书的多，做官的少，而文人皆自命清高，一旦“鸿鹄之志”难以实现，巨大的心理落差易使秀才心里产生强烈的失落感；二是由文人的“职业”所决定，为了使仕途通达，文人可以说十分辛苦，不但要熟读科举考试所规定的知识，还要熟读唐诗、宋词等等一系列的书籍来拓展自己的知识面并发展思维能力。在他们所读的书籍中，有古人的智慧，但也不乏吟诗、作曲、抒情等作乐的

"奇淫技巧",加之他们大多没有生产、生活技能,这些"奇淫技巧"便成了他们平日寻找快乐的唯一途径,他们所读、所作的诗词,大多寄情于景,寄情于物,寄情于事,抒发着内心的苦闷,甚至向歌妓倾诉衷肠。这些习惯在历史的长河中已经渐渐融入了文人的骨子里,因此,他们以感情为寄,跳脱不定,游戏人间,这岂是一个好的掌权者应有的状态?

八是文人相轻,互相整治,易引发动乱。有人的地方就有斗争,但文人间的斗争更加残酷。文人相轻,古已有之。你有"图画里,龙不吟,虎不啸,小小书童可笑可笑",他就有"棋盘里,车无轮,马无缰,叫声将军提防提防"。你这边树起鲁迅,那边就标榜周作人。从古至今,文人之间的斗争从来没有间断过,从朝堂到民间,拉帮结派,互相倾轧,往往容易引起动乱。嘴上说着文无第一,可心里从来没觉得自己是第二。

秀才掌权国难安,这是历史造成的,王莽、赵佶、李煜等文人帝王的下场就是例证。所以从文人出现,他的地位就定在"仕"上,对掌权者多有辅佐之意,在受到重用的同时也受到掌权者的猜忌和制约。久而久之,文人的地位就被束缚住,文人的共同性格也因此而形成,这就更断绝了秀才掌权的可能性。

## 男人要对自己狠一点

**【儿子·说】**

2004 年 3 月 23 日　　星期二　　晴

下午数学辅导班下课后,我们全家和小姨到电影院看了电影《一个独生女的故事》。影片讲的是一个叫鸣鸣的女孩,父亲因为车祸离开了她和妈妈,妈妈重病缠身需要照顾,这个女孩勇敢地担负起生活的重担,她不仅需要做家务、买菜、做饭、照顾妈妈,学习上也没有耽误,考试还得了双百。她妈妈因为高兴,病情有所好转。她为了妈妈的身体,把家里那只心爱的鸡杀了做汤让妈妈补身子,最后在她的精心照料下,妈妈的病逐渐痊愈了。看完电影后，我被鸣鸣的这种精神深深地打动了，觉得自己生活在这样美好的时代，还不懂得珍惜，真是惭愧。我决心以她为榜样，抓住大好时光好好学习，天天向上。

**【父亲·曰】**

爸爸知道你学习得很认真，你一定要对自己有信心。实际上考得好不好并不重要，重要的是有一颗永不服输、永不言败的心，要有一种“万水千山只等闲”的气概，这样，困难和问题就会被你的勇气和信心慑服，就像当年张飞一声怒吼喝断当阳桥一样。反之，遇事不相信自己，患得患失，对自己缺乏信心，困难和问题就会像迷雾一样使你迷失方向和斗志，找不到解决问题的办法。因为迷雾来去无踪，伸手抓不到，但你却会被它影响。自然中迷雾易散，而心中不自信的迷雾则难以去除。爸爸希望你能勇敢自信。作为男人，一生中就要做几件别人不敢做的事。因此，心理素质十分重要，要有胆有识，不断锤炼！

世界上没有神仙上帝，要取得成功，全得靠自己努力。作为男人，最重要的是要学会思考，自己的问题自己想办法解决，别人能帮你一时，但帮不了你一世。其实，你自己想办法解决了问题，比别人告诉你解决之道的成就感和满足感要强十倍。

人生在世，除了工作、学习之外，还有生活。生活很重要的部分在于人际关系，处理好人际关系对你一生十分重要。爸爸希望你做到两点：一是诚实待人；二是以礼待人。你相信别人、关心别人，别人也会同样待你，持之以恒，坚持不懈，你一生就会平坦安康、无怨无悔。努力记住与你相处的人的姓名、生日及爱好，是实现以上两点的基本要求。

晚上，我们一起看电影，电影里说的女孩叫鸣鸣，是全国“十佳”少年。面对突如其来的灾难，她勇敢地担负起生活的担子，并努力学习。作为家长，我们都感到敬佩。其实，人生最好的老师是生活本身，而生活本身的磨难是一个人成熟的阶梯。穷人的孩子早当家，但现在的孩子普遍缺少生活的磨难，容易满足和自负，认为一切幸福都是自然而然的，这种想法十分令人担忧！

没有危机感的人终将失败，古人云：生于忧患，死于安乐。又云：居安思危。说的就是这个道理。IBM的总裁说过："长期的成功只在我们心怀恐惧时才有可能出现。不要骄傲地缅怀以往让我们取得成功的战略，而要明察什么将会导致我们未来的没落。只有这样，我们才能集中精力面对未来的挑战。因此，时刻保持虚心学习的态度是绝对必要的。"这些你也要谨记。

没有人不修炼即可圆满，胜者为王，日常生活包括婚姻里，有意识地做个生活或婚姻里的独身者，自己的事不要过分依赖他人或爱人，他人或爱人的事也不要过分地越俎代庖，适当地各人自扫门前雪往往能锻炼出自立自强的信念。其次，对自己狠一点，不要太没原则地宠自己、惯自己，溺爱很容易让人退化。独自经历些冷暖人心、黑白事态，逼自己去做一些有难度的事，挑战极限，告诉自己，只许把眼泪咽在肚子里，把笑容挂在脸上，就像你奶奶告诉爸爸的那样，你不说疼别人怎么知道。跟自己说：求人不如求己，我的世界，我的感情，我的生活我做主。

## 男人哭吧不是罪

**【儿子·说】**

2004年2月16日　　星期一　　晴

今天下午，老师在班会上宣布选举班长、组长、文体委员、卫生委员和指挥。大家开始交头接耳，老师说："安静一点儿，给你们几分钟的时间思考，想好的同学就可以上台竞选了。"

一会儿，小阳站在了讲台上，说他想当副班长，他的语言充满了激情，说到动情处还哭了，老师听了后就让他当副班长。我的同桌小静上去说得十分生动，当选为班长。我上台竞选文体委员，我说会把上操、上体育课和放学路上的队伍带好，让我们的班级成为学校数一数二的队伍。心里想：老师肯定会让我当文体委员。我刚说完，小昊也上台说要当一名文体委员。当然他的演说也很动人，最后我还是与成功失之交臂。

我虽然错过了这次的机会，但是我相信自己有能力当一个优秀的文体委员！

**【父亲·曰】**

眼泪的作用不可低估，就看在什么情况下对什么人哭。古人都说，刘备的江山是哭出来的。男儿有泪不轻弹的古训此时值得商榷！男人的眼泪只能作为通向成功的工具，不能成为成功的目的。其实现实不相信眼泪，只相信实力。作为男儿，不能任何事都一哭了之，要知耻而后勇，用汗水而不是用眼泪冲刷自己身上的缺点和耻辱。作为学生，没有把学习搞好，就是耻辱！你不是没有学好的能力，而是干什么都缺乏恒心、毅力，“猴子的屁股坐不住”，遇事好激动，不愿坐下仔细琢磨。要知道，人无论有多高的“灵性”、多深的“慧根”，勤奋与执着永远是通向成功的不二法门！

人们说男儿有泪不轻弹，大凡男儿之哭，往往是“悲世事之多变，愤人情之冷漠，哀民生之多艰，怨天地之不公”。“发自肺腑，趋于深沉；摧心碎胆，肝肠寸断。或涕泪涟涟，或掩面饮泣，或仰天狂嚎，或恸哭失声”，无非悲人世之无常也。“人生在世，幻梦一场，荣华富贵，似逝水无痕；权势名利，如蒸露无踪。生死无定，祸福瞬变。形神囿于俗世，进退阻于荆棘。辛苦劳碌，空为一副皮囊；多情多义，光剩单只孤影。”所谓感人心者，莫先乎情。看三国，几乎所有的英雄都哭过，诸葛亮、桃园三兄弟、赵云、曹操等，看水浒，哭得最多的还是男人。

但男人的哭还是很有讲究和学问的。有的男人因当众痛哭流涕而被视为软弱无能。1927 年，美国参议员穆斯因为受右派报纸严厉批评而当众落泪，使得他在选民的心目中留下了懦弱的形象，结果在竞选总统提名时失败。但澳大利亚前总理鲍勃·霍克在谈到他女儿吸毒时声泪俱下，人们却说他在公开场合恰当地表现了哀痛和爱心，倒保证了他的连任。看来，男人当众哭泣，公开流泪，还有不少学问呢！在情与理相悖时你“无血无泪”，人们会说你冷酷无情，若此时落下几滴眼泪，人们会因你的人情味而心悦诚服。“孔明挥泪斩马谡”，虽然私情难忍，但为了严明军纪不得已而执法，尽管孔明“挥泪”却丝毫无损他的形象，反而更加赢得了人心。

哭是人类与生俱来的本能之一，也是发泄情感的一种方式，但有人却把此当作升官发财的工具。南朝的宋孝武帝刘骏在殷贵妃死后以泪洗面，悲痛不已。在殷贵妃的葬礼上，刘骏决定让随行的朝臣放声大哭，以安慰美人的亡灵。他回头对秦郡太守刘德愿说：“你哭贵妃，哭出情调来重重有赏！”话音刚落，刘德愿就应声而哭，涕泗交流，如丧考妣，哭得泪如雨下、捶胸顿足，把葬礼的气氛烘托得肃穆哀伤。刘骏大喜，马上临哭授命，升他为豫州刺史。一旁的御医羊志哭得更胜一筹，只见他泪如倾盆，呼天抢地，悲痛欲绝，哭的草木为之含悲，风云因而变色，最后差点气绝身亡。刘骏一看，好家伙，比我哭得还货真价实，于是当场赏给金银财宝无数。

有时男人的哭是为了摆脱对自己不利的困境。公元二十三年，新帝王莽派出的四十三万大军在昆阳打了个大败仗，农民起义军趁胜攻破了武关，长安已经朝不保夕了。王莽对于这糜烂的内外局势一筹莫展，在这危急关头，大臣崔发把两本古书拿在手里，先是给王莽读了《周礼》中的名言：“国有大灾，则哭以压之。”然后又念了《易经》里的警句：“先号啕而后笑。”最后，他向皇帝提出了扭转乾坤的“良策”——我们赶快抓紧时间分秒必争地哭吧。王莽一生都把古籍记载的内容当作他行动的指南，这次自然没有不信之理。第二天，他穿上崭新的皇袍，亲率群臣到了南郊，然后扑通跪地，仰天大哭道：“老天爷啊，您既然让我当了皇帝，那为什么还让贼势大盛不能剿灭呢？如果我犯了错误您要罢免我，那请您直接打雷劈死我算了，何必让天下陷于大乱呢？”王莽越说越伤心，干脆“搏心大哭”起来，一直哭得背过气去还不肯离开，喘息过后继续“伏而叩头”不止。为了向老天爷表达诚意，王莽下令长安城的百姓都要朝天哭诉，要求他们从早哭到晚，旦夕不绝，并在南郊设立食堂，以供哭饿的人随时补充能量，还规定擅长哭的人立即封官。于是长安城里一时间哭声震天，只见男女老少个个愁云惨淡，抱头痛哭。王莽一看大家尽心尽力地哭泣，非常满意，他选择了在恸哭中还能向天朗诵求助信的五千人，全部提拔为朗官。消息传开，大家哭得更加带劲了。然而即便全城的人都哭哑了嗓子,流干了眼泪,老天爷还是不为所动。几个月后,起义军攻破了长安,王莽死于乱军之中。

还是狄更斯小说《苦海孤舟》中的笨伯先生说得好:“哭可以打开肺腑,洗涤面孔,锻炼眼睛,温抚脾气。所以,放声哭吧!”哭泣是人类的天然权利,人们用哭来遣散怒气,排解忧愁。故专家有此新说:男人用“一醉解千愁”的方法麻醉自己,不如用“一哭解千愁”的方法来解脱自己。

## 男孩的“穷”养之道

**【儿子·说】**

2008年8月27日　　星期四　　阵雨

已经21天了,爸爸还不来接我,虽然比起刚来时感觉好多了,但每天还是望眼欲穿,盼望爸爸早日来接我,让我重回文明世界,我真的快要崩溃了。怪都怪自己刚放暑假时受了爸爸的“蛊惑”,来到陇县李家河村这个穷山沟来体验贫困的生活,这里至今没有电话、网络和电视,有的就是无穷无尽光秃秃的荒山,不知爸爸当初是怎样找到这户人家的,家的主人话不多,人很好,但每天都带我去干农活,简单繁重枯燥的劳作仿佛使我失去了思考的精力。唯一的电器就是叔叔家里的一个破收音机,还时常卡壳没有声音,山里最好听的音乐就是鸡鸣狗叫,鸟语风吼。爸爸临走时留给我的零花钱早已让我贡献给了村里的小卖部了,因为叔叔家的粗茶淡饭实在太难吃了,为了早日脱离苦海,前几天我让叔叔给爸爸捎话,想把自己弄残,让爸爸来接我,可这次已过了几天,爸爸却铁了心,还没来接我。我也试图逃跑过,但山高路远,不知去路,况且我也是男子汉,不能在这里太丢人,只好耐着性子。天哪,我该怎么办呀?

**【父亲·曰】**

中国流传很久的一句教子格言叫作“男孩穷着养,女孩富着养”。这次暑假爸爸送你去山区体验生活，主要是想让你知道生活之艰难，人生之不易，民间之疾苦，农家之穷困，从而在今后的人生中更好地承担起家庭、国家的责任。

爸爸前半生多在政法机关工作，见过了太多因“富养”男孩而养出的次品男人。如果没有“穷”养这样一个过程，男孩极易养成挥霍的习惯，贪图享受，脆弱无能，不负责任，不知人间真情。就像有的城市小学生听说农村有孩子吃不饱饭，竟吃惊地问：“饿了为什么不吃巧克力？”这不禁让人想起历史上的痴呆皇帝晋惠帝，天下荒乱，百姓饥饿，他说的话就是：“何不食肉糜？”这样的男孩日后怎能面对生活的考验。他们迟早会被社会淘汰。

对于每个男孩子来说，无论是成长还是成熟，都需要自立自强，需要承担更多的责任，需要面对更大的困难，需要不懈的自我奋斗，可以说，成功男人的成长和成熟是一个不断挑战自我艰苦奋斗的过程。也许，好多人认为“穷”养男孩，就是控制孩子的花销，不要给他太多的享受，以免惯坏他，这样的理解较为片面。爸爸觉得“穷”养男孩更重要的意义在于通过对“穷困”和“艰苦”的切身感受，对孩子意志、品质、性格、心态的磨砺、使孩子学会为人处世之道，培养吃苦耐劳的精神。当然，爸爸从不怀疑你是个有理想的人，但我担心你的刻苦精神不够，你不要想到自己有依靠就安于现状，你必须自己主动去找苦吃，磨炼自己的意志，接受生活对你的种种挑战，并战胜它。为今后的事业打下坚实的基础。

古话说：“艰难困苦，玉汝于成。”男孩要成才，不回避“艰难困苦”，方能“玉汝于成”。让男孩过早地亲近“富”，远避“穷”，看似爱之，实则害之。所以，爸爸这次想出这么一个“馊招”，就是要让你在必要的“穷”和“苦”中得到锤炼，懂得以艰苦奋斗为荣，以骄奢淫逸为耻。通过“穷”养，首先，让男孩过点“苦日子”。优裕的物质生活和给孩子大量的金钱，是葬送孩子的第一杀手。有人戏称，孩子拥有大量的钱财，除了买回享乐、好逸恶劳、攀比之心外，还买回了囚车和监牢。现在，经济腾飞了，腰包鼓起来的家长们将钱用在培养子女上，这本无可厚非，可以给他们创造良好的学习条件、环境，但绝不能给他们太过奢侈的物质享受。为了“男孩”的积极奋进，为了“男孩”

养成勤俭节约的美德，为了“男孩”不饱暖思坏，还是让他过点“穷日子”为好。其次，让男孩体验挫折感。挫折会激发男孩勇敢无畏的精神，积极面对遇到的困难。温室里的花朵承受不了狂风暴雨的侵袭。含在嘴里怕化，捧在手里怕疼的爱子观，会促使男孩意志不坚强，心理承受力差，稍遇不顺心或挫折就走极端。作为父母，就必须让儿子遭遇“挫折”，鼓励其克服并战胜它。第三，让男孩学会独立生活。生活自理、会做家务、独立办事是人之必然！“衣来伸手，饭来张口”“万事包办”，这是育人大忌。现在，很多大学生不会做饭、洗衣、叠被，这简直不可思议。这样的男人能接受社会的各种挑战吗？能有创造力吗？所以，作为父母，要尽量从儿时起，就让他们独立承担力所能及的事。当然，爸爸说“穷”养男孩，并非是要你吃糠咽菜，忆苦思甜，让你承受不必要的非人折磨和痛苦，而是减少对男孩的娇生惯养、包办代替，让你从小多一些经历，多一些锻炼，培养你坚韧、顽强的性格。第四，让男孩适当受点委屈。男孩子必须要学会坚强。适当地受点委屈，就会对生活有更深刻的认识。儿子做错了事，家长给予适当的批评和惩罚是必要的，哪怕他受点委屈，也不乏是育人的一种策略。这样的孩子，领略过多种情感体验后，逆反心理少、心理承受力强、心理健康，易成大事。第五，让男孩学会承担责任。责任是男人肩头的“徽章”。因敢于担当，不推卸责任，才让男人更显魅力。所以，父母对男孩要从小进行责任心的教育。让他们未来能担起家庭和社会的双重责任，成为一个顶天立地的男子汉。第六，让男孩多点乐观和爱心。乐观的心态和善良的爱心，是一个成熟优秀的男人必备的品质。所以，父母要通过不同的方式方法引导孩子，擦去孩子心灵的污垢，消除孩子心中的自私，让孩子成长为一个乐观开朗、善良真诚的人。

紫阳，每个父母都爱自己的儿子，爸爸也不例外。但爱有“小爱”和“大爱”之分。那种一味地宠爱儿子的做法，就是“小爱”；而那种“穷”养儿子的做法，才是真正的“大爱”。大爱无疆，男孩只有在这种教育下，才能成长为健康快乐、优秀卓越的男人。

借着今天的事情我还想对你姐姐说一下“女孩富着养”的想法，你可以把今天的日记和爸爸的想法拿给你姐姐看，在爸爸看来，“女孩富着养”这句话还有缺陷，是不负责任的想法，可能会造成女孩拒绝成长的后果。现在，可能是独生子女的关系，有些女孩太矫情、太自我、太公主病、太无妇德。因为是女孩，往往被父母保护得很好，如果天资好，长得美，更会被宠爱太多。因为被爱得太多、太纯粹，难免生出娇嗔之心。在人群中自己必须做核心，一颦一笑都需要有人关注，七情六欲挂在脸上，他们往往要求别人包括亲人懂我，有个撒娇的土壤，让自己有了安全感。这样的性格在现实生活中简直是自寻死路。如果她和某位男人相爱，她要求每一天都像第一天恋爱，就是打电话的声音都不能是疲惫的。这样她周围的人都踮着脚尖在跟她生活，有一天他们累了，放下来的时候，也就没了，这就是“自古红颜多薄命”的全部秘密。

现实中，女人大都喜欢做少女。生活中，许多女人都有一个少女梦。做了少女，对女人来说意味着很大的优势，意味着有资格获得更多关照，意味着能有捷径可走。因为，这个世界呈现给小女孩和成年女性的面貌是不一样的。对孩子会有更多体谅，对成人会有更多要求。当别人把你当作少女和你交往的时候，他无法把他从黑暗中走来的那些经验真的告诉你，他们只是对你宠溺有加，你能从这些人身上得到的实际上非常少。做女孩能够看到世界的某些真相，同时也会失去看到更多真相的机会。尤其是那些来自于黑暗之中，让人更经得起世事考验的真相。在恰当的年龄拥有少女之心，是福利，超过一定的年龄，就是尴尬。

因此，作为女孩，不能总当自己是个小孩。被宠溺的背后是停止生长，被动等待别人的给予。人都是要长大的，赤子之心是用真诚热烈的眼光看待世界，而不是用孩子的心态企图从世界获得更多便利。谁都不可能永远站在世界的中心，命运能给予，也能夺走，我们必须习惯人生的时时洗牌，接受自己对他人并不是那么重要的事实。从这个角度来说，成年人就应该有成年人的样子，你不能要求所有人都宠你，而要自我完善，掌握生活技能，有一份自己的事业。做一个有魅力的真女人，这样别人爱你，自己也爱自己。

# 凡事皆要有度

**【儿子·说】**

2004年6月10日　　星期四　　晴

今天爸爸带我和姐姐去太白山玩。山上的景色十分迷人，一进去有个三十米高的瀑布，一股大水直泻而下，击起雪白的水花，潭里的水碧绿清澈，水底的小石头、小鱼儿都看得清清楚楚。随后，我们来到一个松树林，那里可以拾到树皮，还可以用笔在上面写东西，很有意思。路边有一大片盛开的玫瑰花，很是好看，这里的美景叫人流连忘返。山上到处可见用石头雕刻的奇形怪状的雕像，一个个栩栩如生……身处风景如画的太白山，心情无比舒畅。到了中午吃饭的时候，我饥肠辘辘，就狼吞虎咽地吃起来，把爸爸吓了一跳，劝我不要吃太多，我不听，还是一个劲地往嘴里塞。

真的是乐极生悲，由于我中午吃得太多，结果晚上就开始发烧拉肚子，难受得翻来覆去睡不安宁。妈妈给我吃了点药，我才感觉舒服点。经过这次折腾，使我明白在以后的生活中一定要合理饮食，绝不可暴饮暴食。

**【父亲·曰】**

万事都讲度，切不可任性胡来。所谓“度”是顺应情势的聪明选择，是人终生追求的目标。度的把握是一个人情商高低的重要体现，也是一个人知识修养的综合表现，度是为人处事的重要标准。

在人们眼里，错的道德、言行、事物如果表现得恰到好处，就有可能推动世界前进。如同罂粟花一样，它有毒，但很美丽，它用美丽的外表装点了世界，它的果实如果用得适度可以治病救人。谁能说它的出现是一种错误呢？相反，好的道德、言行、事物，如果出现的时间、地点或对象错了，往往比坏的东西更可怕。因为，它比坏的东西更有欺骗性、迷惑性，就像你今天吃的牛肉干、炸鸡串，喝的饮料，吃得过饱就会闹肚子。因此，度是衡量一切事物的标准，而这个标准不是静止的，它会随着时间、地点、对象、情势的变化而变化。

古人讲中庸之道——不把弓拉满，不把势用尽，名利面前让一步，凡事留一分余地。

人生难得糊涂，急流勇退方可长保富贵。这些都讲的是“度”之道，因而不得不察！

## 独自绽放

**【儿子·说】**

2006 年 4 月 23 日　　星期天　　晴

早晨起床后，妈妈听说外曾祖奶奶病危，就和爸爸一起去齐镇了，剩下我一个人在家里写作业，刚开始我还能认真写作业，可随着时间的流逝，我越来越觉得孤单无聊。

好不容易写完作业，我却不知道自己该干什么了。看电视吧，今天的电视节目好像和我作对，拿着遥控器翻来翻去也没有一个好看的节目。无聊的我只好一个人在家里转来转去，想着外曾祖奶奶的病情现在到底怎么样了？爸爸妈妈何时能回来？不知不觉就到了下午 3 点 40 分，去学校的时间到了，我收拾好东西，飞一样跑出了家门。

**【父亲·曰】**

孤独是任何一个人都要面对的情境，有的人在孤独中成了“佛”，有的人在孤独中成了“魔”，这全凭自己的意念。

人在孤独时正是倾听自己灵魂的呐喊和最真实的想法的时候。禅说，人生步步是道场，心动即禅动。就像你的学习，不分寒暑、昼夜的苦读，就是悟道。道也罢，禅也罢，每时每刻都在你的身边、你的心里、你的行动中。

你要懂得直面自己的困境，在你不能改变自己命运的时候，那就恭顺地接受这份命运！这是与生命的和解，这是一种高贵的顺从姿态，这是一种大气的姿态！孤独是自成世界的一种独处，孤独者往往自成一种状态，他们会表现出一种圆融的高贵！孤独是由思想带来而挥之不去的气质，是娴静的，是淡定从容的！孤独者可以身处闹市，却始终保持一份恰到好处的安静。周围不会影响个人的清寂，因为他知道自己要什么，他懂得什么是和、敬、清、寂！古人说“大隐隐于市”就是这个道理。我们需要孤独，那时的思索和学习，是属于自己的！我们需要独处，需要自由的生活！我们需要自己的空间，需要自己美丽的涟漪，需要自己完整而独特的风景！

我们需要修炼自己，需要学会孤独，孤独是最好的道场，是灵魂与肉体统一的空间和场所。每个人都害怕孤独，可是孤独却像空气一样如影随形。记得我曾经说过很害怕孤独，害怕一个人独处，喜欢热闹。可是跟友人一起，即使众人在旁边，可我还是感觉众人无我，感觉没有人能懂我当时的心情，感觉比孤单一个人在家里面对着电脑还要孤独。那种感觉让自己更加孤独与凄凉，慢慢地，我就学会了一个人吃饭，一个人逛街，一个人思考，自问自答。

要学会独自绽放。在自己的时间里天马行空地畅想自己的神话，学会欣赏镜子中早已陌生的自己，学会掌控一个人的空间；开始学会把自己的心语写成一句句只有自己懂的话语，不需要别人读懂，只要自己明白；学会对着自己写过的话不停地回味，慢慢地学会品味孤独的味道。这是五味俱全的一种情绪，有时甜有时苦，那种情绪不好控制，情绪多变的人更是如此。

独自绽放，学会品尝孤独、欣赏孤独的人真的不多，人都在慢慢地长大，慢慢地学会欣赏自己，这就是人生成长的历程。也是你若绽放、春风自来的真谛。

# 第二节 乐察乐言

## 学会审时度势

【儿子·说】

2006年4月26日　　星期三　　晴

今天的作业非常多,我们都想方设法地抓紧时间写。上社会课的时候,我和同桌一边听课,一边在下面偷偷讨论数学题。刚开始我俩声音控制得很小,可一讨论开就收不住了,声音越来越大,最终让老师听到了。老师警告我们别说话了,我们只能无奈地停止讨论。看来以后要注意一下了,要不既讨论不出结果,还要挨批评,太不划算了。

【父亲·曰】

生活节奏太快,我们没有时间思考或不愿思考,会导致我们的目光蒙上一层灰尘,看不清眼前的形势而盲目地工作、生活,这是现代人悲剧的根源之一。

要学会审时度势。君子不立危墙之下,明知时势不利于自己仍然陷入其中而不愿自拔,这是愚蠢的表现。你今天明知上的是社会课,却还和同桌讨论数学问题,置老师讲课于不顾,就是认不清形势而盲目学习的表现,实为不智。水因地而制流,兵因敌而制胜,聪明人会选择最有利的时机采取行动。没有一把钥匙可以打开全部的锁,没有一件衣服可以适合所有的人穿。所以,不论干什么,都要分清形势,说话、做事都要符合周围的形势,否则即便是金玉良言,说错了时间、地点,忽视了语境,效果也会适得其反。

学会审时度势，首先要学会扫描环境。时刻注意两种环境，一是自身的内部环境，对于人数、智力、财力等方面了如指掌，这是审时度势的基础。二是要扫描外部环境，对外部环境做出准确的判断，并和自己的内部环境进行对比，找出差距，这是思考对策的基础。

学会审时度势还要学会主动出击。审时度势并不是无意义地退避，而是一种战略上的迂回。天时、地利、人和是取胜的基本条件。审时度势虽含退避之意，但根本上却是找准最有利的时机、选择最有利的地形、选择自己人气最旺的时候主动出手，务必求胜。

学会审时度势更要学会审视未来。审时度势除了求取眼前的平安和胜利外，更要求取长远的发展。审时既要审当下之时，更要审未来之时，度势不仅要度眼前之势，更要预测未来之走向。人生如棋，不能看一步走一步，而要走一步看三步。世事如棋局局新，目光不长远，当下再正确的决策也是自取灭亡。

审时度势是生存的基本智慧，不会审时度势将导致庸碌一生，多走不少弯路；学会审时度势，就会开启幸福人生、成功人生的大门。

## 做个旁观者

**【儿子·说】**

2005 年 3 月 22 日　　星期六　　雨

早上起来，雨就下个不停，打开窗户，看到不远处几只麻雀在空中飞来飞去，好像在觅食，又好像在雨中玩耍。呼吸一口新鲜的空气，我的心情格外舒畅。“随风潜入夜，润物细无声”，这真是一场及时的春雨，这场雨滋润着世间的万物，使大地复苏。

来到院子里，看到脚下有一条蚯蚓，半截身体露在外面，正在努力地向地里钻；被雨水冲洗过的小草，绿得更加发亮；花儿也被洗得更加艳丽夺目……好一派欣欣向荣的景象。

**【父亲·曰】**

今天打开你的日记，扑面而来的是那春的清新的气息，使我感到清新自然，对于景物的描写，在你以往的日记中很少见，这说明你已经会用心去感受外界的事物了。

从你的字里行间，我感受到春的色彩斑斓和朝气蓬勃，我也隐隐感到你的情感如同初春的嫩芽，在心中慢慢萌发，这令我想到了“情窦初开”这个成语。虽然在外人看来这种变化还不明显，但确实已经在涌动，你正在由一个稚嫩单纯的儿童疾步向多愁善感的少年奔去，你在不知不觉中有了新的情感依靠，最直接最无意识的就是风光无限的大自然。寄情于山水，寄莫名其妙的多愁善感于笔端，这是你心中春的印记，从此，“情”字将在你人生中逐渐弥漫，在你心中滋生，你会用心灵去感受人生的酸甜苦辣和冷暖。只是我有些担心，少年的多情大多都是像烈马般难以驾驭，虽然你现在透露出的情感若隐若现，有时还有点遮遮掩掩，但这却是人生最美的时期，就像将要绽放的花蕾，让人充满期待。

在这一成长时期，青涩多于欢愉，冲动多于理智，但最令人羡慕的还是青春无忌的锐气。你必须养成沉着、冷静、专心、求实，尝试敬业，有毅力和专心，善于行动，果敢坚持的品质；千万不要陶醉在无尽的春光里，肆意潇洒，那样往往会“多情总被无情恼”，为以后的人生埋下不幸的种子。要趁春光到来时辛勤耕耘，不虚度美好时光，集中一切情感和力量专注于你的事业和你所喜欢的事情，这样到了夏天，你就会如夏花般灿烂；到了秋天，你就会果实累累；到了冬天，你就会独立傲雪，这会使你的人生充满阳光，使你的春天艳阳高照，滋润万物。当然，这样说并不是不让你去享受美景，只是春光易逝，在你欣赏沿途风光时，别被美丽的景色所迷惑而放慢或停止前进的步伐。

此外，关于景物描写，给你提几点建议：一是要认真观察，把心中所思所想写出来。二是读点这方面的诗词文章，看别人怎么写春光美景。我觉得朱自清、冰心、林语堂以及俄罗斯的一些作家在描写景色方面很有特点，要是有时间就阅读一些这方面的书籍,也可以模仿别人的写作手法练练笔。家里藏有历代四季诗词咏,你也可以把描写四季的诗词加以比较,看每个季节都有什么突出的特点。三是在写作文、写日记中尽量有意识地用一些段落描写一点自然景色,多用一些描写景物的成语、词语,把你对自然、对人生、对社会的感受写出来,再与周围的景色相联系,如将春色与青春相联系,将夏天与热情相联系。因为你的感受是特别的、唯一的,所以,你写出来的文章肯定是最有个性、有特色的。不过今天值得祝贺,让我们为你的青春干杯!

## 善于发现

**【儿子·说】**

2006 年 5 月 3 日　　星期三　　晴

今天又有作文课,语文本来就是我的弱项,作文更让我头疼。上课铃响了,语文老师走上讲台,在黑板上写下了作文题目《我是一名快乐的劳动者》。他说:“前天是五一国际劳动节,是全世界劳动者的节日。劳动创造了美,劳动是光荣的,劳动者最伟大。我们从小就应该热爱劳动,尊重劳动者,尊重他们的劳动果实。”简单介绍完劳动节后,老师接下来讲写作方法。他说:“其实作文也没什么难的,就是我手写我心,把你看到的、听到的、想到的写出来就好了。只要善于发现,用心体会,生活中到处都是好的作文素材,处处留心皆学问。”

老师讲的时候很轻松,可当我们写的时候就不是一回事儿了。我们用了一节课的时间写出了草稿,可老师挨个看了一遍后却并不高兴,反而评价我们的作文是千篇一律。怎样才能写出与众不同的作文呢?真是个令人头疼的问题。

**【父亲·曰】**

关注别人不注意的现象,能够透过现象看到本质,洞察其中的蛛丝马迹，就能够看见别人看不见的东西，发现别人发现不了的问题。做到善于发现，不仅要仔细观察日常生活中那些常见的现象，而且要力求从平常的现象中发现不平常的东西。

世界上没有完全相同的两片树叶，再普通、再常见的现象，只要仔细观察，你必能发现其背后隐藏的深层次的东西。牛顿之所以能够从苹果落地这一现象中发现万有引力定律，就是因为他善于从司空见惯的现象中去发现问题，研究深层次的东西。

提高善于发现问题的能力，最主要的是重视细微之处，从生活中的细枝末节中，追寻事物的发展趋势和实质。陈毅元帅曾经告诫身边的工作人员，有些现象虽然看起来是小问题，却可能隐藏着大危机。中日甲午战争中，日本特工就是从北洋水师舰艇的炮塔上横七竖八地晾着清兵的衣物这一细节，进而推断出清军是一支纪律松散、没有战斗力的部队。

古人云：不畏浮云遮望眼。生活中的事物错综复杂，能够一目了然的情况很少，因此只有不断提高善于发现的能力，才能从纷繁复杂的现象中辨别是非，去伪存真，获得成功的机会。

## 时时处处需留心

**【儿子·说】**

2004 年 11 月 16 日　　星期二　　晴

古人说：处处留心皆学问。而我今天却因为没有留心，差点吃了大亏。

中午去学校的路上，我边走边想早上没有做出来的那道数学题。也许是我想得太投入了，根本没注意脚下，就一脚踩进路边的下水道口，幸亏我反应及时，没掉进去。等我回过神来，才发现原来工人正在修理这儿的下水道，井盖被打开了，旁边还立有警戒牌，上面写着：此处施工，行人小心。其实这块牌子昨天我已经看见了，怪我今天走路没有在意，差点出了大事，看来不论是学习还是生活，都需要处处留心，时时在意。

【父亲·曰】

你说的对，不论是学习还是生活，都需要处处留心，时时在意。俗话说，处处留心皆学问，否则不但与机会失之交臂，更有甚者，还会像你今天一样，“差点出大事”。人往往会在平路上跌倒，车往往会在平路上翻车，说的就是越简单越容易出错。中国历史上最会当官的“十朝元老”冯道曾谏言后唐唐明宗说，他当年出使北方时，走过今天河北、山西交界处的井陉要塞，骑着马唯恐有闪失，不敢疾驰，等到平地之后，以为可以奋马扬鞭狂奔了，可偏偏这时马失前蹄，差点把自己摔死。爸爸从你今天的遭遇中想了很多。

世上无难事，只怕有心人。理想和现实通常都是有差距的，人生需要有这样的心理准备。明朝嘉靖年间，北京城里有一位很有名的裁缝，无论何人穿上由他裁制的衣服都很合身。有位京城御史慕名前来，但这位裁缝并不忙着量尺寸，而是先询问御史的官龄。御史感到纳闷，问道：“官龄和裁衣有关系吗？”裁缝说：“大有关系。根据我平时的观察，如果是初任高官，一般都是意高气盛，衣服应前长后短；任职稍久，在官场经过磨炼，则意气稍平，衣服应前后一般长短；如果任职久了，而且可能升官，则内心谦逊，身体往往微俯，衣服就应前短后长。”裁缝通过留心观察当官者的表现，掌握了当官者的心态，养成了独特的职业眼光，从而获得了成功。

步步要留心，时时需在意。有位年轻人乘火车到某地出差，火车行驶在一片荒无人烟的山野中，乘客们一个个百无聊赖地望着窗外。当火车行驶到一个拐弯处时开始减速，这时，一座简陋的平房缓缓地进入人们的视野，几乎所有乘客都睁大眼睛欣赏起寂寞旅途中这道特别的风景，有的乘客则开始窃窃议论起这座房子。年轻人的心为之一动，他中途下了车，不辞辛苦地找到了那座房子。房子主人告诉年轻人，每天火车都要从他门前驶过，他一家人实在忍受不了这噪音了。房主很想以低价把房屋卖掉，年轻人当即用1万美元买下了这座平房，他觉得这座房子正好在铁路拐弯处，火车经过这里都会减速，疲惫的乘客一看到这座房子都会精神一振，用来做广告真是再好不过了。不久,年轻人便开始和一些大公司联系,向他们推荐房屋正面这道极好的"广告墙"。后来,可口可乐公司看中了这个广告位置,以15万美元的租金与这位年轻人签订了3年租期的合同。我们应像这位年轻人一样,面对大千世界,处处留心,就一定能够从中收获。

欲要看究竟,平凡有奇迹。宋代有位诗人,叫梅尧臣,他出游访友总是带着一个布袋,想到好的句子,就写下投进布袋,被人们戏称为"布袋诗人"。俄国小说家契诃夫经常装着一个小本子,无论走到哪里,听到生动有趣的语言,就立刻记录下来。这小本子为他的创作提供了无数宝贵的素材。在日常工作、学习、生活中,有许多看似平凡、边缘的工作,我们都应该把它当成锻炼自己的机会,在不容易出成绩的地方干出成绩,那才是本事。甘于平凡而追求作为,是一种人生境界,把每一件简单的事做好,就是不简单;把每一件平凡的事做好,就是不平凡。回到你的学习中来,你要战胜难题,首先要看清并熟悉难题,否则就会像堂吉诃德一样因没有对手而胡乱地向风车开战。其实一切难题都是由简单题组成的,注意分析已知条件之间的联系,找出他们之间的等量关系,锁定未知情况,前思后想,一切难题就都难逃你的法眼。

处处有机遇,有心成习惯。不是没有机遇,而是当机遇到来的时候,我们很多人的表现却是熟视无睹,因而也就与发现、发明、创造失之交臂。科学上的许多发现、发明、创造,很多时候就是因为科学家具有"处处留心,时时在意"的宝贵品质和习惯。德国著名气象学家魏格纳,生病住进医院,病房墙上一幅世界地图引起了他的注意,他反复观察比对那些凸凹之处,后来独创性地提出了"大陆漂移学说"。处处留心皆学问,时时在意多发现。像魏格纳这样善于观察、善于发现,并将这善于观察、善于发现作为一种习惯的人,在科学界数不胜数。伽利略洗澡,洗出了称量金冠的巧妙方法;牛顿被苹果砸了一下,砸出了万有引力定律。不只是科学家是这样,诗人和作家的创作也离不开"处处留心,时时在意"。这种情况很类似于我们熟悉的一个小故事。有两位推销员,到某个海岛推销鞋。一个人说那里的人都不穿鞋,没有商机;另一个说,那里的人都没有鞋穿,商机无限。因此,我们要培养自己具有科学的思维，善于观察、善于比对，善于思考、善于发现；我们要让“处处留心，时时在意”成为我们的一种习惯。

## 看问题不能被表象迷惑

**【儿子·说】**

2005年3月27日　　星期天　　晴

今天，爸爸带我和姐姐及小刚全家去西部兰花基地赏花。去的路上，我问爸爸：“现在正值花开季节，常言道‘三月里来百花开’，所有的花应该都开了吧？”而爸爸却说：“不一定。”我有点不相信爸爸的话，爸爸接着说：“有些东西不能只凭固定的观念去判断，也许会有一些特殊情况，眼见为实啊！”正当我们两人争执时，已来到了目的地，才发现有的花已经开得很灿烂了，像美丽的蝴蝶；有的还没有开，只是一个花骨朵。周围有高高的垂柳，深绿的叶子中夹杂着黄叶。在鱼池里，我们发现了一条鱼，它自由自在地游着，爸爸告诉我：那是一条武昌鱼。这让我就想起了毛泽东的《水调歌头·游泳》：

> 才饮长沙水，又食武昌鱼。万里长江横渡，极目楚天舒。不管风吹浪打，胜似闲庭信步，今日得宽余。子在川上曰：逝者如斯夫！
>
> 风樯动，龟蛇静，起宏图。一桥飞架南北，天堑变通途。更立西江石壁，截断巫山云雨，高峡出平湖。神女应无恙，当惊世界殊。

**【父亲·曰】**

表面现象并不能代表真实的存在，有些人和事看上去很美，但却像罂粟花一样充满颓废之气，于人无益。因此，看问题要抓住关键，很多时候，事情的表面并不是它真实的样子。如果你没有抓住事物的关键，没有看清它真实的一面，就不要轻易下结论，也不要被事物的表面现象所迷惑。

看问题要深刻。有一个老妇人得到一只玩具猫，漆黑一团，只有两只眼睛闪闪发光。原来，猫眼是两颗罕见的大珍珠。一个人用一千元买下了两只猫眼，回去后，告诉了他的朋友，他的朋友用两千元买了那只玩具猫。回来后买到珍珠眼的人嘲笑他朋友，他朋友却并不在意，拿过小刀，刮开猫的一只脚，黑漆脱落后，居然露出金灿灿的黄金。他后悔不已，问他的朋友是如何发现这个秘密的，他朋友说，你虽能发现猫眼是珍珠，但你没有想到，猫眼既然是珍珠做的，那么它的全身会是不值钱的黑铁铸的吗？这个故事说明，本质不会显现在表象中，就像七彩阳光，人们看到的只是金黄色，想看到它的多彩就需要更进一步地进行探索。

因此，不要没有经过仔细观察，仅凭表面现象妄想能发现事物的本质。看问题不可盲从，有一种叫作列队毛毛虫的昆虫，喜欢列成一个队伍行走，最前面的一只负责引导方向，后边的只管服从。有位生物学家曾做过一个有趣的实验，诱使领头的毛毛虫围绕一个大花盆绕圈，毛毛虫们就跟着领头的毛毛虫，在花盆边沿首尾相连，形成一个圈。这样，全部毛毛虫都会跟着它前边的毛毛虫周而复始地不断爬行。几天后，毛毛虫饿昏了，从花盆边掉了下来。因此，看问题不能人云亦云，不能盲目服从。一旦盲目跟随那些所谓的权威，停止了自己的思考，人们就会接连出现失误。正如国画大师齐白石所说："似我者死。"

同时，亦不能在表象的蛊惑下迷失自我。同样一棵巨树，平庸的人认为它是栋梁之材，有见地的人则认为它是不材之木。人欺骗别人并不可怕，可怕的是被自己欺骗还浑然不觉。如果甘愿让自己陷入被欺骗的境遇，并以此当成麻痹自己的灵药而获得短暂的快乐，这与挖肉补疮有何异？驴子注意到老虎害怕鸡叫，就得出老虎懦弱和无知的结论，进而错误地以为老虎一定害怕自己，却不料因此而赔上了性命。

色彩越斑斓的蛇毒性越大，看起来美丽而娇小婀娜的罂粟却是提炼鸦片的原材料。可见人不能被表象所迷惑，不能只看到权力、金钱等表面上的风光，还要看到它后面的血腥和残酷。面对人生的种种诱惑，只有保持平常心，冷静分析，才能独具慧眼，看穿迷雾，越过陷阱。

# 为察言观色正名

【儿子·说】

2005年1月1日　星期天　晴

晚上,爸爸带我和姐姐去饭店吃饭,我们正在埋头苦吃,忽然邻桌一位客人大声训斥服务生道:“你可不可以安静一点站在一边儿?需要服务时我会吩咐你的。”周围的客人都被吓了一跳。此时服务员的服务热情被一盆冷水浇得不知所措,一脸茫然地站在那里。饭店领班及时赶到,服务员说:“我是按服务规范做的,不知他们怎么发火了!”原来,邻桌的五六位客人点了一个芝华士套餐,他们眉飞色舞地交谈着,而服务员一直按操作要求规范服务,不断倒软饮料,介绍酒的年份和酿造过程及产地,换毛巾,斟酒,不断地使用礼貌用语“先生,请问绿茶冲兑的淡一点还是浓一点?”“女士,请问您喝什么饮料?我们有各种鸡尾酒。”“打扰一下,为您换烟缸。”“不好意思,打扰一下,为您换毛巾。”不断打断客人,弄得客人很是扫兴。最后,一位客人实在忍不住大吼了一句。领班虽然反复道歉,并亲自服务,客人还是以太吵了为由草草结束了酒会。我们的饭也顿时没了滋味。

【父亲·曰】

今晚的事情爸爸在场,肯定地说,服务态度没有错,认真地按操作程序规范地服务,精心尽力地做好每一个步骤,既没有把酒溅在客人的衣服上,又没有上错酒,任何差错都没有出,却造成了客人的不满。在日常工作和服务中我们经常遇到这种情况,却找不出问题出在哪里,原因何在,这就要求服务员学会察言观色,察言观色是每一个合格的服务员必备的素质,也是任何人都需要掌握修炼的一门知识。

察言观色本是中性词,《论语·颜渊》中:“夫达也者,质直而好义,察言而观色,虑以下人。”但在使用时,经常做贬性使用,因为后面经常跟着的,是个“拍马溜须之徒”。但事实上，我们每个人每天都在“察言观色”，孩子对父母，下属对领导，服务对客户，可谓是全方体立方体式地在察言观色。因此，我们有必要为察言观色正名。

饭店告诉你如何规范服务，但没有办法告诉你这桌是庆祝生日，那桌是同学聚会，不同的服务对象要求不同的服务气氛。有的情况下你即便很规范地为他服务了，他还说不到位；有的情况下，你的操作越简单，他越高兴。如何把握分寸呢？先“察言”，根据客人之间的交谈，确定属于哪种类型的，再“观色”，通过客人的面部表情、喜怒哀乐，决定你对客人的服务分寸，哪些话该说，哪些话不该说，哪些服务应加强，哪些服务可删减，掌握了这种技巧，你的服务一定会避免许多“浇冷水”的现象，而且因为你“长眼色”还会得到很多好评呢。这全凭服务员的察言观色的功夫。

察言观色可识人。识人的基本方法，无非是听其言观其行。那察的是什么颜，观的是什么色，说到底还是在看对方的感受。生活中不可能处处问卷调查，也不可能尽信书，察言观色则成为为人处事重要的方法之一。三国时期的曹操挟天子移都许昌后，对于前来投靠的刘备不是很了解。特别让曹操不解的是：刘备是凭什么把非等闲之辈的关、张聚在自己门下。为了了解刘备，曹操来了一招“煮酒论英雄”，借与刘备谈论有关英雄问题的幌子，看看刘备是否真有才华，是否具有野心。这是曹操识人的惯用方法。观察一个人说话，能发现他的思想、性格等多种特征。因为思想指导人的行动，心里想什么，要想干什么，必然会体现在他的言行之上。但有些人的言行并不一致，如果仅听其言，就会受骗上当，所以听其言，同时必须观其行。

察言观色可识情。人常说：“不打勤不打懒，专打不长眼。”这话说得很有道理，因为，人生在世有很多忌讳，如果你无意之中触犯了别人的忌讳，你就会在无形之中得罪对方。所以，无论说话还是办事，一定要眼观六路，耳听八方，千万不要说人家不愿意听的话。正所谓“进门看脸色，出门观天色”。观天色，可推知阴晴雨雪，免受日晒雨淋；看脸色，便可知人情绪好坏，免得不受待见。学会察言观色，实在是不可忽视的为人处世之道。知情绪，便能善相处；善相处，便能心相通；心相通，便能达到一致。

察言观色可识心。人际关系，懂得“看脸色”的能力更为重要，不论古今都是举足轻重的学问。无论做什么事，对什么人，只有先察言观色一番，摸清对方的心思，再付诸行动，才能做到得心应手，万无一失。汉初景帝削藩，其中楚王刘交，任用当时名士穆生、白生、申公三人为中大夫，非常尊敬。穆生不喝酒，宴会时还专门为他准备了甜酒。刘交死后，王位传到了刘茂手里。刘茂开始还能记得，后来自己沉迷酒色，对人的态度就没那么尊重了。有时召见穆生也忘了安排甜酒，慢慢地也就不做特设了。穆生退席长叹：醴酒不设，王意已怠，我再若不去，恐不免受楚钳于市。于是就告病回家。申公和白生去看他，看出穆生没病，只是因为楚王没为他特别安排甜酒。于是就劝他：“刘交在位时，对我们这么好。现在只是没有安排甜酒给你，你难道就不帮他儿子了吗？”穆生喟然道：“古人有言，君子见机而作，不俟终日。先王待我三人，始终有礼，无非为重道起见，今嗣王礼貌寝衰，是明明忘道了。王既忘道，怎可与他久居？我岂但为区区醴酒么？”申公和白公见劝解无用，只得叹息而去。之后七国之乱，楚王茂也在其中，申公和白生极言不可，触动楚王茂，让人把两人绑了，举着杵在市上正身舂臼。穆生对茂通过“察行观举”知不可久居，其对申公白生所讲的重道，也正是尊重感受之道。对一个本该尊重的人不尊重，只是个苗头，随后便会发展到对更多人的不尊重，而能看出这个苗头的，正是智者。

察言观色可识势。所有知识中，最需要学习的就是如何洞察他人。可以说，每一拥有良好人际关系的人，每一个善于驾驭他人的人，最是善于察言观色的人。你都需要敏锐的观察力来解读对方心意，才能知所进退。学会察言观色，留意对方的表情，有利于互谅互让，和谐相处。当对方不高兴时，当止则止，该躲则躲。如果我们每个人都能察言观色，及时地控制自己的喜怒哀乐，那么，人际交往一定会更加和谐。当然，那种阿谀奉承，为了一己私利，专看脸色行事的“小人”，理应受到鄙弃。因为察言观色不是为了投人所好，见风使舵，而是为了知所进退，与他人站在同一水平面上，旋转或是飞跃。

# 用发展的眼光看问题

**【儿子·说】**

2004年2月3日　　星期二　　晴

早上妈妈要去宝鸡送一个工作报表，顺便带着我去长长见识。到了送报表的地方，我觉得那个楼和我们眉县环保局差不多。妈妈到四楼送完报表，正准备下楼时，有个叔叔也来送报表了，我才知道原来各县的报表都要送到这里来。我想，几张纸并不值钱，但它的作用却很大，将信息记录在上面，又从四面八方收集起来，携带方便，信息量大。妈妈知道我的想法后说："到底还是人类厉害啊！"听了妈妈的话，我想的确是这样，如果是古时候，我和妈妈今天肯定不会这样轻松了。我的脑海中浮现出这样一幅情景：我和妈妈吃力地抱着一大捆竹简，正在满头大汗地爬楼梯。不禁暗暗庆幸幸亏现在科技发达了……

**【父亲·曰】**

人类最具有化腐朽为神奇的本领：石头可以变成水泥和白灰，玉米皮可以变成仿真花的艺术品，废秸秆可以变成燃气……这就是科学技术的力量，科技是推动人类进步的工具，它的产生源于人类的需求，作用于人类社会的发展，将不可能变成可能！道家说"阳极阴生，否极泰来"，意思就是说兴盛到顶点时就会向衰弱过渡，而衰弱到极致时又会向兴盛发展，没有什么是永恒不变的。不论是科技水平还是道家理论，其实都在阐述一个事实：世界在不停地变化，要用发展的眼光看问题。

没有什么会一成不变。今天贫困潦倒，明天未必就不可能腰缠万贯；今天只是一块石头，明天未必就不可能是一块美玉：山窝里也能飞出金凤凰。当恐龙还在地球上横行的时候，谁会想到亿万年之后掌握地球话语权的是体型比恐龙弱小了无数倍的人类。当大片森林在山崩地裂中被掩埋时，谁会想到亿万年后这片森林仍然能点亮世界。

当西方世界对中国的印象还停留在留辫子、穿长袍、赶牛车时，中国在很多领域却要他们仰视，而且中国还正以惊人的速度飞速地发展着。世界的发展和进步是必然的，没有谁能阻挡它前进的步伐。当中国遭受铁蹄践踏时，我们说：落后就要挨打。在今天，我们说：看不到发展就要挨打！

所谓用发展的眼光看问题，就是要你在自己弱小时能看到自己变强大的时候。古人说：朽木不可雕也。我不敢苟同，谁说朽木只是为了用于雕刻的？你觉得造纸术伟大，其实纸就是由麻绳、树叶等很多“朽”的东西制造的。只要你功夫到家，朽木照样可以雕刻出精美的艺术品。任何事物都有好与坏两方面，就看你怎么把握、怎么运用、怎样雕刻。

雕刻需要知识和技能，你现在的学习实际上就是学习生活和工作的技能。如果技能没学成，你是不会把朽木变成白纸的。再者，要有把朽木变成纸的想法，即用发展的眼光看问题，世界上没有做不成的事情。想法和思想是现实的“活水之源”，这种“活水”来自于书本。雕刻的技能在于不断实践，熟能生巧。在不断实践中改正思想，使思想更深更高，就会产生新的源头和动力。

只有掌握了科学技术，才能扬名天下。因为社会越发展，传统只重视人文史哲的时代特征会越淡化，专家的作用会越来越大，地位会越来越高，甚至成为某一学科、某个领域执牛耳之人。要做到这一点，就要从现在开始，不断努力学习。相信谁掌握了尖端科技，谁就会把握未来社会的发展！

## 小细节影响大事业

**【儿子·说】**

2003年6月30日　星期一　晴

下午，因为想着尽快写完作业看电视，所以就慌慌张张地做完了语文和数学作业。结果妈妈一检查，发现了好多错题，有简单的题目做错的，有标点符号用错的，还有些不是看错了运算符号，就是对题目要求没看仔细。而我还不以为然，说道："我的结果是对的，就会得分，不管它过程怎么样，没什么大碍。"妈妈听后狠狠地批评了我，她说："现在你做家庭作业都这么不认真、不细心，在这些小问题上不断出错，到时考试怎么能考好？习惯都是一点点养成的，我给你说的这些小问题你如果不注意，在正规考试中就会吃亏。今天的小失误，极有可能酿成明天的大错误！"

我听后想了想，感到很羞愧，知道自己错了。我现在处于学生时代，学习是我的大事，不认真仔细地听讲、做题，将来肯定是要吃大亏的。

**【父亲·曰】**

人常说，细节决定成败，细节决定命运。任何细节都可能与结果有直接或间接的联系，就像你做作业一样，平时一个数字写错，一个符号写错，结果肯定是错的。而平时的这些错误，在考试中又会不自觉地表现出来进而酿成最终的失败。所以，从小养成认真、沉稳的习惯对于你的现在和未来都至关重要。在学习上，要认真对待每一个数字、每一个标点，否则，只能落得"大意失荆州"而"遗恨万年"。

任何问题都不是不可战胜的，只要发现其薄弱之处，发现其细节上的小漏洞，问题就会变得简单而通彻。凡事都是由小到大，积少成多，因此，这些细小的枝节部分我们更应重视，否则便会影响整体。对人生而言，关键的几步如果走不好，一生将一事无成。有人一心想干一番事业，把头仰得高高的，不愿干细小的事情，到头来伟大的事业却离他越来越远；而有些人埋头苦干，将每一件事都认真完成，结果不经意间就成就了大事业，这就是细节的力量。

不论对人对事，小的疏忽往往会招来失败。日本相扑名将河野小川，在他相扑生涯的鼎盛时期，可谓所向披靡、战无不胜。可是在一次区域性对抗赛中，却输给了小将藤佐慕新，而且败得很惨。原因是二人刚一搭手，实力占着绝对优势的河野小川，就踩在了因自己疏忽而垂得过长的腰带上，没等藤佐慕新接招，求胜心切的小川就自己跌倒在藤佐慕新的胯下，而且摔伤了膝盖骨和肘骨，名噪一时的相扑名将，就这样因为腰带过长而输掉了比赛。

人与人的交往更是如此,不经意的细节往往是观察人的显微镜,从中可以看出人的本质。第二次世界大战中,美军虎将巴顿有一次未经指示而擅自突破敌军防线,当被其上司训斥时,巴顿面对严厉处分而连连认错,就在上司消气准备宽恕他,让他离开时,他嘴角却浮出一丝不易觉察的笑意,这使上司认为他未从在心里认识到自己的错误并严肃对待。鉴于此,他后来的上司马歇尔在自己的日记中给出“必须给此人套上一根绳子”的评语。

就像一架正在飞行的飞机,如果被小鸟撞到,便可能招来机毁人亡的悲剧。因此,作为学生,作为有志于实现自我价值的人,就要注意细节。这里我还想起一件事。清兵入关前,明朝军队无论从人数、装备上讲都处于明显的优势,而在关外作战失败的一个重要原因就是士兵穿的服装。关外寒冷,清兵穿的衣服袖口较长,护住了双手,而明军无此护手,士兵的双手因寒冷而无法牢牢地握住战刀,结果战斗力大减。

这些事充分说明了细节在大事中的作用。同时,我要提醒你的是,人们在从事一项事业时,往往会有虎头蛇尾的习惯,就像李自成占领北京后未能注意细节而导致失败。因此,无论做什么事,都要注意最后的句号是否画圆。莎士比亚说过:结尾好比什么都好。人都有这样一种心理,即对最后结束时的所见所闻会留下深刻的印象。譬如讲话,即使你批评别人时,话语怎么苛刻,语气怎么严厉,但在最后如果能讲几句鼓励的话,就会给对方留下积极、宽容的好印象。不积跬步,无以至千里;不积小流,无以成江海。反之,轻视小祸患,最终会酿成大危机。

## 做事要精细

**【儿子·说】**

2003 年 9 月 28 日　　星期天　　晴

早晨,老师说早读时间和第一节课要进行第一单元测试。考试!我还没来得及复习呀,所以我很快就把生字、词语、段落默写了一遍,又看了几篇作文。考试开始了，卷子发到我手中，我大概浏览了一下试题，就开始认认真真地作答，等到写作文的时候，感觉有点难，无从下手。但是我联系自己以前写过的类似题材，引发联想，边想边写。答完之后，我又仔细地认真地检查了一遍，对几个小问题作了修改，直到我认为满意为止。时间到了，老师把卷子收了上去，我的心才平静下来，我想我一定能考满分。

下午老师公布了结果，我得了98分，全班第二。只因自己在一个标点上的错误，没有得满分，看来我自己检查的时候还是有些粗心大意，出现了漏洞，如果再认真地检查一遍，我肯定能发现这个问题。希望自己今后做任何事都要认真细心。

**【父亲·曰】**

一个成功的人，做起事来必定清楚敏捷、精益求精，不做则已，要做就做得十分完善。那些做起事来草率大意、好高骛远的人，任何人都不会信任他们，他们也不会受人欢迎，更不会取得成功。

杰出的工程师詹天佑在修建北京到张家口这一段铁路时，面对外国个别人“能在南口以北修筑铁路的中国工程师还没有出世呢”的嘲笑，经常鼓励工作人员说：“我们的工作首先要精密，不能有一点儿马虎，‘大概’‘差不多’这类说法不应出自工程人员之口。”他亲自带着学生和工人，扛着标杆，背着经纬仪，在峭壁上定点测绘，掌握第一手资料，不放过工程上的任何一个细节问题，并总提醒自己，这是中国人自己修筑的第一条铁路，一定要把它修好，否则不但惹外国人讥笑，还会使中国工程师失掉信心。正是这种精益求精的精神，京张铁路不满四年就竣工了，比原计划提前了两年。这件事给藐视中国人能力的外国人以有力的回击，大长了中国人的志气。

一个人步入社会，无论做任何事情，只要处处一丝不苟、力求完善，绝对不会因失败而走投无路。相反，有许多人往往不肯把事情做得尽善尽美，只用“足够了”“差不多”来搪塞了事，结果他们因为没把根基打牢，就很容易导致失败。

那些初出茅庐、自认为天生我材必有用的人大多失败在草率、疏忽上。

如果你想取得成功，那么最好的方法就是不管别人怎么样，事情一旦到了你的手里，就要使出全部精力，做得精益求精、尽善尽美，这样就会逐渐形成不做则已、做则精细的习惯，进而影响你的性格、品行和自尊心，使你迅速进步，随时可以胜任更加重要的工作，同时也会使你更加充实、更加自信。无论碰到多难的事、多大的事都可以把它分解为很多易事、小事，再逐一进行攻破，最终便会取得大的成功。

## 勿以事小而不为

**【儿子·说】**

2006年6月4日　星期天　晴

早晨去老师家里学习英语时，老师和其他同学已经开始上课了，进去时他们正在念单词，我急忙放下书包，掏出书大声地朗读。后来老师听写了刚才读的单词，我错了一个，问题出在一个字母的书写有点不规范，造成老师没有看清楚而判我写错了。我知道这是我的小失误，真是后悔啊，由于不认真，因为这么一点小问题而导致自己没有得满分，我感到有一点儿小小的遗憾，今后我一定要引以为戒。

**【父亲·曰】**

你听过“差之毫厘，谬之千里”的典故吗？我们不是常说，细节决定成败吗？今天你就被细节绊了一跤，除了自己不认真外，不要把原因归于别人没有看清楚。

西方有一首民谣是这样的：丢了一个钉子，坏了一只蹄铁；坏了一只蹄铁，折了一匹战马；折了一匹战马，伤了一位骑士；伤了一位骑士，输了一场战斗；输了一场战斗，亡了一个帝国。

马蹄铁上一个钉子的丢失，不禁使我们想起“差之毫厘，谬以千里”这个典故。无论做人、做事，都要注重细节，从小事做起。古人还说：不积跬步，无以至千里；不积小流，无以成江海。这句话精辟地指出了要成就一番大事业，要获得硕大的胜利果实，就要从身边的小事做起，把一个个小的胜利果实聚集起来，日积月累，就会获得大的成功。

在现实中，想做大事的人很多，但愿意把小事做细的人很少；雄韬伟略的战略家很多，但精益求精的执行者很少；各类管理规章制度很多，但规章条款不折不扣被执行的很少。所以我们必须改变心浮气躁、浅尝辄止的毛病，树立细节意识，把小事做细。成也细节，败也细节。什么是细节？一般来讲，细节就是细小的事物、环节。可以形象地说，细节是转动链条上的扣环，是千里钢轨上的铆钉，是太空飞船上的螺丝……

现实生活何尝不是这样呢？我们只有注意了细节，才能把事情做得更加完美，只有注意了细节，才会使生活更真实更有意义。而忽视了细节，就会影响经济发展，甚至酿成重大责任事故。近些年来，一些地方不断发生煤矿瓦斯爆炸事故、交通安全事故，究其原因，大部分因为安全管理细节没有做到位。有的地方甚至因为一个服务细节做得不好，从而影响了投资环境，影响了政府形象。一些项目决策由于前期工作做得不细、不深，从而造成盲目投资和低水平重复建设。一些领导干部往往在生活细节上不严格要求自己，从量变逐步到质变，而一步步走上腐化堕落甚至违法犯罪的道路。

“泰山不拒细壤，故能成其高；江河不择细流，故能就其深。”的确如此，再高的山都是由细土堆积而成，再大的河流也是由涓涓细流汇聚而成，再大的事也必须从小事做起。做好每一件小事，大事才能顺利完成。做任何事情都要从细节入手，要知道千里之堤，毁于蚁穴，也就是我们经常所说的细节决定成败。

有这样一则故事：一个小和尚担任撞钟一职，一个月下来，看到师哥师弟们在烈日炎炎下浇菜种地挥汗如雨，暗自庆幸，觉得自己“做一天和尚撞一天钟”真不赖。有一天，主持宣布调他到后院劈柴挑水，原因是他不能胜任撞钟一职。小和尚很不服气地问：“我撞钟难道不准时、不响亮吗？”老主持耐心地告诉他：“你撞钟虽然很准时，也很响亮，但钟声空泛、疲软，未能把握钟声的节奏感，没有感召力。”小和尚因此丢职，原因是未抓住细节。细节虽小，但是，我们决不能因此而轻视它。否则，我们做任何事情的最终结果就如小和尚撞钟，也正应验了“千里之堤，毁于蚁穴”这句古训。

细节绝不是细枝末节，而是用心，而是一种认真的态度和科学的精神。对待事物只要用心，我们就会看到细节，看到事物背后的内在联系，就能够做好细节。“一个不经意的细节，能够反映出一个人深层次的修养”，相应的，时时注意细节，处处留心细节，事事关注细节，就有利于我们培养谨小慎微的性格，有助于我们铸就沉稳平和的心态，有益于我们增强工作责任感。而谨小慎微的性格、沉稳平和的心态和强烈的工作责任感，又恰恰是我们必须具备的基本素质。因此，在日常工作中，应该真正地关注细节，把注重细节的思想时时刻刻记在心上，把对细节的实施贯穿于实际行动中。

做任何事要从细微之处做起，无论多么平凡的小事，只要从头至尾做细做好，有益于工作，便是大事。所以对于我们每个人来说，干什么事都不能好高骛远，眼高手低，只要我们把眼前的每一件小事做好、做细，那么工作质量就随之提高。否则，就一定会误了工作、荒了事业。

## 一诺千金

**【儿子·说】**

2005 年 5 月 19 日　　星期四　　晴

今天语文卷子发下来了，我只考了 57.2 分，这让我很紧张。看到考得好的同学得意扬扬的表情，我的心里很不是滋味。我怎么也想不通我的语文为什么总是学不好呢，爸爸不止一次告诉我学好语文的重要性，而且给我买了那么多书，还让我写日记，可是我对语文的兴趣怎么总是不浓厚，对于语文学习也总是认真不起来呢？

老师让我们把卷子拿给家长，看完了还要签名。可我始终不敢把卷子拿给爸爸看。我不是怕挨训，只是不想看到爸爸因我而失望的表情。爸爸和妈妈为了我的学习已经操了很多心，我怎么还能让他们失望呢？

**【父亲·曰】**

今天语文卷子发下来了，你仅考了57.2分，又一次出乎我的意料，不知你有何感受？我真的羞愧难当，以至于很长时间都没有勇气拿起为你点评的笔。看着你的试卷我彻夜未眠。我原本希望通过我的言传身教而使你受到教育和感染，因而在这三年多的时间里无论多苦多累，我都坚持给你点评日记，目的有三：一是让你坚持干好一件事，相信坚持数年必有好处；二是训练你的写作技巧，每天都写一段话，训练你的思维习惯；三是希望通过父子间的沟通、交流，完成你由男孩到男人的转变。但现在看来，我很失败，你多数日记都在表决心，表态度，但结果依然是我行我素。更重要的是你对别人的批评和建议毫不上心，有时候做错了也不知反思，学习没搞好，考试成绩上不去，竟然没有一点羞耻之心，稍加责问就掉眼泪，以此表示反抗，但眼泪流过劣习依旧。

男人要有男人应该有的品质和担当，凡是答应的事情就要倾尽全力去做，这叫一诺千金。办不到的事情，与其随口答应以解当时之困，结果给人留下虚伪、草率的印象，不如认真掂量后而婉言拒绝，给人以顶天立地，勇于负责之感。不知怎的，我对于毫无诚意的随口承诺厌恶至极。我觉得你在这点上要好好向王老师学习，他身上体现出的那种男子汉的进取心、责任心，正是你所缺少的，这也是任何成功男人不可或缺的条件。

对于个人，孔子有“言必行，行必果”“夫子之说君子也，驷不及舌”之教。对于国家，孔子有“自古皆有死，民无信不立”的警示，之后更有商鞅立木取信、范式千里践约、季礼墓柳挂剑之训，更有吴王失信而国灭身亡之鉴。轻易表态意味着缺乏责任心，在表态的时候，从潜意识中就没有打算去实施，最后必失信于人，最可怕的是失去人心、失去真心、失去自我。因此，我提醒你在开口表态或下笔表决心前，先扪心自问能否办得到，然后再表明态度，否则不但会给你的人生带来麻烦，还会对你的品行形成不利的影响，最终使你一事无成。

# 管好自己的嘴

**【儿子·说】**

2006年2月28日　星期二　晴

下午自习课上，教室里有部分同学老是叽叽喳喳地说话，影响其他人的学习。这一幕正好被老师看见了，他让我们每人拿出一张纸，写下经常在教室里说话人的名字。老师统计结果时，我没想到竟然有人把我也写了上去。我很不服气，自己根本就没有说话，心中真是又气又冤，当老师说这件事的时候，我低着头，一句话也没有说。只能希望通过自己以后的表现，使老师和同学能明察。晚上我把事情告诉了爸爸。爸爸说没事，希望我再努力，好好学习才是真理。

**【父亲·曰】**

沉默是男人抵挡人间风雨是非最坚固的铠甲，人类的一切灾难和苦难都与口舌有着千丝万缕的关系。

因你沉默，别人难察其心，不敢轻举妄动，而心存忌讳；因你沉默，会陷别人于不利之境，你在暗处，利于择机出击；因你沉默，能让人保持一份神秘，使人对你产生“认识饥饿”之感，从而尊敬并追随你；因你沉默，守口如瓶，别人就会产生信赖之感。有“中华第一望族”之称的山东琅琊王氏有一个六字家规，叫作“言宜慢，心宜善”，仅仅“言宜慢”三个字就让王氏始祖王吉在险恶的现实中，特别是官场上顺利地渡过各种难关，十年间从一名知县成为朝廷重臣、西汉名臣。此后，王吉把这六个字定为王氏家规，让这六个字造福王氏子孙。

维纳斯之所以广受世人称赞，就是因为她能“守口如瓶”，如果开口说话，她定会失去一部分人的支持和赞美。古人说的“大智若愚，大音希声”就是这个道理。与人交往，保持友谊，既要仗义疏财，又要亲密有间，时时让人有新的期待,期待就会产生希望,而希望则能增加对方的快乐。

说话体现着一个人的智慧,特别是年轻人,经常在说话上吃亏。《论语》中孔子说:“待于君子有三愆:言未及而言谓之躁,气及之而不言谓之隐,未见颜色而言谓之瞽。”它告诉我们,管好自己的嘴,并不是教人缄口不语,而是在说话时能深思熟虑再出口。这样可以让我们变得更加谨慎、稳重和冷静,练就我们成熟大气的人格。特定的环境或是特定的时期,沉默是最好的为人处事之法。很多时候,不是谁想怎样就能怎样,有许多客观和主观的因素影响着事态的发展。对很多未经证实的言论最好不要评说,让不好的传闻止于你的沉默,这是对别人的负责,也是对自己的尊重。

做人,要多听取别人的意见和建议,谨言慎行,不要随便发表议论。听不进别人意见的人与祸从口出的人都不会成为职场的胜利者。只有多闻慎言,凡事心中有数,才能更好地做人做事。请记住,儿子,好男一张嘴,但傻瓜用嘴讲话,慧者用脑袋讲话,智者用心讲话。

## 吃一堑,长一智

**【儿子·说】**

2006年1月20日　　星期五　　晴

老师把上次考试的卷子发了,拿到试卷,我仔细看了一遍,倒没有不会做的题,只是自己不用心罢了。就拿数学来说,因为看错了一个运算符号,本来会做的题,却白白地丢了3分,甚是可惜。

晚上回家,爸爸看了试卷,先让我改正错题,然后对我说:“你应该吸取教训,这次考试出现的错误,下次考试不能再犯,不能在同一个地方跌倒两次,所谓‘吃一堑长一智’。从这次的失误中总结经验教训,下次才能提高,做任何事情都应该这样。”

我认真听着爸爸的话,心里想:我会努力的,在什么地方跌倒就在什么地方爬起来,下次争取考个好成绩。

**【父亲·曰】**

“吃一堑，长一智”的意思是指受一次挫折，就会增长一份见识和才智。但是在现实世界里，有时人并不能吃一堑长一智，相反许多人吃了好多“堑”，却无论如何也长不了那一“智”，他们当中还有许多“大智若愚”之辈，可是他们在吃一堑后并不懂得去总结提高，不懂得化悲痛为力量，处理问题时依然采用老一套方法，即使不说他们是墨守成规、迷信教条，最起码也是江山易改，本性难移。人总是在不断地锻炼中成长，只有挫折与困难才能把人提升到更高的境界。没有挫折与困难，很难成就一个完美的人生。

人们常说的从胜利走向胜利，也就是从遇到一个困难到战胜一个困难的过程。遇到困难的时候，首先要认识它，了解它，在此基础上分析、判断或者解析，最后解决掉它。在这个平凡事物的发展规律中，重要的是一个人的心态，一个人以什么心态或态度来面对困难，直接决定了其能够长多少智，收获多少，进步多快。

## 兼听则明，偏听则暗

**【儿子·说】**

2006年6月5日　　星期一　　晴

看完《封神榜》，可能大家都为纣王的残忍感到害怕。是啊，他本来有大好的江山、善良的皇后和聪明的王子，还有好多忠臣贤能，但由于他只听信妲己一人的妖言，不但残忍地害死了皇后，还逼迫他的两个王子到处流浪逃亡，更将好多向他忠言进谏的忠臣残忍地处死。

由于他身边没有进谏忠言的大臣，只有心狠手辣的“妖精”妲己，所以，慢慢地，他的残忍专制让他尽失民心，最后连大好江山也被西岐的周文王轻而易举地夺走了，他也惨死于自己的宫殿中。

而西岐的周文王之子周武王却广纳贤才，广泛听取众臣的意见，善待百姓，尽得民心，这与纣王只听信妲己一人妖言的残酷统治形成了鲜明对比。一个原来只是商诸侯国的西岐很快兴盛、强大起来。从《封神榜》这部电视剧中我也了解到了很多历史故事，有机会我还想再看一遍。

**【父亲·曰】**

刘邦这个人能采纳部下的意见，因此，他的部下很愿意为他打仗出力，并敢于向他提建议。为此，他手下的谋士很多，将士忠诚，都能以死效力。有智有勇的张良，由于受到刘邦的重用，因而心甘情愿地为他卖命，辅佐刘邦成就了大业。陈平投奔刘邦后，刘邦对他毫不怀疑，还委以重任，因而陈平能死心塌地为刘邦所用，并六次向刘邦献奇策，救了刘邦六次。

诸葛亮在他的《前出师表》中诚恳地劝后主刘禅要吸取先汉和后汉的成败教训。他说："亲贤臣，远小人，此先汉所以兴隆也；亲小人，远贤臣，此后汉所以倾颓也。"他嘱咐后主刘禅要察纳雅言，广开言路。可遗憾的是，后主刘禅却违背了他对诸葛亮的承诺，只顾享乐，听信谗言，而最终亡国，被天下人所耻笑。

因此，我们要谨记"兼听则明，偏听则暗"这一古训。事情的真假对错一定要充分调查之后才能做初步判断，广泛听取多方面的意见。客观世界瞬息万变，现实生活丰富多彩，更多的时候，需要我们将二者有机结合起来，具体问题具体分析，只有这样，我们才能把事情做得更好！

波兰有句谚语："常问路的人不会迷失方向。"世界著名画家达·芬奇也曾说过："应当耐心地听取他人的意见，认真考虑指责你的人是否有理。"在我们中国，这方面的格言警句更是俯拾皆是，举不胜举，像"满招损，谦受益""虚心使人进步，骄傲使人落后""良药苦口利于病，忠言逆耳利于行""智者千虑必有一失，愚者千虑必有一得""一个篱笆三个桩，一个好汉三个帮"等等。所有这些名言，无论其外在的语言表达形式怎样千差万别，但其内在的思想精髓都是一样的，那就是：虚心听取来自各方面的不同意见，以他山之石，攻自己之玉；取他人之长，补自己之短。

总之，诚如塞纳克所言："相信一切人和怀疑一切人，其错误是一样的。"

在复杂多变的现实生活中,应具体情况具体分析,既充分相信自己,又虚心请教别人。只有这样,我们才能把事情做得尽善至美!

## 善于欣赏自己

**【儿子·说】**

2003年7月18日　　星期五　　晴

今天是我10岁的生日,我感到十分高兴,我觉得应该对10年来自己的成长做个小结。

记得小时候我喜欢读书,爸爸教我背诵古诗,我总是淘气,不愿意背。本来用一小时可以完成的事,却故意拖上两个小时。

记得小时候,我总爱“吃”大拇指,想克服可是老记不住。所以睡觉的时候,我就把手压在屁股底下,可到现在还改不了这个习惯。

记得5岁的时候,我家住在县委大院,对面有一条大狗,我很害怕,手里经常拿一根棍子以防狗咬。

还有一次,爷爷领我到南大街玩,我在道沿上蹦蹦跳跳,结果一步没踩好,滑了一跤,碰破了额头,爷爷急忙抱着我往医院跑,到了医院,爷爷已经累得满头大汗。医生给我缝了三针,我当时哭得嗓子都哑了。额头上留下了伤疤,有人还笑话我说这是观音痣。每当摸到这个伤疤,我就想起了爷爷,可爷爷却已离开了我。

今年五一,妈妈和爸爸带我去了青岛、大连、北京、威海这四个地方,这是我第一次远行,那里有许多名胜古迹,像北京的颐和园、故宫,青岛的五四广场等,我玩得十分开心。

今天,我又长大了一岁,更加深切地感受到家人对我细致的关爱和精心的培养,我下定决心不会辜负他们的一片苦心。

**【父亲·曰】**

儿子,今天你总结了自己十年中的得与失,我要说的是:知耻近乎勇。

我们不是不能吃后悔药，而是世界上根本就没有后悔药，所以，错了就只能想明天怎样才能做得更好。今天如果还在重复昨天的错误，那么反思得再深刻也于事无补，反而会伤害自己的心灵。把反思当成逃避改正错误的借口，这样就只能在反思中习惯于错误、习惯于失败，而对成功者来讲，绝对不能犯重复性的错误。今天，你回忆了，你领悟了，你进步了，这就是成功。希望你从今天起能严于律己，学会控制自己，把握自己的命运，成为一个全新的人。

要成功就要学会为自己喝彩，在孤立无援时，这是不二法门。那么成功是什么？成功就是发展，就是选择，就是和谐，其真正的内涵就是幸福！而幸福是一种感觉，这种感觉往往来自于内心的自我认同和自我欣赏。善于把自己成功的一小步看作一大步的人，会越来越自信，学会欣赏自己的长处，将自己的优点放大，那你就是不断进步并最终成功的人。

怎样才能成功？成功需要养成良好的习惯，需要自信，需要梦想，需要实干，需要创新！成功教育就是变反复失败为反复成功，因为反复成功的孩子越来越好，反复失败的孩子越来越差！人有八种不同的智能，分别是语言智能、数学逻辑智能、音乐智能、身体运动智能、空间智能、人际关系智能、自我认识智能和自然智能。小兔天生擅跑，却下不得水；小鸭擅长游泳，却永远也跑不快。善于发现自己的优点和长处，就能像智障音乐指挥家舟舟一样，虽然天生残疾，但却能发现自己的优点，扬长避短，挑战极限，最终取得成功。希望你好好挖掘自己的潜能，培养自己的各种智能，伴随着年龄的增长，使其成为你人生路上不断前进的阶梯！

## 重视推销自己

**【儿子·说】**

2003年8月29日　星期五　晴

今天早晨，我打开收录机，想把我读的英语和作文录下来听听。我正在读，而一只苍蝇老是围着我嗡嗡嗡地叫，我感到很烦，分心了，没有读好，最后倒回去一听，声音十分别扭，像小孩子在哭泣，很难听。我告诫自己要用心，然后就认认真真地读，不为周围的骚扰而分心。读完后，我又听了一遍，比刚才好多了。上午爸爸回来后，他听了我的朗读录音，说很好，希望我以后继续努力。

今天是妈妈的生日，我给妈妈出了三道题让她计算，算是送给妈妈的礼物。妈妈想了好长时间，只把后两道题算了出来，然后我把第一道题给妈妈讲解了一遍，我觉得做老师的感觉真好。

**【父亲·曰】**

今天是你母亲的生日，你却为你母亲上了一课，我觉得这是你母亲在她一生当中收到的最珍贵的礼物：一则儿子超过母亲，我们满心欢喜；二则你有了表现自己的欲望，这是你成功的动力。你今天达到了这个目的，选择了成功的时间、成功的条件、成功的办法，成功地表现了自己一把，把自己的才能推销出去，这是人生中一件有意义的大事。

中国传统文化以含蓄、内敛、谦虚为美德，即使在商业上也讲“酒香不怕巷子深”，我认为这些说法是有局限性的。试问历史上凡是有成就者，哪一个不是推销自己的高手？他们只是在需要谦虚成为推销他们自己的工具时才会显得谦虚。

由于过去体制之故，人才积攒过多，买家只有一个帝王家，绝大多数读书人都只能把自己“卖”给帝王家，有些人自视才高，囤积居奇，单等帝王来“买”。而那些才高八斗而推销乏术的人只能用“当官一时荣，文章千古高”来安慰自己，终老山林。

只是他们用文章推销自己的方法太过迂腐，缺乏新意，不合时宜。你看屈原、李白、苏轼，哪个在世时“荣”过？而那些推销高手，却是志在治国，不在章词小措之间。姜太公采取心理学上刺激物的新颖性能够引起人的无意注意的方法，直钩钓鱼，目的是为了吸引人们的注意并传播，以待周文王来磻溪访取，以便实现他兴周灭纣，与天下更始的宏大抱负，冯谖食无鱼、出无车之怒，孔明自比管仲、乐毅再世，严光（严子陵）不与汉光武帝刘秀为臣等等都是这样。

直至今日，电视传媒广告无处不在狂轰滥炸，方法各异，策略非似，但目的只有一个——推销自己。在这一点上，推销自己与推销产品并无不同，只是推销的卖家心理更为诡秘、复杂罢了。其实，一个人在一生当中都在推销自己，推销的前提是货真价实，那些假冒伪劣产品也许经过推销可以名噪一时，但是经不住时间的打磨，往往会昙花一现。那么，怎样推销自己既可以使自己被社会接受，又能成为经典呢？我觉得以下几点要特别注意：

一是定目标。总体目标锁定，才能纲举目张，使人生有奋斗方向，并围绕这一方向不断奋斗，一步一步推进。目标大小决定了你工作、学习的内容和要求，所以应该把目标定得比实际期望高一点，并努力去完成。

二是强素质，这是推销自己的核心。中国人讲究内圣而外王，要下功夫完善自己，每天都在心里自问："我今天该做什么才能使自己更有价值，离目标更近？"并学会为自己喝彩，使自己确信无论在哪个方面，自己都将变得越来越完美。这里要特别注意两点，首先要有自己可以拿出手的特长，所谓"一招鲜，吃遍天"，只有特长才会使你的才能如囊中之锥。其次，做事要精益求精。世界上的事情如果你不千辛万苦地去做，而想凭空去获取，是不能成功的。天下事不做则已，要做就要做得十分完美，这是成功推销自己的最好办法，千万不要让那些偷闲取巧的坏习惯影响了你的前程。实际上，做事精益求精，可使你迅速进步，学习日渐充实，堪当重任。

三是聚人气，这是决定性的因素。推销自己是将自己推销给别人，一定要有人场、人气。有才能的人往往忽略了这点，这是失败的诱因。首先要在提升自我价值的同时，提高周围人的价值。聚众人之私、之力、之谋，成自己的伟业，这是曾国藩的成功之道。"千里马常有而伯乐不常有"，没有伯乐，就让众人将你"抬"出水面，让舞台上的灯光聚焦在你的身上。

四是讲策略。首先，找出推销自己的合适说法，并要不断推销，让你的"买家"知道并注意你。其次，要好好利用自己的优点。自己在某一方面有优点却不去展示，这既不符合人性也不诚实，天才都能清楚地知道自己有哪些优点。人类最大的缺点就在于自贬，即廉价地出卖自己。这就像清点你的各种资产一样，要找出让别人感到与众不同的方面，善于抓住机会，因人、因时、因势、因地制宜，这样你才能让你的“买家”动心。只有你掌握了推销自己的策略并善于推销自己，才能实现你的理想。

最后我想说一句，要推销自己，不要光嘴上说说，行动是最重要的。一个人最大的悲哀，就是不愿意做他自己。人生舞台的大幕随时可以拉开，关键是你乐于表演还是选择逃避。

## 锻炼演说技能

**【儿子·说】**

2004年1月14日　星期三　晴

下午，爸爸领我到达老师家，让老师指导我怎么演讲。我觉得演讲不就是背稿子吗，这么简单的事，为什么还要人教，真麻烦！但到了那里才知道，这是为了教我演讲时流利通顺、不结巴的方法。我先自己讲了一段，达老师说我这样演讲可不好，一句话还没有说完就要吸好几次气。然后达老师给我读了一段，我就认真地边听边小声跟读，他读书就像广播里读出来的一样流利。

达老师对我说：“演讲要有声调和表情，不能结巴。只要你经常练习，这个毛病就会改掉的。但首先是多读，先熟悉，再把握语速、语调、情感等问题，千万不可嘴动而心不动。”爸爸对我说：“以后你每天都坚持大声地背一篇文章，既可以让你增加读书和演讲的兴趣，同时也可提高演讲的技能。”之后在他们二人的指导下，我又练习了几遍，觉得掌握方法之后的演讲与之前比较，真是好听多了。

**【父亲·曰】**

今天我带你去拜访团县委的达书记，目的是让他给你辅导朗读、演讲方面的知识。因为我觉得你在朗读文章和演讲的时候“有口无心”，不能很好地表现出文章所营造的意境，更重要的是缺乏一种吸引力，这种吸引力需要你的演讲富有感情，从而产生震撼力。

达老师听了你的演讲，给你提了几点应注意的地方：一是讲出来。演讲需要勇气和胆量，要有一种“不怯场”的精神。讲是练出来的，不是想出来的。无论是一个人听，还是万千人听，都要勇敢地讲出来，让人觉得你读的是世间独一无二的高雅雄壮之音。就像希腊的柏拉图一样，为了克服口吃而练就铁齿铜牙，在口里含着石子天天练习，终成一代名家。

二是要融进去。所谓演讲就是演戏，古今中外凡有成就者，多是伟大的演员。他们通过多种手段使自己的私志变成全体人民的意志，这期间演讲功不可没。像近代的列宁、毛泽东等正是通过其无与伦比的演说而鼓舞人心、达到目的。

三是信自己。演讲要有成效，自己必须对演讲的内容深信不疑，通过发自内心的表达，声情并茂地去打动听众、说服听众。这样就能从容不迫地侃侃而谈，说什么像什么，给受众以自信、威严、可靠、信任之感。现在有了电视，演讲的功用更是超乎人的想象。你看美国总统选举，实际上就是两个候选人之间的演讲比赛，黑人总统奥巴马就是通过其舌绽莲花的演说，令公众着迷，进而当选为总统的。

四是背熟练。好的演讲者一方面要对历史、政治、哲学、文学有广泛的涉猎，要胸有成竹，这是演讲成功的基础；另一方面，最好事先写好稿子，再背下来，用听众都能听懂的语言将演讲的内容表达出来。每次演讲，都要有一两个让听众难忘的闪光点，这样会给人以深刻的印象。

五是求简短。真理是人人都能懂的简单道理，真理的表达都应该是简单的。林肯那篇只有 300 多字的演讲，因为阐述了美国的政治精髓——民有、民享、民权而名垂史册。成功的演讲要用简短的语言表达最深奥的道理，毛泽东的《为人民服务》《纪念白求恩》《反对自由主义》等演讲名篇亦是如此。总之，演讲是一个人思想表达的翅膀，是鼓励人、引导人的号角。

有人说：用舌头可以掀翻一个社会。的确不错，口才的力量不可小视，从古至今，因口才而取得战争的胜利，因口才而取得国家政权等事例不胜枚举。从某种意义上说,演说比其他才能更重要。因为人与人的交流,最直接、最容易的方式就是通过语言。特别是在媒体高度发达、交流日益密切的今天,口头表达能力就显得格外重要。

## 幽默使人灵动

**【儿子·说】**

2004年12月12日　　星期天　　晴

上次模拟考试,我的数学成绩进步很快,被评为数学进步生,妈妈很高兴,给我买了一本《幽默笑话》和一块橡皮,作为奖励。《幽默笑话》我很喜欢,老早就读了一遍;橡皮我没在意,只是随意地放在文具盒里。没想到今天王老师竟发现了这块橡皮的秘密。原来,这块橡皮名叫"不容错过",我当然了解这个词的意思,就是这么好的机会不能错过。但是王老师说,橡皮叫这个名字意义就不同了,就是说有了这块橡皮就不留一个错的痕迹,要把错误都消灭在这个橡皮底下。我听了感觉很有趣,原来这个词从不同的角度去理解就会有不同的含义呀。

**【父亲·曰】**

你今天日记写的两件事都很有意思。第一件是因为你是数学进步生,妈妈给你买了一本《幽默笑话》和一块写着"不容错过"的橡皮,爸爸还郑重其事地在书的扉页上写下:奖给进步生冯紫阳,家长。随后你又徐徐地在"家长"后面签了"冯华"两字,使我踌躇志满,好不得意。我想你妈妈给你买《幽默笑话》的用意是想培养你快乐幽默的天性,并用智慧让你终生快乐吧!

第二件事是你王老师对"不容错过"的讲解。我觉得你的记述同王老师的讲解同样精彩,他说有了这个橡皮,就要不留下一个错误的痕迹,把错误消除在这个橡皮之下,这也叫不容错过。我觉得他很有幽默天分。能把中国汉字灵活运用,在你会心的笑声中,提醒你不要让错误的问题偷偷溜走。

幽默是人际关系的润滑剂，是人生旅途的歌声。学会幽默，说出来十分重要，如果你不说出来，就永远不会掌握幽默的技巧。说笑话讲幽默就不要怕别人笑话，不要怕冷场，要融入这些幽默和笑话所制造的氛围中，首先要感动自己，才能感动别人。

这里特别要注意的是，讲笑话说幽默时你首先要成为"冷面先生"，不要别人未笑你先笑，要在别人不经意间轻轻抖出你要说的"包袱"，出人意料。如果别人未笑你先笑，那么，别人的笑就是你预想的，就会失去幽默的价值。爸爸希望你能认真读完《幽默笑话》这本书，并给我和妈妈讲这本书里的故事，从而将你培养成让人快乐的"幽默大王"。

## 领导的魅力

**【儿子·说】**

2004年11月4日　　星期四　　晴

今天县上有活动，我们学校的仪仗队被抽调了过去。一大早，我们就穿着队服，背着大鼓，雄赳赳、气昂昂地向体育场奔去。走到体育场，老师告诉我们还得在外边等上半个小时才能进去，因为领导没有来。我心想，领导怎么能不遵守时间呢？好不容易等来了领导。我们进去后，看到领导们坐在主席台上等我们来演，心里很不平衡。我们背着重重的大鼓一边走一边想：当领导就是好啊，有人为他服务，还不用等人。

**【父亲·曰】**

一般来说，能当领导必有他的过人之处，这种过人之处表现出来的往往就是领导的魅力，而这种魅力，正是人们神往的原因之一，也是读书人常年自修苦练的结果。就像你们的同学，看到的只是领导前呼后拥的神气，而很少考虑这种神气也是领导工作的需要，更是艰辛努力的结果。"学而优而仕。"中国古人读书的目的就是为了入仕，而且到现在持这种读书观的人还有不少,可以说,中国人的官本位思想有着几千年的文化背景。想当官并没有错,问题是当官的目的不同。一种人当官是为了展现其神气,升官发财;另一种人当官是为了实现自己的理想和抱负,用自己所学的知识回报社会。这两者往往相互交叉。

对于领导人来说,与普通人相比,眼光、胸怀和实力是关键所在。要比普通人看得远,比普通人更能容人,比普通人抗失败能力强。除此之外,领导需要个人魅力、神秘和距离。这些好像唱戏要穿戏服一样。如果有人为你服务,并且服务的人数日增,从一个侧面说明你取得的成就大,对社会的贡献多。要成为一个合格的领导,需要自身有良好的修养,首先,要有过人的人格。最捷径的办法就是学习先贤们做人的道理,比如佛教、基督哲学以及中国的孔孟之道等。但把圣贤们的教诲仅仅作为知识来理解和记忆并没有多大价值,必须用它来戒勉自己,提升自己的人格。其次,要反省自己是否有违为人之道。如果有就要马上纠正。领导者应该随时保持一颗谦卑的心。再次,学以致用,从知到行,从理论到实践。日本"经营之圣"稻盛和夫给出的方法是"学习+反思+实践"。他还说:"回顾自己人生的每一天,其实就是通过经营实践,不间断地提升理念的每一日。"并根据自身经验总结出以下"六个精进"的方法:一是甘于奉献。付出不亚于任何人的努力。比任何人更多钻研,而且一心一意保持下去。如果有闲工夫抱怨不满,还不如努力前进提高。二是戒骄戒躁。"满招损,谦受益"是中国的古语,谦虚之心能唤来幸福,净化灵魂。三是每天自我反省。每日检查自己的行动和心理状态,是否只考虑了自己的利益,是否有卑怯的举止等,自省自戒,努力改正。四是感谢生命。只要活着就是幸福,培养对任何细小的事情都心怀感激的心性。五是行善积德。"积善之家有余庆",特别注意要有同情心,行善积德有好报。六是理情面对。摒弃感性所带来的烦恼。不要总是愤愤不平、杞人忧天、自寻烦恼。相反,为了不让自己后悔,更应全身心地投入。

总之,我们要经常把这"六个精进"说给自己听,并有意地实践。将这些看似平凡、理所当然的东西,一点点坚持实践下去,直到融入日常生活中。

这就需要你从现在起发奋学习，立志为天下人服务。我真的希望将来有一天，他人会因为有你而活得更加幸福、更加精彩、更加快乐！

## 权力的秘密

**【儿子·说】**

2005年3月25日 星期五 晴

早上发生了一件可笑的事。在操场做操的时候，小昊在外边叫队，小卓站在我后面，跟着小昊偷偷地叫，在小昊叫完时小卓说漏了嘴，小昊还以为是我前面的小军叫的，把他叫到操场中间训斥了一顿，等这件事情搞清楚后，老师看小昊管不住学生，就另换了一个文体委员。上午小昊的情绪一直比较低落。原因是小昊没有行使好自己的权力。

**【父亲·曰】**

今天，小昊用他的童真和失败无形中揭穿了权力的本质，揭穿了成人关于权力的一切鬼话。男人活在世上，无时无刻不在为权力而奋斗，昨天我说的是竞争，实际上那是男人一生都在玩的游戏，目的就是为了获得权力。现代人比古代人会做作，孔子毫不掩饰地说“学而优则仕”，就是学习好就能做大官。而现代人把读书、工作、生活的本质用各种好听的词汇进行掩饰，虽然欺骗了很多人，但最终难逃人们的法眼，那就是不择手段获取权力，同时要千方百计保持权力。就是因为权力，古往今来血雨腥风，死去了多少平民百姓，留下来坐享权力的都是权力角逐的高手，历来一切发动战争和暴动的人，他最初敢冒杀头之风险，并不是如他们后来所说是为了苍生，而是首先想改变自己的环境，获得支配人的权力。

美国著名影星伊丽莎白·泰勒曾经说过：“成功是最好的除臭剂。”泰勒在第四次结婚时，几乎没有人愿意为他们主持婚礼。美国国会女议员艾丽丝·布里奇甚至声称，“（泰勒）在国外降低了美国妇女的形象，破坏了我们在外国的形象”，她要求司法部长吊销泰勒和伯顿的护照，以宣布他们为不受欢迎的人为由，拒绝他们踏入美国境内……迫于无奈，泰勒只好请了一位牧师来主持，这也是他们能够请到的唯一一位对泰勒以前的四次婚姻不表示反对的神职人员。但婚后的新婚丈夫理查德·伯顿在泰勒的帮助下在演艺界得到了很好的发展。1964 年，纽约上流社会接连 17 个星期都在敬仰伯顿夫妇，理查德·伯顿在《王子复仇记》中塑造的哈姆雷特的辉煌形象，这也打破了以前所有的纪录。观众的掌声使他们渐渐摆脱了丑闻的包袱，重新获得了财富、声誉和职业地位。这一切让泰勒充分认识到：“成功是一种了不起的除臭剂。它能带走所有你过去的味道。”果然，这位一生放浪不羁，共结了 8 次婚又离了 8 次婚的女人，最终成为美国电影史上最体面、最光彩的人物，她的美貌、她的电影、她的丈夫……半个多世纪以来始终是媒体追逐的目标，她仿佛是浓缩了的好莱坞样本，还拿走了第 33 届和第 38 届奥斯卡小金人。从童星到刚刚度过 75 岁华诞的贵妇，泰勒无疑是一个成功的女人，越来越受美国观众的喜爱。演艺如此，对于权力而言又何尝不是如此呢！每个人的做事、行为都有自己合理的解释和原因，只有成功后，才能被别人认可。1949 年 12 月，毛泽东率领中国代表团访问苏联，斯大林说：“想不到你这么年轻！你对中国人民的贡献真大！”毛泽东回答说：“我是长期受打击排挤的人，有话无处说……”斯大林立即打断毛泽东的话：“不，胜利者是不受谴责的。”不能谴责胜利者，这是一般公理，也是人们追求权力的原始动力之一。

其实人的一生就是一场持久的权力角逐，家庭、社会无不如此。纵观历史，一切反叛者都是在“人民”“革命”这些口号之下进行着自己的暴行并释放着自己的私欲，他们往往把这些标语贴在自己脸上，到处招摇撞骗，利用人性趋利趋权的弱点进行盗用民众权力的勾当。当人们发现他们兜售的商品是假冒商品时，自己却已被套上了绳索，难以自由了。

记得美国总统尼克松说过，成人和小孩对权力的区别就是前者获得权力作威作福，而后者是为了成就一番事业。但他似乎忘了，他辞职的导火索就是他为了获得第二次权力，默许在民主党竞选总部安装窃听装置。那些阴谋家都深谙,权力场上不能说真话,这是一个潜规则。记得一位中学教师教导同学好好读书,将来好挣大钱,买洋房,娶美女,一时令那些所谓的人物群起而攻之,并冠以“毒害青少年”的罪名而口诛笔伐,开除其授业解惑的权力。其实他不过说出了大家心里都明白而没说出来的事实而已。不要以为那些文人科学家都轻鄙权力,他们当中苦读寒窗也是为自己角逐权力积蓄力量,获得某一学术领域的绝对权力。他们表面上对政治权利的不屑,其实是一种吃不到葡萄而产生的一种酸葡萄心理。

在男人一生追求的权力中,政治和物质权力以及对异性占有的权力显得特别热门。获得政治权力可以实现自己的真实欲望,获得经济权力可以更好地享受人生,获得异性的支配权力是动物本能的体现。权力的特征是排他的,一位中国很有名的帝王就绘声绘色地说过,卧榻之侧,岂容他人酣睡。为达到这一独占权力的目的,古往今来,多少人出生入死,拼个你死我活。一切战争看起来轰轰烈烈,其实都是男人们争权夺势的游戏。权力具有扩张性,一朝把权握,即刻把令行,一切权力的掌握者,无不想尽办法把权力发挥到极致。他们虽然巧舌如簧,依我看还是没有你的同学小昊来得直接,来得真实。不过玩弄权力的高手都是能手,他们与小昊的区别就在于能为权力的为所欲为找出合情合理合法的理由,以掩饰其真实的目的。

权力是无情的,有情的只是获得和巩固权力的手段和工具而已,为权力可以父子相残,兄弟为仇,夫妻反目。古代的《七步诗》就证明权力的无情。拨开历史的迷雾,一切权力的更替都是冰冷的权力之剑在空中乱舞,有情者没有获得权力,倒是无情者屡屡得手。权力又是脆弱的,因为窥伺的人太多,每个人都想一展身手,你稍不小心,半路的程咬金就会拿起板斧,将你打下马来。所以,历代君王对此都十分敏感,特别对于政治斗争中的任何危险因素,他们从不敢掉以轻心,绝不心慈手软。因为,他们不仅熟谙历史中政权内部斗争的复杂性,而且通晓当时国际上的政治斗争和权力斗争。因此,对其子孙说,“打江山易守江山难”,说的就是这个道理。小昊不就是一时不慎,被老师夺去了为同学服务的权力吗?

如何获得权力,基本上有两条,一是靠实力,二是靠伯乐。前者在战争中显得格外突出，枪杆子里面出政权，后者在和平时期是不二法则，只有贵人提携才能进入权力阶层，否则你才高八斗，只能在家里、在山林里叹息命运不济、生不逢时。

## 学会反叛

**【儿子·说】**

2006 年 3 月 27 日　　星期一　　晴

小利终于在和家长的“较劲”中赢得了胜利，他本是我们班有名的“妈妈宝”“乖乖虎”，都十几岁了，晚上还要妈妈帮他洗脚，每当我们下了晚自息，一出学校大门，就见他的爸爸、妈妈、奶奶夹门迎接，最近好像变了一个人似的，他一看到他父母来接，不是扭头就走、不理不睬，就是大呼小叫、恶言相向，坚决反对父母接送，在学校脾气也是日益暴躁。听到有人喊他“乖乖虎”，就好像吃了炸药似的，吹胡子瞪眼。为了表现自己的“非凡”，他痛快反对老师和家长把自己当小孩，而以成人自居，对任何事情都倾向于批判的态度，用各种手段、方法来证明自己存在的价值。今天上午，他的妈妈来找老师，哭诉着小利种种“忤逆”行为，处处和家长“较劲”，你说东，他偏要西，弄得家里人很是难过，最近，不知咋的，还偷偷地在黑发中染了几撮白发，当父母好心相劝时，他不但不承认错误，反而得意扬扬，好像自己打了胜仗一样。他的妈妈请求老师好好教育教育，没想到老师竟袒护小利，说孩子大了，应该学会尊重和一些适当的空间。我们听后，都感到老师真是英明，给我们这些常受家长压迫的“人民”撑了腰、壮了胆。但看见小利远去的背影，同学们又集体“失言”了。

**【父亲·曰】**

人到了青春期后，独立意识和自我意识渐渐增强，迫切希望摆脱成人的监护，而在受到许多现实打击之后，往往在美好的青春时光学会了反叛，也叫叛逆。我们耳熟能详的经典故事就是毛泽东当年因反叛父亲取得胜利后，继而敢于向一切强权挑战，最后建立新中国的事情。而小利的反逆则是一种令人担忧的情况。爸爸从前喜欢看人物传记，发现了一个秘密，就是在很多伟人身上都能看到一点“叛逆”精神，并总结出若想成功，就要敢于做生活的“反逆者”。儿童时期，敢于反叛父母的孩子必然是乱世或治世英雄的雏鸟。一般来说，伟大人物的性格里一定有反叛的因素，在成为英雄之前首先要学会叛逆。这种叛逆的本质是坚持。特别是我们有了比较新奇的想法，要做别人没有做过的事情时，更是需要顶着舆论的强大压力。这时候如果没有勇往直前的精神，没有旁若无人的执着，没有不达目的誓不罢休的决心，没有敢于反叛的勇气，那无论如何也是达不到理想的彼岸的，青春期的反叛也是人生的预演。

父母、长辈、领导都希望我们按照他们的意愿、他们的模式去生活，因为他们经历了人世间的风风雨雨，懂得人生许多事情。希望把已成的习惯和知识灌输给我们，使我们少走弯路，一帆风顺。但他们往往忽视了一点，他们有些习惯和知识，也许对他们的人生合适，但对我们来说，不是他们想象的那回事了，更重要的是还有可能扼杀孩子奋发进取、敢于探索的天性。敢于跟父母作对的孩子，身上有一种天才的素质，但这种素质往往被视为劣质而被人们不厌其烦地予以教诲和剔除，很多天才因此被扼杀。自以为是、刚愎自用那是愚蠢，但唯唯诺诺、随波逐流则是窝囊。纵观中外历史，无论经济还是政治，大凡成功人士都有一个共同的特点，那就是做人有主见，处事敢决断。胆小怕事的“鸵鸟人”和人云亦云的“鹦鹉人”永远都不会走近成功。人的悲剧就在于成为父母之后，就忘记了自己被父母压迫的痛苦。其实社会上任何人都一样，成为统治者之后就忘记了自己当年的痛苦。

小时候，爸爸读过一本小说《简·爱》，夏洛蒂·勃朗特成功地塑造了一个具有鲜明反抗性格的人物——简·爱。简·爱的反抗性格不是与生俱来的，而是在动荡不安的生活中形成的。她是一个身处逆境而不甘堕落，且奋力抗争并顽强追求的坚韧者。在妇女没有政治、经济和社会地位的时代，她敢于斗争，敢于争取自由和平等，敢于揭露和抨击资本主义社会。尽管敢于反抗现实、敢于叛逆，有时会不被别人理解而遭到谩骂和围攻，甚至会冒坐牢、砍头的危险，但是敢于坚持真理的人却前赴后继。在中国近现代史上，谭嗣同、邹容、秋瑾、喻培伦、李大钊、杨靖宇等无数英烈为我们树立了坚持真理、敢于叛逆、不怕牺牲的光辉榜样。他们的勇气和必胜的信念，深为后世人所敬仰。

做人不能没有主见，处事不能没有决断，要学会反叛，不人云亦云。正确的主见都是事物本质的反应，坚持主见就是坚持真理，而真理总是被少数人发现而不被多数人所认同。做事情如果需要别人点头，那你的事情就肯定平淡得像河边的一粒沙子，有主见的人肯定是有个性的人，是会反叛、会掌握自己命运的人，更是聪明的人。

但作为青少年的你们，要注意现在有些影视作品中过分美化叛逆者的行为，夸大反叛者的能力，要在学会反叛时明白，不论反叛也好，叛逆也好，不是一切都反对，不吸取。我们反对的是父母、老师、先辈们给我们成长的障碍。反叛是理性的选择，是对障碍的宣战。既然获得了反叛精神，就要无畏地实践它，对自己的抉择负责。这样未来才是我们所期盼和需要的人生。更要注意，反逆是一种精神，不是“大逆不道”，更需“逆而有道”，理智选择。如果盲目反叛，或为反叛而反叛，或像有些孩子没有把正确的理想与反叛结合起来，与自己人生道路结合起来，而是东施效颦，到网吧一坐就是通宵，或拉邦结派当小混混儿等等。后果往往不堪设想，常常是少时的反叛，变成长大后的忏悔。

## 学会突围

**【儿子·说】**

2006 年 3 月 28 日　　星期二　　晴

下午放学，我和几个同学去数学老师家，履行惯例——上数学辅导课。可当我们到老师家时，老师却不在。一个同学就说：“刚好，今天老师不在，咱们就不用上课了，我们可以出去玩，放松放松。”有几个同学马上拍手叫好，赞同他的说法。可我觉得这不好，就对他们说：“我们一次不去，就耽误一次，便会遗漏一点知识，相当于给自己周围埋下‘地雷’；如果十次不去，那么我们身边的‘地雷’到处都是，就永远也跑不出自己设下的‘埋伏圈’了。”

听我这么一说，刚才还准备离开的几个同学都低下头去。我们便一起等老师回来给我们辅导完功课才走，大家都觉得，今天不仅仅学到了数学知识，更体会到不能自欺欺人。

**【父亲·曰】**

被遗漏下的知识就像身边的“地雷”，随时都有可能爆炸；如果这些“地雷”积攒得太多，终有一天会被“炸得粉身碎骨”。所以平时要学会扫除这些“地雷”，才能跑出“埋伏圈”。这样的比喻不仅贴切、形象，还揭示了深刻的道理，帮助了你的同学。

由此可以看出，你真的在一天天长大，随着知识的增长，你开始学会思考，做事认真细心，扎实地学习本领，而不是糊弄自己和家人。看到这些，爸爸真的很高兴，可以看出你真正把日记当作了反思自己、提高自己的平台，这是我感到最欣慰的地方，希望你能继续坚持。

爸爸会一直在你身边，鼓励你的进步，指出你的失误，帮助你改正缺点，支持你步步向前！

## 做人不能“差不多”

**【儿子·说】**

2004年10月25日　　星期一　　晴

晚上，王老师到家里给我辅导后，让我做套试题，我用了一个半小时做完了，老师阅卷后给了我97分，扣的3分是因为有一道题的结果没有带单位。老师当场指出了错误，我当时有点不高兴，不以为然地嘟囔：差不多就行了！爸爸却很严肃地对我说，你这种思想比丢了3分更可怕。我觉得爸爸是在小题大做，就没有搭话，可心里不是很舒服，不就是一个单位吗，运算结果又没错，值得这样严肃吗？

**【父亲·曰】**

“差不多”是要不得的。差之毫厘，谬以千里。总用“差不多”来要求自己，时间一长，就成了差得多。每一次小小的失误，都应该引起我们足够的重视，再加以及时改正，否则这些小失误累积成大问题的时候，其所造成的后果将是极其严重的。

胡适先生曾经写过一篇《差不多先生传》的文章。文中的差不多先生说“白糖”和“红糖”差不多，“山西”和“陕西”差不多，“千”字和“十”字差不多，所幸并没有发生太严重的后果。可是在时间上，他觉得“8点30分”和“8点32分”差不多，结果没坐上火车。当他生病时，觉得给人看病的汪医生同兽医王医生差不多，结果断送了自己的性命。就在他咽气的时候仍然不知悔改，说什么活人和死人差不多！简直可笑、可悲到了极点！

而曾经面对中国积弱积贫的现状，鲁迅先生毫不客气地说：“中国四万万的民众害着一种病。病源就是那个马马虎虎，就是那随它怎么都行的不认真的态度。”可见，“差不多”已经到了误国的程度。

面对自己的马马虎虎，我们确实有必要做一次深刻的自我反省。你今天只是没有给计算结果后面带单位，你认为这只是1/1 000的小失误。如果你将来长大了，在这小小的1/1 000的失误后面原本应该带上的单位是“亿”“万亿”，甚至是更大的单位时，这1/1 000的小失误还会让你保持镇定吗？

无论干什么事情，每一个环节我们都应该用心做到尽善尽美。世界上没有什么救世主，没有谁会为我们自己的失误买单。

紫阳，刚才我已知道你在反省自己的失误，惭愧是发自真心的。既然自省了，你就要注意改掉这个毛病。在智者眼里，跌倒了意味着拥有一个潜在的机遇，只是我们常常未曾想到。

# 谨言慎行

**【儿子·说】**

2006年5月17日　　星期三　　晴

下午第三节游艺活动时，我们继续排练《空城计》。我发现：如果老师在场，同学们都排练得非常卖力。可是老师一走，有些同学就变得不那么配合，像一群猴子一样，左跳跳、右蹦蹦。特别是小晨，每当某个同学出了差错，他就哈哈大笑，让别人也觉得很好笑。虽然我们的排练还算顺利，但是在第二部分时出现了些小问题，所以我们把精力放在了第二部分。后来老师对我们说，明天下午就要在学校预演了，同学们既高兴又紧张。我心想，明天一定要加油，好好表演，不能丢脸。

**【父亲·曰】**

老师在与不在导致部分同学表现不同，说明他们的自律性还不强。君子谨言慎行，就是说，无论在公众场合还是独处时，都要注意自己的言行德行，不能人前人后两重天。“谨言慎行”乃千百年来圣者集大成之言。世代传承的“修正心”，亦无非是以“谨言慎行”为念，这是“君子大道”。

所谓慎言，就是说话要谨慎。古人说过：“立言有六禁：不本至诚，勿言；无益于世，勿言；损益相兼，勿言；后有流弊，勿言；往哲已言，勿袭言；非吾力所及，勿轻言。”此“六禁”者，是我国封建士大夫阶层道德自律的重要内容。当然，作为新时期的中国人，思想境界绝不能停留在封建士大夫的水平上，应该更深刻认识慎言的重要性。

慎言要做到实事求是，求真务实，不说假话、大话、空话、套话。毛泽东同志多次指出，党内要形成“实事求是，力戒空谈”的氛围，并一再强调“干劲一定要有，假话一定不可讲”。慎言，要有严格的纪律观念。不能跑风漏气，擅自发表所谓的“个人意见”，也不能口无遮拦地把某些“小道消息”当作谈资四处兜售。慎言，还要注意场合。我们知道，古人是十分强调“君子慎言”的。“慎言语，养德之大”“谨言慎行，是修己第一事”，这些耳熟能详的名句，都是强调修炼德行、砥砺操守的重要内容。古人尚且如此，我们现代人更应该自觉遵守纪律，真正做到严于律己，谨言慎行，做一个有修养的人。

谨于言而慎于行，不是不讲、不行动，而是一种道德准则，一种生活态度；谨言慎行，是一种对言行高度负责的态度。谨言慎行，要求我们凡事深思熟虑、再三斟酌之后再讲，再行动。孩子，让我们挑起对言行的责任，谨于言而慎于行，用自己的一言一行，一笔一画地写下“人”字。

天下之事贵在谨慎，得意不忘形。清末名臣曾国藩深悟官场生存之道，因此得以在那个政治黑暗、政局混乱的年代步步高升，荣宠无量。在各种政治力量互相角逐的时候，曾国藩始终保持低调谨慎的态度，这种态度成为他在斗争激烈的官场中的保护伞。无论在什么年代，低调谨慎都是一个人最明智的生存之道。低调可以使人摆脱暗潮涌动，在别人不知觉的时候成长壮大；谨慎可以使人少犯错误，安然度过危机。因此做惊天动地的事业，需如履薄冰般谨慎。

# 第三节　乐友乐群

## 珍惜友谊

【儿子·说】

2004 年 12 月 9 日　　星期四　　晴

下午放学时,小明的爸爸就来接我们了,因为今天是小明的生日,我们准备去给他祝贺。车开到家门口,我飞快地跑回家,放下书包,拿上礼物就冲下楼。我们一起去了一个名叫古川城火锅的饭店,那里最特色的东西就是油泼辣子,我们都吃得津津有味。

小明特别高兴,因为今天我们都祝贺他生日快乐,而且我还送了一件他很喜欢的礼物。

【父亲·曰】

现实社会不是武侠小说,“独行侠”往往闯不出一番天地,俗话说“一个好汉三个帮”,朋友在你的生命中是别的角色所不能替代的。世界上最牢不可破的是友谊,最脆弱易碎的还是友谊。从古至今,人类史也可以说是人间的情谊史,其间的情感变幻,不知演绎出多少血雨腥风、乱世情仇。正因为如此,人们才越感真情之弥足珍贵,才对“桃园结义”“高山流水”津津乐道,“布衣之交”才能千古流芳。友谊会随着岁月发出朝霞般的光辉,使人生辉煌而多彩,否则,记忆的褪色会使你在忙忙碌碌中逐渐淡忘曾经有过的友谊。

记得以前我曾经对你说过,要学会珍惜朋友,珍惜朋友一个很重要的方面就是要记住朋友的重要日子,你今天做得很好。墨子说:“兼相爱,交相利。”兼相爱是双方的事,如果你爱对方,而对方不爱你,那就是单相思,结果只能使你自食其果,更有甚者会成为对方爱的奴隶。交相利也是双方的,如果交友只对一方有利,那么这种友谊是不会长久的。这种观念早在两千年前就被提出,在今天更有其存在的意义。

真正的好朋友,并不是在一起会有聊不完的话题,而是在一起,就算不说话也不会觉得尴尬。记着,你在交友时,千万不要忘记“交相利”的古训。只是利既有物质之利,又有精神之利,如赞美,如果运用得当,可以天涯处处是知己。否则,你就会尝到关键时候被最信赖的朋友所背叛的这颗苦果。

## 选择朋友就是选择命运

**【儿子·说】**

2003年6月19日　　星期四　　晴

下午我和小明、小尧一块儿打篮球。他们两人一组,我先发球。我带球闪过他俩,左冲右突,最后一个转身就把球送进了篮筐。小明说:“我们两个都打不过你一个。”我高兴地笑了。但是我没有骄傲,而是继续努力,最后打成了38∶36,我赢了!我高兴得跳了起来。小明说:“下一次我一定不会输给你。”我笑了一下,说:“走着瞧吧。”他们俩一听不高兴了,气势汹汹地说:“有什么了不起,不就比我们多进一个球吗?我们还不想和你玩呢。”说完,他们便头也不回地走了。他们输球本来就不高兴,再加上我得意的样子,便更生气了。后来想想真不应该为这样的小事伤了我们的和气。

**【父亲·曰】**

世界上没有无缘无故的朋友,没有不含杂质的情感,可即便如此,人们仍然苦苦寻觅。这究竟是为了什么?我觉得每个人都需要朋友,犹如生命需要空气一样,人如果没有朋友,失败的痛苦将无人分担,成功的喜悦也将无人分享。

第一,朋友是前进的风帆。交一流朋友,成一流事业,结交须胜己,似我不如无。伟大的友谊成就伟大的事业,人要干成一番事业,离不开朋友的帮助。如果刘备没有张飞、关羽,怎能成就一番伟业?孔子说:“无友不如己者。”人生的成败取决于两点:一是你的才能,二是你的朋友。找到了朋友,就找到了上升的梯子,没有朋友的人注定要失败一生。

第二,朋友是危难中的救生圈。有朋走遍天下,无友寸步难行。多一个朋友多一条路,但交朋友不可急功近利,而要有眼光,求发展,决不可动辄绝交,绝交的朋友,是你最强的敌人。优秀的朋友可帮你驱除忧患,低劣的朋友给你集忧致患。人在危难之时,舍命相救的往往是朋友,如果你想在人生的大海中乘风破浪、畅游翱翔,请你结交真正的朋友。

第三,朋友是人生的一面镜子。李世民的英明离不开魏征这面镜子,在朋友的眼里可以找到真实的自己,朋友的关怀可以使你爱心涌动;朋友的鼓励可以使你坚强聪慧;朋友的依赖可以使你信心百倍;朋友的忠告可以使你心灵健全;朋友的帮忙可以使你如虎添翼。成功的朋友,你可以从他们身上学习到成功的道理和秘诀,学习他们处事的方法和智慧。默默无闻的朋友,你可以与他互相激励,彼此扶持,惺惺相惜。总有些时候,你会在朋友那里得到帮助。多交些真正的朋友,正像弗兰西斯·培根的名言那样:“财富不是永远的朋友,朋友才是永远的财富。”

第四,朋友是打开心灵之窗的圣手。与君一席话,胜读十年书。交友不能只图欢愉,还要实用。我们与朋友倾心相谈可以拭去心灵上的尘埃,在相谈中增长见识、砥砺思想、拓宽心胸、成就伟业。思想的碰撞可以产生智慧的火花。因为是朋友,少了顾忌,多了信任,思想的融合可以让思想更坚强,而朋友的思想可以使你的思想更睿智。真理愈辩愈明。与朋友相辩,更容易沟通和接受,这样更容易使思想升华,善用朋友是智者成功的秘诀。

朋友之间相处,我觉得要做到“十要”:一要平等相待。中国造字很讲究,“朋”字就是两吊肉,平等的血肉,互相依存。二要学会欣赏。欣赏也是鼓励,学会欣赏朋友的长处,欣赏别人其实也是在鼓励自己。三要容忍不足。人们初交朋友,往往是欣赏朋友的优点,相处愈久,朋友不足之处越会原形毕露,要学会宽容朋友的不足。四要亲密有间。过分亲昵只能使友情早日结束。要留有空间、留有距离、留有期待,这样就会在探寻中加深友情。五要自主独立。与人相交,不要过于脆弱,朋友的最高境界应该是精神层面,其实不但婚姻如此,而且朋友也讲究门当户对,只是这个门当户对是精神层面。六要慎交钱财。钱财是一切关系的腐蚀剂,账目清、好兄弟。接受朋友的钱财,无形中会使你处于受施的被动地位。七要知足感恩。不知足是人类的天性,不要对朋友抱不切实际的期望。人们总自以为是地认为自己为朋友付出的多,而朋友为自己付出的少,不要总把赞美留给自己,而把责任推给别人。八要尊重互信。尊重朋友的选择,并尽心尽力为朋友祝福加油,不能因为是朋友而忽视礼节。很少有人因碰到大石头而跌倒,大多数人反而是被小石头绊倒的,朋友之间感情的破裂也并非都源于大吵大闹,多数是由于在一些小事上处理欠妥,日积月累而逐渐冷漠疏远。九要读懂朋友。人大概有两种朋友,一种是娱友,友谊不够纯洁,但能带来快乐;一种是良友,友谊非常纯洁,且孕育着你的成功。十要固守德操。想人爱己,必先爱人。做善事,说善言,行善心,与人为善。

朋友是生命中不可缺少的精神食粮,没有朋友的世界,必然感到孤单无趣。大哲学家尼采说:“人没有朋友,犹如生活中没有太阳。”成功交友是人生成功的重要部分,如果你还没有掌握,就赶快补上这一课吧。

## 择友而交

**【儿子·说】**

2004 年 5 月 30 日　星期天　晴转小雨

中午,我和妈妈从新华书店出来,准备回家,却看见路边不远处围了一群人,我还以为是出了车祸,就好奇地走了过去。原来是路旁卖小鸡的,好多人都围在那里边看边说,还有的人在给自己挑选。一只只小鸡毛茸茸的,特别可爱,"唧唧唧"地叫着,好不热闹。看着看着我就想,要是我也买几只回去自己养着,那该多有意思啊。得到妈妈同意后,我就买了两只带回家,心想一定要把小鸡养大,还给它们起了名字,黑色的那只叫芝麻,黄色的那只叫月亮。看,我起的名字多有趣啊!

**【父亲·曰】**

你喜欢小鸡并买了两只来养,爸爸既高兴又担心,高兴的是你爱怜弱小,富有同情心,但又担心你沉溺于这种感情。人只有和强者为伍,才能使自身变得强大,只有和强者交往,才能变得更加坚强。

古人云:与善人交,如入芝兰之室,久而不闻其香;与不善人居,如入鲍鱼之肆,久而不闻其臭。善交益友,是为自己点亮引路导航的照明灯,而误结恶友,则俨然是饮下堕落腐蚀的催化剂。强者之所以成为强者,他在某一方面肯定有值得人学习的地方,与之相处日久,耳濡目染,你就会学到更多的知识。

要与成功者为伍。从古至今,凡成大事者,从来不会和弱者成为朋友。只有无知的人才会与弱者成为朋友。与弱者为伍,只能使自己更加弱小和无助,最终在弱者的赞美声中变得飘飘然而一事无成;以高人为峰,只有站在巨人的肩上才会看得高,走得远。而强者总是与强者为伍,将超越强者当作人生的磨砺,在碰撞中产生力量和锋芒,会使人生变得更加清晰。

曾国藩曾说过这样的话:"一生之成败,皆关乎朋友之贤否,不可不慎也。""赏花须结豪友,登山须结逸友,泛舟须结旷友,对月须结冷友,捉酒须结韵友。"与各个层次的人士交朋友,能开阔人生,增添情趣,认识社会。"对渊博友,如读异书;对风雅友,如读名人诗文;对谨饬友,如读圣贤经传;对滑稽友,如阅传奇小说。"

日本著名企业家稻盛和夫先生,总结出的交友之道是:未发迹时善于结交人,交友要有雅量,诤友是朋友中最宝贵的,广泛建立人脉资源。这些在你择友中也是十分重要的。

# 环境造人

**【儿子·说】**

2006年5月5日　　星期五　　晴

我已做好了充分的准备。下午我去了康华培训中心补习数学，明天就要期中考试了，听说在这个补习班中，很多同学学习不太好，只有一个同学和我不相上下，我还有点鹤立鸡群的感觉。

今天是冯老师的老公孙老师给我们上的课，同学们觉得非常奇怪。孙老师说："昨天，冯老师让摩托车撞伤了，不能走路，所以让我来代替。我会教得和你们的冯老师一样好。"今天讲的是三角形，本来这知识我已掌握，但孙老师出的一个题目一下子就把我难住了。我认真思考了半天，却一点想法都没有，开始有点不知所措了。经过老师讲解，我突然明白过来。原来是这样啊，我恍然大悟，长长地舒了一口气。

**【父亲·曰】**

你今天有鹤立鸡群之感，但无论你这种感觉强弱与否，你始终是鹤与鸡舞，这样与鸡处久了，你身上肯定会沾染些鸡的习气。如果你身边始终都是平庸的人，或者都是一群失败者，你的优越感就会更强，那么这样你还能从他们身上吸取什么力量？一个人所处的环境，对他树立理想和取得成就有着重要的影响。周围的环境是愉快的还是不和谐的，身边的朋友是经常激励你还是打击你，都关系到你的前途。

大多数人体内都蕴藏着巨大的潜能，只是一般情况下它都没有被激发，当它一旦被激发，就会有让人产生意想不到的能量。激发一个人潜能的事情往往是微不足道的，也许是一句格言，一次讲演，一则故事，也许是朋友的一句鼓励的话……

电话的发明者贝尔28岁时拜访著名物理学家约瑟夫·亨利，谈论"多路电报”试验，亨利对此并不感兴趣。贝尔又提到他在实验中观察到的一个现象：把包着绝缘材料的铜线缠成螺旋状，有间隔地通电，就能听到线圈上的“嚓嚓”声。这回，亨利打起精神了，他敏锐地觉察到，这个年轻人在谈一个有价值的现象，他要亲眼看看贝尔做这个试验。

那天，街上刮着刺骨的寒风，老亨利叫来马车，打算到贝尔的住所去，贝尔担心老人吃不消，便把仪器带到了亨利家，他们听到了电流通过铜线圈发出的声音。贝尔觉得，可以利用这一原理让电报线传递人的声音，又说自己缺乏足够的电学知识，不知道该不该把这一设想公之于众，让电学专家来做进一步的研究。亨利鼓励他说：“如果你觉得自己缺乏电学知识，那就去掌握它。你有发明的天分，好好干吧！”后来，贝尔写信给父母，描述自己的感受：“我简直无法向你们描述这两句话是怎样地鼓舞了我……要知道在当时，对大多数人来说，通过电报线传递声音无异于天方夜谭，根本不值得费时间去考虑。”几年后，贝尔又说：“如果当初没有遇上约瑟夫·亨利，我也许发明不了电话。”

孩子，别人的成功也会激发一个人的潜能。当我们遇到成功人士，听到别人成功的事迹，扪心自问：“我就不能做到吗？我就不能有这一天吗？”别人的成功会鼓励你带着新的目标、新的想法、新的信心投入到自己的事业当中。

当年咱们村年轻的乡村企业家王世明开始创业时以养鸡为主，也不是非常成功，但当他把小鸡倒卖到城里并与大城市的同行相识后，那些成功的大企业家刺激了他的进取心，使他获得了巨大的精神动力，同样的成功也出现在他的身上，最后成了有名的“钢铁大王”。

在印第安人的学堂里刊登着许多印第安青年的毕业照片，他们的神情与刚刚离开家乡时迥然不同，显得器宇轩昂、才华横溢，看起来都能做一番大事业。但是回到部落中后，他们中的大部分人却变成了原来的样子，这正是因为他们失去了能够激励自己的环境，他们的潜能被埋没了。

孩子，在你的一生中，无论在何种情形下，都要不惜一切代价进入到能够激发自己潜能的氛围中，努力接近那些了解你、信任你、激励你的人，这对你日后的成长有莫大的影响。

# 见贤思齐

【儿子·说】

2005年5月3日　　星期二　　晴

下午王老师和他的几个同学从西安回来了,我和妈妈陪着他们去凤凰小吃城吃饭,其中有一个姓唐的大姐姐,德语说得可好了,还有两个大哥哥,一个姓赵,一个姓王,他们三人的知识都很丰富。但我还是佩服我自己,席间我给他们演唱了英文版的《吻别》,赢得了众人的热烈喝彩。回家后,我们继续比赛唱歌,结果还是我唱得最多,大姐姐告诉我,让我继续好好练习,以后一定会唱得更好。

【父亲·曰】

我一直对有文化的人怀有深深的敬意,每当看到他们我就非常高兴,特别是对青年才俊、天之骄子更是喜爱有加。我和他们在一起时好像自己也年轻了许多,他们身上迸发出的那种活力与智慧,让人有一种见贤思齐的感觉,也让人有帮他们一把的强烈冲动,我逐渐明白,甘为人梯其实是一种境界。

今晚王老师邀请在宝鸡参加西部志愿者的三个同学来到眉县,爸爸以你王老师家人的身份为他们设宴,并邀请你和你母亲参加。王老师的才华自不必言,他有种生而为王的天才气质,但其他几个同学也都才华横溢,眉宇之间充满了自信。尤其值得赞扬的是,你在席间的一首英文歌曲,赢得了哥哥姐姐的由衷赞美。

因此,爸爸希望你能见贤思齐,用心发掘别人的优点,去学习,去模仿。力求做到"谈笑有鸿儒,往来无白丁"。鸿儒就是我们常说的贤者。与鸿儒交往,不但会使自己的学识和修养得到提高,而且会使自己的精神得到升华。每个鸿儒都有你敬佩的地方,特别是在你性格处于可塑阶段并容易接受影响的时候,最好鼓励自己去结交有学识、有品位的鸿儒,因为这样会使你产生奋发向上的力量,不断唤醒自己潜在的能量,完善自我,从而完成从“见贤思齐”到“见贤思超”的飞跃。

## 戏说音乐

**【儿子·说】**

2005 年 4 月 17 日　　星期天　　晴

晚上爸爸从眉县中学请来了一位专门教音乐的范老师,我在唱《月亮之上》英文版时,他说我声调太高,比成人高八度,后面的高音会唱不上去。最后老师教了我几种方法:一是唱的时候边唱边敲上牙,二是唱高音时弯腰抹脚尖,三是如果偶尔有高音,把脚后跟往上一抬就可以了。我按照老师的指点,果然唱得不错。原来干任何事情都有窍门啊!

**【父亲·曰】**

我今天找范老师来给你辅导音乐,目的就是想让你了解并掌握这方面的知识,拓宽知识面,使你的性格当中多一点灵动之气,并不是让你成为这方面的专家。至于你用英文歌曲演唱,一则是想让你参加一次比赛,调动你学英语的兴趣,挖掘你成功的潜质。因为我觉得你现在最需要的就是通过自己的努力取得成功的机会,这种成功会使你的各种潜质喷涌而出,达到一个新的境界,树立一种新的自信,不惧怕任何困难和对手,在潜意识中形成“我能行”“我是最好的”那种压倒一切的气势,从而培养一种王者风范。二是想通过熟练的发音技巧的训练,使你的声音更显得珠圆玉润,以声传情达意,并使仪容仪表、言谈举止大方得体,为你今后与别人的沟通交流打下基础。

自古名士好音律,他们把音律当作读书人必学的“六艺”之一,如果读书而不懂得弹琴鼓瑟,就会被人们认为知识有欠缺,因为赋诗填词无一不以音律为要。一曲《高山流水》不知拨动了多少古今读书人心灵深处渴望知音的琴弦,对牛弹琴也是从侧面印证了心灵不通的尴尬和苦闷。《礼记·典礼》说:"君子无故不撤去琴瑟。"音乐的确和谐美妙,意味无穷,使人听了神清气爽。但音乐也会使人意志消磨,家丧国亡,概因音乐透露出纯美、纯精神、纯理想的境界,绝大多数人无力享受,这样就使赏者与大众形成了思想上难以沟通的鸿沟,脱离大众思维,难以把握大众思维的脉搏,被社会抛弃。唐后主李煜的《玉树后庭花》,唐玄宗一曲《霓裳羽衣》,宋徽宗的"情诗艳词"都唱响了一曲曲朝代灭亡的挽歌,加之精通音律的人性格上的缺陷,历来的《优伶传》把优伶绘声绘色以相待人的百态揭示得入木三分,不免使人对精通音律的人存有偏见。

音乐也有丑恶的,有许多挑动人们欲望的音乐。你要知道,世事难料,人心叵测,世间最黑暗的地方不是黑夜和地球深层,而是人心和欲望,人类的一切灾难和不幸都发乎于心。这对一个国家并不是什么好事。不但中国是这样的看法,西方的哲人也有同感。柏拉图在他所著的《国家》一书中提出,理想的国家应该放逐诗人,理由是诗人缺乏伦理观,只忠实于自身的欲望,不能教人为善。英国哲学家罗素虽然批判了柏拉图的观点,但柏拉图的看法也有一定的道理。如果让文学放任自流,它很容易去煽动人们反对道德,这是不可取的。要让人们感觉到人生的美好,就要不断创造鼓励人们积极向上的文学、音乐和艺术作品。请你看看唐朝前期的诗歌和艺术,都有一种蓬勃向上、劝善惩恶的感觉,"安史之乱"后则颓废萎靡、阴气弥漫。就连日本江户时代的文学和戏剧作品都是善恶相斗善必得胜。这样的故事自古以来层出不穷,是因为在现实生活中,恶总是横行,而善相对较弱,为了让民众理解善的重要性,文学和戏剧要反复描写和上演劝善惩恶的故事,才能使社会变得更加美好。

你可能觉得我的说法过于牵强,那可是由我四十多年的人生经历得出的,现实就是如此。人们在生活的压力下,心里想的和嘴上说的、实际行动做的毕竟有很大不同。文人们性情多变,感情丰富,缺乏沉稳气象和深谋远虑,难以实现自己兴国安邦的雄才大略。李白、杜甫、屈原、司马相如、李清照、苏轼等历史上的文化巨匠，都堪称音乐方面的高手，却终生难以明志。

音乐的本质在于个性的张扬，而这种散发着浓浓的人性之光的个性往往会为社会所不容，你不见20世纪的电影皇后阮玲玉在留下“人言可畏”之后愤然自杀，以及张国荣“多愁善感”的惊鸿一跃吗？其实都是传统文化对个性的扼杀，是木秀于林风必摧之的现代版。在现代社会中，很多人私底下可能有很多艺人朋友，但在关键时刻，心底里还是认为与艺人交朋友会被人耻笑，而使大众对他的道德产生疑问，因而心里常有携艺人难登大雅之堂的潜在意识。

因此，我郑重地告诉你，要慎交艺人朋友，那样不但会在情感上遭到伤害，而且还有可能陷入道德的泥潭，人们会认为你的艺人朋友身上的特点你也一定会有，因为朋友是自己的影子。如果你是社会名流或掌权者，人们会自然而然地想到权色交易等龌龊之事，失去对你的信任。在成人世界里，往往把这类朋友和情人等同起来，共同的特点是见不得阳光，上不了台面。虽然在文化界中这种说法可能不被认可，但大众的心理和认识却一时难以改变，我看还是顺应民意为妙。因此，你不要试图以擅长音乐闻名，把它作为一门知识了解一下就可以了。至于这次学英文歌，我觉得你还要抓紧练习，我希望你能通过这首歌的演唱，把它作为实现理想的帆船，告别以往的不自信，靠近自信，从而走向成功的彼岸。

## 远离小人

**【儿子·说】**

2005年4月26日　　星期二　　雨

小阳今天向我道歉了，说他是因为记仇才让我在全班面前出丑的。因为这学期我学习进步很快，上次在做校本课程时，我表现得最突出，老师给我奖了小红花，还表扬了我。所以他很妒忌，才让我当众出丑的。他道歉后，我想同学们肯定认为我是一个爱说话的人，所以我觉得不应该原谅他。

下午我们验收节目,我们班的节目受到了老师和校长的好评,老师一高兴,就允许我们每个人可以到渭河河滩自由地去玩。一听这个,我的心里真是太高兴了。

**【父亲·曰】**

昨天我给你点评日记的时候,还不知道小阳为什么使你当众出丑,而是按成人间一般情况推断,猜想他可能是对你进步之快的妒忌罢了。可是看了你的日记,我却对小阳小小年纪竟有这样深沉的心机感到惊讶,他以打击你的自信心、自尊心,使你永远逃不出失败的阴影为目的,从而不惜捏造事实,颠倒黑白,这是小人的心态,想不到竟然发生在一个十二三岁的儿童身上,这是我们教育的悲哀。我奉劝你还是远离他为好,否则不知道什么时候他又会使出什么新的花招。如果他是君子,诚心诚意地给你道歉,他就应该找老师澄清这件事,在全班同学面前说明情况,而不应该一方面在人面前破坏你的声誉和形象,另一方面又假惺惺地给你道歉来减轻他的内心负罪感。

他的这一举动,从侧面证明了你学习进步的实际情况,也暴露了他心中的恐慌和害怕,因为人不遭妒是庸才。妒忌是成功带来的副产品,也是对你意志和品德的考验,如果你一直保持优秀,随着时间的推移,人们就会习惯你的优秀,从而逐渐消灭对你的嫉妒之心,继而产生敬慕之情。如果你的优秀起伏不定,那么妒忌就会随时而至,使你备受伤害,现在你已后来者居上,有人想用嫉妒来打击你的信心,说明你已经迈入了优秀的行列,成为人们学习的榜样。

心口皆是是君子,心口皆非即小人。所谓小人,其实就是人格卑下,不讲规则和道德的人。小人的这一心态反映了人性中最隐秘的地方,那就是尽管道德层面上谴责谎言,但内心深处并不把撒谎当回事。因此先是对敌人撒谎获得利益,继而对自己人撒谎捞取好处,从而就使谎言摆脱了道德的束缚,装上了“智慧”的翅膀。于是就有刘邦把这种做法叫作“阳谋”,并将其当作排除异己的思想利器和理论依据,而谎言要掩盖真相就堂而皇之地变成了机密,接下来就是比谁撒谎的本领更高。于是乎,从孙子开始,诡道横行中国,每隔一段就因几个智慧人的智慧不同而折腾一番。

对于小人,一要敬而远之,二要时刻防备,三是要坚决揭露,抓住事情,绝不手软,否则就像农夫与蛇一样,迟早要被蛇咬死。当然这些都是权宜之计,最根本的办法就是永远保持自己优秀,使其不敢小视你的才能与成就而断绝非分之想。

## 向偶像学习

【儿子·说】

2004 年 7 月 24 日　　星期六　　晴

今天我和爸爸回汤峪看奶奶,到家后,爸爸去给四爷家帮忙盖房子,我在家里和小苗妹妹学习。妹妹可是我心中的小小偶像,因为妹妹阅读课文很有感情,让我钦佩不已。下午,妹妹给我教了朗读课文的方法。她读得有声有色,好听极了,我一句一句地跟妹妹练习,读得不好的地方妹妹便重新读一遍。她告诉我读课文时吐字要清晰,感情要充沛,停顿要把握好。练了一会儿,妹妹说我比刚才强多了,快赶上她了,我很高兴,看来认真学习是有效果的。我想,我要再接再厉,好好练习,和妹妹读得一样好才行。通过不断练习,我终于也可以带表情地朗读课文了。原来偶像擅长的事情,我通过努力也可以做到。

【父亲·曰】

高尔基说得好:读一本好书,就像与许多高尚的人谈话。这本好书告诉我:偶像其实也是普通的人,只是他们通过自己的努力,获得了巨大的成功。

我常想,人生在世,生活的各个阶段都应该有自己的偶像。从小处说,偶像是引领人们去追求理想的一种寄托,偶像对人的规范和引领作用最为明显。从大处说,偶像是一个民族或国家在一个历史时期人们价值取向的风向标。我们小时候的偶像是雷锋、保尔·柯察金，现在少年的偶像多是影视歌星。但我非常欣赏比尔·盖茨，他可是世界首富，电脑软件专家。比尔·盖茨小时候的生活条件非常优越，可他没有选择攀比吃穿、高消费，反而选择了创业。他从来不埋怨生活，也从不放纵自己。我觉得你应该好好向他学习，更主要的是学习他财富背后的理想道德和做人准则。新的时代需要新的偶像，新的社会规范和评价体系决定了现在人们的追求。

向偶像学习需要勇气和胸怀，“三人行，必有我师焉”。尺有所短，寸有所长，每个人都有自己的长处，聪明的人用自己的短处和别人的长处相比，奋发追赶的学人之长，补己之短。愚蠢的人拿自己的长处与别人的短处比，刚愎自用，用人之短满足虚荣。结果前者不断进步，不断超越自我；后者不断自满，长处反而减消。不要惧怕或者羞于向别人学习，学习别人是为了战胜和超越自己和别人。

要向偶像学习，这样你才能提高自己，迎头赶上，但同时也不可忽视比你差的人，知道他为什么比你差，你才能树立信心，做到永不满足，时刻保持警惕。还要向你不喜欢的人学习，在学习中化敌为友，加强沟通，消除隔阂。更要向你的敌人学习，在学习中知己知彼，战胜对手，有时人们在敌人身上学的东西比在朋友身上学的东西更加深刻。

## 学会向竞争对手学习

**【儿子·说】**

2003 年 10 月 1 日　　星期三　　大雨

今天是国庆节，秋雨一连下了十几天，晚上天黑风急，大雨滂沱，县委家属楼上，工作了一天的人们早已入睡。突然从二楼传来文阿姨惊慌失措的尖叫声：“抓贼了，贼进屋了！”原来阿姨家钻进了一个小偷，阿姨急中生智把小偷反锁在一个房间，又把自己反锁在另一间房子里，随后，阿姨和她女儿不断地叫喊，向人求救。

我和妈妈听见后急忙叫醒爸爸，爸爸一骨碌从床上爬起来，边走边穿衣服，接过妈妈和我递过来的木棍，冲了出去。外边漆黑一片，大雨倾盆，爸爸在雨中又叫来许多邻居，一起守在阿姨家门口和窗子下，我和妈妈拨打了110报警电话。不一会儿，警察和许多邻居都来了，阿姨的兄弟也赶来了，他见旁门反锁，二话不说就从我家拿了梯子，从二楼窗户跳了进去，并给我们开了门。我们紧跟着冲进去后，看见阿姨家被小偷翻得很乱，她的女儿缩在床下不敢动，灶房的窗户大开，小偷早已逃之夭夭。

惊魂未定的阿姨说，她晚上10点刚睡下，听见阳台上好像有响声，还以为是秋雨声就没注意。到了深夜一点多钟，她朦胧中看见一个人正蹑手蹑脚地在房中走动，当时她吓得不敢出声，突然想起女儿在另一间房子，就不顾一切地奔向女儿的房间，顺手反锁了门。听完阿姨的诉说，警察叔叔和爸爸又把每个房间搜查了一遍。我在一旁想，阿姨家门窗完好无损，小偷是从哪里进屋的呢？我认真地观察，其他的门窗都是钢筋护网，所以很可能小偷早已潜伏在阿姨家里，不过阿姨一直没有发觉罢了。但是，外边下着大雨，小偷进来后，居然没留下脚印。奇怪？难道小偷随身带着毛巾，边走边擦不成？这时，警察叔叔在房间地板上发现了一个手电筒，就问阿姨，这是不是她家的东西，她说不是。可能是小偷在逃跑中留下的。我想，就算小偷有办法上去，也没法下来呀！因为爸爸和邻居们就守在门口和楼下，如果小偷狗急跳墙，从二楼往下跳，应该会摔伤。再说，我们这么多人，连警察叔叔也看不出他从哪里逃的吗？唯一的可能是，小偷像电影上的蜘蛛侠一样先到房顶，用绳子将同伙吊下来，被发现后又迅速用绳子把同伙吊上房顶，等到人们离去后，才迅速逃脱，这是爸爸分析的结果，我们当时都没有想到，警察也觉得这是天方夜谭。

于是我们从这个房子跑到另一个房子，又从另一个房子跑到其他房子，一副警察的模样。一位警察叔叔见我认真的样子，就对我说："你把大立柜打开，小偷可能藏在柜子里。"我有些胆怯，正在犹豫，爸爸走过来打开了衣柜，没有发现什么情况，我感激地望着爸爸，不好意思地低下了头。这时各房间已经搜查完毕，妈妈安慰了阿姨和她女儿，警察叔叔不让阿姨乱动现场，说明天公安局来人要仔细检查，说完，他们就离开了。后来，警察经过侦查，小偷当晚果真像爸爸分析的那样，被同伙从楼顶接走了。为此警察还登门向爸爸致歉。

回到家里，窗外的秋雨还在不停地下着，一切又归于平静。我翻来覆去睡不着，刚才爸爸和叔叔们冒着大雨、不畏艰险、机智勇敢抓小偷的情景，不断浮现在我眼前，给我胆怯的思想增添了无穷的力量和智慧。我想，长大后当一名优秀的警察，为群众抓小偷，让人们过上好日子。其实，我更希望世界上永远都没有小偷，没有坏人，永远和平！

**【父亲·曰】**

你今天表扬爸爸机智勇敢，爸爸十分开心，能成为儿子心目中的英雄，任何都会开心。爸爸的那点想法，其实是在做警察时与无数犯罪分子过招中学来的。人其实是那种一面大谈何必苦苦相争，但一面却又斗个你死我活的动物。人与人的较量，只有找最优秀的进行过招，才能对自己有所提高，即跟着大师，耳濡目染，领略大师风范。这主要是追随的人将大师当作一座高山，在仰望的同时，内心深处都有超越大师的情结，把大师当作竞争对手加以学习，取长补短，丰富并充实自己。

向竞争对手学习就是要善于选择对手，不是希望看到对手失败，而是与对手一起立于不败之地。一个好的竞争对手，可以给你信心、给你力量、给你目标、给你激励，对手的成功会使你更加明确自己的目标和方向。人在一定层次，真正的朋友并不是自己阵营的人，而是与自己为敌的竞争对手，对手越强大，自己便会对其越尊重。学习尊重竞争对手就是要善于学习对手的经验和教训，不要犯对手犯的错误，同时能汲取对手的成功经验。要了解你是怎样的人，就看你有什么样的对手，会有怎样的对手。朋友固然难得，但他是你的朋友也是别人的朋友，而且朋友可能是五花八门、良莠不齐，对手却是有足够的分量与你为敌并抗衡的人，他甚至可以激发你上进奋发。敌人差劲，就是自己差劲；看不起敌人，就等于看不起自己。我们平生所真正尊重的人往往不是朋友，而是敌人，从这个角度看，敌人更可贵。

一个高手的敌人必然也是高手，如果你没有对手，说明你是傻瓜、笨蛋，只能是人云亦云、令人怜悯的可怜虫。真正的高手内心充满了对强大对手的敬仰之情，这种敬仰发自内心，是灵魂的交流，只是道不同不相为谋罢了，而他们对同阵营的人往往充满了轻视和冷酷。就像下棋，高手是不屑于与新手对弈的，要提高自己，就必须学会向更厉害的高手学习，并把他当作竞争对手。向竞争对手学习，最怕“四不”，一是看不见对手在哪里，因此毛泽东才说，谁是我们的朋友，谁是我们的敌人这个问题是革命的首要问题。看不见对手，就像无的放矢；二是看不起对手，打败你的往往是你轻视的对手。如同淝水之战一样，输在轻敌；三是看不懂对手为什么强大；四是跟不上对手，没有抢在变化之前先变。即使对手很弱小，也一定要把对手看得很强大，即使对手很强大，也不一定把自己看得很弱小，毛泽东说在战略上藐视敌人，在战术上重视敌人，就是这个道理。

爸爸小时候，常把班里的前几名作为自己学习的对手，常想超越他们而让自己崭露头角。因此，每次考试之后，我都会对前五名的情况做一番思考，这是知己知彼、百战不殆的学习版。那时，由于我个头小、年龄小，有些自卑，甚至不敢发言，看到前五名中一个姓余的同学上课异常兴奋，抢着发言，阐述自己的观点，不懂就问，很是刻苦。我就用他这些优点激励自己，使自己大胆发言，有时回答得或许不够正确，但我心里还是很自豪，心想，我一定会和他一样自信的。还有一个姓高的同学，他坐我前排，我感到他上课注意力很集中，知识用得活，能举一反三，很是羡慕。通过观察，我发现他对每个知识点不但能知其然，又知其所以然，还很爱看课外读物，知识面宽，从而增强了他的理解力。我暗地里为自己制订了一个计划，把书上每个知识点的来龙去脉重新梳理一番，又注意观察他所读的课外书，自己也认真地读一遍。过了一年多，我的学习像开了天目，豁然开朗了。学习最好的那个同学姓马，是个女生，我观察后发现她对作业很在意，除能按时完成外，对每个错题都要重作一遍，包括抄写原题。她思维虽很一般，但勤奋和细心使其在考试中受益匪浅，探析了她学习的“秘诀”后，我就开始注意抓紧时间，就在学习效率和速度上下功夫，买了个改错本，将她的好办法为我所用。他们几个人学习的优点，我在一年多时间里都采取了拿来主义的原则，一直以他们的精神和干劲激励自己。我觉得善于向高手学习，善于向竞争对手学习，是一个很好的学习方法。

成功者之所以成功，是因为他们能将他人失败后取得的经验融入自己的人生性格和思维习惯，从而少犯错误、少走弯路；而大多数人之所以平庸，是因为他们用自己的人生、机会作为代价才经历了成长，待成熟之时，为时已晚。

你也一样，首先要弄清你们班上前几名同学的学习情况，然后根据自身条件加以利用，虽然不一定非得具有他们的优点，但你可以取长补短，将他们作为自己的路标，这样，当你跻身他们之列时，你就成功了一半。真正的智者，向妒忌他的人学习，向憎恨他的人求教，因为他们知道，反对者和竞争对手也是自己的良师益友。

## 乐于助人

**【儿子·说】**

2006年4月11日　　星期二　　晴

早晨到校后我刚扫完地，数学老师就匆匆忙忙地把我叫到办公室，说昨天晚上有位同学在他家辅导完功课离开时没带校服，他说他家里有人，让我到他家里去帮这位同学把校服取回来，并叮嘱我路上要小心车辆。我以最快的速度跑到他家门口，可是门锁得严严实实的，我按了好几遍门铃，都没有人应答，只好返回学校。回来的路上，我十分懊恼，心里想：早知道老师家里没人，我就不帮他这个忙了，还不如利用这些时间好好读书了，白白浪费了那么长时间，

**【父亲·曰】**

儿子，你永远要记住，帮助他人就是帮助自己。自私的心田里，永远开

不出鲜艳的花朵。

送人玫瑰，手留余香。有个寓言说，从前有一个小伙子，姓忠名诚，非常乐于助人。他走到哪儿，就会把好运带给那里的人民，大家都很喜欢他。有一天，忠诚上山打柴，回来时看见一条河，便毫不犹豫地把柴横放在河中心，这样人们过河就容易多了。忠诚打算去集市买些东西，走着走着，遇见蚂蚁，他赶紧让路；看见从树上掉下来的小麻雀，便拾起来放回鸟巢里；到了集市，看见就要被杀的鲤鱼，便狠下心来用钱买下了这条鲤鱼，并放生了。后来有一天，忠诚不小心把米撒在地上，蚂蚁就过来把米一粒粒地帮他移进米缸里；去集市时，风把他的帽子吹到了树上，麻雀便过来把帽子衔了下来；还有一次观海时，他的一样珍贵的东西掉入了海里，鲤鱼把那东西送上了海滩。

殊不知，在危险之中向你伸出援助之手的人往往是你曾经帮助过的人。事不关己，高高挂起，这其实是一种自私的行为。在这个越来越复杂的社会中，人与人之间有着密切的联系，自私就是孤立自己。在别人遇到困难时予以漠视是我们应该摒弃的一种行为，在力所能及的范围，伸出友爱之手给予别人帮助，你就会得到不一样的精神享受！雷锋同志曾经说过：人的生命是有限的，可是，为人民服务是无限的，我要把有限的生命，投入到无限的为人民服务之中去。自己活着，就是为了使别人活得更好。

我们现代社会需要这样的人，你的周围更需要这样的人，我也希望你成为这样的人。

## 学会请人帮助

**【儿子·说】**

2005年1月14日　　星期五　　晴

每到周末我的心情就会变得很好，就连今天王老师给我们进行大规模的复习，将我们这一学期所学的知识进行归纳总结，这么浩大的工程，我都不会觉得烦。

在王老师的帮助下,我制订了近期的复习计划,具体安排是: 1. 分数乘法:让我知道怎么做分数乘法,以及分数乘法的意义和公式; 2. 分数除法与分数乘法有什么联系; 3. 分数四则混合运算与整数四则混合运算有什么不同; 4. 圆:圆的周长与面积怎样计算; 5. 百分数:百分数怎样写,分数与百分数之间有什么关系。今天复习第一个内容,2、3、4 要在明天复习,后天安排复习最后一个内容。

这样一安排,整个复习过程就简单明了,我相信,经过我的坚决"贯彻",我的数学复习效果会更好。

**【父亲·曰】**

该考试了,我让你抓紧时间复习,并让王老师辅导你,目的是让你掌握复习的方法。我觉得学习,掌握知识是其次,主要是掌握学习的能力,这种能力能让你高屋建瓴,举一反三,为以后学习更多的知识提供一种方法和思路。

要学会请求帮助,这两天王老师帮助你复习,你说复习得很顺利。我想说的是,你通过请求王老师的帮助,会使你获得一个人的信任、支持和喜爱。

生活真是奇怪,你越是帮助别人以取得对方的好感,却往往适得其反,使人处于受恩的地位,有时反而会伤及对方自尊,从而失去对方的信任。而请求别人帮忙,却能获得别人的友谊,这是因为你的请求,无形中会使你处于劣势,使对方放松了对你的恐惧和警惕,使其感到一种心理上的满足和自豪,让对方觉得他高人一等,一种被重视和尊敬的感觉油然而生,从而对你心存善意,这其实是获得别人信任和支持的一种方法。

记得 1860 年,美国第 16 届总统林肯在选举结束后,立即任命他的竞争对手蔡斯为财政部长。蔡斯一直自大狂妄,认为他的才能在林肯之上,在选举结束后他还在追求着总统的宝座,林肯的做法引起了一大批支持者的反对,批评林肯不应该与蔡斯交朋友,把大权交给他,而应该打倒他消灭他。这时林肯温和地对支持者说:"当他们变成我的朋友时,难道我不是在消灭我的敌人吗?"林肯尊敬对手,信任对手,请求对手帮助自己,从而成功地化敌为友,蔡斯最终成为林肯的得力助手。

因此，凡成大事者，总是豁达、宽容、接纳对手，让对手成为自己的朋友，说到底，尊重别人，请求他人帮助就是为了壮大自己，发展自己。

## 尺有所短，寸有所长

**【儿子·说】**

2006年6月21日　　星期三　　晴

今天中午有一节体育课，却因为下雨被改成了室内活动课。上课后体育老师为我们借来了五子棋、跳棋、军棋和象棋，我们几个人玩了起来。

我选的是象棋，我的对手是班上学习最差的小洋。我心想，下象棋就是比智力，我学习好一定能赢。可没想到一开局，小洋就将“巡河车”给架了起来，而我却反应慢了一步，只顾着给他架“当头炮”，两个车被死死地压在角落里。接下来的战斗中，小洋表现出了勇往直前的气势，车、马、炮轮番进攻，时不时还有个过河的卒子在捣乱，使我完全乱了阵脚，节节败退。最终，小洋将我杀成了光杆司令。

同学们都以为小洋能下赢我全靠运气，可令人吃惊的是接下来的几盘棋都是小洋稳赢。《论语》中说：“三人行，必有我师焉。”看来每个人都有自己的长处啊！

**【父亲·曰】**

人们的眼睛总是善于发现缺点，所以世上伯乐很少。小品演员潘长江个儿不高，小时候还体弱多病，医生断言他活不过20岁，可他乐观自信，热衷表演，练得一身硬功夫，不但没有半道“夭折”，反而在事业上一飞冲天，成为全国著名的笑星。在众多的舞台表演中，人们常常拿潘长江的身高说事，却鲜有人对他的乐观、自信予以推崇。

屎壳郎外形丑陋，常与粪便为伍，对于它们，人们总是嗤之以鼻，却少有人知道它是人类的清洁卫士，又是一种药用昆虫。两千多年前的《神农本草经》中就有屎壳郎入药的记载：入药者为雄体，含有1%蜣螂素。药性寒咸，有镇惊、破瘀止痛、攻毒及通便等功能，主治癫痫狂、小儿惊风、二便不通、痢疾等；外用治痔疮、疔疮肿毒等。

上天赐给我们两只眼睛，是要我们一只眼睛看优点，一只眼睛看缺点，可我们却将两只眼睛都用来观察别人的缺点。要知道，只有在某个领域特别突出的专家，没有在所有领域都擅长的全才。所谓尺有所短，寸有所长，看人不能只盯着他的弱点，更要看到他的长处。

## 海纳百川，有容乃大

**【儿子·说】**

2006年5月11日 星期四 晴

我常常捉弄别人，经常想方设法捉弄我的同学小媚，但是，今天却轮到别人来捉弄我了。

中午放学后，我回到家里吃过饭，刚好有时间写会作业，因为我们不是按照原来的时间一点三十到校，可是妈妈听到我们旁边那栋楼上的小媚说是一点三十到校，再看看表已经一点了，就催着我赶快去学校。在妈妈的催促下，我带着作业匆匆忙忙地往学校跑去。在路上，已经没有同学了，我以为是同学们都到学校了。当我急忙赶到学校时，已经累得气喘吁吁，可教室的门还没开，我这才醒悟过来，原来是小媚在捉弄我，我心里真不是滋味："她怎么能这样对我呢？气死人了！气死人了！看她下午到校后我怎么收拾她……"我嘴里一遍又一遍地重复着。

此时我才明白什么叫作"恶有恶报，善有善报"。我决定从今以后再也不捉弄别人了。

**【父亲·曰】**

海纳百川，永不干涸。一个人的气度气质，决定着他的境界境遇。古人曾说"量小非君子"，妒忌生祸心，原谅有过错的人犹可以成为朋友。做人大度，方能大气；胸怀博大，可容世界。

严于律己、宽以待人，容人之短、学人之长，只有这样自己才会不断得到提高。任何一个人都不是十全十美的，都有自己的短处，也有自己的长处。我们应该善于发现并学习他的长处，而不是发现他人的短处便去嘲笑讥讽。

现在是一个群雄逐鹿的时代，是一个英雄辈出的时代，是一个藏龙卧虎的时代，你不能瞧不起任何人，走在你身边的也许就是你的老师，“三人行，其必有我师焉。”我们要善于取人之长，补己之短。“尺有所短，寸有所长”中，“尺有所短”说明再厉害的人也会有不足之处，“寸有所长”则是提醒人们要善于发现别人的优点，再笨的人也有过人之处。人或事物各有长处和短处，不应求全责备，而应扬长避短。

一个人，不管你水平多高、能力多强，也总有不如别人的地方，正所谓人外有人，天外有天。别人不管多么不行，总有比你强的地方，“存在的就是合理的”，人一定要有颗包容之心。特别是作为一个学生，你可以不知道同学的短处，但你不可以不知道他们的长处。一定要用其所长，避其所短，并学会包容别人。

人生在世，要面对很多不如意和不完美的人和事，只有宽容一切，人才能快乐，才能合群，才能有和谐美好的环境。坦然面对不完美，正是人成熟的体现。要学会与有不足之处的人相处，对别人宽容其实也是对自己宽容。如果你能从别人的不足中完善自己，以人为镜，那你就会像荷花一样出淤泥而不染，人的胸怀大多是由不完美、不如意的事情撑开而显得宽广的，“海纳百川，有容乃大”，我们应像大海不嫌细流一样从而广阔无垠。

## 恶语伤人六月寒

**【儿子·说】**

2006年5月21日　　星期天　　晴

下课后我们班几个同学在一起玩，一个同学拿湿粉笔在教室墙上写了几个字，却没想到竟然擦不掉了。为了逃避老师的批评，上课时，他对老师说："老师，不知是谁在这墙上乱涂乱画的。"老师就展开调查，同学都供认是他乱画的，人证物证俱在，他见摆脱不掉，就承认了。

老师十分生气，对他说："你的品性怎么这么坏？明明是你画的，还在那里贼喊抓贼，我不打你便对不起你的父母。"说着，那个同学就哭了，我心里想着老师也说得太重了，这样的话肯定会严重伤害这个学生的幼小心灵，最起码我是有些接受不了。还好老师在最后说了几句"软话"，我才放心了。

**【父亲·曰】**

爸爸给你讲一个寓言故事：一头熊在与同伴的搏斗中受了重伤，它来到一位守林人的小木屋外乞求得到援助。守林人看它可怜，便决定收留它。晚上，守林人小心翼翼地为熊擦去血迹，包扎好伤口并准备了丰盛的晚餐供熊享用，这一切令熊无比感动。临睡时，由于只有一张床，守林人便邀请熊与他共眠。就在熊进入被窝时，它身上那难闻的气味钻进了守林人的鼻孔。"天哪！我从来没闻过这么难闻的味道，你简直是天底下第一大臭虫！"熊没有说任何话，当然也无法入眠，勉强挨到天亮后向守林人致谢后便上路了。多年后一次偶然相遇时，守林人问熊："你那次伤得好重，现在伤口愈合了吗？"熊回答道："皮肉上的伤痛我已经忘记，心灵上的伤口却永远难以痊愈！"

我也清楚地知道当孩子做错了事情或考试失败时，家长往往很生气，忍不住要批评孩子。由于在气头上，什么话能解气、能发泄自己的不满、能刺激孩子，就说什么话，并且主要是结论性地针对孩子本身的恶语批评，比如，"你就是没毅力""你真是笨死了""你就是懒鬼""你永远没出息""你要是能把事情做好，太阳就从西边出来了""我的脸都让你丢尽了""我真为你害臊"，等等。家长这种破坏性的批评，对孩子的自我价值有极大的杀伤力，会让孩子泄气，使他们瞧不起自己并产生抵触情绪。因此，每个家长对此必须引起高度重视，当孩子做错事或考试失败时，家长的正确做法应对事而不对人，批评孩子时，只针对孩子的行为而不针对孩子本人。也就是说，家长必须让孩子知道哪些行为是错误的，但要让孩子清楚地知道并不会因此就导致家长认为他不好，家长不会因此就看不起他，也不会影响父母对他的爱。

这样孩子才会有勇气克服缺点，改正错误，努力向好的方向发展。

我对你有个提议，与我自己同勉，当你想批评或指责别人、说别人闲话时，请立即闭上嘴，心里再默默地念几遍“宽容一切，赢得一切”这句咒语，如果念完后你还想说的话，再说不迟。因为说出去的话就如风，他会无所顾忌地满天飘。当你想收回时，是没有办法做到的。今天给你讲这些话，也是有感而发的，我有个同事，自以为聪明，常常说些别人的闲话，在同事中造成了很不好的影响，而他却浑然不知问题所在，别人也像躲瘟疫一样躲着他。我对他说，你应常怀感激之心，发现别人的优点，学习欣赏赞美别人，你赞美别人的言辞不要担心传不到别人耳朵。其实，很多时候你在人背后衷心欣赏赞美别人时，别人就能感觉到，因为你赞美的气息就如同花的芬芳，会随着风而传到远方。

所以我告诉你，伤害人的话坚决不能说。不要轻易用言语伤害别人，尤其是较为亲近的人之间，不说伤害的话。这会让他们觉得你是一个善良的人，从而有助于维系并增进感情。

## 杜绝无谓的争吵

**【儿子·说】**

2003 年 7 月 11 日　　星期五　　阵雨

上午爸爸抽完烟，把烟头扔在地上，妈妈很不高兴，就和妈妈争辩起来。我说：“你们别吵了，我去捡。”便把两个烟头捡了起来，扔进垃圾筒中，但是爸爸和妈妈还是争辩个不停。爸爸让我评论今天是谁的错。我生气地说：“今天你们两个都不对，因为爸爸把烟头扔在地上，不去捡，是你的不对；而妈妈让爸爸去捡，并先争吵，这是妈妈的不对。妈妈应通过讲道理说服爸爸，而不是一味地为这点小事吵个不休，又不是为什么大事，不值得，以后要还是这样，我就不理你们了。”爸爸和妈妈听完都笑了。

**【父亲·曰】**

我和你妈妈相濡以沫已近二十年，争吵两句本没什么。人们都说吵吵闹闹一辈子，有时吵一吵也是缓解压力、增进情感的一种方法。我和你妈妈都明白，家庭才是最重要的，儿女才是家的根本，只是我们不太注意而在你的面前吵闹，这使你左右为难，今天我为此事心里一直过意不去。

今天我和你妈妈吵架这件事说明，即使再亲近的人也会有分歧的时候。有人的地方就会有争吵，不要用忍让的办法解决一切问题——有时甚至可以说是绝大多数时候，人在争吵中学会了尊重、忍让、理解，这样得到的友谊反而比一团和气得到的友情来得更加牢固。

今天你表现得很好，同时也给爸爸上了一课，使我明白了人到老，莫烦恼，忧愁多，催人老；遇事忍，不急躁，多谦让，少烦恼的道理。相比之下，爸爸妈妈的表现就差点，为一点小事情争争吵吵，影响了你的学习。爸爸希望你在各方面都能超过爸爸，爸爸身上好的东西你要学，不好的东西你就要引以为戒。人之所以快乐，不是得到的多，而是计较的少。

爸爸今天留给你的话，请你认真理解和体会，如果有不同想法和意见，请写在日记里，爸爸真心希望你能与爸爸在思想上有几次真正的交锋，也希望你能有自己的想法，并用你的智慧和知识捍卫自己的想法。

# 架起沟通的桥梁

**【儿子·说】**

2005 年 1 月 4 日　　星期二　　晴

今晚在写日记前，我认真看了爸爸以前给我的日记点评，想着爸爸在忙碌了一天之后顾不上休息，还要查我的日记，提出修改意见，同时坚持在每篇日记后写评语，对我学习、做人、处世等方面予以指引。这么多年的坚持，我们通过日记架起了心灵沟通的桥梁，这使我受益匪浅，深受感动……

这几天，由于给爷爷过周年，爸爸没有点评我的日记，而且这些日子爸爸的心情也不好,我很体谅他,不会怪他的,所以请爸爸不要放在心上。希望我们父子能继续以这样的方式沟通交流,因为我需要爸爸的指点,“爸爸,我爱您,敬佩您!”

**【父亲·曰】**

你说我因为忙未能给你及时点评,你不会怪我,我看到了,也很欣慰。

我觉得日记不仅锻炼了你的写作能力,而且成为我们两代人沟通的桥梁。我希望这座桥能成为我俩的心灵之桥,填平人们常说的“代沟”。其实,人与人之间都会存在沟通问题,沟通不仅是通往对方的心灵之桥,还是解疑释惑的润滑剂,更是修补心灵、抚慰情感的良药。

世界上一切的不幸都是从心开始的,而心灵的芥蒂更要靠沟通医治。美国总统尼克松说:中国 20 世纪其实就是毛泽东、蒋介石、周恩来的世界。毛、蒋都具帝王之霸气,难以调和,而周却是沟通、调和的圣手,谁拥有了周,就会内外和谐,力量大增,最终取得胜利。

沟通还是自我推销的重要手段,人海茫茫,会沟通的人多了朋友,少了敌人,多了机遇,少了挫折。政治家的优劣都是从沟通中见分晓。要善于沟通,首先要从心开始,最好是润物细无声,这才妙不可言;其次要换位思考,把别人当成自己,站在别人的立场看问题,体谅别人的难处;再次,从小事着手,感动人的往往不是什么大事,而是一些小事。

沟通是一种从内心深处流淌出的感觉,要有耐心和毅力,不要想着一蹴而就,要受得了委屈,着眼于长远。即使沟通不成,也不要把沟通的路径堵死,少年做事容易犯“孤、绝、狠、硬”的毛病,而这是沟通的大忌。还有,沟通的一个重要方面就是人品高洁,心地善良。这样,别人对你才有信任感,沟通才会有基础。

沟通对于我们自己、对于我们的生活是如此重要,但这并不意味着彼此的内心就要赤裸裸地相对。察心不祥,这是古训。不要试图察探别人最隐秘的心机,那样会带来不祥和祸事。许多人就是因为知道别人的秘密而下场凄惨,人的虚荣心总会把显现真相的镜子摔个粉碎。即使是朋友,互相吐露最隐秘的心事也是危险的。友谊也需要足够的距离,互相吐露或者单方面获悉对方最隐秘的心事,要么伤及彼此的友谊,要么伤害自己。所以古人说,与人只说七分话,不可全抛一片心。

## 尊重别人就是尊重自己

**【儿子·说】**

2006年3月22日　　星期三　　晴

下午,我和同桌下象棋,班里的一些同学不停地在我俩耳边进行指导,比我们真正的棋手还兴奋,本来我被大家戏称为“棋佛”,对这一切习以为常了,但不知今天怎么了,同学们一闹,思绪大乱,大声吼道:“都滚一边去,一群蠢猪,像苍蝇一样!”由于我平时总是对大家围观下棋一笑而过,此时同学们见状都面面相觑,仿佛空气凝固了一样,默默地散开了。今天课间时,我习惯地摆好战场,准备与同桌开战时,他却借口溜掉了,平时热闹的情景一下子冷落了许多。晚上下自习回家的路上,看见同学们一路欢笑从我身边匆匆走过,我醒悟了,尊重别人就是尊重自己。明天一定要向同学们道歉,请他们原谅!想到这里,我加快了步伐。

**【父亲·曰】**

你这叫咎由自取,好在你及时醒悟。明白了尊重对方也就是尊重自己的道理。尊重别人是一种修养,一种品质,人没有高低贵贱之分,真正的善良并非自上而下的怜悯与同情,更不是强者对弱者的无端施舍,而是一种能把万物苍生视为同一高度,并真正去尊重的情怀。人生的可贵莫过于此。

我们生活在这个社会上,生活在集体这个大家庭中,都希望得到别人的充分肯定,每个人的成绩都希望得到别人的认同,每个人的人格都希望得到别人的尊重。那么,我们怎样才能得到别人的尊重呢?一句话,学会尊重别人。

尊重别人要学会欣赏。欣赏是一种积极向上的人生态度,是建立在善于发现和摒弃嫉妒、悲观厌世的不良心理的基础之上的优秀品质。任何人都不可能尽善尽美，我们没有理由以高山仰止的目光去审视别人，也没有资格用不屑一顾的神情去伤害别人的自尊，假如自己某些方面不如别人，我们也不必以自卑或嫉妒去代替应有的自尊。只有学会尊重别人，才能赢得别人的尊重。尊重是欣赏的前提，每个人都不尽相同，尊重是守着自己的人生信条而从客观的角度，用欣赏的目光去看对方，不苛求相同，而正视相异。我们要学会欣赏他人的貌美、体健、声清、骨秀、学厚、文博……欣赏老年人之经验丰富，中年人之年富力强，青年人之青春活力，少年人之天真烂漫。总之，只要我们愿意欣赏，就总能找到欣赏的理由，只要我们学会了欣赏，我们就学会了尊重。

尊重别人要谦虚低调。在我们的周围，不乏学习的楷模。为人处世要有"三人行，必有我师"的良好心态。他人仪表美、心灵美、语言美、品质美都是我们学习的好榜样。他人渊博的知识、敏捷的思维、善辩的口才、杰出的才华、精湛的艺术、完美的人格、丰富的爱心、奉献的精神等都是值得我们仰慕与学习。只要我们时时、处处保持谦虚的态度，确立"三人行，必有我师"的处世哲学，我们就学会了尊重他人。

尊重别人要心口合一。首先要有尊重别人的态度和意识就是要从心里尊重人，而不是表面尊重人，这是最重要的一点。尊重别人，是一种习惯，是一种不由自主的行为，不是能够装出来的，就是装也是装得了一时，装不了长久，小事上能够忍耐大事上就没了耐性。其次要学会文明用语。人是情感动物，人类的情感很大程度上是用语言作为交际工具的。因此，我们要学会使用常用的文明用语。如"您好""你需要帮助吗""对不起""没关系""再见"等，别看这些简短的文明用语，学会了使用它，你也许就学会了尊重别人。一句"您好"表示了真诚的问候、美好的祝福，使别人与你的感情拉近了许多倍；一句"你需要帮助吗"体现了自己的友好，对别人有什么困难，自己愿意伸出热情的双手；一声"对不起"，是对自己无意过失的挽回或对自己的过错的真诚道歉，这不仅反映了你对别人的尊重，而且也表明了自己的坦诚；一声"没关系"是对别人过失的原谅与宽容，也表现了自己豁达的胸怀；临别时的"再见"，能给人留下美好印象。再次要力戒脏话粗话。脏话和粗话既体现了自己的不文明，表现了自己的肤浅与无知，也严重地伤害着别人的自尊心。如果我们用脏话和粗话伤害了别人，别人也同样会回击我们，我们自己也会失去自尊。

尊重别人要理解关爱。有人说，尊重与被尊重是一枚硬币的两面。这正应了中国的一句古话："爱人者人恒爱之，敬人者人恒敬之。"尊重是双向的，尊重你周围的所有人，你才会赢得所有人的尊重，从而建立起良好的人际关系，一步一步走向成熟。尊重别人要做到勿揭人短、诚恳赞美、多多请教、重视他人、善于倾听。同时，还要注意，尊重别人从细节做起。别人在学习、工作或休息时，我们尽量做到不打扰，进屋先敲门或喊报告，当得到别人的允许后再进去，这些都是尊重别人的具体表现。要讲究仪表和言行举止，做到衣着整洁、朴素大方、语言亲切、举止文明，这既体现了一个人自己的修养，也是尊重别人的表现。有人认为这是虚伪，其实不是的。人类道德和文明的形成，是人类意识形态的产物，一旦形成后，就会和初始产生的原因脱离而单独存在并形成体系。初始产生的感觉往往是人性深处的闪光，把这个闪光捕捉下来，点燃它，让它生生不息，人类的文明就这样不断发展。

因此，古人说"我敬人一尺，人敬我一丈"，意思就是说，我们只要学会了尊重别人，别人也一定会加倍尊重我们。如果你想自己处处有好的人缘，你想得到别人的尊重，你想使自己的人生日臻完美，请从今天做起，从现在做起，学会尊重别人吧！

## 人生需要围观者

**【儿子·说】**

2006 年 4 月 5 日　　星期三　　晴

今天中午第三节是游艺课，一下课我和同桌就摆开了"战场"，在棋盘上厮杀起来。那些讨厌的"蚊子"不断过来嗡嗡，并自以为是地指手画脚，把我吵得头晕目眩。

我想：又不是你们下，着什么急啊，忍无可忍的我黑着脸抓住一只最爱嗡嗡的“蚊子”的领子准备教训教训他，别的“蚊子”见我这么厉害，都纷纷逃散，这下可清净多了。我觉得在这种氛围里才能发挥我的能力，不禁得意起来。正准备好好下第二盘，可是老师一声令下让全班安静，并拿来了录音机让我们欣赏贝多芬的《命运交响曲》，唉，真是背！

**【父亲·曰】**

人生需要围观者，不然生活就太寂寞了。下棋的要诀就在于闹中取静，而这个静字要在自己的心里营造，即常人说的“聚精会神，旁若无人”。

学不会这一招，你不但可能失去支持你的朋友，而且思想也不会变得深邃。被围观者的反应大致有两种：一种是不习惯被围观，尤其是听到旁边的人交头接耳，就会心慌意乱，手足无措，开始怀疑自己，从而偏离自己的人生轨迹；另一种则是旁若无人，继续自己的人生，大有一种“走自己的路，让别人说去吧”的气势。后一种人多是由于拥有相当的自信而形成了定力。

其实，世上很多“正确”的东西，完全在于人的坚持，在于你目不斜视的努力。旁观者的话语，只有在你显示出动摇的时候，才会愈加猖獗。当这些话对被围观者毫无效果的时候，就会使旁观者们怀疑自己的“法力”。至此，流言也就烟消云散了。

围观，大概已经有几千年的历史了。要人们一下子改掉，也不是那么容易。尽量不去围观，在被围观的时候，依旧相信自己，这也许是应对围观的最好武器。

## 留人也是一门学问

**【儿子·说】**

2006年6月10日　　星期六　　晴

今天早晨，经常为我辅导功课的倪老师来我家道别，他订的是下午2:50的火车票，再过5小时我就要和老师说再见了，心里有种说不出的滋味！想着倪老师平时给我辅导功课时的耐心细致，对我无微不至的关怀，我心里觉得特别难受，真希望老师能留下来……但怎么说，老师还是决意离开。

为了给倪老师送行，妈妈特地为他准备了一顿岐山臊子面，寓意我们的师生情谊能天长地久。时间过得真快，接老师的汽车来了，我该和老师说再见了，我依依不舍地看着那辆车消失在街道的尽头。真希望很快能再和老师重逢。

**【父亲·曰】**

纵观古今中外，凡成大事者，在留人方面各有高招，我觉得值得总结的大约有10种。

一是让人对你有依赖感。智者宁使人需要他，也不使人感激他；宁使人敬畏他，也不使人爱戴他：前者不易忘记，后者使人期望。

二是对别人的依赖切勿完全满足，这样还可为你控制。谨防过度，要不断地培养他人对你的期待，不要把自己的才能一下子展现得太过彻底，应隐瞒一点自己的实力和知识，像兰花的芬芳一样，淡而不浓，循序渐进。

三是保持距离，增强神秘感。不可使人感到你的实力的深浅，有时还需要离经叛道，以独技独行生活，并保持他人对你才能的猜疑。

四是不要谈论自己。待人接物，因人而异，在适当的时候要敢于说不，一般情况下勿失自尊。

五是不要调侃取笑，严肃比起浮躁更能博得尊重，“人无风趣官必贵”是古训。

六是要始终乐观自信，给人以力量，不要向人诉苦抱怨，不讲不行的理由，只找能干的方法。

七是永远保持镇定，善于在纷繁复杂的事物中发现本质。

八是少说话，少动作，言谈举止永远慢半拍，要有先知的敏锐，还要有出世的矜持。

九是不要令人生厌，不要凡事都反复强调，不要重复一个话题，也不要固执己见，简洁明快常令人愉悦，给人好感，且成事较多。

十是做崇高的事，见解、能力出类拔萃，这样能显示出王者气派，从而引导众心向往，赢得敬仰。这是所有方法中直击人心的一招。

记住你生命中无私帮助过你的人，并把这份友谊保持下去，你会发现原来这就是人生最大的财富。

## 不可脱离社会

**【儿子·说】**

2004 年 1 月 13 日　　星期二　　晴

今天上数学课的时候老师问小阳为什么没有交卷子，我们大家都惊呆了，老师可说过没有交卷子的就是 0 分啊。

小阳在我们班学习一直很不好，不知是什么原因，和其他同学也很少交流，性格内向孤僻，老师和同学也因此都不愿和他多说话，有些人还看不起他。他戴着眼镜，同学们都喜欢叫他“二饼”“四眼”。

下课时，老师让我和小明捎话叫小阳的妈妈到学校来，我们都不敢去，我们两个你推我我推你，谁也不想去。但其实在我内心深处还是希望他能主动和老师同学交流，锻炼自己的社交能力，因为在这个社会上，人不可脱离社会而“独活”。

**【父亲·曰】**

儿子，我觉得你在埋头读有字之书时，更要学会读无字之书，即人情世故。你在为人处世上还要动点心思，否则就会吃亏。

你今天的这件事让我想起了一个和我同龄的天才少年，他原是安徽怀宁人，1979 年凭着天赋和智慧，从一个农家子弟成为大学的助教，从北大才子到讲坛新星，他的成功之路无疑是莘莘学子梦寐以求和苦苦期盼的。更何况他还有着令人艳羡的文学才华，他的诗歌，曾获人民文学奖。但谁能想到这位曾经被父亲分外疼爱、给贫瘠的乡村带来梦想的天才少年，因不事耕耘、不屑于读懂无字之书，缺少真实生活打磨锤炼的幼年经历，造就了他生性孤傲、狭隘抑郁的性格弱点，以至成年后离群索居，生活中处处碰壁，甚至难食人间烟火。这又与顾城、三毛、梵高等天才何其相似？因为他自认为是天才，不愿与凡人为伍，不愿为生活琐事所羁，全然不顾及周围的世界，更不屑于朋友的劝诫、女友的提醒，甚至是双亲的呵斥，而愿为他所信奉的精神牺牲一切，直至在1989年3月选择卧轨自杀，以这种方式与这个他不容人、人不容他的世界告别。

他的故事再一次说明，人是社会人，无论你怎样脱俗、如何才高，都离不开周围的凡人世界和真实生活。因此，爸爸希望你在搞好学业的同时，能多接触接触社会，在社会中打磨自己，在真实的世界里锻炼自己，不能只做“书虫”，而要有济世之才。这样，无论你的灵魂还是性格，就会有了金属般的光泽。

## 人和为王

**【儿子·说】**

2004年10月30日　　星期六　　晴

今天天气不错，看来老天也在帮助我们，因为老师说，如果今天天气好，就组织我们出去野炊，我们都很高兴。

我们来到渭河边，河水平缓无言，旁边有一个小树林，偶尔还能听见林中的鸟叫声，河边宽阔地带长满了绿草野花，我们沉浸在这美好的大自然中，心情舒畅，这真是个野炊的好地方。

在老师的组织下，我们男女生分工协作，做好饭菜，有的同学还拿出从家里带来的方便面、袋装小食品等，我们围坐在一起吃着饭，讲着故事，做着小游戏，笑声在河滩上空荡漾。啊！真是快乐而惬意的一天。

**【父亲·曰】**

人的一生都是在不停地求赢中生活，求胜求赢是人的天性，宗教讲究修炼就是在进行自赢。如何赢得胜利呢？我觉得应该理智地看待这个问题。人常说，要赢就必须占有天时、地利、人和。

好多旷世奇才之所以有英雄无用武之地的感叹，主要就是未得人和，现在有许多博士走上社会四处碰壁也是这个原因。他们往往恃才傲物，凭借其认真、执着、责任等素质，对周围人施加压力，更糟的是他们对此毫无知觉，以为别人心生嫉妒而牢骚满腹，如此怎能开辟新的事业？要知道人的成功生存之道，并不在于你拥有财富、权力和容貌，而取决于你和周围人相处的状况。从这个意义上讲，你周围的人就构成了你的世界。若想赢得成功，看似还有技术、策略、战术之争，其实本质是人和人之争。

但是现在社会，从一些成功人士所得来的经验看，成功的原因多是在天时、地利、人和，而他们对“人和”的理解却多是标榜自己的辛劳，好像和他人关联不大。有些人则一辈子辛劳，也未见得有什么成果，主要是方式不对，还有自己不够努力，不够聪明，最终是劳心劳力终其一生啊！

历史上此类人太多了，远的不说，就说大家都很熟悉的李白吧，慷慨激昂地写了千古名句“大鹏一日同风起，扶摇直上九万里”，就是希望自己有朝一日能一举登上高位，去实现政治理想和抱负。但是其一生坎坎坷坷，穷困潦倒，仕途上郁郁不得志，最终也不能实现“扶摇直上九万里”的理想。论李白当时的天时，正处于盛唐时期；论地利，应该说他的才气是毋庸置疑的；论人和，他可就大大失利了，官场上没有一个可以扶持相携之人，最终被赐金放逐收场。李白没能施展自己的抱负，主要原因就是失利于“人和”。

萧何月下追韩信。萧何向刘邦推荐韩信，称他是汉王争夺天下不能缺少的大将之才，应重用韩信，而成就了萧何的一番事业。倘若没有了萧何月下追韩信，韩信的故事也就到此结束了，也不会成就汉高祖统一江山的伟大事业，也就不会有大汉王朝，历史上所有人物的命运都会因此而改变。可见“人和”在人的一生中占有极其重要的位置。

胸怀决定舞台，心胸有限，人才也有限。实际上古今未成大事者，必是不宽容的人，且缺少手下。大本事者必有大气度，大气度必成大事业，事业是人做出来的，天时地利均是辅助条件，唯有人和才是根本，所以人和为王。

三国时,曹操之所以能统一成魏,主要还是赢在“人和”上。

首先,共同经营即双赢。任何事情成功的前提是“利”合,有功劳分别人一些,有错误自己承担一些,有好处让别人一些,有坏处自己沾着一点,孔子讲中庸,今天讲双赢,目的就是为了人和。经济学家厉以宁讲了龟兔赛跑的故事,我觉得很有意思,兔子半路睡着龟赢第一次后,兔子不服。第二次赛跑兔子赢了龟,而龟又不服,并要求自己指定路线,兔子骄傲地同意了。不想快到终点时却有一条河挡住去路,龟赢了。当两人较劲准备再战时,都改变了主意,而进行合作,陆地上兔拉龟跑,河水里龟驮着兔子游,结果双赢。人在一起工作生活,不一定要闹个你死我活,各自后退一步,也许海阔天空。

其次,共同赢取即双赢。只是你要注意两点,一是任何“和”都是相对的,暂时的“和”都是为了谋取一种共同利益而达成妥协的共识,一旦利益达成,又要寻求新的妥协;二是“和”多是斗争的结果,是双方实力相当的和谐,在斗争中,求合作这种“和”是有共同基础和认识的,没有利益的一团和气,只是表面的,这种“和”到头来只能自认倒霉。人一旦掌握了双赢的思维方法,就掌握了交流的技巧,便可纵横捭阖,天下无敌了。

天时、地利、人和,对人一生的成就有太大的影响,很多时候都失利在“人和”,现在社会人际关系复杂,“人和”被涂上了厚厚的一层云烟,使人看不清真正的面目,缺乏透明度和公正性。人若想成功,在具备了天时地利以后,更重要的是该想想如何争取所谓的“人和”了!

## 组织就是服务

**【儿子・说】**

2005 年 6 月 26 日　　星期日　　晴

今天真的很郁闷。马上就要期末考试了,老师为了让我们放松一下,给了我们一节课的活动时间,让我们自己组织一次活动,主题、形式由我们自己选择,老师不参与。经过商议,我们决定举行一次赛歌会,让紧张的大脑休息休息。为了赛歌会能顺利举行，我们共同推选了几名有特长的同学和班长一起组织活动。本来想着能好好放松一下，可没想到负责组织的几个同学一副耀武扬威的样子，觉得自己有多么了不起似的，对同学指手画脚，说话很不客气，活动还没过半，就有同学不乐意了，拒绝上台唱歌，还差点和组织这次活动的那几个同学争吵起来。

赛歌会半路“夭折”了，这让同学们很不开心，我心里也很难受。想一想，都是负责组织活动的那几个同学的错，如果他们好好说话，同学们也不会和他们争吵起来了。

**【父亲·曰】**

不要趾高气扬地站在那里指手画脚，组织活动不是让你炫耀你的地位比别人尊贵，也不是溜奸耍滑逃避工作，组织活动就是要为大家服务。能参与组织活动，能力是一方面，更重要的是心态。能力只是前提，能力的大小决定了你在组织过程中所能发挥的作用大小，而心态才真正决定你能否发挥的作用基础。

自古选才秉承任人唯贤、德才兼备的原则，这是必需的。就像网络俚语所说：“流氓不可怕，就怕流氓有文化。”一个人有能力，但心态不好，自私自利，这样的人是不可能被选举参与组织活动的，因为他的心态决定了他不可能为活动倾尽全力，甚至还会起到反作用。倘若一个人的心态是平和的，是甘愿付出的，即使他能力一般也会发挥出超越其本身的作用。所以有管理者说：“选人未必要选才能出众的，重要是肯听话的。”这里的听话就是老实，能踏实干事。组织活动也是这样，只有愿意干事的人、踏实干事的人才能成为一个成功的组织者，因为它能放下身份，放弃个人利益，一心扑在活动的组织上，充分发挥自己的作用，使活动成功开展。人们最讨厌那些沾沾自喜、洋洋得意的人，自以为能参与组织活动是多么了不起的事情，到处张扬却不肯伏下身子干事，把别人给他机会当成了自己炫耀的资本，这样的人只能误人误己。

所以说，组织活动首先要摆正心态，组织的本意是使参与者能发挥自己的能力，为活动的顺利开展服务，为参加活动的人服务。只有不计私利，舍得比别人更辛苦一点，把活动的顺利开展作为自己的信条，把自己当作一颗螺丝钉，服务大局，顾全大局，最终才能成事。这一点于家、于学校、于单位、于国家都是相同的。

## 处理好同学关系

**【儿子·说】**

2005年5月10日　　星期二　　晴

我的好朋友小成今天转校了，虽然以前我们为了一件小事闹过别扭，甚至还大打出手，但后来我们的关系非常好。他现在要走了，我的心里很难过，真有点舍不得他走。我想对他说：未来的路咱们不能一起走，但你可要记得我呀，不准忘了我。除非你有了比我跟你之间友谊还深的朋友。不过我相信不管我们之间发生什么事，你仍然是我最要好的朋友。亲爱的小成，我会想你的，虽然我们今后不常联系了，但我相信我们的友谊是时间无法冲淡的。我的朋友可都要快乐啊！

**【父亲·曰】**

有人说，这个世界上最不可靠的东西就是关系。但不可靠就说明我们要处理好。爸爸认为处理好同学关系应该做到以下几点：(1)真诚对待。对待任何感情都要真诚。真诚地对待你的同学，那么你的同学就会真诚地对待你，如此这般友情才可以继续下去。(2)互相帮助。积极帮助同学，能够在学生中树立起较高的威信。当同学处于困难之中的时候，你应该伸出友爱之手，主动帮助同学解决困难，即使无法帮助解决，只要我们愿意倾听同学困难或痛苦的诉说，这也是帮助。(3)谨防自傲。如果你的学习成绩比某个同学优秀，你不应看不起他。因为这样就会在你和同学之间设立一个人为的障碍，骄傲的人难以容人，别人也大多不愿意和骄傲的人相处。(4)学会忍让，避免矛盾的发生。俗话说，“得饶人处且饶人”。当然，忍让并不是懦弱，有些时候还是要适当地保护自己。

处理不好同学关系的人大致有两类：一是处处忍让。这种人一味迁就别人，别人对的他接受，别人不对的他也接受。有了意见也不肯提，怕伤了和气，怕别人对自己印象不好，怕别人“报复”自己。这种人看起来与世无争，与人为善，其实内心里多有压抑。另一种是过分维护自己，对别人缺少宽容，以自我为中心，言谈举止不考虑别人的利益。这种人在群体中不容易被接纳，常常不受人欢迎，是群体孤立的对象。

学校是一个小型社会，爸爸希望你在这个小集体中学会处理好同学关系，你们应在学业上互相切磋，品德上互相激励，思想上互相启迪，使你们愉快充实地度过美好的学生时光。如此，将来走上社会才能善于处理各种复杂的人际关系，更好地适应社会。

## 赢在实力

**【儿子·说】**

2003 年 8 月 13 日　　星期三　　雨

今天王元、刘桢两位表哥要去读大学了，妈妈给两位考上大学的表哥各 300 元作为奖励，本来我要去送，可是早上睡到了 8 点才醒来，那时王元表哥早已离开。

王元表哥走了，我少了一个伙伴，就像花少了一片叶一样。中午刘桢表哥到我家向我们告别，并让我把刚学的每个英语单词一个抄 10 遍，句型每个抄 10 遍，把定律抄 20 个。两位表哥都是我学习的楷模。考上大学也不是一件容易的事，只有具有真才实学才能经得住考验，我今后要好好学习，不断进步，用自己的实力闯出一片属于自己的天空。

**【父亲·曰】**

今天妈妈给你考上大学的表哥进行了奖励，你眼红了吧？不光是奖励，那是人们对实力的尊敬。因为你的表哥靠自身实力考上了大学，赢得了人们的尊敬。

说到实力，大到一个国家，不管它历史文化多发达，实力决定一切。美国不是只有200年的历史吗，苏联以前不是大喊美国要灭亡吗？实际情况是苏联消亡了，美国反而成了世界的老大。毛泽东曾说“枪杆子里出政权”，没有枪杆子作为后盾，你说什么也是白说，一切全要靠自己的实力。实力是内容，政治是为实力寻找合法理由的手段。丑也罢，美也罢，恶也罢，善也罢，都是生活的一部分，你要学会面对。读书人的最大毛病就在于不会面对，习惯于选择逃避，所以人们说“百无一用是书生”。而那些有实力的坏人，往往在作恶时，都不忘给自己找个崇高的、可以使自己动机和行为变得高尚的理由，而且这个理由还要由别人替自己说出来！因此，不论什么事，不要听信别人怎么说，更不要轻信以“正义”面目出现的各种高调，要认真仔细地考察事情的原委。纵观历史，那些政治家都以种种冠冕堂皇的理由信口雌黄，使不少无知贫民和热血青年洒血疆场，造成这个悲剧的除了政治家的无耻之外，民众、青年轻信别人也是一大原因。那些被历史印刻的政治家，都是善恶并存的，当然，善的代价就是用恶的手段去打击、消灭敌对的势力，在这一过程中往往会使不少无知平民和热血青年血洒疆场，很多人都把这归结为政治家和野心家的可耻自私，但从辩证的角度、历史的角度客观地看，这只不过是历史进步的代价，是文明繁衍的客观存在而已。

世上的事情大都由强弱所决定，所谓人微言轻，就是因为说话之人过于弱小，不能给众人以震慑。小到个人交友，不管你贤愚，实力决定一切，彼此之间资格相当，才称得上一个“交”字。如果自己没有一点基础，只想靠别人帮忙，即使有七嘴八舌，也没有用处。所以古人说，“雪中送炭君子少，锦上添花小人多”。你自己必须先是锦缎，要有一定实力，别人才会帮你。这就像婚姻一样，年轻人不看重门当户对，当激情过去之后，留下的多半是童话世界崩溃的翻版。

我建议你做事时，根据自己的力量踏踏实实地去做。有的事情刚开始的时候觉得难以实现，非人力所为，等到事情过后，静心细想，就会感叹天下没有不可做的事情，那些做了但未做成的事情，与做成了却没有效果的事情，都是因为人们吝啬自己的智慧和能力，以难做宽慰自己，这些人从心底里恐惧成功，在没有做事前先从潜意识中暗示了渴求失败、渴求同情、渴求保护心理，并在做的时候拖拉敷衍。殊不知，人生最可悲的不是失败，而是一开始就没想赢的人。

人要有真才实学，才能令人信服，只有勤学苦练，才能偶露峥嵘，“台上一分钟，台下十年功”就是这个道理，要相信是金子无论在哪里都会发光的，乌云终究遮不住太阳。爸爸现在忧虑的不是你的资质，而是你的勤奋。俗话说，勤能补拙，天道酬勤，我希望你无论办什么事情都要勤奋向上，精益求精，不要因为吝惜自己的钱财、精力、智慧而前功尽弃，不要因为暂时的安逸、温暖而没有远虑，不给未来打好基础。“不能”这个词只在庸人的字典里有，而在智者的字典里，只有成功。成功者遇到困难找办法，失败者遇到困难找理由。

## 团结就是力量

**【儿子·说】**

2006年5月18日　　星期四　　晴

下午我们表演了经过4天排练的节目，名字叫《法庭内外》。工夫总算没有白费，表演得很出色，得到了评委的好评，取得了第二名。

特别是小元，演得非常投入，他为父亲下跪的那个场面让人赞叹不已，连评委都感动了。我们班表演的政治剧本是模拟法庭，演得特好，评委评价我们这次表演的成功之处就在于每个人都很投入，而且配合得非常紧密，衔接自然，对白流畅，整体效果有点像演电影的味道。我心里说：你们大概还不知道我们的演出名言吧？我们的演出名言是：“只要配合好，没有什么做不好。”

【父亲·曰】

从前，人的每只手都有五个兄弟——大哥（大拇指）、二哥（食指）、三哥（中指）、四弟（无名指）、五弟（小指）。他们都有各自的分工，尽职尽责地生活在一起。可是时间一长，他们的思想发生了微妙的变化，都认为自己的本领最大，最终矛盾激化，一场不可避免的争吵发生了。

大哥说："我天天带领着你们早出晚归，辛勤地为手服务，我的本领最大。"二哥说："你分配不均有失职之处，出了事都是我给你顶着，我的本领最大。"三哥一把鼻涕一把眼泪地哭诉："你们都把脏活累活压在我的身上，美其名曰我的身材修长体格健美。"四弟尖着嗓子插嘴道："那是你自找，瞧我管理的外交处那可是顶呱呱，我的本领最大。"五弟也争吵着说他的本领最大。他们激烈地争吵着，谁也不让谁。这时人说话了："要不你们比比谁能拿起地上的球，谁的本领就最大。"于是，他们争先恐后地去拿球，可是，不管怎么努力就是拿不起那个球。人说："你们一起来试试。"他们走在一起轻轻一拿，球就很轻松地被拿了起来。他们终于明白，团结就是力量。

其实，在生活中团结的影子也处处可见：许多石头堆积起来可以变成一座巨大的高山；许多砖头垒筑起来，可以砌成万里长城；蚂蚁虽小，但许多蚂蚁团结在一起，能拖动一根很大的骨头；一个人的力量虽小，但许多微弱的力量汇合在一起，就能排山倒海，战胜一切！新中国的成立靠的是什么？靠的就是全国人民一条心！抗洪抢险的胜利靠的是什么？靠的就是军民齐心协力！成功战胜"非典"靠的是什么？靠的就是所有同胞众志成城！

一滴晶莹的水珠虽然美丽，但经不起太阳的曝晒；个人的力量再大，也不能单枪匹马杀出天下，只有团结才会让人生之路更平坦。

第五章

# 经心真义——塑造快乐之魂

很多时候我们已经走得太远，以至于忘记了为什么而出发。

——纪伯伦

经心之要，在于天性人心，回归真心，在圆通无碍中建立精神乐园，人心以外别无世界。快乐的核心就是经营自己的精神世界，启迪孩子自我发掘，自我反省，学会用淡泊之心看待周围的一切，让心境远离尘嚣。人的精神世界可以成就一个人，也可以毁灭一个人，关键是要找到自己的人生坐标，成为自己。经心的目的，就是让每个人能从脚下出发、从近处着眼，找到一种朴素的、微小的、当下的做法，在完成自己的人生理想的同时，去穿越社会，飞扬未来，完成心灵的遨游，乘物以游心，自己做自己的主人，达到“心性合一”的境界，真正获得精神和心灵的愉悦。

# 第一节　乐仁乐爱

## 从心开始

**【儿子·说】**

2004年12月21日　　星期二　　小雪

今天迎来了2004年的第一场雪。

下午放学后我没有回家，而是和其他同学一起在操场上玩，北方的孩子对雪并不陌生，但今年这第一场雪还是让我们从心底感到格外喜爱，我们都知道一句俗语：瑞雪兆丰年。

按照惯例，放学后我第一件事就是回家，即使要和同学玩耍，也要给家人打声招呼。可是今天，一时高兴，竟然把这件事给忘了。我们打雪仗、堆雪人，一直持续了一个多小时，和伙伴们分别后我才高高兴兴地回家了。

刚一进家门，就觉得家里失去了往日的欢乐，气氛凝重了许多，爸爸和妈妈坐在沙发上一言不发，我也清楚自己所犯的错。爸爸严厉地对我说："干啥去了？不知道回家了？去，继续玩去！"我顿时感觉到事情的严重性。妈妈说："怎么把往日的习惯都丢了？我到处找你都没找到。你知道吗？你不按时回家，家人有多担心！万一出了什么事，家人有多心痛，你知道吗？在你心里，除了玩，有没有记着家人的心一直牵挂着你？……"妈妈的话语中有几分严厉，也有几分心痛，我也后悔当时没给家人打招呼，这是我的不对。不过请爸爸妈妈放心：我以后再也不会犯此类错误，让家人为我担心了……

**【父亲·曰】**

今天你没有按时回家，妈妈问你："在你心里，除了玩，有没有记着家人的心一直牵挂着你？"你也在日记里表态了。只是，你有没有想过，你真的在乎我和你妈妈的感受吗？如果你心里没有真正在乎过，那再多的表态都是苍白的、无力的。要知道，一切都是从心开始的。

我很欣赏中央电视台的一句广告词——心有多大，舞台就有多大。因为它说明了一个道理：人的一生，不管什么事情，都是从心开始的。人们常说：只有想不到，没有做不到。从古至今，很多事实都在证明着这句话。没有嫦娥奔月的神话，就不会有万户飞天的壮举，更不会有飞机的诞生；没有木牛流马的启示，就不会有现代机器人的兴盛。只有心中想到了，我们才能在技术层面上去尝试，去突破。所以说，心才是梦开始的地方。

在古代，早就有人认识到了心的重要性。老子的《道德经》中说：道即是心。更有"大心原本无知无欲，永恒无名。因可'道'可'名'，也即妄想执着，大心变作小心，步步见小，一直见到刀兵心。画地为牢，无限之大我，堕落成一身之小我"的说法，在他的言论里，人由大我堕落成小我，就是心的蜕变。南宋陆九渊认为人的心是最重要的，天理就在人心中间，不能离开心说天理。因此他们崇敬心，把主观的心看成是最高的，所以叫心学。认识到心的重要性，这是一种智慧。

中国有句古语：心静自然凉。这个凉和内心的燥热是相对而言的。一个人内心平静，自然会感到凉快，即便身处炎热的环境中身体也能不惧高温，遇事也能冷静，泰然自若；反之，当一个人心里急躁，内心自然火烧火燎，不但身体受损，处事也往往失了分寸。心中是否有凉意往往就决定了事情的成败，因此就有了战争中的"攻心为上"之说。

但凡有所成就的人，都在不同程度上认识了自己的心。只有认识了自己的心，面对诱惑才能不动心，才能智慧通达，才能无往而不胜。因此，佛家有修行即修心的说法，"心净自悟""明心见性"，说的就是要发现自己的真心，见到自己本来的真性。修行的过程即是寻找真我的过程，什么是真我，全在于心，找到了真我，也就修成了佛。

心是脏器，是我们身体不可或缺的东西，生机在这里勃发；心是灵魂，是我们生命存在的根本，思想和智慧在这里升华。我们的一切都从心开始，我们的一切也终将在这里回归，只希望开始的是单纯，回归的是真心。

## 常怀仁爱之心

**【儿子·说】**

2004年7月29日　　星期四　　晴

今天我很高兴。我希望每天都这么高兴，也希望多经历些愉快的事情。下午我和堂哥在南大街看见一只麻雀扑腾扑腾地在地上跳却飞不起来，我们两个就想把它捉住。可是一开始我们心太急了，配合得不好，小麻雀总是从我们的包围圈中跳出去。后来哥哥说我们要慢慢地，要有耐心，于是我们俩便放慢动作，终于把麻雀给捉住了。也许是因为害怕吧，麻雀始终叫个不停，像在申诉自己的不幸，又像是在哀求我们放了它。我想多逗一会儿麻雀，可是哥哥一抬手却把它给放了，说他不想伤害小麻雀。我想想也是，小麻雀本来就受伤了，需要我们去帮助它，我们怎么还能在它的伤口上再撒盐呢？

**【父亲·曰】**

天下的事情一个人穷其一生也难以做尽。一个人生命有限，精力有限，所以一个人一生只能做一两件，最多三四件留下名声的事情。做事不要贪多，而要求其精，否则，每样事情都像蜻蜓点水，最后会误其一生。为什么一个人一生只能做一两件，乃至三四件事情呢？原因有四：一是一件事情的成功是永无止境的，所谓成功，只是局限于某个层次，可以说这是终生追求的事业；二是一旦某事取得成功，这种取得成功的经验就易形成思维定式，阻碍思维创新，虽说要具体问题具体对待，但实际上个人往往很难否定自己；三是随着某种事业的成功，取得成功的集团内部成员易生骄、贪、怠之心，且为了暂时利益或集团利益而合作,成功后又会为了各自利益或因利益分配不均而反目成仇,使战斗力锐减,难以再成就其他伟业;四是一件事情、一项伟业,都由无数件零散、琐碎的事堆积而成,而一个人熟知的领域、知识毕竟有限,我们能做的,就是力争把每一件事情做好。

今天下午你小阳哥将小鸟放飞这件事很了不起,因为这是"仁"和"爱"的表现。人生在世,就是要常怀仁爱之心。常怀仁爱之心,才能与人为善,善待别人,为别人伸出援助之手。帮助一个人,那是小恩;帮助所有人,那是大德。值得注意的是在帮助别人时,先要识人,否则就可能出现《农夫和蛇》故事里的悲剧。识人是一门大学问。毛泽东说:"谁是我们的敌人,谁是我们的朋友,这个问题是革命的首要问题。"识人不准,会终生遗憾。好的朋友,可助你事业、学业、生活有成,坏的朋友,可使你人生受挫。看朋友,不光看他怎么说,更重要的是看他怎么做。与朋友相处,你自己首先要做个好人。对心术不正者,最好的办法就是敬而远之。

常怀仁爱之心并不是要对任何人都伸出援助之手,这个世界上有几种人不要轻易帮助。因为帮助"智者"必受"智者"之嫉,帮助"明者"必受"明者"之害,帮助"愚者"必受"愚者"之辱,帮助"堕者"必受"堕者"之恨。这里,还要注意两点,一是人们往往对敌人比对朋友更宽容,这点爸爸以前已有论述;二是不要随便和陌生人说话,虽然和陌生人说话是一场真真假假的游戏,也可以是一次痛苦的倾诉,因此人们常常敢于向一面之缘的陌生人坦诚,其中很重要的一点是除了没有后遗症之外,就是人们很在意不带功利的关系,心理上没有负担。如果话不投机,你会点到即止,之后各走各的,不再联络。而近邻和朋友往往被给予陌生人的待遇,而陌生人又常常被给予朋友的待遇。但无论什么时候,对人都应心存戒心,特别要小心对待陌生人,直接或委婉地拒绝陌生人的好意。在人生旅途中,一些陌生人给你带来骚扰,另一些给你带来温暖,更多的会被你淡忘。

# 有爱才会有成功

**【儿子·说】**

2006 年 3 月 25 日　　星期六　　晴

今天下午我去康华培训中心上数学辅导课,老师来得很晚,上课时间过了十多分钟后老师才来到教室。进教室时他走得比以往慢了许多,脚步也没有以前轻快了。

上课时,他脸色苍白,声音嘶哑,我想他可能是感冒了吧,给我们讲课时总是打结,特别是第一节课的后半部分,最后老师实在是撑不住了,说:“你们先做学校发的《周练题》,等会老师再给你们讲课。”我们顺从地拿出《周练题》做了起来。做题的时候,我不时抬头看老师,看到他站在窗口大口地喘气,努力克制着不咳出来,由于极力抑制,身子都有点抖了。喝了点水,老师重新走上了讲台接着给我们讲课。我抬起头,从老师的眼睛里看到了深深的歉意。

回到家里,我眼前总浮现出老师那略显苍白的脸和充满歉意的眼神。老师,你可真伟大,你是我心中最可敬的人!

**【父亲·曰】**

今天你们的老师用他的举动,抒写了人性的大爱!

爱是人类不可缺少的东西。回想我们的人生历程,曾经得到过多少人的爱护和帮助。自打我们一出生,浓浓的母爱便将我们包围;在我们长大的过程中,长辈都在精心呵护着我们,不让我们受半点儿伤害;在学习的路上,老师、同学都在无私地帮助我们,为我们答疑解惑;步入工作岗位,领导、同事、朋友给予我们充分的指导和扶持。可以说,我们每多走一步,便多获得一份爱。

不幸的是,人们获得爱容易,可付出爱却吝啬至极。父母不放心我们一个人在家,可我们出门却能够数天、数月、数年都不回家,甚至连电话也不打一个;老师为我们的成长呕心沥血,可当我们毕业许多年后,甚至想不起送给老师一声轻轻的问候;工人、农民用他们的汗水为我们盖起高楼大厦,换来我们最基本的衣食住行,可又有多少人却还他们以白眼……

爱好比一个木桶,而付出是桶壁上最低的那块木板,它的高低决定着桶的容量。只知道获得而不知道付出爱的人,他的桶永远不能装满。不付出爱,就是抛弃所得到的爱;抛弃了爱,也便抛弃了成功,因为爱是成功的钥匙。拥有了爱,等于拥有打开通向心灵之门的金钥匙,善用它,一切都会伴之而生,比如财富、成功、机遇等。

前段时间网上有个"一女养八老"的帖子很火,点击率很高。说的是湖北省孝感市孝昌县周巷镇云华村一个叫刘青枝的妇女,凭借自己瘦弱的肩膀养活着娘家六个老人再加上公公、婆婆共八个老人。她多年如一日地侍候几位老人,问寒问暖,带老人看病,孝感乡里。2002 年刘青枝因孝行事迹突出被评为"孝感市第二届十大孝子"之一; 2003 年又以全省得票第一被评为湖北省首届"荆楚十大敬老好儿女"之一; 2005 年她又被选为县人大代表。刘青枝正是因为心中有爱,才能在困苦中完善自我、成就大我。

我们都是中华儿女,对于三皇五帝不应该感到陌生,他们都是中华民族的传奇。他们或者教导人们结网捕鱼,大大提高了生产效率;或者炼石补天,救苍生于水火之中;或者"尝百草之实,察酸苦之味,教民食五谷",并且发明草药,为人治病;或者发明术算,开启智慧……正是因为他们心中有爱,以族人的兴衰为己任,才能在成功的路上获取永不枯竭的动力。还有中国历史上的周文王父子,以民为本,施仁政而获万民拥戴,最后灭商立周,成就不朽伟业。中国共产党以救民救国为己任,以星星之火可以燎原之势,领导中国人民取得了解放战争的胜利,建立了新中国,让人民当了家,做了主。在三皇五帝、文王父子、中国共产党人心中存在的也是大爱,帮助、解救的是一个民族、一个国家,所以他们成就的是大我。

小爱成就小我,大爱成就大我,无爱则无我。有很多人总是千方百计地想着财富和成功,把爱拒之千里,最后却什么也没得到,甚至身败名裂。

爸爸见过的罪犯很多，和他们打过很多次交道。他们有的为了一己私利而谋财害命，有的不履行赡养义务而和父母对簿公堂，有的不顾百姓利益而中饱私囊……从他们身上，我有时能感受到深深的寒意，因为他们心中爱的木桶上代表付出的那块板太短，走上犯罪的道路是必然的。这些人最终失去的也许只是一时的自由、个人的性命，而有的人，却会因为抛弃了爱而失去天下。中国历史上的夏桀、殷纣等骄奢淫逸，置天下百姓于不顾，最终国破家亡，江山易主。周幽王因爱太狭窄，烽火戏诸侯，结果他所钟爱的褒姒被掳，自己也人头落地，怎一个惨字了得？

回顾历史，多少楼台都成云烟往事，只有爱在人间流传。一切的一切都告诉我们：有爱才会有成功，爱之不同，成就也各不相同。一个人的爱成就一小部分人；而众人的爱可能成就一个民族、一个国家，乃至全人类。反之，抛弃爱，会注定一无所有。

## 爱人就是爱己

**【儿子·说】**

2006 年 5 月 22 日　　星期一　　晴

吃完晚饭我和妈妈出去散步，走到体育场看见有人打篮球，我也跑过去玩了一会，觉得有点口渴，就和妈妈买了一瓶水边走边喝，远远地看见前面有一个捡破烂的老太太，我便加快喝水速度，想在老奶奶走到这里时把瓶子给她。妈妈好像看出了我的心思，说：“不要急，慢慢喝，我们离老奶奶还远着呢。”我冲妈妈笑了一下，依然不停地喝水，等老奶奶到我跟前时，我把瓶子给了她，老奶奶笑着对我说：“谢谢！”我也对她笑了一下，便和妈妈一起回家了。

**【父亲·曰】**

仁者爱人，这是孔子的思想，也是儒家学说的最高道德概念，是儒学所主张的爱的方式。他认为"仁"即"同情和爱人",这种爱的基本原则就是根据血缘关系的远近,决定爱的程度。什么是"仁"?"仁者,爱人"就是去爱别人、帮助别人、体恤别人。"仁"还有"忠恕"的意思,"忠"就是"己欲立而立人,己欲达而达人",即好事要与别人分享,不可独占;"恕"就是"己所不欲,勿施于人",即坏事不可强加于人。"仁"还有"克己"之意,就是说一个人不能私心、欲望膨胀,为达目标而不择手段。要做仁者,就要有爱心,就要有爱的行为,就要奉献,要关心他人胜于自己。

改革开放后,我国经济出现了突飞猛进的发展,在实现小康目标的同时,也出现了贫富不均的现象。由于经济收入的不平衡,形成了差别和矛盾,造成了社会不稳定、不和谐的现象。因此,更要提倡仁者爱人这种精神,发扬助人为乐的良好风尚。让富有者救助贫困者,造成相对平衡,从而保持社会的稳定和谐。正所谓:穷则独善其身,达则兼济天下。在当今世界,因为有爱世界才温暖,因为有爱世界才灿烂,只要我们人人献出一点爱心,人人学习仁人,人人争做仁人,人人则都是仁人。

## 仁者无敌

**【儿子·说】**

2006年8月14日　　星期一　　多云转晴

今天,我在中央电视台10频道看了一部纪录片——《仁者无敌黄飞鸿》。纪录片中的黄飞鸿武艺超群,打起坏人三拳两脚就放倒一个,我太佩服他了。更厉害的是他的医术也同样不凡,老百姓见了他都要亲切地叫一声"黄师傅"。我想,他一定为老百姓做了很多好事,要不老百姓也不会这么爱他。我真羡慕黄飞鸿,我要是也有他那么高超的武艺和医术,也一定为老百姓做许多好事,让他们见了我也都亲切地叫一声"冯师傅",那该多好。

【父亲·曰】

仁,仁慈,爱人。自春秋战国时期,孔子就将仁提升到了道德层面,在当时,仁可以说是孔子儒家学说所倡导的最高的道德原则、道德标准和道德境界。几千年来,随着朝代的更迭,在以儒家学说为根的中国,仁的含义越来越丰富,但不管怎样,仁爱、仁慈仍然是仁最基本的含义,仁仍然是最高的道德原则、道德标准和道德境界。敦厚、仁爱,可以说已经成为镌刻在中国人骨子里的性格。

你有没有思考过,这部纪录片为什么取名为《仁者无敌黄飞鸿》?

黄飞鸿是岭南武术界的一代宗师。他纵横江湖数十年,凭着过人的勇敢、智慧和绝技,身经百战,显赫辉煌,成为中外闻名的武术大师。他武艺高强且崇尚武德,推尚"习武德为先",从不恃强凌弱,坚持以德服人。他生前弘扬国粹、匡扶正义、扶弱助贫、济世为怀,虽勇武,但他的仁德、仁行却深入人心,以仁者之名流传人间。

看过黄飞鸿系列电影,就应该知道"宝芝林"。黄飞鸿不仅武功超群,医术也精湛绝伦,一手驳骨疗伤的技艺,堪称一绝。光绪年间,他在广州仁安里设"宝芝林"医药馆,悬壶济世,治病救人,上至将军,下至百姓,功效显著,妙手仁心。

黄飞鸿虽是一代武术宗师,但他之所以被人们铭记,不是因为他高超的武艺,而是因为他的妙手仁心。因为他爱人,以善心施善行,所以才被人所爱。仁,既然是最高的道德原则、标准和境界,仁者就必将为世人所称赞和拥戴。德高则望重,人心所向,又有谁愿意与之为敌,一声号召,朋友、百姓争相呼应,宵小之辈唯恐避之不及。

看过黄飞鸿系列电影,还应该知道,黄飞鸿每一次出手,从来不是为自己,而是为亲人、朋友和百姓。因为他心中有仁,仁就成了他力量和勇气的源泉,面对敌人他才能所向披靡。可以说他是因仁而勇,气势、决心、技艺、智慧远超敌人,敌人又怎能与之匹敌?

仁者无敌,因为仁可以为你减少敌人,凝聚人气,可以提升气势,催发智慧,这是黄飞鸿无敌的根本原因。看看当今社会,经济飞速发展,人们的物质生活日益丰富,可钢筋混凝土构建的火柴盒却隔绝了人与人之间的关爱,在物质生活极大丰富的同时,人们却正在自尝人与人之间变得更加冷漠的苦果。人心不古,互相猜忌,孤军奋战,面对工作压力的同时,还要应付来自喧嚣城市的孤独,身心俱疲。因此,在我们走累时,回过头来,捡起丢在路边的仁爱,就会拾起内心的温暖。

## 要有博大胸怀

**【儿子·说】**

2003 年 9 月 25 日　　星期四　　晴

人常说"倒霉了喝口凉水都塞牙缝",今天我就遇到了这样的事情。

由于昨天的数学作业比较难,所以我一直担心作业成绩不好。在下午上数学课的时候,我显得有些心不在焉。当老师把作业本发下来后,我看到作业后面一个鲜红的60分,心禁不住揪了起来。也许是因为作业太难的原因吧,老师并没有批评我,这才让我悬着的心稍稍放下了些。

没想到的是,下课后,值日生打扫卫生时不小心把我的数学作业本给碰到了地上,因为地上刚洒完水,我的作业本一下就弄脏了。我很生气,可是这位同学也不是故意的,我只好自认倒霉了。

唉,今天真背!

**【父亲·曰】**

今天你的问题不是"背",而是你面对"背"这种唉声叹气的心态。古人说:"人生不如意事十之八九。"人生在世,如小河激荡,有高潮,也有低谷。在生活中,我们有顺心的事,高兴的事:考试成绩优秀,父母都非常爱你,你的朋友非常多,做事顺风顺水……但也常常伴随着无穷尽的烦恼:繁重的学习任务,朋友间意外的矛盾,在你最高兴的时候突患疾病……我要说的是,不管你身处顺境还是逆境,都要有一颗博大的胸怀,得意时淡然,失意时坦然,“不以物喜,不以己悲”,用顺逆撑起自己的胸怀。

的确,人的胸怀是由“气”撑大的,也是用委屈撑大的。真正的伟人没有仇人,心中无敌,天下无敌,眼中全是敌人,外面就全是敌人,这就是佛教上说的无间道。李鸿章就说过:“受尽天下苍生气,养就胸中一段春。”他的老师曾国藩也说过类似的话,表现了他们永不服输的气概。不管身处顺境或逆境,都要有博大的胸怀。

忍耐是练就宽广胸怀的第一要素,因为忍耐是毅力的积累,是意志的磨炼。磨炼就是能忍人所不能忍,方能为人所不能为。宇宙能容万物而广阔无垠;人只能容万人所不能容,才能容天下。汉初名将韩信青年时家境清贫,他做官从政不会溜须拍马,买卖经商又不会投机取巧,整天只顾研读兵书,最后连一天两顿饭也无着落,只好背着家传宝剑沿街乞讨。一个财大气粗的屠夫,看不起韩信这副寒酸迂腐的书生相,故意当众奚落他说:“你虽然长得人高马大,又好佩刀带剑,但不过是个胆小鬼罢了,你若有胆量,就杀了我,不然就从我裤裆底下钻过去。”韩信看看屠夫,想了想,竟然弯腰趴下地,钻了过去,路人哄堂大笑,都说韩信是个胆小鬼。韩信却忍气吞声,闭门苦读。几年后,各地暴发了反抗秦王统治的起义,韩信闻风而动,仗剑从军,终得汉王刘邦重用,设坛拜将,统领全军,争夺天下,威名四扬。最终韩信忍胯下之辱而图盖世功业成为千秋佳话。假如当时他争一时之气,一剑刺死侮辱他的屠夫,按法律处置则无异要以盖世将才之命抵偿无知狂徒之命;假如他当初图一时之快,与凌辱他的屠夫斗殴拼搏,也无异于弃鲲鹏之志而与燕雀争雄。韩信深明此理,宁愿受辱忍气,也不为争一时之长短而毁弃自己的远大前程。

这种受气挨气的例子在成大事者身上最为明显,受不得人气,就难以团结形形色色的人为我所用。汉武帝雄才大略,汲黯说他“内多欲而外示仁义”,在用人上如同堆柴“后来居上”时,他并没有龙颜大怒,而是对其更加尊重。这样的受气忍耐不是屈服,而是退让中另谋进取;不是逆来顺受,而是委曲求全以便我行我素。一旦时机到来,便会在别人为名利琐事斗个你死我活的时候,总揽全局,脱颖而出,建功立业。所以,当你在逆境中哀怨或颓废，难以忍受气愤时，请记住孟子的醒世恒言："天将降大任于斯人也，必先苦其心志，劳其筋骨，饿其体肤，空乏其身，行拂乱其所为，所以动心忍性，曾益其所不能。"

## 仁爱之心还需勤勉之功

**【儿子·说】**

2004年6月12日　　星期六　　晴

今天上午，我看了康熙的故事，康熙八岁丧父，十岁丧母，一直被奶妈照顾，但他从小就刻苦钻研，博览群书，最终成为一代明君。他治理黄河没有那么独断，而是让所有的臣民一起想办法，终于治好了黄河水患。康熙的五大治国法宝是：对自己讲学习，对朝政讲勤慎，对臣民讲仁政，对西学讲吸纳，对子女讲教育。爸爸也让我学习这五大法宝，长大以后也好为人民服务。

下午爸爸给我放了假，让我想到哪玩就去哪，我却自愿放弃了，因为我想再看看书，消化一下上午看的内容和爸爸说的话。

**【父亲·曰】**

不是我让你干大事，而是你应该干什么。无论干什么事情，都不要找借口，借口只是为了推脱和逃避责任而已，这是弱者、愚者的表现，而且找借口只能让你留下终生遗憾，一无所获。只要勇敢面对，乐观自信，世界上没有什么困难是不可战胜的，关键在于自身是否有毅力，是否勤奋。康熙是九五至尊，六十一年早朝不怠，如果没有超常毅力，勤勉之功是难以为继的。他如饥似渴地学习精神也是值得人们学习的，说他是继秦始皇之后中国最伟大的君主一点都不过分。因此，我让你学习他的五大法宝，这对你的学习和生活非常有意义。

# “至贱无敌”

**【儿子·说】**

2006年6月8日　　星期四　　晴

小东真是犯贱！昨天小明、小东和我三个人因为班长偏袒自己的朋友，不让他的朋友参加大扫除而干了一仗，当时我们三个发誓要把这件事弄个水落石出。谁知今早一到校，小东就屁颠屁颠地跟在班长后面，乞怜摆尾。我和小明找他论理，谁知他恬不知耻地说：“班长惹不起，硬干招祸。”他看我满脸怒气，又顺着我说，他是学电视剧中“打入敌人内部，等待时机”。还显出一副小大人的样子，劝我先服软，再图谋，我气愤之极，一时无语。怪不得他平时见谁都点头哈腰，还在班里落了个“善于团结同学”的美名，原来他是居心叵测呀！我义正词严地拒绝了：“小东同学，拜拜！”说完拉着小明头也不回地走了。

**【父亲·曰】**

人类文明进步的一大悲哀就是人们心里想的往往和自己表现出来的不大一样。而所谓的文明进步，更有强化这一现象的趋势，难怪诗人北岛叹息：“卑鄙是卑鄙者的通行证，崇高是崇高者的墓志铭。”在这点上中国的先哲们早就有言，叫作“水至清则无鱼，人至贱则无敌”。民间也有谚语：“树不要皮，必死无疑；人不要脸，天下无敌。”这些与你熟知与遵守的道德规范看上去大相径庭，实则是现实存在，只有猜透了其中的奥秘，去其糟粕，才能在社会上“通行”无阻。实际上很多时候“尊严”“面子”“规则”就像一个无形的枷锁，重重地锁在许多人身上。这些东西会给人的生活造成极大的麻烦，如果让自己纠缠其中，那就很难实现自己的真实价值。在这点上，我们要向毛泽东学习，首先解决现实问题。在战争年代，毛泽东要求别人不拉山头、搞宗派，他还填词说道：“……铜铁炉中翻火焰，为问何时猜得？不过几千寒热。人世难逢开口笑，上疆场彼此弯弓月。流遍了，郊原血。一篇读罢头飞雪，但记得斑斑点点，几行陈迹。五帝三皇神圣事，骗了无涯过客。有多少风流人物？盗跖庄蹻流誉后，更陈王奋起挥黄钺。歌未竟，东方白。”这种渗透社会和人间真相的感悟，正是他天下无敌、走向成功的基础。

从历史来看，大凡成功者，都是厚脸皮的“无耻之人”。其中最为知名的莫过于越王勾践，他在吴王夫差面前，像个侍者一样，招之即来，挥之即去，受尽了屈辱。然而，正是靠着这种“至贱”的厚脸皮，勾践最终换来“三千越甲可吞吴”的辉煌成就。可见，这种“厚脸皮”的人确实找到了自己闯荡江湖、纵横天下的“通行证”。实际上，以上这些伟人帝王“至贱”的含义，是指在做事的过程中少了禁锢心灵行为的枷锁，用了更加灵活、变通、迂回的方法实现自己的目的。因此，“至贱”的人都是对自己很有自信的人，他们懂得能屈能伸并身体力行。现实中我们人很多时候之所以活得累，就是因为放不下架子和面子，也解不开情结。“人至贱则无敌”，这里的“贱”不是我们日常所说的下贱的“贱”，而是对人热情，对事执着，不轻言放弃，过于热情的态度。如果一个人对其他人都非常热情，对人好到无微不至，那么办事就容易，因为没有人愿意和这样的人作对。渐渐地我也感觉到，在给你讲道理的同时，我也给自己上了一课。

## 打开那扇不曾打开的窗户

**【儿子·说】**

2003年9月9日　　星期二　　晴

为什么我不是超人呢？如果我是超人的话，我就可以飞天遁地了，最不济，也不会为学习发愁了。

一直以来，我还没为哪门课程这么发愁过。可是这学期，我的语文成绩始终上不去。爸爸为了让我提高成绩，要求我坚持写日记，还为我买了很多书以增加我的阅读量，扩展知识面。老师为了我的学习更是没少操心。可每次考试我的成绩都没有别的同学好，看到别的同学兴高采烈的样子，我心里就难受，难道我真的不是学语文的料吗？

老天爷真是会开玩笑，让我的数学成绩非常突出，可又让我的语文成绩“徘徊不前”，他为什么不给我学习语文的天赋呢？

**【父亲·曰】**

儿子，你的日记充满了苦闷、压抑和深深的怨念，这让我心情很沉重，甚至感到心痛。看到你为了学好语文而苦苦挣扎，我却有一种心有余而力不足的感觉。但是儿子，你一定要振作起来，男子汉是不会服输的！要知道，上帝狠狠地关上一扇门的时候，也会悄悄地为你打开一扇窗。

也许你觉得数学是你的专长，对于语文你却缺少天赋。其实你不用苦恼，你有健康的体魄、聪明的大脑，上帝并没有狠狠地关上你面前的那一扇门，你语文学不好只是暂时的，是因为你不得其法造成的。语文学习看似简单，实际上是最辛苦的一件事。语文的学习渗透在生活的点点滴滴中，语文成绩的提高也非一朝一夕的事情。要学好语文，就要做一个有心人，在生活中时刻注意观察，时刻不忘积累，还要活学活用，坚持把学到的知识用到生活中去，久而久之，语文学习就会像你每天吃饭一样成为一种习惯、一种本能，这样你就会觉得学习语文轻松多了。

世上没有不可逾越的高山，也没有不可横渡的海洋。你触摸不到学习语文的大门，不是上帝将它关闭，而是你还没有走到门口。要相信自己一定行，我相信你只要肯下功夫，不妥协，不气馁，不但会打开上帝为你留的那一扇门，还会打开那扇不曾打开的窗！

# 得饶人处且饶人

【儿子·说】

2005年4月8日　　星期五　　晴

下了几天雨,今天太阳终于出来了。

中午放学走在回家的路上,有两个人在吵架,我们几个凑过去想看个究竟。原来,由于下了几天雨,路上积了很多水,一辆摩托车由于速度太快,把雨水溅到了一个年轻女士的身上,这个女士便以此为借口,让骑摩托车的人给她赔衣服。

骑摩托的是一个中年男子,40岁上下,衣着朴素,长相老实,他连忙给这个女士道歉。周围的人也都劝说这个女士:"不就是水溅到衣服上了吗?至于赔新的吗?"这个女士却恶狠狠地说:"你们知道这衣服有多贵吗?"

我也觉得这个女士有些无理取闹,好像是有意欺负这个老实人。最后在众人的责备与劝说之下,这个女士终于松了口,那个男子也默默地离开了人们的视线……

【父亲·曰】

有智者说,大街上有人骂他,他连头都不回,他根本不想知道骂他的人是谁。因为,人生短暂并宝贵,要做的事情太多,何必为这种令人不愉快的事情浪费时间呢?智者的确修炼得颇有层次,知道该干什么和不该干什么,知道什么事情应该认真,什么事情可以不屑。要真正做到这一点是很不容易的,需要持久的磨炼。

俗话说,宰相肚里能撑船。古今中外,凡能成大事者,都具有一种优秀品质,就是能容人所不能容,忍人所不能忍,善于求大同存小异,团结大多数人。他们一般都胸怀开阔,为人豁达而不拘小节,凡事都能从大处着眼,而不会目光短浅、斤斤计较。所以,他们才能立大业、成大事,成就不平凡的人生。曾国藩在官场的纵横捭阖中奉行中庸之道，在官场争斗中处于上风的时候，他从不落井下石、赶尽杀绝，而是见好就收，事事给人留余地，这种做法使曾国藩在官场中树敌很少，降低了做官的风险。在处世中，不宜过柔，也不宜过刚，刚柔并济才是至理，才是赢得竞争的最好办法。奉行中庸之道，少树敌，多交友，成功之路才会更加平坦。

人非圣贤，孰能无过。所以，与人相处就要互相理解、互相体谅，得饶人处且饶人。只要遵循求大同而存小异的心态，有肚量，能容人，就会有越来越多的朋友，做事也能左右逢源，诸事遂愿。相反，如果凡事明察秋毫，眼里容不下沙子，无论什么鸡毛蒜皮的小事，都要论个是非曲直，人家也会远远地躲着你。最后，你只能关起门来称孤道寡，成为使人避之唯恐不及的孤家寡人。

## 知错能改

**【儿子·说】**

2006 年 4 月 10 日　　星期一　　晴

新的一周又开始了，我振作精神准备好好上课。但是一大早就没有起好头，刚走进教室就被老师罚站在讲台前读书——因为老师嫌我读书马虎。

下午回到家，老师和爸爸都在家，我知道老师要过来抽查我的作业，就急忙放下书包写作业，一会儿就做完了。老师检查完后，说我的表现比早上好多了。之后我和老师下了一盘象棋，老师就是老师，棋艺真的不一般，不一会儿我就败下阵来，看来我以后还要多加练习。

**【父亲·曰】**

罚站读书是为了让你记住：不认真读书学习，自己不但学不到知识，还要在众人面前丢丑。人都是有自尊心的，你既然能理解老师的良苦用心，就要改过自新，拿出实际行动来。“人非圣贤，孰能无过”，重要的是知错能改。

沈从文是我国现代著名作家，他出生在湖南省凤凰县的一个农户家庭。他小时候特别喜欢看木偶戏，常常因为看戏入迷而耽误读书。有一天上午，沈从文从课堂里溜出来，一个人跑到村子里去看戏，那天木偶戏演的是“孙悟空过火焰山”。他看得眉飞色舞、捧腹大笑，一直看到太阳落山，才恋恋不舍地回到学校。这时，同学们都已放学回家了。第二天，沈从文刚进校门，老师就严厉地责问他为什么旷课，他羞红着脸，支支吾吾地答不上来。老师气得罚他跪在树下，并大声训斥道：“你看，这楠木树天天往上长，而你却偏偏不思上进，甘愿做一个没出息的‘矮子’。”第三天，老师又把他叫去，对他说：“大家都在用功读书，你却偷偷溜出去看戏。昨天我虽然批评了你，可这也是为了你好，一个人只有尊重自己，才能得到别人的尊重。”老师的一番话，使沈从文感动得流下了眼泪，他暗暗发誓，一定要记住这次教训，做一个受人尊重的人。此后，沈从文一直严格要求自己，长大后成了著名的作家。

通过这个例子，我想告诉你的是：十全十美的人并不存在，合理地看待自己的过失并认真加以改正，这才是人生的成功之道。

## 善于控制自己的好恶

**【儿子·说】**

2005 年 3 月 4 日　　星期五　　晴

今天是学习雷锋活动启动的日子，县上领导让我们实验小学的鼓号队去那里助兴演出。还像去年一样，领导们把手机从口袋里拿出来按上两下后又放下来，好像全世界就他们有手机一样。我们演奏迎宾曲时，那些要讲话的领导才大摇大摆地走出来，一点也不尊重我们。打鼓时，如果一个人打错，那么整个队伍就会打错，所以我们每敲一下都很小心，生怕出什么问题。而这些领导，一点都不顾及别人的感受，实在是不应该。

到了 10 点，大会才开完。我们的任务也就结束了，我和其他同学回学校交还器材之后，就回家了。

【父亲·曰】

你今天写了为县上学雷锋活动助兴打鼓的事，我觉得你善于观察，善于思考，敢于提出不同意见，也敢于向权威挑战，是值得肯定的事。

凡成大事者，从古到今都有宽容邪恶的度量，我曾对人说，人的胸怀是由不顺心的事和不同的意见撑大的，没有忍耐不同意见的胸怀是难以成事的。从你这两天的日记里我感到你正在趋于成熟，有了自己的思想，但我更担心你容易将喜怒哀乐挂在脸上。不要到处议论别人的长短是非，不要轻易议论、传播别人的坏话轶事，也是一个人成长中最重要的品质。尤其在和平年代，有形的硝烟逐渐散去，无形的斗争无时不在。一个人要想立足，就要学会和而不同，所以，从现在起，你要从一点一滴注意培养善于控制自己情绪的重要品质，这也是赢得大家支持、团结不同的人的最简单的办法。善于控制自己的好恶都应成为贯彻一切行动的始终，要学会用理性的思维来对待一切，忍而不懈。

我希望你能做一个行动者，凡事以做为主，把主要精力放在做功上，而不是放在说功上，控制自己的好恶，把每一天、每一件事做好，你的一生就会成功。

## 嫉妒是超越的催化剂

【儿子·说】

2004年6月1日　星期二　晴

下午阅读课，我看了一则寓言故事：有一个农夫养了一只公鸡和一只母鸡，主人很喜欢它们，因为公鸡每天早晨能够按时打鸣，唤醒主人和左邻右舍，母鸡每天给主人家里下一个蛋。慢慢地，它们成了好朋友。

可是有一天，母鸡听见周围的人都在向主人夸赞公鸡，说它每天能按时叫他们起床，嗓子好而且羽毛长得非常漂亮。母鸡心里很是嫉妒，心想：我每天下蛋，只有主人知道而已，干脆我也学着公鸡每天打鸣整理羽毛，让它们也知道我的能耐。慢慢地母鸡整天焦虑不安，处处提防注意公鸡打鸣，却忘记了下蛋，每天早上拖着沙哑的声音打鸣。主人发现它已经不再下蛋，打鸣的声音又阴阳怪气，就干脆把它杀了，而公鸡依然坚持每天打鸣。看完后，我为母鸡的遭遇而悲哀，做人可千万不要学习母鸡呀！

**【父亲·曰】**

这个故事虽是个寓言，揭示的道理却极其深刻。嫉妒是指人们为竞争一定的权益，对相应的幸运者或潜在的幸运者怀有的一种冷漠、贬低、排斥甚至是敌视的心理状态。英国哲学家弗兰西斯·培根认为：“当一个人自身缺乏某种美德的时候，他就贬低别人的这种美德，以求实现两者的平衡。”这是一种消极的想排除别人优越地位的状态，俗称“红眼病”。凡嫉妒心理过强的人都不愿看到别人的优点和长处，即使看到了，也要歪曲成缺点和短处，还总爱挑别人的毛病。有这种心理的人，一旦自己取得了成就，获得了荣誉，便沾沾自喜、盛气凌人，但内心深处却又焦虑不安，对别人处处提防，总怕别人赶上并超越自己。因此，嫉妒之火不仅能烧伤他人，同时也会灼伤自己。你应该知道《三国演义》中周瑜和诸葛亮的故事吧！周瑜嫉妒诸葛亮就像寓言里边的母鸡一样，处处刁难。但诸葛亮机智勇敢，每次都能出奇制胜战胜周瑜，最后周瑜在哀叹“既生瑜，何生亮”后，竟活活把自己气死了！周瑜千方百计想除掉诸葛亮，这都是因为什么呢？这都是嫉妒心在作怪！难道周瑜对付诸葛亮就不需要时间和精力吗？如果周瑜把对诸葛亮的嫉妒转化为超越诸葛亮的动力，把对付诸葛亮的时间和精力放在他们的建国大业上，化嫉妒为动力，努力实现超越，那么他的聪明才智或许可能超过诸葛亮，成为一个博学多才的千古智者！

从古到今，人们常说，只有小人才会嫉妒别人，嫉妒是小人的代名词。但正像任何事情一样，小小的嫉妒也有其积极的一面。如果控制得当，嫉妒往往会转化为一种动力，让你下决心去超越自己，还可以成为人生的正能量。那么如何走出嫉妒的沼泽，实现由嫉妒到超越，并使嫉妒成为超越自己的催化剂呢？

首先，充实自己，积极向上。一个嫉妒别人的人，会不自觉地采取一些恶劣的行为攻击别人，自认为可以改变一切，会让自己变得比别人更好。其实，嫉妒除了让自己变得更加恶毒之外，什么也没有改变，没有让自己更优秀，没有让别人对他“甘拜下风”。但如果加强自我控制和自我调节，能把嫉妒化为前进的动力，不断进取，就会使自己更加优秀！否则这种怨恨情绪，否定不了他人，反而为此销蚀了自己的很多精力。一个心理健康的人，一个理智的人，一个积极向上的人，一个有教养的人，一个寄希望于与身边的人一同进步的人，一个希望得到他人尊重的人，就一定会真诚地为你身边每一个成功的人喝彩。“当你真心赞美别人的时候，你何尝不是在赞美自己宽广的胸怀。而对方也会怀着感激之情在心灵深处赞美你，你也会因此获得信任和友谊。”

其次，心无恶念，独善其身。嫉妒是一种令人生厌的情绪，是一种不健康的心理，它使兄弟操戈、朋友反目，经常害人害己。嫉妒心重的人往往是孤独的人，自己并得不到快乐。要明白人无完人，你不可能一切方面都领先，别人在某些方面超过自己本是十分正常的。但如果你不接受这个无法改变的现实，就会陷入一个无穷无尽的痛苦深渊。嫉妒心重的人不能与人融洽相处，交不到知心朋友，得不到真诚的友谊。因此，要不断自省，消除唯我独尊的心理，别让嫉妒把人们活埋在情感的阴霾里，进而从“小我”的圈子里摆脱出来，与其嫉妒别人，不如用实际行动来超越别人。

再次，志存高远，达观处世。靠嫉妒无法战胜强敌。嫉妒就像一服毒药，会蒙蔽我们的眼睛，让我们看不到别人的长处，也看不到自己的短处，会毒害我们的心灵，让我们失去一颗公正、纯洁的心。嫉妒的心理不仅会影响我们的学习，还会让我们迷失自己的心智。只有付出比平时更多的汗水，才有可能超过别人。因此，当发现他人比自己优秀时，不要以自己的感情取向盲目处置，或不加思考地进行攻击或排斥他人，要有自信心，相信自己通过努力也能创造出自己的成就。达观处世的人，才能制止和摒弃嫉妒，把人事纠葛、功名利禄看得淡薄，就不容易嫉妒了。

嫉妒是一种致命的毒药；超越是一把开启成功的钥匙。

## 把时间花在心灵管理上

**【儿子·说】**

2006年6月6日　　星期二　　晴

早就知道小云的爸爸是一位收藏家，据说收藏的青铜器都是顶级的，随便拿一件来都够买几套住房。我们几个同学多次请求小云带我们去他家“考察考察”，都被他婉言谢绝了。下午放学时，我们几个同学还不死心，又一起“围攻”小云让我们见见他家的宝贝。不料“逼”得小云竟哭了起来。原来，不是小云“小气”，而是他的父母正是因为这些宝贝离了婚。因为爸爸酷爱收藏，家里门窗都安装了几道不锈钢防盗护栏。进到屋内，到处都是陶瓷器、铜器、锡器，还有好多书画卷轴，就连厨房和厕所都堆着古董，沙发和床更是埋在文物堆中，回到家连坐的地方都没有。这些宝贝过度拥塞，使小云和妈妈整天仿佛置身在垃圾堆中。一个同学听后问小云：“你家的古物这么值钱，又这么多，何不卖几件，买一个大的展示空间，让更多人欣赏呢？这样，房子里也不会连坐的地方都没有呀！”“爸爸爱古物成痴，经常为妈妈和亲朋好友的不理解而烦恼，为怕引起坏人的觊觎而担忧，身体也因此不是很好。最后妈妈实在不能忍受，只得离婚了。我真想把那些古董一把火烧个干净！”小云狠狠地哭着说。我们几个同学突然感到小云很可怜。只好好言劝解，再也不敢提到小云家去看“宝贝”的事了。

**【父亲·曰】**

我们该如何度过我们的人生？今天看了你的日记，不知怎的，爸爸一直在反复思索这个问题。我在想，再怎么了不起的古董，都只是“物件”，怎么比得上有情的人？再说，为了占有古董，不但损坏了自己的身体，还担惊受怕,像囚犯困居于数道铁门的囚室,像乞丐住在垃圾堆中,爸爸真为小云的爸爸感到悲哀。

爸爸觉得,人生在世,需要花更多的时间在四个方面搞好经营管理:一是健康的经营管理;二是精神的经营管理;三是才智的经营管理;四是心灵的经营管理。这四者之中,心灵的经营管理尤为重要,也尤为艰难。现在人们一味强调健康管理的重要性,只在肉体和才智经营管理上花工夫,而忽略了对心灵的管理,这才是上述现象的根源。

我们的生命如此短暂,有所营谋,必有所烦恼;有所执着,必有所束缚;有所得,必有所失。我们如果把时间花在财货上,就没有时间去经营管理心灵。你一定听过亚健康这个词吧。现代人患心理疾病者不少。例如,精神压力导致胃溃疡,还有高血压、心肌梗死等疾病。一般都认为,这些疾病都源于人心中的苦闷和烦恼。还有心中的不平不满、恼怒、忌恨等情绪滋长蔓延,就可能患上忧郁症等精神疾病。如果这种心灵的荒废进一步加剧,还会引发家庭暴力、虐待儿童,甚至导致自杀。烦恼、担忧、不满常在现代人心里作怪,加上竞争激烈,人心中很容易滋生妒忌和憎恨,因而常常感到痛苦、焦虑、无助,这类"心病"又影响到身体健康。这就是典型的忽视心灵经营管理的结果。

人的心灵犹如庭园,如果不加耕耘,任其荒芜,不去播种美丽的花草,那就会杂草丛生。如何把时间花在心灵管理上,首先要知道如何经营管理好自己的心灵!

首先是播种"大我",清除"小我"。人的心灵中同居着"大我"与"小我",人一生都在"大我"与"小我"的较量中纠结。"大我"就是充满着爱、真诚与和谐,代表着"利他之心"的我。"小我"则是基于人性本能,代表着"利己之心",比如憎恶、嫉妒、贪婪、虚荣、猜忌,还有自恋等表现的我。"小我"的利己心具有专横跋扈的特性,一旦放任不管就会膨胀,以至将"大我"的利他心逼至角落。如果我们日夜随着"小我"的欲望奔走,就会耗失自己的健康。小云爸爸的问题就在于此。虽然他的那些宝贝价值不菲,但此时却感觉不出它们的价值。如果我们成为壶痴、石痴、玉痴、古物痴,就会忘却有情世界的珍贵。如果世界上人人都以低层次的"小我",即以利己之心为基础进行判断,结果不仅会给社会带来极大的混乱,也会将人类自己带向死亡的边缘。实际上,经营"大我"就是抑制自我,扩大真我,至少不为私欲所动、不为得失所动,推出善的真我充当主角,让那恶的自我只当配角,按这样的原则,在人生的舞台上演出自己的剧目。如果一种知识不能让心灵有这样的变化,不管冠以多少富丽堂皇的名目,都是自欺欺人。心灵的学问要在生命中、生活中呈现,才是好学问!

其次是耕耘"利他",斩除"利己"。对外"利他",扩大真我,倡导"大我"容万物。对内"克己",抑制自我,狠斗"小我"一闪念。有人说:"克己,平素修心则克也。"就是说,克己自律的道理,光用头脑理解还不够,必须从平日起就要进行抑制自身欲望和邪念的训练。而且抑制欲望和邪念这件事要成为习性,就是说,必须融入自己的性格,必须达至此种境界。如果"克己"没有成为自己的性格,没有变成自己的血肉,那么一旦出现情况,那时即使想要克制自己也克制不了。"百花丛里过,片叶不沾身。"那样的生活才是我们向往的生活,百花丛里是"有情",片叶不沾是"觉悟"。《乔布斯传》最后一章《真实的我》中提到:"宝丽来的埃德温· 兰德曾谈过人文与科学的交集。我喜欢那个交集。那里有种魔力。有很多人在创新,但创新并不是事业最主要的与众不同之处。'苹果'之所以能与人们产生共鸣,是因为在我们的创新中深藏着一种人文精神,灵魂是人文关怀。"

再次是提高"心性",拓展"心境"。外国有句谚语:"螃蟹只会比照自己壳的大小挖洞。"一个人不管主观上想使自己多么出色,但决定他成就的是他的器量。有些人追求名利地位,在地位低的时候还可以勉强成功,但随着职位的升迁,就难以掌握人生之舵,最终导致身败名裂。就是因为没能随着地位的升高而拓展自己的"器量"和"心境"。须知如果德行、器量和心境不能与地位相符,招祸只是迟早的事情。爸爸建议你看看哲学方面的书,从年轻时起,爸爸就比较喜欢有关哲学和宗教的书籍,每晚临睡前都要翻阅几页。乔布斯曾说:"我愿意用我所有的科技去换取和苏格拉底相处的一个下午。"爸爸发现,哲学是一门不断被推翻的学科,我们不要执着地去判断它是对是错，是好还是坏。你要知道人最后都会离开这个世界，就像那些古董的主人一样，总有一刻会两手一放，一件也不能带走。真正地拥有，不一定要占有，真正的收藏家，不需要铁门来保卫，也不需要和无情的东西争位置，役物而不役于物，不亦快哉！

人类生活生存有三种动机，为身、为心、为灵，而三者统一才能是真正的人生。如乔布斯所说，如果能将生理、心智和灵魂各种机能发挥得淋漓尽致，就会拥有完美的生活。

## 常怀感恩之心

**【儿子·说】**

2006年5月15日　　星期一　　晴

今天是新的一天，早晨集会的时候，讲台上又站了一排午休时抽烟、上网、在街上乱转的学生。

我真为这些同学感到惋惜：父母辛辛苦苦把他们拉扯这么大，他们却只顾自己快乐，随心所欲，完全不顾父母的感受，难道就不能好好想一想，父母供孩子读书容易吗？不知道感念父母之恩，反而肆意玩耍挥霍，这样做不仅寒了父母的心，更重要的是养成了不良习惯，对他们的身体健康以及成长都是很不利的啊！

**【父亲·曰】**

看到别的同学不顾父母含辛茹苦把他们养大，沉溺在不良习惯中虚度光阴，你替他们感到惋惜，我又何尝不感到心痛呢？父母的爱是天底下最纯净的爱，父母的付出是世界上最无私的付出，对于这样的爱和付出仍然要辜负的人，是忘恩负义的人，是不孝的人。

《弟子规》里这样说道：“入则孝，出则悌，谨而信，泛爱众而亲仁，行有余力，则以学文。”强调道德最重要，道德达到一定程度才有学习的资格。孔子的弟子有子说:“孝弟也者,其为仁之本与!”他在继承孔子观点的同时,将“孝”字提升到了做人的根本这一高度。不管是孔子还是有子,他们的观点都代表了中国最传统的道德伦理观,中国的传统文化和传统思想非常重视孝。孝,简单地理解,就是尊敬父母师长。怎样将“孝”做好呢?我觉得要从把握孝的真正内涵出发。而孝的真正内涵又是什么呢?我的理解是:感恩,感念父母师长的生育之恩、养育之恩、教导之恩、呵护之恩、爱惜之恩。只有懂得感恩,我们的孝才会发乎于心。

感恩,是对周围的人、事、物对自己的恩惠、付出表示感谢。我们作为天地间的一个生灵,要知道大自然对于我们有孕育之恩,大地对于我们有承载之恩,江河对于我们有灌溉之恩……常常这样想,我们的胸怀自会宽广,我们的内心才会充满感动,才会真心实意地反省自己的做法,才会主动地去保护环境。

作为一个人,我们有父母师长,应当知道自己是在父母的细心呵护下,在师长的精心教导下,在先辈的智慧启发下艰难地成长起来的,我们的每一点进步,都饱含着他们默默的付出。对于这些最熟悉的人,我们更应该感谢他们,感谢他们给予我们自己以生命、经验和智慧。乌鸦反哺,羊羔跪乳,作为人,我们又怎么能做得比它们还差呢?

做一个懂得感恩的人,无论对天地、对父母,还是对周围的一事一物,我们都应该感谢他们让自己又成长了一些。天地给予我们生存的空间,父母给予我们成长的条件,身边的一事一物给予我们以启发,我们难道不应该感谢他们吗?只有懂得感恩,我们才能知道为什么要“孝”,才能知道如何去“孝”。真正理解了“孝”,履行“孝”,我们的智慧才会源源不绝,心胸才会更加开阔。我想,这体现的应当就是古人强调孝的重要意义吧!生活在感恩世界里的人最快乐。人不但应当感谢帮助过你的人,还应该感激斥责你的人,因为他助长了你的定性;感激绊倒你的人,因为他强化了你的能力;感激遗弃你的人,因为他教导你应自立;感激鞭打你的人,因为他消除了你的业障;感激欺骗你的人,因为他增进了你的见识;感激伤害你的人,因为他磨炼了你的心志;感激所有使你坚定成就的人,因为他们造就了你勇于担当、敢于面对的性格。感恩使人快乐,感恩是快乐的源泉。

常怀感恩之心的人是积极、乐观、睿智的人。今天,你为你的这些同学感到遗憾和惋惜,那是你心灵深处对父母师长存在着深深的感激。爸爸希望你能一如既往地保持这种心态,无论什么时候、什么处境,对人、对事,抑或对周围的环境,都要常怀感恩之心,坚持做一个知道感恩的人。

因此,永远不要忘了在心中说"谢谢"二字,并切实体现在日常行动中!

## 学会欣赏自己

**【儿子·说】**

2006年3月12日　　星期天　　晴

因为下周一要月考,所以老师让我们写这个月的收获。我觉得这一个月来学得最多的就是语文、数学、英语、历史和地理,特别是历史。我认为如果上课认认真真地听,不管多么枯燥乏味,都会听懂学会,老师出的题只要认真去思考,答案就在书上。

当然,这个月我有时上课会走神,稍不留神一个知识点就讲过去了。我感觉数学越学越难,为什么呢?因为我每次做题时,总是把运算符号搞错,里面是加号外边是减号,去掉括号后里面的加号变减号,我每次把这一点都忘记。而对于英语,我觉得问题不在单词,而在于背的多,理解的少。因为存在这些问题,我不禁反问自己,我真的是学习的料吗?真为自己感到悲哀!

**【父亲·曰】**

不知道是谁说过一句话,这个世界上并不缺乏美,而是缺乏发现美的眼睛。我觉得世界上每个人都不乏优点,只是缺乏发现优点的眼睛。所以,人们常叹千里马常有而伯乐不常有。

其实,我们每个人在内心深处都渴望被人欣赏,管理学中有个"印象管理”,就是说人们如果在生活中跌倒,你最好假装没有看见,给对方留下自尊,而对其认为好的方面,则要大加赞赏,以增加其自信。多年前我读过一则报道,一个其貌不扬的人整天周旋于演艺界的美女之间,并将她们尽数俘虏,使这些美女名媛甘愿为他所用。有人问其秘诀时,他说:“其实很简单,欣赏她们,赞美她们那些别人都不曾发现的特点。”由此可见欣赏的厉害。

首先,学会欣赏自己,不断为自己喝彩。要欣赏自己,必须先认识自己,很多人告诉我们要认识自己,但很多人都把它解释为认识你消极的一面,这种自贬行为是在廉价地出卖自己,它给你的暗示就是我不行,何必自找麻烦。人要欣赏自己的才华,人生在世,孤独跋涉的时期占绝大多数,如何战胜寂寞、懒惰,一个简单的办法,就是给自己不断喝彩,使自己相信,自己是勇敢无敌的战士,不会害怕任何事情。其实你不自信,连上帝也会看不起你,何况凡人。而自信对个人而言,更多的是相信自己并欣赏自己,在点点滴滴的欣赏中,战胜自卑,走出失败的心态,激励自己去面对未来。这种自我欣赏,如果不是狂妄自大,就会起到一种积极的心理暗示。人在心里每天不停地重复:我最棒,我能行!在困难的时候更是如此,这样天长日久,一股无形的力量,便会激活你心底的潜能,让你精力格外充沛,从而从心底感受自己的坚强与自信。许多有真才实学的人终其一生却少有成就,其内在原因就在于不会欣赏自己。欣赏自己,哪怕是微小的长处。如果别人嘲笑并否定你,你要坚决否定他们,并用行动向他们证明你能做其他人所能做成的任何事。

其次,要学会欣赏他人。欣赏是帮人成功的助推器。要互相欣赏,就要多角度地考虑问题,要以宽广的胸怀去接纳别人,接纳自己。就人的本质来说,嫉妒是天性之一,人往往用自己的长处与别人的短处相比,越比心里越难平静,常觉得自己才高八斗而难显才华,把责任和原因推向社会,在推卸了自己的责任后,又为自己的不思进取找到了“理论”和“实践”依据。这就使自己深陷悲观宿命的泥潭而不能自拔,继而平庸一生。

欣赏自己和欣赏别人是你成功的两只翅膀,两者互为依存。若重前者,易得别人侧目厌恶而使自己前进受挫,难以获得世人的理解和支持;若重后者,则易于菲薄自己,使自己缺乏成功和战胜困难的自信,成功难以持久。

因此,我觉得善于欣赏是“内外兼修”的事情,如果你掌握了,就会生得一双慧眼,发现世界上到处春光明媚,不光是自然,还有社会的万象。

## 幸福要有钝感

**【儿子·说】**

2007 年 9 月 17 日　　星期一　　多云

我不是一个大大咧咧的人,但从来没有敏感到这样的程度。

我们班这学期新转来一个男同学,叫小寒,长得很清秀。刚开始几天,我们和他不太熟,下了课几乎没有人和他玩,他也从来不主动和我们接触。今天上午第二节课后,同学们都在教室里玩,有几个同学在一旁聊天,我坐在“读书角”看书,而小寒一个人在座位上坐着。忽然,教室里变得很安静,静得让我诧异。我抬起头,看到小寒一脸愤怒地注视着教室里的几个同学,而同学们也和我一样的表情——莫名其妙。后来我们都出了教室,心里头却直纳闷:小寒怎么了?放学后几个同学走在路上说起了上午的事,我们才注意到小寒自转过来以后,好像一直在防范着我们,我们说话的时候他总是很紧张,只是没有今天这么明显而已。

小寒真是个谜,这么敏感,同学们怎么和他玩啊,他又怎么能快乐呢!

**【父亲·曰】**

小寒的过分敏感,使他如刺猬般让人难以接近,从而失去了和同学们友好相处的机会,长此以往,他的性格只能越来越孤僻,能交到朋友的可能性就越来越低。这样的人生,怎么能够幸福?人这一辈子,有时候还是迟钝一些的为好。

在家里,家庭成员之间如果过于敏感,就会变得人人小心翼翼,不敢放松,家里何来舒适之感;在学校,过分敏感,只能让你变成孤家寡人;在单位,过于敏感,就会被大家所排斥。过于敏感,会把自己圈在孤独的深渊,让快乐的阳光无法照耀到自己的身上。

有些人对于危险过于敏感,稍有风吹草动,就惊慌失措,杞人忧天,惶惶不可终日;有些人对于名过于敏感,整天疑神疑鬼,令自己憔悴不堪;有些人对利过于敏感,时时患得患失,处处小心算计,却成了金钱的奴隶。出门怕车撞,吃饭怕噎着,幸福永远不会敲响你的门,守望幸福,请多一些钝感。

## 一切活动都要以自身安全为前提

**【儿子·说】**

2005年4月24日　　星期天　　晴

下午同学叫我去河滩玩,其中我们班的小荣是骑着摩托车来的,他带着我和小阳,小昊骑着自行车带着小凯,小斌带着小克,我们的车队浩浩荡荡地去了河滩,玩了一下午。

回来的时候,小荣说:"我们今天真是玩痛快了,但请千万不要把我们去河滩的事告诉老师,因为老师不让我们私自去河滩玩。"我们也高兴地回答:"我们又不笨,怎么会把这件事告诉老师啊!"事后我心里却琢磨,老师不让我们去危险的地方,我们以后还是不去为好,毕竟这几年报道了多起学生溺水身亡的事件,更何况我们用摩托、自行车带人都是不安全的,家人知道了会多么担心。所以我想,以后在没有家长或老师组织的情况下,我们再也不会去这些地方玩了。

**【父亲·曰】**

你今天的行为把我推到了两难境地,一方面作为家长,谁不希望自己的孩子快乐健康地成长,谁不希望自己的孩子亲近自然,玩得高兴。但另一方面,你们在不告诉任何人的情况下私自去河滩玩耍,又让人很担心。

这几年,渭河河滩每年都有几个未成年人因玩水而不幸身亡,给家庭造成难以挽回的损失。特别是对独生子女家庭来说,打击是毁灭性的,一个孩子出事，整个家庭就毁了。教训是惨痛的，究其原因，均是孩子们结伴玩耍不慎失足落水或在河中游泳溺水，没有家长和老师在旁边。还有一个父亲在县法院打官司，说他的儿子因为奋力抢救一起玩耍的落水同学，结果同学得救，自己的儿子却淹死了，出事后，虽然他的儿子被评为见义勇为少年，但可恨的是被救的孩子家长为了不承担责任竟然否认救人一事。官司打到法院，他虽然为儿子讨回了公道，但是他的儿子已经永远离开了他们。在这不久之后，这个父亲由于不能承受丧子之痛，也随儿子去了。

一个对自身安全和利益麻木不仁的人，也不会对别人的利益和生命特别关注，不懂得保护自身利益，也就不可能兼顾别人的利益。作为孩子，遇到危险，正确的做法是赶快报告附近的大人，以求大人的帮助。这就是我反对你们在没有家长和老师的陪同下就私自去河滩的理由。还有，农村有句古话，几个小伙子在一起，可以使天使变成野兽，因为他们年轻气盛，不知轻重，又好面子，会因缺少顾忌而做出一些不计后果的事，经常一失足而成千古恨。很多犯罪团伙就是在这种情况下相聚在一起，临时起意而干出一些违法乱纪的事。

因此，我郑重地告诉你，你的人身安全应该是你人生中最应该注意的东西，君子不立危墙之下。只有注意自身安全，才能为国家、民族做更大的贡献，正所谓留得青山在，不怕没柴烧。最后，爸爸想对你说，你如果想去什么地方，爸爸可以陪着你一块去，什么地方都行，只是你今后无论去什么地方，都要先告诉爸爸。

## 远亲不如近邻

**【儿子·说】**

2005 年 4 月 8 日　　星期五　　雨

下午我刚到家门口准备开门，可怎么也找不到钥匙，这才发现自己没带钥匙，没办法进门，于是只能坐在门口的台阶上等爸爸妈妈下班回家。

“阳阳,怎么在这睡觉啊?快起来,到我家来。”隔壁刘阿姨的叫喊声把我惊醒了,原来我坐着睡着了,她把我领进她家。“这孩子,进不了门,到我家啊,睡着了感冒怎么办?”刘阿姨说着就让我在她家的床上先睡,说:“你爸爸回来了我再叫你,好好睡吧。”后来不知过了多久,爸爸回来感谢了刘阿姨,把我领回了家,我从心灵深处感谢刘阿姨对我的悉心照顾。心想:真的是远亲不如近邻啊!

**【父亲·曰】**

“战争”结束了,生活稳定了,我们有了家,也就有了邻居,渐渐地在和邻居相处中体会到了“远亲不如近邻”这句话的真谛,体会到了邻里之间那种无形的力量。当然,邻里之间团结友爱、互相关心、和睦相处,要以我为主,身体力行,从自己的点点滴滴做起。

人是群居的动物,平时,儿女亲戚都在天边,真有点什么急需帮助的事情,鞭长莫及,只能依靠近邻。邻里之间和睦友善,遇事互相帮助,是不少住过大杂院、石窟门,感受过乡里乡亲的人们曾经津津乐道的。然而,随着城市幢幢高层住宅拔地而起,户户防盗栅栏“铁将军”把门,一些东西仿佛渐渐时过境迁。

邻里关系是社会生活的基础,是社会稳定的基础,和睦相处的邻里关系既是建设新型社区的需要,也是建设和谐、小康社会的需要。没有和睦、友好、稳定的生活环境,很难谈得上和谐社会。因此,医治“城市病”、改善邻里关系的关键在于找回诚信、友爱的社会公德。正如社会学家所指出的,诚信、友爱是当今社会相对紧缺的道德资源,因为人与人之间信任程度不高,相互猜疑和防范已成为一种普遍的社会心理和行为。

我们的社会其实并不缺乏爱。自爱、情爱、亲人之爱、熟人之爱处处可见,我们真正缺乏的是博爱。博爱反映了人类对自己成员的尊重和认同,对处于危难和困境中的同类表现出的怜悯、同情和关心。因此,在我们的物质生活水平得到大幅度提高的同时,在全社会提倡诚信友爱的道德精神的同时,发扬博爱精神是构建和谐社会的迫切需要。

# 故事人生

**【儿子·说】**

2003年6月29日　　星期天　　小雨

下午下了一场小雨,天气变得凉爽起来。刚好爸爸今天休假,就给我讲了四个历史故事:卧薪尝胆、三顾茅庐、乌江自刎和身在曹营心在汉。

卧薪尝胆:勾践是越国的国王,吴王率十万大军将越国打败,勾践成了吴国的阶下囚。在恶劣的环境中,他在草棚中挂了一个苦胆,每天坚持尝此苦胆,从而激励自己奋进,经过长期准备,越国重新崛起并一举打败吴国。后人用"卧薪尝胆"一词形容刻苦自励,发奋图强。

三顾茅庐:刘备三次去隆中邀请诸葛亮出山,帮助自己打天下,从而建立了蜀国。用来比喻真心诚意,一再邀请。

乌江自刎:项羽和刘邦之战失败后,觉得自己无脸再见江东父老,就自杀了。一次失败或挫折就自杀,这是一种无能的表现。

身在曹营心在汉:关羽和刘备失散后,被曹操留在营中,但关羽心里念着刘备,时时准备寻找刘备,和刘备一起干一番大事。后来关羽历经艰难,终于回到了刘备的身边。

爸爸给我讲这四个历史故事,其实是想告诉我做人的道理:卧薪尝胆,让我奋发有为;三顾茅庐,告诉我交朋友要有诚心,交有智慧、有本事、比自己优秀的人;乌江自刎,教我做事情要不怕挫折,坚持就是胜利;身在曹营心在汉,是教我做人要有情有义、忠心不二。

**【父亲·曰】**

今天我给你讲的这四个故事,其实是每个男人一生都会遇到的事情。

"卧薪尝胆"是说人可以被打败,却不可以被打倒。俗话说,能屈能伸才是大丈夫,此言不虚。"能屈能伸"并不是根本原则和战略改变,事实上它正是自己根本原则和战略的坚持和贯彻，它所体现的是一种灵活性与原则性的结合，是矛盾的互相统一。很多时候击败我们的不是别人而是自己，心中不输，信念坚定，这是力量的源泉，也是成功的起点。

项羽因其家世显赫，少年得志而心高气傲，难以承受失败之痛，无颜面对江东父老，主要还是因为他失去了信念，兵败后不愿东山再起而自刎乌江，玷污了其百战百胜的一世英名，给刘邦留下了四百年江山。而越王勾践虽败，却卧薪尝胆，在食不果腹、朝不保夕、先君后奴的情况下，依然信念坚定、乐观自信、不忘使命，终于苦尽甘来，取得胜利，迫使吴王夫差自刭身亡。勾践和项羽是中国文化中两种不同类型的代表人物，他们向人们昭示了历练和痛苦是检验人最好的方法，经得住检验就会成为人中之龙，像勾践一样；经不住检验，就会成为人中之虫，像项羽一样，空有霸王盖世之名。

人们也许会赞叹项羽之刚烈，义薄云天，但现实是他输了，在普遍地以成败论英雄的社会里，他是个失败者，而失败者能博得少许惺惺相惜的同情，便有了人们头脑里的再生项羽。人们也许会鄙视勾践的善变、阴险、毒辣，但勾践却赢得了万里江山，赢得了现实胜利，后世的评说不能改变他现实的伟大，况且他还留下"卧薪尝胆"这样的人生范本。

有人说："仁既是安乐死的药剂，又是杀人时的微笑，天底下有几人是因为仁而名垂千古、功勋卓著；义既是教人自缢的绳索，又是套人心灵的缰绳。义不过是对无知武夫的轻生死亡的谥号罢了，天下有几人因义而功成名就。所以，你要防止那些满口仁义道德的家伙，他们在向你微笑卖弄时，真实的想法是为我所用、别有用心，'仁义'不过是他们驱赶并驾驭民众的马鞭罢了。"这种说法极不合适，他从根本上混淆了人的物质生命和精神生命，把人沦为动物一样。

三顾茅庐是一个借别人脑袋发家的典型，刘备用真情实感去打动人，使人为"我"所用。这是以情扰人，又与以仁以义扰人不同，这种方法易于获得现实成效，但正像刘备为报关羽被杀之仇，不顾情势，举全国之力，落了个白帝城托孤一般，最后还是被情所灭。这应了一句古话，以剑取胜者必死于剑之下，以情取胜者必死于情之下，如果刘备不是被情、义、仁所累，那么三国之后中国历史的走势也许会是另一番模样。

当然，刘备这种以情扰人的现实功效，也会出现关羽人在曹营心在汉的感人篇章，但最终难逃现实的厄运。所以不要被情感的迷雾遮住双眼，人们都是在按各自的利益行事，一个没有一点自私心理的人，你反倒要更加注意。

## 历史不能被遗忘

**【儿子·说】**

2004 年 4 月 7 日　　星期三　　晴

晚上写完作业后，我便坐在书桌前集中精力，认认真真地看书。过了一会儿，爸爸给我讲了一个故事：刘邦手下有三个良臣，一个是萧何，成语“成也萧何，败也萧何”说的就是他；一个是张良，为刘邦出谋划策的军师，成语“运筹帷幄，决胜千里”说的就是他；另外一个是韩信，是一个将军，成语“韩信点兵，多多益善”和“明修栈道，暗度陈仓”说的就是他。通过爸爸的讲解，我了解到这三个人为汉王朝的建立立下了赫赫战功！

**【父亲·曰】**

今天给你讲刘邦的故事，主要想对你讲一讲善用人者可得天下的道理。刘邦以亭长之卑胜项羽之贵，其秘诀在于用人，而用人必有三点要求：

一要有包容之心。包容是一种可贵的品质，不仅可以使我们自身不断进步，而且可以获得别人的帮助。明镜虽有尘，却不妨碍它的光彩，每个人都有自己的长处和短处，用人要扬长避短，切不能因别人有短处就用挑剔的眼光盯住他的短处。而应该把人才放到最能发挥其长处的位置上，这样才能人尽其才。在用才时，要有包容之心，看忠诚，或暂且以利驱之，以名动之，为我所用。如能包容，就会使人才感到有用武之地而无后顾之忧，有苦练内功的动力而无内耗之压，有专心谋事之心而无分心谋人之意。天空包容每一片云彩，无论其美丑，故广阔无比；高山包容每一块岩石，无论其大小，故雄伟壮观；大海包容每一朵浪花，无论其清浊，故浩瀚无涯。当然包容并不是毫无原则地放宽纵容、息事宁人，而是要恩威并重，善于批评。

二要有辨才之才。无论什么人，要想成就一番事业，都需人才辅佐。人才要实用，不可图虚名。用人有三策：上策广招严察，化敌为友，为我所用；中策不为我用，除之后快，不留后患；下策化友为敌，过于原则（缺乏包容之心），自招祸事。

三要有伏才之法。伏才，上者用思想，中者用武功，下者用感情。思想可使人心服而甘愿受役；武功使人恐惧而臣服；感情使人一时顺从而难以长久。感情只能作为用人之器，不能作为用人之本，否则大祸离之不远。感情是用人之大忌，也是用人中最难防止的事情，要因事取人，而非因人取事。

不懂历史的人是一个难以预测未来的人，因为历史总有极其相似的一幕。知道历史，就可知天下兴亡的道理，就可以史为鉴。作为中国男儿，有十本书不能不看，一是《论语》，二是《史记》，三是《资治通鉴》，四是《红楼梦》，五是《三国演义》，六是《水浒传》，七是《唐诗宋词三百首》，八是《孙子兵法》，九是《领导人》（尼克松著），十是《毛泽东选集》。同时，《二十四史》也需浏览。这对你以后的思想形成很有帮助，它可提醒你，你的根在中国。把这个根扎在心中，你再博览群书，兼收并蓄，就可成大器。否则，根基不牢，再华丽的大厦也有崩塌的一天。

## “羔羊跪乳”传

**【儿子·说】**

2004年12月13日　星期一　晴

今天和爸爸一起看了一集《人与自然》，里面讲到，小羊羔吃奶的时候总是跪着吃，就好像在给妈妈下跪行孝一样，这让我想起了乌鸦反哺的故事。说乌鸦老了，没能力找食吃，自己的孩子会回来给它找食喂养它。这也许是动物的一种本能与天性，但我还是非常感动，这是自然界一种可贵的血肉之情。再想想现实中好多人在成年之后就对父母不管不顾，难道他们忘了是谁将自己抚养成人的吗？动物都有反哺之恩，更何况人类呢？看完《人与自然》后我想了很多很多……

【父亲·曰】

不知从何时起，人们就用“羔羊跪乳”的故事来警人行孝。而儒家思想要求人们尊重自然意志、恪守自然法则来对待人际关系，因而制定了符合天道的五伦秩序。在父子关系上，应该做到“有序”或“有亲”，这里的“有序”或“有亲”的具体落实就是父慈子孝，即父辈和子辈必须谨守符合自身本位的伦序制度。否则，就是“忤逆”。

“羔羊跪乳”被解释成“报恩”的说法显然有些片面，我们都知道：羔羊只有在吃奶的时候才跪下，当长大断了奶时，再也不跪了。这是什么品行？难道不是“有奶便是娘”的市井交易吗？人把“下跪”当成“孝”的表现形式，而羔羊对“下跪”怀有一种什么观念？是“孝”的观念吗？用“羔羊跪乳”警人行孝，实质上潜在地暗示了“有奶便是娘，无奶便成仇”的道德观念。

父母养育儿女，儿女孝养父母是每个人都应该坚守的本分，是天经地义、永恒不移的自然法则，是不可动摇的人伦秩序，父子之间有“亲”的关系，有“序”的规矩，而绝无“恩”的势利交易。只有正常的符合天道伦理的五伦关系才是真实不虚的。

## 融入自然

【儿子·说】

2006年2月18日　　星期六　　晴

下午，我和同学在操场上玩，发现地上有一层黑黑的东西，是什么呀？我好奇地走了过去。啊，原来是蚂蚁！还有更多地在源源不断地赶来呢，这么多的蚂蚁是从哪里来的呢？我和伙伴们顺着蚂蚁爬行的方向找去，居然发现蚂蚁窝就在操场边墙角的缝隙里，小伙伴们七嘴八舌地提出了“消灭蚁巢”的方案。

小峰用力地踹了一下蚂蚁的“老窝”，一大群蚂蚁从缝隙里慌慌张张地跑了出来，小华立即用水攻，大部分蚂蚁被冲了下来，一些已经不动了，另一些还在奋力地游泳。没遭水淹的那一小部分虽然爬行的速度很快，却基本沿着墙角在行动，看上去还蛮有秩序的。小华又用水消灭了许多，我发现有蚂蚁彼此触角碰触角，似乎在交换什么信息。我们正打算切断它们的退路。小峰说：“不要急，也许它们知道这儿有危险，会集体搬出去。”果然，过了一会儿，我看到蚂蚁在有序地逃亡，还能看到一些蚂蚁嘴上衔着什么。

我放学回家想：蚂蚁是坚强而团结的动物，但我们却痛下毒手，我真后悔。

**【父亲·曰】**

长期以来，勤劳质朴的中国人民，陶醉在“地大物博、人口众多”的虚幻中而不能自拔。中国正处于经济快速发展的时期，人民群众蕴藏着极大的热情，期望迅速脱贫致富，奔向小康，在21世纪中叶达到世界中等发达国家的水平。要实现这一目标，必须要处理好人口、资源和环境之间的关系。中国资源总量虽然不少，但相对于众多的人口而言则是相当贫乏，特别是一些必不可少的自然资源，如水资源、能源以及养活人们的土地和生物资源，我国人均占有量都排在世界人均占有量的后面。在这种条件下，要发展经济，就不可避免地会给资源和环境带来沉重的压力，而资源的制约将成为生存和持续发展的瓶颈。对此，我们必须有清醒的认识。

随着“知识经济”的提出，资源问题更引起深切的关注，其内涵、外延与特征、属性的理解均有显著变化。资源已被广义理解为包括人力及其劳动的有形和无形积累，如资金、设备、技术和知识，等等，甚至包括信息。这种资源概念的泛化趋势，正日益波及一切领域，左右着人们的思维和行动。近年来，所谓的泛资源是自然资源的延拓，被定义为“对人类或生物有用或有价值的所有组成的集合”，包括自然资源、人力资源、信息资源、科技资源、时间资源、空间资源、社会资源等。

人类区别于其他生物的重要方面，就是不仅消耗硬资源，而且消耗软资源。而软资源对硬资源的开发利用具有决定性作用，这个作用的结果又反馈于整个泛资源系统。

为保障人与自然的和谐，保护生态平衡，除经济和法律手段外，还必须依靠道德的力量。建立适应生态环境保护和改善的道德规范，有利于形成人们坚定的内心信念，形成强大的社会舆论压力。你们青少年既是生态环境道德的重点教育对象，更是生态环境道德建设的积极推动者，要率先珍爱生灵、节约资源、植绿护绿、抵制污染。请记住：人类繁衍发展绵延不断，我们不栽树，后代无处乘凉！

## 阳光满心

**【儿子·说】**

2005 年 6 月 25 日　　星期六　　晴

今天剑桥英语讲的是海盗与宝藏的故事，老师特意让我们三人一组表演。我扮演的是水手 1 号，小建扮演的是水手 2 号，小军浩扮演海盗，我们三人一起到岛上去寻找宝藏。在表演的过程中，我们这一组只是干巴巴地在那里读课文，把该做的动作都给忘记了。表演完后我们自己都觉得很遗憾，更别说其他同学和老师怎么评价了。唉，我们这一组表演的可真是太差了，以后要好好练习。

**【父亲·曰】**

最近，在你的日记里多次出现“唉”这个感叹词，让爸爸觉得你好像身心俱疲，显出了太多的无奈之感，这不是你这个年龄应该有的情感。我知道你学习的压力很大，况且从平时的言行看，你是个善良、忠诚、富有正义感的孩子，这就更增加了你的负担。如果学习不能给你带来快乐和满足，那么学习就不值得发奋和追求。我要说的是，如果你能在学习中找到乐趣，把枯燥的学习变成有趣的游戏，而不是只为完成任务的苦事，那你就会觉得学习很有意思，很有吸引力。

做人首先要的是身心快乐，你这种“唉”的无奈心理，让爸爸觉得很是心疼。你要知道，快乐的心境是可以创造的，如果你常想快乐的事情，把遇到的困难当作锻炼才智的机会，你就会快乐地迎接挑战，结果大半是快乐的。如果你任由无奈、悲伤多愁的情绪滋生，那就会陷入痛苦的沼泽而难以自拔，成功的希望就会被消极的情绪所淹没，最终导致失败。况且，情绪多是由对自己不满的心理暗示所引起的，这种暗示会吞噬人的心智。因此，爸爸不希望在今后的日记里看到一个唉声叹气的孩子，而要看到一个阳光快乐、富有朝气的孩子。

## 第二节　乐苦乐舍

### 苦乐人生

【儿子·说】

2003年6月24日　　星期二　　晴

今天爸爸领队参加体操比赛,上午妈妈对我说,咱们两个打赌,赌一赌爸爸单位能不能得第一名。因为爸爸和叔叔、阿姨们训练得很刻苦,晚上都在加班训练,我想爸爸单位一定能拿第一名。下午放学后我就等妈妈的电话,可是等了又等,老是等不到,心里很着急。

晚上,爸爸回家后我连忙问他得了第几名,爸爸笑了笑说:“第三名。”我感到很遗憾,不是因为我打赌输了,而是觉得爸爸他们训练得那么刻苦却只得了个第三名,付出却没有得到应有的回报。早知道这样,爸爸他们就不用那么辛苦地训练了。看着我难受的样子,爸爸拍拍我的肩膀,说:“一次失败没有关系,重要的是有一颗不服输的心,学习也是一样。”

【父亲·曰】

去苦求乐是人性的自然,多苦少乐是人生的必然,能苦能乐是凡人的坦然,化苦为乐是智者的超然。其实现在我们所做的一切,都是在学习人生化苦为乐的方法。

人心是快乐之源,就如社会上的穷人和富人一样,各人有各人的苦乐,概莫能外。富人有钱,活得体面很容易,但活得快乐却不易,而且有患得患失的心态,心过于劳累;穷人无钱,生活简单,简单本身就充满了快乐,这种简单使人活得快乐而有尊严。

有一个时期，爸爸面对日益衰老的容颜，感到人生短暂，心里很不服气：我还没有年轻过，怎么就老了？结果忧伤之后，人显得更加衰老。看到这种情况，我索性忘记年龄，忘掉忧伤，心里想：忧伤的人要衰老，快乐的人也要衰老，不如快快乐乐地面对衰老。结果心态好了，人显得更有精神了。这件事使我感悟到，人的身体可以衰老，但人的心不可以衰老。与时代并驾齐驱的人永远是年轻的，只有顺其自然，才能使心态永远年轻。

后来我读了明朝唐寅的《叹世》一诗，更感觉到心理年轻的重要性："富贵荣华莫强求，强求不成反成羞。有脚伸处且伸脚，得缩头时且缩头。地宅方园人不在，儿孙长大我难留，皇天老早安排定，不用忧煎不用愁。"在这一点上我们应该学习希腊神话中薛西佛斯的精神，他死后被打入地狱，并被罚做苦役——推石上山。每当他竭尽全力，将一块巨石推到山顶时，巨石在瞬间停留后便又从原路滚了下去。他又得开始为之拼命，就这样周而复始，永无穷期。就像中国神话中的吴刚伐桂一样，不少人对他们的命运寄予无限同情的同时，对他们这样无效无边无期无果的苦役感到绝望和无奈，觉得他们肯定会苦不堪言。然而，我却觉得，诸神虽然可以借助权力给薛西佛斯和吴刚强加永无休止的"推石上山"和"挥斧伐桂"这种冷酷的惩罚，却无法摧垮他们的意志和信念，也无法理解他们的快乐和充实，他们把这种惩罚当作与诸神的搏斗和较量。虽然这有点像堂吉诃德与风车战斗那样的悲壮，但他们一边干活一边在心里对诸神说：别得意得太早，种瓜得瓜，还不知道是谁惩罚谁呢？因为他们把这种劳作当作一种事业、一种强壮身体的活动、一种意志的磨炼，在这种无休止的极度劳累中，培养自己百折不挠的精神和战胜逆境的信念，并在磨炼中去苦求乐，把"推石上山"与"挥斧伐桂"当作一种快乐的游戏。

化枯燥为有趣，在苦难中找乐趣，于无奈中生兴趣，于是这种无休止的高强度的重复性劳动，在他们心中就变得其乐无穷，其过程也成为一种美妙的身心享受。他们顽强、豁达、乐观的精神，既用滚动的巨石和舞动的斧头砸碎了诸神的强权，也砸烂了诸神强加给他们的精神枷锁，让诸神无奈。他们才是人世间真正的英雄，他们用行动证明，人若失败，必先自败。

# 生命不可超前消费

**【儿子·说】**

2006 年 5 月 8 日　　星期一　　晴

今天加了午休，同学们非常高兴，都觉得终于可以名正言顺地睡觉了。但我却不是这样想的。爸爸总说笨鸟先飞，我现在的学习成绩还不够好，和爸爸说的笨鸟差不多，我要先飞。所以中午放学后我没有午休，而是看起了书。没想到下午上课的时候我却一个劲地打瞌睡，被老师训了一顿，尤其是听到我没有午休后竟然停课给我们讲起了大道理，说我们正在长身体，必须保证充足的睡眠。看来午休的时间是不能用来学习了。

**【父亲·曰】**

儿子，你每天学习真不容易，比我们大人还辛苦！每次看到你强迫自己放弃出去玩的机会，或者按我们的要求无奈地坐在家里看书学习，我的心总是充满了矛盾。

学习的目的是为了让你掌握使人生快乐的方法和技能，所以我们希望并要求你认真学习，掌握足够的方法和技能，为将来能生活得快乐争取更多的机会。作为父母，我们不能陪伴、照顾你一辈子，自己的路最终还需要你自己去走。我们只是希望你在离开起跑线的时候有充足的能量，有足够应付一切突发问题的方法和能力，但并不希望你为了这一目的而放弃现在应该有的快乐。生命不可复制，更不能随意地剪切和粘贴，我们不能在今天过着明天的生活，在明天又尝试拥有昨天的甘苦。我不希望你为学习而失去生命每个阶段的快乐，变成少年早熟、中年早衰，那样的超前消费生命比超前消费物品还可怕，前者不可再生，后者犹可再造。儿子，一定要记住啊！

# 成功需要浪漫

**【儿子·说】**

2006 年 4 月 17 日　　星期一　　晴

日记本应该写些自己的见闻、思考、感悟，可是我的生活似乎只剩下了学习和考试。这不，今天又到了考试时间。

以前考试时我心里多少都会有些期待，有些紧张，可随着考试次数的增加，我对考试都有些麻木了，甚至感觉有些枯燥。从小学到高中，十几年了，难道我要日复一日地学习、考试？难道这就是我所期望的生活吗？

算了，还是调整好心情，准备考试吧。中考已经不远了，怎么能让这些消极情绪阻碍我前进的道路！

努力！再麻木，再枯燥，都挡不住我取得成功的决心。

**【父亲·曰】**

每个行业都需要浪漫的人去做，因为浪漫的人大多数都是有理想、有追求，藐视一切困难和挫折，同时又是会享受物质和精神生活，会苦中作乐的人。说到底，人应该是个善于想象、善于制造快乐和享受快乐的人。

任何事业都是苦难与浪漫的结晶。没有哪一种职业是纯粹的浪漫，再浪漫的职业做久了都会让人有所倦怠。所以，每个行业只有极少数人能取得成功，他们之所以成功，是因为他们忠于自己的事业，事业就是他们的理想和追求，对事业的执着让他们藐视困难、苦中作乐。

学习虽然很辛苦，但这是每一个取得成功的人都必须走的路，谁也没有例外。要想解脱，只有瞅准目标，全身心地投入到学习当中，才能在前进的路上感到快乐！在快乐中体验生活的酸甜苦辣，寻找成功的浪漫。

# 时间在叹息中流逝

**【儿子·说】**

2005 年 6 月 15 日　星期三　晴

日子在急匆匆地过去，去的尽管去了，来的尽管来着。不知不觉中，我已经写了三年的日记。在中途我虽然曾有过放弃的念头，但是在爸爸与老师的鼓励下，我还是坚持了下来。三年来，我觉得自己进步很大。想到今天就是写日记的三周年纪念日，我心里不由得有些骄傲。同时我也为时间的流逝而感到焦急，仿佛三年的时光就是一眨眼而已。唉，时间如白驹过隙，又像那过眼烟云，从此便一去再也不复返了啊！

**【父亲·曰】**

儿子，你真是好样的，到今天你写日记已经整整三年了，你的恒心、毅力和坚持让爸爸感到很骄傲。通过日记，爸爸觉得你了解的知识在一天天增多，精神领域在一天天拓宽，感情在一天天深刻，大脑在一天天聪慧，文笔也在一天天优美。正是通过日记，你记录了自己由儿童到少年的成长历程，也正是通过日记，你不断走向成熟。每当夜深人静，你在思索、推敲日记内容时，也是在思索、推敲着你的人生；你在修改、校正日记时，也在修改、校正着你的思想；你在坚持不懈记日记的过程中也在锻炼着你的意志。

今天你在日记的最后叹息时间一去不复返，很多成功的人都曾有过类似的感叹。要想留住时间，就得只争朝夕，因为就连孔子也曾叹息“逝者如斯夫，不舍昼夜”。我想他也是因为叹息时间的流逝而奋发学习，不舍昼夜地与时间赛跑。成功人士都是跑在时间前面的人，并且常常是带泪奔跑的人。时间不会因为你的叹息而停止，反而会在你一路高歌时的匆匆脚步中回眸、倾听你胜利的歌声。人生没有失败，放弃就是最大的失败，小聪明不如傻坚持。我们在这个世界上就是经历人生的体验，不管成败与否，我们的职责就是比别人勤奋一点，努力一点，理想一点，学会在此过程中享受快乐，不要让时间在叹息中流逝，也不要在抱怨中期求安慰。千万别把抱怨当成习惯，当你在叹息抱怨中，时间会从你身边溜走。更可怕的是，当叹息和抱怨成为习惯时，人犹如喝海水，喝的越多渴的越厉害，最后发现，走在成功路上的尽是些不叹息、不抱怨的傻子们。请把叹息变成赞叹——赞叹时间的伟大，勇敢地去与时间赛跑，让时间赞叹你的毅力、耐心和智慧吧，那样它才会时刻臣服于你。

## 自古英才多磨难

**【儿子·说】**

2004 年 3 月 21 日　　星期天　　晴

今天下午我和妈妈去市里小姨家看望外婆。到了小姨家，表哥去买书了，只有外婆和小姨在家。外婆才做完手术没多久，身体还没有调理好，根本不能弯腰，也不便久坐，所以一会儿走走，一会儿坐坐。看到外婆难受的样子，我的心里也不好受，一直很健康的外婆怎么突然就病了？看外婆现在弯腰都吃力，我真想替外婆承受病痛的折磨。三个小时之后，表哥回来了，便和我在书房看书。7 点多的时候，我们依依不舍地离开了小姨家。

**【父亲·曰】**

你外婆身体一直很好，在我们儿女心中，好像她永远不会得病似的，更重要的是，虽然你外婆已过六十岁，但在我们心中却好像他永远不会衰老似的。这次你外婆在毫无征兆的情况下突然发病，一下子就倒下了，使我感受到生命的脆弱。感知到生命的脆弱，才会更加珍惜生命。生命是人生最宝贵的东西，受之父母，无论什么时候都不能放弃。但生命中也有危难，危难是生命的催化剂，它使生命更加绚烂。人唯有在危难中才能使生命升华，这种危难往往在整个生命中扮演着提升生命档次的角色。孙子的“投之亡地而后存，陷之死地然后生”，就是说，灾难和危难背后还是有其积极的一面，只有深具睿智之人才能体会得到。强者在灾难中重生，弱者在灾难中灭亡。危难既是人生命中的危机，亦是人生命中的契机，它可以使人粉身碎骨，也可以使人脱胎换骨，进而使生命获得深度、韧性和成熟。实际上，对于坚忍且能痛定思痛的生命而言，劫后余生绝不是风中之烛的残喘，而必将是生机勃发的开端。“不经一番寒彻骨，怎得梅花扑鼻香”这句话不也在隐喻苦难对于人生的重要意义吗？

儿子，任何时候，无论是智者或是愚者，勤奋和坚持是人生成功的不二法则。经营不好自己的今天，就经营不好自己的明天。学习没有捷径，唯有付出艰辛，不间断地钻研，才能达到预期的目的。为什么世界上聪明的人很多，而成功者却很少，我想主要是很多聪明的人（包括学生）在已经具备了不少可以成功的条件之后，仍在苛求更好的捷径，从而失去了机会。而成功者不是这样，他们不等到万事俱备，总是利用自身哪怕是非常微弱的优势，再加上不懈的勤奋努力，立即投入进去，让自己首先抓住机会，从而成长起来。这里机会很重要，但扎实勤奋更重要。只有机会，没有勤奋，会失去机会；只有勤奋，缺少机会，可以创造机会。成功者从不等待时机的成熟，因为他们知道，机会永远都不会自己成熟，只有用勤奋做养料，机会才会属于自己。

## 在无路处寻路

**【儿子·说】**

2008 年 8 月 7 日　　星期四　　阴

天气预报说今明两天晴空万里，于是爸爸和小刚叔叔商定两家一起去爬太白山。我们驱车走到太白山下，因为之前已有爬太白山的经历，大家从老路爬山的热情不是很高。这时不知是谁提议去爬当地人称为“小华山”的香山，竟得到了大家的响应。爸爸当时并不十分愿意，但经不住大家的劝说也就同意了。按照当地人的指引，司机把我们带到汤峪镇的钟吕坪附近，我们便迫不及待地踏上了通往香山的羊肠小道。沿途花红柳绿，很是迷人，不知不觉两小时从我们身边溜走了。但随着山势愈发陡峭，前面的路越来越窄，最后竟无路可走，漫山遍野都是一样的绿色根本找不到路。我们也没有了来时的豪气，迷路的恐惧霎时笼罩着我们。这时老天爷也好像和我们作对似的，乌云飘了过来，雨点噼里啪啦地向我们打来，幸好爸爸在出发前说山上的天气善变，让我们都带着防雨的工具。我们躲在一处悬崖下避雨，看着雨越下越大，本想原路返回，可这时已找不到返回的小路。这时，我们发现大概在下山一百多米的地方，茂密的灌木丛中好像有一条小路，莫非邂逅了一条新路，好奇心催促着我们向下走去，下到那里却还是没有找到路。我们都很着急，爸爸让我们不要慌，他再去看看。爸爸先观察了周围的大树，根据树皮的光滑和粗糙程度确定了方向，并在附近勘察了每个可能下山上山的方位，然后又试着在每个方位走一走观察地势，最后爸爸说，上山的路就在这里，下山的路还没有找到，不如再继续向上爬，到了高处再探寻下山的路线。大家没有更好的办法，就按照爸爸找到的方向继续攀登。我们用手脚拨开沿途的荆棘，左冲右突，在质疑声中，终于开辟了一条上山的小径。走了不到一个小时，雨也停了，迷雾中香山上的亭子若隐若现，如仙境一般，六个多小时爬山的疲劳顿时不见了。到了山顶，无人远眺，无人拜佛，大家一哄而上，寻到一块草地拿出带来的食物野餐。我们边品味佳肴，边谈论探路的乐趣，两家人其乐融融。

**【父亲·曰】**

其实今天迷路后，是否能找到路，爸爸心里也没有把握。但我没有放弃。无路可走时，是选择逃避，还是勇敢面对？这得看自己的抉择。有些人选择了争取，有些人选择了放弃。选择争取的人会得到很多东西，即使没有成功，也会有收获；选择放弃的人自然看不到无限的风光，最后往往什么也得不到。

人生和爬山何其相似，都有迷茫的时候，也有迷路的时候。在没有路的时候，要相信自己，凭着那份寻路的魄力，凭着这份对家人的责任，成就了我征服香山的理想。有时候不是环境制约着自身的发展，而是自己的内心在阻止自身的发展。今天的事情使我们认识到，不要总是局限于现有的思维模式，而要运用发展的眼光看问题，这样才能走出一条适合我们的新路。

无路处其实是人生的试金石。对于智者来说，是再生地，对庸者来说，是滑铁卢。那么如何使无路处成为人生的再生地呢？

一是让思维“越轨”。路尽无路，迂转见风。有两个南方商人各自带了一大批雨伞到北方去卖，他们发现，北方因为天气常年干旱少雨，很少有人用伞。过了一段时间，一个商人把伞全部卖光，而另一个商人一把也没卖掉，后者问前者怎样把伞全部卖光的，前者说：“卖的时候把‘卖雨伞’改称‘卖阳伞’而已。”生活中还有很多这样的例子，当我们遇到问题百思不得其解时，为什么不让思维跳出固有的圈子绕道而行呢？小草的叶边虽然划破了鲁班的手指，但他看到的却不仅仅是常人眼中的鲜血，而是锯齿的锋利，由此发明了锯子；上帝在为我们关上一扇门的同时也为我们打开好多扇窗，只有让思维跳出固有的圈子绕道而行，我们才会有很多惊喜的发现和意想不到的收获。人生处世如行路，常有山水阻身前。行不通时，有些人就开山架桥，最后吃力不讨好，无功而返；而有些人只是转了个弯，轻松绕过障碍，成功到达了终点。很多时候不妨让思维越一次轨，跳出固有的圈子绕道而行，说不定会有柳暗花明又一村的惊喜。

二是给身心“放假”。一方面“置身事外”冷静观察，韬光养晦，静中促变。特别是身处错综复杂的环境中，掩藏自己的真实动机，先麻痹对手，争取生存发展的空间，然后在竞争中获得胜利。在这方面司马懿无疑是个高手。当年曹爽兄弟“专擅朝政，兄弟并掌禁兵，多树亲党，屡改制度”（《晋书·宣帝纪》），以此排挤司马氏的势力，司马氏与曹爽矛盾渐深，司马懿佯装生病，不问政事。随即，曹爽等人加紧了篡权的步伐 。司马懿表面装病，实际上也在暗中布置，准备消灭曹爽势力。魏帝曹芳离开洛阳去祭扫魏明帝的坟墓高平陵，大将军曹爽等均从行，司马懿乘机以谋反的罪名，杀曹爽及其党羽。从此曹魏的军政大权完全落入司马懿的手中，为司马氏取代曹魏奠定了基础。司马懿之后，朱元璋的“高筑墙，广积粮，缓称王”、曾国藩的大功不举、袁世凯的洹水钓鱼都映射出韬光养晦之策的精粹。另一方面“无为而治”。沉下心来，不做不说，原地不动，反思过去，静中待变，寻求方向。如果方向错了，停下了就是前进。就要有苏轼“纵使万般寻路无，不堕野地随人居”的定力和沉着，保持自己高洁的品质。

三是处绝地“敢闯”。无路处有多种情形，或为绝地无路，或为岔路横生。要找到适合自己的道路，除了拥有智慧外，还要有胆识和勇气，敢于冒险，善于冒险。身处社会，选择脚印少的那一条路，也许会使你的一生截然不同。基丁说过这样的话，一条路走的人多了，总会弄得泥泞不堪，总会弄得尘土飞扬，为何不换一条路走去，可能一切将会是另一种样子，把握住自己的今天，那么明天绝对会更美好！

四是尊天命“随缘”。有句歌词叫作“无路处自有天命”。最早提出“天命”的可能是孔子。“五十而知天命”，孔子“知天命”而“不怨天，不尤人”。他有一个学生叫公伯寮，在季桓子面前说子路的坏话，最终导致子路丢官，直接或间接地导致孔子也丢了官。有人对孔子说，你的学生公伯寮太坏了，你如果允许的话，我还有力量把他杀了，给你出口恶气。孔子说，道之将行也，命也，道之不行也，命也。我的道能够实行是命，不能实行也是命，“公伯寮其如命何”。你为什么碰到他，碰到他也是你的命嘛。“万般皆是命，半点不由人”，随缘顺性，不怨不憎。何等自信，何等豪迈！综观孔子一生，恐怕没有比“知其不可为而为之”更恰当的评价了。“天命”观不但没让他不思进取，反而给了他义无反顾的使命感。他懂得顺天应人的道理，深信“可为之中有不可为之处，不可为之中也有可为之理”，清醒而不聪明。情商比智商重要，肩膀比脑袋重要！无路处自有天命，达则兼济天下，穷则独善其身罢了。因此，兴之所至，心之所安，尽其在我，顺其自然。碰壁了，困境有什么可怕的，无非是“尽人事，顺天命”罢了。尽人事而不违天命，知天命而不懈怠人事，这就更完美了。

# 穷且益坚

**【儿子·说】**

2006年2月19日　　星期天　　晴

早晨起来后，我就坐在书桌旁写作业，突然爸爸从单位打来电话让我看中央10套的《百家讲坛》节目。我打开电视，原来是厦门大学的易中天教授在讲《汉代风云人物》，易教授妙语连珠、出口成章。他从韩信的胯下之辱开始讲，当时韩信可以把流氓地痞杀死，但要是他把人杀了，自己也会犯罪，况且出身卑微的他，是万万不可有恶念的，所以他宁愿忍受胯下之辱也不杀别人，这便是英雄的气节。可见韩信是个机智、聪明、勇敢的人，他投奔刘邦后，刘邦开始认为他没用而让他走了，但刘邦手下的一位大臣萧何说韩信是个难得的人才，所以又把他追了回来，封他做大将军，此后韩信果然接连立下几次大功。最后有人诬告他谋反，致使其被何使计捉住。此时，韩信真是叫天天不应，叫地地不灵，最后只能被杀，所以才有了后来"成也萧何，败也萧何"的历史典故！

**【父亲·曰】**

自古寒门出将相，历来纨绔少俊杰。在你们这一代人的成长中，外部最大的障碍是富贵和安逸的生活，衣食无忧容易使人丧失斗志。你现在心中的优越感正是许多无用之人曾经拥有的，你成长中最大的缺憾就是没有吃过苦，未曾经受过苦难的磨炼。

人们常说"穷人的孩子早当家"，穷人的孩子没有富贵作为保障，没有安逸的生活供他们享受，物质的匮乏使他们更清楚生活的不易，对柴油盐酱醋茶的算计锻炼了他们的生活能力，促使他们心智早熟，而对于美好生活的向往成为他们努力前进的不懈动力。因此，在同龄人中，他们比谁都明白自己的起点更低，在学习、工作中也会比别人更加努力，所以他们做出成绩是迟早的事情。

我很欣赏李嘉诚的教子有方，他虽富有，但却并不娇惯两个儿子，反而教导他们生活一定要节俭。他每次给孩子零花钱时都会从中抽取10%，称之为“所得税”，所以两个儿子每次拿到零花钱都要精打细算，甚至他们在外求学的时候都要勤工俭学。沃尔玛公司的老沃尔玛做得更好，他从来不给孩子零花钱，而是要求孩子自己挣零花钱，让孩子觉得自己与别的孩子没有什么不同。李嘉诚、老沃尔玛都是睿智的父亲，他们深谙人生之道，知道苦难是最好的老师。他们明白没有经历过贫穷，孩子就不会知道奋斗的艰辛，不会懂得珍惜现在所拥有的生活。

紫阳，出生的贫穷或者富有，我们不能选择，但身处贫穷，我们却可以选择奋斗。同样出生贫穷，有的人奋发向上，努力摆脱困境；有的人却甘愿沉沦。请你在生活中多一些“自找苦吃”，因为只有经历过苦，才能珍惜现在的甜，并甘愿为后来和后世的甜吃苦。记住：吃苦也是磨炼意志的有效方法，百炼才能成钢。吃得苦中苦，方为人上人！

## 舍得人生

**【儿子·说】**

2006年2月26日　　星期天　　阴

下午我一个人走在去辅导班的路上，寒风吹得我直打哆嗦。我不禁想，上学是一件多么痛苦的事呀，无论刮风下雨、地冻天寒，都要背书做题。现在要是在家里多好啊，有暖气，有电视，多舒服！为什么偏偏要去“学习”呢？唉，可是又有什么办法呢？等我长大了，一定把学校都关了……又一阵寒风扑面而来，吹醒了我，我打了个趔趄。生活还得靠自己奋斗，没有本事怎么创造未来，创造幸福生活？

**【父亲·曰】**

最近，电视台总播放一则白酒广告，这个酒我平时并未听闻，但“智慧人生,品味舍得”的广告语,却如品味一杯醇香的陈年老酒,醇厚悠远的文化气息扑面而至,特别是在看似不经意间传递出的深刻哲理,使人信任感油然而生,这个酒就是——舍得。由此我想到了人生,舍与得,是人生之大智慧,古人讲:“欲取之,必先予之。”这里,舍是前提,得是目的,舍的最终结果是为了得,这是一般人难以体会到的,但这恰恰是人生真谛。如果你舍不得花力气,就不会有收获;如果你舍不得财物,就难得到财富;如果你不勤奋,就不会取得好的成绩;如果你舍不得情感,就得不到真情。有的人算计一生,辛苦一生,结果穷困一生;而那些舍得的人,他们时时处处为别人着想,不计较个人得失,却在不经意间赚了个盆满钵满。

“舍”字说起来容易做起来难,效果往往不会立竿见影,要做到这一点,就要有“风物长宜放眼量”的胸怀,要有“先天下之忧而忧”的境界,还要有“有恩不图报”的气度。否则,舍不出去,悲凄凄,以一时之勇换得个心情不畅,气出病来,也只能怪自己胸怀狭小。当然,许多事情,总在经历过才会懂得,就如感情,痛过了,才会懂得如何保护自己,才能感知付出的乐趣;傻过了,才会懂得有时放弃也是一种得到,才会懂得适时地坚持与放弃,在舍与得中慢慢认识自己。其实,生活并不需要那么多无所谓的执着,没有什么是不能割舍的,舍得放弃,生活会更容易。人生就是在不断地放下,这就是舍。当然,你要有思想准备,“舍得”与简约的心灵有关,体现了大智大勇者在不经意间取舍自如、进退自若的人生境界。

我们常说四舍五入,但没有四舍哪来五入。舍与得相生相克、相辅相成,本来就是既对立又统一的矛盾体,在矛盾与对立中达到和谐统一,追求润物无声、宠辱不惊,在潜移默化中达到人生境界的升华。老天在造人的时候也许在冥冥之中给人以启示,人有十指像耙一样向内抓,而十指之间有八孔,向外流,有进有出方能赚钱。中国文化有“革命”传统,这种传统讲求绝对取胜,结果随着“革命”的车轮,把本来已经萌芽的资本主义辗得粉碎,剩下的只有贫穷。而西方在长期的摸索中以商业文化为主,讲求双赢,懂得了别人赚不了钱,自己也同样赚不了钱,要舍得利益,才能赢得别人的信任。

我在读有关佛教的书中,看到关于千手观音的来历,很受启发。古时妙庄王有三个美丽的公主——妙金、妙银、妙善。妙金、妙银都在家里尽心侍候父母，唯有妙善从小虔诚信佛，出家当了尼姑。妙庄王苦口劝其回宫，但她始终不肯，妙庄王盛怒之下，拆了庙宇，赶走了和尚。这下可惊动了天神，天神一怒之下，让妙庄王全身长了五百个大脓疮。妙庄王四处求医却久治不愈。后来有位神医说此病必须要亲骨肉的一手一眼合药才能治好。妙庄王没有办法，只好求助于妙金、妙银，但二女不愿献出。妙善在外知道后，毅然献出一手一眼，为父亲合药治病，果然不久后妙庄王就康复了。妙善的孝行，不仅感动了妙庄王，而且感动了佛祖释迦牟尼，为让妙善拯救苦难众生，佛祖便赐赏了她千手千眼。从此妙善便成了众人所祈求的千手千眼观音菩萨。这个故事说明，只有舍得才能取得。

人生=得到的+失去的。无论得到与失去，其实都是你拥有的。勾践卧薪尝胆、韩信跨下受辱、陶渊明采菊东篱、林则徐虎门销烟……历史风云人物于舍得之间成就千秋伟业，而今天无数舍得之间精彩绝伦的大手笔也正在上演。人生要完美，就要让利他人，这其实就是人生的度。在学校，你时时处处占尽风头，学习成绩好、体育好、长相好……但你的人缘未必就好，甚至会很差，因为你会招来嫉妒。在单位，你时时表现优秀，一个人干几个人的工作，拿最高的奖金，势必曲高和寡，没人愿意和你合作。时间久了，你难免变成孤家寡人，路越走越窄。因此，人要舍得让利他人，这样我们失去的未必就比得到的少。大道五十，天衍四十九，凡事都要懂得舍得给别人让一分利。舍得让利他人，其实就是给自己的将来留下发展的机会。毕竟一个人不能在没有路的地方踏出一条路。大千世界没有人会随随便便成功，红尘人间的无奈决定了人们对舍与得的理解分外深刻。每个人必有一番苦尽甘来的奋斗史，所谓历经酸甜苦辣，尝尽人间百味，但不论怎样，舍得之间的智慧人生贯穿人的每一个历程。

# 人不能红得发紫

**【儿子·说】**

2006年3月23日　星期四　晴

下午回家途中，我和小卓几个同学边走边吹牛，侃大山。小卓神秘地问大家："你知道如何把你们爸爸的相片挂在天安门城楼上吗？""无聊！"我没好气地答道。但小卓一脸坏笑地说："有人能行！"见我们都很诧异，小卓才慢慢地说起他昨晚听他爸爸讲的那个笑话。北京有个当官的和山西老板吃饭，酒后豪言："给老子一百万，在北京没有办不成的事"。煤老板听后小声说："哥，给你一个亿，能不能把天安门城楼上那张照片换成我爹的？"官员道："行。一周后保证完成！"一周后，煤老板进京仍见天安门上是毛主席的照片，遂找官员理论退钱，官员称任务完成不能退，煤老板怒称："天安门上明明是毛主席的照片，不是我爹的。"官员答："就是你爹，回去查户口就知道了。"煤老板无奈回家乡查户口，见自己名字已经被改成"毛岸英"。小卓说完，大家都被逗笑了。

**【父亲·曰】**

晚上你给我讲了下午你听到的笑话，使我想起了你爷爷生前给我说的一句话："人不能红得发紫，一旦发紫就离黑不远了。"并用《警世通言·王安石三难苏学士》一文中的篇头语"势不可去尽，话不可说尽，福不可享尽，规矩不可行尽。凡事太尽，缘分势必早尽"来说明这个道理。当时年轻张狂并未体会你爷爷的良苦用心，历经沧桑才知不可尽的核心意思就是：说话做事都要留有余地，不可得理不饶人。凡事一旦做过了头，缘分也就必然会早早消逝，还会像笑话里那个酒后大放豪言的北京官员一样遭人耻笑。

人生大概就是如此，盛极而衰。过了人生的制高点，便是一路下坡。只是高处不胜寒，爬得越高往往也摔得越惨。北宋末年的蔡京，官至太师，封鲁国公,前后掌权23年,位极人臣,却祸乱朝政,借生辰纲搜刮民财,被称为“六贼之首”,后遭弹劾,被放逐岭南韶关。80岁的蔡京把平日搜刮的金银财宝装了满满一大船,带着三个佳丽上路。在他看来,没有了权,只要有钱,还照样可以潇洒地做“寓公”。然而,人算不如天算,才走了一半路程,就在潭州(今湖南长沙)遭遇灭顶之灾。原来,从开封到长沙的路上,旅店不给他“开房”,酒店不给他“供餐”,开再高的价也没有用。到了长沙,只能歇在一座破庙里,最后病饿而死。死前他哀叹:“京失人心,何至于此?”蔡京作为北宋书法名家,与苏轼、黄庭坚、米芾并列,就连狂傲的米芾也曾说过,自己的书法不如蔡京。蔡京倒台后,由于名声太差,以至人们竟以收藏其书法作品为耻,因此蔡京的书法作品很少传世。一代权相辉煌与悲凉竟然只在一线间,这正是万古不变的人生真谛。

古人说:“花未全开月未圆。”因为花一旦全开,马上就要凋谢;月一旦全圆,马上就要缺损。而未全开,未全圆,会使你的内心有所期待,有所憧憬。这是自然万物的最佳状态,也是人生意境的最佳之时。在这一点上,清代的曾国藩把握得最好。曾国藩曾被誉为中国封建社会“最后一个圣人”,是清朝的中兴名臣。他曾是汉人在清朝地位最高、权力最重的官员。世上的人都追求圆满,但曾国藩给自己所居住的房子取名叫“求阙斋”,用意即是在持满戒溢,要居安思危,因为他相信,世界上没有十全十美的事物,“丰于此者,必缺于彼”,若想在精神上得到圆满,最好先在物质上有所欠缺。曾国藩常用这个道理教育家人,说家计不可太过宽裕,这乃是智者的境界。因为花全了,则表示将快要谢了,月已圆时,转瞬间就要缺了,所谓“盛极必衰,乐极生悲”。所以在剿灭了太平天国后,他毅然裁撤湘军。五十五岁时,他辞去一切职务,提前退了休。有人曾这样评价他:立德立功立言三不朽,为师为将为相一完人。

有一句广告语是这样的:“越不凡,越平凡。”“慧者潜锋芒”,要防止人生“红得发紫”,就要学会与先哲圣贤为伍。因为,解读人生的钥匙,往往就掌握在思想家手中。往往他们的只言片语,就能点化人一生的困惑。当生活变得苦涩,友谊从身边溜走,孩童也不再相伴在我们左右,我们还可以与老子放歌山林，与孔子雄辩于席，与莎士比亚和歌德一起坐在桌边，和拉伯雷一起谈笑世界，和济慈一起欣赏秋日的美丽，这是一些向我们奉献最美好事物的真实朋友，他们从不要求回报，却永远等待着我们的召唤。只要我们和他们行走片刻，静静聆听他们的讲述，我们心灵的病痛就可以治愈；只要我们内心还有梦，就一定会被他们的行动所感动。对他们的向往和热爱，其实就是对充实人生、净化灵魂、追求未来美好人生的向往，我们也就能真正感受到相互理解之后内心的平静，以及净化灵魂的声音。真正的智者，真正的大家志存高远，心怀坦荡，内敛而含蓄，儒雅而谦和。因此，爸爸建议你认真阅读《蔡志忠中国古籍经典漫画》一书，与古哲先贤为友，使你的灵魂永远如明月，高悬苍穹。这样，就不会出现“麝因香重身先死，蚕为丝多命早亡。从来硬弩弦先断，每见钢刀口易伤”的人生悲剧！

## 很多事情做到最后就是情怀

**【儿子·说】**

2006 年 4 月 18 日　　星期二　　阴

今天到期中考试的时间了。

早晨我起得很早，起床后就赶快向学校走去。走在路上，天气还是有些凉，有本校的学生三三两两地一起走着，我听到有人在抱怨生活只剩下学习和考试了，一时之间倒也有些踌躇。仔细回想，可不是嘛？我们的生活每天都被各种学习、考试排得满满当当，而这的确也不是我们想要的生活啊。

可是想想父辈的忠告，父母为了我们不辞辛劳，是为了我们将来能生活得好一些，而他们自己又能得到什么呢？少年若不知勤学早，以后的人生之路要怎么走呢？我摇摇头，抛开这个烦人的问题，专心赶路。

**【父亲·曰】**

有些事我们不想做，却坚持了一辈子；有些事情我们不想管，却一管就是几十年。不想做的事之所以坚持,是因为信念;不想管的事情管了几十年,是因为执念。不论信念还是执念,都是一种情怀,一种因投入而快乐的情怀。我们每天做的事情,很多都不是我们愿意面对的。譬如你对学习,譬如我对案件侦破和民事调解。你没那么坚强,十年如一日地学习,只是在履行自己对自己的诺言。我没那么崇高,几十年如一日地坚持,也只是因为那是我所从事的职业。

其实做任何事情到最后都是"情""怀"二字。无论喜欢还是不喜欢,无论情愿还是不情愿,学习是你必须面对的工作,就如还民以公是我肩负的职责一样。在长达十年、几十年的坚持中,我们难免心生懈怠,最好的解决办法,就是把自己所从事的工作或一直在干的事情当成一种事业。只有对待事业,我们才能无怨无悔,充满激情,对成功的事业坚定不移地追求就是男人博大情怀的体现。

不要再抱怨,不要再迟疑。觉得学习苦,是你还没有把学习当成你的事业;觉得枯燥无味,是你还没有具备追求事业成功的情怀。紫阳,加油!

## 学会原谅自己

**【儿子·说】**

2004年5月7日　星期五　阴

这几天一直为踩踏麦苗的事苦恼不已,得闲时农民伯伯愤怒的神情就浮现在眼前。爸爸好像看到了我的心思,几次询问,我向爸爸坦白了事情的原委,那天放学,我们路过一片麦田,我和小贾等几个同学互相追逐,玩起了狗撵兔子的游戏,就在春节前我们也在此玩同样的游戏,村里的人来来往往并没有制止,有的还停下来观看,但当我们今天继续玩时,来往的农民却大惊失色,大声斥责,更令我们气愤的是,春节前曾为我们喝彩的那位老伯,竟然抓住小贾就是两脚爆踢,已经撤退的我们为了营救小贾又杀回那里和老伯论理。理直气壮地责问,为啥去年冬天在麦田玩耍没事,这次却要打人。老伯难掩激动骂道:“你们是猪脑子吗？那是冬天,麦子还没起身,踩踏有利于麦子来年分蘖。现在麦子起身了,踩踏后的麦子会颗粒无收,那可是一年的收成呀!”听了老伯的责骂,看到他心疼地扶着被我们糟蹋的麦苗,我们停止了打闹,也和他一起将踩倒的麦苗扶起,但还有许多麦苗躺在地上已经扶不起来了。扶了一会儿,老伯不再气势汹汹了,心情好像平复了许多。摆摆手示意我们可以走了,我们好像逃过一劫,飞也似的跑了。这几天,每当路过那片麦田时,看到被我们踩踏的麦苗一天天在枯萎变黄,心里特别难受,死去的麦苗不能复生,减产的损失难以挽回,真是罪过啊！爸爸听了事情的原委,神情一下子严肃起来,说道:“的确是罪过,我们都来自农村,庄稼是农民的命根子,你不是学过‘粒粒皆辛苦’的诗句吗,怎么忘了!”见我还是闷闷不乐,爸爸又说:“不过知错能改,善莫大焉,我们明天去找那位老伯,一定要照价赔偿”。听了爸爸的话,我没说话,可心里还是很不好受。

**【父亲·曰】**

今天爸爸和你一起到老伯家去商量赔偿的事情,那位老伯却坚决不收赔款。还笑着说,娃娃不懂事,过去就算了,今后注意就好了。直到今天还看到你郁闷的样子,爸爸多说几句。

人非圣贤,孰能无过。我们生而在世,难免会犯这样那样的错误,爸爸对你说知错能改,善莫大焉,其中一善就是痛定思痛,原谅自己,轻装上阵,把今天和明天的事做好,以弥补我们的过错,进而掌控和把握自己的生活。况且老伯已原谅了你们,你也要学会原谅自己。错了不怕,怕的是自己不知道该怎么前进。

没有百分百的坏人,也没有百分百的好人。只有圣人和赤子之心才会认真地对待自己的过失。但做错一件事,反复自责,其实是在逃避责任,拒绝成长。因此,面对过错,学会原谅自己,看开一点,伤的就会少一点。曾几何时,爸爸也曾虚荣过幻想过,为狭隘的目标奋斗过,待到重新回头看待这一切时,觉得很多事情都变得云淡风轻了！因此,这个世界上没有跨不去的坎,今天再大的事情,明天都是故事,只有被自己束缚住的灵魂才会苦苦挣扎于自由的大门之外。如果有一天发现自己跨越了道德底线,不要过于自责,那条线是自己划的,还有机会重新来过。

原谅自己,就要原谅自己的那些不足。每个人在一生中要面对很多事情,任何人都不可能把所有的事情都做得很完美。你有没有发现,小时候,我们都想成为除了自己以外的任何一个人。长大后,有时候我们会不喜欢现在或过去的自己,尽管人们也不太愿意承认。人小时候会犯错,长大了之后,还是继续犯错。生活中的错,或让你苦闷,或让你失落,或让你痛苦,它随时会变成一个魔鬼阻碍你的生命。扛着这些过失、愧疚、不安、失落前行,必然痛苦不堪。我们每个人生来都不是完美的人,如果非要追求那份完美,最后的结果可能是自己把自己赶到那个死胡同里。当我们开始试着原谅自己的那些不完美,享受自己的性格带来的快乐与悲伤、成功与失败,那就是在享受属于你自己的生活。

原谅自己,就要遗忘自己经历的那些伤痛。这世界上,不是谁离开了谁就无法生活,人这一生,仔细一看,原来都是伤痕累累,遗忘让我们坚强。有月风自来,山青花自开。这世界总在失落与希望中交错、真实与幻灭中重叠,枉费心思空费力,过往成幻又一春。生活里我们拒绝不了眼泪,如果让眼泪淹没人生,那何尝不是一种深深的悲哀?重寻旧梦的代价往往是我们付不起的,沉沦于往事更是用未来的幸福去为痛苦买单。如果你一直捏着那张往事的旧车票,等着远去的列车再回头,那你会错过一趟又一趟。过去的只是一张废票。善待每一次伤感,善待每一次坚强,善待每一次秋风扫落叶的凄美,心中的世界,才是不改的山水。

原谅自己,就要在自我忏悔后力行救赎。这才是原谅自己最好的方法,也是原谅自己的意义所在。宗教讲究忏悔是原谅自己的一种很好的方式,这样犯错的人就会在精神上得到解脱。人临死前怀念的不会是我已做过什么,而是那些没做过的事情。因此没有经历过又何尝来成熟的资本。原谅自己的不完美,遗忘自己犯的错,是要原谅和遗忘过错给你带来的痛苦,但要把它转化为救赎的行动,有救赎才有奇迹。

原谅自己的过程也是成长的过程，总有一天，你所承受的痛苦会有助于你的成长。但你还要警惕，人性中有一个不好的东西，就是对自己的过失容易原谅，而对别人的过失却耿耿于怀。错了也不认，最后都推到别人身上，这个是所有人的本性。现实中人往往对自己总是无比的宽容，当心中有愧时，总是能找到种种理由为自己讨公道。一个人若是想原谅自己，总是能够从记忆表面或深处找到为自己开脱的理由，于是，这样他就可以如释重负，心中不再有任何的内疚，哪怕他做出的事情令人多么的难以忍受。有人曾形象地把生活的担子比做两个箩筐，前面的箩筐装着别人的过失，后面的箩筐装着自己的过失。于是，一旦与自己相处的人有了过失，人们往往能够迅速发现；当自己有了过失，由于不轻易回头，过失就在自己的不知不觉中被忽略了，即使偶尔转过头看一下，也是视而不见，或者很轻而易举地原谅了自己。这种人不会有大的出息。

因此，已经过去的事情，应该平和的面对，要平和的面对，首先要学会原谅自己，这样就可以继续面对生活，做好自己，这样才能赢得社会和他人的尊重与原谅。让我原谅自己的不完美，原谅自己犯的错，收拾收拾心情，不要抱怨，不要对别人和世界有太多的期望，尽力去做，努力去做吧。

## 精神状态是成败的标尺

**【儿子·说】**

2005年5月12日　　星期四　　雨

今天上课的气氛很沉闷，回答问题的同学也很少，我发现同学们的精神状态都不是很好。我想这是因为他们昨晚熬夜造成的吧，同学们在白天上课时昏昏沉沉，没有精神，以至于没有抓住老师在课堂上讲的知识重点，所以不得不在晚上加班加点恶补，第二天精神状态当然不好。

如果继续这样下去，只会让我们的学习成绩下降，造成恶性循环，所以我希望同学们能够积极调整作息时间，时刻保持良好的精神状态，认真把握课堂上的每一分钟，在老师的引导下，以良好的精神状态投入到学习中。

**【父亲·曰】**

一个缺乏活力、死气沉沉的组织是难以战胜对手的。因为它首先没有战胜自己，就像你们班一样，面对困难，不思考解决良策而等待失败，这种失败的情绪会给每一个组织成员的心理带来巨大的影响。

毛泽东说："人在困难的时候要看到光明，在挫折面前要保持精神百倍，一个面对强敌毫无惧色、充满活力的组织是不可战胜的，共产党正是有了'万水千山只等闲'的豪迈才最终取得了胜利。"从某种意义上说，人生就是一座由失败搭起的通向胜利的桥梁，而精神饱满是桥墩，如果桥墩已陷怎能担起桥梁的重任。人的精神状态从哪里来？从希望中来，从干事中来，从追求中来。因为有追求才能改变自己的现状和命运，因为有希望才能忍受一时的苦难，坦然面对挫折。

人生最大的痛苦就是碌碌无为、无事可干，人只有在做事中才能寻找到自我存在的价值。人的精神面貌是内心世界的外在表现，内心强大者会把自信和活力写在脸上，内心怯懦者也会把失望和困难写在脸上，这就为我们辨别英雄与懦夫提供了明显的标志。

## 培养刚强沉稳的男人气质

**【儿子·说】**

2005 年 4 月 28 日　　星期四　　晴

今天我们去渭河滩的杨树林野炊，我负责准备油盐酱醋等调味品。到了那里，杨老师教给我们一个生火的办法，就是拿六块砖堆成三角形，留下一个孔点火。在老师的指引下，我们终于把火点着了。我们做的第一道菜是西红柿炒鸡蛋，第二道菜是我亲手做的麻婆豆腐。我们做好饭菜后，叫老师一起品尝，结果大家都说麻婆豆腐非常好吃，而西红柿炒鸡蛋的味道有点淡了，老师在尝过我们每组做的饭后分别给予了表扬。

今天的活动锻炼了我们的动手和实践操作能力，我也学会了不少生存技能，度过了非常有意义的一天。

**【父亲·曰】**

学校今天组织野炊，我觉得很有意义。这对培养孩子野外生存能力、团结协作精神、战胜困难的勇气、坚韧不拔的品质以及推进素质教育都有非常重要的作用。

记得十几年前，我在中国青年报上看到，中日两国在西部组织一次夏令营，中方的父母很多都随团当孩子的保姆，孩子的吃喝拉撒不用操心，即便是这样，中途还是有人掉队，这不但达不到夏令营的目的，而且还助长了孩子们的娇气之风。反观日本，一位国家领导人的孙子在营中患病，其祖父乘专机看望，在给其孙子看完病，鼓励其孙子随队前行后就立刻返回。记得当时有位中国记者大发感慨，直为中国的未来担忧。因此，今天看到你们学校组织这样的活动，我从心里感到高兴，实际上这是对未来生活的一次演习。作为男人，将来必定要承担起家庭、社会、民族的责任，而这就要求每个男人都要有独立生存的能力。实际上只要注意观察，就会发现这种活动也是对每个同学综合能力的展现。

在高兴之余，我有点担心，如果一个虎仔一直在妈妈的呵护下成长而未能学到捕获食物的本领，缺乏勇猛刚强的品质，那么生存就会变成一种灾难。记得有一则寓言，有两只青蛙，人们把一只放在开水里，青蛙受到刺激，一跃跳出水锅生还；另一只放在凉水中，然后慢慢给凉水加热，青蛙逐步习惯越来越高的水温，最后被烫死了。可悲的是，直到死期将至，青蛙还不知道自己将要死去，还在热水中优哉游哉。

古人讲“历劫方显钢骨硬，经霜更显秋水明”，如果一个人衣食无忧，那么就会在温暖舒适的人生中失去奋发的动力，也就不会谋思改变的良策和办法，进而一生平平庸庸。我曾看过曾国藩的家书，里面指出其子举止轻浮，不够威严深沉，并深以为虑。我觉得无论什么时候，男人应该有男人的样,女人应该有女人的样。虽然现在媒体在商业目的下包装出一个个所谓青春可人的“花样美男”,动不动就嗲声嗲气,其实质不过是那些成功男人和成功女人的自我消遣罢了,待有新的花样出现,这些人就会成为秋冬纸扇,只能令人讨厌,他们一生也会难有大的作为。

因此,我要求你从现在开始,时时要以男子汉的刚猛、沉稳、顽强、独立为准则,放弃浮华、虚荣、脆弱、享乐,专心致志地投入到完善、磨炼自己的活动中去。在当前首先要承担起一个学生的责任,追求上进,把自己的学习搞好,至于花衣美食、轻松娱乐、炫耀摆阔则是心智中的恶魔,应该从心里拒绝和防御。要用男人的魅力征服世界,承担起应当承担的家庭、社会和民族的责任,做一个堂堂正正的男子汉。

## 希望你做个“笨拙”的人

**【儿子·说】**

2003年8月20日　星期三　晴

晚上,我做完作业后妈妈拿出一套数学试题让我做。我看了一下,试卷难度还和昨天一样。我拿起笔快速做起来,不一会儿就做完了。妈妈批改完了,我看到成绩比昨天有所提高。我昨天得了31.5分,今天得了61.5分,我对妈妈说:“只要我努力了,明天或者后天一定能得91.5分。”后来妈妈表扬了我,说我一天比一天进步大,一天比一天更快乐。

人们都说快乐在人间,我感觉的确是这样。为什么我能天天快乐、天天开心呢?因为我天天学习都有进步,即使自己可能笨了点、进步慢了点,但哪怕是一丁点儿的进步对自己来说都是一种胜利。爸爸、妈妈和同学们一天比一天喜欢我,别人快乐,我也快乐。

**【父亲·曰】**

今天你没有考好,在我的意料之中,为什么呢?我觉得你平时的学习不扎实，学得很快，忘得也快，不多做思考。学习时不是想怎样把学习的内容掌握好，而是想学习以后干什么，心中欲想太多，杂念太多，反倒把最该学的东西忘记了。你可以向你的周围看看，学习优异者，绝大多数都是思想单纯、心无杂念的人。因为不太聪明，所以他们便会时刻提醒自己笨鸟先飞，比别人付出加倍的努力；因为他们不太聪明，对外部世界的诱惑相对迟钝，不容易相信天上会掉馅饼一类的神话；因为他们不太聪明，不会轻易改变自己所做的决定，而是守住一条路，不断往前走；因为不太聪明，他们会埋头苦干，不想捷径，日复一日不断进取，这反而能使他们走得更远。

记得我在三四年级的时候，老师带领我们去秦岭采药。通向药场的路有几条，其中一条路很近，我们一共有 54 个孩子，绝大多数跟着老师走了这条捷径。由于人多，在狭窄而危险的小路上我们行动缓慢，我那时觉得太慢，就叫了我的一个好朋友去走人们常走的大路。尽管我们走了一些弯路，但我们反而比其他走捷径的同学先到了药场。这件事后，我一直在想，为什么走了捷径不能先到达呢？那是因为聪明者容易投机取巧、轻视现实的积累，容易忽视事物的发展规律，容易卖弄聪明，容易放松对自己的要求。机会很多，路径很多，他们总是以聪明的心态去寻找捷径，于是定力没有了，毅力没有了，平和没有了，眼花缭乱了，最后栽倒在某个美丽的陷阱里。这件事对我以后的学习、生活、工作影响很大，使我不时地想起中国的一句古话——“天道酬勤”。

成功的人往往并不聪明，因为他们相信，成功的花朵是用汗水、泪水、血水浇灌而成的，任何拔苗助长的聪明举动都注定要失败。因此，我希望你能成为一个“笨拙”的人，瞄准既定的目标，老老实实去奋发，靠耐力、毅力和勤奋去探寻未知领域，去采摘成功的果实。

# 有点忧患意识

**【儿子·说】**

2004年8月7日　星期六　晴

今天,我和堂哥在家里玩了一下午。我们先下棋,想比一比谁厉害。下棋的时候,我俩都绞尽脑汁,左思右想,害怕走错一步,全盘皆输。不幸的是,第一盘我就因为没仔细看棋而输在最后那一招,不过输了就是输了,我现在后悔也来不及了。在象棋上输了以后,我又提议下五子棋。这次,我很认真地看棋,在我的步步紧逼下,堂哥只有防守的份。最后我布置了一个小陷阱,堂哥果然中计,我赢了一局。我赢了以后,堂哥不服气,吵着要再下一盘。这次,堂哥吸取了教训,每一步都走得很认真,还是堂哥厉害,最后把我赢了。一输一赢,我们俩可以说是不分上下,打了个平手。这时,电视上刚好演的是我最喜欢的电影《蝙蝠侠》,蝙蝠侠特别英勇,来无影去无踪,终于把坏蛋小丑打败了。真棒!今天玩得真开心。

**【父亲·曰】**

娱乐使人怠慢死亡,勤奋使人发奋永生。我不反对玩乐,但玩得过火就会丧志,特别是对于少年儿童。你还小,看不清人生搏杀的"惨烈",因为这种"惨烈"只能用心感受,大多隐藏在心里,表现出来的却多是温情脉脉、彬彬有礼。在这场心与心的较量当中,人们是不相信任何软弱和慈善,不迁就任何无能和懦弱,不怜悯一切胆怯和伤痛的,这里唯一的语言是实力,唯一的哲学是竞争,不光是自然界有着优胜劣汰,人的生活亦是如此。只是人与自然的不同在于,人在无情中创造着有情,在无望中创造着希望,但是归根结底,无情也罢,有情也罢,无望也罢,希望也罢,人们崇拜的都是实力,人们不会相信弱者的眼泪。人生风云瞬息万变,只要你还在人世,竞争就不可避免,在这种环境中"扼住命运喉咙"唯一的办法就是增强忧患意识,提升自身实力。实力可以控制人的命运，如果你没有实力，成功的彼岸就会永远笼罩在远方的迷雾之中。胜利永远属于永不满足、勇往直前的人，不满足意味着希望、意味着生机，只是千万不要放弃，千万不要不在意实力的积蓄。少壮不努力，老大徒伤悲。要知道，对一切都不在意就是堕落的开始。

## 勇于担当

**【儿子·说】**

2004年6月2日　　星期三　　晴

最近我养了两只小鸡，我给它俩起名，一只叫小黑，一只叫小黄。今天早晨，我看见小黑倒在地上不动，用微弱的声音叫着，好像在呻吟，又好像在说"救救我吧"，我十分伤心。它在那儿躺着不吃不喝，眼睛也无力地一睁一闭，失去了往日的神采。下午放学回来，小黑已经死了，它可能是又病又饿，被折磨死了。而小黄孤零零地站在窝里，好像在怀念它的好朋友小黑，我给它喂食，它也不吃。我摸了摸它的头，对它说："小黑已经走了，你就不要难过了，我一定会照顾好你的。"小黄似乎听懂了我说的话，终于开始吃东西了。

**【父亲·曰】**

爸爸支持你养小鸡是因为它是你自己的选择。自己选择的事情、制定的目标，自己就要勇于担当，无论遇到什么困难都不要轻言放弃。

现在的应试教育过多地注重考试技能的培养，而忽视了对责任担当的培养，更为忧虑的是，有的人把素质教育单纯地理解为琴棋书画。因为中国人自古就讲究琴棋书画、吟风弄月，现在一说素质教育就往这方面想。人生在世，首先要解决的不是这些，而是生存问题，要生存就要有创造。回顾历史，推动社会进步、改变人类生活的革命性力量，从来就不是什么琴棋书画，而是科学技术。其实我们的"特长"，也是我们的"短板"，琴棋书画可以修身但缺乏创造。素质教育的目的是激发和培养人的创造力,尤其是儿童。当我们的孩子在叮咚弹琴的时候,美国的孩子也许在使劲地锯木头,因为让孩子自己用木头做一把椅子就是创造。基于此,我同意你饲养小鸡,在饲养的过程中,你要学会怎么独立地担负起责任。这样,你就会热衷于揭示自然的奥秘、探索未知的领域。

珍惜你所拥有的每一件东西,并尽力保护它,你就会发现这也是一种幸福——简单得让人无法置信的幸福。生命是灿烂的,因为生命有梦想,有了梦想,即使失败也是快乐的失败。有时我们只有通过失败才能知道自己活得实在。我们因为有梦想才有激情,它促使我们去读那些无法理解的书,去参加那些不擅长的活动,梦想实现了,还会带来额外的动力。现在成绩不够突出,这并不是决定性的,拥有梦想,就拥有明天和未来。当然,我们在不顺心或是低潮的时候会感到乏味,可正是乏味锻炼了我们的毅力和耐性。解决乏味的唯一办法就是加倍工作,订出一个比合理目标高一点的目标,给自己提出一些尖锐的问题,并下功夫去解决这些问题,为以后的腾飞打下坚实的基础。这样,在努力工作中去锻炼,让"乏味"改变"乏味",毕竟有事可做是人生最大的幸福。

每个人都会遇到挫折和痛苦,挫折和痛苦可以使人心灵坚强。总有一天,你所享受的挫折和痛苦会有助于你。要使心灵坚强,一要忍受被忽略的痛苦;二要笑视不公平的起跑线;三要屡挫屡试;四要学会和解。任何时候,要学会给自己一把梯子,也要学会把梯子放在别人墙下,这是使你始终拥有别人(集体)给你能量的关键,还可以解决人际关系的巨大障碍,把拦路虎变成导游员。你不能消灭的东西,就想办法使他变成朋友。过分在意挫折和失意,就是拿命运捉弄自己,拿别人的错误来惩罚自己。人生有很多道理是需要经历一番挫折后才能真正领悟的,要在挫折中学会等待。

同时,人要学会放弃,把握的反面就是放弃,选择了一个机会,就等于放弃了其他可能。当新的机会摆在面前的时候,要敢于放弃已获得的一切。这不是半途而废,只是为了谋求更大的发展空间,或者什么都不为,只是自己喜欢这样做,因为年轻就是最大的机会。人生有时重复着同一个故事,变化的只是其中的角色。凡使人开心的事,大都潜伏着危险,一切重复的优势,最终会变为劣势。任何事物,包括读书,如果不能为你所用,再好的对你都不会有好处。所以我很欣赏一句话:不求所有,但求所用。

## 放弃是一种智慧

**【儿子·说】**

2004 年 11 月 11 日　　星期四　　晴

下午在学校我把作业写完了,所以回家后就直接打开电视看了起来,把给奶奶讲故事和写日记的事都给忘记了。我知道作为一名学生,只学习学校里的那点知识是远远不够的,况且我还不一定全部掌握了,可是我却因为作业写完了而放任自己看电视。而且我看电视还入了神,看了这个节目又看那个节目,什么都看,什么都不肯错过,一直看到十点半。

**【父亲·曰】**

生活要有所选择。之所以要有所选择,是因为人的两只眼只能有一个焦点,两条腿只能走一条路,这就注定了我们不可能在同一时间去做所有的事,不可能同时拥有一切。人生要学会放弃,懂得放弃的人是快乐的,知道放弃什么,追求什么是人生走向成熟的标志。放弃不是随意地抛弃,随意地抛弃是一种贪婪,有选择地放弃却是一种智慧。

我并不是反对你看电视,只是强调你应该把你的学习完成后再做其他事情,否则你的世界里就会有太多的负担,让你觉得生活索然无味、彷徨甚至不知所措。我觉得学会放弃和忘记是人生的必修课,而这恰恰是一件很难的事情。因为在大部分人的思维中,放弃是无奈的选择,是弱者的行为。但我觉得,放弃和忘记是强者的行为,没有判别力,没有坚定的目标和意志,是难以做到放弃和忘记的。况且,人生来就不完美,人在放弃和忘记的煎熬中练就了钢筋铁骨。人应该放弃和忘记那些不切合实际的想法,坦然接受现实。人无论对感情还是事业的追求，都是一个漫长的过程。在这个过程中，我们必须遵守自己的规则，这是坚决不能放弃的。

人生之路充满了陷阱，任何一点放纵和贪婪都可能铸成大错而使人悔恨终生。负责任的做法就是学会放弃和忘记，让自己的眼睛始终盯住最重要的事情。生活中有很多人不善于放弃，所以其人生的结果就不太完善，就像看电视一样，情景剧肥皂剧是医治现实心灵的良药，但却封住了通往你心中更广阔的天空之路，堵住了你追求完美的精神之路。

放弃是一种途径。一个人、一个集体不可能拥有全世界，一个人一生要知道最重要的目标及实现目标的途径，放弃是一种实现目标的途径。正如雄鹰要高飞，就必须要舍弃一切与高飞无关的东西，人要实现一个目标，就要舍弃与目标没有关系的东西一样。这也会像钉子一样，发力一点，所向披靡。

放弃是一种选择。这种选择有时是十分痛苦的，社会规范下的观念和人内心的想法不时存在冲突，这种冲突表现在内心十分矛盾。放弃需要勇气，更需要智慧。有些关乎人生要义的东西，如真善美、坚强、乐观等是不能放弃的。人在得与失中慢慢认识自己。其实，有时生活并不需要那些无所谓的执着，没有什么是不能割舍的，学会放弃，生活会更容易。放弃明月才有朝阳，放弃春花才有硕果，诚然，放弃的过程会有遗憾，但是没有遗憾的人生才是真遗憾。

放弃是一种拥有。你奶奶曾告诉过我，手里抓满沙子，你抓得越紧，它漏得越快；相反，用力适度反倒漏得慢。人生由简单到复杂，再由复杂到简单，其实就是一种成长，这种成长使人学会的就是放弃。生活就是这样，也许你放弃了一片森林，得到的可能却是海洋和另一片天地。很多东西，舍不得放弃，死死抓住，以为这样就得到了，抓住了，其实那手里握的多数是痛苦，如果你放开双手，让手中的东西随缘而去，那你干净的手中还可以有满掌的阳光。就像你母亲说的，你握着沙子的手，如果手中的沙子已经漏掉，或被你放弃，不要伤心，请打开手掌，全世界就在你手中。

放弃是一种生活。放弃使生活多味，使生命多彩，放弃的外在东西越多,人的精神就越愉悦。给心灵和思想留的空间就越大。人生是一个不断放弃、不断追求的过程,只有懂得放弃、善于放弃,人才能日益进步。其实放弃也是一种“喜新厌旧”,而“喜新厌旧”是推动人类前进的动力之一。试想如果一个人继续固守茹毛饮血的原始生活,世界又怎么会实现美好蓝图?放弃旧有的东西,是为了探索更加美好的东西,人类就是这样生生不息、代代繁衍的,而在这个过程中,追求和放弃组成了丰富多彩的世界。

放弃是一种成长。放弃比获得更接近生活的本质,因而人才会更从容地成长。世界因放弃而发展,人因放弃而成熟,如果你不断放弃你的不足和缺点,你就会在不知不觉中走向成熟。

放弃是一种智慧。当你拥有几个苹果时,千万不要全都吃掉,因为全吃掉也就吃掉了几个苹果,但如果你除了自己吃一个外,把其余的分给别人,尽管从表面上看放弃了其他苹果,但其实你却得到了其他人的友谊和好感。当别人有水果时,也会与你分享,你会从这个人手里得到一个橘子,从那个人手中得到一个梨,最后你就可以得到几种不同的水果,更重要的是你还得到了友谊。人生中的很多时间,不是我们体会不到快乐,而是我们拥有的太多,活得不够简单而已。

## 选择就是放弃

**【儿子·说】**

2003 年 8 月 4 日　　星期一　　晴

今天下午我在家写作业的时候,表哥来家里给我辅导功课了。当我开始做妈妈布置的一套数学卷子时,为了计算得快一些,就偷偷地把计算器拿了过来。表哥看见了就说:“你自己算,把计算器放下!”我不听,继续用计算器算。“你现在是学生,做作业是为了提高自己的计算能力,不是为了练习计算器的操作能力。你将来总不可能时时刻刻把计算器带在身上吧!”表哥继续劝我。我用沉默表明我的态度。表哥看我实在不听劝,就从我手中夺走了计算器。我虽然不服气，但又有什么办法呢？毕竟表哥也是为了我好。后来我用手算，虽然没有计算器快，但也做完了试卷。

其实我嘴上说不服，但在心里早就承认表哥说得对了。对于现在的我来说，提高自己的计算能力远比提高计算器的操作水平重要。今天我做了一个选择，虽然是被迫的，但我仍然要说：表哥，谢谢你！

**【父亲·曰】**

人生要学会放弃，懂得放弃的人是快乐的人，是成熟的人。

其实，知道放弃什么、追求什么是人走向成熟的标志。男人的韵味来自岁月的打磨！男人不要轻易被人说服。男人最大的魅力是有主见、果断，不论主意、办法好坏，作为男人都要有主意和办法。有些办法只能意会不能言传，从这个意义上讲，就是“不经风雨哪能见彩虹”，要经过生活的磨难。磨难之于男人，就好像刀与磨刀石。男人的魅力和光彩经过磨难的打磨，方能熠熠生辉。世界最可悲的男人就是毫无主见的老好人。但有办法、有主见是一回事，说出来、付诸行动是另外一回事。还有，要学会坚持自己认可的真理。坚持分两种：一种是走直线，大义凛然，坚韧不拔；一种是走曲线，曲意逢迎，以退为进。说来也怪，世人都知道直短曲长，但现实生活中，直却往往走了弯路，而曲很多时候比直更短！

自卑悲观的人心头燃不起希望之火，即使偶尔燃起，也会被眼泪熄灭而无路可走。无路可走的情况，只有自卑的弱者才会遇到，自信的人脚下都是路。自信快乐的人，遇到困难，会把困难踩在脚下当作垫脚石；而自卑悲观者，会把困难举在头上，它就会变成灭顶石。因此，无论什么时候，都要注意发现生活中的快乐，并把它一点一滴存放在心里。这样，你就会始终保持快乐的心态。然而，心情决定态度，态度决定行为，心态决定姿态，姿态决定状态，快乐散落在生活的各个角落，就看你怎么寻找。真正的快乐与别人无关，能使自己得到快乐的唯有我们自己。不要把生活中黑暗、丑恶的时光存放在心里，应该把美好、快乐的生活存放在心里。这是放弃的真意，也是天下每个父亲都想对儿子说的话。

态度比能力重要，选择同样比能力重要，想法若不同，结果便不同。选择不一样，生活才变样。记得有个故事：从前有个父亲分别送给他两个儿子半瓶水，其中一个儿子没有喝，抱怨说："怎么就剩半瓶了？"而另一个儿子却高兴地说："太好了，还有半瓶子呢。"世界上不是没有快乐，缺乏的是发现快乐的眼光。悲观的人先被自己打败，然后才被生活打败；快乐的人先战胜自己，然后才战胜生活。悲观是一种自我毁灭，乐观是一种拯救，不仅拯救他人，更重要的是拯救自己。真正的快乐不是财富，不是权力，而是生活中的平凡小事，真正的快乐是乐观生活，热情工作，崇尚事业。

有个有钱人，背着许多金银珠宝去远方寻找快乐，可是走遍千山万水也未能找到。一天，他愁眉苦脸地坐在路边叹息，一农夫唱着山歌而行，有钱人向农夫请教快乐的秘诀，农夫大笑，哪里有什么秘诀，快乐其实很简单，只要你把背上的东西放下就可以了。有钱人顿悟：自己背着那么沉重的金银珠宝，腰都快被压弯了，而且住店怕偷，行路怕抢，成天忧心忡忡，惊魂不定，怎么能快乐起来呢？于是他放下行囊，把财宝分给过路的穷人。这样，不仅身上的重负没有了，还看到一张张快乐的笑脸，他终于成了一个快乐的人。

正如现实中的人，往往背负太多的贪欲，很多时候，不是快乐离我们太远，而是我们根本不知道与快乐之间的距离；不是快乐太难，而是我们活得还不够简单。

## 人在解决困难中成长

**【儿子·说】**

2003 年 8 月 25 日　　星期一　　小雨

下午我背完了英语课文里的大小题目，然后开始做数学题。做到第 8 题的时候我被难住了，不管是从已知的条件入手，还是从问题逆推，我都打不开思路。我就拿出课本努力寻找类似的题目，可是我把整个课本都翻遍了今天看书的情况给爸爸说了,爸爸说我今天的阅读量超过了100页。不知不觉中我竟然读了100页,真了不起!

【父亲·曰】

今天你读了那么多页书,不知你理解了没有,如果你没有理解,就不要贪图数量,要讲求数量和质量的同步,贪多会导致知识的一知半解、博而不精,样样都懂,样样稀松。人的精力有限,贪得无厌最终会导致一事无成、贻害终生。这种责任主要在我,我和其他父亲一样,望子成龙、望女成凤心切,都觉得自己儿女是世界上最聪明的人,因而幻想把世界上的知识和我们所知道的东西全部教给儿女,使儿女成为无所不能的天才,这是感情亲情使然。理智告诉我,这样做只会拔苗助长,使儿女因噎废食,产生逆反心理,甚至厌恶学习。对于这种贪心应时时抑制,可在具体的实际操作中进行,父辈们在这样的两难中飘忽不定,常常不由自主地犯贪婪的错误,结果使多少有创意的天才少年过早凋谢。人类的进程中,年长一代经过少年的张狂和现实磨炼,最终明白了许多道理,当他们年至不惑后,上天留给他们的精力和时间少得可怜,他们声嘶力竭地想把自己明白的道理传给儿孙。在这个时期,儿孙们正在尝试新的生活方式,无暇认真听取父辈的絮叨。当他们即将老去,明白了父辈的良苦用心时,又想把自己的经验告诉给儿孙,结果儿孙在重复着他们当年走过的路。

滚滚红尘几千年,人们始终会被五颜六色的景象所迷惑,看不到生活的真实面貌,始终不能明白人活着的意义。虽然各类宗教、学派、思想的出现此起彼伏,都以拥有最终解决这一问题的正统办法自居,但他们开出的药方未能解决所有人的心灵之痛,且往往有误导教化人们思想之嫌,使人陷入更深的烦恼之中,代代相传,永远看不到生命的尽头。正是因为这种对未来的不可知性,使人对生活有了更多的希望,也使人对未来、对生活产生了更多的欲望,使世界充满了贪欲,这是人作为动物的本能。这种本能有其积极的一面,可使人处于永不满足的状态,不断进取,不停追求。但凡事都是双刃剑,过分的贪婪,必然导致人性的丧失和自身的毁灭。

也没找到类似的题。我想这道题涉及的知识绝对是我学过的,不会做是因为我还没有把相应的知识弄懂。既然我现在自己解决不了,那就问爸爸妈妈好了。事后在爸爸和妈妈的细心讲解下,我终于做出来了。当爸爸妈妈知道我做这道题的经过后,没有因为我学习不扎实而批评我,反而表扬我知道想办法解决困难了,这让我觉得很惭愧。

【父亲·曰】

好汉是为克服困难而生,遇见困难就退缩算什么好汉?遇到困难,绝不放弃,努力克服,锲而不舍,这才是男人在人生的战场上应时刻持有的积极心态。做大家都做不了的事情才是创造,不能知识多了,办法却少了。任何欲成大事者,不论何时何地,都要永远保持一种希望无穷的气魄,一种必能战胜任何困难的决心,一种无所畏惧、果敢刚毅的自信,一种沉着冷静、永不气馁的品质。我从来没有见过一个整天想着失望的人会取得成功,无论做什么事,都要往成功方面着想,把解决困难当作锻炼考验自己能力和展现自己风采的试金石。

要解决困难,就要有信心。一个充满生机、光明磊落的人,到处都受人欢迎,人们都愿意帮助、支持他克服困难。一个总是怨声叹气、专想失败的人,除了困难和失败,谁都不愿意和他来往。世界上唯有那些充满自信、昂首挺胸的人,才能打败困难的一次次反扑。那些在生存竞争中获胜的人,他们的一举一动一定充满自信,他们的非凡姿态一定会使众人和对手敬仰有加,一眼望去,就可以看出他浑身充满活力。那些被挤倒在地,打了败仗的人,永远都是那副要死不活的样子,他们的言谈举止、神情态度给人一种懦弱无能的印象。

要解决困难,就要有决心。事情的伟大,常常并不是其本身的伟大,而是从事的人使它伟大。一个有必胜决心的人,他的言谈举止无不显得十分坚定,让人觉得他有战胜一切困难的把握。而那些被困难打败的人,多是那种患得患失、犹豫不决、拿不定主意的人。

要解决困难,就要有静心。一切成功,都属于在战胜困难时能把握自己、控制自己的人。那些一遇到困难就不愿坚持，心力经常大乱的人，是注定要失败的。那些挡住你的去路的困难，正是想试试你是否有毅力、是否有定力、是否有办法。任何困难，只要你不气馁、不灰心、不放弃，终究都会有办法可以解决。这样，无论受到任何打击和诱惑，你都会坚定如山、毫不动摇，这是战胜一切困难的秘密。

伟大人物需要困难锻炼，伟大人物是需要创造出来的。他们起初并不一定知道自己所具有的最大能力，就像林肯，他内在的伟大力量并不是做测量员、律师所能激发的，甚至做美国国会议员也不能激发，直到国家危急，担起伟大责任后，才激发出他巨大的能量，使他成为美国历史上无可匹敌的英雄。历史上还有不少这样的例子。有些人等到丧失一切，才激发出勇气来找寻生命的出路，这些人为了战胜困难，为了克服种种艰苦，才发挥出他们极大的力量，成了名垂青史的人物。

应对困难的勇气和成就事业的才能，都只有在重大责任压力下才能被激发出来。

## 力戒贪得无厌

**【儿子·说】**

2003 年 8 月 23 日　　星期六　　晴

早晨起床，和妈妈一起玩了会，做了一会儿作业，我便开始读书。我先后读了《也谈名师出高徒》《严师未必出高徒》《开卷有益》《“开卷”岂能无益》《“开卷”并非都有益》《就是要“异想天开”》《不“异想”何以“天开”》《没有“异想”哪来“天开”》《浅谈自信》《谈自信心》《自信与自大》《自尊自信是成功的保证》《自立无价》《顺境出人才吗》《逆境与成才》《论自立》《逆境出人才》这些文章。我一边看书，一边从这些文章里找到下面的成语：一蹶不振、谦虚谨慎、坚韧不拔、毫不动摇、截然不同、自以为是、骄傲自满、虚怀若谷、举世公认、狂妄自大、触目惊心、开拓前进、一帆风顺、排除万难等。我把这使我想起了因纽特人捕熊的办法，他们捕猎熊的办法世代相传，很特别，也很有效。严冬季节，他们在锋利的刀刃上涂了一层新鲜的动物血，等血冷冻后，他们再涂上第二层，如此反复，很快使刀刃被冻血裹藏得严严实实。接着因纽特人把被血包裹的尖刀反插在地上，刀把结实地扎在地里，刀尖朝上。当熊顺着血腥味找到这样的尖刀时，它们会兴奋地添食刀上的新鲜冻血，融化的血液散发出强烈的气味，在血腥味的刺激下，它们会越舔越快，越舔越用力，直到所有的血被舔干净时，锋利的刀刃暴露出来，但熊此时已经嗜血如狂。它们猛舔刀锋，在血腥味的诱惑下，它们根本就感觉不到舌头被刀锋划开的疼痛。在北极寒冷的夜晚里，熊完全不知道自己舔食的其实是自己的鲜血。它们只是更加贪婪，舌头抽动得更快，血液流得更多，直到最后筋疲力尽倒在雪地上。

令人失去理智的是外界的诱惑，但最终耗尽一个人精力、生命的却是自己的贪欲。放眼看，历代贪官都是如此，虽然法律法规及道德规范在提醒着、约束着，但很多人却在贪婪的驱使下忘记规范，最终作茧自缚，就像阿拉伯寓言里的那位闯入宝库里的商人，因贪婪过度而人财皆失。其实很多情况下，贪婪者并不知道自己在干什么，贪婪已成了本能的反应。所以，任何宗教、学派、思想都在提倡戒贪，利用人们戒欲的心理达到控制人的目的。其实提倡戒欲的人更多的是想同化世界上所有的人，他们比贪财贪色更具贪性，他们贪的是人类的灵魂，就像家长贪图儿女成才一样，企图用自己的思想代替儿女的思想，明知不对却强加于人。

人不“贪”，难以成就伟业，但贪得无厌会导致毁灭。大贪似廉，不要听信自诩为廉洁无贪的人，他们往往都是优秀的演员。人往往做的不说，说的不做。一个人要想一生平安，必做的功课就是戒贪——财、色、名、利，贪可以满足一时之欲望，最后得到的却是裹着血液的刀刃。作为学生应戒学的东西过宽过多，而应目标明确一点，向高深发展，这样必有所成。戒贪的办法之一就是置身事外，冷眼看潮起潮落，不为所动！如果眼中无才无物无名无利无欲无色，那么贪从何来？

# 洗尽铅华始见真

【儿子·说】

2003年11月8日　　星期六　　大雪

早上还没起床就感觉有点冷,所以在床上赖了好长时间。起床后,我趴在窗户上往外一看,只见窗外大雪纷飞,整个大地像覆盖上了一条白绒毯。我一骨碌从床上爬起来,迅速地穿好衣服,飞快地跑到外面想看看那迷人的雪景。一到外面,一阵北风呼呼吹来,吹得我鼻子直发酸,我都有点儿喘不过气来。我赶紧用双手捂住鼻子。过了一会儿,我抬起头,看到树上的雪积了厚厚的一层,房顶上的雪洁白而明亮,就像有人在房顶铺了一层厚厚的棉花。行人的衣服上也落上了一层白白的雪,就像一个个活雪人在路上行走,笨拙的样子还真是可爱!

因为太冷,我看了一会儿雪景就跑回家了。晚上,爸爸给我找了几篇写雪景的古诗看,诗里面记述了许多诗人赏雪景时的见闻感受。我印象最深的是徐岳的《和客诗》:"松竹寒仍秀,梅花冷更香。夜来三尺雪,清晓玉为堂。"它的意思是:不管天气怎样寒冷,松林仍旧那么秀丽,梅花的香气越发浓郁。连夜三尺大雪,一早起来座座楼房都变成白玉砌成的宫殿。我读了这些诗以后,心里忽然就有了一种也写一篇关于雪的作文的冲动。

今天才立冬,天就下起了鹅毛大雪,我想,2003年的第一场雪来得这么早,这一定预示着来年是一个丰收年!

【父亲·曰】

你预计明年是个丰收年,我希望你梦想成真。

你今天的观察比较仔细,不知你看到了没有,雪很纯净,但容易被污染。但不论怎样,雪可以被污染,人的内心世界却一定要保持一方圣地净土,实现的方法之一就是不能过于洁净纯粹。过于洁净的心是不会孕育出圣洁的花朵的。由肮脏到纯洁是一个常污常新的过程。所以，过于纯洁的东西容易污染，而被污染的心灵只有经过磨炼才可以重生。

人常说，初生婴儿的心灵最纯净，这是因为初生的婴儿心智未开。人在后天的成长中总会受到外界的影响，如吸进汽车尾气般地吸收着物质的、灵魂的杂质。有的人如吸毒般深陷其中，甘之如饴；有的人因拒绝而消极地退避，远离红尘。前者一旦觉醒，洗净一身铅华，可能悟得人生真谛，但后者却永远找不到内心真正的纯净，因为他没有经过肮脏的洗礼，还要时时提防肮脏的侵蚀，内心没有真正的平和。所以人的一生，没有经过"洗"，是永远到达不了"真"的境界。

## 先苦后甜是希望

**【儿子·说】**

2006年5月27日　　星期六　　晴

今天我难得休息一天，不用上学，也不用去补习班，爸爸妈妈也不在家，我打算好好玩一下，关于学习的事，今天就让它见鬼去吧。吃完早饭后我就冲出了家门，打算按自己的想法好好地玩，想怎么玩就怎么玩，整天看书、学习、做作业，我都快烦死了，别的同学有几个像我这样啊！我感觉别的同学是那么快乐，而我却一点都不快乐。不是说童年都是快乐的吗？为什么我的童年全部用来学习了呢？今天难得有这个机会，我就好好过一天快乐的日子。我先去逛街，完了又去同学家玩了一会儿电子游戏，在同学家吃完午饭后，我们又一起出去找了几个伙伴打篮球……直到玩累了我才回家。没想到爸爸妈妈已经回来了，爸爸问我干什么去了，我说玩去了。爸爸问今天要看的书看完了吗，我说还没。爸爸听了很生气，让我赶快去看书。虽然我不想看，但又怕爸爸批评，就赶紧去看书了。

晚上躺在床上，我想，虽然我把大把的时间用来学习了，但我不应该抱怨，这都是为了我将来能过得快乐！

【父亲·曰】

今天我和你妈妈单位有事,不能在家陪你,没想到你出去玩了一整天,该看的书一页都没看,我很生气,但我相信你有你自己的理由,所以我没有批评你。看到你的日记,爸爸心里既难过又高兴。难过是因为你觉得自己的童年不快乐,高兴是因为你已经渐渐懂得了我和你妈妈的良苦用心。做父母的,都想让自己的孩子快乐幸福,我们比谁都想看到你每天笑容满面,并且有着发自内心的快乐。但你要的快乐我们真的不能给你,你要的快乐是随心所欲的,这种快乐是危险的,如果我们给你这样一个快乐的童年,你就会失去一个快乐的成年。

我们没存着望子成龙、望女成凤的心思,我们只是期望你拥有较强的生活能力,将来能够幸福、平安、健康地生活。为了这个目标,少年时的苦你必须吃,不因为"吃得苦中苦,方为人上人",而只为"先苦后甜是希望"。

你知道教育是怎么产生的吗?它是在人类的智慧达到一定高度,人类的社会生活达到一定高度、一定层次的时候才产生的,是人类和人类社会进步的产物。它最初的形式就是老人带小孩,目的就是看护孩子,同时教会下一代生存的技能和技巧。那个时候没有枪,没有炮,更没有高产的大米和小麦,不会打猎,不会种植,不懂得建造和逃跑,面对充满神秘色彩的大自然和凶猛的野兽,人类唯有不断学习生存的本领才能适应当时的环境。时至今天,学习的根本目的仍然是为了生存,所谓传承文明,更多的是传承如何在越来越发达的文明社会中生存的技能。

对于你的抱怨,爸爸虽然难过,但仍然要坚持督促你学习。你现在的年龄正是学习的最佳年龄,没有生活的压力,没有生存问题的干扰,记忆力最强,只有抓紧这段时间为今后打下坚实的基础,你才能在将来的竞争中争得上游,这也是你将来幸福生活的基本保障。

玩的确也能产生智慧,小老虎的抓捕技能就是在互相嬉戏玩耍中练就的,但是放纵地玩,一味地追求快乐,却无异于自毁前程。想象一个三十几岁的人站在人潮涌动的街头,迷惘地看着周围,不知道该干什么,不知道怎样获得一份报酬，没有养活一家人、甚至养活自己的能力，这是一件多么令人心酸的事情！向前看看，未来几十年的人生是否还能像少年时代那般随心所欲？

先苦后甜是希望，先甜后苦是绝望。你不是喜欢看武侠片吗？你所喜欢的成龙、李连杰，哪个不是从小吃苦练功方才有今天的地位？我和你妈妈并不是像你说的那样整天只知道督促你学习而不给你任何玩耍放松的机会，我们只是限制你放纵自己。为了让自己有一个快乐、幸福的将来，现在还是做一点好好"吃苦"的心理准备吧！

# 简单生活

**【儿子·说】**

2004 年 10 月 28 日　　星期二　　阴天

早晨在去学校的路上我捡到一本日记，里面没有写名字，只是在扉页上用钢笔写着一段话："努力，成为大明星，享受万众瞩目，坐拥无尽财富，享受让别人在我的名字面前伏倒的待遇！"字写得一般，但笔画很硬，我感觉这应该是一个男生写的吧，好狂的语气！因为是日记本，即使是捡的，但我知道是不能看的，看了就会侵犯别人的隐私，但看到扉页那狂傲的话语，我不禁产生了好奇心，最终没忍住还是打开看了看。不看不知道，一看吓一跳。里面的内容竟然全部表达的是对于我们学校的三好学生、优秀班干部等被表扬和奖励的同学的不服，甚至有一篇里面写道："他们不仅得了好名声，还得到奖励，拿到了实惠，好一个名利双收！这些东西我也一定会得到，我要通过我自己的努力，把那些应该属于我的东西统统都拿回来。"

我合上那本日记本，突然觉得他的人生很无聊，这样活着难道有意义吗？

**【父亲·曰】**

当我们把自己的一生抽丝剥茧地摊开,会发现名只不过是虚妄的,利也不过是过眼云烟,只有生活才是最真实的。抛开名和利的羁绊,留下的只是真实的生活。

我年轻时曾经很喜欢李白的《侠客行》,深深被诗中的侠者风范所迷醉,因而立志成为像侯嬴、朱亥那样的英雄,做一名优秀的人民警察,救危扶困。当然,自己也一直为做一名优秀的人民警察而不懈地努力着。步入中年后,我渐渐感到了生活的繁复,开始欣赏陶渊明了,是因为他恬淡的心境。他在《归园田居》中写道:"少无适俗韵,性本爱丘山。误落尘网中,一去三十年。羁鸟恋旧林,池鱼思故渊……久在樊笼里,复得返自然。"从本质上说,陶渊明有些看破红尘的消极,但他抛开世俗回归自然的决心,由繁入简的生活态度和简单生活的乐观心态却是每个人都要学习的。

简单的生活,就是要抛开名和利的羁绊,放弃在欲海里挣扎的游戏。有一间面积不大却充满温馨的屋子,一份虽然简单却有亲人相伴的饮食,一套简单却干净整洁的衣着,刚刚够用的钱财足矣。何必执着于珠光宝气的华丽和香车宝马、锦衣玉食的生活。当夜晚来临,每个人同样都是一具皮囊,占据一平方米的地方,不同的是内心的快乐与否。

当我们殚精竭虑地得到曾经渴望的生活,出了名,有了钱,拥有了梦想中的生活,却常常懊恼地回头看着自己丢了一路的纯粹,发现自己也曾经拥有过生活的快乐,想回头,却已经找不回曾经的自己。既然山脚就可以和小溪亲近,又何须爬上山顶再回头寻找山脚的那汪浅水呢?

"结庐在人境,而无车马喧。问君何能尔?心远地自偏。采菊东篱下,悠然见南山。"这些很多人都瞧不上眼的平凡事物、乡间生活,在陶渊明的笔下却是那样的优美、宁静,显得格外亲切。字里行间我们不难看出陶公走出了钩心斗角、尔虞我诈的阴霾,内心世界因轻松而快乐的幸福和享受。享受奢靡的生活会让人沉沦,享受简单的生活却会让人充实;前者让人迷失,后者让人快乐。

简单是做人和做事的最佳原则。不要羡慕别人的富裕,智者会选择简单的生活。只有简单的生活才能让人内心没有牵绊，人内心清清爽爽才是最大的幸福。

## 放下就是快乐

**【儿子·说】**

2004年7月15日　　星期四　　晴

今天早晨，表哥就要回西安了，我们两个都不高兴，我们这么长时间没见，相聚连24个小时还不到就要分开了，所以都有些恋恋不舍。

表哥这么一走，姐姐又不在，家里出出进进又只剩下我一个人了，没人陪我学习和玩耍的日子可怎么过啊？心里真不是滋味，表哥要是不走该有多好啊！百无聊赖，我只好用写作业来打发时间。当我将注意力全部集中到作业上之后，先前的落寞似乎又烟消云散了。

**【父亲·曰】**

人的一生，其实就是不断放下的过程。有一个僧人带着小和尚下山，到了一条河前，看到一名妇女想过河又担心河水太急，所以犹豫不决不敢过去。僧人看到后就主动将那妇女背过了河，过河后僧人将妇女放下继续向前走，好像什么都没有发生一样。可小和尚就不同了，路上一直在想：出家人不是不能近女色吗？师傅怎么还主动背这女的过河呢？一直走了很远，小和尚越想越不得其解，终于忍不住向僧人请教。僧人笑了笑说："我过了河就放下了，你背了一路啊！"小和尚于是顿悟：放下即是佛。

有人说，人生最重要的不是你从哪里来，而是你想到哪里去。圣人或许有不可告人的过去，罪人也会有洁白无瑕的未来。但执着于过去的人，无异于为自己的未来宣判了死刑。所以，唯有放下过去，我们才能拥有无限美好的未来。

因此，对于平凡的我们而言，放下就是快乐。有时你会发现，如果你对什么事情都不再热爱了，与其苦苦支撑，拖沓到力不从心，倒不如快刀斩乱麻，主动放弃，不要原因，不要理由，不要因为曾经付出太多而苦苦纠缠，不要因为曾经热爱而在放弃时藕断丝连，因为那样会“剪不断，理还乱”，使人心迷情乱，难以割舍而迟于东山再起。少年因为青春可以挥洒且可以从头再来，容易冲动，容易在很短的时间内达到入境的境界，放下一切，你就会发现，人心原来那么纯洁、那么沉静、那么快乐。

# 第三节　乐生乐天

## 生如夏花

**【儿子·说】**

2003年6月20日　　星期五　　晴

今天上午第三节是体育课,我们班男生分成两队举行了一场精彩的足球比赛。

上课铃一响,我们都站在了各自的位置上。“嘟——”哨子一响,守门员一脚把球踢了出去,球直接向对方的球门飞去。一场激烈的争夺战开始了。我们队的小卓球踢得非常好,左右脚不停地倒换,带球、过人利索。可就是在射门的时候,小卓却不小心将球踢到了对方的手上。“点球!”裁判员举起黄牌。然后,小卓猛地一踢,“好!”我大喊一声,球进了,我们的队员都十分高兴。随后他们把球传给我,我带球跑,一脚射门,用了我最拿手的曲线射门,可惜被守门员挡住了。球赛结束了,我们以4:2战胜了对方。上午回家我把这件事告诉妈妈,妈妈说:“你要好好总结一下你们输赢的经验就更好了。当然,这次你们赢了妈妈也很高兴。”

下午,爸爸对我说:“交朋友一定要交比你好的朋友,不要交比你差的朋友。孔子说了一句话:无友不如己者。朋友像一面镜子,什么样的人交什么样的朋友。俗话说:龙找龙,虾找虾,乌龟找王八,话丑理端。好的同学可以使人奋发向上,交不好的朋友使人落后。古人说:近朱者赤,近墨者黑,说得很有道理。”

【父亲·曰】

生为男人，面对挑战时，必须要有上战场的那种冲动和欲望，要有战无不胜的气势和心态，要有狮子看见猎物般的兴奋和贪婪，这样才会无所畏惧。日子是否能过好，取决于你是否有战胜困难的勇气和毅力，生存本身就是一种能力。安逸会使人的斗志萎缩，最终导致失败。人生一世，要想像夏花一样灿烂，像彩虹一样美丽，你就必须经受住雷雨和风暴。爸爸一直主张男人要参加体育活动，这样既可强身健体，又可培养竞争意识。球场只是把生活中无形的、温和的竞争变得更现实和直观罢了，其实这也是人生对抗的一种表现。它说明一个事实，敢拼才会赢。赢才是强者最好的标志。人只有不断战胜对手才能体现自己存在的价值。世界上没有一种胜利是不伤害对手而取得的。你战胜了对手，对对手肯定是一种伤害，但你若不战胜对手，受伤害的肯定就是你自己了。这也符合优胜劣汰的自然法则。

其实人生就像一场球赛，每个人都在其中扮演一个角色。从小到大，我们闻鸡起舞、勤学苦练，时刻准备着，为的就是早日进入这场辉煌的人生赛事，在其中扮演一个角色。人们总是为了不让自己成为过客而奋斗，但过客多球星少。成为球星仅意味着迈入人生的第一步，如果你不进球、不拼搏，只会成为球场上的过客。不仅要上场，而且成为攻防两端不可或缺的角色，才是人生的追求。球场昭示的人生，永远是未来的人生，只有在不断奋进与成功中继续努力，才会有更加辉煌的下一次，否则将风光不再。

泰戈尔在《生如夏花》这首诗中写道：

我相信自己
生来如同璀璨的夏日之花
不凋不败，妖冶如火
承受心跳的负荷和呼吸的累赘
乐此不疲

生命就当如夏花般璀璨，只要你无所畏惧，挡在面前的一切困难都是纸老虎！

# 审视英雄

**【儿子·说】**

2005年3月1日　星期二　晴

今天语文课上，我们重点学习了《十六年前的回忆》这篇课文，课文主要讲述了李大钊同志被捕前的革命活动和被捕后在法庭上与敌人做斗争的故事。从故事中我们可以看出李大钊同志忠于革命事业的伟大精神和他在敌人面前坚贞不屈、大义凛然的高贵品质。上完这堂课以后，我更加清醒地认识到：如果没有革命先辈的浴血奋战，就没有我们今天的幸福生活。他们是我们努力学习的英雄楷模。

**【父亲·曰】**

你今天说要以英雄为楷模，爸爸为你心中有了学习榜样而感到高兴。一位哲人说过："一个民族是否伟大，不仅看它能产生什么样的人物，更看它拥戴什么样的英雄。"任何时代、任何地方、任何国家和民族都需要英雄，需要崇敬英雄。特别是在和平年代，时时怀念李大钊等英雄人物给我们醒脑清心，于世风有益有补。

近年来，个别人打着历史研究的幌子，肆无忌惮地歪曲、颠倒我们中华民族从古到今崇拜的英雄，恣意掏空历史根基，搞历史虚无主义，阻滞英雄的传承与弘扬，其根本目的就是通过贩卖历史虚无主义，要想挖断中华民族传承的命脉。其用心何其毒也。这些人采用的手法大体有：

一是大力鼓吹"历史英雄相对论"。有人以所谓的新史料为历史"正名"，鼓吹在一个民族里人们崇拜的英雄，往往是另一个民族的恶魔的论调，假惺惺地提醒人们要警惕那些暴力英雄主义，不要相信美化暴力，美化英雄的人，比如五胡乱华时的冉闵之流。有人还说，人们通常认为的英雄都带有某种悲情色彩，其实是大众对失败者的同情和安慰。这是偷梁换柱的伎俩。

二是大力鼓吹“时代英雄虚无论”。有人认为,民间有少不看《水浒》、老不看《三国》的古训。年少容易血气方刚,容易拔刀而起,容易被不着边际的煽动所左右,容易轻视生命。在我们的生活中,为了面子和荣耀,往往违背自己的真实意图,去追求虚幻的光环。结果他们往往在炫目耀眼的光环笼罩之下的迷离灿烂小天地里孤芳自赏,自我陶醉,不辨大道,不识大义。有人更是用小学课本中取掉《少年英雄刘文学》一课为佐证。刘文学是个全国皆知的小英雄,为了保护集体的辣椒而被坏人掐死了,有人说他明知以自己12岁的年龄斗不过成年的坏人,却要不可为而为之,他不是死于坏人之手,而是败在自己无所畏惧的勇气里,败在高谈阔论的唾液里。这是借题发挥的伎俩。

三是大力鼓吹“现实英雄无下场论”。去年,有人在媒体上报道了一个因见义勇为而失去行走能力的人。报道的不是他的英雄事迹,而是他在因抓歹徒而成为残废之后,被鲜花掌声包围着。当英雄的光环逐渐褪去之后,留给他的只有贫困、泪水和无声的叹息。而当初为他喝彩的人此时又在为别的英雄封赏去了。见义勇为者是英雄,而奖赏人的是赢家。并为他精心教育出一个又一个见义勇为的勇士而骄傲,并因此而宣扬政绩。你觉得英雄牛气吗?这是以偏概全的伎俩。

四是大力鼓吹“出现英雄有害论”。有人说,与英雄处于同一时代是一种悲哀与无奈,一个英雄出世在绝大多数情况下都伴随着现实的苦难。有人讲,人们赞美英雄,鼓励别人去当英雄,其实是在潜意识当中害怕自己成为别人的英雄。一部《西游记》,里面的孙悟空是英雄吧,但全书与其说是记录一段取经的历程,不如说是一段修理孙悟空的过程。有人还殚心竭虑地提醒人们,不要羡慕英雄辈出的时代,普通人与英雄生长在同一时代,那样更显得凡人的渺小和微不足道,更为严重的是还往往会成为英雄施展本领的祭品,所以应该去营造一个没有英雄的时代。这些人往往以种种美妙的词语和人们的虚荣心理去实现自己不可告人的私欲。这是心怀叵测的伎俩。

上述种种谬论，其实是想否定英雄是一个国家、一个民族对其的历史认同、价值认同、情感认同的事实，否定孕育英雄、激发英雄主义与爱国主义精神是凝聚民族感情与国家意志不可或缺的历史文化与内生力量的本质。丑化英雄，更可能毁掉的是整个民族和国家的思维环境、思维生态和思维能力！

聪明秀出谓之英，胆力过人谓之雄。英雄者，有凌云之壮志，有气吞山河之势，有腹纳九州之量，有包藏四海之胸襟！肩扛正义，救黎民于水火，解百姓于倒悬。爸爸觉得，今天审视这些有关英雄的奇谈怪论，需要明确几个观点：

一是时势锻造是英雄的标志。“英雄造时势，时势造英雄。”英雄将个人追求与人类历史发展规律结合在一起的精神境界，激励着任何一个不甘平庸和沉沦的人，由此人们受到启发，并从中汲取前进的力量。有些英雄是天生的，但绝大多数英雄却是在经历了无数的艰难困苦的折磨之后才锻造成为非凡英雄的。同时，英雄要经过岁月的洗礼，要经得起时间的考验。因此，英雄往往成为时代的代言人和标志性符号，再现了那个时代特有的精神风貌。对他们的任何污蔑和攻击实质上都是有损于我们国家、民族的形象的，对于公民的核心利益和核心价值观都会造成极大的冲击。

二是内圣外王是英雄特质。英雄虽是时代的产物，但精神却一脉相承。除了时势外，成为英雄，还需要个人自身具备一定的条件。爸爸觉得，只有“内圣”有能力，才能“外王”帮别人。自己没有能力而大谈英雄或助人为乐，那不是外王，而是吹牛。有人说，英雄都是没有头脑不识时务的莽夫，为了虚幻的勇气和荣誉而不惜杀身。爸爸觉得真正的英雄首先要做自己心中的英雄，树立战胜自我和困难的信心，而不要做别人心中的英雄。人生最难的事情就是认识和了解自己，只有不断战胜自己，并且为之进行努力，掌握了比昨天更多的知识，你就是先达到了“内圣”的境界。

三是平凡伟大是英雄的表象。人生就是一场场的战争，人活着就是要扮演英雄的角色。英雄都会有自己的传奇。真正的英雄是审时度势、有勇气服输的人。英雄服输要比不服输更需要勇气，这是一种生活的大智慧。

成为英雄的途径有多种，为民族大义舍生取义是英雄，为匡扶正义流血牺牲是英雄，脚踏实地恪尽职守是英雄，十年一日甘于奉献也是英雄，心存公心、行秉正义的人都是英雄。行行都会出英雄。爸爸崇敬那些处在和平年代道德高尚、业务精通、与人为善的平民英雄，推崇建设英雄，拥戴平民英雄。英雄需要全民族的呵护，尊崇他们，维护他们，传颂他们，应该成为我们全民族的共识与道义担当。

## 青春的真谛在于积累

**【儿子·说】**

2005 年 5 月 14 日　　星期六　　小雨

今天剑桥英语又换了一位新老师，老师姓陈，个子不高，一双大大的眼睛，讲课十分认真，而且还挺幽默。一上课，我就感觉课堂气氛明显轻松了许多。

可是接下来，老师就让我们读单词、写单词、记单词。我们又感觉特别枯燥无聊，这老师不像以前的老师先引导我们翻译理解课文，慢慢地，同学们的兴致消退了。我也不明白为什么老师总是让我们读单词，同学们开始小声议论，是不是我们的新老师不会干其他的，只知道读单词啊？老师好像看出了我们的心思，说："单词是英语学习的基础，把这些单个的、零碎的单词积累熟记，理解透了，其他的也就很容易了，如果掌握不了，没有一定的单词积累，其他的就别谈。"果然，记熟了单词后再理解并翻译课文，我觉得轻松了许多，而且掌握得也特别牢固。同学们也都发出感叹：这才是我们的好老师。

**【父亲·曰】**

无数的事实证明，人一生会遇到很多人，但对你人生起关键作用的却只有几个；人一生会遇到很多事，但对你一生起重大影响的却只有几件；人一生道路是漫长的，但紧要处却只有几步。要走好这关键的几步，唯有靠之前的日积月累。古今中外，概莫能外。

在你上学阶段，小学、中学，乃至大学都是一生中不断积累知识的学习阶段，这些都是人生必不可少的组成部分，而这些阶段知识的积累，决定着你人生的发展方向和人生的底色。一个人的知识，从专门学习中得到的其实很少，大量的是靠平时一点一滴积累。人们常说，积少成多。要掌握丰富的知识，就要处处留心，在平时生活、学习中丰富、充实自己。就像今天去法门寺进香，你可以从参观中对佛教及有关舍利的情况做个了解，这也是增加知识的一个途径，但你却不愿意去，我几次让你看有关文字说明，你生怕我让你多看，能躲则躲，很不情愿，这怎么能学到相关知识呢？我知道你早上不愿意去，并不是真不想去，而是你担心去了我会让你写游记，你这种想法会使你的知识面变得越来越窄。后来在大明寺进香，我看到寺院板报上有一篇去年的高考满分作文，叫你去共同欣赏，结果你很不情愿，又未认真看，你就是这样在逃避中失去了学习知识的机会。平时的知识积累，犹如春雨润物，会在不知不觉中滋润心田，达到事半功倍的效果。如果你放弃或不屑于零星点滴知识的积累，那么你就绝对不会拥有渊博的知识。

人生是个大舞台，青春更是舞台剧中精美的一出，有谁不想在人生最美丽的时候闪耀自己的青春呢？有谁不想在自己岗位上开创出一番天地呢？不是昨日的信誓旦旦，不是花前月下的卿卿我我，更不是雁去留声的长日当歌！成功是什么？成功是拼搏的汗水凝聚，是厚积薄发的飞跃，是人生当自强的呐喊，是淹于黄沙的飞天，是夸父不息的逐日，是凤凰冲向烈火瞬间的涅槃！

青春在知识的照耀下更加纯美，在知识的装点下更加灿烂。知识只有在奋斗中更加充实，只有在勤奋中不断积累！古往今来的事实表明，成功无捷径。人们常说，吃得苦中苦，方为人上人！生活是日历，每一页都会很快翻过，我们每天又能留下点什么呢？善于观察事物，于天地日月和谐中，参考借鉴，时习之，日记之，存已心间，日积月累，厚积薄发，才能成为一个大师。

青春是美好的，更是短暂的。“羡子年少正得路，有如扶桑初日升。”“君不见，高堂明镜悲白发，朝如青丝暮成雪。”人不能在人生最光辉的时刻虚度年华、碌碌无为。迷人的彩虹出自大雨的洗礼，丰硕的果实来自辛勤的耕耘。你应好好地把握青春，让青春更美丽！

## 冲动孕育着激情

**【儿子·说】**

2006年3月30日　　星期四　　晴

“丁零零……”随着铃声响起，又到了下午放学的时间，同学们陆陆续续地从教室往外走，日子似乎并没有不同。教室后面突然传来“砰”的一声，一下子吸引了同学们的目光，原来是小晨和小阳两个同学扭打在了一起，刚才的声音正是小晨将小阳推到桌子上发出的。同学们看见了都冲过去制止，迅速将两人分了开来。分开后小阳还在骂骂咧咧，而小晨则一脸愤怒地盯着对方。看到这种情形，我挤进去将小晨给拉出了教室，和他一块儿回家。一路上，不管我怎么问，小晨都保持沉默，问急了，他却淡淡地说了句：“唉，今天太冲动了，小阳根本经不起我几下的……”小阳在学校表现素来不好，我想小晨也是实在忍不住才动手的吧！

就像小晨说的，冲动真的很可怕，幸亏两人今天都只是空手打架，否则的话，后果还真不好说！

**【父亲·曰】**

冲动和激情是一对孪生兄弟。冲动孕育着激情，激情的极端膨胀会带来冲动。冲动会让人血脉贲张，让你出现判断失控；而激情会让人的信念在心中沸腾，给你前进的力量。我们可以遏制从天堂冲向地狱的冲动，但却绝不能限制从地狱飞到天堂的激情。

因什么而冲动，对什么充满激情，是判断一个人成熟的标准，也决定着不同的人生。任何事情,有黑暗的一面,也有美好的一面。黑暗的一面我们要摒弃,对于美好的一面,我们要积极提倡和追求。你生存的世界是地狱还是天堂,完全取决于自己。你凸显人性中黑暗的一面,那么它就是地狱;而你选择与人性中光明的事物在一起,那么天堂也就在不远处。

## 年轻的幸运

**【儿子·说】**

2004 年 12 月 25 日　　星期六　　晴

以前爸爸说把我们伤得最深的往往是自己最亲的人,对这句话我今天终于有了更深的理解。

下午放学回家,我去小阳家玩耍,小阳的姐姐喊着要去洗澡,因为没有钱就打电话给妈妈,让妈妈给钱,可是她妈妈在单位加班回不来,小阳的姐姐就说爸爸妈妈不爱她了,边说边冲出家门要离家出走。我和小阳拦又拦不住,还要赶时间去上课,没办法只好给小阳的妈妈留了个条子就急急忙忙地走了。后来我和小阳不放心,又给小阳的爸爸打了电话,小阳的爸爸埋怨小阳没能拦住姐姐,还说爸爸不在,小阳就是家里唯一的男子汉,有什么事要多担当,也批评小阳的姐姐不理解爸爸妈妈而乱发脾气,最后还赌气走了,这是不对的。难道她就没想过爸爸妈妈会心痛吗?

**【父亲·曰】**

有疑问的生活才会丰富多彩,生活本来就是由酸辣苦甜做出的饭菜,只是多数看起来很美,至于真正味道如何,每个人都有自己的评判标准。

晚上,当我 10 点多钟和小阳的爸爸冒着风雪去学校找小阳的姐姐时,外边的风雪我还可以抵挡,只是内心的冷风使我有点不知所措。在寻找的过程中,我也在反思着我和你妈妈教育你们的事情,努力回想着我和你妈妈在教育和抚养你们时的做法,我认为我们虽然没有达到你们心目中那样的高度，但我们都努力做了，我也相信你姐和你有分辨是非曲直的能力，因为我和你妈妈都是用心血来教育你们，你们一定会体会到我们的良苦用心，就像我体察你们在成长中的烦恼一样。

作为长辈，往往有好了伤疤忘了疼的毛病，在对待子女成长中面临的种种生活、感情的烦恼往往觉得不可思议，总觉得吃穿不愁就应该满足了。其实他们忘了，在每个年龄阶段，人都有烦恼，只是在年少时由于经历、学识等原因表现得更为强烈、直接罢了。这些烦恼存在的本质原因是对生活的渴求。因此，我虽不赞成动辄就发脾气、耍性子，但爸爸从内心尊重、理解你们在成长中的烦恼，如果可以，我愿做你们的出气筒。在你们烦恼、在你们难以控制自己情绪的时候，请往我身上撒气，只是要清楚，在撒气的时候请注意自己的身体，要不那样我会真的伤心。

小时候，爸爸读诸葛亮《诫子书》中"非淡泊无以明志"那句不甚理解，总觉得那是他功成名就后的矫情，如果真的淡泊，那他为何不耕地种田一生？那时的我不知道，年少时的豪情只不过是青春的幻想，因此，那种青春无敌、欲求达闻，总是抱怨自己生不逢时，渴求与伟人生于同时代，干一番惊天动地的事业的想法尤为强烈。随着年龄的增长和阅历的增加，我才幡然悟到诸葛亮在经历了过多的战火风云的洗礼后，给其子以淡泊明志之诫的良苦用心与真情实感。其实，平淡安逸的生活才是人生的追求，也是生活的本来面目。只是要平淡安逸，还要付出努力和勤奋，因为过平淡安逸的生活需要有生活的能力，否则，平淡的生活也不过是妄想罢了。

## 人生需乐观

**【儿子·说】**

2003年7月24日　　星期四　　晴

中午吃完饭后，我做作业时遇到一道数学应用题，看了半天也找不到思路，本想找人辅导，又觉得总这样不好。想了想，我就把以前的数学作业本拿出来看，找到了一道类似的题，认真地对比两道题，又看看作业本上的做法，终于把这道难题给“拿下”了。把这道题做完后，其他的题都不难，我没费多大工夫就完成了。我顺手把作业放在窗台上，高兴地出去玩了。

让我没想到的是，下午爸爸要检查我作业，我在窗台上找了半天也没找到，就问妈妈。妈妈说她在院子里捡到我一本作业本，不过当时泡在一摊水里，拿起来看的时候字已经很模糊了。我找来一看，气得眼泪都下来了。老天爷，你不能这么玩我啊！我费了这么大劲才把作业做完……

爸爸本来要我重新做，可看到我越哭越厉害，就转身出去了，出去前只说了一句：“你好好想想！”

等我哭累了，才细细想了想今天的事。其实这也是我自己不小心，窗户又没关，风一吹作业本不出去才怪。算了，重做就重做吧，有什么大不了的，我可是冯紫阳，我不能被这件“小事”给压趴下。

这次的事，就当交学费了！

**【父亲·曰】**

“天有不测风云，人有旦夕祸福。”在生活当中，事业不顺心、情感变异、人际关系紧张等矛盾难免会发生。在这些变故面前，我们能否做到临变不乱、遇乱不惊、泰然处之呢？乐观是至关重要的，乐观不仅是一种心态，更是一种涵养，一种对人生的透视和彻悟。对生活中的酸甜苦辣、悲欢离合不必太注意、太苛求，更不可怨天尤人。

常言道：人生不如意事十之八九。一味地沉浸在不如意的忧愁中，只能使不如意变得更不如意。“宠辱不惊，闲看庭前花开花落；去留无意，漫随天外云卷云舒。”既然悲观于事无补，那我们何不用乐观的心态来面对人生呢？

一个乐观的人，无论身处何处，都会感受到生活的乐趣。心中有快乐，乐观面对世事，就能看到生活的美。只要抛却名利羁绊，挣脱精神枷锁，打破对逆境的恐惧，用豁达开朗的心境面对生活的磨难，快乐就会永远与你相伴。

乐观面对人生。“不以物喜，不以己悲”，我们就能看遍天下胜景，“阅尽人间春色”！古往今来，历史上许多伟人大都有着乐观的生活态度，如弥尔顿一生遭遇了无数的磨难，他双目失明，生活曾一度陷入极端困境的打击，但他总是以乐观的精神和不屈不挠的意志，渡过了一个又一个难关。

乐观面对逆境。人生过程中的挫折和逆境是无法避免的，而我们唯一能做的，便是改变我们自己的心态。只要拥有乐观的态度，就能找到快乐的理由。只要我们乐观地面对人生，不论遭遇怎样的逆境或磨难都以乐观的心态面对，都会发现生活里原来到处都充满阳光。即使辽阔晴空被乌云遮蔽，我们仍可以透过云的缝隙看到顽强执着穿透云层的一缕阳光，灿烂阳光仍能照亮我们的心灵。

乐观并不总是笑容满脸，神采飞扬。乐观是不论在什么严峻的情况和境遇下都能面对现实，并能信心十足地迎接挑战。乐观并不是无中生有。没有对自己的认识，没有对周围环境的洞察，没有争取和付出，还能整天乐呵呵、无忧无虑的人，要么是傻子，要么是世外高僧。乐观不可以装腔作势、自娱娱人。

随时随地都面向着太阳，以乐观的心态面对人生，将生活的阴影远远抛在身后吧——时时拥有乐观的心态，做一个乐观的人，快乐享受生活，你必将拥有积极、快乐的人生！

## 理性看待人生

**【儿子·说】**

2006年9月5日　　星期天　　阴

一踏进高中的校门，我就觉得自己长大了，心理上觉得自己是个大人了，三年以后的高考决定着我们每个人的命运，所有人进到学校都是为了三年以后的决战。刚开学的时候，老师说，只要我们跟着老师的节奏学习，半只脚就已经跨进了大学的校门。我还记得这句话赢得了我们至少两分钟的掌声，所有人的士气都被鼓舞了起来，所有人都觉得看到了希望。可是现在,我们都变得麻木了,每个人都有每个人的一套复习方法,所有人都把自己圈在自己的小天地里,努力奋斗。原来初中很好的朋友,现在见面也只是点头打招呼而已,每个人都在自己通往成功的道路上奋勇前进着。朋友们,加油!现在不是我们玩耍享乐的时候,我们都要好好努力,三年以后,我们再玩个痛快。

**【父亲·曰】**

紫阳,我一直以来总觉得你过于多情,多情并不是坏的,问题是情多易滥,滥而易伤,伤而易逝。每个年龄阶段都应该有每个年龄阶段的乐趣,超越了一定阶段的情感,注定要招来痛苦。从某种意义上说,多情即无情,你和你的同学相聚共话离别,字里行间充满了伤感,你感到离别的伤痛,其实你正在体验着人生,而这种体验将是一个漫长的过程。我觉得,人生在世,无论是感情还是事业的追求都是一个漫长而曲折的过程,很多时候不仅仅需要汗水,还需要机缘。在这个过程中,我们必须遵守自己的原则,因为人生之路充满了陷阱,一点点放纵或不慎就可能铸成大错而抱憾终身。这种负责任的态度也意味着漫漫长夜中无数的孤灯长叹,也许这就是感情的归宿,也许这就是成长的道路。成长需要付出代价,人生没有大落就没有大起,人生没有大悲就没有大喜。

其实,人身上所有的光环都是受伤的疤痕发出的光芒,今日的疤痕往往是明日的勋章,而这些伤痛和疤痕又丰富、灿烂了你的人生。你要有心理准备,但无论如何,你对待感情要慎之又慎,因为人的一生风风雨雨、坎坎坷坷,最终你会发现,去掉所有的浮华和喧嚣,自己最需要的还是感情。不要用理性来对待感情的问题,没有人会喜欢一个近乎残酷的逻辑动物。人天生就是感情的动物,有的人后来努力学习理性地面对生活,结果矫枉过正,超出了自己的感情范围。理性就是给感情套上枷锁,穿上衣服,素质的高低就是自律程度的高低,但一味地放纵感情,最终的结果势必是引火自焚。

因此,我觉得最好的感情应该是淡而有味,君子之交淡如水,这是人生的总结。年少时长于调情而疏于生活,老年时长于生活而疏于调情。人过了中年,经历了大风大浪,深谙付出与回报之间的平衡技巧,这就叫作世故,而世故的人又是理性的,感情是人生最美好的风景,但不是生活的全部。人的一生在感性和理性中徘徊挣扎,人生才会变得五彩缤纷。

## 学会能屈能伸

**【儿子·说】**

2004年5月14日　　星期五　　晴

早上我读了一篇寓言故事,其中讲到:河边长着粗壮的大树和矮小瘦弱的芦苇。大树根深蒂固、枝繁叶茂,经常炫耀自己的强壮,讥笑瘦小的芦苇永远无法体会自由舒展的快乐,永远没法看到远方的风帆。芦苇默默不语。夏天到了,暴雨来了,大树禁不住狂风暴雨的冲刷倒下了。

雨过天晴,躺在湖边的大树异常悲伤,问芦苇:"为什么我这么粗壮都被风刮断了,而你们却什么事都没有呢?"芦苇回答说:"我们知道自己软弱,便低头给风让路,而你却拼命抵抗,结果被狂风刮断。"从这则寓言中使我们深刻地体会到:任何强大的事物都不是永远强盛而不可战胜的。

**【父亲·曰】**

俗话说,能屈能伸才是大丈夫,此言不虚。

作为将来要顶门立户和顶天立地的男子汉遇到点困难很正常,关键是看你能不能正确看待这个问题。所以能屈能伸便是衡量一个人的能力或综合素质的重要指标。所谓能屈能伸,并不是见风使舵、阿谀奉承,而是看在复杂的环境中处理事情是否能够左右逢源、游刃有余。这体现的是一种灵活性与原则性的相互结合,是矛盾的相互统一。

记得有这样一则寓言:喜鹊在高大的树上筑了一个坚实、漂亮、温暖的巢,寒冬来临,狂风呼啸,它的巢被吹落了,喜鹊就重新修筑,但狂风不止,加上天寒地冻,连要找到筑巢的泥都非常困难。麻雀说:"您还是在农夫的草垛里躲躲吧。”喜鹊看了看农夫那丑陋、肮脏的柴草堆，不屑一顾地说：“我高贵的喜鹊，怎能住在这丑陋的草垛中，怎能与你这下贱的麻雀挤在一块呢？”它继续努力筑巢，可巢却总是被风一次又一次地吹坏，最后能量耗尽的喜鹊被冻死在寒风中。

春秋末年，越王勾践败于吴王夫差，为了保住性命卑身事吴，甘愿做吴王的奴隶，忍受了无尽的屈辱。经十年生聚，十年教训，勾践回归越国，卧薪尝胆，“三千越甲终吞吴”，越王勾践因此而成就霸业。而历史上项羽垓下兵败之后，刎颈自杀，却留下千古遗憾。后人对此事也多发感慨，如果他回江东重整旗鼓，再与刘邦争锋，到底鹿死谁手，尚难断定。这样的历史教训的确给了我们太多的启示。

儿子，我们生活的客观环境瞬息万变，外在的条件已经发生了变化，如果我们还按照先前的方式、方法、思维去分析和解决问题，其结果必然是事倍功半。你必须明确“能屈能伸”并不是根本原则和战略的改变。留得青山在，不怕没柴烧。事事保持理智，不逞能也不退缩，方能成大丈夫。

## 掌控好自己的人生舞台

**【儿子・说】**

2004 年 7 月 17 日　　星期六　　晴

上午，我和妈妈到招待所听完迪士尼的英语演讲后已经快中午一点了。回到家吃过午饭，妈妈说我今天可以放松一下，我感到很高兴。

午休后，我准备去找院子里的其他同学玩，可出门时看到暑假作业静静地躺在桌子上，旁边还有爸爸给我借来的下学期的课本，我有些犹豫了，今天的计划还没完成呢。这时候，我的心里好像有两个我，一个我在说：“不管了，反正是妈妈让我放松的。”另一个我说：“不行，得管好自己，今天的计划必须完成。”经过激烈的思想斗争，我还是决定不出去玩了，先把今天的作业完成再说玩的事吧。

做完作业后，我又拿起下学期的课本翻了起来，果然比较难。但我想着爸爸给我借书的用意，还是仔细地看了起来，不懂的多看例题就是了。

晚上回家，爸爸表扬了我，他说："人生就像一个舞台，只有自己做主角的时候才是最精彩的时候。以后，不要总让别人强迫自己、要求自己做什么，而要自己约束自己，只有这样，你才能在人生的舞台上把最美丽的一面留给观众，让他们为你喝彩。"

**【父亲·曰】**

爸爸今天很欣喜，你能自己约束自己，在妈妈允许你放松的情况下，还能自觉地完成作业，并且自学下学期的课程，这说明你更懂事了。爸爸相信，只要你坚持不懈，就会掌控自己的人生舞台。

人一生的知识百分之九十九来自自学。学习要靠别人引导，但好的学习习惯要靠自己培养，如果一直靠着别人的引导或辅导而被动地接受学习，那么学习就不会做到持之以恒，当然也就不会取得好的成效。反之，自学意识增强，养成良好的自学钻研的习惯，那么不但可以培养学习兴趣，更重要的是能触动内心对知识的渴求，做到主动出击，这样一切学习困难都会迎刃而解。

善于控制自己是一条重要的人生准则。只有控制自己、限制自己，并把握自己，才能感染别人，领导别人，一是"桃李不言，下自成蹊"，喊破嗓子，不如做出样子。二是"祸莫大于不知足，咎莫大于欲得"。《格言联璧》云："人之心术，多欲则险，寡欲则平；人之心术，多欲则忧，少欲则乐；人之心气，多欲则馁，寡欲则刚。"人生面临太多诱惑，如果你不善于控制自己，管不住自己而放纵自己，其后果只能是毁灭。法国作家布莱斯特说："从贪欲开始就会在牢狱里告终。"三是"不积跬步，无以至千里，不积小流，无以成江河"。限制自己不要忽视小事，良好的道德品质不是与生俱来的，而是不断培养的结果，平时不注意小事细节，就有可能演变成大的问题。四是"吾日三省吾身"。做好自重、自省、自警、自励，防微杜渐，特别在无人监管时，更应审慎自律、洁身自好，不断净化灵魂。

总之，要成就一番伟业，就必须要学会控制自己、限制自己，必须习惯律己、习惯专注。

## 放下面子

**【儿子·说】**

2005年4月18日　　星期一　　晴

今天是小浩的生日，中午放学后我们几个一块去他家为他庆祝。我们都准备了礼物，小明送了一本作文书给小浩。我准备把上次手工课上做的航天飞机模型送给小浩，因为他非常喜欢，上次他还说用他的机器人换，我都没舍得给他，这次作为生日礼物送给他，他一定非常高兴。

果然，当我一拿出来，他就高兴地拿在手里左看右看，看到他很喜欢，我也很高兴。这时"捣蛋鬼"小贾拿出一把最新式的玩具枪得意地朝我们笑笑，大家眼前一亮，我上次在超市也见过，让妈妈买，妈妈嫌太贵了就是不给我买。看见这把枪我想："要是今天是我过生日多好呀，那么这把枪就是我的了，再看看我的礼物真有点寒酸了，不过他哪来那么多钱呢？"

吃完饭我们又一起去了学校。活动课时老师过来收定做校服的钱，大家都交了，只有"捣蛋鬼"小贾没交，老师问他原因，他支支吾吾半天也说不出理由。哦，这下我们都明白了，原来他是把交校服的钱用来给小浩买礼物了。看来，今天我送的礼物是最有意义的了。

**【父亲·曰】**

辩证法告诉我们，任何事物都是对立统一的。"要面子"与"丢面子"也是对立统一的。有些"面子"是非要不可的，但有些"面子"不要也不打紧。在大是大非的问题上，涉及国家、民族的面子是非要不可的。有些面子涉及人格问题，也必须毫不犹豫地保全。毛泽东称赞朱自清"宁可饿死，也不领美国的救济粮"，这就是朱先生说过的要保持"气节"，保持知识分子的人格。

在生活中,还有一种死要面子,实际上却不要脸的人。正如俗话所说,“死要面子活受罪”。在生活中,不是有很多这样死要面子的人吗?有些学生的父母辛辛苦苦积攒一点钱供子女上学,但他们的子女却在学校随意挥霍浪费、请客送礼、大摆阔气。报纸上报导了这样几起事例,使我很是担忧。还记得看到过这样一个故事,有一天,天上阴云密布,看样子马上就要下大雨了,一个女同学看到同学的父亲到教室来给儿子送伞,西装革履,一副大款气派,非常羡慕。突然她从窗外看到自己的父亲苍老憔悴、衣着破烂的身影走过来了,惊惶得不知所措,听到父亲喊自己的名字就假装没有听到,等到他走进教室,她简直无地自容。还有一个男同学出外读书,看到农村的妈妈来了,面黄肌瘦,衣着不整,他干脆装作不认识,宁可不要伙食费,也不愿当着同学面认这样的农村妈妈。难怪鲁迅在《“要面子”与“不要脸”》这篇文章里说,“要面子”与“不要脸”实在也有很难分辨的时候。

有人说,男子汉大丈夫,怎么能够不要面子呢?那么到底什么是大丈夫的面子呢?难道大丈夫的风度就是在妻儿面前发号施令、颐指气使吗?难道大丈夫的风度就是在众人面前喝酒赌博、狂言乱语吗?如果大丈夫连一点小事都觉得丢了面子,那还是大丈夫吗?鲁迅说:“无情未必真豪杰,怜子如何不丈夫。”他所说的才是真正的大丈夫的写照。

要了面子,就丢了里子。面子是表面的、是虚浮的,要面子是虚荣心的表现。里子是深层的、是实在的、是谦恭心的表现。面子华而不实,里子表里如一。外看一朵花,内心一团糟,这是徒有外表的绣花枕头。外看一团糟,内心一朵花。虽然没有外表美,但是却有内心美,最终会得到人们的理解和尊重。一个人如果没有灵魂,那么要这个躯壳还有什么用?而一个人如果灵魂强大,即使躯壳偶尔会有损伤,也依旧改变不了他的强大。

在人生舞台上,要有一番作为,必须要学会“放下面子”,太顾面子其实是胆怯和不自信的表现,只有“放下面子”,才能放下心理负担,全身心投入;只有“放下面子”,才能听到别人的意见并及时改正;只有“放下面子”,才能破釜沉舟、信心百倍、勇敢面对;只有“放下面子”,才能想别人不敢想,做别人不敢做,干别人不敢干的事,才可能绝地逢生;只有“放下面子”，才能百无禁忌、屡败屡战、永不放弃，才能在现实的风雨中练就金刚不坏之身。

## 科技无节制地发展最终会毁灭人类

**【儿子·说】**

2007 年 4 月 2 日　　星期一　　阴

中午听政治老师说，日本垂涎我们的钓鱼岛，同学们在课间又谈论起南京大屠杀，个个义愤填膺，纷纷表示要保家卫国。这时有人问另一个同学：“你是独生子，如果为国‘光荣’了，你的父母怎么办?”大家一时无语了。这时，有人抢着说：“把你再克隆一次不就成了！”听到克隆的想法，大家都好像有了新思维，有人提议把古代大将军克隆出来“保家卫国”，有人还说要克隆自己，让自个儿有“分身之术”，甚至更有人想克隆一个地球……这些理想真棒！但愿所有人的心愿都能成真，那该多好啊！

**【父亲·曰】**

紫阳，遇到事情在认真思考前先慢点叫好。因为老子曾说：“福兮祸所伏，祸兮福所倚。”一项新技术的发明，一方面可能造福人类，另一方面也可能伤害生灵，即科学技术的“双刃剑”问题。这是历史反复证明的真理之一。据我所知，世界上克隆的第一只羊——多莉，已于 2003 年 2 月 14 日被实施安乐死的消息再度震惊了世界。据培育出这只世界上第一例体细胞克隆哺乳动物的苏格兰罗斯林研究所透露，在被确诊之前，多莉已经不停地咳嗽了一个星期。之前经兽医诊断，多莉患有严重的进行性肺病，这种病在目前还是不治之症。回想 1997 年 2 月 22 日，当多莉克隆成功时，克隆技术在世界上非常轰动。绵羊通常能活 12 年左右，而多莉只活了 6 岁，在多莉之前，台湾已用胚胎细胞复制出了目前最长寿且能繁殖的克隆猪。多莉以后，美国又复制出人类的近亲——两只猴子。多莉的早夭再次引起了人们对克隆动物是否会早衰的担忧。由此爸爸想到人类对克隆技术的恐惧,也许世界可能因为我们的一时之念而引发混乱!

人类迷信"进步即善"的观点,但进步既可以把人类带上天堂,也可以把人类领到地狱。从现实情况看,在此理念基础上为满足人类无限制的欲望,让科学技术无节制地发展,先造出了核武器,最近又研究出改编遗传因子结构的克隆技术。克隆技术的成功意味着人类摘取了生物学上的禁果,篡夺了上帝的专利,人类掌握自己的命运已经不再是个神话。

科学技术是个中性的工具,它本身无所谓善恶,即价值中立。好人可用它为善,坏人则可用它为恶。科技进步在给人类带来巨大财富的同时,也打开了装有各种灾难和祸患的"潘多拉魔盒",像火一样,既具有照亮自我的功能,也具有毁灭自我的力量,它给我们带来光明的恩赐,也给我们带来破坏的威胁。科技所带来的后果的好坏依赖于使用科技的人。在科技发展史上,这类"双刃剑"的例子不胜枚举。例如:电的发明、核技术、生物克隆技术……关键的问题是,我们以什么态度和什么方式来对待一项新技术的发展和应用,决不能因噎废食,但也要尽全力减少或消除它可能带来的伤害。尤其是当一项技术还不是很成熟时,就已经被唯利是图、别有用心的人利用和滥用,它带来的负面效应可能远远大于科技进步对人类生活的积极作用。

人类要摆脱科学技术给人类带来的灾难,现在已经到了非常时期,需要人类在思想观念、行为方式等方面进行根本性改革。马克思认为:劳动者善,所以劳动者得天下,善的时代就到了。可事情远没有那么简单。圣德太子说,人有善的一面,也有恶的一面,让本来善恶兼有的人向善的方向转变,就是教育要承担的重要责任。但这仅仅靠道德教育约束并不可靠,只有制度才能约束人的行为,因此我们要多研究科技发展带来的弊端,通过专门机构立法并监督实施来规范科技成果的应用,减少科技发展带来的负面作用,使科技发展更好地服务人类、造福人类。这样说来,"新科技"的发展令人着迷向往,如果普及就必须合理地规划,多为世人谋福,也要有所节制,不要超出了极限,更不能滥用。否则,人类毁灭的真正杀手必定是我们人类自己!

# 自信是人最美的服饰

【儿子·说】

2005年7月4日　　星期一　　阴转雨

明天就要面临我人生中的第一次大型考试——小学毕业考试。

别小看了这次考试,因为这是从小学到初中的一个关键的转折点,我非常重视,也非常紧张。其他同学也非常紧张,有的人说考试不想不害怕,一想就害怕。由此可以看出每个人从思想上都很重视,都怕考不好。我觉得,对待这次考试就要像平时在学校进行单元测试一样,心理上重视,行为上认真细心就可以了。这样一想,我的心里踏实多了。我想,小学毕业考试,我一定能考好。

【父亲·曰】

世上的事情,凡是想不通就是受罪,想得通就是幸福。一切哲学,包括佛、道、释在内,根本的宗旨都是在解决这个问题。

紫阳,你今天已经满十二岁了,这个年龄在父亲的心中是进入男子汉行列的年龄,今年你也即将小学毕业,在你将要进入男子汉行列之时,我想对你说的话很多,想来想去,先说以下两点吧!

一是会爱自己,舍得爱别人。爱是一种能力,让你喜欢的人喜欢你,爱别人是为了更好地爱自己。如果你爱一个人,不必和盘托出。如果人吃得过饱,再好的美味佳肴他都会熟视无睹。人有时不能太注意自己,这样会产生太多的麻烦和烦恼,而要舍得去爱别人,孔子就说"仁者爱人",爱人是做人的前提,而做人是工作和事业的基础。有些经验必须从教训中得到,对于你们这个年纪的人更是如此,因此,我想你不论对自己的爱,还是对别人的爱,不能只是产生于思想上,而要付诸具体行动中,实践永远比思想更有力量,现实永远比理想更有力量。理想迁就现实,实际上是一种无奈的选择,而存在的东西都有缺陷,完善的东西意味着死亡。

二是勤奋使人完美,懒惰是人的天敌。人生的成败多在勤奋与懒惰之间见分晓。小时候,你爷爷奶奶就说得很到位,“娃娃勤,爱死人”“一勤遮百丑”。扪心自问,爸爸资质很是一般,之所以有今天,全在于一个“勤”字。可以说,爸爸现在所拥有的一切,都是靠心血熬成的,而不是靠上天的恩赐。只是如何把勤奋变成快乐,这需要智慧,需要心境。比如学习,一般人过多强调求学而往往忽视了追求过程中的乐趣。古人说得比较幽默、真实,即要在追求书中“颜如玉”“黄金屋”的过程中找到学习的乐趣。相对而言,我们现代人过多地强调读书的目的性,往往夸大了学习的困难,没有引导孩子从小树立快乐学习的理念。这就要求老师和家长要培养孩子的学习兴趣,让他们自发地学习,把快乐当作学习的唯一源泉和动力。这样,学习才有意义,生命才有意义,从而把寻找快乐当作学习的动力。其实如果你稍加注意就会发现,你身边很多勤奋学习的人都是快乐的,正因为快乐,他们求学做事大都很成功。我赞成这样的话,天才出于勤奋,但勤奋并不一定成天才。很多人的痛苦,其实都是悠闲的结果,痛苦的全部秘密在于有闲暇的时间为自己是否幸福而烦恼。

在对待勤奋上,我赞成作家刘墉的感悟:“要有一颗很热的心,一双很冷的眼,一双很勤的手,两条很忙的腿和一种很自由的心情。”我再加上一句就是“一份很快乐的感受”。这里边也蕴涵着一个道理,泪水和汗水都是“水”,但两者的结果却截然不同,泪水为你带来痛苦,汗水为你赢得幸福。如果做事学习是你无奈的选择,与其唉声叹气自寻烦恼,不如投入勤奋;与其多流泪,不如多流汗。勤奋常常能填补智慧的缺陷,懒惰永远也填补不了智慧的缺陷。

最后,爸爸还想老生常谈一次。作为男人,一定要相信自己,自信是最好的服饰,我行,因为我相信我行。生命的精彩需要的是别人的赞赏,可精彩的生命并不仅仅是为了可以获得别人赞许。人在多数情况下需要别人来证实自己的价值和成就,但我认为正确的人生态度应该是非常自我:我就是世界,我就是幸福,我就是未来,我从来不需要与其他人比较,从来不需要通过别人来证实自己。你觉得自己成功,肯定会越来越成功;你觉得自己优秀，肯定会越来越优秀；你觉得自己帅气，肯定会越来越帅气。相反，你觉得自己失败，那失败就会接踵而至；你觉得自己卑劣，猥琐就会时时像幽灵一样显现。因此，不论身处逆境还是顺境，都要自信和自律。自信使你勇敢，自律会降低失败的概率。当你学会自信而开始欣赏自己时，你就有机会成功，你也就会变成人间快乐的天使。

## 学会快乐生活

**【儿子·说】**

2003年11月1日 星期六 晴

我真的希望自己快点长大，这样，我就不用天天按照老师的要求去学习、去完成大量的作业了。

说实话，我今天真的好想向爸爸申请休一天假，因为我几乎没有周末。周一到周五要在学校念书，到了周末又要学英语、上数学辅导课。生活咋就这么压抑呢？每当看到别的孩子能够在外面尽情地玩耍，我的心里就直发痒，他们好快乐啊！可是我知道爸爸也是为了我好。爸爸说过："少年时期能够吃得苦中苦，成年了才能过上别人梦寐以求的生活。"或许我现在比别的孩子过得辛苦些，但我的书不会白念，我将来一定会幸福、快乐！

**【父亲·曰】**

爸爸很想对你说，现在快乐地学习，是为了将来快乐地生活。爸爸看到你读书读得如此沉重，心里也并不轻松。可实际上，你心里的沉重固然有学习任务太重的原因，更主要的原因还在于你自己。你的年龄现在还有些小，或许有些话说出来你并不一定能理解，但爸爸仍然觉得有必要告诉你。你现在的快乐与否，根本在于你自身的心性和习惯。效率太低、拖拉、不合理安排休息等都是造成你不快乐的原因。

作为父亲，对儿女的要求很低，只要你们快乐、平安、健康的生活就好，其余皆不重要。我觉得幸福、快乐、健康的生活也在于自己的经营,我对你的忠告归纳起来有十点:(1)不要抱怨生活。不在生活为什么对我如此不公正上做太多纠缠,而是努力去想解决问题的方法。(2)不贪图安逸。安逸的生活会熄灭激情的火花,使人过得无忧无虑而堕落,人只有在创造中才能永不知足,感受幸福和快乐。(3)感受友情、亲情和爱情。三者缺一不可,幸福的人几乎都拥有敬业乐群的天性。(4)倾情投入工作与学习。工作和事业能满足人的精神需要,让人感到被需要,并给人以充实感。(5)要有目标。幸福的人总为自己树立一生的目标和理想,让人知道自己为什么而活着。(6)要善于控制自己。生活要有规律,坚持好的规律和习惯会终身受益,如阅读、作息和卫生。(7)常给自己加油,给自己动力。一方面要保持对世界的乐观态度,另一方面要从灾难中获得动力。不会因恐惧、愤怒和灾难而感到沮丧。(8)注重效率。学会珍惜时间,幸福的人从来都是时间的主人,不幸福的人都是时间的奴隶。(9)学会自嘲,心怀感激。敢于自嘲的人一般都是内心强大的人。不要把精力集中在不满足之处,要把注意力放在能开心的事情上,多举头仰望天空,少低头俯视大地,要学会举重若轻。(10)要学会休息。休息是为了走更远的路,午后小睡片刻,工作、学习会更有精力,休息好是快乐的起点。

别再拖拖拉拉、慢慢悠悠地浪费你美丽的生命;别用随心所欲、肆意不羁荒废了你聪明的才智。学会自控、自律、自强、自爱,你就学会了在荆棘中行走。这些都做到了,你也就会悟到快乐生活的真谛。

## 科技改变历史

**【儿子·说】**

2005年4月6日　　星期三　　晴

由于4月11日省上领导要来检查学生手工科技制作,今天下午县领导要先来学校检查,我当上了学校的小记者。我们班有好多同学都积极参与到这次活动中，因为大家特别爱好科技发明，于是在老师的指导下，我们做了大量的科技含量比较高的作品，所以我们班今天被评为第一。这些活动不但锻炼了我们的动手能力，而且把我们学到的知识应用于实践，提高了我们的学习兴趣，让我们认识到科技与生活息息相关，同时为班集体争了光，也为学校争得了荣誉。

【父亲·曰】

随着科技的发展，人类文明又向前迈进了一大步，以前的马车变成了汽车，以前的油灯变成了电灯……现在，人们生活变好了。我们用汽车、摩托车加快了生活的节奏，用电饭煲、天然气做出了美味可口的饭菜……电脑在各行各业的应用也更加广泛，我们可以在因特网上和天南地北的亲朋好友聊天、游戏；可以在网上读新闻、看电影、听音乐；可以听老师上课、看书、查找资料，还可以足不出户购物、看病……可以这样说，科技和我们息息相关，有了发达的科技，我们的生活更加快捷方便、丰富多彩。

事实证明，这类现代化工具的出现，表明人类社会迈入了一个新的台阶。而这些都要归功于科技，所以科技给社会的加速发展提供了动力，用一条条无形的锁链织成了一张遍布全球的网，网罗了发展，网罗了生活。

科学技术是人类战胜自然、改造自然的武器，是推动社会生产力发展的重要力量。科技的每一次发展都是人类文明史上的飞跃，都是人类征服自然、征服自身的划时代胜利。在原始社会和奴隶社会初期，正是由于青铜器的铸造和铁器的使用，才使得社会财富成倍增长，从而引起社会形态的变化；在18世纪的工业革命中，正是由于蒸汽机技术的广泛应用，才使工业革命进入了一个崭新的阶段；在第二次世界大战后，正是第三次科学技术革命的影响，才极大地促使了战后资本主义国家的经济复苏和社会主义国家经济的大幅增长，促使了社会财富的迅速增加和人民生活的根本改善。因此，科技发展的有利之处是显而易见的。

不管人们有没有意识到，科学技术已经深深地影响着我们的日常生活，在经济社会发展中扮演着不可或缺的角色。尤其是自21世纪以来，科学技术，特别是计算机网络技术、电子信息技术的飞速发展，使得手机、电脑这些原本昂贵的奢侈品渐渐步入寻常百姓家，成为我们生活的必需品。

想象一下，如果没有手机，我们如何随时随地与亲人保持联系呢？如果没有网络，我们又如何与远在异国他乡的朋友谈天论地呢？如果没有高清晰的电视技术，我们又如何享受好莱坞大片的饕餮盛宴呢？必须承认，科学技术在一定程度上也改变着我们的生活方式，改变着我们的文化。

科学技术是第一生产力。正是因为科学技术具有如此的重要性，我们国家才提出大力发展科学技术。确立了科学技术的重要地位，把发展科技作为我国的一项基本国策，增大了对科技发展的资金投入，改善了科技发展的硬环境和软环境，从而使得我国在改革开放以后取得了巨大进步，步入了科技强国之林。但是，我们也应该清醒地认识到，我们与发达国家，比如美国、德国、法国等还有着很大的差距，很多技术都受制于发达国家。所以，我们应该奋起直追、迎头赶上。

作为当前社会的一员，你不仅应该认识到科技的重要性，还应该努力学习科学技术，用科学技术武装自己的头脑，具有献身科学的勇气和决心，具有用科学技术来发展全人类的博大胸怀。

## 放纵是毁灭的开始

**【儿子·说】**

2004 年 1 月 7 日　　星期三　　晴

下午放学后，我和几个同学在学校门口玩。我们先玩“九宫”，又玩踢毽子，一个游戏接一个游戏地玩，时间就这样不知不觉溜走了。直到姑姑路过叫我回家，我才发现天色已晚。晚上回到家，我一边在灯下写作业，一边后悔自己今天有点放纵自己。这样可不行，我以后一定不能再犯这样的错误了。

【父亲·曰】

爸爸不反对你玩，玩本来就是孩子的权利，况且玩可以使孩子更加聪明，玩是动手、动脑、动眼最有效的方法。但任何玩都是为一定目的服务的，为玩而玩是愚玩，为学而玩是巧玩。玩有高雅和低俗之分，有利于你成长、增智和世界观形成的玩就是高尚的，这样的玩可以玩出名堂、玩出事业、玩出生活的精彩，反之就会玩物丧志、玩火自焚，玩得一生平庸粗俗。爸爸希望你能在玩中锻炼出宽广的胸怀、敏锐的感觉以及永不服输的毅力，千万不可以玩耍到忘乎所以乃至性情放纵的地步。

放纵是毁灭的开始，任何东西都要有节制，任何事情都没有绝对自由，自由过度了，就会出事、毁灭。玩也一样，你要学会自控，人的自控能力与成就是成正比的。

放纵自己只能毁灭自己。男人最大的魅力在于自制和忍耐，就像雄狮一样，寂寞中透出王者之气，令人着迷。西方有句谚语："上帝如果让一个人毁灭，必先使其疯狂。"面对放纵的欲念，没有不动心的男人，但也有自制力强的男人，前者有本色，后者有情趣。我们说加强修养，其目的就是去掉人无限的欲念和无边的放纵，真正的智者会把感官的享受控制在最小的范围。很多人之所以不成功，就是过于放纵自己。孩子，从一点一滴中控制自己躁动的欲望，使自己的生活平静雅致，这就是我对你的最大心愿了。

## 了解点节日知识

【儿子·说】

2004 年 12 月 29 日　　星期三　　晴

元旦快要到了，新的一年又要开始了。为了迎接元旦，我们班要举行元旦庆祝晚会。为了这次晚会，我们把教室布置得非常华丽，四处都挂上了彩带，看上去就像是要举行一场格外盛大的演唱会。为了迎接明天的元旦庆祝晚会，同学们上课时也都一个个兴奋异常。这样的好心情也一直伴随着我,使我觉得干什么事都特别有劲。下午回来写作业,不知是心情好还是题比较简单,不知不觉间就很快就完成了,等王老师来了一检查,我做的98%都是对的。我感觉,在这样的氛围里,我不管做哪一件事都会成功。

【父亲·曰】

元旦到了,新的一年又要开始了,平静而平淡的生活因为有节日的点缀,人们的心中才激起了更多的浪花。节日把人生和时间分成几段,让人可以静下脚来歇一歇,对这一段时光进行一点思考和总结,我想你也应该对以后的事进行一番思索,最好让这种思索跨过家庭、学校,在更大的空间中寻找坐标。目前,你最重要的事是在期末考试中如何才能崭露头角,所以,为取得好成绩,紫阳,加油,把这作为对新年的献礼吧。

节日是一个民族在其发展中形成的特有基因,这种基因往往表现为文化传统。节日承载了这些传统。因此爸爸希望你对我们民族的传统有所了解,从中感受中华文明的博大精神。同时,也希望你对世界节日有所了解,从中体会人类文明的丰富灿烂,进而使你感受到人类的伟大。为此,今天爸爸也在元旦到来之际,给你讲讲"元旦"的由来。

每年阳历1月1日,是新年的开始,也是我国人民欢庆的一个重要节目——元旦。"元"是开始,第一之意;"旦"是早晨、一天之意。"元旦"就是一年的开始、一年的第一天。

从字面上看,"旦"字下边的一横代表着波涛汹涌的海浪,一轮红日从海上喷薄而出,放射着灿烂的光芒。这个象形字生动地反映了旭日东升的形象。把"元"和"旦"合在一起,就是要人们以蓬勃的朝气和奋发的斗志,来迎接崭新的开始。

"元旦"这一名称,据说出自传说中三皇五帝之一的颛顼。颛顼以农历正月为元,初一为旦。此后,夏、商、周、秦、汉的元旦日期并不一致。据《史记》记载:夏代以正月初一为元旦;商代以十一月初一为元旦。汉武帝太初元年时,司马迁创立了"太初历",又以正月初一为元旦,和夏代规定一样,所以又称"夏历",一直沿用至辛亥革命。中华民国建立,孙中山为了"行夏正,所以顺农时;以公历,所以便统计”,定正月初一为春节,而以公历1月1日为新年。1949年9月27日,中国人民政治协商会议第一届全体会议通过使用“公元纪年法”,正式将阳历1月1日定为新年的开始——“元旦”。

## 智者千虑,必有一失

**【儿子·说】**

2004年8月18日　　星期三　　晴

中午和爸爸一起看了一个法制节目,讲到一起抢劫杀人案,由于事发地点偏僻且下了一场雨,现场已被严重破坏,同时凶手没有留下任何线索,这样就给侦查破案带来很大难度。正当干警们束手无策、案情陷入僵局之时,有人发现受害人的手机被人使用过,警方立即抓住这一线索顺藤摸瓜,最终将嫌犯绳之以法。经核实,这部手机正是从受害人身上抢走的。

本来一起看似无从下手的大案,竟然由一部手机而破获。爸爸说:“再狡猾的狐狸都斗不过聪明的猎手。”

**【父亲·曰】**

智者千虑,必有一失。在我的印象中,这是很肤浅的一句话,是说一个人对做某件事很用心,甚至每个细节都考虑到了,但结果却出人意料地没有达到自己想象的效果,甚至和自己的愿望相反。但如今细细分析,这句话却很值得人们推敲。

做事有得有失,只是看你的用心程度。用心多一些,多数为得大失小;用心少一些,多数为得小失大。还有那不用心就能得到的,如“有心栽花花不成,无心插柳柳成荫”的特殊情况。“智者千虑”,必是做事极用心计的人,那么他所期盼的结果就是“得大失小”这一类型的。这时就要看人的心态了,如果对事物的结果期望值过高,头脑中只想到“得”而没想到“失”,那么由于事物有偶然性的作用因素,必然会使事情的结果富有变化性,这样就会出现“必有一失”的结局。如此说来，在一件事情中怎样“千虑”，如何评论“得失”，便成了判定一个人是否是“智者”的试金石。

在现实生活中，我们可把生活中应该处理的事物分为两大类：一类是关于自我和我所能控制的主动性因素；另一类是外界渗透自身的被动性因素，主要是指生存社会的外在环境、人际关系等。在第一类“智者千虑”的错误运用上，是以“完美主义者”为代表的，他们“千虑”的结果，是不允许“必有一失”出现的，所以劳心劳力，结果可想而知，如此他们还能称得上“智者”吗？在第二类“智者千虑”的错误运用上，是以“机关算尽太聪明，反误了卿卿性命”为代表的，他们是善于运用权谋的高手，他们“千虑”的结果，往往却招来“天意”的惩罚，结果带来的“必有一失”是致命性的。想想看，他们还能称得上“智者”吗？

“智者千虑，必有一失”作为一种“调侃之语”是再恰当不过的了。在实际生活中，我们应该凡事有度，无论做人还是做事，都应顺其自然，这样才能称得上一个真正意义上的“智者”。

## 优“胜”劣“汰”

**【儿子·说】**

2006年5月19日　星期五　晴

体育课上，老师进行了一次小测验，四人一组进行800米赛跑，前两名有机会参加学校统一组织的运动会。我一听心就有点虚了，因为跑步不是我的强项，虽然速度还可以，但我的耐力不行，坚持不了多长时间，像跑800米，我是没戏了。

比赛开始了，前面几组的成绩还不错。轮到我们组了，我们四个人按顺序站好。老师的哨子一响，我便拼了命地往前跑，跑完第一圈的时候我还在第二名，剩下最后一圈时，后面的一个同学赶了上来，我努力想拉开距离，可最后还是眼睁睁地看着那个同学跑到前面去了。虽然我很想参加学校的运动会，但“谋事在人，成事在天”，看来我是与运动会无缘了。唉，没办法，只怪自己没那个实力来赢得这次机会了，下次再努力吧。

**【父亲·曰】**

19世纪中叶，达尔文创立了科学的生物进化学说，他以自然选择为核心，第一次对整个生物界的发生、发展及其消亡做出了唯物的规律性解释。他的理论，简单地说，就是“物竞天择，适者生存”。不适应这个地球的自然环境，你就只能自己退出地球这个舞台了，也就是自我淘汰，这也充分体现了自然界“优胜劣汰”的法则。

现在“优胜劣汰”被很多人奉为真理。真理的本质是客观地反映物质的存在性，但世界上有很多真理，这些真理并不是“放之四海而皆准”。事实上真理不仅有“时效性”，比如哥白尼的“日心说”就曾经推翻了“地心说”，但现代科学发现，不要说太阳是银河系的中心了，银河系外面还有宇宙，而宇宙无边又哪里来的中心之说？而且真理同样也有“区域性”，往大了说，西方的民主思想在西方被奉为真理，但是东方就不认同，西方人凭什么说东方的民主方式不好？所以，所谓真理不能被简单化，也不能生搬硬套地随便拿去论证其他事物。

但随着经济社会发展，有人把这一法则简单地运用到人类的一切社会活动尤其是经济发展过程中，并成为可以合法剥夺别人权利的理论基础。

纵观古今中外的历史，生活无时无刻不存在竞争。在资本主义社会中，经济市场化表现的就是这一“物竞天择，适者生存”理论，你适应不了这个法则就得被淘汰，看起来很合理，这叫“公平竞争”。就像今天你800米比赛被淘汰，无缘学校运动会一样。但问题是社会生活不是体育竞赛，在社会生活领域这个公平竞争是由谁来判定胜负的？况且，在经济社会活动领域，“优胜劣汰”有时会“逆生长”。曾经不止一次地听到这句话：“好人不长寿，坏人享天年。”就像中国名剧《窦娥冤》中唱的那样：“良善的人无故身遭大难，该死的性命保全。”

那么，如果讲淘汰，到底应淘汰谁？如果每个人都认为自己最“优”，别人不如自己，那怎么办？我们的“优胜劣汰”又如何得以推行！讲到底，在社会中“优”与“劣”的客观衡量标准究竟是什么？我们能不能认为“适者”就是“优胜”，而“不适者”就是“劣汰”呢？

就中国而言，历史上那些如和珅之流的奸臣，对上司意图细心揣摩，善于察言观色、见机行事、吹牛拍马者，尽管他们的工作成绩一般，但是却往往会被上司选中并委以重任、获得提拔。相反，那些忠臣义士如比干刚正不阿、精明强干，办事有开拓精神、有创造力，整天埋头奋发工作却不懂溜须拍马者，在上司眼中是些不靠近组织、目无上司、太独立的人，这些人不但没有升迁的机会，反而成了朝中卖力不讨好的人。还有一些人，无论生活在哪个朝代、哪个时期都能一帆风顺、有惊无险，似乎命运格外地惠顾这些人。相反，有些人在上个朝代倒霉，到了下个朝代也照样倒霉，每个朝代他们都是挨整的对象，似乎命运永远在捉弄这些人。至于大多数人的命运呢，不同的政治条件下，人们的生存状况就不一样。不过是时好时坏、时兴时衰、时福时祸，起伏不平罢了。如果从适者生存的角度来观察上述现象，我就要提出这样的问题：第一种人他们有什么诀窍，能在任何政治制度下都永享福禄呢？为什么任何风暴都不会袭击到他们呢？而为什么第二种人就恰恰相反呢？如果我们再用“优胜劣汰”的观点去衡量，历史的教训分明是“优汰劣胜”或“劣者生存，优者灭亡”，难道我们会认定第一种人真是“优”胜，第二种人真是“劣”汰吗？如果达尔文从生物进化角度去看当前社会问题，肯定会被气死的。

就西方而言，有人说是由“市场”决定。既然是市场，那就有市场准入和操作规则，但是在一切以资本运作为前提的经济活动中，“规则”是资本持有人制定的，也就是富人通过手中的财富去游说一个貌似公平的、由富人组成的集体而制定的，这种垄断资本下的“市场规则”，穷人永远是被淘汰的群体。富人把他们制定的规则叫“法则”，理直气壮地剥削和淘汰了一大批“不适应”他们“法则”的穷人，剥夺了他们的生存权，美其名曰：“物竞天择，适者生存”，导致社会的贫富两极分化。如果我们再用“优胜劣汰”的观点去衡量，难道第一种人是适者，而第二种人是不适者吗？

行文至此，爸爸认为，无论是适者生存还是优胜劣汰都有社会大环境的问题，都有社会制度、社会体制的问题以及客观的社会评判体系问题，不能用自然界的法则来处理社会生活问题，但却要反思它给人带来的冲击和影响。因为，不论西方还是东方，每一个人、每一个民族、每一个国家都要面临的选择：是生存还是死亡？是劣汰还是优胜？

## 谋事在人，成事在天

**【儿子·说】**

2006 年 3 月 5 日　　星期天　　晴

早上第一节课，语文老师刚进来就说要考试。我一下子慌了，老师要求背诵的课文我还没背过，怎么考呀？万一碰到那就完了。正想着，老师已经把卷子发到我手里了。

拿到卷子，我从简单的先做起。前面的题比较容易，我用了很短的时间就做完了。到后面一个判断题，刚好是老师要求背诵的内容，可我怎么也想不起来了。突然，我灵机一动，在橡皮的两面分别写上“√”号和“×”号，眼睛一闭，双手一摇一放，结果便出来了。

答完交卷后，我和其他同学一对答案，发现那个判断题我竟然做对了。真是好运气呀。真是“谋事在人，成事在天”呀！

**【父亲·曰】**

你今天侥幸做对了题，并不是你的本事，而是“天意”。而这种“天意”往往会忽悠你滋生更大的侥幸心理，对你人生有百害而无一利。真实情况是，学习来不得半点虚假，还要靠真本事。凭空想象，听天由命，胜利的机会就很渺茫。虽然爸爸并不否认“幸运”的存在，但这种“幸运”是最不靠谱的一种“侥幸”。“谋事在人，成事在天”说的是自然界的生存法则，任何存在的事物都需要具备主观和客观两个方面的条件。类似的说法还有“尽人事，听天命”等。

“谋事在人，成事在天”这句俗语告诉我们，我们在做事情的时候，一定要学会处理过程与结果的关系。“谋事在人”强调的是主观方面的条件，而“成事在天”强调的是客观方面的条件，它们是对立统一的。也就是说，做成一件事情除了努力和技巧，还要靠运气。能够做成事情的人，一定是那种明确了正确的因果关系的人，也就是那些知道做什么一定可以获得预期结果的人，即有智慧的人。所以，“谋事在人”应该说成“谋事在智人”。如果一个人没有智慧，不明白事情的因果关系，不知道做什么可以获得预期的结果，这样的人不足以谋事。“成事在天”，天指的是天之理，也就是正确的因果关系之理，明白了这样的因果关系，找到了成事的真正原因并做到，当然就可以成事。所以，成事在天应该说成事在天理。

对于愚蠢的人，并不是所有的事情都做不好，很多时候的确要凭运气。什么是凭运气？就是如果他恰巧做了正确的因果关系中的正确原因，他就成功了，但他往往不明白真正成功的原因，所以就会说这次自己运气好。下次没有碰巧遇到正确的原因，于是就失败了，这时候他不是检讨自己的智慧水平，不是去找出真正成功的因果关系，而是看到了事情不能把握的表象，埋怨自己运气不好，而发出一种无奈的感慨。

谋事在人，成事在天，看似一种看破事情而放下的洒脱的心理，但细想起来，往往是无能为力、无可奈何的借口。祝愿天下人都能够提升自己的智慧，达成所有的愿望，成就幸福的人生。因为，谋事在智人，成事在天理。

## 无招胜有招

**【儿子·说】**

2006年7月13日 星期四 大雨

今天做完作业，经过妈妈的同意我打开了电视，没想到正在播出《倚天屠龙记》，我立刻聚精会神地看了起来。这一集刚好演到赵敏带人攻打少林和武当，然后嫁祸明教的情节。看到张无忌和玄冥二老精彩打斗的场面，我真恨不得自己就是张无忌，也去过过武侠瘾。

不过虽然我爱看武侠片，但爸爸的教导我可从来没有忘。爸爸说那些都是假的，偶尔娱乐一下还行，不过娱乐之后要反思。看完电视我就坐下想了想，这一想才觉得演得太夸张了。张三丰教张无忌功夫，竟然让他全部忘光了才能赢，而且张无忌还真的把张三丰教的招式全忘了，并且还打败了玄冥二老，这怎么可能呢？要是把武功全忘了反倒成了武林高手，那天下不都全是武林高手了吗？

**【父亲·曰】**

这一集演绎的其实是金庸在小说里所描述的无招胜有招的境界，他的意思是只要有招式就一定会有破绽，而没有了招式也就没有了破绽。其实这种无招是在有招的基础上升华而来的，是一种更高层次的“有招”。这种无招胜有招的境界不光是武林人士的追求，也是每个人人生的终极追求。

无招胜有招是一种返璞归真的智慧，世事洞察，跳出事外，以不变应万变。邓小平在“文化大革命”期间，曾三次被打倒，又三次被启用。在这种关乎性命的危机面前，他始终保持着冷静的思维，看似平静，但结局已在心中。在这场超级动荡中，邓小平就是以最简单的不动取得了最终的胜利。

无招胜有招是一种海纳百川、宠辱不惊的豁达。唐太宗时期，有个负责运粮的官员，他因一时疏忽，导致运粮的船只沉没了。到年终考核时，考功员外郎卢承庆奉命给下级官员评定等级。评定等级事关每位官员的仕途升迁，所以大家都非常紧张。因为运粮船沉没一事，卢承庆给那个运粮官评了个“中下级”，运粮官没有流露出半点不高兴的神情。后来，卢承庆综合考虑各种因素，又将运粮官的级别改成了“中中级”，运粮官也没有流露出半点高兴的神情。卢承庆赞扬他“宠辱不惊，实在难得”，又将他的级别改成了“中上级”。试想，如果这个负责运粮的官员因成绩高低而忽怒忽喜，他最终的成绩是否能达到中上级？

无招胜有招还有一种内涵，就是把能从事的事业与任何一件不相关联的人和事联系在一起，并为我所用。正所谓“重剑无锋，大巧不工”。无招胜有招是人生的最高境界，这种境界是道法自然的圆融，是身与心的完美舒展。只是，这种境界却只有通过磨难才能到达。

## 岁月如歌

**【儿子·说】**

2005年5月28日　　星期六　　晴

时间过得真快，一转眼大半个学期过去了，好多往事就像发生在昨天一样。在过去的这些时间里，我学到了很多东西，觉得自己长大了很多，也比以前懂事多了。

学习上，我也有很多收获。英语口语提高不少，数学运算解题能力也比以前强多了，语文的写作能力也有所提高，虽然提高的不是很多，但那是我不断努力的结果。我希望自己以后胆子更大一些，不管遇到什么事情都敢想敢做，而不是思前怕后。

时间在前进，而我也在慢慢长大，但爸爸妈妈却在慢慢变老，我更能深刻地体会到他们对我和姐姐的爱和对这个家的爱。时间永不停息，我希望我的成绩能不断提高，以此来报答父母对我的爱，也希望他们健康、快乐，希望我们全家更幸福！

**【父亲·曰】**

在生活中，难免遇到一些令人厌恶的事，但你要记住一点，把握好时机不要到最后才感到懊悔，不要让年华虚度，要把你的青春用到有用的地方，例如读书看报、了解社会，不要整天迷恋于网络游戏。

时间有限，因此人不能停留不前。你应该为了自己的目标而奋斗，为了自己的目标而学习！迈着你的步伐前进！在生活中，时间也是紧迫的，因此做事要干净利落，不要拖泥带水。时间如流水，在不经意间悄悄淌过。人生只有一次，你一定要学会制订计划，想想自己的爱好是什么？你将来要做什么？你应该给自己的未来做一个计划，并为了实现这个计划去努力，不要再虚度年华，开始认真地学习吧！

青春是支蜡烛，燃烧了就没有了，我以自己的坎坷生活告诉你一个真理：要懂得珍惜人生，珍惜时间。著名剧作家莎士比亚曾经说过这样一句话："抛弃时间的人，时间也抛弃他。"因而，不要虚度年华，要做一个有责任、有信仰的人，要做一个有思想、有价值的人。这样才能让我们的生活更加美好、更加多彩，让我们的生命更加有意义。

## 感悟成长

**【儿子·说】**

2006年11月7日　　星期天　　晴

明天是姐姐的18岁生日，由于她明天要上课，所以我们全家今天到小肥羊吃饭，提前给姐姐庆祝生日。姐姐请来了她的四位同学一起庆祝自己的生日。吃饭前，爸爸变戏法似的拿出来18朵红玫瑰，姐姐由于惊喜加感动，差点哭了起来。后来在吃饭的过程中，爸爸说姐姐已经成为一个大人了，这才是真正值得庆祝的事情。听了爸爸的话，我不禁有些向往自己18岁快点到来了。

**【父亲·曰】**

你姐姐明天就满18岁了，今天我们欢聚一堂，为你姐姐举行成人礼，爸爸专门给你姐姐买了18朵红玫瑰，希望你姐姐的一生像玫瑰花一样美丽。在宴席上，我说天下父母都觉得自己的女儿最美，你接着说：天下父母也都觉得自己的儿子最帅。那神气让我幻想你18岁的模样，我为拥有你们俩而感到自豪骄傲。其实，父母的心都一样，有了儿女以后，儿女的幸福和快乐就是父母的幸福和快乐。父母最大的期望就是儿女展翅高飞，实现自己未能实现的理想。父母的生命在儿女身上得到了延续，一代一代，生生不息。今天我要对你和你姐姐说的是，我爱你们，希望你们能平安一生，幸福一生，并且有所作为。

你说你在进步，其实你周围的人都感觉到了你的进步，我觉得你在以下几个方面进步不小：一是你多了分沉稳，少了分浮躁，这是很重要的。沉稳的男人给人一种威严和神圣不可侵犯的感觉。男人不沉稳，就不会得到别人的尊重和信任，也不会有太大的出息。沉稳是男人最重要的特质之一，也是魅力之源。二是你多了思考的独立性，少了依赖。表现在学业上，你学会了独立解题，懂得了刻苦钻研，学会了分清轻重缓急。不会独立思考的人是永远也长不大的小孩。人要超脱，首先要思想超脱，而思想要超脱，必须学会独立思考。三是你多了自信，少了自卑。自信是男人最美的衣裳，只有你自信了别人才能信你，你才能成事。

紫阳，成长的路上既有鲜花铺道，也有荆棘丛生、河流挡道，更有高山阻途，但每前进一步你都会有丰硕的收获。用心感悟并成长吧！

## 不要漠视生活

**【儿子·说】**

2006年6月28日　　星期一　　晴

下午上游艺课的时候，老师对我们说："今天这节游艺课的前20分钟，我们以班会的形式来开展一个游艺活动。"我们都很好奇，班会就是班会，游艺就是游艺，两个怎么连在一起了？看到我们一脸的迷惑，老师又说："剩两周时间我们就要分离了，在此每个同学可以把自己最想说的话说出来，如果不会说，可以表演一个节目代替！"我们听明白了却没人愿意上台去说，或许都没想过要说什么吧。同学们一个个都低下头不敢看老师，害怕老师点名叫自己。最终，还是小洁打破了沉默，她走上讲台为我们演唱了一首《送别》，刚开始她的声音有些发抖，唱到最后她居然哭了，惹得几个女同学眼圈发红，我觉得她未免也太投入了吧。继小洁之后，再也没人举手或自己站起来，老师也不想难为大家，就让我们自由活动。呵，今天这节课还让人挺难忘的。

**【父亲·曰】**

你今天的沉默是为什么呢？为什么害怕被老师叫到？今天可是你表现的最好时机，为什么不去唱你最拿手的英文版《吻别》？你又为什么笑小洁太投入？我反复思量，发现你对生活有些冷漠了。这样不好，人切忌对什么都漠视。人要对身边的事情感兴趣，并注意培养自己某些方面的爱好和兴趣。这是不容忽视的，也是生活所必需的。学习需要智商，而生活需要情商，一个只注重智商，而漠视情商的人不会取得太大的成就。

漠视生活，在很大程度上是因为太过专注。因为专注于学习，而忽视了生活的美好；因为专注于研究，而忘记生活中的责任；因为专注于感情，而忽略生活最基本的保障；因为专注于权利，而忘记自己的职责；因为专注于金钱，而漠视生活的本意。诚然，没有专注就没有成功，可这样的专注取得的成功又能换来你几许欣喜呢？放眼古今，有些人智商很高却难以成就大事，就是因为情商太低。你注意观察，古今中外凡成大事者，很少是高智商的业务尖子，而大多是善于生活并会感染、感动其他人的高情商者。他们比高智商者更容易聚集人气，形成合力，取得成功。

1950年，在美国哥伦比亚大学商学院一年一度的入学考试中，有一道题目吸引了所有考生的眼球。这道题是这样的：假如你有两块面包，你会怎么做？答案当然是五花八门，有的学生回答要留一块当晚餐，有的回答说要送给乞丐，有的回答要全部吃掉。阅卷老师都一一给了评价，但其中有一个学生的回答让参加阅卷的教授本杰明·格雷厄姆眼前一亮。这个学生的答案是这样的：假如我有两块面包，我会用其中一块去换一朵水仙花。看到这个答案，本杰明·格雷厄姆的内心被深深地触动了，他提笔写下了这样的文字：世人都知道面包的好，却不知道一朵水仙花的妙。一朵风中摇曳的水仙花，能让疲惫的心灵舒展，能让忙碌的脚步从容，能让空洞的目光领略到美的震撼……我可爱的孩子,你小小年纪已经领略到人生的真谛,不为物质所累,堪成大器。而这个学生的名字叫沃伦·巴菲特,2005 年他的个人资产已经达到了 440 亿美元,名列世界第二,仅次于世界首富比尔·盖茨。

专注是成功的基础,但必须知道成功是为了更好地生活,如果因为专注而漠视了生活,所有的成功也会因此垮塌。所以,孩子,点燃你心中的热情,勇敢地投入到生活的怀抱中吧!

## 人类生生不息的秘密

**【儿子·说】**

2004 年 1 月 22 日　　星期四　　晴

新年第一天,家里来了不少客人。妈妈在厨房里忙活着炖肉、炒菜和包饺子。亲戚朋友们有的玩麻将,有的打扑克,脸上洋溢着喜悦的笑容。就说堂哥吧,早上心情不太好,可是这年气一到,烦恼就马上烟消云散了。外面噼里啪啦的鞭炮声震耳欲聋,我也买来一些鞭炮,希望它能赶走我的烦恼,迎来快乐!

辞旧迎新是与过去的告别还是新生活的开始?我想都不是。"来者不拒,往者不追",摆正心态迎接新年的到来吧!

**【父亲·曰】**

儿子,新年快乐!爸爸希望你在猴年快乐成长,学习进步。同时,爸爸对你提出两点希望:一是作为男子汉,要有男子汉的气质和魄力。其核心是要让人感到你很稳重,喜怒哀乐不形于色,少说多干。任何时候都要和人亲密有间,耐得住寂寞和孤独。二是无论何时何地,首先要考虑个人的安全,对任何人都要有防范意识。要做到这一点,前提条件是对任何人都不能轻信,轻信是男子汉气质和性格中的大忌,因为轻信而带来一生不稳不安的事例比比皆是。以上两点请你记住,并多加注意!

人生在世能生生不息，就是因为心中有梦想、有希望、有温情，人依靠梦想、依靠希望、依靠温情才能世代生存下去。如果这三者都不复存在了，人就会在堕落中毁灭，这就是人类全部历史所包含的哲理。人有时在梦想里显得更加生机勃勃，在希望中显得更加执着坚强，在温情中会忘记梦想和希望中的伤痛。反过来，温情又给梦想和希望添加了生活的色彩，使梦想和希望显得多姿多彩。你今天心情高兴，梦中的颜色一定充满了温情和希望。

我觉得人的一生中，心情的作用大于智慧，自制的作用大于天资，耐心的作用大于技巧，规律的作用大于谋略。正所谓规律胜于性格，性格胜于智慧。你如果心情高兴，就能把学习变成兴趣。只要心里乐开了花，学习也罢，工作也罢，一定也会开花，再加上勤奋和人际关系的滋养，就一定会结出丰硕的果实。

## 活在今天

**【儿子·说】**

2003年6月17日　星期二　晴

晚上妈妈给赵老师打了个电话，想让我参加数学竞赛。妈妈给老师把情况说了以后，老师却说："我们都是让成绩90分以上的孩子参加竞赛，紫阳只考了80多分。"妈妈一听就问："紫阳怎么能考这么低呢？"老师回答："紫阳上课专心，但做题不认真、不细心，看起来全部都会，一学过就忘得一干二净。"妈妈说："希望老师能和我一块把紫阳的学习抓一下，等成绩提高了，再让他参加竞赛。"老师答应了。

电话挂了，我一直担心爸爸会"修理"我。妈妈问："你们老师早就把卷子发下来了，你为什么不把卷子拿给我们看，还找借口说老师没有把卷子发下来？"这时爸爸让我把卷子拿出来，我考了81分。爸爸看了以后说："有些题都给你讲过了，怎么还会错？而且这份试卷好多题你答的都有一些小毛病，要是严格来打分，你只能得40多分。"我听了心里很不好受。我真的想对爸爸说:“我是一个笨孩子,记不住东西,听到你们让我学习我就想哭,我不想做,总是手懒。不过我相信,通过这次考试,我会吸取教训,在以后的学习中更加努力,下次一定能考好的。”

【父亲·曰】

人的一生之中,现在是最美好的时刻,今天是最有意义的日子。要经营好你的一生,最重要的是必须把每一天都看得很重要,要经营好你的每一天。切忌把目标放在明天,而要力争使今天活得精彩。与其费尽心思地把今天可以完成的任务拖到明天,还不如用这些精力把事情做完。而把事情拖到明天,事情就会越来越难,办事的激情也会被时间磨灭殆尽,做事的态度会越来越勉强,结果就会不了了之。逃避今天,实际上就是在逃避人生,就是在啃噬自己,摧毁自己的精神。活在今天,就必须学会每天和自己竞争,才能掀起真正的信心革命。不能替过错找借口,而要承认并超越它。超越错误本身就是一种目标,当我们因懒惰而不屑于达到有价值的目标时,便会因循守旧地过日子,这种思想会怂恿人什么也不做,而把一切推到明天。“明天”这种借口之所以可恶,是因为“明天哲学”引领着人去过没有目标的日子,会使人变得消极退缩,养成不负责任的态度。所以,请丢掉明天的幻想,只要你可以办到,只要你的目标值得一试,那么就在今天行动吧,如此就可以使你不断地工作、奋进,这才是人的求生之道。

人都是在不断完善中成长起来的,在这个过程中,无论干什么事都应疯狂地迷恋这一事业,这样才有激情,才有毅力。人在年轻的时候,要抓紧时间向昨天的自己挑战,突破昨天的自己,这样才能有所收获。在这一过程中,力求倾其所能将自己所能做的每一件事都做得漂亮、完美。世界上永远没有后悔药可吃,做事要想明天怎样才能做得更好,同一错误绝不能再重复,如果今天还在重复昨天的错误,那反思得再好也是没有用的。犯探索性的错误尚有情可原,同一错误一犯再犯那就蠢不可言、难以原谅。

人要活在今天、活在当下,这样的人是最幸福的。现实中,有的人活在昨天,沉溺在对自己、对社会往昔的回忆中,他们从回忆中得到慰藉,寻找躲避现实风雨的港湾;有些人活在明天,整日杞人忧天,脑子里充满了奇思妙想,理想主义色彩太浓,只看到天上闪烁的星星,却看不到脚下卑微的泥土,往往被摔得灰头土面。前者因未生到古时而苦恼,后者因实现不了理想而显得孤寂。只有活在当下,享受现在所拥有的一切,人才会创造出更加值得回忆的历史,实现明天的梦想。

活在当下,就要快乐地面对一切,包括痛苦和灾害,以无所畏惧的精神,更好地享受快乐和美好的人生,去诚心愉快地爱人,相信人类美好的一切;活在当下,就要认真学习,不让心灵荒芜,用知识播种心灵的种子,让绿叶擦拭心灵的尘埃;活在当下,就要面对生活、从容生活,多看些美好的事物,使自己傻一点,不找任何事的毛病,也不挑别人的缺点,在包容别人、社会和世界中寻找快乐。你要注意,人类的问题之一就是杞人忧天。它使人把宝贵的时间白白浪费在无休止地考虑未来上,这样的结果只能使自己又浪费了现在正在拥有的时光。因此,也别流连过去,也别指望将来,不管它多么迷人,如果只留恋于过去的年代,而无视今天多彩生动的现实,就是人为地把自己与现实隔离开来。正确的人生之路,就是把每一天都当作通往未来的阶梯,向着既定的目标迈出新的一步。拿破仑说:“我如果无所事事地过了一天,自己就好像犯了盗窃罪。”我们都应该有这种“一日三省吾身”的精神!

紫阳,人生没有彩排,每天都是直播。人有时候,真不知要谋求什么,往往把最值得维护和珍贵的东西忽视了,却不知“捡了芝麻丢了西瓜”。不是故事的结局不够好,而是我们对故事的要求过多!一切事情到最后的结局都是好的,如果不好,只能说还没有看到最后。现在,明天还未来临,认真干好现在的事情。好好吃一顿饭,静静喝一杯茶,一日喜乐无恼,一夜安眠无梦。去年春天最好的春茶,放到今年也要失味,明年春天最好的春茶还未长成。所以,今年要喝今年的春茶,年年的春茶都好。现在,爸爸眼前的这个粗陶茶杯虽说只有三元钱,但也很好。功名利禄乃至一切的背负,留给那些愿意背负的人吧,活在当下!

# 附　录

# 古调乱弹集

## 卷一：词里乾坤·踏雪寻梅

### 如梦令·踏雪寻梅

与月斗酒逐红，醉摇疏影竹动，笛声漾春痕。风雪惊梦愁浓。莫愁！莫愁！梅在无尘心中。

### 贺新郎·黄昏疏在雾

黄昏疏雨霁。晚风泣，檐下断滴，残红满地。应怜落花魂已逝，不忍再踏香缕。倍凄楚，人愁春老去。共与谁，琴心许。

春梦堪忆冷透衣。和衫睡，百年心碎，月归何处。往日情浓愁今袭，枉有柔怀对谁。忆旧游，芳迹难觅，山间尽是断肠枝。这次第，青袖添红迹。恶风起，连晨曦。

### 采桑子·鹃啼云乱歌声远

鹃啼云乱歌声远，去了秋风。薄了红颜，满目霜飞路漫漫。
相聚无语别无言。白发有增，豪情未减，一笑仍然是童年。

### 采桑子·活着是美

人生苦短岁月催，不说前生，别谈来世，何必自找烦恼去。
只求今朝共依偎。快乐无罪，活着是美，放纵真爱醉一回。

## 采桑子·有爱真好

宇宙苍茫人无奈，寂寞是心，希望是爱，上下求索天地间。
世事终究一个缘。别在徘徊，旧梦已逝，挥洒真爱靠现在。

## 南歌子·荷风斗花影

荷风斗花影，孤日寂无声，袖衫有痕人无痕，轻叹：今夜画眉是浅深？
伏案弄笔久，字字都相同，露泣残枝院落冷，遥问：鸳鸯二字怎生成？

## 南歌子·星光点点泪

星光点点泪，寒月纤纤愁，银河虽阔总有渡，怎奈相思无涯苦作舟。

## 寿阳曲·人好乖

人好乖，依柔怀，梦成良宵情难开。
落花儿怜我空等待，原说昨夜有月来。

## 寿阳曲·颊飞红

颊飞红，眉含愁，无计留眷续永昼。
雄鸡催别心如雪，风凉送郎远。

## 寿阳曲·心花放

心花放，眉露春，可叹无计共相守。
秋波虽短醉千秋，美在曾拥有。

## 卜算子·酒罢和歌醉

酒罢和歌醉，竹马悠悠骑。疏烟红烛笼不住，更说儿时语。
寒月纱窗冷，春心交与谁。心动已成昨日事，只怨君情去。

## 卜算子·校园芳草寂

校园芳草寂,京都夜难明。秦岭不语月光舞,娇妻低眉呼。
爱女掩面泣,稚子学英雄。三千白发儿翻弄,梦醒枕边冷。

## 卜算子·眉颦万怨生

眉颦万怨生,一顾千愁平,春风一浴满面春,说好不离分。
西风吹昼短,霜月嫌夜长,燕子楼空无人去,只闻子规啼。

## 卜算子·初识浓浓意

初识浓浓意,怎忍匆匆离。缘淡情浓断肠恨,从此白发生。
白发三千丈,翻作流水唱。千载清风吹不尽,悠悠天涯恨。

## 满江红·判笔吟

千古是非,凭判笔,经纶曲直。看青史,笔正国盛,毫歪邦衰。五千年人舞翻血,半世纪法兴生辉。谁凭说,兴亡在笔外? 成笑谈。

助桀纣,起乌云。降跖贼,竟剑锋。应丹心铁面,竹节桂魂。横扫邪恶玉宇清,纵擎天义铁汉情。安黎民,当今谁称雄? 判笔神。

## 江城子·执行

大风飕飕云飞扬,警车掣,笛声荡。舌战无敌,脚踏抗法郎。为护国法除暴强,众神警,执法狂。

琴心剑胆英雄样,生死舍,正义张。路崎霜寒,身正走四方。甘用热血涤世浊,律条前,颈项强。

## 一剪梅·古今奇迹在平凡

古今奇迹在平凡。日月不老,沧海桑田。过眼云烟成笑谈,行也安然,坐也安然。

人生无欲似神仙。名勿牵挂,利勿牵挂。清风两袖向青天,来似明月,去似玉蟾。

## 一剪梅·人生苦短情作舟

人生苦短情作舟。奇缘绝唱,泪血孕成。此事古今都相同,爱也狂疯,恨也狂疯。

情真哪管俗人论。一腔碎心,交与君拎。问天堂地狱何有?天堂在心,地狱在心。

## 蝶恋花·煎熬楚痛君可有

煎熬楚痛君可有?流浪风中,愁随寒云走。月沉秋浓牛郎瘦,爱似狂潮银河怒。

情真意切难拥有。春心牵惹,相思无白昼,夜冷清泪何时休,千古奇情千古愁。

## 蝶恋花·人前送别情最苦

人前送别情最苦,惨雾愁云,爱字怎出口?相顾强乐说还休,离别悄然上眉头。

为君癫狂不知悔,相约何年?柳外莺声碎。难忘一吻千秋醉,残阳落霞离人泪。

## 荷叶杯·记得那年深秋

记得那年深秋,月圆。初识郎君时,风流倜傥宋玉体,从此心相许。

世事无情流水,相别。月残人憔悴,幸喜相聚又说离,漫天秋雨泣。

## 水调歌头·云动山浮远

云动山浮远，雁叫西风疾。车飞何故？蓬莱村里探情郎。相思成灾未语，村姑却说如玉，愁由妒意起。笑缠绵如女，情烈怎放肆。

牵手逐，跃兰溪，枫叶醉。稚子无知，未谙世事绕人嬉，凄切菊瘦东篱，满腹柔情诉谁，多情千古累。凝咽无奈去，留荒野落日。

## 忆江南·心如铁

心如铁，咫天拒人远。盈盈秋水花容减，胸中藏你瘦了月，教人苦难言。

## 风流子·眉坞凄凉地

眉坞凄凉地，离别时，雁随夕阳飞。问夕阳万里，有雁伴你，谁伴我归。愁起心扉。枉记得，花明月满时，尽欢柴楼内。彩霞无声，花寂无意，人瘦无语。

心既许与君，无计悔多情，梦中依偎。空恨寒月如钩，独钓愁绪。料夜长如岁，又拼一醉，繁星似泪，抱月入睡，只是情到深处，爱无是非。

## 瑞鹤仙·夏日无情秀

夏日无情秀，见翠山染金，蝶穿柳浪，伤别后音绝，眉坞月常缺。旧地重游，明眸何处，一咽溪水，空山无语。细看来，唯有绿浓莺唱，见人如故。

凄凄！苦苦寻觅，红桦丹衣，还攀折枝，懒题新词。携玉手，穿幽径，曾闯天堂路，而今却叹，西望陈仓云寒。道风妙，肥了绿树，瘦了郎腰。

## 沁园春·追梅

乾坤寒透，西窗风紧，桂枝挂愁。有暗香勾引，翠禽同宿。魂随疏影，幸识玉奴。雪肌仙姿，古今独幽。情正稠，玉笛惊碎梦。素心无友。

携酒寻梅人笑,柳荡蝉噪云不晓。问飞雪寒雁,何处影俏?影摇汉唐,闹春松梢。韵倾宋明,香动竹外,冰心吐芳自风骚。把樽笑,追梅明月照,青春不老。

## 念奴娇·南国春暖

南国春暖,更兼与君游,不知有愁。曾记北海夜销愁,从此牵挂无垠。清露流晨,归去无痕,闲愁骤然生。心雨纷纷,咽泪装欢,憔悴难与人说。

三亚风情似火,雪浪云涛,唯侬慵自恼,常去椰林幽静处,偷寻玉人踪迹。蝶使寡情,俱路千里,欲怨又无语。借影为侣,独在天涯流泪。

## 清平乐·红笺小字

红笺小字,难寄千千意,梅花飘零魂断处,独与青鸟私语。
年少弃人容易,轻薄傲笑情痴,谁知心痛不已,夜夜为伊落泪。

## 点绛唇·秋风无心

秋风无心,吹断春梦泪还流。落英缤纷,唯斜雨哀魂。
最怕黄昏,怜寒鸦单栖。总期盼,双宿相依,却闻悲风疾。

## 相见欢·秋夜双雁同栖

秋夜双雁同栖,犹未慰,十年苦恋换得鬓如丝。
风兼雨,世路崎,怎经得,天天想你晨霜暮时雨。

## 曲玉管·相思无凭

相思无凭,孤雁嘹唳,凄切秦川八百里,夜长心痛由情起。无人安慰。春梦里,一大刀在手,豪情天纵,俏眼无敌多蜜意。法牛咀下,渭水烟波翠竹,随英迹。

惊鸿一顾,竟无语。满塬北风,似火枫叶郎意,含羞又说痴语。怯越溪,牵手人相携,娇言鹊桥佳会。碧水犹唱,云暮日匿,怕见离泪。

## 西江月·初恋情真唯一

初恋情真唯一,相思泪飞化雨。秋波暗渡杜鹃啼,声声无限情意。

伤情劳心已碎,伊甸园冷无迹。忆昨日销魂醉时,为尔偷把泪拭。

## 江城子·祭父

生死离别一瞬间,望黄泉,路迷断,哀云如雪,真痛苦难言,梦里儿时绕膝癫,共抵首,牵衣玩。

而今孤鸿影自怜,魂已失,天地陷,相见无处,乾坤从此寒。欲将愁悔换欢颜,江河枯,石俱残。

## 声声慢·祭堂妹

荒荒凉凉,冷冷清清,悲悲凄凄潇潇。孤坟清明更寒,谁人凭祭,空守旧时美景,伤心泪随风潸潸。

明眸秀,性本厚,却何泪珠点点。风寒情冷。敢怒苍天,单欺良善。只等日丽春媚,杀尽妖魔先报知,这光景,又闻娇妹,渺渺云中唤兄泣。

## 永遇乐·寒山瘦水

寒山瘦水,落菊满地,怨怀托谁?想当年,如星双眸,英气逼人醉。醉里十年,痴心未变,弥坚不羁世俗,却难感动,似铁郎心,情伤爱恨缠绵。

真情不老,牵挂无价,只因爱无惧。如今憔悴,春梦成愁,唯见双鬓雪染。寂寞楼空,别恨难穷,男儿泪尽倾。细思量,除却情外,一无所有。

## 满庭芳·星沉影寂

星沉影寂,雾簿风去,残留愁云满怀。叹情好累,真痛难已知。旧事哪堪再忆,空守着,情纯如初。慕当年,潇洒如风,何曾有心碎。

“吻我,别说话!”正诉心曲,鹊踏落花,梦醒轻恼骂:“无知冤家,惊碎西窗话。”却笑多情总无涯。是我傻,相思难收,泪随晨雨下。

## 霜叶飞·满腔离绪

满腔离绪，咋换得心凉秋风有疾，昨夜残羹酒半杯，犹存泪滋味。记醉时，春艳人媚，燕尾难解破春醉，问天天不语，仔细看，苍茫穹宇，唯留自己。

幸有弯月如犁，星作种子，撒播青春瑰丽，只是无卿时节，梦不再美丽。霜叶飞，云乱涛起，秋蝉莫叫人相思，且忍住，别打扰，杨柳深处，缠绵往事。

## 忆秦娥·是谁错

是谁错？都是月亮惹的祸！惹的祸，播下希望，收获苦果。

桑田沧海情不惑，目比血红难诉说，难诉说，思念如霞，激情似火。

## 忆江南·乡情

润凉清风，媚红朝阳，南山脚下菜花黄，鹊儿声里点豆忙。湿染一身香。

归来杂院，酸菜糊汤，笑与邻人说麻桑，潜心厢房做文章。清苦也酣畅。

## 桂枝香·游铁佛寺兼赠道庆法师

云边塔影，有青山如簇，峭拔千仞，鸟道自有黄花引。竹间疏钟，犹知铁佛在山中。斜阳里，枫叶正浓，只是未懂，佛在世外，怎度众生？

尘心到此始为真。望红尘滚滚，有求皆苦。最慕松下雅僧，横吹玉笛，曲中天籁生清风，茗韵涤尽烦恼情，长啸一声，山鸣谷应，唯心无境。

## 满江红·雷锋

一代楷模，集中华道德文章。称道是：默默奉献，信仰马列，俯首为牛意恐迟，傲笑浮华钻营疾。看神州大地雷锋现，春花开。

求业精，爱憎明，乐助人，言行一。对西风壮怀，英姿不减。报国应先主义真，济时更须从我行。正盛世依法治国时，须常忆。

## 满江红·春风绿时

春风绿时，群英会，缘定前世。暗惊喜，先生达明，同窗鹏姿。气吞环宇翼正举，风流慷慨童趣奇。添春色，有覃白双丽，秀南国。

千古事，豪气激。风云叱，并肩倚。相识又别离，冰心既许。莫道人间霜雨疾，常吟高山流水曲。君若贵，共忆今日同醉，话情义。

## 满庭芳·为追梦人喝彩

金戈做笔，岁月为墨，写就千古憾事。人已非昔，江山却不息。莫叹世事难全，若如意，人间失色。带着梦，一路风尘，探解古今谜。

咚咚！心域里，风雨满楼，浪尖展翅，本色永不移，何惧败绩。让心永远年轻，追梦人，纵横天地，蓦回首，一切苦难，都在收获里。

## 卷二：诗中人生·从心开始

### 四季恋歌

#### 春　情

鸟弄花红春光绿，云动山移紫霞出。
凝恨终南对残晖，忆君千回君不知。

#### 夏　意

流火七月心却冷，萤明蝉噪浓绿荫。
满园虽然花千树，不见薛郎谈笑声。

#### 秋　寒

秋霜彻夜浸郎身，被落不觉忆月盟。
又是风雨打窗棂，凝是娇妻敲门声。

#### 冬　趣

漫品清茶拥炉旁，斜卧教儿写文章。
妻剥橙子向老娘，闲说家事日子长。

### 夜客佛坪

傍晚迷雾漫佛坪，客倦山深不见春。
青霭断路小楼冷，晓林叩门送红杏。

### 游钓鱼台

水流山移满眼春，风暖笑从双脸生。
百年修得同船渡，从此夜来常有梦。

## 春游钟吕坪

驱车入古寺，寻道访仙迹。野花吐春瑞，幽径隐福祉。
体倦云边栖，心净鸟语涤。八仙逍遥去，四童结义归。

## 过 秦 岭

松生白云雪锁山，车摇昏睡随水转。
梦生肉翅搏苍天，一冲飞越秦岭巅。

## 张 良 庙

一桥三履千年传，帝王之师是懦汉。
应悔迟识汉王奸，无奈只得藏林间。

## 铁 佛 寺

昨日庙观今寺院，人事更改境已转。
只有当年清夜月，至今无语照青山。

## 春雨锣鼓

威风锣鼓下天庭，震开苍穹春雨生。
人道此音仙境成，更喜龙姿掌帅人。

## 重逢戏问

重逢休说泪曾抛，忍痛且欢君情好。
醉里常怨春光少，戏问今夜妾可老。

## 送别兼咏菊

清香送君去天际，从此眉坞少钟馗。
凄风惨雨伤别离，挑灯对菊话兄时。

## 菊

日出日落何时息，东篱醉卧歌一曲。
夜寒霜浓少知己，独邀明月共对菊。

## 赏 牡 丹

那日邀友赏牡丹，蜂醉香溢引人来。
伊人见花忙遮面，回家又上梳妆台。
复怨郎君迟迟返，梦里嗔称夭姿颜。
盛世花仙降福牡，赏后不思向洛仙。

## 睡 莲

梦中闻香成睡莲，夜来无声默默开。
不染尘埃不争艳，只求一湾清水眠。

## 竹

众芳摇落惧寒疾，庭前野竹独翠绿。
借问此君何为恃，只凭劲节斗风欺。

## 笑赋男儿

### 劝 志

锅碗瓢盆灶火烤，气短骨酥脚板娇。
香味融融雄心老，兴国振邦怎么了。

### 劝 祥

心似菩萨面如玉，重情厚义智寓愚。
饮酒品茶风雅事，莫迷珍重惠家室。

### 劝 福

牢骚悲怨似钢刀，眼合心宽易躲过。
浮生大都空自忙，从来糊涂福得多。

### 劝 禄

举案齐眉家事兴，和气致祥情长久。
功名是累身外物，何须作茧自当囚。

## 法治七公

### 独角兽吟

独角奇兽有神判，性灵能辨忠与奸。
兽犹斗魔不避险，羞煞天下枉法汉。

### 皋 陶 吟

首创律条定五刑，刑酷功过两不清。
后世多少作威者，借法之名打平民。

### 商 鞅 吟

徙木取信图世新，法撼王孙民为重。
天下为家酷刑死，却留法魂千古名。

### 包 公 吟

黑面铁腕菩萨心，铡了驸马铡亲侄。
但愿法官皆似公，艳阳清风满乾坤。

### 王 安 石 吟

变法应先问民意，曲高和寡难入俗。
空有睿智凌云志，遗恨成鉴当济世。

### 孙 中 山 吟

废帝立宪第一人，还权于民天下公。
护法路遥风云滚，难掩共和映日红。

### 毛 泽 东 吟

横扫人治驱残霾，重振中山护法烈。
职辞人去政未变，依法治国奠伟业。

## 离法院抒怀

昼审邪恶解民忧，夜省自身求心正。
来时体重归去轻，敢与鬼神话清风。

## 等

情迷夏秋冬，单待春风润。
相约帘未动，复吟西风冷。

## 送 别

### 情 怨

都道离别苦难忍，虽别希望在其中。
心借千年阳光送，天涯处处都是春。

### 孤 怨

那天聚后云轻散，银河鹊儿声渺然。
赠君多情诗一卷，墨迹泪痕任君玩。

### 春 怨

春柔风绿桃花红，执手无语莺有声。
离别无有礼物送，阳光一缕伴归程。

## 家居闲趣

前院葫芦后院瓜，依窗卧读乐无涯。
晚来三扫屋檐下，清风明月到我家。

## 笑 佛

欲成仙佛戒律多，木鱼声声尾难活。
人间百味都经过，做佛哪有做人乐。

## 李　白

我望你，
月光隔了上千年，
你望我，
目光隔了几万里，
但当你我的目光相遇，
中间便不再有距离，
千年的沧桑淡作了云烟，
万里的隔阻化成了虚幻，
不是你的唐朝，
不是我的今天，
我们相逢在无人的夜晚，
你在月下朗吟，
我在旁边浅斟，
地下散着我的书，
你的剑，
咱们的酒坛。

## 一　切

一切都在身边发生，
一切又都悄然逝去，
一切都那么无闻，
一切又是那么平凡，

一切都值得留恋。
一切从心开始，
一切都已发生，

一切又好像没有发生，
身边的这一切又是一切的开始，
这一切终归又要逝去。
一切的过去都孕育着现在，
一切的现在都意味着将来。

抓住这一切吧，
哪怕是一切中微不足道的一切，
不要随便厌恶放弃身边的一切。
哪怕是一切中最不起眼的一切，
你额头上的一切沟壑，
你深邃的目光所洞察到的这五颜六色世界上的一切，
都是一切中最好的说明，
你沸腾的心灵所感受到的这风雪交加季节里的一切，
都是一切中最珍贵的宝藏。

你领会了这一切中的一切奥秘，
你身边平凡的一切
再也不是无色彩的一切。
你终归会省悟这一切，
终究会理解你身边的一切。

一切都没发生，
一切又都逝去，
一切都是那么平凡，
一切都是那么伟大。

# 卷三:槛外春秋·问道龙门

## 佛魔一体

戊子清明,某与茹家兄嫂相约于陇县之龙门访道。途中,兄问:“网名何用法魔?”答:“欲得道成佛!”

## 和谐彰道

龙门丘祖碑前,茹兄嫂合影相拥有间,数劝不拢,兄曰:“道教圣地,怎能如此!”某笑曰:“道长终日所祈唯生灵万物和谐自然,今自然从夫妻和谐开始,道何不乐?”道长曰:“善哉!”

## 至察不祥

景福山迎门灵官手执钢鞭朝下,某问道长:“何故?”答曰:“生灵皆有错失,灵官监察万民之言行,若时时督察,犹如时时悬剑在顶,万民皆失心乐,则全无活路。”某思:治民在于浑厚无为,至察无遗则万民尽失生息之乐!

## 道心人心

当年丘祖高徒钱守存因建龙门大殿与曾守云意见相左而至景福山另开道场,随行问:“道法归一,修道之人何若道理而分道扬镳?”某答:“合久必衰,分而趋道,正是道教源远流长、发扬光大之缘故,且退一步海阔天空,道人亦人耳!”

## 圆融无碍

道人久游楼观、崆峒等仙境寻道不得而终归景福山,并对道场媚俗、道俗不分难以释怀，几番向某探寻兴道之法，某未得灵感，行至丘祖大殿，见婆孙二人虔诚跪拜，殿主适时敲磬，某遂答："政道和谐，俗道共荣。即可！"

## 心魔难降

随从于残垣断壁中寻得几块琉璃瓦当，道人苦索。某问何故，答曰："镇宅之宝，能降万魔，每块可得万金。"某惊："心魔难降！"

## 丑极则美

随从路旁得一树根，奇丑无状，然却爱不释手，把玩再三。茹嫂问："何故痴迷？"某答："至丑则至美矣。"

## 放下为仙

攀缘绝壁艰难至早阳洞，盈尺柴门紧锁，上书"举目有情皆幻影，放怀无为即神仙。"遂返回并自哼流行小曲。良久，茹兄问："未进道门何以至乐？"反问："何故还未放下？"

## 救己在己

与茹兄聊发少年狂而牵铁索攀登混元云殿，四面凌空，惊心无援，某不语而独行。兄问为何不应，某答："吉言乱心，怯从心起，绝境无神，自救唯己。"

## 大道至简

行至青霞洞口，见岩上有言："道从心出！"茹兄曰："吾办报唯求烦言简述。"某深以为然，曰："真人将深奥道理用白话点拨，庸人将常识用术语弄玄。然凡人常因不懂而轻信盲从。"

## 大爱无情

行至春花洞，道长曰："春花真人为传道毁容离婚，道之力也！"茹兄曰："悖人性而传己道，不伪即诈，道难兴之故也！"道长曰："情色小爱，道之大敌也。"茹兄诘曰："无小爱何以大爱！"某思曰："大爱无情，舍己惠及众生，真人也。"

## 气定性真

随从慕道人隐归山林，白云星辰，清风明月。道人自谦曰："大隐于市，小隐于山，归隐山林实不得已。"随从窃喜。某曰："真人不说假话，唯凡人不敢说而已。"

## 真我无敌

行至松柏旁，道人旁若无人，袒胸向阳而卧，道长曰："见而不恭，非礼也。"道人佯睡无理。道长复扰，则昂然拂袖远去，道长窘然，众人惑然，某曰："真我无敌。"

## 道情人情

道人对道长为人处事颇有微词，怨曰："只听人话，不听道话。"某正答："修行即求人情练达、世事洞明，此乃你难为道长之故。"游毕，道人献茶、搭吉红于同行人等后，放鞭炮，无言惜别。

## 圣贤有缺

随从窃问："出家人性情好似皆有缺损，不然何故弃世抛情！"答曰："完人实为庸人，古今至圣大贤皆有异癖，然心身合一，意志弥坚。无怪异之情愫，难成骇世之功德。唯聚毕生之力，深精一处，方显奇才。"

## 顺性者昌

至定心峰,茹兄问:“道教为国教,信众为何不及佛教?”答:“道教追求长生不老之术,然古今竟无一人永生。佛教讲究报应轮回,恰合世人为求来世幸福而心存希望。且道教信徒禁止结婚,佛教除上层人士外,可在家修持,故佛教之香饵似乎更加贴合人之本性。”

## 道惠万物

至药王洞,见庙宇宏大,香火旺盛,问道人何故,答曰:“药王庇护万民!”转身对茹兄曰:“道不惠己及人,犹如徒怀屠龙绝技,不若屠猪之术耳。”兄笑答:“兄欲怀屠龙之术,可稍偷闲。”

## 道亦有道

至混元顶,见一口大钟。随从持棒敲之,道人闻声惊曰:“今逢瘖日,敲钟不吉。”众人愕然,某见状笑曰:“不是仙界客,不守仙界规。”道人附和道:“然。”

## 生命即道

混元顶上,万物盎然,见一锦雉身首异处,茹兄叹曰:“锦雉生之炫艳卓尔,可知亡而惨状如斯?”某曰:“生命即道,道亡皆空,知之何用?”茹愠:“天地情理为道,生命何道?”某曰:“生命不存,天道何求,地道何载,人道何用!”众人骤然无语,道长经声嘎止。

## 好生为德

游八仙庵,众道士为亡灵超度祈福。随从曰:“人亡何福?”答:“为后世积德耳!”某曰:“生命为天地之本,万物之源,德乃顺应生命之法,生命不存,德之焉附?”

## 欲为道基

道长曰:“清修在于去情去欲,无求无为。”行至云厨,见众道士正在吃土豆,遂问:“吃饭何求?”

## 妄念祸道

道长修行五十余载,茹兄几求解脱烦恼之法,初曰:“放下得道!”复问曰:“妄念祸道!”再问曰:“执着远道!”某闻笑曰:“汝安五十余载执着道乎?”道长回盼肃然。

## 物随情转

随从窃问:“道士终身不娶,怎知人情世理?”某答:“情为万民之心,万灵之魂,世间一切因情为情。道人亦人,只不过另为他情罢了。”

## 世事天成

驱车从景福山至龙门洞途中,一老翁驱赶牛群,缓行于道。驾车者长按车笛,然牛群悠然依旧。茹兄曰:“真乃对牛弹琴。”某答:“人非牛,岂知牛不懂琴声?况敢于对牛弹琴,平添人间一景,何罪之有?”

## 随遇而乐

至玉皇殿,殿主风趣,某问:“何处居住?”答:“前面云房。”转而又道:“乃一单间办公室也。”众皆大笑。

## 物本无心

游罢孕仙洞,行至洗月潭,众人以路险为苦,随从曰:“洞名潭名甚佳,动辄孕仙洗月,实则几近穷山恶水,丘祖何寻此地苦修八年?”某答:“物本无心,相由心生,此乃丘祖道成而吾辈未悟之故也,唯心生之。”

## 明心见性

行至中台道院,见门额有匾,“洞天福地”,随从喘道:“观几孔破洞,只一缕小溪,穷乡僻壤,何福之有?”某曰:“物随心空。”

## 心净自悟

下山行至旱阳洞,随从怨曰:“欲求福寿双全,观之未见得之,徒费时耳?”某答:“心净自悟,不诚无物。”

## 境由心生

下山途中,随从轻问:“龙门何不见龙?”某答:“昨日飞去。”复问:“飞往哪里?”某答:“心里。”道长仰视释然,随从默然。

## 真水无味

途中泉甬道旁,众人掬而饮之,甚悦。茹嫂曰:“止渴如斯者少见,何故味淡而清冽异于他水?”兄曰:“极渴耳。”某曰:“真水无味,盖因泉出于自然未污耳。”

## 道本无敌

茹兄戏曰:“丘祖投夷族而未获后人诽者,何故?”道长曰:“万里赴诏,一言止杀!功在天下,何罪诽之!”茹兄固曰:“弃夏趋夷,乱世投机之徒耳!”道长不悦无语。某曰:“天下本无夷夏,丘祖以天下为家,不以为敌,是为无敌,故而无敌天下。”

## 至道为真

游毕。众人下山,小憩于溪边。溪水清澈见底,遂弄水洗手,茹兄问:“洗头还是洗脚?”某答:“洗手。”

# 后 记

## 建馆小记

古人云:养心莫善寡欲,至乐无如读书。锐意进取需从清心做起,宏图大业还须朝夕学习。究天地生灵共荣之道,传古今圣贤惠民之法,谋人间公平正义之理,建万世太平和谐之业,怎能不与时俱进而静心潜学?今虽有网络之便捷,却难比开卷之意境。茶余饭后,与书为友,绝声色犬马之纷扰,去功名利禄之羁绊,览百家学识,察天道世情,晓人情法理,习职业技能,解胸中困惑,达刑典之渊微,已成法官共愿,然巧妇难为无米之炊,学习尚需书卷之资。缘此,丁亥岁末,始建图书馆。

筹建伊始,众法官立万难必破之决心,踊跃捐购图书五千余册,自筹书架十余套。又得县图书馆赠书逾万,设外阅点。囊括人文史地哲学卷,汇集古今中外千家言,终集图书一万六千有余。时值百年罕见大雪,滴水成冰,然刺骨之寒不改向往精神乐园之恒心,脏累之苦难抵追求智识之豪情。众法官傲寒斗雪,昼夜苦战,分类登记,造册上架,书馆遂成。独增法官文化生活新领域,又辟学习研究新天地,分享人类智慧新途径。练就济世安民、定纷止争、祛恶扬善之胆魄,修成身心无尘、风清业精、品行高尚之灵魂,进而为历史之榜样,实现关注民生、促进民主、保护民有、服务民建、保障民享之宏愿伟业。

感于斯,草著此文,列捐书名册于后,以励学志。

18.7